Dr. Julian Lesser

Haftungsprobleme und Versicherungslösungen bei Cyber-Risiken

Haftungsprobleme und Versicherungslösungen bei Cyber-Risiken

Inaugural-Dissertation
zur Erlangung des Grades eines Doktors des Rechts
am Fachbereich Rechtswissenschaft der Freien Universität Berlin

vorgelegt von
Julian Lesser, Berlin
2020

Erstgutachter:	Univ.-Prof. Dr. Christian Armbrüster
Zweitgutachter:	Univ.-Prof. a.D. Dr. Helmut Schirmer
Tag der mündlichen Prüfung:	15. Februar 2021

Versicherungswissenschaft in Berlin

Schriftenreihe des Verein zur Förderung der Versicherungswissenschaft in Berlin e.V.

Band 58

Haftungsprobleme und Versicherungslösungen bei Cyber-Risiken

Dr. Julian Lesser

Verlag Versicherungswirtschaft 

Bibliografische Information der Deutschen Nationalbibliothek

Die Deutsche Nationalbibliothek verzeichnet diese Publikation in der Deutschen Nationalbibliografie; detaillierte bibliografische Daten sind im Internet über http://dnb.d-nb.de abrufbar.

– Zugl. Dissertation der Freien Universität Berlin, 2021 –

D 188

© 2021 Verlag Versicherungswirtschaft GmbH, Karlsruhe

ISSN 0943-9609
ISBN 978-3-96329-382-5

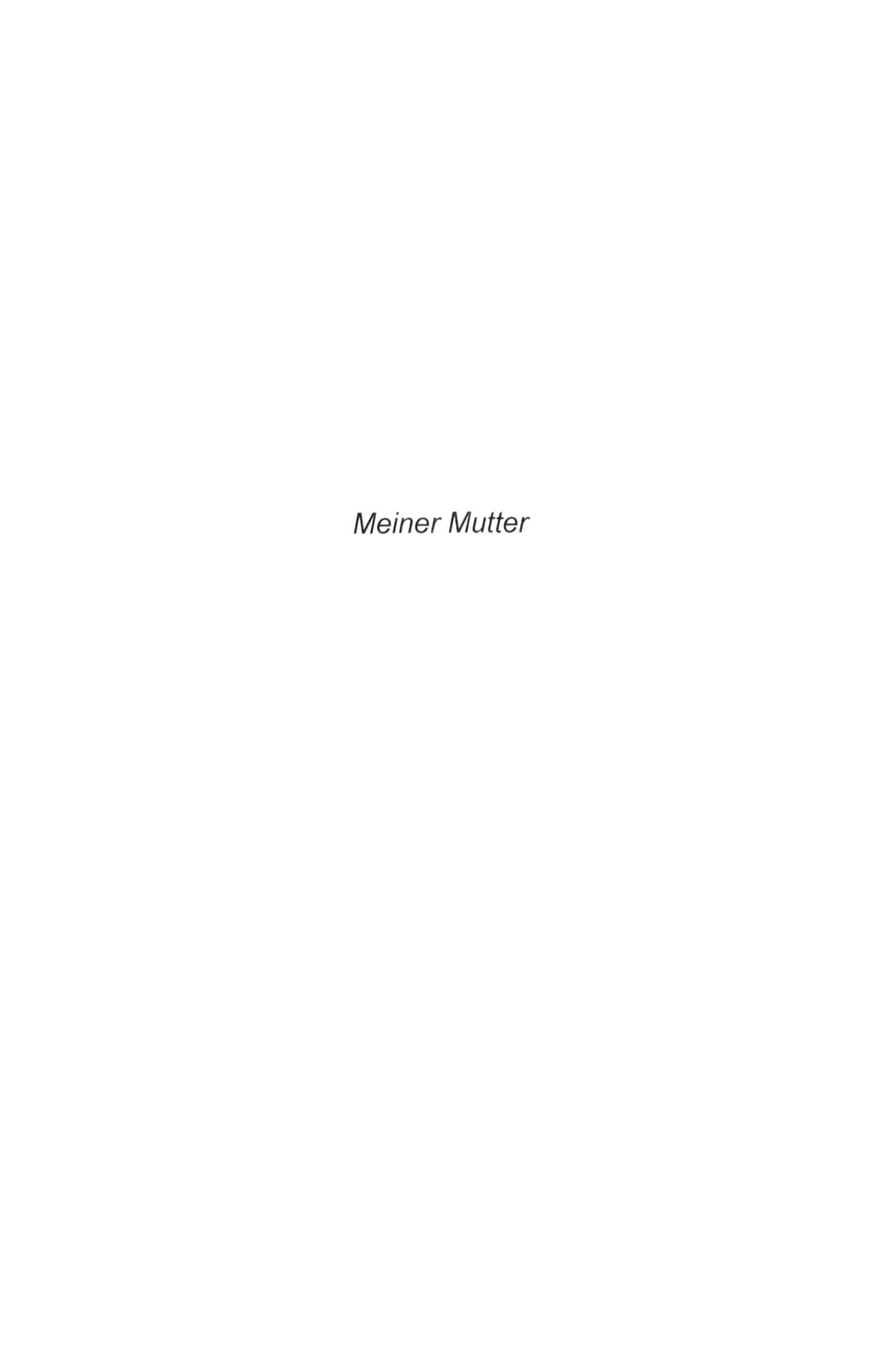

Meiner Mutter

Vorwort

Die vorliegende Arbeit wurde im Sommersemester 2020 vom Fachbereich Rechtswissenschaft der Freien Universität Berlin als Dissertation angenommen. Neue Rechtsprechung und Literatur konnten für die Drucklegung bis Juni 2021 berücksichtigt werden.

Mein besonderer Dank gilt meinem Doktorvater, Herrn Professor Dr. Christian Armbrüster, für die hervorragende Betreuung und die zahlreichen wertvollen Ratschläge während der gesamten Promotionszeit. Bei Herrn Professor Dr. Helmut Schirmer bedanke ich mich für die zügige Erstellung des Zweitgutachtens.

Ein besonderer Dank gebührt zudem Herrn Rechtsanwalt Dr. Henning Schaloske, der seinerzeit die Beschäftigung mit dieser Thematik angeregt und mich in meiner Zeit als wissenschaftlicher Mitarbeiter bei der Clyde & Co Europe LLP stets in aktuelle Cyber-Mandate eingebunden hat. Ihm verdanke ich auch den Kontakt zu diversen Ansprechpartnern aus der Praxis, bei denen ich mich an dieser Stelle für die vielen praxisrelevanten Hinweise bedanken möchte.

Zu danken habe ich darüber hinaus den Herausgebern der Berliner Reihe für die Aufnahme meiner Arbeit in die Schriftenreihe sowie dem Verein zur Förderung der Versicherungswissenschaft in Berlin e.V. für die Gewährung eines Druckkostenzuschusses.

Dank schulde ich zudem auch Herrn Christian Berndt, der sich die Mühe gemacht hat, das Manuskript Korrektur zu lesen.

Der größte Dank gebührt schließlich meiner Mutter Susanne Lesser, die mich während meiner gesamten Ausbildung bedingungslos unterstützt und obendrein das Manuskript dieser Arbeit Korrektur gelesen hat. Ihr ist diese Arbeit daher gewidmet.

Hamburg, im Juni 2021 Julian Lesser

Inhaltsverzeichnis

Abkürzungsverzeichnis

a.A.	andere Ansicht
a.F.	Alte Fassung
AktG	Aktiengesetz
AERB	Allgemeine Bedingungen für die Einbruchdiebstahl und Raubversicherung
AFB	Allgemeine Bedingungen für die Feuerversicherung
AG	Die Aktiengesellschaft (Zeitschrift)
AGB	Allgemeine Geschäftsbedingungen
AHB	Allgemeine Versicherungsbedingungen für die Haftpflichtversicherung
AMB	Allgemeine Bedingungen für die Maschinenversicherung von stationären Maschinen
APT	Advanced Persistent Threat
ArbR Aktuell	Arbeitsrecht Aktuell (Zeitschrift)
Art.	Artikel
Artt.	Artikel (Mehrzahl)
AVB-Cyber	Allgemeine Versicherungsbedingungen für die Cyberrisiko-Versicherung
BAV	Bundesaufsichtsamt für das Versicherungswesen
BaFin	Bundesanstalt für Finanzdienstleistungsaufsicht
BauR	Zeitschrift für das Baurecht
BB	Betriebs-Berater (Zeitschrift)
BDSG	Bundesdatenschutzgesetz
Beil.	Beilage
Begr.	Begründer

Beschl.	Beschluss
BHV-IT	Zusatzbedingungen zur Betriebshaftpflichtversicherung für die Nutzer von Internet-Technologien
BGB	Bürgerliches Gesetzbuch
BGH	Bundesgerichtshof
BGHSt	Entscheidungen des Bundesgerichtshofs in Strafsachen
BGHZ	Entscheidungen des Bundesgerichtshofs in Zivilsachen
BKA	Bundeskriminalamt
BSI	Bundesamt für Sicherheit in der Informationstechnik
BSIG	Gesetz über das Bundesamt für Sicherheit in der Informationstechnik
BTDrucks.	Bundestagsdrucksachen
bzgl.	bezüglich
bzw.	beziehungsweise
CCZ	Corporate Compliance Zeitschrift
CR	Computer und Recht (Zeitschrift)
dass.	dasselbe
DB	Der Betrieb (Zeitschrift)
ders.	derselbe
dies.	dieselbe(n)
Diss.	Dissertation
DoS	Denial of Service
DDos	Distributed Denial of Service
DSGVO	Datenschutzgrundverordnung
DStR	Deutsches Steuerrecht (Zeitschrift)
DuD	Datenschutz und Datensicherheit (Zeitschrift)

FBUB	Allgemeine Feuer- Betriebsunterbrechungs-Versicherungs-Bedingungen
FS	Festschrift
gem.	gemäß
GDV	Gesamtverband der Deutschen Versicherungswirtschaft
K&R	Kommunikation & Recht (Zeitschrift)
Kap.	Kapitel
KWG	Kreditwesengesetz
Habil.	Habilitation
h.M.	herrschende Meinung
Hrsg.	Herausgeber
i.d.R.	in der Regel
i.E.	im Ergebnis
i.H.v.	in Höhe von
i.S.v.	im Sinne von
IT	Informationstechnik
IT-SiG	IT-Sicherheitsgesetz
ITRB	IT-Rechtsberater (Zeitschrift)
i.V.m.	in Verbindung mit
jM	juris – Die Monatszeitschrift
JR	Juristische Rundschau (Zeitschrift)
JuS	Juristische Schulung (Zeitschrift)
JZ	Juristenzeitung
Kap.	Kapitel
LG	Landgericht
MMR	Multimedia und Recht (Zeitschrift)
Neubearb.	Neubearbeitung
NJOZ	Neue Juristische Online-Zeitschrift

NJW	Neue juristische Wochenschrift (Zeitschrift)
NZA	Neue Zeitschrift für Arbeitsrecht
NZKart	Neue Zeitschrift für Kartellrecht
NZG	Neue Zeitschrift für Gesellschaftsrecht
OLG	Oberlandesgericht
PHi	Haftpflicht International (Zeitschrift)
r+s	recht und schaden (Zeitschrift)
RAW	Recht Automobil Wirtschaft (Zeitschrift)
RIW	Recht der Internationalen Wirtschaft (Zeitschrift)
RG	Reichsgericht
Rn.	Randnummer
S.	Seite
s.o.	siehe oben
sog.	sogenannt
SpV	Spektrum für Versicherungsrecht (Zeitschrift)
StGB	Strafgesetzbuch
Urt.	Urteil
v.	vom
VersR	Versicherungsrecht (Zeitschrift)
vgl.	vergleiche
VN	Versicherungsnehmer
VSV	Vertrauensschadenversicherung
VUR	Verbraucher und Recht (Zeitschrift)
VP	Die Versicherungspraxis (Zeitschrift)
VAG	Gesetz über die Beaufsichtigung der Versicherungsunternehmen
VVG	Versicherungsvertragsgesetz
VW	Versicherungswirtschaft (Zeitschrift)

z.B.	zum Beispiel
ZD	Zeitschrift für Datenschutz
ZHR	Zeitschrift für das gesamte Handelsrecht und Wirtschaftsrecht
ZIP	Zeitschrift für Wirtschaftsrecht
ZPO	Zivilprozessordnung
ZUM	Zeitschrift für Urheber- und Medienrecht
ZVersWiss	Zeitschrift für die gesamte Versicherungswissenschaft

Für weitere Abkürzungen wird verwiesen auf:

Kirchner, Hildebert (Begr.): Abkürzungsverzeichnis der Rechtssprache, 9. Aufl. Berlin 2018.

Teil 1 – Einführung

A. Problemstellung

Kaum ein Thema hat die mediale Berichterstattung in den letzten Jahren so sehr beherrscht wie die Digitalisierung. Nahezu in jedem Industrie- und Geschäftsbereich führt die „digitale Revolution“ oder die „Industrie 4.0“[1] zu gravierenden Veränderungen. So wird beispielsweise das Taxigewerbe zunehmend durch digitale und algorithmusgesteuerte Anbieter wie „Uber“ und „Moia“ verdrängt. In der Industrie wiederum werden Maschinen und Abläufe mit Hilfe von Informations- und Kommunikationstechnologie miteinander vernetzt, indem z.B. Algorithmen ideale Lieferwege berechnen oder Maschinen selbstständig melden, wenn sie neues Material benötigen. Dieser digitale Wandel wird vor allen Dingen durch neue Technologien vorangetrieben, wie z.B. Big Data, den 3D-Druck oder das Cloud-Computing.

Wenn zunehmend Prozesse automatisiert und immer mehr Geräte miteinander vernetzt werden, ergeben sich daraus auch neue Risiken. Wurden Computerviren und Schadsoftware vor zwanzig Jahren in erster Linie noch als eine Bedrohung für den heimischen Computer wahrgenommen, können Cyber-Angriffe heute zu einer ernsten Gefahr für Unternehmen werden. Dies zeigt sich unter anderem daran, dass neben der Digitalisierung auch die damit einhergehenden Risiken regelmäßiger Bestandteil der medialen Berichterstattung sind. Von besonderer Bedeutung war hier das Jahr 2017. Auch wenn die von Cyber-Angriffen ausgehende Gefahr schon zuvor wahrgenommen wurde, haben die beiden Cyber-Angriffe „WannaCry“ und „Petya“ das mögliche Ausmaß eines Cyber-Angriffs deutlich gemacht.[2] So führte der Verschlüsselungstrojaner „WannaCry“ im Mai 2017 weltweit zu Schäden und Beeinträchtigungen, indem beispielsweise in Deutschland die Anzeigetafeln und Videoüberwachungssysteme der Deutschen Bahn nicht mehr funktio-

---

[1] Vgl. zum Begriff Industrie 4.0: https://www.plattform-i40.de/PI40/Navigation/DE/Industrie40/WasIndustrie40/was-ist-industrie-40.html (zuletzt aufgerufen am: 30.06.2021).

[2] Zur genauen Funktionsweise von sog. Verschlüsselungstrojanern siehe unten S. 11.

nierten, in britischen Krankenhäusern Computer blockiert wurden und im russischen Innenministerium rund 1000 Computer ausfielen.[3]

Ähnliche Ausmaße hatte der Cyber-Angriff „Petya" im Juni 2017, welcher unter anderem dazu führte, dass die Reederei Maersk zehn Tage lang analog arbeiten musste und einen Schaden in Höhe von mehreren hundert Millionen Euro erlitten hat.[4]

Die Gefahr, die durch Cyber-Angriffe ausgeht, ist für diverse Fachrichtungen von Bedeutung. So stellt sich in der Informatik die Frage, wie sich Cyber-Schäden am besten vermeiden lassen und welche Maßnahmen zur Abwehr von Cyber-Angriffen notwendig sind. Cyber-Angriffe werfen aber auch eine Vielzahl rechtlicher Fragestellungen auf. So ist insbesondere unklar, wer für Schäden, die durch Cyber-Angriffe verursacht wurden, haftet. Diese Frage ist schon deshalb nicht einfach zu beantworten, weil nach einem Cyber-Angriff mehrere Haftungsverhältnisse bestehen können und neben dem Angreifer auch Softwarehersteller, IT-Dienstleister, Arbeitnehmer, Geschäftsführer, Vorstände und Aufsichtsorgane sowie das Opfer des Cyber-Angriffs als Anspruchsgegner in Frage kommen. Hinzu kommt, dass sich bei den meisten dieser Haftungsverhältnisse spezielle Rechtsfragen ergeben.

Unabhängig davon stellt sich bei jedem dieser Haftungsverhältnisse die Frage, auf welcher Anspruchsgrundlage eine Inanspruchnahme gestützt werden kann. Hier kommen neben vertraglichen und deliktischen Ansprüchen auch spezialgesetzliche Anspruchsgrundlagen wie z.B. Art. 82 DSGVO in Betracht. Ungeklärt ist bei den meisten dieser Ansprüche, ob im Zusammenhang mit Cyber-Angriffen überhaupt die Voraussetzungen der jeweiligen Anspruchsgrundlagen erfüllt sind. So ist im Rahmen einer vertraglichen Haftung z.B. fraglich, wann der Anspruchsgegner gegen eine vertragliche Schutzpflicht nach § 241 Abs. 2 BGB verstoßen hat. Im Rahmen der deliktischen Anspruchsgrundlagen ist wiederum problematisch, ob Schäden, die

---

3 https://www.spiegel.de/netzwelt/web/wannacry-attacke-fakten-zum-globalen-cyber-angriff-a-1147523.html (zuletzt aufgerufen am: 30.06.2021).

4 https://www.heise.de/newsticker/meldung/Nach-NotPetya-Angriff-Weltkonzern-Maersk-arbeitete-zehn-Tage-lang-analog-3952112.html (zuletzt aufgerufen am: 30.06.2021).

durch das Löschen oder Blockieren von Daten verursacht wurden, überhaupt zu einer Rechtsgutsverletzung i.S.v. § 823 Abs. 1 BGB geführt haben. Abgesehen von der Frage, wer in welchem Maß und nach welcher Anspruchsgrundlage für Cyber-Schäden haftet, sind auch noch diverse allgemeine Haftungsfragen hinsichtlich der Schadensbemessung, des Bestehens von Verkehrssicherungspflichten, des Verschuldens und Mitverschuldens sowie zur Beweislastverteilung ungeklärt.

Diese Probleme werden zum Teil von der Literatur thematisiert. Dabei handelt es sich allerdings größtenteils nur um Untersuchungen einzelner Fragestellungen. So hat *Raue* z.B. untersucht, inwieweit Hersteller für unsicherere Software haften.[5] *Mehrbrey/Schreibauer* haben die in Betracht kommenden Haftungsverhältnisse nach einem Cyber-Angriff dargestellt.[6] Eine umfassende und abhandelnde Darstellung der Haftungsfragen, welche sowohl die in Betracht kommenden Anspruchsgrundlagen, allgemeine Haftungsfragen sowie die jeweils relevanten Haftungsverhältnisse untersucht, existiert, mit Ausnahme einer von *Spindler* erstellten Studie, bisher nicht. Diese für das Bundesamt in der Informationstechnik (nachfolgend „BSI") erstellte Studie stammt allerdings aus dem Jahr 2007 und berücksichtigt daher nicht die technischen Neuerungen der letzten Jahre.[7]

Die Gefahren und insbesondere die potentiell hohen Schadenssummen, die Cyber-Angriffe verursachen können, hat auch die Versicherungswirtschaft erkannt. Diverse Versicherer haben daher vor einigen Jahren eine sog. Cyber-Versicherung auf den Markt gebracht. Dieses Versicherungsprodukt versichert Eigen- und Drittschäden, die einem Unternehmen durch einen Cyber-Angriff entstanden sind. Die Nachfrage nach Cyber-Versicherungen steigt seit einiger Zeit deutlich.[8] Mussten die Versicherer anfangs noch sehr starke Überzeugungsarbeit für die Notwendigkeit einer Cyber-Police

---

5 *Raue*, NJW 2017, 1841.
6 *Mehrbrey/Schreibauer*, MMR 2016, 75.
7 *Spindler*, BSI-Studie.
8 www.wiwo.de/unternehmen/versicherer/schutz-gegen-hackerangriffe-cyber-versicherungen-boomen/20692422.html (zuletzt aufgerufen am: 30.06.2021).

leisten, ist es nunmehr so, dass die versicherungsnehmende Wirtschaft zunehmend über zu geringe Deckungssummen klagt.[9]

Wie schon bei der Haftung für Cyber-Angriffe, ergeben sich auch im Rahmen der Cyber-Versicherung diverse rechtliche Fragen. So ist bisher ungeklärt, ob Cyber-Risiken überhaupt versicherbar sind. Hier ist insbesondere fraglich, inwieweit Zahlungen versicherbar sind, die geleistet wurden, weil Schadsoftware die Daten des Opfers verschlüsselt hat. Ebenfalls ungeklärt ist, inwieweit Bußgelder, die Behörden gegen das Opfer des Cyber-Angriffs verhängen, versicherbar sind. Abgesehen von Fragestellungen, die grundsätzlicher Natur sind, bedarf es auch einer Untersuchung, welche Risiken von der Cyber-Versicherung gedeckt sind und wo der Versicherungsschutz gegebenenfalls an seine Grenzen gerät. Darüber hinaus sind diverse weitere Fragen bisher ungeklärt. Dazu gehört unter anderem die Frage, welche Versicherungsfalldefinition sich für die Cyber-Versicherung am besten eignet und welche Obliegenheiten den Versicherungsnehmer vor und nach einem Cyber-Angriff treffen. Die Ablehnung des Versicherungsschutzes für Schäden, die dem Lebensmittelkonzern Mondelez durch „WannyCry" entstanden sind und die anschließende Klage des Konzerns gegen seinen Versicherer in den USA,[10] hat zudem verdeutlicht, dass die Reichweite der Leistungsausschlüsse im Hinblick auf Cyber-Risiken bisher unklar ist. Hinzu kommt, dass die Cyber-Versicherung als sog. Multi-Risk-Police Risiken mehrerer Sparten versichert. Daher stellt sich hier die Frage, inwieweit Cyber-Risiken auch von klassischen Versicherungen gedeckt sind (sog. Silent Cyber-Problematik) und ob die bisher auf dem Markt befindlichen Versicherungsprodukte für einen Schutz gegen Cyber-Risiken ausreichend sind. Ebenfalls ungeklärt ist in diesem Zusammenhang, wie Deckungsüberschneidungen zwischen einer herkömmlichen Versicherungspolice und einer Cyber-Police zu lösen sind. Auch wenn mittlerweile vermehrt juristi-

---

[9] https://versicherungsmonitor.de/2018/09/07/industrie-hadert-mit-cyber-kapazitaeten/ (zuletzt aufgerufen am: 30.06.2021).

[10] https://www.welt.de/wirtschaft/article185510234/Notpetya-Dieser-Fall-entscheidet-ob-Hacken-eine-Kriegswaffe-ist.html (zuletzt aufgerufen am: 30.06.2021).

sche Publikationen zur Cyber-Versicherung erschienen sind,[11] wurden diese Fragen bisher nur in Teilen untersucht.

Da weder die haftungs- noch die versicherungsrechtlichen Fragestellungen bisher ausreichend und umfassend untersucht wurden, ist eine umfangreiche Darstellung schon aufgrund der praktischen Relevanz dringend geboten. Eine gemeinsame Untersuchung sowohl der haftungs- als auch der versicherungsrechtlichen Fragestellungen ist naheliegend, da es zwischen diesen diverse Überschneidungen gibt, wie z.B. bei der Frage, ob eine Datenlöschung zu einer Eigentumsverletzung bzw. einem Sachschaden führt. Hinzu kommt, dass die Cyber-Versicherung in ihrem Drittschadenbaustein Haftpflichtansprüche versichert, weshalb für die Versicherungsindustrie von großem Interesse ist, wann der Versicherungsnehmer haftpflichtig gegenüber Dritten ist. Darüber hinaus können Haftungsfragen für Versicherer von großer Bedeutung sein, wenn sie den Schaden des Versicherungsnehmers ersetzt haben, da die Versicherer hier im Wege des Regresses gem. § 86 VVG Ansprüche gegen Dritte, wie z.B. Softwarehersteller, geltend machen können.

B. Gegenstand und Gang der Untersuchung

Um die haftungs- und versicherungsrechtlichen Fragestellungen zu untersuchen, ist zunächst erforderlich, sich zu vergegenwärtigen, was unter dem Begriff der Cyber-Risiken zu verstehen ist. Daher sollen Begrifflichkeiten, die für diese Arbeit von Bedeutung sind, zunächst erläutert werden (Teil 1 C.). Da für diese Arbeit neben einem Begriffsverständnis auch ein Überblick über die Gefährdungslage zwingend notwendig ist, werden anschließend die gängigsten Angriffsarten, die Urheber der Angriffe sowie die möglichen Schadensarten dargestellt (Teil 1 D.).

---

[11] *Achenbach*, VersR 2017, 1493; *Armbrüster*, Privatversicherungsrecht, Rn. 2103 ff. *Erichsen*, CCZ 2015, 247; *Fortmann*, r+s 2019, 429; *Malek/Schütz*, PHi 2018, 174; *dies.*, r+s 2019, 421; *Malek/Schilbach*, VersR 2019, 1321; *Schilbach*, SpV 2018, 2; *Wirth*, BB 2018, 200; *ders.*, in: Gabel/Heinrich/Kiefner, Kap.12.

Im Anschluss daran untersucht diese Arbeit in Teil 2 die Haftungsprobleme, die sich im Zusammenhang mit Cyber-Angriffen stellen. Ein Schwerpunkt dieser Arbeit liegt darin, zu untersuchen, welche Anspruchsgrundlagen für die Geltendmachung von Cyber-Schäden in Betracht kommen und inwieweit hier Haftungslücken bestehen (Teil 2 A.). Daran schließt sich die Untersuchung von allgemeinen Haftungsproblemen an, die für die meisten Haftungsverhältnisse von Bedeutung sein können, wie z.B. Fragen hinsichtlich der Schadensbemessung oder der Beweislastverteilung (Teil 2 B.). Zudem wird hier der Frage nachgegangen, inwieweit es einen einheitlichen Sorgfaltsmaßstab für Cyber-Angriffe gibt.

Da sich bei einer Geltendmachung von Cyber-Schäden oftmals die Frage stellen wird, welche haftungsrechtlichen Besonderheiten innerhalb der jeweiligen Haftungsverhältnisse bestehen, soll hier ein besonderer Schwerpunkt der Arbeit liegen Teil (Teil 2 C.). Allerdings ist zu beachten, dass nach einem Cyber-Angriff eine Vielzahl von verschiedenen Anspruchsgegnern in Betracht kommt. Eine ausführliche Untersuchung jeglicher in Betracht kommender Haftungsverhältnisse sowie jeder speziellen Haftungsfrage würde den Rahmen dieser Arbeit bei weitem überschreiten. Daher soll der Fokus hier auf den besonders wichtigen Haftungsverhältnissen liegen. Dies sind in erster Linie die Haftung von IT-Herstellern sowie die Haftung des Opfers des Cyber-Angriffs. Ebenfalls von großer Bedeutung ist die Haftung von Geschäftsleitern, da deren mögliche Inanspruchnahme auch für den Versicherungsteil und die dortige Abgrenzung der Cyber- zur D&O-Versicherung relevant ist. Auf die weiteren möglichen Anspruchsgegner, wie die Haftung des Angreifers, die Haftung von Arbeitnehmern und IT-Dienstleistern soll ebenfalls, aber nicht im gleichen Maße eingegangen werden. Auf eine Untersuchung von sehr speziellen Haftungsverhältnissen wurde aus Platzgründen hingegen verzichtet, zumal hier zum Teil auch noch nicht absehbar ist, wie häufig eine solche Inanspruchnahme in der Praxis tatsächlich erfolgen wird. Diese Arbeit untersucht daher nicht die Haftung von betrieblichen Datenschutzbeauftragten. Ebenfalls ausgeklammert wurde die Untersuchung der Haftung im Rahmen des Online-Banking, da sich hier in erster Linie sehr spezielle Fragen gem. der §§ 675 u ff. BGB stellen.

Der dritte Teil dieser Arbeit behandelt die eingangs beschriebenen Versicherungsfragen. Hier soll zunächst auf grundlegende Fragestellungen eingegangen werden, ohne die eine weitere Darstellung der Cyber-Versicherung nicht sinnvoll wäre (Teil 3 B.). Hierzu gehören unter anderem Fragen der wirtschaftlichen und rechtlichen Versicherbarkeit sowie der Spartenabgrenzung und der versicherungsvertraglichen Einordnung. Einen Schwerpunkt der Arbeit stellt sodann die Darstellung der gegenwärtigen Versicherungsbedingungen dar (Teil 3 C.). Von besonderer Bedeutung ist hier der Deckungsumfang des neuen Versicherungsprodukts. Daher werden die verschiedenen am Markt verwendeten Schadensereignisdefinitionen dargestellt, um zu untersuchen, welche Cyber-Risiken versichert sind und welche Schadensereignisdefinition für die Versicherung von Cyber-Risiken am geeignetsten ist. Des Weiteren sollen die Fragen, die sich bezüglich der verwendeten Versicherungsfalldefinition, der Serienschadenklausel, den Obliegenheiten sowie den verwendeten Leistungsausschlüssen stellen, untersucht werden. Zu beachten ist jedoch, dass es sich bei dieser Arbeit nicht um einen Vergleich der am Markt erhältlichen Cyber-Policen handelt, sondern vielmehr die rechtlichen Probleme aufgezeigt und untersucht werden sollen. Deshalb orientiert sich die Arbeit im Aufbau an den AVB-Cyber und geht auf Marktbedingungen nur dann ein, wenn relevante Unterschiede zu den Musterbedingungen bestehen oder die Marktbedingungen äußerst bedeutsame Besonderheiten enthalten. Diese Arbeit erhebt daher nicht den Anspruch, sämtliche am Markt erhältlichen Deckungskonzepte zu behandeln und darzustellen.

Im letzten Schwerpunkt dieser Arbeit (Teil 3 D.) wird der Frage nachgegangen, inwieweit bereits in klassischen Versicherungsprodukten Cyber-Risiken versichert werden und wie gegebenenfalls bestehende Deckungsüberschneidungen zur Cyber-Versicherung rechtlich zu lösen sind.

C. Begriff der Cyber-Risiken

Sucht man im Duden nach dem Begriff „Cyber" so finden sich insgesamt 20 verschiedene Einträge, die mit diesem Begriff in Zusammenhang stehen. Darunter sind Begriffe wie „Cybercafé", „Cybermobbing" oder auch „Cyberspace". Der Begriff der Cyber-Risiken findet sich bisher noch nicht in diesem Nachschlagewerk. Der Terminus „Cyber" stellt dem Duden zufolge ein „Wortbildungselement mit der Bedeutung, die von Computern erzeugte virtuelle Scheinwelt betreffend'" dar.[12] Es handelt sich bei dem Begriff Cyber somit um ein Präfix, welches insbesondere dazu dient bestimmte Vorgänge und Ereignisse, welche mit dem Internet und der Informationstechnologie in einem Zusammenhang stehen zu beschreiben und zu konkretisieren. Der Begriff des Risikos wiederum beschreibt die Gefahr, dass es möglicherweise zu dem Eintritt eines Schadens kommt.[13] Dem Wortsinn nach handelt es sich bei Cyber-Risiken demnach um Gefahren, die aus der von Computern erzeugten virtuellen Scheinwelt, dem Internet und der Informationstechnologie folgen und daher zu einem Schaden führen können. Cyber-Risiken umfassen danach solche Gefahren, die ihren Ursprung in der Digitalisierung haben und daher insbesondere aus dem um die Jahrtausendwende einsetzenden Vormarsch von Computern und der in den letzten Jahren stark gewachsenen Vernetzung von Geräten jeder Art folgen. In der Literatur wird unter dem Cyber-Risiko in erster Linie die Gefahr verstanden, Opfer eines Cyber-Angriffes zu werden.[14] Der Begriff des Cyber-Angriffs umfasst zum einen Angriffe, welche sich gegen das Internet, Datennetze, informationstechnische Systeme oder deren Daten richten und zum anderen Angriffe, die mittels dieser Informationstechnik begangen werden.[15]

---

12 https://www.duden.de/rechtschreibung/cyber_ (zuletzt aufgerufen am: 30.06.2021); vgl. *Gebert/Klapper*, in: Veith/Gräfe/Gebert, § 24 Rn. 3.

13 *Buchner*, IT-Versicherung, S. 37; *R. Koch*, Versicherbarkeit von IT-Risiken, S. 69; *Wandt*, Versicherungsrecht, Rn. 804.

14 Vgl. *Achenbach*, VersR 2017, 1493, 1494; *Bräutigam/Klindt*, NJW 2015, 1137, 1140; *Erichsen*, CCZ 2015, 247; Anders: *Wirth*, BB 2018, 200, 201 (der auch eine Fehlbedienung sowie einen Hardwaredefekt als Cyber-Risiken bezeichnet).

15 Vgl. zum Begriff Cyber-Crime: BKA, Bundeslagebild 2017, S. 2; *Grützner/Jakob*, in: Compliance von A-Z, → Cyber-Crime/Computerkriminalität.

Ein Begriff, der ebenfalls besonders häufig in der juristischen Literatur verwendet wird, sind die sog. IT-Risiken. Dieser Begriff entspricht im wesentlichen der Definition der Cyber-Risiken und umfasst daher Beeinträchtigungen von IT-Anwendungen, der IT- Infrastruktur sowie der Verfügbarkeit, Integrität oder Vertraulichkeit von Daten.[16] Der Begriff der IT-Risiken wird in der Literatur jedoch teils noch weiter verstanden. Danach stellt auch die Möglichkeit für die fehlerhafte Herstellung und Nutzung von Hard- und Software sowie die fehlerhafte Erbringung von IT-Dienstleistungen zu haften, ein IT-Risiko dar.[17] Zum Teil werden unter IT-Risiken auch Risiken aus Inhalten des Internets, wie beispielsweise die Verletzung der Privatsphäre und die Verletzung geistigen Eigentums verstanden.[18] Im Ergebnis umfasst der Begriff der IT-Risiken somit sämtliche Risiken, die im Zusammenhang mit dem Einsatz von IT stehen.[19] Aufgrund dieses weiteren Verständnisses soll in dieser Arbeit der Begriff der Cyber-Risiken verwendet werden.

D. Darstellung der Gefährdungslage

I. Angriffsarten

Unternehmen sind heute einer Vielzahl von verschiedenen Angriffsarten aus dem Internet ausgesetzt. So führten allein die IT-Grundschutzkataloge des BSI 206 verschiedene vorsätzliche Handlungen auf.[20] Nachfolgend sollen beispielhaft die bekanntesten Angriffsarten sowie neue in den letzten Jahren immer relevanter gewordene Angriffsformen erläutert werden.

---

16 Vgl. *R. Koch*, in: Karlsruher Forum 2010, S. 114 (als IT-Risiken im engeren Sinne).

17 *R. Koch*, in: Karlsruher Forum 2010, S. 114 (als IT-Risiken im weiteren Sinne); *Spindler*, in: Beckmann/Matusche-Beckmann, § 40 Rn. 4 ff.

18 *Buchner*, in: Hdb. Multimedia-Recht, Kap 18.4 Rn. 10; *von Manstein*, PHi 2002, 122 f.

19 *Wrede/Freers/Graf v. d. Schulenburg*, ZVersWiss 2018, 405, 408.

20 BSI, IT-Grundschutz-Kataloge, 15. EL 2016, S. 22 ff.

1. Schadsoftware

Ein besonders hohes Bedrohungspotenzial geht von Schadsoftware aus. Schadsoftware bzw. im englischen Malware ist ein Oberbegriff für Software, deren Zweck darin besteht, unerwünschte und in der Regel unbemerkte Vorgänge auf einem Computersystem durchzuführen.[21] Die wohl bekannteste Form von Schadsoftware sind Computerviren (nachfolgend „Viren"). Bei Viren handelt es sich um Computerprogramme, die sich selbst vermehren und für ihre eigene Ausführung einen sog. Wirt benötigen.[22] Bei einem solchen Wirt handelt es sich in der Regel um Dateien, die von dem Nutzer geöffnet werden müssen, damit sich der Virus weiterverbreiten kann.[23] Die Datei wird dabei so verändert, dass sich bei Öffnen der Datei immer auch der Virus öffnet.[24] Viren haben in der Regel ihre Weiterverbreitung sowie die Schadensverursachung zum Ziel.[25] Letzteres kann z.B. durch die Löschung von Daten erreicht werden.

Eine andere häufige Form von Schadsoftware sind sog. Würmer. Anders als Viren benötigen Würmer kein Wirtsprogramm zur Ausführung, sondern sind ein eigenständig ausführbares Programm.[26] Die eigenständige Verbreitung von Würmern erfolgt dabei häufig über Netzwerke, indem sich diese auf andere Computer des jeweiligen Netzwerkes kopieren.[27] Würmer verursachen auf die gleiche Art und Weise wie Viren Schäden. Zusätzlich kann der Wurm aber schon einen großen Schaden verursachen, ohne dass er eine Schadfunktion ausführt. Dies hängt damit zusammen, dass Würmer durch ihre Weiterverbreitung eine enorme Netzlast hervorrufen und dadurch die Speicherkapazitäten der infizierten Systeme auslasten können.[28]

---

21 *Schmidl*, IT-Recht von A-Z, S. 168.
22 *Eckert*, IT-Sicherheit, S. 55; *Spindler*, BSI Studie, Rn. 58; *ders.*, in: Karlsruher Forum 2010, S. 16.
23 *Spindler*, BSI Studie, Rn. 58; *ders.*, in: Karlsruher Forum 2010, S. 16.
24 *Spindler*, BSI Studie, Rn. 58; *ders.*, in: Karlsruher Forum 2010, S. 16.
25 *Eckert*, IT-Sicherheit, S. 55.
26 *Schmidl*, IT-Recht von A-Z, S. 293; *Eckert*, IT-Sicherheit, S. 65.
27 *Eckert*, IT-Sicherheit, S. 66; *Schmidl*, IT-Recht von A-Z, S. 293.
28 *Eckert*, IT-Sicherheit, S. 66; *Spindler*, in: Karlsruher Forum 2010, S. 18.

Ebenfalls schon seit langer Zeit bekannt sind die sog. Trojanischen Pferde oft auch nur „Trojaner" genannt. Diese Programme erwecken den Eindruck ein nützliches Programm zu sein, weisen zusätzlich aber noch eine Schadensfunktion auf.[29] Die Schäden werden von den Trojanern häufig dadurch verursacht, dass sie Daten ausspähen, weitere Schadsoftware aus dem Internet herunterladen oder Tastatureingaben aufzeichnen.[30]

Eine immer größere Bedrohung entsteht in den letzten Jahren durch sog. Ransomware. Dies sind Schadprogramme, welche den Zugriff auf Daten und Systeme beschränken und diese Sperrung nur gegen die Zahlung eines Lösegeldes aufheben.[31] Die harmlosere Variante, die sog. Scareware, verhindert lediglich den Zugriff auf den Computer und gibt in einem Anzeigentext als Ursache für die Sperrung den Verstoß gegen das Urheberrecht oder die Nutzung kinderpornografischer Inhalte an.[32] Scareware kann meist einfach entfernt werden und beeinträchtigt in der Regel nicht die auf den Systemen gespeicherten Daten.[33] Wesentlich weitreichender sind die Schäden, die durch sog. Krypto- bzw. Verschlüsselungstrojaner entstehen können, welche sich unter anderem in den Anhängen von E-Mails befinden. Wurde der E-Mail-Anhang geöffnet, verschlüsselt der Kryptotrojaner mit Hilfe eines sog. Öffentlichen Schlüssels die Daten des Opfers.[34] Häufig sucht die Schadsoftware dabei speziell nach für den Nutzer besonders wertvollen Dateien wie z.B. Word- und Excel-Dateien oder Fotos und Videos.[35] Für die Wiederherstellung dieser Daten muss der Nutzer über das Internet meistens in der Form von Bitcoins Geld überweisen, um danach den sog. „Privaten Schlüssel" zu erhalten, mit dem er seine Daten wieder entschlüsseln kann.[36] Kommt der Betroffene der Forderung nicht nach, werden die Daten häufig unwiederbringlich gelöscht, wobei auch das Überweisen des geforderten Betrages nicht immer zur Wieder-

---

[29] *Eckert*, IT-Sicherheit, S. 71; *Spindler*, in: Karlsruher Forum 2010, S. 19.
[30] *Eckert*, IT-Sicherheit, S. 72.
[31] BSI, Lagebericht 2018, S. 35.
[32] BSI, Lagedossier Ransomware, S. 5 f.; *Vogelgesang/Möllers*, jM 2016, 381, 382.
[33] BSI, Lagedossier Ransomware, S. 6; *Vogelgesang/Möllers*, jM 2016, 381, 382.
[34] *Vogelgesang/Möllers*, jM 2016, 381, 382.
[35] BSI, Lagedossier Ransomware, S. 6.
[36] *Vogelgesang/Möllers*, jM 2016, 381, 383.

herstellung der Daten führt.[37] Das mögliche Schadensausmaß, das durch Kryptotrojaner verursacht werden kann, wurde im Jahr 2017 durch die beiden bereits angesprochen Cyber-Angriffe „WannaCry" und „Petya" verdeutlicht.[38]

2. Phishing und Pharming

Gefahren aus dem Internet ergeben sich ferner aus den beiden Betrugsmethoden des Phishings und des Pharmings. Beim Phishing werden Webseiten und E-Mails erstellt, die dem Design von bekannten Unternehmen wie Telekommunikationsanbietern oder Banken entsprechen, um von dem ahnungslosen Nutzer Zugangsdaten zu erlangen.[39] Diese Methode wird insbesondere im Online-Banking verwendet. Eine Sonderform des Phishings ist das sog. Spear-Phishing, bei welchem nicht eine Vielzahl von E-Mails an wahllos ausgewählte Empfänger versandt werden, sondern die Opfer gezielt ausgesucht werden und der E-Mail-Inhalt auf diese persönlich zugeschnitten wird.[40] Beim Pharming handelt es sich um eine Weiterentwicklung des Phishing, bei welcher die Nutzer auf gefälschte Webseiten, z.B. einer Bank, umgeleitet werden.[41]

3. Bot-Netze und Denial-of-Service-Angriffe

Eine immer größere Bedrohung stellen sog. Bot-Netze dar. So wurde zum Beispiel der Ausfall von bis zu 900.000 Routern der Telekom im November 2016 durch ein solches Bot-Netz verursacht.[42] Bei Bot-Netzen handelt es sich um einen Zusammenschluss von mit

---

37 *Salomon*, MMR 2016, 575.
38 Siehe dazu oben S. 1.
39 *Schmidl*, IT-Recht von A-Z, S. 196.
40 https://de.norton.com/norton-blog/2016/11/was_ist_spear_phishi.html (zuletzt aufgerufen am: 30.06.2021).
41 *Schmidl*, IT-Recht von A-Z, S. 196.
42 https://www.tagesspiegel.de/wirtschaft/hackerangriff-auf-900-000-router-die-telekom-ist-noch-mal-davongekommen/14908818.html (zuletzt aufgerufen am: 30.06.2021).

Schadsoftware infizierten Rechnern.[43] Die Schadsoftware der Bot-Systeme wird dabei häufig durch Wurm- und Trojanerangriffe verbreitet und installiert.[44] Diese Schadsoftware hat zur Folge, dass sich der Rechner von einem anderen Computer gezielt fernsteuern lässt.[45] Mit Hilfe dieser Bot-Systeme können dann eine Vielzahl von infizierten Rechnern gleichzeitig ferngesteuert werden.

Eng mit Bot-Netzen hängen die sog. Denial-of-Service-Angriffe (nachfolgend DoS-Angriff) zusammen, da diese häufig über Bot-Netze ausgeführt werden. Bei einem DoS-Angriff wird von einem Computer aus eine Vielzahl von Kontaktanfragen an einen Server gesendet, um die Überlastung des Servers herbeizuführen.[46] Werden diese Anfragen von mehreren Computern gleichzeitig gestellt, spricht man von einer Distributed Denial of Service Attacke (nachfolgend DDos-Attacke).[47] Diese DDoS-Attacken werden in der Regel von Bot-Netzen mit tausenden von infizierten Geräten ausgeführt, weshalb diese Angriffe auch große Server überlasten können. So waren im Oktober 2016 Webseiten von bekannten Unternehmen wie Paypal, Netflix oder Twitter nicht erreichbar, da ein großer Service-Provider mit Anfragen von Millionen Geräten überlastet wurde.[48] DDos-Attacken stellen daher insbesondere für Unternehmen, deren Onlinepräsenz Kernbestandteil ihres Geschäftsmodells ist, eine enorme Gefahr dar.[49]

4. Social Engineering

Eine weitere Angriffsart, die insbesondere für Unternehmen immer mehr zu einer Bedrohung wird, ist das sog. Social Engineering. Dabei handelt es sich um eine Vorgehensweise, bei welcher der An-

---

43 *Kochheim*, Cybercrime, Rn. 214; *Roos/Schumacher*, MMR 2014, 377, 378.

44 *Eckert*, IT-Sicherheit, S. 75; *Spindler*, in: Karlsruher Forum 2010, S. 20.

45 *Kochheim*, Cybercrime, Rn. 214; Roos/*Schumacher*, MMR 2014, 377, 378.

46 *Kochheim*, Cybercrime, Rn. 692; *Schmidl*, IT-Recht von A-Z, S. 74; *Schmidt/Pruß*, in: Auer-Reinsdorff/Conrad, § 3 Rn. 271.

47 *Kochheim*, Cybercrime, Rn. 696; *Spindler*, BSI Studie, Rn. 58.

48 https://www.faz.net/aktuell/wirtschaft/netzwirtschaft/twitter-paypal-spotify-hackerangriffe-legen-webseiten-lahm-14492710.html (zuletzt aufgerufen am: 30.06.2021).

49 *Roos/Schumacher*, MMR 2014, 377, 378.

greifer versucht durch soziale Handlungen vertrauliche Informationen oder Zugang zu IT-Systemen zu erhalten.[50] Diese Angriffe richten sich in der Regel an Mitarbeiter von Unternehmen, die von dem Angreifendem so beeinflusst werden, dass sie unzulässig handeln, z.B. indem sich der Angreifer als IT-Administrator ausgibt, der aufgrund einer IT-Störung das Passwort des Mitarbeiters benötige.[51] Das Social Engineering unterscheidet sich daher insofern von reinen Online-Angriffen, als dass hier immer auch eine Kommunikation mit Menschen stattfindet. Oft gehen die Angreifer beim Social Engineering sehr gezielt vor und recherchieren zuvor über soziale Netzwerke persönliche Informationen über das Opfer, um mit Hilfe dieser Informationen dann das Vertrauen des Opfers zu erlangen.[52] Zu besonders hohen Schäden kann die Social-Engineering Methode des sog. Fake-President- bzw. des CEO-Frauds führen. Hierbei geben sich die Betrüger in der Regel als Geschäftsführer oder Vorstandsmitglied eines Unternehmens aus und adressieren gezielt E-Mails an Mitarbeiter der Finanzabteilungen von Unternehmen und versuchen diese dazu zu bringen, hohe Geldbeträge vom Geschäftskonto des Unternehmens auf ein fremdes Konto zu überweisen.[53] Diese Methode führte z.B. bei dem Autozulieferer Leoni zu einem Schaden i.H.v. 40 Mio. Euro.[54]

5. Advanced Persistent Threat

Eine zunehmend große Bedrohung entsteht für Unternehmen auch durch sog. Advanced Persistant Threats (nachtfolgend APT). Bei APT-Angriffen handelt es sich um zielgerichtete und komplexe Angriffe, die insbesondere auf staatliche Institutionen sowie internationale Unternehmen mit wichtigen Geschäftsgeheimnissen wie z.B. aus der Rüstungs-, Auto- oder Luftfahrtindustrie zielen.[55] Ein APT-

---

[50] BSI, IT-Grundschutz-Kompendium, Kap. G S. 42.
[51] BSI, IT-Grundschutz-Kompendium, Kap. G S. 42.
[52] BSI, IT-Grundschutz-Kompendium, Kap. ORP.2 S. 2.
[53] BSI, Lagebericht 2018, S. 37.
[54] https://www.wiwo.de/technologie/digitale-welt/chef-betrug-wie-falsche-chefs-millionen-ergaunern/14616996-all.html (zuletzt aufgerufen am: 30.06.2021).
[55] KPMG, Cyber-Studie, Studienteil B., S. 24 f.

Angriff zeichnet sich nicht durch die verwendete Schadsoftware aus, sondern durch die Art und Weise, wie der Angriff durchgeführt wurde.[56] Bei APT-Angriffen erlangen die meist finanziell und technisch bestens ausgestatten Angreifer dauerhaften Zugriff zu einem Netzwerk und vergrößern diesen durch weitere Angriffe.[57] Dabei wird das Unternehmen in der Regel im Vorfeld ausführlich ausgekundschaftet, um sodann gezielt und möglichst unaufmerksam, z.B. mit Hilfe von Social Engineering, in das Unternehmensnetzwerk einzudringen.[58] Das Ziel besteht oftmals darin vertrauliche Daten zu erlangen oder die Systeme des Unternehmens zu sabotieren.[59] Die wenigsten APT-Angriffe gelangen an die Öffentlichkeit. Wenn dies aber doch geschieht, führte dies in der Vergangenheit zu großem medialem Aufsehen. So handelte es sich z.B. bei dem Angriff auf die Bundestagsverwaltung im Jahr 2015 um einen APT-Angriff.[60]

II. Ursachen auf Seiten des Angegriffenen

Damit ein Cyber-Angriff erfolgreich ist und zu einem Schaden führt, reicht die gewählte Angriffsart in der Regel nicht aus. Vielmehr müssen noch weitere Umstände hinzutreten, damit ein Cyber-Angriff auch zu einem Schaden führt. Diese Ursachen sind, wie auch die Angriffsarten, vielfältig. Von großer Bedeutung sind dabei Software-Schwachstellen, welche von Angreifern ausgenutzt werden, um einen Cyber-Angriff durchzuführen. Grund für einen erfolgreichen Cyber-Angriff sind insbesondere Fehler in Standardsoftware, welche von Millionen von Nutzern angewendet wird, wie z.B. der Adobe Flashplayer, der Microsoft Internet Explorer, Microsoft Windows oder Mac OS X von Apple.[61] Begünstigend kommt für die Angreifer oftmals hinzu, dass die Softwarehersteller die Schwachstellen teilweise zu spät schließen oder gar keine Updates zur Verfügung stel-

56 BSI, Lagebericht 2015, S. 26.
57 BSI, Lagebericht 2018, S. 23, 96.
58 BSI, Lagebericht 2015, S. 26.
59 BSI, Lagebericht 2015, S. 26.
60 https://www.welt.de/newsticker/dpa_nt/infoline_nt/brennpunkte_nt/article174064427/Hacker-dringen-in-deutsches-Regierungsnetz-ein.html (zuletzt aufgerufen: 30.09.2019).
61 BSI, Lagebericht 2018, S. 43.

len.[62] Aber selbst wenn die Hersteller die Sicherheitslücke durch ein Update schließen, können sich die Angreifer die Schwachstellen oftmals noch lange zu Nutze machen, da viele Anwender der Software das zur Verfügung gestellte Update nicht installieren.[63]

Eine weitere Ursache für durch Cyber-Angriffe verursachte Schäden sind „Industrielle Steuerungsanlagen" (engl. Industrial Control Systems). Dabei handelt es sich um Systeme, die insbesondere in der Industrie für die Steuerung technischer Prozesse wie z.B. der Automatisierung von Fabriken eingesetzt werden. Ein bekanntes Beispiel war der Angriff auf das Steuerungssystem eines deutschen Stahlwerks, welcher dazu führte, dass ein Hochofen nicht ordnungsgemäß heruntergefahren werden konnte.[64] Da die Vernetzung vorhandener Systeme durch die Digitalisierung weiter zunimmt, dürfte das Cyber-Risiko für Industrielle Steuerungsanlagen in Zukunft noch weiter steigen, zumal die vorhandenen Systeme häufig mit veralteter Software betrieben werden.[65]

Die Darstellung der einzelnen Angriffsarten hat zudem gezeigt, dass der Erfolg eines Angriffs in den meisten Fällen von einem bestimmten Verhalten des Nutzers abhängt. Eine der Hauptursachen für einen erfolgreichen Cyber-Angriff liegt daher in dem Verhalten der Nutzer, welche beispielsweise einen mit einem Virus versehenen E-Mail-Anhang öffnen, Opfer von Social Engineering werden oder aber ein notwendiges Softwareupdate nicht installieren.

Neben den bekannten Ursachen für Cyber-Angriffe können in Zukunft noch weitere Gefahren durch neue Zukunftstechnologien hinzutreten. Dies gilt insbesondere vor dem Hintergrund, dass in den letzten Jahren diverse neue Technologien entstanden oder kommerziell erfolgreich geworden sind. Hier ist davon auszugehen, dass diese in Zukunft nicht nur zu Fortschritt, sondern auch zu neuen Risiken führen werden. So könnte insbesondere das sog. Cloud-Computing in Zukunft zu einem erhöhtem Cyber-Risiko führen. Dabei handelt es sich um die Nutzung von IT-Ressourcen wie z.B.

[62] BSI, Lagebericht 2018, S. 43, 45.
[63] BSI, Lagebericht 2018, S. 43.
[64] BSI, Lagebericht 2014, S. 31.
[65] BSI, Lagebericht 2018, S. 27.

Servern, Speichersystemen und Anwendungen, welche in der Regel von einem Dienstleister kostenpflichtig über das Internet zur Verfügung gestellt werden.[66] Hier könnte in Zukunft die Gefahr bestehen, dass die verwalteten Kundendaten eines Cloud-Dienstleister entwendet werden. Auch die in den letzten Jahren stark zugenommene mobile Kommunikation durch Smartphones und Tablets kann das Cyber-Risiko in Zukunft deutlich erhöhen, da auf diesen Geräten zahlreiche Daten, wie Adressbücher, E-Mails sowie Standort- und Zugangsdaten gespeichert werden und diese Geräte für Kriminelle daher schon heute ein immer lohnenderes Angriffsziel darstellen.[67]

III. Urheber von Cyber-Angriffen

Bei den Urhebern von Cyber-Angriffen ist zwischen Angreifern außerhalb und innerhalb des Unternehmens zu unterscheiden.[68] Bei Angriffen außerhalb des Unternehmens gibt es ein breites Feld an Angreifern. So werden groß angelegte Angriffe, bei welchen die Erlangung von Geld im Vordergrund steht, insbesondere von professionellen Cyber-Kriminellen begangen. Eine andere Urhebergruppe sind politisch motivierte Aktivisten wie das lose organisierte Netzwerk Anonymus, deren Angriffe beispielweise Regierungen von autoritär geführten Staaten zum Ziel haben. Angriffe auf Staaten und deren Einrichtungen werden häufig aber auch von Regierungen zur Informationsbeschaffung durchgeführt. Industriespionage mittels eines Cyberangriffs wird sowohl von Staaten als auch von konkurrierenden Unternehmen betrieben. Insgesamt ist ein Großteil der Angriffe auf das unmittelbare Umfeld der angegriffenen Unternehmen zurückzuführen. So stammen diverse Angriffe aus dem unternehmerischen Umfeld des Opfers, wozu neben Wettbewerbern insbesondere auch Dienstleister, Lieferanten und Kunden gehören.[69] Angriffe, die ihren Ursprung innerhalb des Unternehmens haben, wer-

---

[66] *Pruß/Sarre*, in: Auer-Reinsdorff/Conrad, Technisches Glossar.
[67] BSI, Lagebericht 2017, S. 16.
[68] *Mehrbrey/Schreibauer*, MMR 2016,75, 76.
[69] Vgl. Bitkom, Studie 2018, S. 28.

den in der Regel von Mitarbeitern begangen.[70] So kommen hier z.B. enttäuschte Angestellte in Betracht, die sich an ihrem Arbeitgeber rächen möchten, oder auch solche, die von außen bestochen wurden, um beispielsweise Daten zu löschen. Bei Mitarbeitern handelt es sich laut einer Studie des Bitkom e.V. um den größten Täterkreis, [71] was für die Unternehmen insbesondere aufgrund der internen Kenntnisse ihrer Angestellten eine besondere Bedrohung darstellen kann.

IV. Schadensarten

Bei den Schäden, die durch Cyber-Risiken verursacht werden können, ist zwischen Eigen- und Drittschäden zu unterscheiden.[72] Bei Eigenschäden handelt es sich um diejenigen Schäden, welche dem angegriffenen Unternehmen unmittelbar selbst durch Cyber-Angriffe entstehen. So können Schadsoftware und DDos-Angriffe zu der Beschädigung und dem Ausfall von Netzwerken, Computern und anderen systemrelevanten Bestandteilen der Firmen-IT führen. Dies kann zur Folge haben, dass das betroffene Unternehmen seine Geschäftsprozesse nicht wie geplant durchführen kann und dadurch einen Betriebsunterbrechungsschaden erleidet. Auch können Kosten durch die Reparatur und Wiederherstellung der Firmen-IT entstehen.

Hinzu kommt, dass die IT-Abteilung der betroffenen Unternehmen in den wenigsten Fällen in der Lage sein wird, den Angriff zu analysieren und aufzuklären. Aus diesem Grund fallen für die Unternehmen Kosten für Forensik-Dienstleister an, welche auf die Rekonstruktion von Cyber-Angriffen spezialisiert sind. Zu weiteren Krisenmanagementkosten gehören die Einrichtung eines Call-Centers sowie die Beauftragung eines PR-Dienstleisters. Zu möglichen Dienstleistungskosten gehören ferner Rechtsberatungskosten. Zudem können Unternehmen behördlichen Bußgeldstrafen

---

[70] *Gebert/Klapper*, in: Veith/Gräfe/Gebert, § 24 Rn. 16; *Mehrbrey/Schreibauer*, MMR 2016,75, 76.
[71] Bitkom, Studie 2018, S. 28.
[72] Vgl. *Erichsen*, CCZ 2015, 247, 249 (Zu Eigen- und Drittschäden bei der Cyber-Versicherung).

ausgesetzt sein. Von besonderer Bedeutung sind hier Verstöße gegen Datenschutzgesetze wie die DSGVO. Im Zusammenhang mit Datendiebstählen von Kreditkartendaten kommen ferner Vertragsstrafen der Kreditkartenindustrie (PCI-Strafen) in Betracht. Des Weiteren hat die obige Darstellung von APT-Angriffen gezeigt, dass ein Ziel von Angreifern die Erlangung von Geschäftsgeheimnissen ist, weshalb insbesondere Hochtechnologieunternehmen große Schäden durch Spionage erleiden können.

Drittschäden sind Schäden, welche dem Opfer des Cyber-Angriffs dadurch entstehen, dass es von einem Dritten auf Schadensersatz in Anspruch genommen wird. In Betracht kommt hier in erster Linie die Geltendmachung von vertraglichen und deliktischen Schadensersatzansprüchen. Die Gefahr im Zusammenhang mit Cyber-Angriffen aus einem Vertragsverhältnis in Anspruch genommen zu werden, trifft insbesondere Dienstleistungsunternehmen und Hersteller von Software. Gesetzliche Schadensersatzansprüche kommen beispielsweise in Betracht, wenn mit Hilfe der Systeme des angegriffenen Unternehmens Angriffe auf Dritte durchgeführt werden. So lässt sich mit Hilfe des Firmennetzwerkes z.B. Schadsoftware weiterleiten. Auch können IT-Systeme des Unternehmens für DDos-Angriffe eingesetzt werden. Im Zusammenhang mit Datenverlusten können Unternehmen insbesondere Ansprüchen aufgrund von Verstößen gegen das Datenschutzrecht ausgesetzt sein. Denkbar sind des Weiteren auch Ansprüche wegen Persönlichkeitsrechtsverletzungen oder wegen der Verletzung geistigen Eigentums.

Teil 2 – Die Haftung für Cyber-Angriffe

A. Haftungsgrundlagen für Cyber-Angriffe

I. Spezialgesetzliche Haftungsgrundlagen

Nach einem Cyber-Angriff stellt sich für den Geschädigten zunächst die Frage, mit Hilfe welcher Anspruchsgrundlagen er seinen Cyber-Schaden geltend machen kann. Hier kommen für den Geschädigten unter anderem spezialgesetzliche Anspruchsgrundlagen in Frage. So können gegen Telekommunikationsanbieter gem. § 44 Abs. 1 S. 3 TKG von Endverbrauchern und Wettbewerbern Schadensersatzansprüche geltend gemacht werden, wenn diese gegen das TKG verstoßen haben. Hier kommen Ansprüche in Betracht, wenn der Diensteanbieter keine erforderlichen technischen Vorkehrungen i.S.v. § 109 Abs. 1 TKG getroffen hat, um das Fernmeldegeheimnis und personenbezogene Daten zu schützen. Gleiches gilt, wenn die Betreiber von öffentlichen Telekommunikationsnetzen keine angemessenem technischen Vorkehrungen zum Schutz vor Störungen getroffen haben, die i.S.v. § 109 Abs. 2 Nr. 1 TKG zu erheblichen Beeinträchtigungen von Telekommunikationsnetzen- und diensten führen können. Ähnliche Ansprüche können auch gegen Energieunternehmen geltend gemacht werden. So ist gem. § 32 Abs. 3 i.V.m. Abs. 1 EnWG schadensersatzpflichtig, wer gegen die Abschnitte 2 und 3 des EnWG verstoßen hat. Im Zusammenhang mit IT-Sicherheit sind hier Verstöße gegen § 11 Abs. 1a, 1b EnWG von Bedeutung, wonach Betreiber von Energieversorgungsnetzen und Energieanlagen einen angemessenen Schutz gegen Bedrohungen für Telekommunikations- und elektronische Datenverarbeitungssysteme gewährleisten müssen und dabei den hierfür maßgeblichen Katalog mit Sicherheitsanforderungen der Regulierungsbehörde beachten müssen.

Von größter praktischer Bedeutung sind jedoch Schadensersatzansprüche, die auf Verstößen gegen die DSGVO beruhen. Gem. Art. 82 Abs. 1 DSGVO hat jede Person, der wegen eines Verstoßes gegen die DSGVO ein materieller oder immaterieller Schaden entstanden ist, einen Anspruch auf Schadensersatz gegen den Verantwortlichen oder gegen den Auftragsverarbeiter. Im Zusammenhang mit Cyber-Angriffen ist insbesondere Art. 32 DSGVO von Bedeutung. Danach haben Unternehmen die personenbezogene Daten verarbeiten geeignete technische und organisatorische Maßnahmen zu treffen, um ein dem Risiko angemessenes Schutzniveau zu gewährleisten. Zu diesen Maßnahmen gehören gem. Art. 32 Abs. 1 DSGVO unter anderem die Pseudonymisierung und Verschlüsselung personenbezogener Daten sowie die Fähigkeit die Vertraulichkeit, Integrität, Verfügbarkeit und Belastbarkeit der Systeme und Dienste im Zusammenhang mit der Verarbeitung auf Dauer sicherzustellen. Hat beispielsweise ein Unternehmen keine Maßnahmen zur Pseudonymisierung seiner Kundendaten getroffen und wurden diese Daten später durch einen Cyber-Angriff gestohlen, kann dieses Unternehmen Schadensersatzansprüchen seiner Kunden ausgesetzt sein, sofern diese durch eine Datenschutzverletzung einen Schaden erlitten haben.

Die Vorschrift des Art. 82 DSGVO bringt des Weiteren einige Neuerungen im Vergleich zum alten BDSG mit sich. So sind nunmehr ausdrücklich alle Verstöße gegen die Verordnung vom Schadensersatzanspruch erfasst. Die bei § 7 BDSG a.F. von *Mehrbrey/ Schreibauer* aufgeworfene Frage, ob von dieser Anspruchsgrundlage auch Verstöße gegen § 9 BDSG a.F. umfasst sind,[73] stellt sich daher im Rahmen von Art. 82 DSGVO nicht mehr. Des Weiteren sind vom Schadensersatzanspruch nach Art. 82 DSGVO ausdrücklich auch immaterielle Schadensersatzansprüche ersetzbar, weshalb auch der Streit um die Ersetzbarkeit dieser Schäden, wie er noch bei § 7 BDSG a.F. geführt wurde,[74] nicht mehr von Bedeutung ist. Da Datenschutzverletzungen besonders häufig zu immateriellen Schäden führen, wird die Bedeutung des Art. 82 DSGVO im Vergleich zu § 7 BDSG a.F. wahrscheinlich deutlich zunehmen.[75]

---

[73] *Mehrbrey/Schreibauer*, MMR 2016, 75, 81.

[74] Befürwortend: *Kosmides*, in: Forgó/Helfrich/Schneider, 2. Aufl., Teil XII, Kap. 3 Rn. 18; Ablehnend: *Gabel*, in: Taeger/Gabel, 1. Aufl., § 7 Rn. 10; *Simitis*, in: Simitis, BDSG, § 7 Rn. 32.

[75] *Bertsch*, Silent Cyber, S. 41; *König*, AG 2017, 262, 267 f.

Zum jetzigen Zeitpunkt existieren somit mehrere spezialgesetzliche Anspruchsgrundlagen, die nach einem Cyber-Angriff für die Geltendmachung von Schäden in Frage kommen. Auch wenn diese Normen sich bezüglich ihrer Anspruchsvoraussetzungen unterscheiden, so haben sie gemeinsam, dass sie für Cyber-Schäden keinen umfassenden Schutz bieten. Denn mit den Vorschriften des TKG und des EnWG können nur Ansprüche gegen Telekommunikationsanbieter bzw. Betreiber von Energieversorgungsnetzen geltend gemacht werden. Der Anwendungsbereich der DSGVO ist wiederum insoweit begrenzt, als dass ihr Schutzbereich gem. Art. 1 Abs. 1 DSGVO nur personenbezogene Daten und keine gewerblichen Daten oder Daten von juristischen Personen umfasst. Da spezialgesetzliche Anspruchsgrundlagen somit keinen umfassenden Schutz für Cyber-Schäden bieten, wurde auf eine tiefergehende Darstellung der spezialgesetzlichen Anspruchsgrundlagen in dieser Arbeit verzichtet.

II. Vertragliche Haftung im Rahmen von § 280 Abs. 1 BGB

Nach einem Cyber-Angriff könnte der Geschädigte seinen Schaden jedoch auch mit Hilfe von vertraglichen Anspruchsgrundlagen geltend machen. In Betracht kommt hier eine Haftung nach § 280 Abs. 1 BGB. Einer solchen Haftung können sowohl Softwarehersteller und IT-Dienstleister als auch das angegriffene Unternehmen selbst ausgesetzt sein. Für einen Anspruch aus § 280 Abs. 1 BGB ist eine Pflichtverletzung des Anspruchsgegners erforderlich. Die geschädigte Partei wird ihren Anspruch im Zusammenhang mit Cyber-Angriffen oftmals damit begründen, dass der Anspruchsgegner den Erfolg eines Cyber-Angriffs ermöglicht hat, indem er in seinen Produkten bzw. in seinem Unternehmen keine ausreichende IT-Sicherheit gewährleistet und so den Erfolg eines Cyber-Angriffs ermöglicht hat. Fraglich ist jedoch, unter welchen Umständen dies als vertragliche Pflichtverletzung i.S.v.§ 280 Abs. 1 BGB zu qualifizieren ist.

1. Verletzung von Hauptleistungspflichten

Eine vertragliche Pflichtverletzung liegt in jedem Fall vor, wenn der Anspruchsgegner eine Hauptleistungspflicht i.S.v. § 241 Abs. 1 BGB verletzt hat. Hauptleistungspflichten sind diejenigen Pflichten, aus denen sich die Art und der Typus des Schuldverhältnisses bestimmen lässt und die zudem die wesentlichen Bestandteile des Vertrags bilden und daher von den Parteien bei Vertragsschluss festgelegt werden müssen.[76] Dass die Parteien bestimmte Pflichten in Bezug auf die Gewährleistung von IT-Sicherheit vertraglich vereinbart haben, kommt insbesondere bei IT-Dienstleistern in Betracht. Gerade im Rahmen von IT-Outsourcing-Vorhaben, bei welchen die Unternehmen einen Teil bestimmter Prozesse auf Drittunternehmen auslagern, werden bestimmte Sicherheitsanforderungen vertraglich festgelegt, die der Outsourcing-Dienstleister zu erfüllen hat.[77] Dies ist insbesondere bei der zunehmenden Auslagerung von Speicherkapazitäten auf Cloud-Dienstleister von Bedeutung. Die Pflicht zur Gewährleistung von IT-Sicherheit kann aber auch aus Geheimhaltungsvereinbarungen sowie aus Verträgen über die Wartung und Pflege von IT-Produkten folgen.[78]

2. Schutzpflichtverletzung

a) Vorliegen einer Schutzpflicht hinsichtlich IT-Sicherheit

Abgesehen von Verträgen mit Softwareherstellern und IT-Dienstleistern wird sich aus den wenigsten Verträgen ergeben, dass die Gewährleistung von IT-Sicherheit ein wesentlicher Vertragsbestandteil oder entscheidend für die Durchführung der Hauptleistung ist. Von praktisch größerer Bedeutung dürfte daher die Verletzung von Schutzpflichten gem. § 241 Abs. 2 BGB sein.

---

[76] *Bachmann*, in: MüKoBGB, § 241 Rn. 29; *Looschelders*, SchuldR AT, § 1 Rn. 11; *Olzen*, in: Staudinger, § 241 Rn. 146.

[77] *Beucher*/Utzerath, MMR 2013, 362, 367; BSI, IT-Grundschutz-Kataloge, 15. EL 2016, S. 2028; *Mehrbrey/Schreibauer*, MMR 2016, 75, 79; *Roth/Schneider*, ITRB 2005, 19, 20; *Voigt*, IT-Sicherheitsrecht, Rn. 91.

[78] *Conrad*, in: Auer-Reinsdorff/Conrad, § 33 Rn. 318; *Voigt*, IT-Sicherheitsrecht, Rn. 90.

Im Zusammenhang mit Cyber-Schäden kommt eine Schutzpflicht insbesondere in Betracht, wenn eine Vertragspartei Daten des Vertragspartners gespeichert hat. Eine Pflicht zum Schutz der Daten des Vertragspartners ist zu bejahen, wenn sich aus dem Inhalt und dem Zweck des Vertrags ergibt, dass die Integrität und Vertraulichkeit der Daten von großer Bedeutung für die andere Vertragspartei sind. Dies wird sich speziell für Betreiber von Online-Shops sowie für Banken, die Online-Banking anbieten, annehmen lassen.[79] Beim Online-Banking ist eine sichere Kontoführung nicht durchführbar, ohne die Sicherstellung, dass Dritte keine Kenntnis von den entsprechenden Daten, wie z.B. der TAN-Nummern, erlangen. Das Geschäftsmodell von Onlineshops beruht wiederum oftmals auf dem Konzept, dass dem Anbieter Bank- und Kreditdaten übermittelt werden, damit dieser die Kaufpreisforderung unmittelbar einziehen kann. Da diese Daten über das Internet übermittelt werden, ist der Käufer der Gefahr ausgesetzt, dass Dritte diese Daten abfangen. Den Anbieter des Online-Shops trifft daher die Pflicht, diese Daten vor unbefugten Zugriffen Dritter zu schützen.

Aber auch wenn sich aus einer unmittelbaren Vertragsauslegung eine Schutzpflicht nicht unmittelbar ableiten lässt, könnte sich mit Hilfe der ergänzenden Vertragsauslegung eine Schutzpflicht begründen lassen. Dabei ist zu ermitteln, was die Parteien bei einer angemessenen Abwägung ihrer Interessen nach Treu und Glauben als redliche Vertragspartner vereinbart hätten, wenn sie den nicht berücksichtigen Umstand bedacht hätten.[80] Handelt es sich bei den Daten um vertrauliche Daten, ist davon auszugehen, dass der Dateninhaber ein gesteigertes Interesse daran haben wird, dass Dritte keine Kenntnis von diesen Daten erlangen können. Aber auch der datenverwahrenden Partei wird im Zweifel daran gelegen sein, dass die Daten nicht in die Hände Dritter gelangen, um einerseits die Vertragsbeziehungen zu der anderen Partei nicht zu gefährden und andererseits keinen Schadensersatzansprüchen ausgesetzt zu

---

[79] Vgl. zum Online-Banking: *Beucher/*Utzerath, MMR 2013, 362, 367; *Mehrbrey/Schreibauer*, MMR 2016, 75, 79; *Roth/Schneider*, ITRB 2005, 19; *Voigt*, IT-Sicherheitsrecht, Rn. 110.

[80] BGH, Urt. v. 01.06.2005 – VIII ZR 234/04, NJW-RR 2005, 1421, 1422; BGH, Urt. v. 06.10.2006 – VZR 20/06, BGHZ 169, 215 = NJW 2007, 509, 510; BGH, Urt. v. 15.11.2012 – VII ZR 99/10, NJW 2013, 678, 679.

sein. Dies trifft auf Unternehmen zu, die sensible Daten ihrer Kunden besitzen. Eine solche Schutzpflicht lässt sich daher für Rechtsanwälte, Steuerberater, Insolvenzverwalter und Wirtschaftsprüfer begründen, die über wichtige Mandanteninformationen verfügen.

In Betracht kommt das Vorliegen einer Schutzpflicht zudem bei Zulieferungsunternehmen, die im Besitz bestimmter Produkt-Entwürfe ihrer Kunden sind. Aber auch bei den bereits angesprochenen IT-Dienstleistern wird man im Wege der ergänzenden Vertragsauslegung, wenn sich eine Schutzpflicht nicht schon unmittelbar aus dem Vertrag ergibt, zu dem Ergebnis kommen, dass sie dazu verpflichtet sind, die ihnen anvertrauten Daten vor unbefugten Zugriffen Dritter zu schützen.

b) Umfang der Schutzpflicht

Fraglich ist ferner, wie die Schutzpflichten im Zusammenhang mit der Gewährleistung von IT-Sicherheit ausgestaltet sind. Wie bereits dargestellt, richtet sich der Umfang der Schutzpflichten nach dem Zweck und Inhalt des Vertrags sowie der Verkehrssitte und den Anforderungen des redlichen Geschäftsverkehrs.[81] Daher lassen sich genaue Schutzpflichten nur im Einzelfall bestimmen. Allerdings gehören zu den Schutzpflichten des § 241 Abs. 2 BGB auch die Verkehrssicherungspflichten, welche inhaltlich den Pflichten aus § 823 Abs. 1 BGB entsprechen.[82] Die Erfüllung von Verkehrssicherungspflichten erfordert im Rahmen von § 823 Abs. 1 BGB solche Maßnahmen „die ein umsichtiger und verständiger, in vernünftigen Grenzen vorsichtiger Mensch für notwendig und ausreichend hält, um andere vor Schäden zu bewahren.“[83]

Da diese Sicherungspflichten sich bei einer Haftung nach § 280 Abs. 1 BGB aus dem Vertrag selbst ergeben, können diese Pflich-

81 BGH, Urt. v. 14.03.2013 – III ZR 296/11, NJW 2013, 3366, 3368; *Bachmann*, in: MüKoBGB, § 241 Rn. 55.

82 BGH, Urteil vom 14.03.2013 – III ZR 296/11, NJW 2013, 3366, 3368; *Ernst*, in: MüKoBGB, § 280 Rn. 109.

83 BGH, Urt. v. 15.07.2003 - VI ZR 155/02, NJW-RR 2003, 1459 f.

ten umfangreicher sein als dies im Rahmen von § 823 Abs. 1 BGB der Fall ist.[84] Die deliktischen Verkehrssicherungspflichten stellen im Rahmen einer vertraglichen Haftung somit einen Mindeststandard der vertraglichen Schutzpflichten dar.[85] Auch wenn der Umfang der Schutzpflichten nur anhand des konkreten Vertragsverhältnisses bestimmbar ist, so lässt sich daher zumindest feststellen, dass die Vertragsparteien einen gewissen Mindeststandard an IT-Sicherheit einzuhalten haben. Dazu gehört unter anderem die Absicherung von System- und W-Lan Zugängen durch Passwörter. Auch das Erstellen von Datensicherungen kann im Einzelfall erforderlich sein.[86] Die Notwendigkeit der zu treffenden Schutzmaßnahmen kann zudem unter Umständen durch Spezialgesetze und Industriestandards konkretisiert werden.[87] Da sowohl die Anwendbarkeit dieser Gesetze und Industriestandards, als auch die notwendigen Schutzmaßnahmen und deren Ausgestaltung von der Stellung der Parteien und dem Vertragsinhalt abhängen, werden diese konkreten Fragen bei der Darstellung der einzelnen Haftungsverhältnisse untersucht.

Schutzpflichten können des Weiteren auch schon vor Vertragsschluss durch die Aufnahme von Vertragsverhandlungen, die Anbahnung eines Vertrags sowie ähnliche geschäftliche Kontakte entstehen, § 311 Abs. 2 BGB. Entscheidend für den Inhalt und Umfang der vorvertraglichen Schutzpflichten ist, inwiefern durch den geschäftlichen Kontakt ein Vertrauensverhältnis entstanden ist.[88] Zu den von der Literatur gebildeten Fallgruppen gehören unter anderem die Verletzung von Verkehrssicherungspflichten, die schuldhafte Verhinderung der Wirksamkeit des Vertrages und die Verletzung von Aufklärungs- und Informationspflichten.[89] Wie schon bei den vertraglichen Pflichten sind auch für die vorvertraglichen Schutz-

---

84 *Looschelders*, SchuldR AT, § 1 Rn. 22; *Spindler*, BSI Studie, Rn. 522.

85 *Spindler*, BSI Studie, Rn. 522.

86 Vgl.: OLG Düsseldorf, Urt. v. 30.12.2014 – I-22 U 130/14, MMR 2015 237 (für Host-Provider, im Ergebnis offengelassen); LG Duisburg, Urt. v. 25.7.2014 – 22 O 102/12, MMR 2014, 735 (für Host-Provider bejaht).

87 *Beucher/*Utzerath, MMR 2013, 362, 367; *Haller/Lutz*, BB 2014, 1993, 1994, 1996; Mehrbrey/*Schreibauer*, MMR 2016, 75, 79.

88 BGH, Urt. v. 28.01.1976 – VIII ZR 246/74, BGHZ 66, 51, 54 = NJW 1976, 712; Urt. v. 14.03.2013 – III ZR 296/11, BGHZ 196, 340 Rn. 22 = NJW 2013, 3366, 3368.

89 Vgl. *Emmerich*, in: MüKoBGB, § 311 Rn. 39; *Feldmann*, in: Staudinger, § 311 Rn. 121, 151; *Kindl*, in: Erman, § 311 Rn. 33 ff.; *Sutschet*, in: BeckOK, § 311 Rn. 70, 73.

pflichten die Verkehrssicherungspflichten von besonderer Bedeutung für die Gewährleistung von IT-Sicherheit. Konkret kommen vorvertragliche Schutzpflichten z.B. in Betracht, wenn eine Partei vor Vertragsschluss der anderen Partei Daten für weitere Vertragsverhandlungen übermittelt hat. Dies spielt insbesondere für Dienstleistungsunternehmen wie beispielsweise IT-Unternehmen, Architekten, Rechtsanwälte und Unternehmensberater eine Rolle, denen vorab Daten übermittelt werden, damit diese den Umfang und die Kosten ihrer Leistungen einschätzen können.

III. Deliktische Haftung

Oftmals wird eine vertragliche Haftung im Zusammenhang mit Cyber-Angriffen nicht in Betracht kommen, da z.B. keine Schutzpflicht angenommen werden kann, es am Vertretenmüssen des Anspruchsgegners fehlt oder aber zwischen den Beteiligten gar kein Vertragsverhältnis bestand. Fraglich ist daher, inwieweit in diesen Fällen eine deliktische Haftung in Frage kommt. Wie oben[90] dargestellt, verursachen Cyber-Angriffe insbesondere Schäden, die durch die Löschung oder anderweitige Beeinträchtigung von Daten entstanden sind, sowie Produktionsausfall-, Betriebsunterbrechungs-, Reputations- und Wiederherstellungsschäden. Da eine Einordung dieser Schadenspositionen unter die von § 823 Abs.1 BGB geschützten Rechtsgüter nicht ohne Weiteres möglich ist, soll sich die Darstellung der deliktsrechtlichen Haftung auf diese Schadensarten konzentrieren. Daher wird nachfolgend zunächst untersucht, inwieweit bei Datenschäden eine Haftung nach den deliktsrechtlichen Vorschriften der §§ 823 ff. BGB in Betracht kommt. Daran anschließend wird diese Frage auch für Produktionsausfall-, Betriebsunterbrechungs-, Reputations- und Wiederherstellungsschäden beantwortet.

---

[90] Siehe S. 18 f.

1. Löschung und sonstige Beeinträchtigung von Daten

a) Eigentumsverletzung

Werden durch einen Cyber-Angriff Daten gelöscht oder auf anderem Wege beeinträchtigt, wie z.B. durch die Verschlüsselung durch Ransomware, kommt zunächst eine Eigentumsverletzung gem. § 823 Abs. 1 BGB in Betracht. Damit die Löschung oder anderweitige Beeinträchtigung von Daten eine Eigentumsverletzung darstellt, müssen Daten von dem Eigentumsbegriff des § 823 Abs. 1 BGB umfasst sein. Eine ausdrückliche Definition des Eigentums findet sich im BGB nicht. Allerdings ergibt sich aus § 903 BGB, dass der Eigentumsbegriff des BGB nur bewegliche und unbewegliche Sachen umfasst.[91] Sachen im Sinne des BGB sind gem. § 90 BGB nur körperliche Gegenstände. Das Kriterium der Körperlichkeit ist erfüllt, wenn der Gegenstand beherrschbar, sinnlich wahrnehmbar und im Raum abgrenzbar ist und bei einer natürlichen Betrachtung als Einheit erscheint.[92] Elektrizität und Wärme- und Schallwellen fallen hingegen nicht unter den Sachbegriff des § 90 BGB.[93] Ob es sich bei Daten um Sachen i.S.v. § 90 BGB handelt und an diesen somit Eigentum erlangt werden kann und folglich im Falle einer Datenlöschung eine Eigentumsverletzung i.S.v. § 823 Abs. 1 BGB vorliegt, ist in Literatur und Rechtsprechung umstritten.

---

91 *Hager*, in: Staudinger, § 823 Rn. B 58; *Wagner*, in: MüKoBGB, § 823 Rn. 242.

92 *Dörner*, in: Hk-BGB, § 90 Rn. 2; *J. Schmidt*, in: Erman, § 90 Rn. 1; *Stieper*, in: Staudinger, § 90 Rn. 1 f.

93 *Stieper*, in: Staudinger, § 90 Rn. 2; *Stresemann*, in: MüKoBGB, § 90 Rn. 24; *Stölzmann-Stickelbrock*, in Prütting/Wegen/Weinrich, § 90 Rn. 3.

aa) Meinungsstand

(1) Keine Eigentumsverletzung

Nach einer Auffassung sind Daten nicht eigentumsfähig.[94] So hat das LG Konstanz in einem Fall, bei welchem der Beklagte durch Baggerarbeiten ein Stromkabel durchtrennt und so einen Stromausfall herbeigeführt hatte, der einen Datenverlust des Klägers verursachte, eine Eigentumsverletzung nach § 823 Abs. 1 BGB abgelehnt.[95] Bei seiner Begründung hat das Gericht darauf abgestellt, dass elektronische Daten, unabhängig davon ob sie permanent auf einem Datenträger gespeichert sind oder sich lediglich temporär im Arbeitsspeicher befinden, nur aus elektrischen Spannungen bestünden und daher nicht, wie für die Einordnung als Sache erforderlich, einen der drei notwendigen Aggregatzustände aufweisen würden.[96] Im Hinblick auf Software wird in der Literatur vorgebracht, dass diese keiner physischen Basis fest zugeordnet sei und jederzeit über nicht physische Datenträger übertragen werden könne.[97] Aus diesen Gründen seien Daten keine Sachen i.S.v. § 90 BGB, weshalb an ihnen daher auch kein Eigentum bestehen könne.[98] Folgt man dieser Ansicht, wird sich eine Eigentumsverletzung nur dann annehmen lassen, wenn auch der Datenträger durch die Datenlöschung beschädigt wurde, da der Datenträger unstreitig eine Sache i.S.v. § 90 BGB darstellt. Eine solche Beschädigung liegt dieser Ansicht nach nur vor, wenn der Datenträger selbst nicht mehr funktioniert und beispielsweise keine Daten mehr speichern kann.[99] Das Löschen von Daten führt in der Regel nicht dazu, dass der Datenträger nicht mehr funktioniert, sondern hat meistens nur zur Folge, dass sich die Daten nicht mehr auf dem Träger befinden. Daher

---

[94] LG Konstanz, Urt. v. 10.5.1996 – 1 S 292/95, NJW 1996, 2662; *Buchner*, IT-Versicherung, S. 222 ff. (bzgl. Software), S. 229 ff. (bzgl. Daten); vgl. *Müller-Hengstenberg*, NJW 1994, 3128, 3130f. (bzgl. Software); *Zahrnt*, Anm. zu Urt. v. LG Konstanz, BB 1996, Beil. 19, 8, 9.

[95] LG Konstanz, Urt. v. 10.05.1996 – 1 S 292/95, NJW 1996, 2662.

[96] LG Konstanz, Urt. v. 10.05.1996 – 1 S 292/95, NJW 1996, 2662.

[97] *Müller-Hengstenberg*, NJW 1994, 3128, 3130 f.

[98] LG Konstanz, Urt. v. 10.5.1996 – 1 S 292/95, NJW 1996, 2662; *Müller-Hengstenberg*, NJW 1994, 3128, 3130 f.

[99] *Buchner*, IT-Versicherung, S. 230; *Zahrnt*, Anm. zu Urt. v. LG Konstanz, BB 1996, Beil. 19, 8, 9.

wird nach dieser Ansicht nur in den seltensten Fällen bei einer Datenlöschung eine Eigentumsverletzung vorliegen.

(2) Eigentumsverletzung am Datenträger

Die wohl herrschende Meinung in Rechtsprechung und Literatur geht zwar ebenfalls davon aus, dass es sich bei den Daten selbst nicht um eigentumsfähige Sachen handelt, bejaht die Sacheigenschaft allerdings dann, wenn die Daten auf einem Datenträger verkörpert sind.[100] Eine Ausnahme wird zum Teil lediglich hinsichtlich des Arbeitsspeichers gemacht.[101] Die Ansicht knüpft an die Rechtsprechung des BGH aus den 1980er Jahren an, der sich mit der Frage zu beschäftigen hatte, inwiefern Software und Computerprogramme eigentumsfähig sind und zu dem Schluss kam, dass die Datenträger mit dem darauf verkörperten Programm Sachen gem. § 90 BGB darstellen.[102] Anders als die zuvor genannte Ansicht gehen die Vertreter dieser Ansicht daher davon aus, dass eine Eigentumsverletzung schon dann vorliegt, wenn die Daten von dem Datenträger gelöscht wurden, der Datenträger aber selbst nicht beschädigt wurde. Zum Teil wird dies damit begründet, dass eine Eigentumsverletzung gem. § 823 Abs. 1 BGB nicht nur durch die Zerstörung und Beschädigung der Sachsubstanz vorliege, sondern bei jeglicher Einwirkung auf die Sache, deren Funktionsfähigkeit und ihre innere Ordnung gegeben sei, wenn diese den Eigentümer daran hindert, mit der Sache seinen Vorstellungen entsprechend umzugehen.[103] So bleibe der Datenträger nach einer Datenlöschung zwar äußerlich unverändert und gebrauchsfähig, jedoch werde der

---

[100] OLG Karlsruhe, Urt. v. 07.11.1995 – 3 U 15/95, NJW 1996, 200, 201; OLG Oldenburg, Urt. v. 24.11.2011 – 2 U 98/11, ZD 2011, 177; *Andrees*, Außervertragl. Haftung IT-Sicherheit, S. 122 ff.; *Bartsch*, CR 2000, 721, 723; *Engel*, CR 1986, 702, 705; *Faust*, 71. DJT, S. A 72 f.; *Hager*, in: Staudinger, § 823, Rn. B 60; *R. Koch*, NJW 2004, 801, 802; *Maier/Wehlau*, NJW 1998, 1585, 1588; *Rombach*, CR 1990, 101, 104; *Seitz/Thiel*, PHi 2013, 42, 44; *Sodtalbers*, Softwarehaftung im Internet, Rn. 511; *Spickhoff*, in: Soergel, § 823 Rn. 79; *Spindler*, NJW 2004, 3145, 3146; *ders.*, BSI Studie, Rn. 111; *ders.*, JZ 2016, 805, 812; *ders.*, in: Hornung/Schallbruch, § 11 Rn 12 ff.

[101] *Abel*, CR 1999, 680, 681.

[102] BGH, Beschl. v. 02.05.1985 – I ZB 8/84, GRUR 1985, 1055, 1056; Urt. v. 04.11.1987 – VIII ZR 314/86, NJW 1988, 406, 408; Urt. v. 18.10.1989 – VIII ZR 325/88, NJW 1990, 320, 321.

[103] OLG Karlsruhe, Urt. v. 07.11.1995 – 3 U 15/95, NJW 1996, 200, 201; *Bartsch*, CR 2000, 721, 723.

physikalische Zustand des Trägers durch die Löschung der Daten verändert, was zu einer Beeinträchtigung der Gebrauchstauglichkeit und somit der Funktionalität und der inneren Ordnung des Datenträgers führe.[104] Indem der Speicherinhalt geändert wird, komme es folglich zu einer Beeinträchtigung der Funktion des Datenträgers.[105] Andere lehnen diese Argumentation ab, da der Datenträger nach der Löschung noch funktioniere und daher die Funktionsfähigkeit gerade nicht beeinträchtigt sei.[106] Daher liege die Eigentumsverletzung in der physikalischen Veränderung der Magnetisierung des Datenträgers und dem damit einhergehenden Wertverlust.[107]

bb) Stellungnahme

(1) Datenlöschung

Für die Beurteilung der Frage, inwiefern eine Datenlöschung eine Eigentumsverletzung i.S.v. § 823 Abs. 1 BGB zur Folge hat, ist zunächst zu klären, ob es sich bei Daten um körperliche Gegenstände und somit um Sachen i.S.v. § 90 BGB handelt. Mit Ausnahme von *Meier/Wehlau*[108] wird weder in der Literatur noch in der Rechtsprechung genau dargestellt, worum es sich bei Daten handelt und wie die Speicherung von Daten erfolgt. Eine solche Darlegung ist aber notwendig, um beurteilen zu können, ob es sich bei Daten um Gegenstände handelt, die beherrschbar, sinnlich wahrnehmbar und im Raum abgrenzbar sind und bei einer natürlichen Betrachtung als Einheit erscheinen.

Für den Begriff der Daten existiert keine einheitliche Definition. Im allgemeinen Sprachgebrauch werden unter Daten Werte verstanden, die beispielsweise durch Beobachtungen, Messungen und sta-

---

[104] *Engel*, CR 1986, 701, 705; *Faust*, 71. DJT, S. A 72 f.; *Seitz/Thiel*, PHi 2013, 42, 44; *Spindler*, NJW 2004, 3145, 3146; *ders.*, JZ 2016, 805, 812.

[105] *Bartsch*, CR 2000, 721, 723.

[106] *Faustmann*, VuR 2006, 260, 261; *Meier/Wehlau*, NJW 1998, 1585, 1588.

[107] *Meier/Wehlau*, NJW 1998, 1585, 1588; vgl. *Andrees*, Außervertragl. Haftung IT-Sicherheit, S. 122 ff.

[108] *Meier/Wehlau*, NJW 1998, 1587, 1588.

tistische Erhebungen ermittelt wurden.[109] In der Informatik wiederum handelt es sich bei Daten um Informationen, die durch Zeichen oder kontinuierliche Funktionen dargestellt werden und die sich als Gegenstand oder Mittel der Datenverarbeitung für eine Datenverarbeitungsanlage codieren lassen oder die das Ergebnis eines Datenverarbeitungsvorgangs sind.[110] Diese Daten werden auf einem Datenträger gespeichert, wie beispielsweise auf einem USB-Stick oder einer Festplatte. Für die Beurteilung, ob das Kriterium der Körperlichkeit erfüllt ist, ist entscheidend, wie die Daten auf dem Datenträger gespeichert werden. Bei der Speicherung von Daten auf herkömmlichen Festplatten werden Magnetisierungszustände der in dem Datenträger befindlichen magnetischen Teilchen einer Schicht verändert, indem der Schreibkopf des Datenträgers ein Magnetfeld erzeugt, welches die Magnetschicht magnetisiert.[111] Die Auslesung der Daten erfolgt wiederum durch den Lesekopf des Datenträgers, indem die Magnetisierung der jeweiligen Schicht abgetastet wird.[112] Bei den neueren SSD-Festplatten werden die Daten wiederum durch elektrische Ladungszustände und die Veränderung von elektrischen Leitungseigenschaften halbleitender Materialien gespeichert.[113] Daten bestehen somit entweder aus Magnetisierungen oder aus elektrischen Ladungen. Magnetisierungen und elektrische Ladungen sind jedoch nicht beherrschbar und im Raum begrenzbar. Zwar sind Daten wie Bilddateien sinnlich wahrnehmbar, wenn sie beispielsweise auf dem Computer abgerufen werden. Allerdings handelt es sich dabei um das Ergebnis eines Datenverarbeitungsvorgangs. Die Daten selbst sind nicht wahrnehmbar. Wie auch bei der Elektrizität und den Wärme- und Schallwellen mangelt es den Daten daher an der für § 90 BGB notwendigen Körperlichkeit, weshalb diese nicht als Sachen einzuordnen sind und daher auch nicht eigentumsfähig sind.

Es stellt sich jedoch die Frage, ob eine Datenlöschung dennoch immer zu einer Eigentumsverletzung nach § 823 Abs. 1 BGB führt,

---

[109] https://www.duden.de/node/673173/revisions/1355178/view (zuletzt auferufen am: 30.09.2019).

[110] Vgl. *Lenckner/Eisele*, in: Schönke/Schröder, § 202a Rn. 3; *Liesching*, in: Paschke/Berlit/Meyer, Abschnitt 89 Rn. 23.

[111] *Däßler*, in: nestor Handbuch, Kap. 10.3, S. 8 f.; *Meier/Wehlau*, NJW 1998, 1587, 1588.

[112] *Däßler*, in: nestor Handbuch, Kap. 10.3, S. 9; *Meier/Wehlau*, NJW 1998, 1587, 1588.

[113] *Däßler*, in: nestor Handbuch, Kap. 10.3, S. 13 f.

da, wie die h.M. anführt, Daten stets auf einem Datenträger gespeichert sind und die Löschung zumindest eine Eigentumsverletzung an dem Datenträger zur Folge hat. Eine Eigentumsverletzung mit der BGH-Rechtsprechung herzuleiten, nach der eine Beeinträchtigung der bestimmungsgemäßen Verwendung und der Funktionsfähigkeit der Sache für eine Eigentumsverletzung ausreicht,[114] erscheint zweifelhaft. Denn die bestimmungsgemäße Verwendung liegt bei Festplatten und USB-Sticks darin, Daten langfristig auf ihnen zu speichern, um sie bei Bedarf jederzeit aufrufen zu können. Nach einer Datenlöschung funktioniert ein Datenträger aber in der Regel noch einwandfrei, da der Nutzer nach wie vor Daten auf dem Datenträger abrufen und speichern kann.[115] Nach einer Datenlöschung liegt somit keine erhebliche Beeinträchtigung der bestimmungsgemäßen Verwendung und der Funktionsfähigkeit eines Datenträgers vor. Sinnvoller erscheint es vielmehr, auf die nachteilige Veränderung des Datenträgers abzustellen.[116] Denn eine Eigentumsverletzung liegt in jedem Fall dann vor, wenn auf die Substanz der Sache eingewirkt wurde.[117] Dies ist bei einer Datenlöschung der Fall, da hier die Magnetisierungen bzw. die elektrischen Ladungen des jeweiligen Datenträgers verändert werden. Auch wenn diese Veränderung mit dem bloßen Auge nicht erkennbar ist, so wird doch auf die Substanz des Datenträgers eingewirkt.[118] Die Eigentumsverletzung liegt somit in der Substanzverletzung des Datenträgers durch das Löschen der Daten.

Fraglich ist jedoch, ob dieses Ergebnis tatsächlich zur Folge hat, dass eine Datenlöschung immer zu einer Eigentumsverletzung am Datenträger führt. Dies nimmt unter anderem die Rechtsprechung an, die aus diesem Grund auch die Frage, ob Daten selbst als Sache einzuordnen sind, offen gelassen hat.[119] Dies war insofern verständlich, als dass zu dieser Zeit der Eigentürmer des Datenträgers

---

[114] BGH, Urt. v. 21.12.1970 – II ZR 133/68, BGHZ 55, 153, 159 = NJW 1971, 886, 888; Urt. v. 07.12.1993 – VI ZR 74/93, NJW 1994, 517, 518; Urt. v. 06.12.1994 – VI ZR 229/93, NJW-RR 1995, 342; *Kullmann*, NJW 1999, 96, 97.

[115] *Meier/Wehlau*, NJW 1998, 1585, 1588.

[116] *Meier/Wehlau*, NJW 1998, 1585, 1588.

[117] *Förster*, in BeckOKBGB, § 823 Rn. 125.

[118] *Meier/Wehlau*, NJW 1998, 1585, 1588.

[119] OLG Karlsruhe, Urt. v. 07.11.1995 – 3 U 15/95, NJW 1996, 200, 201.

und der derjenige, dem die Daten zuzuordnen waren, identisch waren. In der Zwischenzeit haben sich die Speichermethoden allerdings stark geändert. Zu einer Neubeurteilung der Frage, ob eine Datenlöschung immer auch eine Eigentumsverletzung des Datenträgers zur Folge hat, könnte das sog. Cloud-Computing führen. Bei dem Cloud-Computing wird die Datei des Nutzers nicht mehr auf seinem eigenen Datenträger gespeichert, sondern auf den Servern von Dienstleistern, auf welche der Nutzer mit Hilfe des Internets zugreifen kann.[120] Wird nun eine Datei des Nutzers von einem Cyber-Angriff gelöscht, erfolgt die Löschung nicht auf einem Datenträger des Nutzers, sondern auf einem Träger des Cloud-Dienstleisters. Da die Löschung auf einem Datenträger erfolgt, der nicht im Eigentum des Datennutzers steht, kommt es folglich auch nicht zu einer Verletzung seines Eigentums.[121] Speichert ein Nutzer somit seine Daten in einer Cloud und werden diese Daten durch einen Cyber-Angriff gelöscht, kann er keine Eigentumsverletzung an seinen Daten geltend machen. Ein weiterer bedeutender Fall, bei dem eine Datenlöschung nicht immer eine Eigentumsverletzung zur Folge hat, ist die Löschung von E-Mails und den in E-Mail-Anhängen gespeicherten Daten, da diese in der Regel auf den Servern der E-Mail-Anbieter gespeichert werden.[122] Eine Datenlöschung führt mithin nicht immer auch zu einer Eigentumsverletzung gem. § 823 Abs. 1 BGB.

(2) Datenverschlüsselung und Datendiebstahl

Fraglich ist, ob dieses Ergebnis auch für die Datenverschlüsselung gilt. Wie oben bereits dargestellt, werden Daten immer häufiger durch sog. Ransomware verschlüsselt. Anders als bei der Löschung befinden sich die Daten noch auf dem Datenträger, der Nutzer kann nur durch die Verschlüsselung nicht mehr auf sie zugreifen. Bei der

---

[120] *Schmidl*, IT-Recht von A – Z, S. 54.

[121] *Andrees*, Außervertragl. Haftung IT-Sicherheit, S. 126; *Grützmacher*, CR 2016, 485, 489; *Langen/Stier*, in: Gabel/Heinrich/Kiefner, Kap. 10 Rn. 37; *Riehm*, VersR 2019, 714, 717; *Sprau*, in: Palandt, § 823 Rn. 9; *Spindler*, JZ 2016, 805, 812; *ders.*, in: Hornung/Schallbruch, § 11 Rn 14; *Wagner*, in MüKoBGB, § 823 Rn. 247.

[122] *Faust*, 71. DJT, S. A 77; *Spindler*, JZ 2017, 805, 812; *Wagner*, in: MüKoBGB, § 823 Rn. 248.

Datenverschlüsselung ist es somit nicht zu einer Substanzverletzung gekommen. Anders als bei einer Datenlöschung kann hier allerdings auf die Rechtsprechung des BGH zurückgegriffen werden, wonach auch eine nicht unerhebliche Beeinträchtigung der bestimmungsgemäßen Verwendung und der Funktionsfähigkeit der Sache für eine Eigentumsverletzung ausreichend ist.[123] Wie bereits dargestellt, liegt die bestimmungsgemäße Verwendung bei Datenträgern darin, Daten langfristig auf ihnen zu speichern, um sie bei Bedarf jederzeit aufrufen zu können. Diese Funktion ist erheblich beeinträchtigt, wenn der Eigentümer auf die von ihm gespeicherten Daten durch die Verschlüsselung nicht mehr zugreifen kann.[124] Aus diesen Gründen stellt auch die Verschlüsselung von Daten eine Eigentumsverletzung am Datenträger i.S.v. § 823 Abs. 1 BGB dar, nur dass diese anders als die Datenlöschung nicht auf einer Substanzverletzung, sondern auf einer erheblichen Beeinträchtigung der bestimmungsgemäßen Verwendung beruht.[125] Eine Datenverschlüsselung führt aber ebenfalls nur dann zu einer Eigentumsverletzung, wenn der Datenträger im Eigentum des Datennutzers steht.

Fraglich ist, ob eine Eigentumsverletzung darüber hinaus auch beim sog. Datendiebstahl vorliegt. Bei diesem werden die Daten in der Regel von Unberechtigten auf eigene Datenträger kopiert. Bei einem Kopieren von Daten wird lediglich ein zweites Exemplar der Daten geschaffen, die Originaldaten bleiben dabei in der Regel in ihrer ursprünglichen Form ohne jegliche Beschädigung auf dem Datenträger bestehen. Eine reine Vervielfältigung führt daher weder zu einer Substanzverletzung an dem Datenträger, noch wird dessen bestimmungsgemäße Verwendung erheblich beeinträchtigt. Aus diesen Gründen stellt der Datendiebstahl keine Eigentumsverletzung i.S.v. § 823 Abs. 1 BGB dar.[126]

---

[123] BGH, Urt. v. 21.12.1970 – II ZR 133/68, BGHZ 55, 153, 159 = NJW 1971, 886, 888; Urt. v. 07.12.1993 – VI ZR 74/93, NJW 1994, 517, 518; Urt. v. 06.12.1994 – VI ZR 229/93, NJW-RR 1995, 342; *Kullmann*, NJW 1999, 96, 97.

[124] *Sodtalbers*, Softwarehaftung im Internet, Rn. 512.

[125] Vgl. *Sodtalbers*, Softwarehaftung im Internet, Rn. 511 f.

[126] *Seitz/Thiel*, PHi 2013, 42, 44; Vgl. *Hager*, in: Staudinger, § 823 Rn. B 60 (bzgl. Software).

cc) Zwischenergebnis

Nach hier vertretener Ansicht liegt eine Eigentumsverletzung nach dem Löschen oder Verschlüsseln von Daten vor, wenn der Datenträger im Eigentum des Datennutzers steht. Wurden Daten kopiert, kommt, unabhängig von den Eigentumsverhältnissen am Datenträger, keine Eigentumsverletzung in Betracht.

b) Verletzung des Rechts am Besitz

Eine Datenlöschung könnte auch eine Verletzung des Besitzes darstellen. Das Recht am Besitz ist als sonstiges Recht i.S.v. § 823 Abs. 1 BGB anerkannt.[127] Der BGH hat in einem Fall, in dem ein Softwaredienstleister seinen Kunden auf einem zentralen Server installierte Buchhaltungs- und Warenwirtschaftssoftware zur Nutzung über das Internet zur Verfügung gestellt hat, einen Besitz der Kunden an der Software abgelehnt.[128] In der Literatur wird im Zusammenhang mit der Datenlöschung zum Teil vertreten, dass bei einer Löschung von Daten, die auf einem fremden Server gespeichert sind, grundsätzlich eine Verletzung des Besitzes vorliege.[129] Zwar erkennt *Spindler* an, dass das Kriterium der unmittelbaren Sachherrschaft auf den ersten Blick nicht vorliege. Er wendet aber ein, dass es für den Besitz nicht notwendig sei, dass eine Inaugenscheinnahme der Sache möglich ist, sondern vielmehr ausreichend sei, dass der Besitzer über die Sache eine gewisse Herrschaft ausüben kann.[130] Eine solche Sachherrschaft liege vor, da „die Teilnehmer bzw. Eigentümer der Daten" darüber bestimmen könnten, ob und wie sie genutzt werden und damit auch über die physische Existenz und die Beschaffenheit der Datensätze entscheiden könn-

---

[127] BGH, Urt. v. 04.11.1997 – VI ZR 348/96, BGHZ 137, 89, 98 = NJW 1998, 377, 380; *Förster*, in: BeckOKBGB; § 823 Rn. 155; *Hager*, in: Staudinger, § 823 Rn. B 167 ff.; *Schaub*, in: Prütting/Wegen/Weinrich, § 823 Rn. 63; *Wagner*, in: MüKoBGB, § 823 Rn. 324.

[128] BGH, Urt. v. 15.11.2006 – XII ZR 120/04, NJW 2007, 2394, 2395.

[129] *Faust*, 71. DJT, S. A 73; *Spindler*, JZ 2016, 805, 812; *vgl. Faustmann*, VW 2006, 260, 261 (ablehnend für ausgelagerte Daten, bejahend für geleaste Computersysteme).

[130] *Spindler*, JZ 2016, 805, 812.

ten.[131] Allerdings lehnt auch *Spindler* einen ausreichenden Besitzschutz bei Datenlöschungen im Ergebnis ab, da dieser versage, wenn die Daten in Fragmente auf mehreren Servern verteilt sind oder sich ihr genauer Aufenthaltsort nicht feststellen lasse und die Sachherrschaft so nicht mehr auf konkrete Datenträger bezogen sei.[132]

Zwar ist *Spindler* darin zuzustimmen, dass die fragmentarische Speicherung von Daten eine Zuordnung zu einzelnen Datenträgern schwierig macht. Jedoch wird sich in den meisten Fällen bei der Speicherung auf fremden Servern, wie beim Cloud-Computing, feststellen lassen, bei welchem Anbieter und auf welchen Servern die Daten gespeichert waren. Vielmehr könnte gegen einen Schutz von Daten über das Besitzrecht die rechtliche Einordnung von Daten sprechen. Denn gem. § 854 Abs. 1 BGB kann Besitz nur an Sachen erworben werden. Wie bereits dargestellt, mangelt es Daten aber an der Sachqualität.[133] An den Daten selbst kann daher auch kein Besitz bestehen, weshalb für die Beurteilung des Besitzes nicht entscheidend ist, ob der Nutzer die Herrschaft über die Daten ausübt. Vielmehr kann ein Anspruch aus Verletzung des Besitzrechts nur vorliegen, wenn der Anspruchsteller auch die tatsächliche Sachherrschaft über den Datenträger ausübt. Dies ist in jedem Fall gegeben, wenn eine Person die physische Zugriffsmöglichkeit auf den Datenträger hat, wie zum Beispiel bei einem USB-Stick oder einem Laptop, den der Nutzer mit sich führt.

Fraglich ist, ob eine Sachherrschaft auch vorliegt, wenn eine Person keinen physischen Zugang zu dem Datenträger hat. Die tatsächliche Sachherrschaft erfordert eine gewisse Dauer und Festigkeit der Beziehung zur Sache sowie eine Zugänglichkeit, welche eine jederzeitige Einwirkung auf die Sache ermöglicht.[134] Von dem physischen Zugriff auf den Datenträger ist der eigentliche Zugriff auf den Speicher des Datenträgers zu unterscheiden. Denn die wesentliche Funktion von Datenträgern liegt darin, dass auf ihnen einerseits Da-

---

[131] *Spindler*, JZ 2016, 805, 812.
[132] *Spindler*, JZ 2016, 805, 812.
[133] Siehe S. 33.
[134] *Gutzeit*, in: Staudinger, § 854 Rn. 4 ff.; *Schäfer*, in: MüKoBGB, § 854 Rn. 23 ff.

ten gespeichert und andererseits verwaltet werden können, wie zum Beispiel durch die Anlegung einer Ordnerstruktur. Jeder Datenträger hat zudem eine bestimmte Speicherkapazität, bis zu deren Ausschöpfung eine Speicherung von Daten möglich ist. Eine tatsächliche Sachherrschaft wird sich daher annehmen lassen, wenn der Nutzer auf dem Datenträger Daten speichern und verwalten kann und zudem Zugriff auf die gesamte Speicherkapazität hat. Denn in diesem Fall kann der Nutzer tatsächlich darüber verfügen, wie der Datenträger genutzt wird, indem er bestimmen kann, welche und wie viele Daten sich auf dem Datenträger befinden. Eine Sachherrschaft lässt sich daher auch annehmen, wenn der Nutzer im Wege des Fernzugriffs auf den gesamten Speicher des Datenträgers zugreifen kann. Im Rahmen des Cloud-Computing haben die einzelnen Nutzer aber nur ein im Vergleich zur Gesamtkapazität des Datenträgers sehr kleines Datenvolumen zur Verfügung. Sie haben daher keinen Zugriff auf die gesamte Speicherkapazität und haben somit auch keine tatsächliche Sachherrschaft über den gesamten Datenträger.[135]

Bei einer Löschung von Daten, die auf einem fremden Datenträger gespeichert sind, liegt mithin keine Verletzung des Besitzes i.S.v. § 823 Abs. 1 BGB vor.

c) Verletzung des Rechts am eingerichteten und ausgeübten Gewerbebetrieb

Die durch das Cloud-Computing entstandene Haftungslücke ließe sich aber unter Umständen durch die Annahme einer Verletzung des Rechts am eingerichteten und ausgeübten Gewerbebetrieb schließen. *R. Koch* bejaht eine Verletzung des Recht am eingerichteten und ausgeübten Gewerbebetrieb bei einer Datenlöschung.[136] Andere unterscheiden nach Fallgruppen und bejahen eine Rechtsgutsverletzung beispielsweise bei einem Datendiebstahl[137] oder der

---

[135] Vgl. *Andrees*, Außervertragl. Haftung IT-Sicherheit, S. 127 f.
[136] *R. Koch*, NJW 2004, 801, 803.
[137] *Seitz/Thiel*, PHi 2013, 42, 45.

gezielten Löschung der Kundenkartei eines Unternehmens.[138] Ein weiterer Teil der Literatur verneint eine Verletzung des Rechts am eingerichteten und ausgeübten Gewerbebetrieb.[139] In der Rechtsprechung wurde die Frage, inwieweit Cyber-Schäden durch einen Eingriff in das Recht am eingerichteten und ausgeübten Gewerbebetrieb geltend gemacht werden können, bisher nicht entschieden. Jedoch hat der BGH einen solchen Eingriff bei der einmaligen unverlangten Zusendung einer Werbe-E-Mail angenommen.[140]

Maßgebliche Voraussetzung für eine Verletzung dieses Rechtsguts ist, dass ein betriebsbezogener Eingriff vorliegt. Ein solcher Eingriff ist gegeben, wenn sich der Eingriff nach objektiven Maßstäben gegen den Betrieb als solchen richtet und nicht nur vom Betrieb ablösbare Rechtspositionen beeinträchtigt wurden.[141] Betriebsbezogen sind daher nur solche Beeinträchtigungen, die die Grundlagen des Betriebs bedrohen oder gerade den Funktionszusammenhang der Betriebsmittel auf längere Zeit aufheben oder seine Tätigkeit als solche in Frage stellen.[142] Dies wird bei Cyber-Schäden oftmals der Fall sein, da Cyber-Angriffe unter anderem zu schwerwiegenden Betriebsunterbrechungen bei den betroffenen Unternehmen führen können. Fraglich ist jedoch, ob für einen Eingriff in den eingerichteten und ausgeübten Gewerbebetrieb darüber hinaus auch eine Willensrichtung des Schädigers erforderlich ist, welche darauf gerichtet ist den konkreten Gewerbebetrieb zu beeinträchtigen. Die Rechtsprechung bejaht dies,[143] wohingegen *Förster* das Erfordernis einer solchen Willensrichtung für wenig überzeugend hält.[144]

---

[138] *Faust*, 71. DJT, S. 74.

[139] *Faustmann*, VuR 2006, 260, 262; *Rockstroh/Kunkel*, MMR 2017, 77, 79; *Spindler*, NJW 2004, 3145, 3146; *ders.*, BSI Studie, Rn. 107, 108.

[140] BGH, Beschl. v. 20.05.2009 – I ZR 218/07, NJW 2009, 2958.

[141] BGH, Urt. v. 9. 12. 1958 – VI ZR 199/57, BGHZ 29, 65, 74 = NJW 1959, 479, 481; Beschl. v. 10.12.2002 – VI ZR 171/02, NJW 2003, 1040, 1041; Urt. v. 15.05.2012 – VI ZR 117/11, BGHZ 193, 227 Rn. 21 = NJW 2012, 2579, 2580; *Hager*, in: Staudinger, § 823 Rn. D 11; *Wagner*, in: MüKoBGB, § 823 Rn. 369.

[142] BGH, Urt. v. 18.01.1983 – VI ZR 270/80, NJW 1983, 812, 813; *Förster*, in: BeckOKBGB, § 823 Rn. 184.

[143] BGH, Urt. v. 30.05.1972 – VI ZR 6/71, NJW 1972, 1366, 1367; Urt. v. 16.06.1977 - III ZR 179/75, NJW 1977, 1875, 1877 f.; Urt. v. 08.01.1981 – III ZR 125/79, NJW 1981, 2416.

[144] *Förster*, in: BeckOKBGB, § 823 Rn. 186;

Für das Erfordernis einer solchen Willensrichtung spricht, dass sich ein Eingriff nicht gegen den Betrieb als solchen richten kann, wenn es dem Schädiger überhaupt nicht darauf ankam den konkreten Betrieb zu schädigen.[145] Hinzu kommt, dass es bei dem Erfordernis einer Willensrichtung des Schädigers auch darum geht, Schäden auszuklammern, in denen das Unternehmen nicht anders betroffen ist als eine große Anzahl anderer Unternehmen und Personen.[146] Aus diesen Gründen ist für einen Eingriff in den eingerichteten und ausgeübten Gewerbebetrieb eine Willensrichtung des Schädigers erforderlich, die darauf gerichtet ist den konkreten Gewerbebetrieb zu beeinträchtigen.

Entscheidend ist folglich, inwieweit bei Cyber-Angriffen eine solche Willensrichtung des Schädigers gegeben ist. Diese Frage stellt sich insbesondere, wenn Datenverluste oder -verschlüsselungen durch Schadsoftware verursacht werden. *R. Koch* ist der Ansicht, dass bei Schäden, die durch Viren verursacht wurden, immer das Merkmal der Betriebsbezogenheit erfüllt sei, da der Virenschreiber in der Regel vorsätzlich gehandelt habe.[147] Dem ist zumindest bei massenhaft versandter Schadsoftware nicht zuzustimmen. Denn Schadprogramme wie Viren, Würmer oder Ransomware sind in der Regel so programmiert, dass sie sich automatisch und wahllos verbreiten, um möglichst eine Vielzahl von Systemen zu infizieren, ohne dass sie dabei den Computer einer bestimmten Person bzw. Personengruppe angreifen sollen. Der Programmierer hat die Schadsoftware in diesen Fällen zwar bewusst so programmiert, dass sie zu einer Löschung oder Verschlüsselung der Daten führt, er hatte dabei jedoch nicht die Absicht, ein ganz bestimmtes Unternehmen mit Schadsoftware zu infizieren. Der Ersteller hatte vielmehr nur einen Generalvorsatz, der sich darauf bezog, möglichst viele Unternehmen und Personen zu schädigen. Ein solcher Generalvorsatz kann jedoch für einen betriebsbezogenen Eingriff nicht ausreichen, da sich der Wille des Schädigers nach hier vertretender Ansicht konkret darauf richten muss, das betroffene Unternehmen zu schädigen. Aus diesen Gründen scheitert ein Anspruch wegen Verletzung des Rechts am

---

[145] Vgl. *Hager*, in: Staudinger, § 823 Rn. D 17.
[146] Vgl. *Hager*, in: Staudinger, § 823 Rn. D 17; *Wagner*, in: MüKoBGB, § 823 Rn. 369.
[147] *R. Koch*, NJW 2004, 801, 803.

eingerichteten und ausgeübten Gewerbebetrieb bei sich automatisch verbreitender Software an der mangelnden Betriebsbezogenheit des Eingriffs.

Allerdings gibt es auch Fälle, in denen Kriminelle gezielt bestimmten Mitarbeitern von Unternehmen E-Mails mit einem unternehmensbezogenem Inhalt zusenden, welche den Mitarbeiter dazu verleiten sollen, den mit Schadsoftware präparierten Anhang zu öffnen, um daraufhin Unternehmensdaten zu löschen. In einem solchen Fall richtet sich der Angriff direkt gegen das Unternehmen, weshalb eine Verletzung des Rechts am eingerichteten und ausgeübten Gewerbebetrieb vorliegt. Die Betriebsbezogenheit wird sich folglich insbesondere dann bejahen lassen, wenn die Täter die Methode des Social Engineering[148] verwendet haben und versuchen, mit Hilfe sozialer Handlungen das Opfer zu einem bestimmten Verhalten zu verleiten, wie eben dem Öffnen eines präparierten E-Mail-Anhangs. Für eine Betriebsbezogenheit spricht hier zudem, dass die Angreifer häufig mit Hilfe des Internets gezielt nach Personen suchen, die in dem jeweiligen Unternehmen eine für das Ziel des Cyber-Angriffs entscheidende Position besetzen. Bei Cyber-Angriffen, die mit Hilfe des Social-Engineering durchgeführt wurden, kommt es somit in der Regel zu einem Eingriff in das Recht am eingerichteten und ausgeübten Gewerbebetrieb. Auch bei den großangelegten Advanced Persitant Threat-Angriffen[149] lässt sich eine Betriebsbezogenheit des Angriffs annehmen, da sich diese an bestimmte staatliche Institutionen und internationale Unternehmen richten, um beispielsweise wichtige Geschäftsgeheimnisse zu erlangen.

Es kommt somit in einigen Fällen die Verletzung des Rechts am eingerichteten und ausgeübten Gewerbebetrieb in Betracht. Meist wird ein solcher Anspruch aber an der fehlenden Betriebsbezogenheit scheitern.

---

[148] Zur Begriffserläuterung siehe S. 13.
[149] Zur Funktionsweise siehe S. 14.

d) Verletzung eines Schutzgesetzes gem. § 823 Abs. 2 BGB

aa) Strafrechtliche Schutzvorschriften

Fraglich ist, inwieweit bei einer Datenlöschung eine Schadensersatzpflicht wegen des Verstoßes gegen ein Schutzgesetz i.S.v. § 823 Abs. 2 BGB in Betracht kommt. Als Schutzvorschriften kommen strafrechtliche Normen in Frage, die speziell Taten mit IT-Bezug unter Strafe stellen. Gem. § 303a StGB macht sich strafbar, wer rechtswidrig Daten löscht, unterdrückt, unbrauchbar macht oder verändert. § 303a StGB verweist im Hinblick auf Daten auf die Legaldefinition des § 202a Abs. 2 StGB. Danach sind Daten i.S.v. § 202a Abs. 1 StGB nur solche, die elektronisch, magnetisch oder sonst nicht unmittelbar gespeichert sind oder übermittelt werden. Da § 303a StGB die Fremdheit der Daten nicht voraussetzt, besteht in der Literatur Einigkeit dahingehend, dass die Verfügungsbefugnis einzuschränken ist, indem von § 303a StGB nur solche Daten erfasst sind, an denen einer anderen Person als dem Täter ein unmittelbares rechtlich schutzwürdiges Interesse in Form einer eigentümerähnlichen Verfügungsbefugnis zusteht.[150] Wann diese Befugnis besteht, ist jedoch umstritten. Nach einer Ansicht ist die eigentumsähnliche Verfügungsbefugnis nach sachenrechtlichen Grundsätzen zu bestimmen, weshalb dem Eigentümer oder rechtmäßigen Besitzer des Datenträgers die Verfügungsbefugnis zusteht, wobei dieser die Befugnis zur Datennutzung auch schuldrechtlich einem Dritten einräumen kann.[151] Nach anderer Auffassung bestimmt die Verfügungsbefugnis sich hingegen nach dem „Skripturakt", weshalb dem Urheber der Speicherung der Daten die Verfügungsbefugnis zusteht.[152] Bei Cloud- und E-Mail-Anbietern erstellt und speichert der Nutzer die Daten auf dem Server der Daten. Auch räumt der Dienstanbieter dem Nutzer in der Regel eine Verfügungs- und Nut-

---

[150] *Heger*, in: Lackner/Kühl, § 303a Rn. 4; *Stree/Hecker*, in: Schönke/Schröder, § 303a Rn. 3; *Wolf*, in: Leipziger Kommentar, § 303a Rn.10; *Weidemann*, in: BeckOKStGB, § 303a Rn. 5; *Wieck-Noodt*, in: MüKoStGB, § 303a StGB Rn. 9 f.

[151] *Stree/Hecker*, in: Schönke/Schröder, § 303a Rn. 3; *Wieck-Noodt*, in: MüKoStGB, § 303a StGB Rn. 9 f.

[152] BayObLG, Urt. v. 24.06.1993 – 5 St RR 5/93, BayObLGSt 1993, 86, 89; OLG Nürnberg, Beschl. v. 23.01.2013 – 1 Ws 445/12, ZD 2013, 282, 283; *Hilgendorf*, JR 1994, 478, 479.

zungsbefugnis ein. Nach beiden Ansichten ist der Datennutzer auch dann verfügungsbefugt, wenn er die Daten bei einem Cloud- oder E-Mail-Anbieter gespeichert hat. Der Täter macht sich somit gem. § 303a StGB auch dann strafbar, wenn er Daten löscht oder unterdrückt, die der Datennutzer bei einem Cloud- oder E-Mail-Anbieter gespeichert hat.

Eine weitere Strafbarkeit im Zusammenhang mit Daten ist nach § 202a StGB möglich. Danach ist es strafbar, sich oder einem anderen Zugang zu Daten zu verschaffen, die nicht für ihn bestimmt oder gegen unberechtigten Zugang besonders gesichert sind. Seit der Gesetzesänderung aus dem Jahr 2007 umfasst das Merkmal des Verschaffens sowohl das Erlangen der Verfügungsmöglichkeit über die Daten durch den Täter, als auch des Verschaffen des bloßen Zugangs zu den Daten.[153] Ein Verschaffen der Verfügungsmöglichkeit liegt vor, wenn der Täter die tatsächliche Sachherrschaft über die Daten erlangt hat, was sowohl die Besitzverschaffung des Datenträgers als auch das Kopieren auf einen Datenträger und die sonstige Aufzeichnung der Daten umfasst.[154] Durch die Strafbarkeit des Verschaffens des Zugangs zu Daten wird nun auch das Hacking von Daten umfasst, bei denen sich der Täter nur den bloßen Zugang zu den Daten verschafft.[155] Mit § 823 Abs. 2 BGB i.V.m. § 202a StGB kann der Geschädigte somit auch solche Schäden geltend machen, die ihm dadurch entstanden sind, dass der Täter die Daten lediglich kopiert, aber nicht gelöscht hat. Dies gilt auch für Daten, die auf Servern von Cloud- und E-Mail-Anbietern gespeichert sind.

Da mit § 823 Abs. 2 BGB i.V.m. § 202a StGB und § 303a sowohl Schäden im Zusammenhang mit dem Cloud-Computing als auch mit dem Diebstahl von Daten geltend gemacht werden können, scheinen die Haftungslücken des § 823 Abs. 1 BGB geschlossen zu sein. Allerdings verlangen die strafrechtlichen Vorschriften Vorsatz und bieten keinen Schutz vor einer fahrlässigen Begehungswei-

---

[153] *Kindhäuser*, StGB Kommentar, § 202a Rn. 6.
[154] *Graf*, in: MüKoStGB, § 202a Rn. 50; *Hilgendorf*, JuS 1996, 702, 704.
[155] *Fischer*, StGB, § 202a Rn. 10; *Kindhäuser*, StGB Kommentar, § 202a Rn. 6.

se.[156] Aus diesem Grund wird ein Anspruch aus § 823 Abs. i.V.m. §§ 202a StGB, 303a StGB in der Regel nur gegen die Angreifer bestehen.[157] Die meisten Ansprüche werden sich jedoch gegen Dritte richten, wie unter anderem Softwarehersteller und das Opfer des Angriffs. Diese werden den Schaden aber in der Regel nicht vorsätzlich herbeigeführt haben. Aus diesem Grund lassen sich auch mit Hilfe der strafrechtlichen Vorschriften die bestehenden Haftungslücken nicht adäquat schließen.[158]

bb) Datenschutzrecht, BSIG und TMG

Eine Haftung nach § 823 Abs. 2 BGB kommt des Weiteren in Verbindung mit datenschutzrechtlichen Schutzvorschriften in Betracht. Von praktisch größter Bedeutung dürfte hier Art. 32 DSGVO sein.[159] Demnach haben Unternehmen bei der Verarbeitung personenbezogener Daten technische und organisatorische Maßnahmen zu treffen, um ein angemessenes Schutzniveau zu gewährleisten. Nach einem Cyber-Angriff kommt daher ein Anspruch aus § 823 Abs. 2 BGB i.V.m. Art 32 DSGVO in Betracht, wenn das Unternehmen keine ausreichenden technischen und organisatorischen Maßnahmen getroffen hat, um die Daten vor einer Löschung oder den Zugriffen Dritter zu schützen. Allerdings sind vom Schutzbereich der DSGVO nur personenbezogene und keine gewerblichen Daten oder Daten von juristischen Personen erfasst, sodass der Schutzbereich des Datenschutzrechts beschränkt ist.[160] Auch das Datenschutzrecht vermittelt folglich keinen umfassenden Schutz bei einer Datenlöschung.

Um ein weiteres Schutzgesetz könnte es sich bei der Vorschrift des § 8a Abs. 1 S. 1 BSIG handeln. Danach haben Betreiber kritischer Infrastrukturen angemessene organisatorische und technische Vor-

---

[156] *Faust*, 71. DJT, S. A 76; *Riehm*, VersR 2019, 714, 718; *Spindler*, JZ 2016, 805, 814; *ders.*, in: Hornung/Schallbruch, § 10 Rn. 64.

[157] Vgl. *Andrees*, Außervertragl. Haftung IT-Sicherheit, S. 144 f.

[158] *Faust*, 71. DJT, S. A 76; *Spindler*, JZ 2016, 805, 814.

[159] Vgl. *Voigt*, IT-Sicherheitsrecht, Rn. 262.

[160] *Faust*, 71. DJT, S. A 76; *Spindler*, JZ 2016, 805, 814.

kehrungen zu treffen, um Störungen der Verfügbarkeit, Integrität, Authentizität und Vertraulichkeit ihrer Komponenten oder Prozesse zu vermeiden. Abgesehen davon, dass § 823 Abs. 2 BGB i.V.m. § 8a Abs. 1 S. 1 BSIG nur einen Anspruch gegen die Betreiber kritischer Infrastrukturen begründen würde, fehlt es der Vorschrift schon an dem notwendigen drittschützendem Charakter, da die Vorschriften des BSIG in erster Linie das Funktionieren des Gemeinwesens bezwecken und individuelle IT-Nutzer daher nur mittelbar geschützt werden.[161]

Ein weiteres Schutzgesetz könnte § 13 Abs. 7 TMG darstellen, wonach die Anbieter von Telemedien bestimmte technische und organisatorische Schutzmaßnahmen treffen müssen. Zwar ließe sich hier grundsätzlich ein drittschützender Charakter bejahen,[162] allerdings bietet diese Vorschrift aufgrund ihres begrenzten personellen Anwendungsbereichs ebenfalls keinen umfassenden Schutz bei Datenlöschungen.

e) Sittenwidrige vorsätzliche Schädigung gem. § 826 BGB

Eine weitere deliktsrechtliche Norm, die Anwendung im Zusammenhang mit Cyber-Angriffen finden könnte, ist § 826 BGB. Danach ist zum Schadensersatz verpflichtet, wer einem anderen in einer gegen die guten Sitten verstoßenden Weise vorsätzlich einen Schaden zufügt. Das vorsätzliche Kopieren, Löschen oder Verschlüsseln von Daten verstößt gegen das Anstandsgefühl aller billig und gerecht Denkenden. Da für einen Anspruch aus § 826 BGB aber Vorsatz notwendig ist, wird ein Anspruch in erster Linie gegen die Angreifer selbst in Betracht kommen. Denkbar ist eine vorsätzliche sittenwidrige Schädigung des Weiteren bei Softwareherstellern, die von einer Sicherheitslücke ihres Programms wissen, für ihre Nutzer aber keine Updates und Patches zur Schließung dieser Lücken zur Verfügung stellen. Ansonsten ist der praktische Anwendungsbereich des

---

[161] *Andrees*, Außervertr. Haftung IT-Sicherheit, S. 78; *Spindler*, CR 2016, 297, 306; *ders.*, in: Hornung/Schallbruch, § 10 Rn. 36; *Voigt*, IT-Sicherheitsrecht, Rn. 384; Vgl. *Roos*, MMR 2015, 636.

[162] Siehe dazu ausführlich: *Andrees*, Außervertr. Haftung IT-Sicherheit, S. 80 ff.

§ 826 BGB im Zusammenhang mit Cyber-Angriffen aufgrund des Vorsatzerfordernisses begrenzt.[163]

f) Lösungsvorschläge

Die vorangegangene Darstellung hat gezeigt, dass das Deliktsrecht bisher nicht in der Lage ist, einen umfassenden Deliktsschutz bei Cyber-Schäden, die im Zusammenhang mit Daten stehen, zu gewährleisten. So kommt ein Anspruch wegen einer Eigentumsverletzung gem. § 823 Abs. 1 BGB nicht in Betracht, wenn der Geschädigte seine Daten auf einem fremden Datenträger gespeichert hat. Die sonstigen Rechte des § 823 Abs. 1 BGB und § 823 Abs. 2 BGB setzen zwar nicht voraus, dass der Datenträger im Eigentum des Geschädigten steht. Dafür scheitert die Geltendmachung von Cyber-Schäden oftmals an anderen Voraussetzungen, wie dem Besitz- oder Vorsatzerfordernis oder am Mangel eines betriebsbezogenen Eingriffs. Es stellt sich daher die Frage, wie sich ein Anspruch begründen lässt, der umfassende Kompensationsmöglichkeiten gewährt. Dafür sollen zunächst die in der Literatur diskutierten Lösungsvorschläge dargestellt werden, um sodann Stellung zu nehmen und eigene Lösungsmöglichkeiten aufzuzeigen.

aa) Recht am Datenbestand

Sehr unterschiedlich wird in der Literatur die Frage beurteilt, ob die durch die neuen Technologien entstandene Schutzlücke durch ein sog. Recht am Datenbestand bzw. Dateneigentum als sonstiges Recht i.S.v. § 823 Abs. 1 BGB geschlossen werden soll.

---

[163] *Faust*, 71. DJT, S. A 77; *Riehm*, VersR 2019, 714, 720.

(1) Kein sonstiges Recht i.S.v. § 823 Abs. 1 BGB

Ein Großteil der Literatur lehnt einen Schutz mit Hilfe der Einordnung von Daten als sonstiges Recht i.S.v. § 823 Abs. 1 BGB ab.[164] Auf der einen Seite wird dabei die Notwendigkeit für einen solchen Schutz verneint, da bereits ein ausreichender Schutz bestehe, wie beispielsweise durch § 823 Abs. 2 BGB i.V.m. § 303a StGB.[165] Zudem wird eine mangelnde Notwendigkeit damit begründet, dass der Datenträger bereits über § 823 Abs. 1 BGB geschützt sei und ein Schutz der Daten daher nicht erforderlich sei.[166] Andere wiederum erkennen zwar aufgrund des Cloud-Computing an, dass momentan eine Haftungslücke besteht, wollen diese aber nicht über das sonstige Recht des § 823 Abs. 1 BGB schließen, sondern sehen vielmehr den Gesetzgeber in der Pflicht eine Verhaltensnorm zu schaffen, die eine Haftung über § 823 Abs. 2 BGB ermöglicht.[167] Dafür wird insbesondere vorgebracht, dass sich ein Recht am Datenbestand nicht in § 823 Abs. 1 BGB einfüge, weil diese Norm nur absolute Rechte schütze und Daten gerade nicht das typische Erscheinungsbild eines absoluten Rechts aufwiesen, da diese unbegrenzt kopierbar sind und die Daten durch den Kopiervorgang zudem keinen Schaden erleiden.[168] Aus dieser unbegrenzten Kopierbarkeit folge darüber hinaus auch, dass bei Daten keine Übertragung im klassischen Sinne erfolgt, da anders als bei herkömmlichen Sachen der Übertragende immer noch Zugriff auf die Daten haben kann.[169] Dies verdeutliche den großen Unterschied von Daten zu den anerkannten absoluten Rechten: Daten können von mehreren Personen gleichzeitig benutzt werden, weshalb es ihnen an dem Merkmal der Rivalität fehle.[170] Des Weiteren wird gegen ein Recht am Datenbestand eingewandt, dass in vielen Fällen nicht feststellbar sei, wem

---

164 *Andrees*, Außervertragl. Haftung IT-Sicherheit, S. 167 f.; *Boehm*, ZEuP 2016, 358, 384 f.; *Hager*, in: Staudinger, § 823 Rn. B 192; *Faust*, 71. DJT, S. A 78 ff.; *Grützmacher*, CR 2016, 485, 489 f.; *Härting*, CR 2016, 646, 649; *Heymann*, CR 2016, 650, 651 f.

165 *Härting*, CR 2016, 646, 649; *Heymann*, CR 2016, 650, 652.

166 *Hager*, in: Staudinger, § 823 Rn. B 192.

167 *Faust*, 71. DJT, A S. 82 ff.

168 *Faust*, 71. DJT, S. A 82.

169 *Faust*, 71. DJT, S. A 82.

170 *Faust*, 71. DJT, S. A 84.

das Recht an bestimmten Daten zusteht und wer somit der Berechtigte des Anspruchs sein soll.[171]

Auf der anderen Seite wird in der Literatur über die grundsätzliche rechtliche Einordnung und einen angemessenen Schutz von Daten diskutiert. Dabei wird von vielen Stimmen die Konstruktion eines Dateneigentums abgelehnt und damit einhergehend auch die Einordnung als sonstiges Recht gem. § 823 Abs. 1 BGB verneint.[172] Gegen die Konstruktion eines Dateneigentums spreche unter anderem die mangelnde planwidrige Regelungslücke, die für eine analoge Anwendung des § 903 BGB notwendig ist, da mit dem Datenschutzrecht, Urheberrecht, Wettbewerbsrecht und Strafrecht ein ausreichendes Schutzsystem bestehe[173] und durch eine Anerkennung als sonstiges Recht insbesondere im Zusammenhang mit personenbezogenen Daten kollidierende Rechtspositionen geschaffen würden.[174] Unter anderem wird ein Schutz durch das Immaterialgüterrecht als vorzugswürdig angesehen.[175]

(2) Sonstiges Recht gem. § 823 Abs. 1 BGB

Der andere Teil der Literatur ist aufgrund des schnellen technischen Wandels hingegen der Auffassung, dass Daten über ein Recht am Datenbestand, welches als sonstiges Recht gem. § 823 Abs. 1 BGB einzuordnen ist, zu schützen sei.[176] Dafür wird zunächst angeführt, dass es nicht verständlich sei, Daten und Datenträger rechtlich anders zu behandeln als das Gegenstück in der realen Welt, wie bei-

171 *Härting*, CR 2016, 646, 649; *Faust*, 71. DJT, A S. 84; Vgl. *Andrees*, Außervertragl. Haftung IT-Sicherheit, S. 154 ff. (ausführlich zum Zuweisungsgehalt des Rechts am Datenbestand).

172 *Boehm*, ZEuP 2016, 358, 384f.; *Ehlen/Brandt*, CR 2016, 570, 571; *Dorner*, CR 2014, 617, 621.

173 *Ehlen/Brandt*, CR 2016, 570, 571.

174 *Boehm*, ZEuP 2016, 358, 384 f.

175 *Boehm*, ZEuP 2016, 358, 386.

176 *Bartsch*, CR 2010, 553, 554; *Hoeren*, MMR 2013, 486, 491; *Lapp*, in: Kipker, Kap. 8 Rn. 17; *Meier/Wehlau*, NJW 1998, 1585; *Riehm*, VersR 2019, 714, 720 f.; *Schaub*, in: Prütting/Wegen/Weinrich, § 823 Rn. 77; *Spindler*, JZ 2016, 805, 813; *ders.*, FS Coester-Waltjen, S. 1183, 1186ff.; *Wagner*, in: MüKoBGB, § 823 Rn. 332 ff.; *Zech*, Information als Schutzgegenstand, S. 386 f.; vgl. *Faustmann*, VuR 2006, 260, 262f. (nur für verkörperte Daten).

spielsweise ein Buch oder einen Brief.[177] Vielmehr rechtfertige der hohe wirtschaftliche Wert von Daten und die zunehmende Speicherung auf Datenträgern, die nicht im Eigentum des Nutzers stehen, die Anerkennung des Rechts am Datenbestands gem. § 823 Abs. 1 BGB.[178] Ferner wird die Rechtsprechung des BVerfG zum Grundrecht auf Gewährleistung der Vertraulichkeit und Integrität informationstechnischer Systeme herangezogen, in welcher aufgrund der alltäglichen und hohen Gefahr durch die Nutzung informationstechnischer Systeme ein erhebliches Schutzbedürfnis des Einzelnen angenommen wurde.[179] Die Rechtsprechung des BVerfG und des BGH zum Recht auf informationelle Selbstbestimmung wird wiederum herangezogen, um die für eine Anerkennung als sonstiges Recht notwendige Zuordnungs- und Ausschlussfunktion zu bejahen, da sich aus dieser ergebe, dass der Einzelne ein Recht darauf hat, seine eigenen Daten zu nutzen und Dritte von einer Nutzung auszuschließen.[180]

Ferner folge die Zuweisungs- und Ausschlussfunktion eines Rechts am Datenbestand aus den datenschutzrechtlichen Vorschriften, welche dem Einzelnen ebenfalls einen weitreichenden Schutz vor der Verarbeitung seiner Daten durch Dritte gewähren.[181] Die Ausschlussfunktion wird zudem auch mit dem faktischen Schutz von Daten beim Cloud-Computing begründet, da der Dateninhaber sowohl durch die vertragliche Ausgestaltung als auch aufgrund der technischen Gegebenheiten andere von dem Zugriff auf die Daten ausschließen könne.[182] Des Weiteren folge aus § 303a StGB, dass der Gesetzgeber das Dateneigentum als sonstiges Rechtsgut anerkannt hat, da der weite Schutzbereich ein Zeichen dafür sei, dass der indirekte Schutz über den Datenträger nicht ausreicht.[183] Wie bei der ablehnenden Ansicht, gibt es auch innerhalb dieser Auffas-

---

[177] *Bartsch*, in: Conrad/Grützmacher, § 22 Rn. 23; *Spindler*, JZ 2016, 805, 813; *ders.*, in: Hornung/Schallbruch, § 11 Rn. 16 ff.; *Wagner*, in: MüKoBGB, § 823 Rn. 332.

[178] *Schaub*, in: Prütting/Wegen/Weinrich, § 823 Rn. 77; *Spindler*, JZ 2016, 805, 813; *Wagner*, in: MüKoBGB, § 823 Rn. 332; *Zech*, Information als Schutzgegenstand, S. 386.

[179] *Bartsch*, CR 2010, 553, 554; *Schaub*, in: Prütting/Wegen/Weinrich, § 823 Rn. 77; *Spindler*, JZ 2016, 805, 813.

[180] *Wagner*, in: MüKoBGB, 7. Aufl., § 823 Rn. 295.

[181] *Wagner*, in: MüKoBGB, 7. Aufl., § 823 Rn. 295.

[182] *Riehm*, VersR 2019, 714, 720.

[183] *Wagner*, in: MüKoBGB, § 823 Rn. 338.

sung mit *Hoeren* einen Vertreter der Literatur, der das ganzheitliche Bestehen eines Dateneigentums bzw. eines Datenbesitzes, also unter anderem im Kauf-, Sachen-, und Haftungsrecht untersucht und ein solches Bestehen durch eine Analogie zu § 903 BGB konstruiert und so zu dem Ergebnis kommt, dass das Recht am Dateneigentum bzw. am Datenbesitz als sonstiges Recht gem. § 823 Abs. 1 BGB einzuordnen sei.[184]

bb) Drittschadensliquidation

In der Literatur wird zudem die Frage aufgeworfen, inwieweit mit Hilfe des Instituts der Drittschadensliquidation Schäden, die durch die Löschung von Daten entstanden sind, kompensiert werden können.[185] Dabei würde der Eigentümer des Datenträgers den Anspruch gegen den Schädiger mit Hilfe der Drittschadenliquidation geltend machen und ihn sodann an den Geschädigten abtreten. *Faust* lehnt dies im Ergebnis ab, da der Eigentümer in den meisten Fällen durch den Eingriff selbst einen Schaden erleiden würde und dadurch das erforderliche Merkmal der zufälligen Schadensverlagerung nicht erfüllt sei.[186] *Faustmann* hält zwar eine nachfolgende Anspruchsabtretung für möglich, ist aber der Ansicht, dass eine gemeinsame Rechtsverfolgung dem Eigentümer der Hardware nicht zumutbar sei.[187] Ähnlich argumentiert auch *Riehm*, welcher eine Inanspruchnahme des Schädigers mit Hilfe der Drittschadensliquidation insbesondere für fraglich hält, wenn nicht alle Rechtsbeziehungen zwischen den Parteien deutschem Recht unterliegen.[188]

---

184 *Hoeren*, MMR 2013, 486, 491 (zum Dateneigentum); *Ders.*, MMR 2019, 5 f. (zum Datenbesitz statt Dateneigentum).
185 *Faust*, 71. DJT, S. A 73; *Faustmann*, VuR 2006, 260, 262 f.
186 *Faust*, 71. DJT, S. A 73.
187 *Faustmann*, VuR 2006, 260, 262 f.
188 *Riehm*, VersR 2019, 714, 717.

cc) Neues Schutzgesetz gem. § 823 Abs. 2 BGB

Anstatt die Schutzlücke, die durch neue Speicherungsformen entstanden sind, durch ein neues sonstiges Recht von § 823 Abs. 1 BGB zu schließen, schlägt *Faust* vor ein neues Schutzgesetz zu schaffen, um einen Anspruch i.V.m. § 823 Abs. 2 BGB zu begründen.[189] Dieses Schutzgesetz solle sich inhaltlich an § 303a StGB orientieren und das Gebot aufstellen elektronisch, magnetisch oder sonst nicht unmittelbar wahrnehmbare Daten nicht rechtswidrig zu löschen, zu unterdrücken, unbrauchbar zu machen oder zu verändern.[190] Örtlich solle das Schutzgesetz in das BSIG eingegliedert werden, da sich die zu schaffende Norm von ihrem Schutzzweck her am besten in das BSIG einfügen würde, da dieses ebenfalls die Förderung der Informationssicherheit verfolge und die anderen in Betracht kommenden Gesetze wie das BDSG, TKG und TMG zu begrenzte Schutzbereiche aufweisen würden.[191] Auch *Spindler* befürwortet grundsätzlich die Einführung eines Schutzgesetzes, hält es aber nicht für ausreichend, nur eine § 303a StGB nachempfundene Schutznorm zu schaffen, da vielmehr auch der gesamte Bereich der Produkt- und IT-Sicherheit mit zu regeln sei.[192] *Andrees* wiederum lehnt die Notwendigkeit eines neuen Schutzgesetzes ab, da zumindest gegenüber Anbietern von Speicherdiensten ein ausreichender Schutz durch § 823 Abs. 2 BGB i.V.m. § 13 Abs. 7 TMG bestehe.[193]

dd) Stellungnahme

(1) Recht am Datenbestand

Die Ansicht, welche die Notwendigkeit eines Rechts am Datenbestand mit dem Argument ablehnt, dass für Daten bereits ein ausreichender Haftungsschutz bestehe, wurde durch die obige Untersu-

189 *Faust*, 71. DJT, S. A 85 ff.
190 *Faust*, 71. DJT, S. A 85 ff.
191 *Faust*, 71. DJT, S. A 87.
192 *Spindler*, JZ 2016, 805, 814.
193 *Andrees*, Außervertragl. Haftung IT-Sicherheit, S. 168 ff.

chung widerlegt, da durch den technischen Wandel heute ein Eigentumsschutz über den Datenträger nicht mehr hinreichenden Schutz gewährt. Auch die strafrechtlichen und datenschutzrechtlichen Schutzvorschriften sind aufgrund ihres begrenzten Adressatenkreises nicht in der Lage, ausreichende Kompensationsmöglichkeiten zu schaffen. Entscheidend für die Anerkennung des Rechts am Datenbestand als sonstiges Recht ist vielmehr, inwieweit sich das Recht am Datenbestand in die Systematik des § 823 Abs. 1 BGB einfügt und ob sich der Berechtigte eines solchen Anspruchs überhaupt feststellen ließe.

Aus den von § 823 Abs. 1 BGB konkret bezeichneten Rechtsgütern und insbesondere aus der Nennung des sonstigen Rechts direkt hinter dem Eigentum folgt, dass sonstige Rechte nur absolute Rechte sein können.[194] Kennzeichnend für absolute Rechte und insbesondere das Eigentum ist die Zuweisungs- und die Ausschlussfunktion.[195] So kann gem. § 903 BGB der Eigentümer einer Sache mit dieser nach Belieben verfahren und andere von jeder Einwirkung ausschließen. Entscheidend für die Anerkennung des Rechts am Datenbestand ist somit, dass der Nutzer mit den Daten nach Belieben verfahren darf und andere von jeder Einwirkung ausschließen kann. Gegen die Begründung der Zuweisungs- und Ausschlussfunktion mit Hilfe des Grundrechts auf informationelle Selbstbestimmung, des Grundrechts auf Gewährleistung und Integrität informationstechnischer Systeme sowie mit den Vorschriften der DSGVO spricht, dass sich diese nur auf personenbezogene Daten beziehen und beispielsweise unternehmensbezogene Daten nicht geschützt werden.

Dennoch lässt sich die Rechtsprechung des BVerfG zum Grundrecht auf Gewährleistung der Vertraulichkeit und Integrität informationstechnischer Systeme zur Begründung eines Rechts am Datenbestand heranziehen. Denn auch das BVerfG hat die Herleitung des Grundrechts damit begründet, dass die zunehmende Verbreitung

---

[194] BGH, Urt. v. 18.01.2012 – I ZR 187/10, BGHZ 192, 204, Rn. 23 = NJW 2012, 2034, 2036; *Förster*, in: BeckOKBGB, § 823 Rn. 143; *Wagner*, in: MüKoBGB, § 823 Rn. 301.

[195] *Hager*, in: Staudinger, § 823 Rn. B 124; *Schaub*, in: Prütting/Wegen/Weinrich, § 823 Rn. 54; *Staudinger*, in: HK-BGB, § 823 Rn. 28.

informationstechnischer Systeme dazu führt, dass in großem Maße Daten erzeugt, verarbeitet und gespeichert werden, welche nicht immer nur vom Nutzer bewusst angelegt oder gespeichert werden.[196] Mit der Schaffung des Grundrechts auf Gewährleistung der Vertraulichkeit und Integrität informationstechnischer Systeme wurde somit vom BVerfG die Schutzwürdigkeit von Daten hervorgehoben und anerkannt, dass die Nutzer ein Recht auf die Vertraulichkeit ihrer Daten haben.[197] Wenn die Schutzwürdigkeit und Vertraulichkeit von Daten anerkannt wird, spricht dies auch dafür, dass der Datennutzer das Recht hat, Dritte von jeglicher Einwirkung auf die Daten auszuschließen. Für die Zuordnungs- und Ausschlussfunktion des Rechts am Datenbestand sprechen aber insbesondere die Vorschriften des StGB, die den Schutz von Daten bezwecken.[198] So ist es gem. § 202a StGB strafbar, sich oder einem anderen unbefugt Zugang zu Daten zu verschaffen. Gem. § 303a StGB ist zudem das rechtwidrige Löschen, Unterdrücken, Unbrauchbar machen oder Verändern von Daten strafbar. Aus diesen Vorschriften folgt somit, dass nur der Nutzer dazu berechtigt ist, Zugang zu den Daten zu erhalten und dass nur er das Recht hat die Daten zu löschen, zu verändern oder unbrauchbar zu machen. Daraus lässt sich ableiten, dass der Nutzer der Daten das Recht hat, mit diesen nach Belieben zu verfahren und andere von ihrer Einwirkung auf die Daten ausschließen kann.[199] Aus dem StGB ergibt sich mithin bereits die Zuweisungs- und Ausschlussfunktion des Rechts am Datenbestand.

Fraglich ist jedoch, ob bei der Qualifizierung eines sonstigen Rechts, wie von *Faust* vertreten, gar nicht auf die Zuweisungs- und Ausschlussfunktion abzustellen, sondern vielmehr entscheidend ist, ob das fragliche Recht das typische Erscheinungsbild eines absoluten Rechts aufweist.[200] Folgt man dieser Ansicht, käme eine Einordnung des Rechts am Besitz als sonstiges Recht i.S.v. § 823 Abs. 1 BGB nicht in Betracht, da Daten sich hinsichtlich ihrer Vervielfälti-

---

[196] BVerfG, Urt. v. 27. 02. 2008 – 1 BvR 370/07, 1 BvR 595/07, BVerfGE 120, 274, Rn. 171 ff. = NJW 2008, 822, Rn. 171 ff.

[197] *Bartsch*, in: Conrad/Grützmacher, § 22 Rn. 23; *Spindler*, JZ 2016, 806, 813; *ders.*, in: Hornung/Schallbruch, § 11 Rn. 18.

[198] *Faustmann*, VuR 2006, 260, 263; *Wagner*, in: MüKoBGB, § 823 Rn. 338.

[199] *Faustmann*, VuR 2006, 260, 263; *Riehm*, VersR 2019, 714, 720 f.

[200] Vgl. *Faust*, 71. DJT, S. A 79, 82 ff.

gung und ihrer Übertragbarkeit grundlegend vom Eigentum und anderen übertragbaren Rechten unterscheiden. Denn Daten sind grundlegend anders als ihr analoges Gegenstück: Daten sind nicht an einen physischen Ort gebunden und können in Sekunden in die gesamte Welt versendet werden. Dennoch oder gerade deswegen verdrängen Daten aber zunehmend das jeweilige analoge Pendant wie beispielsweise Bücher oder auf Papier ausgedruckte Bilder. Ein Großteil von Informationen, die zuvor analog gespeichert wurden, sind nun in Form von elektronischen Daten gespeichert. Es würde daher nicht überzeugen, wenn das herkömmliche Darstellungsmittel den Schutz des § 823 Abs. 1 BGB genießt, das digitale Gegenstück aber großen Schutzlücken ausgesetzt ist, nur weil die Vervielfältigung und Übertragbarkeit durch den technischen Fortschritt anders ist als bei herkömmlichen Gegenständen.[201] Allein die Tatsache, dass bei Daten die Information nicht wie in der analogen Welt untrennbar mit dem Träger verbunden ist, rechtfertigt es nicht, dem Nutzer der Daten den deliktsrechtlichen Schutz zu versagen. Gegen die Voraussetzung einer umfassenden Vergleichbarkeit, wie *Faust* sie fordert,[202] spricht zudem, dass ansonsten die Entwicklungsmöglichkeiten des sonstigen Rechts stark eingeschränkt werden.[203] Denn der Sinn und Zweck des Schutzes von sonstigen Rechten liegt darin, Schutzlücken zu schließen, die sich beispielsweise auch durch neue technische Entwicklungen ergeben können. Würde man aber die umfangreiche Vergleichbarkeit mit bestehenden absoluten Rechten voraussetzen, hätte dies zur Folge, dass die zentrale Norm des Deliktsrechts nicht in der Lage wäre, einen ausreichenden Schutz für sich verändernde technische Bedingungen zu schaffen. Es muss daher ausreichen, wenn ein sonstiges Recht dem Eigentum und den anderen anerkannten absoluten Rechten ähnelt, indem es sowohl eine Zuordnungs- als auch eine Ausschlussfunktion beinhaltet. Dies ist wie bereits dargestellt, bei dem Recht am eigenen Datenbestand der Fall.

---

[201] *Spindler*, JZ 2016, 805, 813.

[202] *Faust*, 71. DJT, S. A 79, 82 ff.

[203] Vgl. *Schaub*, in: Prütting/Wegen/Weinrich, § 823 Rn. 54 (bzgl. Ablehnung von Eigentumsähnlichkeit als Voraussetzung für ein sonstiges Recht).

Gegen das Recht am Datenbestand könnten aber Praktikabilitätserwägungen sprechen, wenn der Berechtigte eines Anspruchs wegen Verletzung des Rechts am Datenbestand oftmals nicht festzustellen wäre.[204] Von *Faust* werden hier sehr spezielle Konstellationen angeführt, bei denen der Berechtigte schwer zu ermitteln sei, wie z.B. beim Erstellen von Vorlesungsmaterial durch einen Lehrstuhlmitarbeiter oder bei Daten, die ein Kraftfahrzeug im Fahrbetrieb aufzeichnet und später in einer Werkstatt ausgelesen werden.[205] Zwar kann in Einzelfällen eine Bestimmung des Berechtigten problematisch werden, in den meisten Fällen wird sich der Berechtigte jedoch durch Auslegung bestimmen lassen. So wird der Lehrstuhlmitarbeiter das Vorlesungsmaterial in der Regel für den Lehrstuhlinhaber erstellt haben, so dass dieser auch Berechtigter von deliktsrechtlichen Ansprüchen wäre. Zudem können in komplexen Fällen die Vertragsparteien Klauseln verwenden, welche die Berechtigung über die Daten bestimmen. In den allermeisten Fällen wird sich aber problemlos feststellen lassen, wem das Recht an den Daten zusteht. So ist dies bei Daten, die auf Servern von Cloud- oder E-Mail-Anbietern gespeichert sind, der Nutzer der Daten. Einzelne Nachweisschwierigkeiten vermögen es daher nicht zu rechtfertigen, den gesamten Deliktsrechtsschutz für Daten zu verneinen.

Die Anerkennung des Rechts am Datenbestand als sonstiges Recht ist aber nur dann gerechtfertigt, wenn dadurch auch wirklich alle gravierenden Haftungslücken, die durch die Digitalisierung entstanden sind, geschlossen werden können. Denn es wäre nicht sinnvoll, ein neues sonstiges Recht anzuerkennen, wenn dieses keinen umfangreichen Schutz vor Cyber-Risiken bietet. Der umfangreiche Schutz durch ein Recht am Datenbestand erscheint aber zumindest im Zusammenhang mit dem sog. Datendiebstahl zweifelhaft, bei welchem die Daten von Unberechtigten auf eigene Datenträger kopiert werden.

Problematisch erscheint im Zusammenhang mit dem Diebstahl von Daten, dass § 823 Abs. 1 BGB das Vorliegen einer Rechtsgutsverletzung voraussetzt. Dies erfordert, dass in den Schutzbereich eines

---

[204] Vgl. *Boehm*, ZEuP 2016, 358, 385; *Faust*, 71. DJT, S. A 84; *Härting*, CR 2016, 646, 649.
[205] *Faust*, 71. DJT, S. A 84.

von § 823 Abs. 1 BGB geschützten Rechtsgutes eingegriffen wurde.[206] Bei einem Kopieren von Daten wird aber lediglich ein zweites Exemplar der Daten geschaffen; die Originaldaten bleiben dabei in der Regel in ihrer ursprünglichen Form ohne jegliche Beschädigung auf dem Datenträger bestehen. Eine reine Vervielfältigung führt somit nicht zu einer Beeinträchtigung der Daten. Aus diesem Grund stellt eine Datenkopie, wie oben dargestellt,[207] mangels eines Eingriffs auch keine Eigentumsverletzung i.S.v. § 823 Abs. 1 BGB dar.[208] Gleiches muss daher auch für eine Verletzung des Rechts am eigenen Datenbestand gelten. Hat der Nutzer der Daten folglich dadurch einen Schaden erlitten, dass seine Daten von einem Unberechtigten kopiert wurden, würde ihm auch ein Recht am Datenbestand nicht zu einem Anspruch verhelfen. Diese Haftungslücke besteht sowohl für Daten, die auf einem Datenträger des Nutzers gespeichert sind, als auch für Daten, die auf Servern von Dritten gespeichert werden.

Eine Haftungslücke des Rechts am Datenbestand wäre hinnehmbar, wenn das Kopieren von Daten eine seltene Schadensposition darstellen würde und der Schadensumfang in der Regel gering wäre. Jedoch ist der Hackerangriff auf Yahoo im Jahr 2013, bei dem Daten von drei Milliarden Nutzern gestohlen wurden,[209] nur eines von vielen Beispielen, für Fälle, in denen ein Datendiebstahl Schäden zur Folge hatte. Zudem können Schäden, die durch einen Datendiebstahl entstehen, ebenso umfangreich sein wie Schäden, die durch das Löschen von Daten hervorgerufen werden. So kann das Kopieren von Daten zu enormen Reputationsschäden führen, wenn Kundendaten offenbart oder sensible Unternehmensinformationen öffentlich gemacht werden. Zudem kann das Kopieren von personenbezogenen Daten Bußgelder und Schadensersatzansprüche nach der DSGVO nach sich ziehen. Ferner kommen Umsatzeinbußen durch Plagiate und den Verlust von Wettbewerbsvorteilen in Betracht. Dies spricht dafür, dass auch Schäden, die durch einen Datendiebstahl entstanden sind, kompensationsfähig sein sollten.

---

206 *Wagner*, in: MüKoBGB, § 823 Rn. 65.

207 Siehe S. 36.

208 *Andrees*, Außervertragl. Haftung IT-Sicherheit, S. 149; Vgl. *Hager*, in: Staudinger, § 823 Rn. B 60 (Bzgl. Software); *Seitz/Thiel*, PHi 2013, 42, 44.

209 https://www.spiegel.de/netzwelt/netzpolitik/yahoo-alle-drei-milliarden-accounts-von-hackerangriff-2013-betroffen-a-1171101.html (zuletzt aufgerufen am: 30.06.2021).

Auch wenn ein Recht am eigenen Datenbestand im Hinblick auf Datenlöschungen zu befürworten ist, würde es somit im Rahmen von § 823 Abs. 1 BGB keinen ausreichenden deliktsrechtlichen Schutz vor einem Datendiebstahl bieten. Da die Schaffung eines neuen Deliktsschutzes aber alle durch die neue Technologieform entstehenden Schadensmöglichkeiten umfassen sollte, ist auch die Anerkennung des Rechts am eigenen Datenbestand im Ergebnis abzulehnen.

(2) Schutzgesetz gem. § 823 Abs. 2 BGB

Fraglich ist, inwiefern ein neues Schutzgesetz i.S.v. § 823 Abs. 2 BGB einen umfangreichen deliktsrechtlichen Schutz für Daten gewähren würde. Für ein solches Schutzgesetz spricht, dass es sich ohne die systematischen Zwänge von § 823 Abs. 1 BGB umfangreich an die datenspezifischen Probleme anpassen könnte. Aufgrund der vorangegangenen Ausführungen zum Datendiebstahl sollte daher der Vorschlag von *Faust*, das Schutzgesetz an § 303a StGB anzulehnen,[210] neben dem Gebot elektronisch, magnetisch oder sonst nicht unmittelbar gespeicherte Daten nicht rechtswidrig zu löschen, zu unterdrücken, unbrauchbar zu machen oder zu verändern, auch die Vorgabe enthalten, Daten nicht rechtswidrig zu vervielfältigen. Gegen die Schaffung eines Schutzgesetzes spricht jedoch zum einen, dass die Schäden, die im Zusammenhang mit Daten stehen, entweder auf Eingriffen beruhen (Datenlöschung) oder zumindest mit einem solchen Eingriff vergleichbar sind (Datendiebstahl). Aus diesem Grund sollte eine neue Norm die hohe Vergleichbarkeit mit § 823 Abs. 1 BGB verdeutlichen. Zum anderen stellt sich die Frage, an welcher Stelle ein solches Schutzgesetz verortet sein sollte. Die DSGVO und das BDSG scheiden aus systematischen Gründen aus, da sie lediglich personenbezogene Daten schützten.[211] Gegen den Vorschlag von *Faust*, das Gesetz über das Bundesamt für Sicherheit in der Informationstechnik (BSIG) um

---

[210] *Faust*, 71. DJT, S. A 85, 87.
[211] Vgl. *Faust*, 71. DJT, S. A 87 (zum BDSG).

ein Schutzgesetz zu ergänzen,[212] spricht allerdings, dass dieses Gesetz dazu dient, die Aufgaben und Befugnisse dieses Bundesamts festzulegen. Eine allgemeine Gebotsnorm zum Umgang mit Daten würde sich daher nicht in die Systematik des BSIG einfügen. Aus diesen Gründen ist auch die Schaffung eines neuen Schutzgesetzes abzulehnen.

(3) Drittschadensliquidation

Unter Umständen könnte aber die Drittschadensliquidation die durch die neuen Technologien entstandenen Schutzlücken schließen. Bei der Drittschadensliquidation verlagert sich der Schaden aufgrund besonderer dem Schädiger nicht erkennbarer Umstände auf einen anderen als den Anspruchsinhaber.[213] Um einer unbilligen Entlastung des Schädigers entgegenzuwirken, erkennt die h.M. das Recht des Gläubigers des Ersatzanspruchs an, den Schaden des Dritten gegen den Schädiger geltend zu machen oder seinen Anspruch an den Dritten abzutreten.[214] Voraussetzung dafür ist, dass der Gläubiger einen Anspruch, aber keinen Schaden hat, der Dritte einen Schaden erlitten, aber keinen Anspruch hat und dieses Auseinanderfallen von Anspruch und Schaden zudem aus Sicht des Schädigers auf einer zufälligen Schadenverlagerung beruht.[215] Wurden durch einen Cyber-Angriff Daten von Servern eines Cloud-Anbieters gelöscht, hat der Anbieter als Eigentümer der Server grundsätzlich einen Anspruch gegen den Angreifer. Den Schaden aber erleidet der Nutzer der Daten, die dieser auf dem Server des Anbieters abgelegt hat. Mangels Eigentum an den Servern und der fehlenden Eigentumsfähigkeit von Daten hat er aber keinen Anspruch aus § 823 Abs. 1 BGB gegen den Angreifer. Aus dessen Sicht erfolgt diese Schadenverlagerung auch zufällig. Grundsätzlich scheint es sich bei der Speicherung von Daten auf Servern von

---

212 *Faust*, 71. DJT, S. A 87.

213 *Bredemeyer*, JA 2012, 102; *Looschelders*, SchuldR AT, § 46 Rn. 9.

214 BGH, Urt. v. 10. 7. 1963 - VIII ZR 204/6, BGHZ 40, 91 100 = NJW 1963, 2071; *Medicus/Petersen*, Bürgerliches Recht, Rn. 838; *Oetker*, in: MüKoBGB, § 249 Rn. 289; *Schiemann*, in: Staudinger, Vor§§ 249ff. Rn. 67.

215 *Bredemeyer*, JA 2012, 102; *Flume*, in: BeckOKBGB, § 249 Rn. 373.

Cloud-Anbietern somit um einen typischen Fall der Drittschadensliquidation zu handeln. Zwar kann der Cloud-Anbieter in einzelnen Fällen einen eigenen Schaden durch den Cyber-Angriff erleiden, indem er daran gehindert wird, mit dem Datenträger Leistungen zu erbringen.[216] In der Regel hat ein Cyber-Angriff aber nur die Löschung der Daten zur Folge und führt nicht zu einer Beschädigung des Datenträgers.

Die Drittschadensliquidation vermag dennoch nicht die durch das Cloud-Computing entstandenen Schutzlücken zu schließen. Ein Schutz über die Drittschadensliquidation würde für den Datennutzer einen großen Aufwand bedeuten, da er den Datenverlust zunächst dem Cloud-Anbieter anzeigen müsste und diesem sodann seine gespeicherten Inhalte offenbaren müsste.[217] Da Daten heute viele analoge Speicherformen ersetzt und einen großen wirtschaftlichen Stellenwert erlangt haben, erscheint es zudem nicht angemessen, sich einer solchen aufwendigen Hilfskonstruktion zu bedienen.

(4) Vorschlag de lege ferenda

Die vorangegangene Darstellung hat gezeigt, dass von den bisherigen Vorschlägen zur Haftung im Zusammenhang mit Daten die Anerkennung eines Rechts am Datenbestand als sonstiges Recht i.S.v. § 823 Abs. 1 BGB einen Großteil der bestehenden Schutzlücken schließen würde. Insbesondere die Probleme im Zusammenhang mit dem Cloud-Computing wären behoben. Es wäre daher sinnvoll, wenn das Recht am Datenbestand zusätzlich auch solche Schäden erfassen würde, die durch einen Datendiebstahl verursacht wurden. Wie bereits dargestellt, lässt sich eine Haftung für das Kopieren von Daten aber nicht mit der Systematik und dem Eingriffserfordernis des § 823 Abs. 1 BGB vereinbaren. Aus diesem Grund würde es sich anbieten, für das Recht am eigenen Datenbestand eine eigene Haftungsnorm zu schaffen, die sowohl nach einer

216 *Faust*, 71. DJT, S. A 73.
217 *Faustmann*, VuR 2006, 260, 263.

Datenlöschung als auch nach einem Datendiebstahl einen Anspruch begründet.

(a) Erforderlichkeit einer eigenen Haftungsnorm

Für eine neue Haftungsnorm müsste der deliktische Schutz des Datendiebstahls erforderlich sein. Es wurde bereits dargestellt, dass Schäden durch Datendiebstahl eine häufige Schadensposition nach einem Cyber-Angriff darstellen und der Schadensumfang ebenso hoch sein kann wie nach einer Datenlöschung. Dies spricht bereits für eine Kompensationsmöglichkeit von Schäden, die durch Datendiebstahl entstanden sind. Hinzu kommt, dass auch der Diebstahl von Sachen i.S.v. § 90 BGB eine Eigentumsverletzung darstellt und somit einen Anspruch nach § 823 Abs. 1 BGB begründet.[218] Wie auch schon bei der Löschung von Daten scheint auch bei dem Datendiebstahl die Verwehrung von Schadensersatzansprüchen nur wegen technischer Unterschiede beim Schadenshergang nicht gerechtfertigt. Des Weiteren hat auch der Gesetzgeber den Datendiebstahl für strafbewehrt angesehen, indem er im Jahr 2007 das Ausspähen von Daten in § 202a StGB unter Strafe gestellt hat. Daher sollten daraus entstandene Schäden auch zivilrechtlich umfassend durchsetzbar sein.

Allerdings ließe sich an dieser Stelle einwenden, dass das Opfer des Datendiebstahls bereits einen Anspruch über § 823 Abs. 2 BGB i.V.m. § 202a StGB habe. Wie oben dargestellt, richtet sich ein solcher Anspruch aufgrund des Vorsatzerfordernisses aber in der Regel nur gegen den Angreifer.[219] Dieser wird sich im Zusammenhang mit Datendiebstahl aber selten herausfinden lassen. Notwendig ist vielmehr, dass dem Opfer auch Kompensationsansprüche gegen Dritte zustehen, wie beispielsweise gegen Hersteller von Antiviren-Software, oder für den Fall, dass ein Unternehmen seine Daten bei einem Cloud-Anbieter gespeichert hat und Kriminelle aufgrund von

---

218 BGH, Urt. v. 10.12.1996 – VI ZR 14/96, NJW 1997, 865, 866; *Wagner*, in: MüKoBGB, § 823 Rn. 261.

219 Siehe dazu S. 44.

unzureichenden Sicherheitsvorkehrungen des Anbieters auf diese Daten zugreifen konnten. Gegen einen deliktsrechtlichen Schutz von Schäden, die durch einen Datendiebstahl verursacht wurden, ließen sich jedoch Beweisprobleme einwenden. Denn anders als bei einer Datenlöschung ist ein Datendiebstahl nicht so offensichtlich und daher auch nicht so einfach nachweisbar. Allerdings gibt es heute Software- und IT-Forensik-Unternehmen, die in der Lage sind einen Datendiebstahl nachzuweisen. All dies spricht dafür, dass der deliktsrechtliche Schutz von Datendiebstahl erforderlich ist.

Gegen eine neue Haftungsnorm für Daten ließe sich noch einwenden, dass es nicht Aufgabe des Gesetzgebers sei, jeder technologischen Änderung zu folgen.[220] Die obige Darstellung hat aber gezeigt, dass das BGB auf die neuen Haftungsfragen, die aus der Digitalisierung und den neuen technischen Gegebenheiten folgen, nicht immer adäquate Lösungsmöglichkeiten bieten kann. Hinzu kommt, dass der Gesetzgeber auch in anderen Gesetzen wie dem StGB stets auf die neuen technischen Gegebenheiten reagiert und Normen wie §§ 202a, 303a oder § 263a StGB geschaffen hat. Daher sollte auch das BGB an die neuen technischen Gegebenheiten angepasst werden. Zumindest im Hinblick auf Haftungsfragen ist folglich die von *Faust* und *Spindler* aufgeworfene Frage „Braucht das BGB ein Update?“[221] zu bejahen. Dieses Update sollte eine eigene Haftungsnorm für das Recht am eigenen Datenbestand beinhalten, damit sowohl für die Löschung von Daten als auch für den Datendiebstahl ein deliktsrechtlicher Schadensersatzanspruch besteht.

(b) Standort, Inhalt und Formulierungsvorschlag

Was den Standort einer solchen Norm angeht, so würde sich eine Lösung wie im Strafrecht anbieten, wo die Datenveränderung als § 303a StGB hinter der Sachbeschädigung und der Computerbetrug

---

[220] Vgl. *Faust*, 71. DJT, S. A 12 (bzgl. Gebot der Medienneutralität); Vgl. *Spindler*, JZ 2016, 805 (grundsätzlich zu neuen zivilrechtlichen Reglungen bzgl. technologischer Änderungen).
[221] *Faust*, 71. DJT, S. A 3; *Spindler*, JZ 2016, 805.

gem. § 263a StGB nach dem Betrug gem. § 263 StGB eingefügt wurde. Das Recht am eigenen Datenbestand könnte daher als § 823a BGB eingeführt werden. Inhaltlich könnte sich eine solche Norm hinsichtlich der Anspruchsgrundlage an § 823 Abs. 1 BGB orientieren. Die zahlreichen Auslegungsschwierigkeiten im Zusammenhang mit Daten sprechen zudem dafür, einen konkretisieren Satz 2 einzufügen, der darlegt, was unter einer Beeinträchtigung des Rechts am eigenen Datenbestand zu verstehen ist.

Hinsichtlich der Löschung von Daten könnte sich diese Norm an § 303a StGB anlehnen und festlegen, dass eine Beeinträchtigung des Rechts am eigenen Datenbestand durch die Löschung, Unterdrückung, Unbrauchbarmachung und Veränderung von Daten erfolgen kann. Hinsichtlich des Datendiebstahl sollte die neue Norm zudem deutlich machen, dass Schäden, die durch die unberechtigte Vervielfältigung von Daten verursacht wurden, schadensersatzpflichtig sind. Dies allein würde aber nicht ausreichen. Die Diskussion um § 202a StGB hat gezeigt, dass auch das bloße Eindringen in ein Computersystem, bei dem sich der Täter die Daten nicht verschafft und er somit nicht die Herrschaft über die Daten erhält, sondern nur Zugang zu den Daten erlangt, ebenfalls zu großen Schäden führen kann.[222] So kann sich der Täter nach dem Eindringen in das Computersystem die Informationen der Daten auch nur anzeigen lassen und diese dann notieren.[223] Aus diesem Grund sollte sich die Norm im Hinblick auf Datendiebstahl an § 202a StGB anlehnen, wonach das unbefugte Zugang verschaffen zu Daten unter Überwindung einer Zugangssicherung strafbar ist. Mit einer solchen weiten Formulierung wären zudem in jedem Fall auch Schadprogramme erfasst, die darauf programmiert sind Daten auszulesen.

[222] *Kargl*, in: Kindhäuser/Neumann/Paeffgen, § 202a Rn.12; *Lenckner/Eisele*, in: Schönke/Schröder, § 202a Rn. 18.
[223] *Graf*, in: MüKoStGB, § 202a Rn. 59.

Aus diesen Gründen käme folgender Formulierungsvorschlag für die neue Haftungsnorm in Betracht:

> *Wer vorsätzlich oder fahrlässig das Recht am eigenen Datenbestand eines anderen widerrechtlich beeinträchtigt, ist dem anderen zum Ersatz des daraus entstehenden Schadens verpflichtet. Eine Beeinträchtigung des eigenen Datenbestands kann in der Löschung, Unterdrückung, Unbrauchbarmachung, Veränderung oder in der unberechtigten Vervielfältigung von Daten oder dem sonstigen unbefugten Verschaffen vom Zugang zu Daten unter Überwindung einer Zugangssicherung liegen.*

2. Betriebsunterbrechungs-, Reputations- und Wiederherstellungsschäden

Neben der Löschung und dem Diebstahl von Daten führen insbesondere Betriebsunterbrechungen, Wiederherstellungskosten und ein Reputationsverlust zu den größten Schadenspositionen, die durch Cyber-Angriffe entstehen können. Es stellt sich daher die Frage, inwieweit für diese Schäden eine Kompensation durch das Deliktsrecht möglich ist. Der Diebstahl, die Löschung sowie die Verschlüsselung von Daten sind auch an dieser Stelle von großer Bedeutung. Denn ein Großteil der Betriebsunterbrechungsschäden resultiert aus der Löschung oder Verschlüsselung von Daten. So kann insbesondere der Verlust von Daten beim produzierenden Gewerbe zu Betriebsunterbrechungsschäden führen und der Datendiebstahl von sensiblen Informationen kann wiederum einen großen Reputationsverlust mit sich bringen. Der Schaden durch Datenlöschungen und Verschlüsselungen liegt somit nicht nur in dem Verlust der Daten selbst, sondern auch in deren Folgen. Da diese Schäden nach hier vertretener Ansicht aus einer Verletzung des Rechts am eigenen Datenbestand resultieren, wären diese gem. der neu zu schaffenden Haftungsnorm ersetzbar. Das gleiche gilt auch für Wiederherstellungskosten und sonstige Leistungen durch IT-Forensik-Unternehmen.

Produktionsausfall-, Betriebsunterbrechungs- und Reputationsschäden entstehen des Weiteren insbesondere dadurch, dass entweder das gesamte IT-System eines Unternehmens ausfällt oder dass die Internetseite eines Betriebes nicht mehr funktioniert. Fraglich ist, inwieweit der Ausfall eines IT-Systems mit Hilfe des Deliktsrechts kompensationsfähig ist. Beruht ein solcher Ausfall auf einer Datenlöschung oder -verschlüsselung, liegt, wie oben dargestellt,[224] zumindest eine Eigentumsverletzung vor, wenn der Datenträger im Eigentum des Geschädigten stand. Es stellt sich jedoch die Frage, ob der Ausfall des IT-Systems an sich schon zu einer Eigentumsverletzung führt, da es insbesondere bei DDos-Angriffen nicht zu einer Beeinträchtigung von Daten kommt. Denn der Serverausfall wird hier nicht durch die Löschung von Daten, sondern durch eine Überlastung des IT-Systems herbeigeführt.[225] Eine Eigentumsverletzung wird sich in diesen Fällen in der Regel nicht annehmen lassen, da der Ausfall des IT-Systems oftmals innerhalb kurzer Zeit wieder behoben sein wird.[226] Denn nach der h.M. liegt eine Eigentumsverletzung bei einer Gebrauchsbeeinträchtigung nur vor, wenn diese schwerwiegend ist und nicht nur kurzfristig erfolgte.[227] Dem ist zuzustimmen, da vom Schutzbereich des § 823 Abs.1 gerade keine reinen Vermögensschäden umfasst sind. [228] Eine schwerwiegende Gebrauchsbeeinträchtigung wird daher nur vorliegen, wenn das IT-System auch nach längerer Zeit noch nicht wieder funktionstüchtig ist. [229] So hat der Cyber-Angriff „Petya“ im Juni 2017 dazu geführt, dass die IT-Systeme einer internationalen Anwaltskanzlei mehrere Tage lang abgeschaltet waren und die Mitarbeiter auch in der Woche nach dem Angriff noch nicht vollständig auf ihre Daten zugreifen konnten.[230] In extremen Fällen wie diesen

---

[224] Siehe S. 32 ff.

[225] Siehe dazu ausführlich: S. 13

[226] *Seitz/Thiel*, PHi 2013, 42, 44; *Spindler*, BSI Studie, Rn. 113.

[227] BGH, Urt. v. 07.12.1993 – VI ZR 74/93, NJW 1994, 517, 518; Urt. v. 18.11.2003 - VI ZR 385/02, NJW 2004, 356, 358; *Spickhoff*, in: Soergel, § 823 Rn. 62; *Wagner*, in: MüKoBGB, § 823 Rn. 275 f.; a.A.: Medicus/Petersen, Bürgerliches Recht, Rn. 613.

[228] *Wagner*, in: MüKoBGB, § 823 Rn. 269, 275 f.

[229] *Seitz/Thiel*, PHi 2013, 42, 44; *Sodtalbers*, Softwarehaftung im Internet, Rn. 512; *Spindler*, BSI Studie, Rn. 113.

[230] https://www.ft.com/content/1b5f863a-624c-11e7-91a7-502f7ee26895; https://www.lto.de/recht/kanzleien-unternehmen/k/kanzlei-it-cyberangriff-petya-dla-piper/ (jeweils zuletzt aufgerufen am: 30.06.2021).

ließe sich daher bei dem Ausfall des IT-Systems eine Eigentumsverletzung bejahen.

System- und Webseitenausfälle könnten ferner einen Eingriff in das Recht am eingerichteten und ausgeübten Gewerbebetrieb begründen. Dafür muss ein betriebsbezogener Eingriff vorliegen. Wie oben dargestellt, richtet sich ein durch Malware erfolgter Eingriff oftmals nicht gegen den Betrieb als solchen.[231] Lässt sich jedoch nachweisen, dass eine DDos-Attacke darauf ausgelegt war, die Internetseite eines bestimmten Unternehmens zum Ausfall zu bringen, spricht dies für das Vorliegen eines betriebsbezogenen Eingriffs. So hatte im Jahr 2010 die Gruppe Anonymus unter anderem gezielt die Internetpräsenzen der Kreditkartenanbieter von Visa und Mastercard durch DDos-Angriffe blockiert.[232] In Fällen wie diesen lässt sich folglich ein Eingriff in den eingerichteten und ausgeübten Gewerbebetrieb annehmen. Die Beeinträchtigungen, die durch den Cyber-Angriff „Petya" bei der internationalen Anwaltskanzlei eingetreten sind, werden sich mangels Zielgerichtetheit der Ransomware nicht als Eingriff in den eingerichteten und ausgeübten Gewerbebetrieb qualifizieren lassen.

Eine umfangreiche Anspruchsgrundlage für aus System- und Webseitenausfällen resultierende Schäden wird sich auch nicht aus § 826 BGB ergeben, da diese Norm nur Ansprüche gegen die Angreifer selbst begründet, aber keine Regressmöglichkeiten gegen Softwarehersteller und IT-Dienstleister bietet. Ein Anspruch aus § 823 Abs. 2 BGB in Verbindung mit den strafrechtlichen und datenschutzrechtlichen Vorschriften scheidet von Vornherein aus, da die jeweiligen Schutzvorschriften nur Ansprüche für Schäden begründen, die im Zusammenhang mit der Löschung, dem Diebstahl oder sonstigen Beeinträchtigung von Daten stehen.

Für Betriebsunterbrechungs-, Reputations- und Wiederherstellungsschäden, die auf einer Datenlöschung oder dem Diebstahl von Daten beruhen, besteht somit nach hier vertretener Ansicht ein um-

---

231 Vgl. S. 41.

232 http://www.spiegel.de/netzwelt/web/operation-payback-hacker-grossangriff-auf-mastercard-visa-co-a-733520.html (zuletzt aufgerufen am: 30.06.2021).

fangreicher Schutz durch das Deliktsrecht. Bei Schäden, die durch DDos-Attacken entstanden sind, ist hingegen im Einzelfall zu entscheiden, ob diese einen Schadensersatzanspruch begründen.

3. Ergebnis

Schäden, die aus der Löschung, dem Diebstahl oder der sonstigen Beeinträchtigung von Daten resultieren, können mit Hilfe des gesetzlich neu zu normierenden Rechts am eigenen Datenbestand geltend gemacht werden. Schäden, die andere Ursachen haben, sind oftmals nur im Einzelfall mit Hilfe des Deliktsrechts kompensationsfähig.

B. Allgemeine Haftungsfragen

I. Anwendbares Recht und Gerichtszuständigkeit

Bevor es zu der Frage kommt, mit Hilfe welcher Anspruchsgrundlage sich ein Cyber-Schaden geltend machen lässt, kann sich die vorgelagerte Frage stellen, welches Recht im Zusammenhang mit Cyber-Angriffen überhaupt anwendbar und welches Gericht für den jeweiligen Rechtsstreit zuständig ist. Dies ist bei der Geltendmachung von Cyber-Schäden von großer praktischer Bedeutung, da das Internet keinerlei geographischen Grenzen unterliegt und ein schwäbischer Mittelständler z.B. von einem Hacker angegriffen werden kann, der sich in China oder Indien befindet. Hinzu kommt, dass insbesondere das Cloud-Computing dafür sorgt, dass Daten nicht mehr zwangsläufig in dem Land gespeichert werden, in dem sich auch ihr Nutzer aufhält.

1. Anwendbares Recht bei vertraglichen Schuldverhältnissen

Maßgeblich für die Frage des anwendbaren Rechts sind die Verordnungen Rom-I und Rom-II. Verträge unterliegen gem. Art. 3 Abs. 1 Rom-I-VO grundsätzlich dem von den Parteien gewählten Recht. Für den Fall, dass die Parteien keine Vereinbarung bezüglich des anwendbaren Rechts getroffen haben, bestimmt sich das anwendbare Recht nach Art. 4 Rom-I-VO. Diese Vorschrift sieht für diverse Vertragsformen jeweilige Kollisionsvorschriften vor. Eine vertragliche Inanspruchnahme für Cyber-Schäden kommt insbesondere bei fehlerhafter Software in Betracht, wenn z.B. eine Sicherheitslücke eines Betriebssystems den Cyber-Angriff ermöglicht oder eine Anti-Viren-Software die schadensverursachende Schadsoftware nicht erkannt hat. Von besonderer Bedeutung sind daher die Vorschriften des Art. 4 Rom-I-VO zu Kauf- und Dienstleistungsverträgen. Gem. Art. 4 Abs. 1 lit. a) Rom-I-VO unterliegen Kaufverträge über bewegliche Sachen dem Recht des Staates, in dem der Verkäufer seinen gewöhnlichen Aufenthalt hat. Als Kaufverträge im Sinne dieser Norm sind Verträge über den Erwerb von Standardsoftware einzuordnen.[233] Softwareentwicklungsverträge sind wiederum als Dienstleistung zu qualifizieren, weshalb sich das anwendbare Recht gem. Art. 4 Abs. 1 lit. b) Rom-I-VO nach dem gewöhnlichen Aufenthaltsort des Dienstleisters, hier des Softwareherstellers, richtet.[234] Sowohl bei Herstellern von Standardsoftware als auch bei Entwicklern von Individualsoftware kommt es bei dem anwendbaren Recht somit auf den Sitz des Herstellers an.

In der Zukunft könnte nach einem Cyber-Angriff auch eine vertragliche Haftung von Cloud-Anbietern in Betracht kommen, wenn beispielsweise Daten von Kunden durch einen Cyber-Angriff gelöscht wurden. Hier wird in der Regel ebenfalls ein Dienstleistungsvertrag

---

[233] *Weller/Nordmeier*, in: Spindler/Schuster, 3. Aufl., Art. 4 Rom-I Rn. 5; zur vertragstypologischen Einordnung von Software-Verträgen nach deutschem Recht siehe unten: S. 105.

[234] *Bach*, in: Spindler/Schuster, Art. 4 Rom-I Rn. 6.

i.S.v. Art. 4 Abs. 1 lit. b) Rom-I-VO vorliegen.[235] Denn in den meisten Fällen wird dem Nutzer beim Cloud-Computing Rechenleistung zur Verfügung gestellt, indem er z.B. seine Daten auf den Servern des Diensleisters speichern darf.[236] Allerdings kommt es auf eine vertragliche Einordnung im Ergebnis nicht an, da der Cloud-Anbieter hier die vertragscharakteristische Leistung erbringt und daher auch nach Art. 4 Abs. 2 Rom-I-VO das Recht des Cloud-Anbieters anzuwenden ist.[237]

2. Anwendbares Recht bei außervertraglichen Schuldverhältnissen

Wesentlich häufiger wird nach einem Cyber-Angriff eine deliktische Inanspruchnahme in Betracht kommen. Auch bei einer deliktischen Inanspruchnahme ist grundsätzlich eine Rechtswahl der Parteien möglich. So können die Parteien gem. Art. 14 Abs. 1 lit. a) Rom-II-VO nach Eintritt des schadensbegründenden Ereignisses durch eine Vereinbarung das anzuwendende Recht wählen. Unternehmen können gem. Art. 14 Abs. 1 lit. b) Rom-II-VO zudem vor Eintritt des schadensbegründenden Ereignisses durch eine frei ausgehandelte Vereinbarung das anzuwendende Recht festlegen. Dies gilt jedoch nicht gegenüber Verbrauchern.

Im Zusammenhang mit der Haftung für Cyber-Angriffe führt die Regelung des Art. 14 Abs. 1 lit. a) Rom-II-VO dazu, dass z.B. Softwarehersteller mit ihren Kunden, soweit dies Unternehmen sind, schon beim Vertragsschluss das anwendbare Deliktsrecht festlegen können. Allerdings dürfte dies nur bei Verträgen über Individualsoftware relevant werden, da die Softwarehersteller bei Standardsoftware i.d.R. AGB verwenden. Denn nach der zutreffenden h.M. ergibt sich aus dem Erfordernis der „frei ausgehandelten Vereinbarung", dass eine Rechtswahl in AGB gem. Art. 14 Abs. 1 lit. b) Rom-

---

[235] *Bach*, in: Spindler/Schuster, Art. 4 Rom-I Rn. 8; Vgl. *Sujecki*, K&R 2012, 312, 317 (grundsätzlich Dienstleistungsvertrag, aber Werkleistungsvertrag, wenn der Cloud-Dienstleister Software zur Verfügung stellt die er auch entwickelt hat).

[236] *Sujecki*, K&R 2012, 312, 317.

[237] *Nordmeier*, MMR 2010, 151, 152; *Bach*, in: Spindler/Schuster, Art. 4 Rom-I Rn. 8.

II-VO zumindest ohne eine gesonderte Vereinbarung der Parteien unzulässig ist.[238] Dem ist aufgrund des Wortlauts und der Entstehungsgeschichte der Vorschrift zuzustimmen.[239]

Für den Fall, dass die Parteien keine Vereinbarung getroffen haben, richtet sich das anwendbare Recht nach der allgemeinen Kollisionsnorm. Gem. Art. 4 Abs. 1 Rom-II-VO ist auf ein außervertragliches Schuldverhältnis aus unerlaubter Handlung das Recht des Staates anzuwenden, in welchem der Schaden eingetreten ist, unabhängig davon, in welchem Staat das schadensbegründende Ereignis oder indirekte Schadensfolgen eingetreten sind. Es kommt somit entscheidend auf den Erfolgsort des Schadens an, d.h. auf den Ort, an welchem der Verletzungserfolg eingetreten ist.[240]

Werden Daten durch Schadsoftware gelöscht, blockiert oder anderweitig verändert, tritt der Schaden auf dem jeweiligen Datenträger ein, auf welchem die Daten gespeichert sind.[241] Bei DDos-Angriffen kommt es wiederum auf den Standort des Servers an, auf welchem die Überlastung des Servers eingetreten ist.[242] Entscheidend für die Frage des anwendbaren Rechts ist somit, an welchem Ort sich der Datenträger bzw. Server befindet. Einfach zu bestimmen ist daher das anwendbare Recht, wenn die gelöschten Daten sich auf einem Mitarbeitercomputer befanden. In einem solchen Fall ist daher *Bach* zuzustimmen, nach dem der Schadenseintrittsort bei Cyber-Angriffen in der Regel der Standort des angegriffenen Rechners ist.[243] Dies gilt jedoch nicht, wenn die Daten nicht auf dem Mitarbeiterrechner, sondern auf einem anderen Server gespeichert wurden. In diesem Fall ist nicht entscheidend, an welchem Ort die Daten abgerufen wurden, sondern wo sich der Server befindet, auf welchem die Daten gespeichert wurden.[244] Speichert beispielsweise eine internationale Anwaltssozietät alle ihre Mandantendaten auf einem Server an ihrem Hauptsitz in London, ist nach Art. 4 Abs. 1

---

238 *Dörner*, in: Hk-BGB, Art. 14 Rn. 3; *Gebauer*, in: Hüßtege/Mansel, Art. 14 Rom II Rn. 36; *Leible*, RIW 2008, 257, 260; a.A.: *Junker*, in: MüKoBGB, Art. 14 Rom-II-VO Rn. 34 ff.

239 *Gebauer*, in: Hüßtege/Mansel, Art. 14 Rom II Rn. 36.

240 *Junker*, in: MüKoBGB, Art. 4 Rom-II Rn. 20; *Spickhoff*, in: BeckOKBGB, Art. 4 Rom-II Rn. 6.

241 *Riehm*, VersR 2019, 714, 717 f.

242 *Mehrbrey/Schreibauer*, MMR 2016, 75, 76; *Bach*, in: Spindler/Schuster, Art. 4 Rom-II Rn. 9.

243 *Bach*, in: Spindler/Schuster, Art. 4 Rom-I Rn. 13.

244 Vgl. *Spickhoff*, in: BeckOKBGB, Art. 4 Rom-I Rn. 34.

Rom-II-VO auch dann englisches Recht anwendbar, wenn ein unzufriedener Mitarbeiter des Frankfurter Büros über seinen Computer deutsche Mandantendaten löscht.

Besondere Schwierigkeiten kann die Bestimmung des anwendbaren Rechts bereiten, wenn die gelöschten oder blockierten Daten bei einem Cloud-Anbieter gespeichert wurden.[245] Bei Cloud-Anbietern handelt es sich meistens um internationale Unternehmen, welche in der Regel Server in diversen Ländern betreiben, auf denen sie die Daten ihrer Kunden speichern.[246] Dabei speichern sie die Daten jedoch nicht dauerhaft auf einem dieser Server, sondern verschieben die Daten abhängig von der Auslastung ihrer Server in kürzester Zeit als Ganzes oder in Teilen von einem Server auf einen anderen.[247] Dies führt dazu, dass das anwendbare Recht beim Cloud-Computing vom Zufall abhängt, wenn man auch hier darauf abstellt, an welchem Ort die Daten gespeichert waren.[248] Eine konsequente Anwendung von Art. 4 Abs. 1 Rom-II-VO würde zudem bedeuten, dass der Geschädigte den Schaden bei einem Datensatz, der auf verschiedenen Servern gespeichert wurde, anteilig nach der jeweiligen Rechtsordnung geltend machen müsste.[249] Bei Ansprüchen des Geschädigten gegen seinen Cloud-Anbieter lässt sich dieses Problem durch Art. 4 Abs. 3 S. 1, 2 Rom-II-VO vermeiden, wonach das Recht eines anderen Staates anwendbar ist, wenn zwischen den Parteien ein Vertragsverhältnis besteht. Bei Ansprüchen des Geschädigten gegen den Cloud-Anbieter kann somit das Recht angewendet werden, dem der Vertrag zwischen dem Anbieter und dem Nutzer unterliegt.

Problematisch ist jedoch die Frage des anwendbaren Rechts, wenn der Geschädigte seinen Schaden nicht gegenüber dem Cloud-Anbieter, sondern gegenüber dem Angreifer geltend macht. Eine Anwendbarkeit von Art. 4 Abs. 3 S. 1, 2 Rom-II-VO scheidet hier grundsätzlich aus, da zwischen dem Angreifer und dem Geschädig-

---

[245] Siehe zum Begriff des Cloud-Computings: S. 16.

[246] *Nordmeier*, MMR 2010, 151, 152; *Spickhoff*, in: BeckOKBGB, § Art. 4 Rom-II Rn. 35.

[247] *Nordmeier*, MMR 2010, 151, 152; *Bach*, in: Spindler/Schuster, Art. 4 Rom-II Rn. 14.

[248] *Borges*, in: Rechtshdb. Cloud-Computing, § 12 Rn. 21.

[249] *Nordmeier*, MMR 2010, 151, 154.

ten kein Vertragsverhältnis besteht.[250] Trotz dieser Bedenken wird in der Literatur zum Teil vertreten, bei Ansprüchen gegen den Angreifer ebenfalls über Art. 4 Abs. 3 S. 2 Rom-II-VO das Recht anzuwenden, dem der Vertrag zwischen dem Cloud-Anbieter und dem Nutzer unterliegt.[251] *Spickhoff* lehnt dies hingegen ab, da es nach Art. 4 Abs. 1 Rom-II-VO gerade nicht auf die Erkennbarkeit des Erfolgsortes ankomme.[252] Vom Erfolgsort könne vielmehr nur dann gem. Art. 4 Abs. 1 Rom-II-VO abgewichen werden, wenn der tatsächliche Lageort des Datenträgers aus der Sicht von Schädiger und Geschädigten mit diesen „ganz unverbunden und zufällig erscheint", wobei hier dann das Aufenthaltsrecht des Opfers anzuwenden sei.[253] *Bach* wiederum schlägt vor, den Ort als Schadensort einzustufen, an dem die Daten üblicherweise verwendet werden.[254] *Nägele/Jacobs* wenden Art. 4 Abs. 1 Rom-II-VO hingegen konsequent an und kommen zu dem Ergebnis, dass sich die Anwendbarkeit der Rechte aller betroffenen Server-Standorte nur durch eine vorherige Rechtswahl vermeiden lasse.[255]

Der letztgenannten Ansicht ist nicht zuzustimmen. Es kann nicht der Wille des europäischen Gesetzgebers gewesen sein, dass bei einem Cloud-Anbieter aus den USA und einem Kunden aus Deutschland chinesisches oder australisches Recht anwendbar ist, nur weil der Cloud-Anbieter kurz vor dem Cyber-Angriff die Daten dorthin verschoben hat. An Art. 4 Abs. 1 Rom-II-VO zeigt sich vielmehr, dass Normen und Gesetze im Zusammenhang mit der Digitalisierung oftmals an ihre Grenzen stoßen. Gegen die letztgenannte Ansicht sprechen daher schon Praktikabilitätserwägungen. Aber auch der Ansicht, die das anwendbare Recht nach Art. 4 Abs. 3 S. 2 Rom-II-VO bestimmt, ist aufgrund des klaren Wortlauts der Vorschrift nicht zuzustimmen, da zwischen dem Cloud-Nutzer und dem Angreifer gerade kein Vertrag besteht. Überzeugend ist es vielmehr,

---

250 Vgl. *Nordmeier*, MMR 2010, 151, 156.

251 *Nordmeier*, MMR 2010, 151, 155 f.; *Weller/Nordmeier*, in: Spindler/Schuster, 3. Auflage, Art. 4 Rom-II Rn. 15.

252 *Spickhoff*, in: BeckOKBGB, § Art. 4 Rom-II, Rn. 35.

253 *Spickhoff*, in: BeckOKBGB, § Art. 4 Rom-II, Rn. 35; Vgl. *i.E. so auch: Borges*, in Rechtshdb. Cloud-Computing, § 12 Rn. 21.

254 *Bach*, in: Spindler/Schuster, Art. 4 Rom-II Rn. 14.

255 *Nägele/Jacobs*, ZUM 2010, 281, 283.

auf das Aufenthaltsrecht des Opfers des Cyber-Angriffs abzustellen. Denn der Cloud-Nutzer wird die Daten in der Regel an seinem Aufenthaltsort auf seinem Computer abrufen und nutzen, woraus sich eine engere Verbindung i.S.v. Art. 4 Abs. 3 S. 1 Rom-II-VO zu dem Aufenthaltsrecht des Geschädigten ergibt. Aus diesen Gründen ist daher bei Ansprüchen des Cloud-Nutzers gegen den Angreifer das Aufenthaltsrecht des Nutzers anzuwenden. Im Ergebnis wird dieses Problem jedoch ohnehin in der Praxis nicht von besonderer Bedeutung sein, da sich der Angreifer in der Regel nicht ermitteln lassen wird.

Zu beachten ist ferner, dass die Kollisionsnormen der Rom II-VO in einem Mitgliedsstaat der EU auch dann anzuwenden sind, wenn es um einen Fall mit Auslandsberührung zu einem Drittstaat und nicht zu einem anderen EU-Mitgliedstaat der EU geht.[256] Aus diesem Grund gelten die Ausführungen zu Art. 4 Rom-II-VO unabhängig davon, ob der Cyber-Schaden in einem EU-Mitgliedsstaat oder einem Drittstaat eingetreten ist.[257] Dies gilt jedoch freilich nur, wenn ein Gericht eines EU-Mitgliedstaates für den Rechtsstreit zuständig ist.

3. Gerichtszuständigkeit

Die Gerichtszuständigkeit richtet sich innerhalb der EU-Mitgliedsstaaten nach der EuGVVO bzw. der Brüssel-Ia-VO. Nach Art. 4 Abs. 1 EuGVVO sind Personen, die ihren Wohnsitz im Hoheitsgebiet eines EU-Mitgliedstaats haben, ohne Rücksicht auf ihre Staatsangehörigkeit vor den Gerichten dieses Mitgliedstaats zu verklagen. Zu beachten ist jedoch, dass sich aus den Artt. 7 ff. EuGVVO besondere Zuständigkeiten ergeben, bei deren Vorliegen, der Kläger ein Wahlrecht zwischen Art. 4 Abs. 1 EuGVVO und den Artt. 7 ff. EuGVVO hat. So kann eine Person bei Vertragsansprüchen gem. Art. 7 Nr. 1 a) EuGVVO auch am Erfüllungsort des Vertrags verklagt werden. Erfüllungsort ist gem. Art. 7 Nr. 1 b) EuGVVO für den Ver-

---

256 *Junker*, in: MüKoBGB, Art. 3 Rom-II Rn. 2.
257 Vgl. *Mehrbrey/Schreibauer*, MMR 2016, 75, 76.

kauf beweglicher Sachen der Ort in einem Mitgliedstaat, an dem sie nach dem Vertrag geliefert worden sind oder hätten geliefert werden müssen. Bei dem Erwerb von Standardsoftware ist somit das Gericht zuständig, an dessen Ort die Software geliefert wurde.[258] Für die Erbringung von Dienstleistungen ist der Erfolgsort gem. Art. 7 Nr. 1 b) EuGVVO der Ort in einem Mitgliedstaat, an dem die Dienstleistung nach dem Vertrag erbracht worden ist oder hätte erbracht werden müssen. Bei Softwareentwicklungsverträgen ist dies der Ort, an welchem die Software entwickelt wurde,[259] was in der Regel die vertragsbetreuende Niederlassung des Softwareentwicklers sein wird.[260]

Deliktische Ansprüche können wiederum gem. Art. 7 Nr. 2 EuGVVO auch vor dem Gericht des Ortes geltend gemacht werden, an dem das schädigende Ereignis eingetreten ist oder einzutreten droht. Nach der Ubiquitätstheorie des EuGH ist das schädigende Ereignis sowohl am Handlungs- wie am Erfolgsort eingetreten.[261] Handlungsort ist der Ort, von dem aus das schadenstiftende Ereignis vom Schädiger ausgelöst wurde.[262] Dies wird bei Cyber-Angriffen oftmals der Ort sein, an welchem sich der Hacker aufhält. Bei dem Erfolgsort handelt es sich wiederum um den Ort, an welchem in das geschützte Rechtsgut eingegriffen wurde.[263] Dies dürfte bei Cyber-Angriffen, entsprechend Art. 4 Rom-II-VO, der Standort des Datenträgers sein, auf dem sich die gelöschten oder blockierten Daten befunden haben, bzw. bei DDoS-Angriffen der Ort, an dem sich der überlastete Server befand. Bei deliktischen Ansprüchen hat der Geschädigte somit gem. Art. 4, 7 EuGVVO ein Wahlrecht zwischen dem Wohnsitz des Hackers und dem Ort des Datenträgers.

---

[258] *Gottwald*, in MüKoZPO, Art. 7 Brüssel-Ia Rn. 18.
[259] OLG München, Urt. v. 23.12.2009 – 20 U 3515/09, NJW 2010, 789, 791.
[260] *Mankowski*, CR 2010, 137, 141.
[261] EUGH, Urt. v. 30.11.1976 – Rs 21/76, NJW 1977, 493.
[262] *Gottwald*, in MüKoZPO, Art. 7 Brüssel-Ia Rn. 56; *Stadler*, in: Musielak/Voit, Art. 7 EuGVVO Rn. 19.
[263] *Gottwald*, in MüKoZPO, Art. 7 Brüssel-Ia Rn. 57; *Stadler*, in: Musielak/Voit, Art. 7 EuGVVO Rn. 19.

II. Schadensfragen

1. Ersetzbare Schadenspositionen

Wie oben ausgeführt, kann ein Cyber-Angriff diverse Schadenspositionen sowohl bei dem Opfer als auch bei Dritten zur Folge haben.[264] Hier stellt sich die Frage, welche Schadenspositionen nach einem Cyber-Angriff kompensationsfähig sind. Nach dem natürlichen Schadensbegriff handelt es sich bei einem Schaden um jede Einbuße an materiellen oder immateriellen Gütern und Interessen.[265] Ob und in welchem Umfang ein Schaden vorliegt, richtet sich bei Vermögensschäden nach der Differenzhypothese. Nach einem Cyber-Angriff wird in der Regel ein Schaden vorliegen, wenn es zu einer Betriebsunterbrechung in dem angegriffenen Unternehmen gekommen ist, wenn gegen das Opfer des Angriffs Bußgelder verhängt wurden oder wenn es Schadensersatzansprüchen ausgesetzt ist, beispielsweise weil Lieferfristen nicht eingehalten werden konnten oder Kundendaten abhandengekommen sind.

a) Kosten für Dienstleistungsunternehmen

Allerdings stellt sich die Frage, inwieweit auch Kosten, die dem Geschädigten nach einem Cyber-Angriff entstanden sind, ersetzbare Schadenspositionen darstellen. Dies gilt beispielsweise für Kosten, die aus der Beauftragung von Forensik-Dienstleistern, PR-Beratern oder Callcenter-Anbietern resultieren. Vom Schaden abzugrenzen sind Aufwendungen, bei denen es sich um freiwillige Vermögensopfer handelt.[266] Allerdings können auch Aufwendungen einen Schaden darstellen. Dazu gehören insbesondere Kosten, die der Geschädigte zur Abwehr, Minderung oder Beseitigung des Schadens

[264] Siehe S. 18 f..
[265] *Looschelders*, SchuldR AT, § 44 Rn. 1.
[266] *Krüger*, in MüKoBGB, § 256 Rn. 2.

getätigt hat.[267] Die Einordnung als Schaden ergibt sich daraus, dass der Willensentschluss des Geschädigten zur Ausgabe dieser Kosten nicht frei getroffen, sondern durch das Verhalten des Schädigers veranlasst wurde.[268] Notwendig ist jedoch, dass diese Aufwendungen aus der Sicht eines verständigen, wirtschaftlich denkendem Menschen in der Lage des Geschädigten erforderlich erscheinen, um einen konkret drohenden Schadenseintritt zu verhindern.[269]

PR-Berater werden nach Cyber-Angriffen von Unternehmen damit beauftragt die Krisenkommunikation durchzuführen, damit das öffentliche Ansehen des Unternehmens keinen Schaden erleidet. Callcenter-Dienstleistungen werden insbesondere in Anspruch genommen, damit Kunden, von denen z.B. Daten gestohlen wurden, mit dem geschädigten Unternehmen Kontakt aufnehmen können. Die Kosten für PR-Berater und Callcenter sind daher auch aus der Sicht eines verständigen Menschen in der Lage des Geschädigten als erforderlich zu qualifizieren, um einen Cyber-Schaden zu verhindern bzw. zu mindern. Bei diesen Kosten handelt es sich somit in der Regel um ersetzbare Schadenspositionen.

Des Weiteren werden nach einem Cyber-Angriff insbesondere auch IT-Forensik-Dienstleister beauftragt, Cyber-Angriffe abzuwehren oder verloren gegangene Daten wieder herzustellen. Diese Dienstleistungen sind ebenfalls auf die Abwehr bzw. die Beseitigung des Schadens gerichtet, weshalb es sich auch bei diesen Kosten um ersetzbare Schadenspositionen handelt. Ein zentrales Dienstleistungsangebot von IT-Forensik-Unternehmen liegt aber auch in der Aufklärung von Cyber-Angriffen. Hier wird untersucht, welche Daten durch den Angriff gelöscht wurden und ob es zu einer Manipulation von IT-Systemen oder Dateien des Unternehmens gekommen ist. Diese Dienstleistungen sind nicht auf die Abwehr, Minderung oder Beseitigung des Schadens gerichtet, sondern dienen vielmehr dazu

---

[267] Vgl. BGH, Urt. v. 06.04.1976 – VI ZR 246/74, BGHZ 66, 182 (192) = NJW 1976, 1198, 1200; Urt. v. 11.09.2008 – I ZR 118/06, NJW-RR 2009, 43, 46; *Ekkenga/Kuntz*, in: Soergel, § 249 Rn. 115; *Oetker*, in: MüKoBGB, § 249 Rn. 178; *Schiemann*, in: Staudinger, § 249 Rn. 57.

[268] *Grüneberg*, in: Palandt, Vorb. § 249 Rn. 44.

[269] BGH, Urt. v. 6. 4. 1976 – VI ZR 246/74, BGHZ 66, 182 (192) = NJW 1976, 1198, 1200; Urt. v. 30.09.1993 – I ZR 258/91, NJW 1993, 3331, 3332; Urt. v. 11.09.2008 – I ZR 118/06, NJW-RR 2009, 43, 46; *Oetker*, in: MüKoBGB, § 249 Rn. 178.

festzustellen, ob überhaupt ein Schaden eingetreten ist. Allerdings ist in der Rechtsprechung und Literatur anerkannt, dass Sachverständigengutachten zur Schadensermittlung ebenfalls eine ersetzbare Schadensposition darstellen, soweit diese für die Geltendmachung von Schadensersatzansprüchen erforderlich und zweckmäßig sind.[270] In den meisten Fällen wird sich der entstandene Schaden nach einem Cyber-Angriff nur durch eine Überprüfung der IT-Systeme des Geschädigten bestimmen lassen. Zu dieser Überprüfung wird das geschädigte Unternehmen in der Regel nicht in der Lage sein. Die durch die Beauftragung von IT-Forensik-Dienstleistern entstandenen Kosten werden daher meistens zur Geltendmachung von Schadensersatzansprüchen erforderlich sein. Sie stellen somit grundsätzlich einen ersatzpflichtigen Schaden dar.

b) Abwehr und Feststellung des Schadens durch den Geschädigten

Fraglich erscheint jedoch, inwieweit Kosten zur Abwehr und Feststellung des Schadens einen ersatzfähigen Schaden darstellen, wenn die Abwehr oder Feststellung nicht durch einen Dienstleister, sondern von den eigenen Mitarbeitern des Unternehmens vorgenommen worden ist. In einem vom OLG Köln 1994 entschiedenen Fall kam es bei einer von der Beklagten durchzuführenden Installation einer EDV-Anlage zu einem Datenverlust, woraufhin die Mitarbeiter der Klägerin die Daten erneut in das System eingeben mussten.[271] Das OLG Köln hat eine Ersatzfähigkeit von Mitarbeiterkosten grundsätzlich abgelehnt, da es für eine Ersatzfähigkeit nicht ausreiche, wenn der Schaden während der regulären Arbeitszeit behoben worden ist, da diese Lohnzahlungen auch ohne das schädigende Ereignis angefallen wären.[272] Würde man dem folgen, wären Kosten

---

270 BGH, Urt. v. 29.11.1988 – X ZR 112/87, NJW-RR 1989, 953, 956; Urt. v. 23.01. 2007 – VI ZR 67/06, NJW 2007, 1450, 1451; Urt. v. 28.02.2017 – VI ZR 76/16, NJW 2017, 1875; OLG Thüringen, Beschl. v. 03.11.2005 – 2 W 509/05, OLG-NL 2005, 270 f.; *Luckey*, in: Prütting/Wegen/Weinrich, § 249 Rn. 36; *Oetker*, in: MüKoBGB, § 249 Rn. 396; *Schiemann*, in: Staudinger, § 249 Rn. 233.

271 OLG Köln, Urt. v. 22.04.1994 – 19 U 253/93, NJW-RR 1994, 1262.

272 OLG Köln, Urt. v. 22.04.1994 – 19 U 253/93, NJW-RR 1994, 1262, 1263.

für Mitarbeiter, die mit der Abwehr von Cyber-Angriffen oder der Schadensfeststellung beschäftigt sind, nicht ersatzfähig, wenn die jeweiligen Arbeiten während der regulären Arbeitszeit wurden.

Allerdings hat der BGH das Urteil des OLG Köln aufgehoben und eine Ersatzfähigkeit der Mitarbeiterkosten angenommen.[273] Dem ist zuzustimmen, da sich aus § 249 Abs. 2 S. 1 BGB ergibt, dass der Geschädigte unabhängig davon, ob er den Schaden selbst behoben hat oder ihn durch Dritte hat beheben lassen, den zur Herstellung erforderlichen Geldbetrag verlangen kann, weshalb die erforderlichen Aufwendungen sogar dann ersetzbar sind, wenn der Geschädigte die Sache gar nicht instand setzen lässt.[274] Aus diesem Grund sind daher grundsätzlich auch Kosten für die Arbeitszeit von Mitarbeitern ersatzfähig. Allerdings gilt hier einschränkend zu beachten, dass der Geschädigte vom Schädiger grundsätzlich keinen Ersatz für den eigenen Zeitaufwand bei der Schadensermittlung und außergerichtlichen Abwicklung des Schadensersatzanspruchs verlangen kann.[275] Dies folgt daraus, dass Schadensermittlungskosten nicht vom Schutzzweck der Haftung des Schädigers gedeckt sind und die Schadensermittlung vielmehr zum Verantwortungsbereich des Geschädigten gehört.[276] Die Kosten zur Abwehr des Cyber-Angriffs sind daher auch ersatzfähig, wenn die Abwehr von den eigenen Mitarbeitern des Unternehmens durchgeführt wurde. Die Kosten, die dadurch entstanden sind, dass die IT-Abteilung des Unternehmens den eingetretenen Schaden ermittelt, können hingegen nicht im Rahmen eines Schadensersatzanspruchs geltend gemacht werden.

---

273 BGH, Urt. v. 02.07.1996 – X ZR 64/94, NJW 1996, 2924, 2925.

274 BGH, Urt. v. 02.07.1996 – X ZR 64/94, NJW 1996, 2924, 2925; vgl. BGH, Urt. v. 20.06.1989 – VI ZR 334/88, NJW 1989, 3009; BGH, Urteil v. 23.05.2017 – VI ZR 9/17, NJW 2017, 2401; *Ekkenga/Kuntz*, in: Soergel, § 249 Rn. 68 ff.; *Oetker*, in: MüKoBGB, § 249 Rn. 377.

275 BGH, Urt. v. 09.03.1976 – VI ZR 98/75, NJW 1976, 1256, 1257; Urt. v. 06.11.1979 – VI ZR 254/7, NJW 1980, 119; Urt. v. 26. 2. 1980 – VI ZR 53/79, NJW 1980, 1518, 1519.

276 BGH, Urt. v. 09.03.1976 – VI ZR 98/75, NJW 1976, 1256, 1257; *Oetker*, in: MüKoBGB, § 249 Rn. 204.

c) Vorsorgeaufwendungen und freiwillige Leistungen

Fraglich erscheint des Weiteren, inwieweit sog. Vorsorgeaufwendungen geltend gemacht werden können. Dabei handelt es sich um Kosten, die der Geschädigte schon vor dem konkreten Schadensereignis aufwendet, um den Schaden in solchen Fällen zu minimieren oder ganz zu verhindern.[277] Die Ersetzbarkeit von Vorsorgeaufwendungen wird von der Rechtsprechung nicht einheitlich beurteilt. So werden Kosten für Überwachungs- und Sicherungsmaßnahmen, wie z.B. Vorbeugemaßnahmen gegen Ladendiebstähle oder Kosten für den Einbau einer Alarmanlage nicht als erstattungsfähig angesehen.[278] Andererseits werden von der Rechtsprechung und einem Teil der Literatur sog. Vorhaltekosten von Verkehrsunternehmen als ersatzfähig angesehen, wenn eine Beschädigung des Fahrzeugs dazu geführt hat, dass das Unternehmen ein Reservefahrzeug einsetzen musste.[279] Ein anderer Teil der Literatur lehnt diese Rechtsprechung hingegen ab.[280] Für eine Ersetzbarkeit von Vorsorge- und Vorhaltekosten spricht, dass der Schaden durch diese Aufwendungen im Ergebnis geringer ausfallen kann.[281] So wird die Anmietung eines Ersatzfahrzeugs nach einem Schaden in der Regel höhere Kosten verursachen als die Vorhaltung eines Reservefahrzeugs.[282] Dies ändert jedoch nichts daran, dass der Ersatz von Vorsorge- und Vorhaltekosten dem Grundsatz des BGB widerspricht, wonach nur solche Schäden ersetzbar sind, die kausal durch ein konkretes Schadensereignis verursacht wurden.[283] Kosten, die unabhängig von dem konkreten Schadensereignis aufgewendet wurden, sollen gerade nicht ersetzbar sein.[284] Vorsorge- und Vorhaltekosten sind daher grundsätzlich nicht ersetzbar. Etwas anderes gilt

---

277 *Luckey*, in: Prütting/Wegen/Weinrich, § 251 Rn. 16.

278 BGH, Urt. v. 06.11.1979 – VI ZR 254/7, NJW 1980, 119; OLG Hamm, Urt. v. 16.08.2007 – 6 U 67/07, NJW-RR 2008, 627.

279 BGH, Urt. v. 10.05.1960 – VI ZR 35/59, BGHZ 32, 280 = NJW 1960, 1339; Urt. v. 10.01.1978 – VI ZR 164/75, NJW 1978, 812; vgl. *Oetker*, in: MüKoBGB, § 249 Rn. 200 (im Ergebnis zustimmend).

280 *Ekkenga/Kunz*, in: Soegerl, § 249 Rn. 222; *Luckey*, in: Prütting/Wegen/Weinrich, § 251 Rn. 17; *Schiemann*, in: Staudinger, § 249 Rn. 122.

281 Vgl. *Oetker*, in: MüKoBGB, § 249 Rn. 200.

282 *Oetker*, in: MüKoBGB, § 249 Rn. 200.

283 Vgl. *Ekkenga/Kunz*, in: Soegerl, § 249 Rn. 222; *Luckey*, in: Prütting/Wegen/Weinrich, § 251 Rn. 17.

284 *Ekkenga/Kunz*, in: Soegerl, § 249 Rn. 222.

jedoch für Kosten, die der Geschädigte zur Abwehr eines konkreten Schadens aufwendet, da hier der notwendige Kausalzusammenhang zwischen den Aufwendungen und dem Schadensereignis besteht.[285]

Mittlerweile ergreifen Unternehmen diverse Maßnahmen um Cyber-Angriffe zu verhindern. Dazu gehören unter anderem die Ausstattung der IT-Systeme mit Antivirensoftware sowie weiterer Programme zur Überwachung dieser Systeme. Ferner werden insbesondere IT-Forensik-Unternehmen damit beauftragt, die IT-Systeme des Unternehmens hinsichtlich der Anfälligkeit von Cyber-Angriffen zu analysieren sowie daran anschließend einen Notfallplan für potentielle Angriffe zu erarbeiten. Diese Aufwendungen werden nicht getätigt, um einen konkret bevorstehenden Cyber-Angriff abzuwenden, sondern dienen dazu, das allgemeine Cyber-Risiko des jeweiligen Unternehmens zu verringern. Kosten wie diese sind daher nicht ersatzfähig. In den seltensten Fällen werden sich Vorsorgekosten auf die Abwehr eines konkreten bevorstehenden Angriffs richten. In Betracht käme allenfalls die Konstellation, in der ein Cyber-Angriff angedroht wird und das betreffende Unternehmen daraufhin Sicherungsmaßnahen ergreift, um in der Lage zu sein, den bevorstehenden Angriff abzuwehren.

Neben Vorsorgemaßnahmen können dem angegriffenem Unternehmen auch Kosten durch freiwillige Leistungen entstehen, die es gegenüber seinen Kunden erbringt, wie beispielsweise das Ersetzen von Kreditkarten. Dabei ist zu beachten, dass nur solche freiwilligen Leistungen erstattungsfähig sind, die eine unmittelbare Gefährdung beseitigen, da es ansonsten an dem notwendigen Zurechnungszusammenhang fehlt.[286] Sind Kreditkartendaten abhandengekommen, besteht die Gefahr, dass der Schädiger mit Hilfe dieser Daten unerlaubte Zahlungen vornimmt, weshalb es notwendig ist die Kreditkarte zu sperren und dem Kunden eine neue Karte auszuhändigen. Aus diesem Grund sind auch die Kosten, die durch den Ersatz von Kreditkarten entstanden sind, ersatzfähig.[287]

---

[285] Vgl. *Ekkenga/Kunz*, in: Soegerl, § 249 Rn. 222; *Luckey*, in: Prütting/Wegen/Weinrich, § 251 Rn. 17.

[286] *Haller/Lutz*, BB 2014, 1993, 1996.

[287] *Haller/Lutz*, BB 2014, 1993, 1996.

2. Schadensbemessung

Die Schadensbemessung erfolgt bei Vermögensschäden nach der Differenzhypothese, wonach die bestehende Güterlage und die Güterlage, welche ohne das schädigende Ereignis gegeben wäre, miteinander zu vergleichen sind.[288] Hat der Anspruchsteller nach dem Cyber-Angriff Dienstleister wie PR-Agenturen oder IT-Forensik-Unternehmen beauftragt, besteht der Schaden in den jeweiligen Honorarkosten und ist somit leicht ermittelbar. Das gleiche gilt für den Fall, dass der Anspruchssteller selbst Ansprüchen ausgesetzt war und diese nun im Wege des Regresses gegen den Anspruchsgegner geltend machen möchte, da in diesem Fall die Schadensersatzansprüche des Dritten den Schaden darstellen. Ebenfalls einfach festzustellen sind in diesem Zusammenhang Bußgelder, die der Anspruchsteller an Behörden zahlen musste.

Schwieriger kann eine Schadensbemessung hingegen sein, wenn der Cyber-Angriff zu einem Datenverlust geführt hat. Hier stellt sich die Frage, ob der Geschädigte nur einen Anspruch auf Wertersatz nach § 251 Abs. 1 BGB hat oder ob er gem. § 249 Abs. 2 S. 1 BGB den zur Wiederherstellung der Sache erforderlichen Betrag verlangen kann. Dabei kommt es darauf an, ob die Wiederherstellung noch möglich ist. Bei geistigen oder schöpferischen Unikaten ist entscheidend, ob durch die Reparatur die Integrität der Sache wiederhergestellt wird oder ob die Reparatur einer Neuherstellung der völlig zerstörten Sache gleichkommt.[289] Eine solche Neuschaffung stellt keine Wiederherstellung i.S.v. § 249 BGB dar.[290] Aus diesem Grund ist eine Wiederherstellung von Daten i.S.v. § 249 BGB nur möglich, wenn diese noch technisch wiederherstellbar sind.[291]

---

[288] BGH, Urt. v. 10.12.1986 – VIII ZR 349/85, BGHZ 99, 182, 196 = NJW 1987, 831, 834; *Ebert*, in: Erman, vor § 249 Rn. 24; *Oetker*, in: MüKoBGB, § 249 Rn. 18; *Looschelders*, SchuldR AT, § 44 Rn. 3.

[289] BGH, Urt. v. 10.07.1984 – VI ZR 262/82, BGHZ 92, 85, 88 = NJW 1984, 2282, 2283; *Oetker*, in: MüKoBGB, § 251 Rn. 9.

[290] BGH, Urt. v. 10.07.1984 – VI ZR 262/82, BGHZ 92, 85, 88 = NJW 1984, 2282, 2283; *Oetker*, in: MüKoBGB, § 251 Rn. 9.

[291] BGH, Urt. v. 09.12.2008 – VI ZR 173/07, NJW 2009, 1066, 1067; Vgl. *Riehm*, VersR 2019, 714, 724.

Sind die Daten jedoch technisch nicht mehr rekonstruierbar, sondern nur durch die manuelle Neueingabe oder erneute Programmierung wiederherstellbar, kommt nur ein Wertersatz nach § 251 Abs. 1 BGB in Frage. Dieser bemisst sich nach der Differenz zwischen dem Wert des Vermögens vor dem schädigenden Ereignis und dem Wert des Vermögens nach dem schädigenden Ereignis.[292] Aus diesem Grund bestimmt sich die Höhe des Wertersatzes bei Datenlöschungen zum einen nach den Kosten, die der Geschädigte für die Rekonstruktion der Daten aufgebracht hat und zum anderen nach den Kosten, die durch die Datenlöschung entstanden sind, wie z.B. infolge von Betriebsunterbrechungen.[293]

In einigen Fällen kann auch die Bestimmung der tatsächlichen Schadenshöhe Schwierigkeiten bereiten, wie z.B. bei Reputations- und Betriebsunterbrechungsschäden. In solchen Fällen ist § 287 ZPO von Bedeutung,[294] wonach das Gericht nach freier Überzeugung entscheidet, wie hoch der entstandene Schaden ist. Eine Schätzung nach § 287 ZPO ist nur unzulässig, wenn das Ergebnis aufgrund fehlender Anhaltspunkte völlig in der Luft hängen würde.[295] Eine Schadensersatzklage darf daher nicht aufgrund eines lückenhaften Vortrages abgewiesen werden, wenn zumindest greifbare Anhaltspunkte für die Darstellung des Klägers bestehen.[296] Bei Betriebsunterbrechungsschäden könnte der Geschädigte daher darlegen, in welchem Umfang es ohne den Betriebsausfall Waren hätte produzieren können und welchen Umsatz es mit diesen erzielt hätte. Schwieriger zu ermitteln ist die Schadenshöhe bei Reputationsschäden. Besonders problematisch ist die Schätzung für den Fall, dass es durch den Cyber-Angriff zu Betriebsspionage kam und beispielweise Geschäftsgeheimnisse abhandengekommen sind.[297] Hier werden sich in der Regel keine greifbaren Anhaltspunkte finden

---

[292] BGH, Urt. v. 11.03.2010 – IX ZR 104/08, NJW 2010, 1357, 1359; *Schiemann*, in: Staudinger, § 251 Rn. 3.

[293] BGH, Urt. v. 09.12.2008 – VI ZR 173/07, NJW 2009, 1066, 1068.

[294] Vgl. *Seitz/Thiel*, PHi 2013, 42, 49 f.

[295] BGH, Urt. vom 26. 11. 1986 – VIII ZR 260/85, NJW 1987, 909, 910; Urt. vom 12.10.1993 – X ZR 65/92, NJW 1994, 663, 665; Urt. vom 02.07.1996 - X ZR 64/94, NJW 1996, 2924, 2925; *Foerste*, in: Musielak/Voit, § 287 Rn. 8; *Prütting*, in: MüKoZPO, § 287 Rn. 14.

[296] BGH, Urt. v. 02.07.1996 – X ZR 64/94, NJW 1996, 2924, 2925.

[297] Vgl. *Spindler*, in: Beckmann/Matusche-Beckmann, § 40 Rn. 19.

lassen, die schlüssig darlegen, in welchem Umfang dem Unternehmen durch die Spionage ein Schaden entstanden ist.

III. Sorgfaltsmaßstab

Im Rahmen der Haftung für Cyber-Angriffe stellt sich die Frage, inwieweit im Zusammenhang mit Cyber-Angriffen ein allgemeingültiger Sorgfaltsmaßstab besteht, der für alle Beteiligten der IT-Sicherheit und sowohl für Softwarehersteller, IT-Dienstleister als auch für IT-nutzende Unternehmen und Verbraucher Wirkung entfaltet. Ein solcher Sorgfaltsmaßstab könnte unter anderem von Bedeutung sein, um im Falle eines erfolgten Cyber-Angriffs eine vertragliche Pflichtverletzung, die Verletzung von Verkehrssicherungspflichten sowie das Verschulden oder Mitverschulden zu bestimmen.

1. Bestehende Normen mit IT-Sicherheitsbezug

Ein Gesetz, aus welchem sich ein einheitlicher Sorgfaltsmaßstab im Zusammenhang mit Cyber-Risiken ergibt, existiert nicht. Dies hängt damit zusammen, dass es kein homogenes Recht der IT-Sicherheit gibt, sondern nur eine Vielzahl von öffentlich-rechtlichen und zivilrechtlichen Vorschriften mit unterschiedlichem Regelungsgehalt, deren einzige Gemeinsamkeit in dem Zweck der Gewährleistung von IT-Sicherheit liegt.[298] Diese Gesetze treffen für einzelne Beteiligte Vorgaben hinsichtlich der einzuhaltenden IT-Sicherheit. So haben gem. Art. 32 Abs. 1 DSGVO öffentliche und nicht-öffentliche Stellen, welche personenbezogene Daten erheben, technische und organisatorische Maßnahmen zu treffen, um ein dem Risiko entsprechendes Schutzniveau zu gewährleisten. Kreditinstitute wiederum haben gem. § 25a KWG über ein angemessenes und wirksames Risikomanagement zu verfügen, wozu eine angemessene technisch-

[298] *Gaycken/Karger*, MMR 2011, 3, 4; *Schmidl*, NJW 2010, 476, 477; *ders.*, in: Hauschka/Moosmeyer/Lösler, § 28 Rn. 20.

organisatorische Ausstattung und ein angemessenes Notfallkonzept für IT-Systeme gehören.

Zu einer gewissen Vereinheitlichung des IT-Sicherheitsrechts hat die Einführung des am 25.07.2015 in Kraft getretenen IT-Sicherheitsgesetzes (nachfolgend IT-SiG) geführt. Dabei handelt es sich um ein Änderungsgesetz, das unter anderem neue Regelungen für das BSIG, das TMG, das TKG, das AtomG und das EnWG beinhaltet. Hierdurch werden die Adressaten der jeweiligen Gesetze unter anderem dazu verpflichtet, technische Maßnahmen zur Gewährleistung von IT-Sicherheit zu treffen.

Von großer praktischer Bedeutung für die Gewährleistung von IT-Sicherheit ist, dass das IT-SiG Betreiber sog. „Kritischer Infrastrukturen" verpflichtet, Mindeststandards für ihre IT-Einrichtungen einzuhalten und Sicherheitsvorfälle dem BSI zu melden. Zu den Betreibern von kritischen Infrastrukturen gehören unter anderem Unternehmen aus den Sektoren Energie, Informationstechnik und Telekommunikation und Transport sowie dem Finanz- und Versicherungswesen, soweit diese von hoher Bedeutung für das Funktionieren des Gemeinwesens i.S.v. § 2 Abs. 10 Nr. 2 BSIG sind. Gem. § 8a Abs. 1 S. 1 BSIG müssen Betreiber Kritischer Infrastrukturen angemessene organisatorische und technische Vorkehrungen zur Vermeidung von Störungen der Verfügbarkeit, Integrität, Authentizität und Vertraulichkeit ihrer informationstechnischen Systeme, Komponenten und Prozesse treffen, welche für die Funktionsfähigkeit der von ihnen betriebenen kritischen Infrastrukturen maßgeblich sind. Hierbei ist gem. § 8a Abs. 1 S. 2 BSIG der Stand der Technik maßgeblich. Sollten Betreiber von „kritischen Infrastrukturen" gegen § 8a Abs. 1 BSIG verstoßen, könnte dies im Rahmen einer Haftung insbesondere Auswirkungen auf den Fahrlässigkeitsmaßstab, auf den Maßstab zur Beurteilung des Bestehens von Verkehrssicherungspflichten sowie für die Ausgestaltung des Überwachungssystems nach § 91 Abs. 2 AktG von Bedeutung sein.[299] Aus § 8a Abs. 1 BSIG ergibt sich somit für die Betreiber kritischer Infrastrukturen ein einheitlicher Sorgfaltsmaßstab.

---

[299] *Roos*, MMR 2015, 636, 641; *Spindler*, CR 2016, 297, 308 ff.; *Beucher/Utzerath*, MMR 2013, 362, 366 f.

Neben gesetzlichen Normen gibt es auch diverse nicht gesetzliche Vorschriften, aus denen sich Anforderungen oder Empfehlungen hinsichtlich der Gewährleistung von IT-Sicherheit ergeben. Hierzu gehören unter anderem Standards wie ISO/IEC 27001 und dem IT-Grundschutz-Kompendium des BSI, welche Empfehlungen für Anforderungen an ein Informationssicherheits-Managementsystem enthalten. Diese Empfehlungen können wie allgemein anerkannte Regeln wirken und Vermutungswirkungen zur Folge haben.[300] Des Weiteren existieren bezüglich der Gewährleistung von IT-Sicherheit Vorschriften, die sich nur an bestimmte Branchen richten. Von besonderer Bedeutung sind hier die im Jahr 2017 bzw. 2018 erlassenen Bankaufsichtlichen Anforderungen an die IT (BAIT) und die Versicherungsaufsichtlichen Anforderungen an die IT (VAIT).

2. Herleitung eines allgemeingültigen Sorgfaltsmaßstabs

a) Begriff der IT-Sicherheit

Fraglich ist, inwieweit sich ein Sorgfaltsmaßstab entwickeln lässt, der für alle Unternehmen gleichermaßen Wirkung entfaltet. Einen Anknüpfungspunkt für einen allgemeingültigen Sorgfaltsmaßstab könnte der Begriff der IT-Sicherheit bieten. So wird in der Literatur zur Annäherung an die Rechtspflichten zur Gewährleistung von IT-Sicherheit die Legaldefinition des § 2 Abs. 2 BSIG zum Begriff der IT-Sicherheit herangezogen.[301] Danach bedeutet Sicherheit in der Informationstechnik im Sinne des BSIG „die Einhaltung bestimmter Sicherheitsstandards, die die Verfügbarkeit, Unversehrtheit oder Vertraulichkeit von Informationen betreffen, durch Sicherheitsvorkehrungen in informationstechnischen Systemen, Komponenten oder Prozessen oder bei der Anwendung von informationstechnischen Systemen, Komponenten oder Prozessen." Aus dieser Definition werden folgende drei Schutzziele geschlussfolgert, in deren

---

[300] *Spindler*, MMR 2008, 7, 8.

[301] *Bräutigam/Klindt*, NJW 2015, 1141; *Heckmann*, MMR 2006, 280, 281; *Schmidl*, NJW 2010, 476, 477 f.; *Trappehl/Schmidl*, NZA 2009, 985; *Pohle*, in: 19. DFN-Arbeitstagung, S. 104; *Rockstroh/Kunkel*, MMR 2017, 77, 78; *von Holleben/Menz*, CR 2010, 63, 65.

Zusammenhang der Rechtsbegriff der IT-Sicherheit auszulegen sei: Verfügbarkeit, Unversehrtheit und Vertraulichkeit.[302]

Das Schutzziel der Verfügbarkeit umfasst den Schutz vor Verlust, Entzug, der Blockade und der Zerstörung von Informationen.[303] Für Daten bedeutet dies, dass die Informationen dauerhaft zugänglich und nutzbar sein sollen.[304] Für informationsverarbeitende Systeme hat das Schutzziel der Verfügbarkeit wiederum zur Folge, dass das System in der Lage sein muss, bei einem Zugriff den programmierten Befehl auszulösen, ohne dass Dritte die Verfügbarkeit des Systems beeinflussen können.[305] Das Merkmal der Unversehrtheit bzw. der Integrität erfordert wiederum den Schutz vor der ungewollten und unbefugten Veränderung von Systemen und Daten.[306] Im Zusammenhang mit letzteren umfasst dies den Schutz der Daten vor einer unautorisierten Modifikation.[307] Die Vertraulichkeit von Informationen hat den Schutz vor Informationsausspähung zum Gegenstand. Sie wird beeinträchtigt, wenn die Informationen von Unbefugten wahrgenommen werden.[308] Zur Erfüllung des Schutzzieles der Vertraulichkeit ist daher erforderlich, dass die IT-Systeme so beschaffen sind, dass nur Befugte Zugriff auf die Informationen und Daten erlangen können.[309]

Nahezu alle oben[310] dargestellten Cyber-Angriffe beeinträchtigen zumindest eines der drei Schutzziele. So beeinträchtigen Ransomware und DDos-Angriffe die Verfügbarkeit von Daten bzw. IT-Systemen. Viren, Würmer und Trojaner können sowohl zur Datenveränderung als auch zur Datenausspähung eingesetzt werden. Da Cyber-Angriffe mindestens eines der drei von § 2 Abs. 2 BSIG aufgestellten Schutzziele beeinträchtigen, eignen sich diese als Anknüpfungspunkt für einen allgemeinen Sorgfaltsmaßstab.

---

302 *Heckmann*, MMR 2006, 280, 281 f.; *Pohle,* in: 19. DFN-Arbeitstagung, S. 104 ff.
303 *Heckmann*, MMR 2006, 280, 281.
304 Vgl. *Martini*, in: Paal/Pauly, 2. Aufl., Art. 32 Rn. 38 (zu Art. 32 Abs. 1 DSGVO).
305 *Heckmann*, MMR 2006, 280, 281, *Pohle,* in: 19. DFN-Arbeitstagung, S. 104.
306 *Heckmann*, MMR 2006, 280, 281, *Pohle,* in: 19. DFN-Arbeitstagung, S. 104; vgl. *Martini*, in: Paal/Pauly, Art. 32 Rn. 36 (zu Art. 32 Abs. 1 DSGVO).
307 Vgl. *Martini*, in: Paal/Pauly, Art. 32 Rn. 36 (zu Art. 32 Abs. 1 DSGVO).
308 *Heckmann*, MMR 2006, 280, 281, *Pohle,* in: 19. DFN-Arbeitstagung, S. 105.
309 *Heckmann*, MMR 2006, 280, 281, *Pohle,* in: 19. DFN-Arbeitstagung, S. 105.
310 Siehe S. 9 ff.

In der Literatur werden die von § 2 Abs. 2 aufgestellten Schutzrichtungen teilweise als nicht ausreichend angesehen, weshalb der Begriff der IT-Sicherheit um weitere Schutzrichtungen ergänzt wird.[311] So wird das Recht der IT-Sicherheit um das Schutzziel der Authentizität bzw. der Zurechenbarkeit ergänzt, welches die Verbindlichkeit von elektronischer Kommunikation zum Ziel hat.[312] Um dieses Ziel zu erreichen, müssen Informationen im Internet dem entsprechenden Urheber eindeutig zugeordnet werden können.[313] Die Ergänzung der bestehenden Schutzrichtungen durch die der Authentizität sei notwendig, da Informationen wie insbesondere Willenserklärungen ihren Wert und Informationsgehalt erst durch die Verknüpfung mit dem Urheber entfalten.[314]

Fraglich ist, inwieweit sich das Merkmal der Authentizität auch zur Begründung eines Sorgfaltsmaßstabs heranziehen lässt. Dagegen spricht, dass die meisten Arten von Cyber-Angriffen nicht darauf abzielen, die Verknüpfung von Information und Urheber zu beeinträchtigen. Allerdings hat die obige Darstellung der Fake-President-Methode gezeigt,[315] dass auch durch Cyber-Angriffe die Zurechenbarkeit und Authentizität von Informationen beeinträchtigt werden kann, da sich die Täter hier als Vorstand oder Mitglied der Geschäftsführung des jeweiligen Unternehmens ausgeben. Diese Betrugsform zeigt, dass auch durch Cyber-Angriffe die Zurechenbarkeit und Authentizität von Informationen beeinträchtigt werden. Das Schutzziel der Authentizität ist daher ebenfalls für eine Gewährleistung von IT-Sicherheit von Bedeutung und daher für einen Sorgfaltsmaßstab relevant.

Folgende Schutzziele, die aus dem Rechtsbegriff der IT-Sicherheit gefolgert werden, sind somit im Zusammenhang mit Cyber-Risiken von Bedeutung: Verfügbarkeit, Unversehrtheit, Vertraulichkeit und Authentizität. Sowohl Softwarehersteller, IT-Dienstleister, als auch

---

311 *Heckmann*, MMR 2006, 280, 281; *Pohle,* in: 19. DFN-Arbeitstagung, S. 105; *von Holleben/Menz*, CR 2010, 63, 65.

312 *Andrees*, Außervertr. Haftung IT-Sicherheit, S. 33 ff.; *Pohle,* in: 19. DFN-Arbeitstagung, S. 105; *von Holleben/Menz*, CR 2010, 63, 65; vgl. *Heckmann*, MMR 2006, 280, 281 (auf die Schutzrichtung der Verbindlichkeit, Zurechenbarkeit, Verantwortlichkeit abstellend).

313 *Von Holleben/Menz*, CR 2010, 63, 65.

314 *Heckmann*, MMR 2006, 280, 281.

315 Siehe dazu S. 14.

Unternehmen, die auf IT zurückgreifen, sind darauf angewiesen, dass die von ihnen verwendeten Informationen und Systeme diese Kriterien erfüllen. Die Schutzziele der IT-Sicherheit sind daher besonders für die Aufstellung eines allgemeingültigen Sorgfaltsmaßstabes geeignet.

b) Gewährleistung von IT-Sicherheit

aa) Organisatorische und technische Vorkehrungen

Für die Entwicklung eines allgemeingültigen Sorgfaltsmaßstabes stellt sich die Frage, wie die Gewährleistung von IT-Sicherheit konkret umgesetzt werden muss. Dafür könnte § 8a Abs. 1 S. 1 BSIG herangezogen werden, wonach Betreiber kritischer Infrastrukturen Störungen der Verfügbarkeit, Integrität, Authentizität und Vertraulichkeit ihrer informationstechnischen Systeme durch angemessene organisatorische und technische Vorkehrungen vermeiden müssen. Cyber-Angriffe lassen sich einerseits durch Maßnahmen organisatorischer Art wie beispielsweise Mitarbeiterschulungen und dem Aufbau einer gut ausgestatteten IT-Abteilung und andererseits durch technische Maßnahmen wie die Nutzung von IT-Sicherheitsprodukten wie Antivirensoftware vermeiden. Die Begründung einer Haftung im Falle von unterbliebenen organisatorischen und technischen Vorkehrungen erscheint daher auch für die Haftung außerhalb von kritischen Infrastrukturen sinnvoll.

bb) Stand der Technik

Daran anschließend stellt sich jedoch die Frage, wann Unternehmen diese angemessenen organisatorischen und technischen Vorkehrungen getroffen haben. Gem. § 8a Abs. 1 S. 2 BSIG soll bei der Implementierung der technischen und organisatorischen Maßnahmen der Stand der Technik eingehalten werden. Eine der Hauptursachen von erfolgreichen Cyber-Angriffen ist veraltete Software.[316] Ein Cyber-Angriff lässt sich oftmals vermeiden, indem die entsprechende Software durch die Installation von Updates aktualisiert wird. Eine Anknüpfung an die Aktualität der organisatorischen und technischen Sicherheitsvorkehrungen erscheint daher geeignet, die Pflicht zur Implementierung von technischen und organisatorischen Vorkehrungen zu konkretisieren. Fraglich ist jedoch, ob bei der Beurteilung der Angemessenheit von organisatorischen und technischen Maßnahmen immer auf den Stand der Technik abgestellt werden sollte.

(1) Drei-Stufen-Theorie

Dies erscheint insofern fraglich, als dass es sich bei dem Stand der Technik um einen anerkannten Rechtsbegriff handelt, der Teil der sog. „Drei-Stufen-Theorie" der Rechtsprechung und Literatur ist. Danach wird im Rahmen von technischen Sicherheitsvorkehrungen zwischen drei Technikstandards unterschieden: den allgemein anerkannten Regeln der Technik, dem Stand der Technik und dem Stand der Wissenschaft und Technik.[317]

Unter allgemein anerkannten Regeln der Technik werden solche Regeln verstanden, die der Richtigkeitsüberzeugung der vorherrschenden Ansicht der technischen Fachleute entsprechen und zudem in der Praxis erprobt und bewährt sind.[318]

Der Stand der Technik wurde in diversen Gesetzen legal definiert. Vorbildfunktion hat dabei § 3 Abs. 6 BImSchG.[319] Danach ist der Stand der Technik „der Entwicklungsstand fortschrittlicher Verfahren, Einrichtungen oder Betriebsweisen, der die praktische Eignung einer Maßnahme zur Begrenzung von Emissionen in Luft, Wasser

---

[316] Vgl. S. 16.

[317] BVerfG, Beschl. v. 08.08.1978 – 2 BvL 8/77, BVerfGE 49, 89, 135 f. = NJW 1979, 359, 362; *Breuer*, AöR 101 (1976), 46, 67 f.; *von Hayn-Habermann*, in: Jansen/Seibel, § 13 Rn. 52.

[318] *Ekrot/Fischer/Müller*, in: Kipker, Kap. 3 Rn. 4; *Foerste*, in: Foerste/v. Westphalen, § 24 Rn. 18; *Seibel*, BauR 2004, 266, 267 f.; *ders.*, NJW 2013, 3000, 3001.

[319] *Seibel*, BauR 2004, 266, 267; *ders.*, NJW 2013, 3000, 3002.

und Boden, zur Gewährleistung der Anlagensicherheit, zur Gewährleistung einer umweltverträglichen Abfallentsorgung oder sonst zur Vermeidung oder Verminderung von Auswirkungen auf die Umwelt zur Erreichung eines allgemein hohen Schutzniveaus für die Umwelt insgesamt gesichert erscheinen lässt." Der Stand von Wissenschaft und Technik umfasst hingegen neben dem Stand der Technik auch die neusten Ergebnisse des derzeitigen wissenschaftlichen Erkenntnisstandes.[320]

Nach der drei-Stufen-Theorie stellen die allgemein anerkannten Regeln der Technik die niedrigste Stufe dar. Bei Verwendung dieses Standards können sich die Rechtsanwender darauf beschränken, im Wege einer empirischen Feststellung die Mehrheitsauffassung unter den technischen Praktikern zu ermitteln.[321] Die mittlere Stufe stellt der Stand der Technik dar, welcher den rechtlichen Maßstab für das erlaubte und gebotene an die „Front der technischen Entwicklung verlagert, da die allgemeine Anerkennung und die praktische Bewährung allein für den Stand der Technik nicht ausschlaggebend sind."[322] Der Verzicht auf die allgemeine Anerkennung des Standards führt dazu, dass der Stand der Technik im Vergleich zu den allgemein anerkannten Regeln der Technik zu einer schnelleren Durchsetzung des Fortschritts führt.[323] Zudem ist die Feststellung des Stands der Technik für die Anwender schwieriger, da es bei der Feststellung des Stands der Technik vielmehr auf das technisch Notwendige, Geeignete, Angemessene und Vermeidbare ankommt und die Anwender daher selbst in die Meinungsstreitigkeiten der Techniker eintreten müssen, um die maßgeblichen Tatsachen zu ermitteln.[324] Den höchsten und dynamischsten Sicherheitsstandard stellt der Stand der Wissenschaft und Technik dar, da diese die neusten technischen und wissenschaftlichen Erkenntnissen umfasst

---

[320] *Ekrot/Fischer/Müller*, in: Kipker, Kap. 3 Rn. 6; *Foerste*, in: Foerste/v. Westphalen, § 24 Rn. 18; *Seibel*, BauR 2004, 266, 268; *Spindler*, CR 2016, 297, 311.

[321] BVerfG, Beschl. v. 08.08.1978 – 2 BvL 8/77, BVerfGE 49, 89, 135 f. = NJW 1979, 359, 362; *von Hayn-Habermann*, in: Jansen/Seibel, § 13 Rn. 53.

[322] BVerfG, Beschl. v. 08.08.1978 – 2 BvL 8/77, BVerfGE 49, 89, 135 f. = NJW 1979, 359, 362.

[323] *Seibel*, BauR 2004, 266, 269; *ders.*, NJW 2013, 3000, 3003; *von Hayn-Habermann*, in: Jansen/Seibel, § 13 Rn. 55.

[324] *Breuer*, AöR 101 (1976), 46, 68; Vgl. BVerfG, Beschl. v. 08.08.1978 – 2 BvL 8/77, BVerfGE 49, 89, 135 f. = NJW 1979, 359, 362.

und anders als der Stand der Technik nicht auf das gegenwärtig Realisierte und Machbare begrenzt wird.[325]

(2) Folge für IT-Sicherheit

Im Zusammenhang mit der Gewährleistung von IT-Sicherheit und der Abwehr von Cyber-Angriffen stellt sich die Frage, welche Maßnahmen notwendig sind, um die Anforderungen nach dem jeweiligen Sicherheitsstandard der Drei-Stufen-Theorie zu erfüllen. Den allgemein anerkannten Regeln der Technik werden im Rahmen der IT-Sicherheit unter anderem solche Maßnahmen entsprechen, die allgemein bekannt und weit verbreitet sind, wie beispielsweise die Installation von Antivirensoftware oder die Verwendung von regelmäßig aktualisierten Betriebssystemen. Des Weiteren können einschlägige DIN- und ISO-Normen sowie insbesondere das IT-Grundschutz-Kompendium des BSI herangezogen werden, da diesen technischen Normen eine Vermutungswirkung hinsichtlich der Einhaltung der allgemein anerkannten Regeln der Technik zukommt.[326]

Im Rahmen der Cyber-Versicherung wird zum Teil vertreten, dass auch für die Erfüllung des Stands der Technik technische Standards wie ISO-Normen und die Anforderungen des BSI herangezogen werden können.[327] Allerdings wird die Ausfüllbarkeit des Stands der Technik durch technische Standards in der allgemeinen Literatur zur Drei-Stufen-Theorie zumindest in Zweifel gezogen, da der Stand der Technik gerade auf die allgemeine Anerkennung verzichtet und nicht immer klar ist, inwieweit diese Standards auch den Entwicklungsstand fortschrittlicher Verfahren umfassen und ob dabei insbesondere auch solche neuen Techniken berücksichtigt werden, die sich in der Praxis noch nicht hinreichend bewährt haben.[328] Daher

---

325 *Seibel*, BauR 2004, 266, 270; *Ders.*, NJW 2013, 3000, 3003; *von Hayn-Habermann*, in: Jansen/Seibel, § 13 Rn. 55.

326 Vgl. OLG Hamm, Urt. v. 13.04.1994 – 12 U 171/93, NJW-RR 1995, 17, 18; *Seibel*, NJW 2013, 3000, 3001.

327 *Günther/Ider*, VW 2018, 50, 51; *Malek/Schütz*, PHi 2018, 174, 182.

328 *Jarass*, BImSchG, 12. Aufl. 2017, § 3 Rn. 115; *Seibel*, NJW 2013, 3000, 3002.

kommt diesen Standards im Rahmen des Stands der Technik oft nur eine negative Wirkung zu, indem der Stand der Technik nicht erreicht ist, wenn die Regeln nicht eingehalten wurden.[329] Unternehmen müssen somit zum einen sicherstellen, dass die Anforderungen der ISO-Normen und des BSI erfüllt sind und sich zum anderen mit der Frage auseinandersetzen, ob neben den in den Standards enthaltenen Maßnahmen auch noch andere geeignetere und aktuellere Maßnahmen zur Gewährleistung von IT-Sicherheit existieren. Die Feststellung, ob eine Maßnahme dem Stand der Technik oder sogar dem Stand der Wissenschaft und Technik entspricht, ist somit ungleich schwieriger als die Ermittlung der allgemein anerkannten Regeln der Technik und kann eine große Herausforderung darstellen, da der Entwicklungsstand fortschrittlicher Verfahren, Einrichtungen und Betriebsweisen oftmals nur durch großen Aufwand herausgefunden werden kann.[330] Dies gilt auch vor dem Hintergrund des schnellen technologischen Wandels, da eine Maßnahme, die heute dem Stand der Technik entspricht, morgen schon veraltet sein kann.[331] Notwendig ist daher auch eine ständige Überprüfung, ob die getroffenen IT-Sicherheitsmaßnahmen noch dem Stand der Technik bzw. dem Stand der Wissenschaft und Technik entsprechen.

Daher stellt sich die Frage, inwieweit für einen allgemeinen Sorgfaltsmaßstab einheitlich auf den Stand der Technik abgestellt werden sollte. Dagegen spricht zunächst, dass nicht alles, was dem Stand der Technik entspricht, auch wirklich für alle Unternehmensbranchen und -größen gleichermaßen notwendig, umsetzbar und zumutbar sein wird. Gerade für kleinere Unternehmen wird es oft nicht möglich sein, den Stand der Technik bei ihren Sicherheitsmaßnahmen zu erfüllen, da ihnen für die Umsetzung häufig weder die Infrastruktur noch das Personal zur Verfügung stehen wird.[332] Andererseits schreitet gerade innerhalb der Informationstechnologie der technische Wandel so schnell voran, dass Regeln zu dem Zeitpunkt, in dem sie als allgemein anerkannt gelten, schon veraltet

[329] *Jarass*, BImSchG, 9. Aufl. 2012, § 3 Rn. 96.
[330] *Michaelis*, DuD 2016, 458, 459.
[331] *Rockstroh/Kunkel*, MMR 2017, 77, 79.
[332] *Günther/Ider*, VW 2018, 50, 51.

sind oder zumindest nicht mehr den effektivsten Schutz versprechen.[333] Für Unternehmen, die einem besonders hohen Cyber-Risiko ausgesetzt sind, z.B. weil sie wie große Online-Händler viele sensible Kundendaten verwalten, würde die Einhaltung der allgemein anerkannten Regeln der Technik nicht ausreichen. Gleiches gilt für Unternehmen, bei denen ein Cyber-Angriff zu exponentiell hohen Schäden führen kann, wie bei den Betreibern von kritischen Infrastrukturen. So würde der Ausfall der IT-Systeme eines Energieversorgungskonzerns zu weitaus höheren Schäden führen als bei anderen Unternehmen. Ein einheitlicher Sicherheitsstandard würde somit nicht ausreichend berücksichtigen, dass das potentielle Schadensausmaß im Zusammenhang mit Cyber-Risiken stark variieren kann. So ist es zwar angemessen, wenn der Energieversorgungskonzern und der Online-Händler den Stand der Technik zu beachten haben, für die meisten Unternehmen wird aber die Beachtung der allgemeinen Regeln der Technik ausreichen.

c) Umsetzung in geltendes Recht

Die obige Darstellung hat gezeigt, dass die Gewährleistung von IT-Sicherheit durch angemessene organisatorische und technische Vorkehrungen zur Vermeidung von Störungen der Verfügbarkeit, Integrität, Authentizität und Vertraulichkeit der informationstechnischen Systeme einen geeigneten Maßstab für die Bestimmung von vertraglichen Nebenpflichtverletzungen, dem Verschulden- und Mitverschulden sowie von Verkehrssicherungspflichten darstellt. Bei der Implementierung dieser Maßnahmen muss jedoch nach Art und Größe des Unternehmens differenziert werden, weshalb jeweils im Einzelfall zu entscheiden ist, welchen Stand der Technik das jeweilige Unternehmen zu erfüllen hat.

Fraglich ist, wie sich dieser Sorgfaltsmaßstab rechtlich herleiten lässt. In Betracht käme eine Herleitung aus §§ 2 Abs. 2, 8a Abs. 1 BSIG. Dagegen spricht jedoch schon, dass es sich bei dem BSIG

---

[333] Vgl. *Ekrot/Fischer/Müller*, in: Kipker, Kap. 3 Rn. 18 f.

um ein Gesetz handelt, welches lediglich die Aufgabe hat, das Bundesamt für Sicherheit in der Informationstechnik mit Aufgaben und Befugnissen auszustatten. Hinzu kommt, dass es sich bei § 2 Abs. 2 BSIG lediglich um eine Begriffsbestimmung im Sinne des Gesetzes handelt und daher für die Begründung eines Sorgfaltsmaßstabes schon nicht in Frage kommt. Das gleiche gilt für § 8a BSIG. Diese Vorschrift stellt zwar einen Sorgfaltsmaßstab auf; dieser ist aber nur auf Betreiber kritischer Infrastrukturen anwendbar. Aus diesen Gründen kann z.B. bei der Bestimmung von Verkehrssicherungspflichten nicht ohne Weiteres auf §§ 2, 8a BSIG abgestellt werden.

Es stellt sich daher die Frage, wie dieser Sorgfaltsmaßstab in geltendes Recht umgesetzt werden sollte. Eine Möglichkeit wäre, eine gesetzliche Vorschrift nach dem Vorbild von § 8a BSIG zu erlassen. So könnte diese Vorschrift in ein reformiertes IT-Sicherheitsrecht implementiert werden, welches in der Literatur zum Teil gefordert wird.[334] Sinnvoller erscheint es jedoch, die Grundsätze des § 8a Abs. 1 S. 1 BSIG im Rahmen einer richterlichen Rechtsfortbildung bei der jeweiligen rechtlichen Fragestellung, wie z.B. bei der Beurteilung der jeweiligen Verkehrssicherungspflichten, zu berücksichtigen. Dies böte insbesondere den Vorteil, dass die Richter dabei auch auf die Grundsätze der Drei-Stufen-Theorie zurückgreifen und so je nach Risiko- und Gefahrenpotential einen der drei Standards anwenden könnten.

IV. Verkehrssicherungspflichten

Ansprüche, die den Ersatz von Cyber-Schäden zum Gegenstand haben, werden oftmals nicht gegen den Angreifer selbst, sondern gegen Dritte, wie den Softwarehersteller oder das Opfer des Cyber-Angriffs, geltend gemacht. Diese haben den Schaden aber in der Regel nicht unmittelbar herbeigeführt. Vielmehr beruht die Inanspruchnahme hier oftmals darauf, dass sie es unterlassen haben

[334] So z.B.: *Raabe/Schallbruch/Steinbrück*, CR 2018, 706, 714; *Spindler*, CR 2016, 297, 312.

bestimmte Maßnahmen zur Verhinderung von Cyber-Schäden vorzunehmen, wie z.B. das Bereitstellen bzw. Installieren von Updates. Es ist allgemein anerkannt, dass bei mittelbaren Verletzungen und Unterlassungen zusätzlich festgestellt werden muss, ob der Schädiger eine Verkehrssicherungspflicht verletzt hat.[335] Im Rahmen der deliktischen Haftung für Cyber-Angriffe kommt der Verletzung von Verkehrssicherungspflichten daher eine besondere Bedeutung zu.

Die Frage welche Verkehrssicherungspflichten im Zusammenhang mit Cyber-Risiken bestehen, stellt sich insbesondere bei Herstellern von Software und bei dem Opfer des Cyber-Angriffs. Aufgrund des unterschiedlichen Pflichtenkreises sollen die weiteren Einzelheiten bei der jeweiligen Darstellung der Haftung von Herstellern und IT-Nutzern näher untersucht werden.

V. Mitverschulden

Die Ersatzpflicht des Schädigers kann gem. § 254 BGB begrenzt sein, wenn bei der Entstehung oder Entwicklung des Schadens ein Verschulden des Schädigers mitgewirkt hat. Dies kommt bei Cyber-Angriffen insbesondere in Betracht, wenn der Angreifer selbst keine adäquaten Maßnahmen zur Abwehr von Cyber-Angriffen getroffen hat. Den Geschädigten trifft ein Mitverschulden, wenn er diejenige Sorgfalt außer Acht gelassen hat, die ein ordentlicher und verständiger Mensch anwendet, um sich vor Schäden zu bewahren.[336] Speziell für Schadensersatzansprüche wegen der Verletzung einer Verkehrssicherungspflicht kann ein Mitverschulden angenommen werden, wenn für einen sorgfältigen Menschen erkennbar gewesen wäre, dass Anhaltspunkte für die Verletzung von Verkehrssicherungspflichten bestanden, und diese Gefahr erkennbar und vermeidbar gewesen wäre.[337]

---

335 *Larenz/Canaris*, Schuldrecht II 2, III § 76 1.a), c); *Looschelders*, Schuldrecht BT, § 59 Rn. 3; *Medicus/Petersen*, Bürgerliches Recht, § 25, Rn. 642 f.

336 BGH, Urt. v. 17.10.2000 – VI ZR 313/99, NJW 2001, 149, 150; *Ebert*, in: Erman, § 254 Rn. 20; *Oetker*, in: MüKoBGB, § 254 Rn. 30.

337 *Oetker*, in: MüKoBGB, § 254 Rn. 46; *Schiemann*, in: Staudinger, § 254 Rn. 53.

Spätestens seit aufsehenerregenden Fällen wie „WannaCry" und „Petya" dürfte heute allgemein bekannt sein, dass Schäden insbesondere dadurch entstehen, dass Softwarehersteller nicht schnell genug Updates zur Verfügung stellen oder dass mangelnde Sicherheitsvorkehrungen bei gewerblichen und privaten IT-Nutzern zu Cyber-Schäden führen können. Für einen sorgfältigen Menschen ist es daher erkennbar, dass im Zusammenhang mit der Informationstechnologie Verkehrssicherungspflichten verletzt werden können. Grundsätzlich kann daher jeden IT-Nutzer ein Mitverschulden treffen, wenn er keine ausreichenden Maßnahmen getroffen hat, um seine IT-Systeme zu schützen.

Allerdings kann der Umfang des Mitverschuldens im Zusammenhang mit Cyber-Risiken von unterschiedlichen Faktoren abhängen. Von Bedeutung ist an dieser Stelle die Erwägung, dass der IT-Nutzer das Schadensrisiko weitaus besser einschätzen und verringern kann als der potentielle Schädiger.[338] Denn anders als der Softwarehersteller oder der E-Mail-Versender weiß der Nutzer, welche Daten sich auf seinem System befinden und kann daher besser einschätzen, welche Maßnahmen notwendig sind, um diese zu schützen. Allerdings ist hier zwischen gewerblichen und privaten IT-Nutzern zu unterscheiden.[339] Private IT-Nutzer sind in der Regel nicht in der Lage das Risiko einzuschätzen, weshalb bei diesen häufiger ein Mitverschulden abzulehnen sein wird als beispielsweise bei Betrieben, die über eine eigene IT-Abteilung verfügen. Auch der Wert der Daten kann eine Rolle bei der Bestimmung des Mitverschuldens spielen.[340] Ebenfalls von Bedeutung ist das Kriterium der Vorteilsziehung. Erlangt der Geschädigte durch die Nutzung der IT besonders große Vorteile, können von diesem auch umfangreichere Selbstschutzmaßnahmen erwartet werden, als bei Nutzern, die aus der IT keine Vorteile ziehen.[341] Da Unternehmen aus der Nutzung der IT oftmals viele Vorteile ziehen, treffen diese daher umfangrei-

---

[338] *Spindler*, BSI-Studie Rn. 318; *ders.*, in: Hornung/Schallbruch, § 10 Rn. 68; Vgl. *R. Koch*, NJW 2004, 801, 804 (Bzgl. E-Mail-Versand).

[339] *Riehm*, VersR 2019, 714, 724.

[340] *Riehm*, VersR 2019, 714, 724.

[341] Vgl. *R. Koch*, NJW 2004, 801, 805 (bzgl. Verkehrssicherungspflichten); *Spindler*, BSI-Studie, Rn. 319.

chere Schutzpflichten als private IT-Nutzer.[342] Insbesondere Unternehmen wird daher ein Mitverschulden treffen, wenn sie trotz eines hohen Schadensrisikos keine adäquaten Sicherungsmaßnahmen ergriffen haben.

Hinsichtlich der konkret zu treffenden Maßnahmen ergibt sich aus § 254 Abs. 2 S. 1 BGB, dass den Geschädigten sowohl Warn- als auch Schadensminderungs- und -abwehrpflichten treffen. Im Zusammenhang mit Cyber-Angriffen wird insbesondere die Pflicht zur Schadensabwehr von Bedeutung sein. Denn der IT-Nutzer kann diverse Maßnahmen ergreifen, um seine IT vor potentiellen Cyber-Angriffen zu schützen, wie z.B. durch die Installation von Antivirensoftware und System- und Softwareupdates. Insofern besteht eine Parallelität zu den Verkehrssicherungspflichten, da in den meisten Fällen kein Unterschied zwischen den Maßnahmen bestehen wird, die im Rahmen der Verkehrssicherungspflichten notwendig sind und solchen, die erforderlich sind, um ein Mitverschulden zu vermeiden. Aus diesem Grund wird in der Literatur auch davon gesprochen, dass die Pflichten im Rahmen des Mitverschuldens „spiegelbildlich" zu den Verkehrssicherungspflichten stehen.[343] Dafür spricht auch, dass es oftmals nur vom Zufall abhängt, welche der Parteien Schädiger oder Geschädigter ist, wenn beide zuvor nur unzureichende Sicherheitsvorkehrungen getroffen haben.[344]

Eine Maßnahme, die allerdings allein im Rahmen von § 254 BGB von Bedeutung sein wird, ist die regelmäßige Durchführung von Datensicherungen. Denn das Opfer der Datenlöschung erleidet dann keinen Schaden, wenn es zuvor eine Kopie der Daten durchgeführt hat. Sowohl für private als auch für gewerbliche IT-Nutzer ist es erkennbar, dass eine Datensicherung einen Schaden vermeiden kann. Fälle wie „WannaCry" haben gezeigt, dass das Löschen bzw. Verschlüsseln von Daten eine große Gefahr darstellt. Die Sicherung von Daten ist daher auch notwendig. In Rechtsprechung und Literatur ist allgemein anerkannt, dass die mangelnde Durchführung von

---

342 *Spindler*, BSI-Studie, Rn. 319.

343 *Mantz*, K&R 2007, 566, 570; *Spindler*, BSI-Studie, Rn. 314, 381; *ders.*, in: Hornung/Schallbruch, § 10 Rn. 67.

344 *Spindler*, BSI-Studie, Rn. 314; *ders.*, in: Hornung/Schallbruch, § 10 Rn. 67.

Datensicherungen ein Mitverschulden gem. § 254 BGB begründen kann.[345] Fraglich erscheint allein, wie oft eine Datensicherung vorgenommen werden muss. Dabei wird unter anderem entscheidend sein, von welcher Bedeutung die Daten sind. Handelt es sich um sensible Daten, die im Falle ihrer Verschlüsselung zu einem umfangreichen Betriebsunterbrechungsschaden führen, kann von dem jeweiligen Unternehmen erwartet werden, dass es die Daten mindestens täglich sichert.

Wurde ein Mitverschulden des Geschädigten festgestellt, hängt der Umfang der Ersatzpflicht gem. § 254 Abs. 1 BGB davon ab, inwieweit der Schaden vorwiegend von dem einen oder dem anderen Teil verursacht worden ist. Daraus folgt, dass bei der Abwägung in erster Linie das Maß der beiderseitigen Verursachung maßgeblich ist und nur in zweiter Linie das Maß des Verschuldens der Parteien heranzuziehen ist.[346] Bei der Beurteilung der Verursachung kommt es entscheidend auf die Wahrscheinlichkeit an, mit der das jeweilige Verhalten zu dem Schadensereignis geführt hat.[347] In der Regel wird der Umfang des Mitverschuldens bei Cyber-Schäden sehr vom Einzelfall abhängen. Handelt es sich bei den Parteien allerdings jeweils um IT-Nutzer, liegt sowohl das Verhalten des Schädigers als auch der Verursachungsbeitrag des Geschädigten oftmals darin, dass keine ausreichenden Sicherheitsmaßnahmen getroffen wurden. Möglich ist beispielsweise, dass beide Parteien nicht das neuste Update ihres Betriebssystems installiert haben oder die Firewall der beiden Parteien nicht auf dem aktuellsten Stand war. In einem solchen Fall ist das Maß der Wahrscheinlichkeit, mit der das jeweilige Verhalten zum Schadensereignis geführt hat, als gleichwertig einzuschätzen, weshalb beide Parteien in gleichem Maß zur Schadensentstehung beigetragen haben. Dies spricht dafür, dass der Schadensersatzanspruch der geschädigten Partei in einem solchen Fall um 50 % zu kürzen ist.

---

[345] OLG Karlsruhe, Urt. v. 07.11.1995 – 3 U 15/95, NJW 1996, 200, 201; OLG Hamm, Urt. v. 01.12.2003 – 13 U 133/03, MMR 2004, 487, 488; *R. Koch*, NJW 2004, 801, 807; *Libertus*, MMR 2005, 507, 511; *Meier/Wehlau*, NJW 1998, 1585, 1590; *Voigt*, IT-Sicherheitsrecht, Rn. 237.

[346] BGH, Urt. vom 13.05.1997 – XI ZR 84/96, NJW 1997, 2236, 2238; Urt. v. 20.01.1998 – VI ZR 59–97, NJW 1998, 1137, 1138; *Ebert*, in: Erman, § 254 Rn. 86; *Oetker*, in: MüKoBGB, § 254 Rn. 109.

[347] BGH, Urt. v. 12.07.1988 – VI ZR 283/87, NJW-RR 1988, 1373; Urt. vom 20. 01. 1998 – VI ZR 59–97, NJW 1998, 1137, 1138; *Oetker*, in: MüKoBGB, § 254 Rn. 109.

VI. Beweislastprobleme

1. Beweislastverteilung

Eine weitere Frage, die sich im Zusammenhang mit Cyber-Risiken stellt, ist welche Partei die Beweislast hinsichtlich der zuvor dargestellten Anspruchsvoraussetzungen trifft. Dabei gelten zunächst die allgemeinen Grundsätze zur Beweislast. Danach richtet sich die Beweislast primär nach gesetzlichen und vertraglichen Beweislastregeln.[348] Besteht eine solche Beweislastverteilung nicht, greift die Grundregel ein, nach der jede Partei die Beweislast für die Voraussetzungen der ihr günstigen Norm trägt, weshalb der Antragssteller die rechtsbegründenden und -erhaltenden Tatsachen und der Gegner die rechtshindernden, -vernichtenden und -hemmenden Einwendungen beweisen muss.[349] Aus diesen Grundsätzen folgt, dass nach einem Cyber-Angriff im Rahmen von § 823 Abs. 1 BGB den Geschädigten die Beweislast bezüglich der Rechtsgutsverletzung, der Schadenentstehung, der Verletzung einer Verkehrssicherungspflicht durch den Schädiger, sowie hinsichtlich des Kausalitätsnachweises und des Verschuldens trifft.[350] Der Schädiger muss wiederum nachweisen, dass den Geschädigten ein Mitverschulden an der Entstehung des Cyber-Schadens trifft.[351] Für vertragliche Schadensersatzansprüche aus § 280 BGB gilt das gleiche, mit der Ausnahme, dass den Schuldner die Beweislast hinsichtlich des Vertretenmüssens trifft.[352]

Bei der Haftung für Cyber-Angriffe bestehen somit grundsätzlich keine Besonderheiten bei der Beweislastverteilung. Allerdings weichen die Rechtsprechung und die Literatur in einigen anerkannten Fallgruppen von den allgemeinen Beweislastregeln ab, indem sie eine Beweislastumkehr vornehmen. So ist im Rahmen der Produzentenhaftung gem. § 823 Abs. 1 BGB anerkannt, dass der Produ-

---

[348] *Saenger*, in: Saenger, § 286 Rn. 58.

[349] BGH, Urt. v. 13.07.1983 – VIII ZR 107/82, NJW 1983, 2944; Urt. v. 13.11.1998 – V ZR 386-97, NJW 1999, 352, 353; *Saenger*, in: Saenger, § 286 Rn. 58.

[350] Vgl. *Hager*, in: Staudinger, § 823 Rn. H 22; *Wagner*, in: MüKoBGB, § 823 Rn. 89.

[351] Vgl. *Luckey*, in: Prütting/Wegen/Weinrich, § 254 Rn. 48.

[352] Vgl. *Wagner*, in: MüKoBGB, § 280 Rn. 33 f.

zent bei Feststehen einer Pflichtverletzung sein Nichtverschulden zu beweisen hat.[353] Der Vornahme einer solchen Beweislastumkehr ist zuzustimmen, da es dem Geschädigten in der Regel nicht möglich sein wird, die relevanten Vorgänge bei der Herstellung des Produkts aufzuklären.[354] Im Rahmen der Haftung für Cyber-Schäden kann diese Beweislastumkehr insbesondere bei der Haftung von Softwareherstellern von Bedeutung sein.[355]

Aber auch wenn keine Beweislastumkehr eingreift, stellt sich die Frage, inwieweit die nicht beweisbelastete Partei Nachweispflichten treffen. So kann es für die beweisbelastete Partei nach einem Cyber-Angriff mit einigen Schwierigkeiten verbunden sein, bestimmte Anspruchsvoraussetzungen nachzuweisen. Dies gilt insbesondere für die Verletzung von Verkehrssicherungspflichten durch den Schädiger sowie hinsichtlich des Nachweises, dass den Geschädigten ein Mitverschulden an der Schadensverursachung trifft. Denn wie oben dargestellt, ist dabei maßgeblich, ob die andere Partei bestimmte Sicherheitsmaßnahmen ergriffen hat. Dem Geschädigten bzw. dem Schädiger wird es oftmals nicht möglich sein, nachzuweisen, dass die andere Partei keine ausreichenden Maßnahmen zur Gewährleistung von IT-Sicherheit getroffen hat. Im Rahmen des Mitverschuldens ist allgemein anerkannt, dass der Geschädigte an der Sachaufklärung mitwirken muss, soweit es sich um Umstände aus seiner Sphäre handelt, weshalb er in einem solchen Fall darlegen muss, welche Maßnahmen er zur Schadensminderung ergriffen hat.[356] Aus diesem Grund wird in der Literatur vertreten, dass der Geschädigte darlegen und beweisen muss, dass er die notwendigen Sicherheitsmaßnahmen getroffen hat.[357] Hat der Geschädigte die notwendige Maßnahme nicht ergriffen, könne dies einen

[353] BGH, Urt. v. 26.11.1968 – VI ZR 212/66, BGHZ 51, 91, 102 ff. = NJW 1969, 269, 274; Beschl. v. 24.04.1990 – VI ZR 358/89, NJW 1992, 41, 42; Urt. v. 02.02.1999 – VI ZR 392–97, NJW 1999, 1028, 1029; *Förster*, in: BeckOKBGB, § 823 Rn. 777; *Hager*, in: Staudinger, § 823 Rn. F 43; *Wagner*, in: MüKoBGB, § 823 Rn. 1014.

[354] BGH, Urt. v. 26.11.1968 – VI ZR 212/66, BGHZ 51, 91, 102 ff. = NJW 1969, 269, 274; *Hager*, in: Staudinger, § 823 Rn. F 43.

[355] Siehe dazu: S. 136 f.

[356] BGH, Urt. v. 22.11.2005 – VI ZR 330/04, VersR 2006, 286; Urt. v. 26.09.2006 – VI ZR 124/05, NJW 2007, 64, 65; *Oetker*, in: MüKoBGB, § 254 Rn. 145.

[357] *F. Koch*, CR 2009, 485, 490; *Seitz/Thiel*, PHi 2013, 42, 50.

Anscheinsbeweis zu Gunsten des Schädigers begründen.[358] Diese Ansicht lässt sich insbesondere mit der sekundären Darlegungslast rechtfertigen. Danach trifft die nicht beweisbelastete Partei eine gesteigerte Substantiierungslast, wenn diese alle wesentlichen Tatsachen kennt und die darlegungspflichtige Partei hingegen außerhalb des von ihr zu klärenden Geschehensablaufs steht.[359] Der Schädiger kann nach einem Cyber-Angriff nicht nachweisen, ob der Geschädigte beispielsweise ein Update seines Betriebssystems durchgeführt hat, da er keinen Zugriff auf das Computersystem des Geschädigten hat. Der Geschädigte kann hingegen nachprüfen, ob er das entsprechende Update installiert hat. Die Voraussetzungen der sekundären Darlegungslast sind somit erfüllt. Im Rahmen des § 254 BGB muss der Geschädigte mithin nachweisen, ob er die jeweiligen Sicherheitsmaßnahmen ergriffen hat, um seine Systeme vor Cyber-Angriffen zu schützen.

Wenn im Rahmen des Mitverschuldens die geschädigte Partei eine Darlegungslast trifft, stellt sich die Frage, ob den Schädiger im Rahmen der Verkehrssicherungspflichten eine Darlegungslast hinsichtlich der Ergreifung von Sicherheitsmaßnahmen trifft. Dafür spricht die oben bereits angesprochene Spiegelbildlichkeit von Verkehrssicherungspflichten und Mitverschulden im Zusammenhang mit Cyber-Angriffen.[360] Denn wie auch beim Mitverschulden hat die geschädigte Partei keinen Einblick in die IT-Systeme des Schädigers und kann daher nicht nachweisen, ob dieser die notwendigen Maßnahmen zur Erfüllung seiner Verkehrssicherungspflichten erfüllt hat. Daher hat der Schädiger im Rahmen der Verkehrssicherungspflicht zu beweisen, dass er die notwendigen Sicherheitsmaßnahmen getroffen hat.

Allerdings ist zu beachten, dass die sekundäre Darlegungslast voraussetzt, dass die beweisbelastete Partei zuvor ihrer Behauptungslast durch eine Darstellung nachgekommen ist.[361] Die beweisbelastete Partei muss somit zunächst vortragen, dass den Geschädigten

---

[358] *F. Koch*, CR 2009, 485, 490; *Seitz/Thiel*, PHi 2013, 42, 50.

[359] BGH, Urt. v. 01.12.1982 – VIII ZR 279/81, NJW 1983, 687, 688; Urt. v. 17.03.1987 – VI ZR 282/85, NJW 1987, 2008, 2009.

[360] Siehe dazu S. 97.

[361] *Prütting*, in: MüKoZPO, § 286 Rn. 131.

ein Mitverschulden an der Schadensentstehung trifft bzw., dass der Schädiger eine Verkehrssicherungspflicht verletzt hat, indem dieser keine notwendigen Sicherheitsmaßnahmen zum Schutz seiner IT-Systeme getroffen hat.

2. Nachweisprobleme

Auch wenn die Beweis- und Darlegungslast nach einem Cyber-Angriff klar verteilt ist, stellt sich die Frage, ob der jeweilige Nachweis überhaupt erbringbar ist und daran anschließend, wie dieser Nachweis zu erbringen ist. Geht es um die Frage, ob ein Antivirenprogramm installiert wurde, lässt sich meistens feststellen, wann diese Software installiert wurde. Auch die Installation einer Firewall wird oftmals nachweisbar sein. Unternehmen, die zur Gewährleistung von IT-Sicherheit einen IT-Dienstleister beauftragt haben, können den Nachweis zudem durch die Rechnung und Leistungsbeschreibung erbringen. Der Erwerb von Sicherheitskomponenten, wie z.B. der Kauf einer externen Firewall, wird sich wiederum durch die Vorlage des jeweiligen Rechnungsbelegs nachweisen lassen. Fraglich erscheint allerdings, inwieweit der Nachweis erbracht werden kann, dass die nachweisbelastete Partei ein Softwareupdate installiert hat. In den meisten Betriebssystemen lässt sich heute eine Übersicht abrufen, in der sich die installierten Updates mit dem jeweiligen Installationsdatum finden. Zudem lässt sich der Nachweis mit sog. Logdateien führen, aus denen sich ebenfalls die Versionsnummer und das Datum der Installation des Updates ergibt.[362] Bei einigen Programmen können sich jedoch Nachweisschwierigkeiten ergeben, da sich bei sog. Silent Updates zum Teil nicht mehr nachweisen lässt, ob die jeweilige Softwareaktualisierung installiert wurde.[363] Problematisch erscheint zudem, inwieweit diese Log-Dateien manipulierbar sind.[364] Daher wird im Prozess oftmals ein Gutachter hinzuzuziehen sein, um die Echtheit der Log-Dateien beurteilen zu können.

---

362 *F. Koch*, CR 2009, 485, 491; *Seitz/Thiel*, PHi 2013, 42, 50.
363 *F. Koch*, CR 2009, 485, 491; *Seitz/Thiel*, PHi 2013, 42, 50.
364 *F. Koch*, CR 2009, 485, 491.

C. Haftungsverhältnisse nach Cyber-Angriffen

Ein Cyber-Angriff kann, wie oben bereits dargestellt,[365] zu diversen Haftungsverhältnissen führen. Neben dem Angreifer kommen auch Softwarehersteller, IT-Dienstleister, Arbeitnehmer, Geschäftsführer und Vorstände sowie das Opfer des Cyber-Angriffs als Anspruchsgegner in Frage. Innerhalb dieser Haftungsverhältnisse ergeben sich neben den soeben dargestellten allgemeinen Haftungsfragen auch haftungsrechtliche Besonderheiten, welche nachfolgend untersucht werden sollen.

I. Haftung des Angreifers

Der Angreifer wird in der Regel von dem Opfer des Cyber-Angriffs in Anspruch genommen. Als Anspruchsgrundlage kommt hier primär § 823 Abs. 2 BGB i.V.m. den jeweils einschlägigen strafrechtlichen Vorschriften in Betracht.[366] Hat der Täter Daten gelöscht oder verschlüsselt, ist § 303a StGB die einschlägige Schutzvorschrift. Im Falle eines Datendiebstahls kann hingegen ein Anspruch aus § 823 Abs. 2 BGB i.V.m. § 202a StGB bestehen. Im Falle des Phishing und Pharming macht sich der Täter wiederum wegen eines Computerbetrugs strafbar, [367] weshalb § 263a StGB das einschlägige Schutzgesetz ist. Hat sich der Angreifer durch das Social Engineering und hier insbesondere durch die Fake-President-Methode einen Vermögensvorteil verschafft, kommt insbesondere eine Strafbarkeit nach § 263 StGB in Frage.[368] Relevant können bei Ansprüchen gegen den Angreifer des Weiteren das Abfangen von Daten und die Computersabotage nach § 202b StGB und § 303b StGB sein. Für Ansprüche gegen Angreifer aus dem eigenen Unternehmen ist des Weiteren § 17 Abs. 1 UWG von Bedeutung, da sich danach strafbar macht, wer als eine bei einem Unternehmen beschäf-

---

365 Vgl. oben S. 2.

366 *Gräfin v. Brühl/Brandenburg*, ITRB 2013, 260, 262; *Mehrbrey/Schreibauer*, MMR 2016, 75, 76; *Voigt*, IT-Sicherheitsrecht, Rn. 272; Siehe dazu auch: S. 43 ff..

367 *Hassemer*, in: Hdb. EDV-Recht, Teil E Rn. 33, 35.

368 Siehe ausführlich zur Strafbarkeit der Fake-President-Methode: *Buss*, CR 2017, 410.

tigte Person ein Geschäfts- oder Betriebsgeheimnis unbefugt an Dritte weitergibt. Zudem machen sich nach § 17 Abs. 2 UWG auch Dritte strafbar, wenn sie sich Betriebs- oder Geschäftsgeheimnisse unbefugt verschaffen. Auch wenn der Angreifer zumindest in der Theorie einer umfangreichen Haftung ausgesetzt ist, werden sich Ansprüche gegen den Urheber des Angriffs oftmals nicht durchsetzen lassen, da dessen Identität in den meisten Fällen nicht feststellbar sein wird.[369] Aus diesem Grund soll darauf verzichtet werden, die Voraussetzungen einer Strafbarkeit des Angreifers ausführlich darzustellen.[370]

II. Haftung von Softwareherstellern

Kommt es zu einem Cyber-Angriff, stellt sich im Nachhinein oftmals heraus, dass der Angreifer eine Sicherheitslücke ausgenutzt hat, die sich in der vom Opfer verwendeten Software befand. So nutzte beispielsweise „WannaCry“ eine Sicherheitslücke in Microsoft Windows aus.[371] Es stellt sich daher die Frage, unter welchen Umständen und in welchem Umfang Hersteller von IT-Produkten nach einem Cyber-Angriff von dem Käufer der Software in Anspruch genommen werden können.

1. Vertragliche Haftung

a) Mängelgewährleistung

aa) Vertragstypologische Einordnung

Bei der vertraglichen Inanspruchnahme von Softwareherstellern kommt insbesondere eine Haftung im Rahmen der Mängelgewährleistung in Betracht. Dafür stellt sich die Frage nach der richtigen

[369] *Gräfin v. Brühl/Brandenburg*, ITRB 2013, 260, 262; *Voigt*, IT-Sicherheitsrecht, Rn. 271.
[370] Siehe dazu ausführlich: *Hassemer*, in: Hdb. EDV-Recht, Teil E Rn. 11- 117.
[371] BSI, Lagebericht 2017, S. 25 f.

Anspruchsgrundlage, weshalb zunächst zu klären ist, welcher Vertragstyp bei dem Erwerb von Software vorliegt. Bei dem Erwerb von Software ist insbesondere die Abgrenzung vom Kaufvertrag zu Werk-, Miet- und Pachtverträgen problematisch.[372] Hinsichtlich des Erwerbs von Standardsoftware herrscht innerhalb der Rechtsprechung und der herrschenden Lehre Einigkeit, dass die kaufrechtlichen Vorschriften einschlägig sind, sofern die Software dem Erwerber dauerhaft und endgültig überlassen wird.[373] Es ist daher auch dann Kaufrecht anwendbar, wenn der Vertrag, wie z.B. von Apple und Microsoft,[374] als Lizenzvertrag bezeichnet wird, dem Nutzer nur ein urheberrechtliches Nutzungsrecht zugesprochen wird oder die Software im Eigentum des Herstellers verbleiben soll.[375] In diesem Zusammenhang kann auch die sachenrechtliche Einordnung von Software offen bleiben, da die kaufrechtlichen Vorschriften über § 453 BGB Anwendung finden.[376] Wird die Standardsoftware dem Erwerber gegen laufende Zahlungen überlassen und soll die Software nach Ablauf der Nutzungsdauer zurückgegeben oder gelöscht werden, liegt ein Mietvertrag vor.[377] Muss der Erwerber für die Software regelmäßige Zahlungen tätigen, um beispielsweise Updates zu erhalten, kommt es für die vertragstypologische Einordnung somit darauf an, ob er nach Ablauf der Zahlungen noch auf die Software zugreifen kann oder nicht. Daher ist z.B. bei Antivirensoftware danach zu unterscheiden, ob die Software nur für einen bestimmten Zeitpunkt verwendet werden kann (dann Miete) oder ob nach dem Ablauf der Zeit lediglich die Updates eingestellt werden, die Antivirensoftware aber noch weiterhin nutzbar ist (dann Kauf).

---

372 *Weidenkaff*, in: Palandt, § 433 Rn. 9.

373 BGH, Urt. v. 04.11.1987 – VIII ZR 314/86, BGHZ, 102, 135, 144 = NJW 1988, 406, 408; Urt. v. 24.01.1990 – VIII ZR 22/89, BGHZ 110, 130, 137 = NJW 1990, 1290, 1291; *Brandi-Dohrn*, in: Hdb. IT-Verträge, Kap. 1.2 Rn. 9; *Looschelders*, Schuldrecht BT, § 12 Rn. 20; *Westermann*, in: MüKoBGB, Vor § 433 Rn. 18.

374 Microsoft-Software-Lizenzbestimmungen, https://www.microsoft.com/en-us/Useterms/Retail/Windows/10/UseTerms_Retail_Windows_10_German.htm (zuletzt aufgerufen am: 30.06.2021); Softwarelizenzvertrag für macOS High Sierra, http://images.apple.com/legal/sla/docs/macOS1013.pdf (zuletzt aufgerufen am: 30.06.2021).

375 OLG Düsseldorf, Urt. v. 09.06.1989 – 16 U 209/88, NJW 1989, 2627; OLG Nürnberg, Urt. v. 20.10.1992 – 3 U 2078/92, CR 1993, 359; *Brandi-Dohrn*, in: Hdb. IT-Verträge, Kap. 1.2 Rn. 9; vgl. *Wiegand*, in: Kipker, Kap. 7 Rn. 4.

376 *Brandi-Dohrn*, Hdb. IT-Verträge, Kap. 1.2 Rn. 3; *Wiegand*, in: Kipker, Kap. 7 Rn. 49.

377 BGH, Urt. v. 15. 11. 2006 – XII ZR 120/04, NJW 2007, 2394; *Brandi-Dohrn*, Hdb. IT-Verträge, Kap. 1.2 Rn. 6.

Wird die Software individuell nach einem Kundenwunsch hergestellt, liegt wiederum ein Werkvertrag vor.[378] Problematisch erscheint die vertragstypologische Einordnung insbesondere bei Verträgen zur Lieferung eines kompletten IT-Systems. Bei diesen erwirbt der Kunde „maßgeschneiderte Komplettlösungen“, die sowohl die Lieferung von Hard- und Software als auch Schulungs-, Support- und Wartungsarbeiten umfassen.[379] Gemischte Verträge wie diese weisen daher oftmals kaufvertragliche, werkvertragliche- und dienstvertragliche Elemente auf.[380] Mit der vorzugswürdigen Absorptionstheorie wird man allerdings in der Regel zu dem Ergebnis kommen, dass die kaufrechtlichen oder werksvertragsrechtlichen Vorschriften anwendbar sind, da diese Leistungspflichten in der Regel den Schwerpunkt des Vertrags darstellen werden.[381]

bb) Vorliegen eines Mangels bei Gefahrübergang

Für Schadensersatzansprüche aus §§ 437 Nr. 3, 280 Abs. 1, 440, 434 BGB bzw. §§ 634, 280, 636, 633 BGB ist entscheidend, dass die Sache bzw. das Werk mangelhaft ist. Als Mangel kommt im Zusammenhang mit Software insbesondere die Sicherheitslücke in Betracht, die den Cyber-Angriff ermöglicht hat. Dafür müsste ein Sachmangel i.S.v. § 434 bzw. § 633 BGB vorliegen. Ein Abweichen der von den Parteien vereinbarten Beschaffenheit i.S.v. §§ 434 Abs. 1 S. 1, 633 Abs. 2 S. 1 BGB ist insbesondere bei dem Erwerb von Individualsoftware und IT-Systemlieferungsverträgen denkbar, wenn der Kunde und das IT-Unternehmen bestimmte Anforderungen an die IT-Sicherheit der Software bzw. an das IT-System vertraglich festgelegt haben. Dass sich die Software nicht für die nach dem Vertrag vorausgesetzte Verwendung i.S.v. §§ 434 Abs. 1 S. 2

---

[378] BGH, Urt. v. 30. 01. 1986 – I ZR 242/83, NJW 1987, 1259; OLG München, Urt. v. 23. 12. 2009 – 20 U 3515/09, NJW 2010, 789, 790; *Schneider*, in: Hdb. EDV-Recht, Kap. Q Rn. 9 ff.; *Westermann*, in: MüKoBGB, Vor § 433 Rn. 18; vgl. *Wiegand*, in: Kipker, Kap. 7 Rn. 24 ff. (zur Abgrenzung von Werk- und Kaufvertragsrecht).

[379] *Bräutigam/Thalhofer*, in: Hdb. IT-Verträge, Kap. 1.5 Rn. 3.

[380] *Bräutigam/Thalhofer*, in: Hdb. IT-Verträge, Kap. 1.5 Rn. 3; vgl. zu SaaS- und Cloud-Verträgen: *Heydn*, MMR 2020, 435, 438; *dies.* BB 2021, 1420, 1425; *Wiegand*, in: Kipker, Kap. 7 Rn. 67 f.

[381] *Bräutigam/Thalhofer*, in: Hdb. IT-Verträge, Kap. 1.5 Rn. 6.

Nr. 1, 633 Abs. 2 S. 2 Nr. 1 BGB eignet lässt sich insbesondere bei Antivirensoftware annehmen, da diese Software speziell dafür verwendet wird Cyber-Angriffe zu verhindern.[382]

In den meisten Fällen kommt das Vorliegen eines Sachmangels nur gem. §§ 434 Abs. 1 S. 1 Nr. 2, 633 Abs. 2 S. 1 Nr. 2 BGB in Frage. Danach liegt ein Sachmangel vor, wenn die Sache sich nicht für die gewöhnliche Verwendung eignet und keine Beschaffenheit aufweist, die bei Sachen der gleichen Art üblich ist und die der Käufer nach der Art der Sache erwarten kann. Weist beispielsweise ein Betriebssystem eine Sicherheitslücke auf, die zu einem Cyber-Angriff geführt hat, sind das Betriebssystem und das jeweilige IT-System in der Regel nicht nutzbar. Das Betriebssystem ist somit nicht mehr für die gewöhnliche Verwendung geeignet. Zudem kann der Käufer von Software auch erwarten, dass diese keine Sicherheitslücken aufweist, da ansonsten die Gefahr besteht, dass ihm durch einen Cyber-Angriff ein Schaden entsteht.[383] In der Regel wird sich daher bei einer Sicherheitslücke zumindest ein Mangel gem. §§ 434 Abs. 1 S. 1 Nr. 2, 633 Abs. 2 S. 1 Nr. 2 BGB annehmen lassen.

Ein Anspruch aus Mangelgewährleistung erfordert ferner, dass der Mangel schon im Zeitpunkt des Gefahrübergangs vorlag. In der Literatur wird die Auffassung vertreten, dass Sicherheitslücken in Software nicht bei Gefahrübergang vorlagen, wenn diese erst nach der Übergabe der Sache durch eine weiterentwickelte Angriffstechnik aufgetreten sind.[384] Dies hätte zur Folge, dass ein Mangel nur dann gegeben ist, wenn die Sicherheitslücke zum Zeitpunkt der Übergabe der Software bereits bekannt war. Wurde die Sicherheitslücke in einem Betriebssystem aber erst nach dem Kauf der Software entdeckt, würden Gewährleistungsansprüche ausscheiden.

Allerdings verkennt die Literaturansicht, dass es bei dem Vorliegen des Mangels bei Gefahrübergang einzig darauf ankommt, ob der Mangel zum Zeitpunkt der Übergabe der Sache bereits vorgelegen hat. Auf die Bekanntheit des Mangels kommt es nicht an. Dafür

---

[382] Vgl. *Voigt*, IT-Sicherheitsrecht, Rn. 97 (der bei Antivirensoftware aufgrund der Versions-Signatur der Software in der Regel schon einen Mangel nach § 434 Abs. 1 S. 1 BGB annimmt).
[383] Vgl. *Lapp*, in: Kipker, Kap. 8 Rn. 41.
[384] *Mankowski*, in: Hacker, Cracker & Computerviren, Rn. 456; *Raue*, NJW 2017, 1841, 1843.

spricht insbesondere, dass auch dann ein Mangel bei Gefahrübergang vorliegt, wenn der Mangel selbst noch nicht aufgetreten ist, die Ursache des Mangels aber schon bei Übergabe der Sache vorlag.[385] Daraus folgt, dass sich der Mangel noch nicht gezeigt haben muss. Es reicht vielmehr aus, wenn der Mangel oder dessen Ursache bei Gefahrübergang bereits vorlag. Weist eine Software z.B. eine Sicherheitslücke auf, die es Angreifern ermöglicht, das gesamte IT-System zu verschlüsseln, bestand diese Sicherheitslücke bereits, bevor diese entdeckt und für einen Angriff ausgenutzt wurde. Vielmehr ist die Sicherheitslücke mit dem Angriff lediglich das erste Mal bekannt geworden. Die Sicherheitslücke der Software stellt somit einen Mangel dar, der auch dann schon bei Gefahrübergang vorliegt, wenn diese noch nicht aufgetreten und bekannt geworden ist. Voraussetzung ist jedoch, dass nachgewiesen werden kann, dass die Sicherheitslücke bereits zum Zeitpunkt des Erwerbs der Software bestand, und nicht etwa erst durch ein Update des Herstellers aufgetreten ist, welches nach dem Kauf der Software installiert wurde.

Ein Unterschied beim Gefahrübergang könnte aber bei Antivirensoftware vorliegen. Denn anders als bei Betriebssystemen und Unternehmenssoftware kann der Mangel von Antivirensoftware nicht nur darin liegen, dass das Programm eine Sicherheitslücke aufgewiesen hat und es so zu einem Cyber-Angriff kommen konnte. So besteht bei Antivirensoftware insbesondere auch die Möglichkeit, dass die Software bestimmte Malware nicht erkannt hat, beispielsweise weil diese zum Zeitpunkt des Erwerbs der Antivirensoftware noch nicht existierte. Der Mangel bestand in diesem Fall darin, dass die Antivirensoftware nicht auf dem neusten Stand der Technik war. Konnte die Antivirensoftware aber das IT-System des Erwerbers zum Zeitpunkt der Übergabe der Software zuverlässig vor Cyber-Angriffen schützen und ist der mangelnde Schutz vor Malware erst nach Erwerb der Software eingetreten, lag kein Mangel bei Gefahr-

---

[385] BGH, Urt. v. 23.11.2005 – VIII ZR 43/05, NJW 2006, 434, 435; Urt. v. 29.03.2006 – VIII ZR 173/05, NJW 2006, 2250, 2254; *Westermann*, in: MüKoBGB, § 434 Rn. 50; *Faust*, in: BeckOKBGB, § 434 Rn. 38; Vgl. *Matusche-Beckmann*, in: Staudinger, § 434 Rn. 165.

übergang vor.[386] Daher ist der Literatur zumindest bei der Mängelgewährleistung für Antivirensoftware zuzustimmen, wonach ein Mangel nicht bei Gefahrübergang vorlag, wenn dieser erst nach der Übergabe der Sache durch eine weiterentwickelte Angriffstechnik aufgetreten ist.

cc) Schadensersatz neben der Leistung

Die Frage nach der richtigen Anspruchsgrundlage richtet sich danach, ob der Geschädigte einen Anspruch auf Schadensersatz statt oder neben der Leistung hat. Bei Schäden, die durch Sicherheitslücken in Software verursacht wurden, wird es sich in der Regel um Betriebsunterbrechungsschäden, Reputationsschäden oder Hardwareschäden handeln. Gerade bei Ansprüchen gegen Softwarehersteller können zudem Regressansprüche geltend gemacht werden, die darauf beruhen, dass der Geschädigte ebenfalls Schadensersatz an Dritte leisten musste. Nach einem Cyber-Angriff macht der Geschädigte gegen den Hersteller somit in der Regel Ansprüche geltend, in denen er aufgrund eines Mangels der Software an seinen sonstigen Rechtsgütern geschädigt wurde. Es handelt sich somit um Mangelfolgeschäden, die nicht durch eine Nacherfüllung behoben werden können und daher neben der Leistung geltend gemacht werden. Ansprüche gegen Softwarehersteller werden sich daher in der Regel nach den §§ 437 Nr. 3, 280 Abs. 1, 440, 434 BGB bzw. §§ 634, 280, 636, 633 BGB richten.

dd) Vertretenmüssen

Bei der Inanspruchnahme von Softwareherstellern stellt sich ferner die Frage, wann dieser die Pflichtverletzung i.S.v. § 276 BGB zu vertreten hat. Der Hersteller müsste es zu vertreten haben, dem Käufer eine Sache verschafft zu haben, die bei Gefahrübergang

---

[386] Vgl. *Mankowski*, in: Hacker, Cracker & Computerviren, Rn. 456 (nicht ausdrücklich zu Antivirensoftware).

nicht frei von Sach- und Rechtsmängeln war.[387] Vorsätzlich hat der Hersteller somit gehandelt, wenn er von der Sicherheitslücke der Software wusste und er die Software dennoch verkauft hat. Vorsatz lässt sich daher unter anderem annehmen, wenn der Hersteller Hinweise auf Sicherheitslücken erhalten und diese dennoch nicht behoben hat. So hätte sich eine Haftung des Softwareherstellers Microsoft begründen lassen, wenn dieser auf die Hinweise des US-Geheimdienstes NSA hinsichtlich des Bestehens von Sicherheitslücken in den Windows Betriebssystemen nicht umgehend reagiert hätte.

Häufiger wird aber der Fall vorliegen, dass dem Hersteller die Sicherheitslücke nicht bekannt war. Es stellt sich daher die Frage, wann in diesen Fällen Fahrlässigkeit vorliegt. Der Fahrlässigkeitsvorwurf setzt voraus, dass die Gefahr des Schadenseintritts vorhersehbar war.[388] Dafür ist es nicht notwendig, dass der konkrete Ablauf des schädigenden Erfolgs in all seinen Einzelheiten vorhersehbar war. Ausreichend ist vielmehr, dass dieser allgemein vorhersehbar war.[389] Dass Sicherheitslücken zu den häufigsten Ursachen von Cyber-Angriffen gehören, ist allgemein bekannt. Gerade für die Softwarehersteller ist es daher vorhersehbar, dass eine Sicherheitslücke ihrer Software zu einem Cyber-Angriff auf den Systemen ihrer Käufer erfolgen kann. Allerdings erfordert Fahrlässigkeit zudem, dass der Schuldner den Eintritt des schädigenden Erfolges vermeiden konnte und musste.[390] Zwar muss der Schuldner grundsätzlich jede vorhersehbare Verwirklichung eines Haftungstatbestands verhindern; ein Verhalten, das jegliche Gefahr verhindert, ist jedoch nicht notwendig.[391] Bei der heutigen Software handelt es sich um komplexe Produkte, deren Programmierung mit viel Aufwand verbunden ist. Daher treten immer wieder Schwachstellen auf, welche die Hersteller dann oftmals mit Updates zu schließen versuchen. Aufgrund der Komplexität dieser Software ist es den Herstellern aber in der Regel nicht möglich, beim Verkauf der Software schon

---

[387] *Brox/Walker*, Schuldrecht BT, Rn. § 4 Rn. 110; *Looschelders*, Schuldrecht BT, § 4 Rn. 65.

[388] BGH, Urt. v. 14.03.2006 – X ZR 46/04, NJW-RR 2006, 965, 966; *Grundmann*, in: MüKoBGB, § 276 Rn. 68; *Lorenz*, in: BeckOKBGB, § 276 Rn. 28.

[389] BGH, Urt. v. 13.07.1971 – VI ZR 125/70, BGHZ 57, 25, 33 = NJW 1971, 1980, 1982.

[390] *Grundmann*, in: MüKoBGB, § 276 Rn. 77 f.; *Lorenz*, in: BeckOKBGB, § 276 Rn. 31.

[391] *Lorenz*, in: BeckOKBGB, § 276 Rn. 32; *Westermann*, in: Erman, § 276 Rn. 14a.

vorher jede Sicherheitslücke zu erkennen und zu schließen. Um eine Fahrlässigkeitshaftung zu vermeiden, muss es daher ausreichen, wenn der Hersteller nachweisen kann, dass er die Software umfangreich auf Sicherheitslücken überprüft hat.

ee) Weitere Anspruchsvoraussetzungen

In der Regel erfordern Mängelgewährleistungsansprüche eine Fristsetzung des Gläubigers zur Nacherfüllung. Da im Zusammenhang mit Cyber-Angriffen aber in den allermeisten Fällen Schadensersatz neben der Leistung geltend gemacht wird, entfällt diese Voraussetzung. Die Verjährung von Mängelgewährleistungsansprüchen richtet sich nach § 438 BGB, wonach die Verjährung grundsätzlich zwei Jahre beträgt. In der Literatur ist umstritten, ob diese Verjährung auch für Mangelfolgeschäden gilt, da diese kurze Verjährung dazu führen könne, dass der Anspruch schon verjährt ist, bevor der Anspruch überhaupt aufgetreten ist.[392] Allerdings ist der h.M. aufgrund des klaren Willens des Gesetzgebers darin zuzustimmen, dass auch Mangelfolgeschäden von der kurzen zweijährigen Verjährung erfasst sind.[393]

Im Ergebnis werden viele Ansprüche daran scheitern, dass zwischen dem Geschädigten und dem Softwarehersteller kein Vertragsverhältnis zustande gekommen ist. Zwar ist es bei Individualsoftware üblich, diese beim Hersteller selbst zu erwerben;[394] Standardsoftware hingegen wird in den meisten Fällen von einem Händler erworben, weshalb zwischen Erwerber und Hersteller kein Vertragsverhältnis besteht und daher auch keine Mängelgewährleistungsansprüche geltend gemacht werden können.[395]

---

392 So z.B.: *Leenen*, JZ 2001, 552, 554 ff.

393 *Looschelders*, Schuldrecht BT, § 6 Rn. 8; *Matusche-Beckmann*, in: Staudinger, § 438 Rn. 30; *Westermann*, in: MüKoBGB, § 438 Rn. 9 f.

394 *Wohlgemuth*, MMR 1999, 59, 61.

395 *Raue*, NJW 2017, 1841, 1843.

b) Allgemeines Leistungsstörungsrecht

Neben Schadensersatzansprüchen des Mängelgewährleistungsrechts kommen Ansprüche des allgemeinen Leistungsstörungsrecht in Betracht. Im Rahmen der Haftung für durch Software verursachte Cyber-Angriffe ist insbesondere die Pflicht zur Bereitstellung von Updates bedeutsam. Denn trifft die Hersteller eine vertragliche Updatepflicht, könnten diese von dem Käufer in Anspruch genommen werden, wenn die schadenverursachende Sicherheitslücke des Programms durch ein Update hätte geschlossen werden können.

aa) Bereitstellung von Sicherheitsupdates als Hauptleistungspflicht

Liegt ein Softwaremietvertrag vor, ergibt sich die Pflicht des Herstellers bzw. des Vermieters zur Bereitstellung von Sicherheitsupdates schon aus § 535 Abs. 1 S. 2 BGB, da der Hersteller hierdurch verpflichtet ist, die Software während der Vertragslaufzeit in einem vertragsgemäßen Zustand zu erhalten.[396] Schadensersatzansprüche gegen den Hersteller kommen aber insbesondere auch in Frage, wenn die Updatepflicht ausdrücklich zwischen den Parteien vereinbart wurde. So wird bei zwischen Herstellern und Unternehmen (b2b) geschlossenen Softwareverträgen oftmals ein zusätzlicher Pflegevertrag geschlossen, in welchem sich der Hersteller zur Aktualisierung der Software durch Updates sowie zur Fehlerbehebung nach Ablauf der Gewährleistung verpflichtet.[397] Findet sich in einem solchen Pflegevertrag die Vereinbarung, dass der Hersteller dem Nutzer Updates zur Schließung von Sicherheitslücken zur Verfügung stellen wird, liegt eine Pflichtverletzung vor, wenn dem Kunden keine entsprechenden Aktualisierungen zur Verfügung gestellt wurden. Allerdings wird in dem Vertrag in der Regel nur die Verpflichtung des Herstellers enthalten sein, dem Käufer Updates des Programms zur Verfügung zu stellen, ohne dass in dieser Klausel aus-

[396] Vgl. *Raue*, CR 2018, 277, 278 (zur allgemeinen Aktualisierungspflicht).
[397] Vgl. *Brandi-Dohrn*, in: Hdb. IT-Verträge, Kap. 1.2 Rn. 107; *Raue*, CR 2018, 277, 278.

drücklich der Zweck zur Schließung von Sicherheitslücken genannt ist.[398] Sinn und Zweck der Bereitstellung von Updates ist aber neben der Verbesserung des Programms insbesondere die Schließung von Sicherheitslücken. Auch ohne ausdrückliche Verpflichtung zur Schließung von Sicherheitslücken wird sich daher aus einer Updateklausel in der Regel ergeben, dass der Hersteller Sicherheitslücken durch Aktualisierungen der Software zu schließen hat. Wie schon im Rahmen der Mängelgewährleistung kann eine Haftung aber daran scheitern, dass der Hersteller die Pflichtverletzung nicht zu vertreten hat.

bb) Bereitstellung von Sicherheitsupdates als Nebenpflicht

Eine Pflicht zur Bereitstellung von Sicherheitsupdates kann sich aber auch unmittelbar aus dem Softwarevertrag ergeben. Dies wird der Fall sein, wenn der Softwarevertrag eine Klausel enthält, welche den Hersteller ausdrücklich dazu verpflichtet, dem Nutzer Updates zur Schließung von Sicherheitslücken zur Verfügung zu stellen. Eine ausdrückliche Pflicht zur Bereitstellung von Updates wird sich jedoch nicht aus jedem Softwarevertrag ergeben. Zudem finden sich in einigen Verträgen zwar Regelungen zu Updates, eine Pflicht zur Bereitstellung von Softwareaktualisierungen folgt aus diesen aber nicht. So findet sich in dem Windows- Softwarelizenzvertrag beispielsweise die Regelung, dass die Software in regelmäßigen Abständen nach System- und App-Updates sucht und diese lädt und installiert.[399] Auch in dem Vertrag für macOS High Sierra wird nur klargestellt, dass Apple nach eigenem Ermessen Upgrades oder Aktualisierungen der Software für den Computer bereitstellen kann.[400]

---

[398] Vgl. *Heymann/Lensdorf*, in: Hdb. IT-Verträge, Kap. 1.12 Rn. 68.

[399] Ziff. 6 der Microsoft-Software-Lizenzbestimmungen für das Windowsbetriebssystem, https://www.microsoft.com/en-us/Useterms/Retail/Windows/10/UseTerms_Retail_Windows_10_German.htm (zuletzt aufgerufen am: 30.06.2021).

[400] Ziff. 1.B. des Softwarelizenzvertrages für macOS High Sierra, http://images.apple.com/legal/sla/docs/macOS1013.pdf (zuletzt aufgerufen am: 30.06.2021).

Es stellt sich daher die Frage, ob den Softwarehersteller auch dann eine vertragliche Nebenpflicht zur Durchführung von Updates trifft, wenn sich in dem jeweiligen Vertrag keine ausdrückliche Klausel dazu findet. Wie bereits ausgeführt, stellt eine Sicherheitslücke einen Mangel i.S.v. § 434 Abs. 1 BGB dar. Innerhalb der Zweijahresfrist des § 438 Abs. 1 Nr. 3 BGB hat der Gläubiger somit ohnehin einen Schadensersatzanspruch gegen den Softwarehersteller. Fraglich ist jedoch, inwieweit die Hersteller nach Ablauf dieser Frist eine nachvertragliche Nebenpflicht zur Bereitstellung von Updates trifft, um Sicherheitslücken der Software zu schließen. In Rechtsprechung und Literatur wird zum Teil vertreten, dass den Hersteller eine aus § 242 BGB folgende Nebenpflicht zur Softwarepflege treffe.[401] Dies ergebe sich daraus, dass der Hersteller verpflichtet sei den Leistungserfolg sicherzustellen.[402] Zum Teil wird aber auch vertreten, dass eine Pflicht zur Softwarepflege nur bei Vorliegen einer Pflegenotwendigkeit bestehe.[403] Da Software sich nicht abnützt, könne eine solche Notwendigkeit nur vorliegen, wenn die Parteien eine andauernde Mängelbeseitigungspflicht vertraglich festlegen wollen oder veränderte gesetzliche Rahmenbedingungen eine Softwarepflege erfordern.[404]

Andere Stimmen in der Literatur lehnen eine aus § 242 BGB folgende Pflicht hingegen gänzlich ab und bejahen eine Verpflichtung zur Softwarepflege nur, wenn der Hersteller eine marktbeherrschende Stellung i.S.v. § 19 GWB innehat und diese missbraucht.[405] *Raue* wiederum nimmt eine Aktualisierungspflicht in erster Linie bei hochpreisiger Software an.[406] Allerdings kreist diese Diskussion um die Frage, inwieweit der Hersteller auch nach Ablauf der Gewährleistung die gesamte Softwarepflege übernehmen muss. So umfasst die Softwarepflege nach diesem Verständnis insbesondere die

---

[401] LG Köln, Urt. v. 16.10.1997 – 83 O 26-97, NJW-RR 1999, 1285, 1286; *Jaeger*, CR 1999, 209; *Schuster/Hunzinger*, CR 2015, 277, 285; vgl. *Zahrnt*, CR 2000, 205, 206 (zur Vertragsabschlusspflicht des Herstellers).

[402] LG Köln, Urt. v. 16.10.1997 – 83 O 26-97, NJW-RR 1999, 1285, 1286.

[403] *Redeker*, IT-Recht, Rn. 675.

[404] *Redeker*, IT-Recht, Rn. 675.

[405] *Moritz*, in: Kilian/Heussen, Abschnitt 31 Rn. 199 ff; Vgl. *Bartsch*, NJW 2002, 1526, 1530 (zur Vertragsabschlusspflicht des Herstellers).

[406] *Raue*, CR 2018, 277, 280.

Fehlerbeseitigung und die Weiterentwicklung der Software[407] oder die Anpassung an eine neue Gesetzeslage.[408] Ob die Bereitstellung von Updates zur Schließung von Sicherheitslücken eine Nebenpflicht darstellt, wird nicht ausdrücklich untersucht.

Für die Beurteilung dieser Frage ist zunächst zu bestimmen, ob die Pflicht zur Bereitstellung von Updates als Nebenleistungspflicht oder als Schutzpflicht einzuordnen ist. Hauptunterscheidungsmerkmal ist, ob die Pflicht die Erreichung des Vertragszwecks zum Ziel hat und auf das Äquivalenzinteresse gerichtet ist (dann Nebenleistungspflicht) oder ob die sonstigen Rechtsgüter des Vertragspartners geschützt werden sollen und somit das Integritätsinteresse gewahrt werden soll (dann Schutzpflicht).[409] Softwareupdates können zum einen die Softwareverbesserung bzw. Fehlerbehebung zum Ziel haben, weshalb hier das Äquivalenzinteresse des Softwarekäufers im Vordergrund steht. Zum anderen werden Softwareupdates veröffentlicht, um zu verhindern, dass Schadsoftware eine Sicherheitslücke ausnutzt und dadurch sonstige Rechtsgüter des Vertragspartners verletzt. Sicherheitsupdates sind somit auf die Wahrung des Integritätsinteresses gerichtet, weshalb deren Bereitstellung als Schutzpflicht i.S.v. § 241 Abs. 2 BGB einzuordnen ist.

Inhalt und Umfang der konkreten Schutzpflicht richten sich nach dem Inhalt des jeweiligen Schuldverhältnisses und den sonstigen Umständen des Einzelfalls.[410] So kann der Schuldner insbesondere zur Obhut gegenüber dem anderen Teil verpflichtet sein.[411] Eine solche Pflicht wird von der Rechtsprechung und Literatur angenommen, wenn der Vertragszweck, die Verkehrssitte und die Anforderungen an den redlichen Geschäftsverkehr eine Obhut erfordern.[412] Daher muss für das Bestehen einer Schutzpflicht i.S.v. § 241 Abs. 2 BGB zwischen den Parteien entweder ein Gefälle hin-

---

[407] *Fritzemeyer/Splittgerber*, CR 2007, 209, 212; *Jaeger*, CR 1999, 209 f.; *Schuster/Heunziger*, CR 2015, 277, 285.

[408] *Raue*, CR 2018, 277.

[409] *Bachmann*, in: MüKoBGB, § 241 Rn. 29, 56; *Olzen*, in: Staudinger, § 241 Rn. 161; *Sutschet*, in: BeckOKBGB, § 241 Rn. 42.

[410] *Looschelders*, SchuldR AT, § 1 Rn. 19; *Olzen*, in: Staudinger, § 241 Rn. 418.

[411] *Olzen*, in: Staudinger, § 241 Rn. 495.

[412] OLG Hamm, Urt. v. 05.11.2002 – 19 U 41/02, NJW 2003, 760, 761; LG Heidelberg, Urt. v. 17.05.2002 - 5 O 19/02, NJW 2002, 2960, 2961; *Olzen*, in: Staudinger, § 241 Rn. 495.

sichtlich ihres Wissens bestimmter Tatsachen oder aber bezüglich der Einflussmöglichkeiten auf bestimmte Umstände bestehen.[413]

Aufgrund der Kenntnis über sein Produkt kann der Softwarehersteller besser einschätzen, ob die Software eine Sicherheitslücke aufweist. Zudem kann die Sicherheitslücke auch nur durch den Softwarehersteller geschlossen werden. Sowohl bezüglich des Wissens als auch hinsichtlich der Einflussmöglichkeiten besteht somit ein Gefälle zu Lasten des Softwareherstellers. Für das Bestehen von Schutzpflichten spricht zudem, dass Software heutzutage ständiger Veränderung ausgesetzt ist. Diese Veränderung und die generelle Komplexität von Software führen dazu, dass Angreifer stets neue Softwareschwachstellen entdecken. Dies hat zur Folge, dass die Software nach einiger Zeit diverse Sicherheitslücken aufweisen kann, die zum Zeitpunkt des Erwerbs entweder noch nicht bekannt waren oder noch gar nicht existiert haben. Wäre der Softwarehersteller nach Ablauf der Gewährleistungsfrist nicht mehr verpflichtet, dem Käufer auch weiterhin Updates zur Verfügung zu stellen, könnte dies im Extremfall dazu führen, dass die Software nach kürzester Zeit aufgrund diverser Sicherheitslücken nicht mehr verwendbar ist. Aus diesen Gründen trifft den Softwarehersteller eine Schutzpflicht i.S.v. § 241 Abs. 2 BGB, dem Käufer Sicherheitsupdates zur Verfügung zu stellen.

Allerdings kann diese Schutzpflicht zeitlich begrenzt sein, da dem Hersteller der Entwicklungsaufwand eines Sicherheitsupdates unter bestimmten Umständen nicht mehr zumutbar ist. Wie lange den Hersteller diese Frist trifft, wird vom Einzelfall abhängen. So könnte bei Standardsoftware zum Beispiel ein entscheidender Faktor sein, wie viele Nutzer die Software noch verwenden und mit welchem Aufwand die Erstellung des Sicherheitsupdates verbunden ist, da es einem Softwarehersteller nicht zumutbar sein wird, ein Sicherheitsupdate für ein Programm zur Verfügung stellen, dass nur noch von wenigen Nutzern verwendet wird.[414] Ebenfalls von Bedeutung kann

---

[413] *Olzen*, in: Staudinger, § 241 Rn. 496.

[414] Vgl. *Schuster/Hunzinger*, CR 2015, 277, 285 f. (Zur Nutzungsdauer von Software).

der „Lebenszyklus“ des Programms sein, d.h. wie lange der Hersteller die Software auf dem Markt noch anbietet.[415]

cc) Updateverpflichtung durch Richtlinie über digitale Inhalte

Zumindest gegenüber Verbrauchern wird die Frage, ob sich aus § 241 Abs. 2 BGB eine Pflicht zur Bereitstellung von Sicherheitsupdates ergibt, in Zukunft an Bedeutung verlieren. Denn am 11. Juni 2019 ist die Richtlinie (EU) 2019/770 des Europäischen Parlaments und des Rates „über bestimmte vertragsrechtliche Aspekte der Bereitstellung digitaler Inhalte und digitaler Dienstleistungen“ in Kraft getreten. Diese verpflichtet die Hersteller in Art. 8 Abs. 2 dazu, Verbrauchern Aktualisierungen zur Verfügung zu stellen, die für den Erhalt der Vertragsmäßigkeit der digitalen Inhalte und digitalen Dienstleistungen erforderlich sind. Diese Updateverpflichtung umfasst dem Wortlaut zu Folge ausdrücklich auch Sicherheitsaktualisierungen. Auch der Zeitraum der Updatepflicht wird in Art. 8 Abs. 2 der Richtlinie geregelt. Bei einem Dauerschuldverhältnis besteht sie für die Dauer des Vertragsverhältnisses und bei einem Kaufvertrag so lange, wie der Käufer vernünftigerweise erwarten kann, Updates bereitgestellt zu bekommen.[416] Die genaue Dauer einer Updatepflicht bei Verträgen, die kein Dauerschuldverhältnisse darstellen, ergibt sich somit auch nicht aus der Richtlinie über digitale Inhalte.[417] Dennoch dürfte es für Verbraucher in Zukunft leichter sein, einen Softwarehersteller für Schäden in Anspruch zu nehmen, die ihm dadurch entstanden sind, dass ihm keine Updates zur Verfügung gestellt wurden.

Aus dem Regierungsentwurf vom 13. Januar 2021 ergibt sich, dass die Updatepflicht in § 327f BGB geregelt werden soll.[418] Gem.

---

[415] Vgl. OLG Koblenz, Urteil vom 27.05.1993 - 5 U 1938/92, NJW 1993, 3144; LG Köln, Urt. v. 16.10.1997 – 83 O 26-97, NJW-RR 1999, 1285, 1286.

[416] *Bach*, NJW 2019, 1705, 1707.

[417] Vgl. *Bach*, NJW 2019, 1705, 1707; *Staudenmeyer*, NJW 2019, 2497, 2501.

[418] Regierungsentwurf vom 13. Januar 2021, Entwurf eines Gesetzes zur Umsetzung der Richtlinie über bestimmte vertragsrechtliche Aspekte der Bereitstellung digitaler Inhalte und digitaler Dienstleistungen, S. 10, abrufbar unter: https://www.bmjv.de/SharedDocs/Gesetzgebungsverfahren/Dokumente/RegE_BereitstellungdigitalerInhalte.pdf;jsessionid=44DAE6E9BBBB3E18C3D6467A9F56DA20.1_cid289?__blob=publicationFile&v=3 (zuletztz abgerufen am: 29.06.2021).

§ 327f Abs. 1 BGB hat der Unternehmer sicherzustellen, dass dem Verbraucher während des maßgeblichen Zeitraums Aktualisierungen, die für den Erhalt der Vertragsmäßigkeit des digitalen Produkts erforderlich sind, bereitgestellt werden und der Verbraucher über diese Aktualisierungen informiert wird. § 327f Abs. 1 S.2 BGB stellt zudem klar, dass hierzu auch Sicherheitsupdates gehören. In Zukunft besteht für Verbraucher daher die Möglichkeit, Softwarehersteller wegen nicht durchgeführter Updates in Anspruch zu nehmen. Für Unternehmen führt die Richtlinie über digitale Inhalte hingegen zu keinen Änderungen, weshalb diese weiterhin nur Ansprüche aus dem Mangelgewährleistungsrecht und wegen einer Schutzpflichtverletzung geltend machen können.

c) Haftungsausschluss

aa) Haftungsausschluss durch AGB

Auch wenn nach einem Cyber-Angriff grundsätzlich eine vertragliche Haftung von Softwareherstellern nach Mängelgewährleistungsrecht und allgemeinem Leistungsstörungsrecht in Betracht kommt, könnte eine Haftung vertraglich ausgeschlossen oder zumindest beschränkt sein. Wird dieser Haftungsausschluss für eine Vielzahl von Verträgen vorformuliert und von einer Partei gestellt, handelt es sich um Allgemeine Geschäftsbedingungen i.S.v. § 305 BGB, weshalb die Anforderungen der §§ 307 ff. BGB zu beachten sind. Da der IT-Hersteller sowohl im Verbraucher- als auch im Geschäftskundenbereich in der Regel die Vertragsbedingungen festlegt, stellt sich die Frage, inwieweit Haftungsbeschränkungen mit den Vorschriften der §§ 307 ff. BGB vereinbar sind.

(1) Haftungsausschlüsse

(a) Ausschluss für fahrlässiges Verhalten

Zumindest zum jetzigen Zeitpunkt finden sich in den meisten Vertragswerken keine Bestimmungen, die ausdrücklich die Haftung für durch Cyber-Angriffe entstandene Schäden beschränken. Allerdings gibt es einige Klauseln, die für den Ausschluss von Cyber-Schäden bedeutsam sein können. Dazu gehören unter anderem Klauseln, welche die Haftung für bestimmte Verschuldensformen begrenzen. So haftet beispielsweise Microsoft seinen Lizenzbestimmungen zufolge nur dann für leichte Fahrlässigkeit, wenn Microsoft diejenigen wesentlichen Vertragspflichten verletzt, „deren Erfüllung die ordnungsgemäße Durchführung dieses Vertrages überhaupt erst ermöglicht, deren Verletzung den Zweck dieses Vertrages gefährden würde und auf deren Einhaltung eine Partei regelmäßig vertrauen darf."[419]

Ein Haftungsausschluss für leichte Fahrlässigkeit ist nur zulässig, soweit von dem Ausschluss keine Schäden an den in § 309 Nr. 7 a) BGB genannten Rechtsgütern erfasst sind. Ob für die sonstigen Schäden ein Haftungsausschluss für leichte Fahrlässigkeit zulässig ist, richtet sich nach § 307 BGB. Nach der Rechtsprechung und Literatur ist ein Haftungsausschluss dann unzulässig, wenn die verletzte Pflicht als eine wesentliche Vertragspflicht (sog. Kardinalpflicht) einzuordnen ist.[420] Allerdings ist eine Beschränkung der Haftung auf vertragstypische und vorhersehbare Schaden möglich.[421] Dies ist zutreffend, da sich aus § 307 Abs. 2 Nr. 1 BGB ergibt, dass

---

[419] Ziff. 12 d. (ii) der Microsoft-Software-Lizenzbestimmungen für das Windowsbetriebssystem, https://www.microsoft.com/en-us/Useterms/Retail/Windows/10/UseTerms_Retail_Windows_10_German.htm, (zuletzt aufgerufen am: 30.06.2021).

[420] BGH, Urt. v. 23.02.1984 – VII ZR 274/82, NJW 1985, 3016, 3017 f.; Urt. v. 03.03.1988 – X ZR 54/86, BGHZ 103, 316, 322 = NJW 1988, 1785, 1786; Urt. v. 11.11.1992 – VIII ZR 238/91, NJW 1993, 335; Urt. v. 26.01.1993 - X ZR 90/91, NJW-RR 1993, 560, 561; *Becker*, in: BeckOKBGB, § 309 Nr. 7 Rn. 20 ff.; *Christensen*, in: Ulmer/Brandner/Hensen, § 309 Nr. 7, Rn. 39, 46; *Coester-Waltjen*, in: Staudinger, § 309 Nr. 7 Rn. 38; *Vgl. Wurmnest*, in: MüKoBGB, § 309 Nr. 7 Rn. 26 (zustimmend aber kritisch zum Begriff der Kardinalpflichten).

[421] BGH, Urt. v. 11.11.1992 – VIII ZR 238/91, NJW 1993, 335; *Christensen*, in: Ulmer/Brandner/ Hensen, § 309 Nr. 7, Rn. 46; *Stoffels*, AGB-Recht, Rn. 984.

AGB dem Vertragspartner nicht solche Rechte verwehren dürfen, die ihm der Vertrag nach seinem Inhalt und Zweck zu gewähren hat.[422] Des Weiteren ist im Verkehr zwischen Unternehmern bezüglich nicht vertragswesentlicher Pflichten anerkannt, dass für die Haftung für leichte Fahrlässigkeit weitergehende Begrenzungen als bei Verbraucherverträgen möglich sein müssen, da hier dem Interesse des Verwenders, die Haftung für überraschende oder ungewöhnliche Schäden auszuschließen, eine besondere Bedeutung zukommt.[423] Entscheidend für die Beurteilung der Frage, wann ein von IT-Herstellern verwendeter Haftungsausschluss gegen AGB-Recht verstößt, ist somit, ob dieser Ausschluss Schäden umfasst, die auf der Verletzung einer wesentlichen Vertragspflicht beruhen. Vertragswesentlich sind nach der Rechtsprechung solche Pflichten, deren Erfüllung die ordnungsgemäße Durchführung des Vertrags überhaupt erst ermöglichen, deren Verletzung die Erreichung des Vertragszwecks gefährdet und auf deren Einhaltung der Vertragspartner regelmäßig vertraut.[424] Die Frage, welche Pflichten in IT-Verträgen als vertragswesentlich einzuordnen sind, wurde bisher nicht gerichtlich entschieden.[425]

Im Zusammenhang mit Cyber-Angriffen stellt sich bei Softwareherstellern insbesondere die Frage, inwieweit die Haftung für Schäden ausgeschlossen werden kann, die durch Sicherheitslücken verursacht wurden. Erwirbt der Käufer Software, so kommt es ihm zum einen darauf an, dass diese einwandfrei funktioniert und nach dem Stand der Technik fehlerfrei hergestellt wird und zum anderen, dass ihm durch die Software keine Schäden an seinen Rechtsgütern entstehen. Daher sind zumindest die ordnungsgemäße Herstellung und die Abwehr von Schäden, die durch das Programm verursacht werden, als vertragswesentliche Pflichten einzustufen.[426] Daraus folgt, dass auch die Pflicht zur Schließung von Sicherheitslücken als vertragswesentlich einzuordnen ist. Softwarehersteller können daher ihre Haftung für leichte Fahrlässigkeit nicht für solche durch Cy-

---

[422] BGH, Urt. v. 11.11.1992 – VIII ZR 238/91, NJW 1993, 335.
[423] *Coester-Waltjen*, in: Staudinger, § 309 Nr. 7 Rn. 42; *Stoffels*, AGB-Recht, Rn. 984.
[424] BGH, Urt. v. 23.02.1984 – VII ZR 274/82, NJW 1985, 3016, 3018.
[425] *Redeker*, in: Auer-Reinsdorff/Conrad, § 16 Rn. 99.
[426] *Redeker*, in: Auer-Reinsdorff/Conrad, § 16 Rn. 99.

ber-Angriffe verursachte Schäden ausschließen, die durch die Ausnutzung einer Sicherheitslücke der Software entstanden sind.

(b) Ausschluss bestimmter Schadensarten

In IT-Verträgen werden des Weiteren häufig Klauseln verwendet, die eine Haftung für bestimmte Schadensarten ausschließen. So werden insbesondere Ansprüche für „Folgeschäden" und „indirekte Schäden" bzw. „mittelbare Schäden" ausgeschlossen.[427] Apple und Kaspersky verwenden in ihren Softwarelizenzverträgen z.B. Klauseln, die, soweit gesetzlich statthaft,[428] eine Haftung für indirekte oder Folgeschäden einschließlich solcher Schäden ausschließen, die durch den Verlust von vertraulichen Informationen oder Geschäftsunterbrechungen entstanden sind.[429] Der Ausschluss von sog. „indirekten Schäden" findet sich insbesondere in den AGBs von amerikanischen Softwareherstellern, da dieser Begriff dem angloamerikanischen Rechtssystem entspringt.[430] Was unter „indirekten" oder „mittelbaren Schäden" in Deutschland zu verstehen ist, ist nicht einheitlich geklärt. Aus diesem Grund rät *Schuster* von einer Verwendung des Begriffspaares „direktem und indirektem Schaden" ab.[431] Bezüglich der „mittelbaren Schäden" wird in der Literatur vertreten, dass Klauseln, die diesen Begriff verwenden, gem. § 305c Abs. 2 BGB gegen den Verwender auszulegen seien.[432] Allerdings erscheint es naheliegender, die Begriffe „indirekter Schaden" und „mittelbarer Schaden" als unbestimmt und unverständlich i.S.v. § 307 Abs. 1 S. 1 BGB einzuordnen. Denn aus der alleinigen Verwendung der Begriffe ergibt sich nicht, wann ein mittelbarer oder indirekter Schaden vorliegt. So ist z.B. schon nicht klar, ob ein unmittelbarer Schaden nur der Schaden ist, der an dem IT-System

---

427 *Schuster*, CR 2011, 215, 217.

428 Zur Zulässigkeit einer solchen Einschränkung siehe unten: S. 123.

429 Ziff. 8 des Softwarelizenzvertrages für macOS High Sierra, http://images.apple.com/legal/sla/docs/macOS1013.pdf (zuletzt aufgerufen am: 30.06.2021); Ziff. 10.1 des Endnutzer-Lizenzvertrags für Kaspersky Internet Security, https://www.kaspersky.de/end-user-license-agreement (zuletzt aufgerufen am: 30.06.2021).

430 *Boehm*, ZEuP 2016, 358, 377; *Schuster*, CR 2011, 215, 218.

431 *Schuster*, CR 2011, 215, 218.

432 *Brandi-Dohrn*, CR 2014, 417, 422; *Schuster*, CR 2011, 215, 218.

oder Computer entstanden ist, oder ob ein unmittelbarer Schden auch noch bei daraus resultierenden Schadenspositionen, wie z.B. einem Betriebsunterbrechungsschaden, vorliegt. Softwarehersteller, die nicht auf eine Verwendung dieser Begriffe verzichten wollen, sollten diese daher in ihren AGB definieren.[433]

Hinsichtlich des Begriffes des „Folgeschadens" lässt sich eine solche Unbestimmtheit hingegen nicht annehmen. Vielmehr ist der Begriff so auszulegen, dass der Begriff des Mangelfolgeschadens gemeint ist, bei dem es sich um einen dem deutschen Recht bekannten Begriff handelt. Allerdings hätte ein Haftungsausschluss für Mangelfolgeschäden zur Folge, dass der Geschädigte einen Großteil der zu erwartenden Schäden nicht mehr geltend machen könnte.[434] Denn Mängel von Software im Allgemeinen und Sicherheitslücken im Speziellen führen oftmals zu Mangelfolgeschäden.[435] Daher dürfte ein genereller Ausschluss von Mangelfolgeschäden als eine unangemessene Benachteiligung des Vertragspartners i.S.v. § 307 Abs. 1 BGB einzuordnen sein.[436] Möglich wäre aber eine Haftungsbegrenzung auf vertragstypische und vorhersehbare Mangelfolgeschäden.[437] Eine solche Haftungsbeschränkung dürfte für Softwarehersteller aber im Ergebnis kein wirksames Mittel darstellen, um sich vor Regressansprüchen zu schützen. Denn mit Abstand am häufigsten dürften gegenüber Softwareherstellern Schäden geltend gemacht werden, die durch eine Sicherheitslücke der Software verursacht wurden, weshalb diese Schadenspositionen als vertragstypisch und vorhersehbar einzuordnen sind.

Des Weiteren finden sich in AGBs von anglo-amerikanischen Unternehmen Ausschlüsse von Schadensarten, die im deutschen Recht nicht existieren, wie z.B. punititive damages oder exemplatory damages.[438] Die Verwendung dieser Ausschlüsse ist

---

433 *Schuster*, CR 2011, 215, 218.
434 Vgl. *Wicker*, MMR 2014, 787, 788 (bzgl. Cloud-Anbieter).
435 Vgl. S. 109.
436 Vgl. *Wicker*, MMR 2014, 787, 788 (zur Haftungsbegrenzung des Cloud-Anbieters).
437 Vgl. BGH, Urt. v. 11.11.1992 – VIII ZR 238/91, NJW 1993, 335; *Brandi-Dohrn*, CR 2014, 417, 422; *Christensen*, in: Ulmer/Brandner/Hensen, § 309, Rn. 46; *Stoffels*, AGB-Recht, Rn. 984.
438 *Brandi-Dohrn*, CR 2014, 417, 422.

insofern unbedenklich, als dass sie nur die deutsche Rechtslage wiedergeben.[439]

Zu beachten ist ferner, dass der Ausschluss bestimmter Schadensarten in jedem Fall unwirksam ist, wenn die Klausel den Vorbehalt enthält, dass sie nur gelten soll, soweit ein solcher Ausschluss gesetzlich zulässig ist. Denn eine solche Klausel, wie sie teilweise von Softwareherstellern verwendet wird,[440] ist intransparent i.S.v. § 307 Abs. 1 S. 2 BGB.[441] Dies folgt daraus, dass der Vertragspartner durch die Verwendung einer solchen Klausel die praktische Tragweite der jeweiligen Abweichung vom dispositivem Recht nicht abschätzen kann.[442]

(c) Begrenzung der Schadenshöhe

Neben der Haftungsbeschränkung von bestimmten Schadensarten verwenden die Hersteller des Weiteren Klauseln, welche die Haftung auf eine bestimmte Schadenshöhe begrenzt. So beschränkt Apple die Haftung mit Ausnahme für Personenschäden auf eine Schadenssumme von 50 US-Dollar.[443] Häufiger wird in IT-Verträgen die Haftung auf die Auftragssumme bzw. bei Software auf die Kosten des Programms begrenzt.[444]

Nach der Rechtsprechung und Literatur ist die Beschränkung der Haftung auf eine Haftungshöchstsumme bzw. auf einen prozentua-

---

[439] *Brandi-Dohrn,* CR 2014, 417, 422.

[440] So z.B. Ziff. 10.1 des Endnutzer-Lizenzvertrags für Kaspersky Internet Security, https://www.kaspersky.de/end-user-license-agreement (zuletzt aufgerufen am: 30.06.2021); vgl. Ziff. 8 des Softwarelizenzvertrages für macOS High Sierra, http://images.apple.com/legal/sla/docs/mac OS1013.pdf („In dem nicht durch anwendbare Gesetze untersagten Ausmass"; zuletzt aufgerufen am: 30.06.2021);

[441] BGH, Urt. v. 26.11.1984 – VIII ZR 214/83, BGHZ 93, 29, 48 = NJW 1985, 623, 627; Urt. v. 12.10.1995 – I ZR 172/93, NJW 1996, 1407, 1408; *Basedow*, in: MüKoBGB, § 305 Rn. 82; *Fuchs*, in: Ulmer/Brandner/Hensen, Vorbem. zur Inhaltskontrolle Rn. 101; *Stoffels*, in: Staudinger, § 307 Rn. 59, 337; *ders.*, AGB-Recht Rn. 625 f.

[442] *Basedow*, in: MüKoBGB, § 305 Rn. 82; *Stoffels*, AGB-Recht, Rn. 626.

[443] Ziff. 8 des Softwarelizenzvertrages für macOS High Sierra, http://images.apple.com/legal/sla/docs/ macOS1013.pdf (zuletzt aufgerufen am: 30.06.2021).

[444] *Brandi-Dohrn*, CR 2014, 417, 422; Vgl. z.B.: Ziff. 10.1 des Endnutzer-Lizenzvertrags für Kaspersky Internet Security 2017, https://www.kaspersky.de/end-user-license-agreement (zuletzt aufgerufen am: 30.06.2021).

len Wert nur zulässig, wenn der Höchstbetrag die vertragstypischen und vorhersehbaren Schäden abdeckt.[445] Dem ist zuzustimmen, da ansonsten die Rechte und Pflichten des Vertragspartner so sehr ausgehöhlt werden würden, dass es zu einer Gefährdung des Vertragszwecks i.S.v. § 307 Abs. 2 Nr. 2 BGB kommen würde.[446] Schadsoftware nutzt oftmals Software-Schwachstellen aus, welche häufig zu hohen Mangelfolgeschäden wie dem Verlust von Daten oder Betriebsunterbrechungen führen. Daher wird in der Literatur übereinstimmend vertreten, dass Klauseln welche die Haftungshöchstsumme auf die Höhe des Kaufpreises, die Auftragssumme oder den Wert des Datenträgers begrenzen, in AGB unwirksam sind.[447]

Allerdings kann der vorhersehbare Schaden bei Software stark variieren. Zum einen macht es einen Unterschied, ob es sich bei der erworbenen Software um ein Bildbearbeitungsprogramm oder um ein Betriebssystem handelt, da komplexere Programme in der Regel mehr Schwachstellen aufweisen. Zum anderen hängt der zu erwartende Schaden auch mit der Anzahl der Nutzer zusammen, da Entwickler von Schadsoftware insbesondere nach Sicherheitslücken in Programmen suchen, die viele Nutzer haben. Ein weiterer entscheidender Faktor für die Bemessung des vorhersehbaren Schadens wird der Kundenkreis der jeweiligen Software sein. Denn bei börsennotierten Unternehmen kann ein Datenverlust zu weitaus größeren Schäden führen als bei mittelständischen oder kleinen Unternehmen. Auch die Branche des Unternehmens kann von Bedeutung sein, da beispielsweise beim produzierenden Gewerbe hohe Betriebsunterbrechungsschäden entstehen können, wenn die für die Produktion notwendige Software ausgefallen ist. Bei Verbrauchern wird der wirtschaftliche Schaden nach einem Cyber-Angriff wiederum in der Regel sehr gering ausfallen.

---

[445] BGH, Urt. v. 11.11.1992 – VIII ZR 238/91, NJW 1993, 335; BGH, Urt. v. 25.02.1998 – VIII ZR 276–96, BGHZ 138, 118, 133 = NJW 1998, 1640, 1644; Urt. v. 27.09.2000 – VIII ZR 155/99, NJW 2001, 292, 295; *Christensen*, in: Ulmer/Brandner/Hensen, § 309 Nr. 7 Rn. 39; *Wurmnest*, in: MüKoBGB, § 309 Nr. 7 Rn. 30 f.

[446] Vgl. BGH, Urt. v. 25.02.1998 – VIII ZR 276–96, BGHZ 138, 118, 133 = NJW 1998, 1640, 1644.

[447] Vgl. *Brandi-Dohrn*, CR 2014, 417, 422 (bzgl. Höhe der Auftragssumme); *ders.* in: Hdb. IT-Veträge, Kap. 1.2 Rn. 207 (bzgl. Kaufpreis); *Meier/Wehlau*, NJW 1998, 1585, 1587 (bzgl. Kosten des Datenträgers); *Wicker*, MMR 2014, 787, 789 (bzgl. Kosten des Datenträgers).

Aus diesem Grund erscheint eine Begrenzung des Schadens auf den Wert der Software, die Auftragssumme oder den Wert des Datenträgers bei Verbrauchern in der Regel den vorhersehbaren Schaden abzudecken. Bei Unternehmen wird eine solche Begrenzung häufig nicht ausreichen, um den vorhersehbaren Schaden abzudecken. Daher erfasst eine Klausel, welche die Haftung gegenüber Unternehmen auf eine Haftungshöchstsumme begrenzt, grundsätzlich nicht den vorhersehbaren Schaden und verstößt mithin gegen § 307 Abs. 1 BGB. Entgegen der Literaturmeinung hängt die Wirksamkeit einer Haftungsbegrenzung auf den Wert der Software somit insbesondere von dem jeweiligen Kundenkreis der Software ab. Dies gilt aber nur, wenn die Software auch einen klar definierten Kundenkreis hat. Wird die Software sowohl an Verbraucher als auch an Unternehmen verkauft, ist eine Haftungsbegrenzung auf den Wert der Software unwirksam. Für Softwarehersteller könnte es sich in einem solchen Fall daher anbieten, für Unternehmenskunden und Verbraucher unterschiedliche AGBs mit unterschiedlichen Haftungshöchstgrenzen anzubieten.

(d) Datensicherung und Versicherungsschutz

Eine weitere oft verwendete Klausel begrenzt eine Haftung für den Fall, dass der Nutzer keine Datensicherung durchgeführt hat. Eine solche Klausel hat nach hier vertretener Auffassung nur klarstellende Funktion, da der Nutzer ohnehin eine Datensicherung durchführen muss, um nicht den Rechtsfolgen des § 254 BGB ausgesetzt zu sein.[448]

Aufgrund der immer größeren Verbreitung der Cyber-Versicherung könnte es sich für IT-Hersteller anbieten, ihre Haftung auf die Leistung einer (Haftpflicht-) Versicherung zu beschränken. Die Beschränkung auf die Leistung einer Versicherung verstößt aber gegen § 307 Abs. 1 S. 2 BGB, da der Vertragspartner nicht erfährt, welche Schäden bis zu welcher Höhe versichert sind.[449] Hinzu

---

[448] Vgl. *Meier/Wehlau*, NJW 1998, 1585, 1588; *Wicker*, MMR 2014, 787, 788.
[449] *Christensen*, in: Ulmer/Brandner/Hensen, § 309 Nr. 7 Rn. 46.

kommt, dass Versicherungspolicen diverse Leistungsausschlüsse enthalten, was dazu führen kann, dass der vorhersehbare Schaden aufgrund der Leistungsverweigerung des Versicherers nicht abgedeckt ist.[450]

(e) Zwischenergebnis

Ein Haftungsausschluss für leicht fahrlässig verursachte Cyber-Schäden ist für Softwarehersteller zumindest nicht möglich, soweit dadurch Schäden umfasst sind, welche durch eine Sicherheitslücke der Software verursacht wurden. Eine Begrenzung der Haftung bezüglich der Schadenshöhe bei Verbraucherverträgen sowie der Ausschluss für Mangelfolgeschäden ist zulässig, solange die Hersteller ihre Haftung auf den vertragstypischen und vorhersehbaren Schaden begrenzen.

(2) Haftungsprivilegierung für IT-Verträge

Brandi-Dohrn hat die Frage aufgeworfen, inwieweit für IT-Verträge eine Haftungsprivilegierung gelten sollte. Er kommt zu dem Ergebnis, dass eine solche AGB-rechtliche Haftungserleichterung für komplexe IT-Entwicklungsverträge und für Open-Source-Software notwendig sei.[451] Danach solle bei großen IT-Projekten eine Begrenzung der Haftung auf die Auftragssumme rechtlich wirksam sein und bei Open-Source-Software wiederum ein Haftungsausschluss für grobe Fahrlässigkeit.[452] Allerdings ist zu beachten, dass *Brandi-Dohrn* nicht untersucht, ob eine solche Haftungserleichterung speziell auch in Bezug auf Cyber-Schäden gelten soll. *Spindler* wiederum lehnt eine Herabstufung der Sichererheitserwartungen bei Open-Source-Software unter anderem mit dem Argument ab,

---

[450] Vgl. *Graf von Westphalen*, in: Graf von Westphalen/Thüsing, Freizeichnungs- und Haftungsbegrenzungsklauseln, Rn. 128.
[451] *Brandi-Dohrn*, CR 2014, 417, 425 f.
[452] *Brandi-Dohrn*, CR 2014, 417, 425 f.

dass durch den Einsatz dieser Programme auch unbeteiligte Dritte gefährdet werden können.[453]

Grundsätzlich erscheint eine Haftungserleichterung aufgrund der unkalkulierbaren Risiken bei IT-Großprojekten bzw. der kostenlosen Verfügbarkeit der Open-Source-Software gerechtfertigt.[454] Was die Haftung für Cyber-Angriffe betrifft, kann der Hersteller sich aber, wie oben bereits dargestellt,[455] relativ leicht exkulpieren, indem er nachweist, dass er die Software auf Sicherheitslücken geprüft und auch sonst keine Hinweise zum Bestehen der Schwachstelle erhalten hat. Solange die Sicherheitslücke nicht offensichtlich war und der Hersteller auch keine Hinweise von Dritten erhalten hat, scheidet ein Anspruch gegen den Hersteller aus. Dieser Haftungsmaßstab erscheint auch für IT-Großprojekte und Open-Source-Software gerechtfertigt, da der Aufwand im Verhältnis zu den möglichen Schäden, die dem Vertragspartner entstehen können, noch in einem angemessenen Verhältnis steht. Denn Sicherheitslücken gehören zu den Hauptursachen von Cyber-Angriffen, die zudem oftmals für eine sehr schnelle Verbreitung der jeweiligen Schadsoftware verantwortlich sind. Dies gilt insbesondere auch für Open-Source-Software, da diese aufgrund ihrer kostenlosen Erwerbsmöglichkeit häufig weit verbreitet ist und daher ein beliebtes Ziel für Angreifer darstellt. Würde man Softwareherstellern die Möglichkeit geben, sich mit AGB von einer Haftung zu befreien, hätte dies zur Folge, dass ihnen ein Anreiz fehlen würde, sich um die Schließung von Sicherheitslücken ihrer Software zu bemühen. Im Zusammenhang mit Cyber-Schäden erscheint eine Haftungsprivilegierung für Softwarehersteller daher nicht gerechtfertigt.

bb) Haftungsausschluss durch Individualvereinbarung

Auch wenn für Softwarehersteller ein Ausschluss bzw. eine Begrenzung der Haftung mit Hilfe von AGB nur sehr begrenzt möglich ist,

---

453 *Spindler*, in: Hornung/Schallbruch, § 11 Rn. 79 ff.

454 Vgl. *Brandi-Dohrn*, CR 2014, 417, 425 f.

455 Siehe S. 111.

könnte zumindest die Möglichkeit bestehen, dies durch eine Individualvereinbarung herbeizuführen. Anders als bei AGB unterliegen individuell verhandelte Vereinbarung nur den allgemeinen Wirksamkeitsvoraussetzungen des BGB. Ein Haftungsausschluss darf daher insbesondere nicht gegen die guten Sitten gem. § 138 BGB und den Grundsatz von Treu und Glauben i.S.v. § 242 BGB verstoßen.[456] Die dargestellten Haftungsausschlüsse werden in der Regel nicht gegen die §§ 138, 242 BGB verstoßen. Allerdings handelt es sich sowohl bei Software für Verbraucher als auch bei Unternehmenssoftware um Massenprodukte, bei denen die Hersteller weder die Bereitschaft noch die Möglichkeit haben, die Verträge individuell auszuhandeln. Bei Individualsoftware und Lieferungsverträgen von kompletten IT-Systemen kommt eine solche Vereinbarung jedoch in Betracht. Wichtig ist aber auch hier, dass die Vertragsbedingungen nicht einseitig von dem Hersteller gestellt wurden, sondern von beiden Parteien ausgehandelt wurden.[457] Eine individuell vereinbarter Haftungsausschluss wird sich insbesondere dann anbieten, wenn ein Softwarehersteller nur dann bereit ist den Auftrag zu übernehmen, wenn er von den Haftungsrisiken befreit wird.

2. Deliktsrechtliche Haftung

a) Produkthaftung nach § 823 Abs. 1 BGB

Neben einer vertraglichen Haftung können Softwarehersteller auch deliktischen Ansprüchen ausgesetzt sein. Dem Deliktsrecht kommt, wie dargelegt, eine besondere Bedeutung zu, da zwischen dem Geschädigten und dem Hersteller regelmäßig kein Vertrag vorliegt.[458] In Betracht kommt insbesondere ein Anspruch nach § 823 Abs. 1 BGB.

---

456 *Voigt*, IT-Sicherheitsrecht, Rn. 248.
457 *Bräutigam/Thalhofer*, in: Hdb. IT-Verträge, Kap. 1.5 Rn. 140.
458 Siehe S. 111.

aa) Verkehrssicherungspflichten

Im Rahmen der Produkthaftung nach § 823 Abs. 1 BGB sind die Verkehrssicherungspflichten von besonderer Bedeutung. Aus diesen folgt, dass der Hersteller im Rahmen des technisch Möglichen und wirtschaftlich Zumutbaren alle Maßnahmen zu treffen hat, die notwendig sind, um zu verhindern, dass Dritte durch seine Produkte geschädigt werden.[459] Aus dieser Pflicht wurden vier Arten von Produktfehlern entwickelt, aus denen sich verschiedene Sorgfaltsmaßstäbe ergeben: der Konstruktionsfehler, der Fabrikationsfehler, der Instruktionsfehler sowie der Produktbeobachtungsfehler.[460] Ein Fabrikationsfehler liegt vor, wenn es bei der Herstellung einzelner Exemplare zu einer planwidrigen Abweichung der vom Hersteller konzeptionierten Sollbeschaffenheit gekommen ist.[461] Der Herstellungsprozess von Software unterscheidet sich von herkömmlichen Produkten insofern, als dass das Programm nach der Entwicklung nur noch auf die jeweiligen Datenträger kopiert wird, sodass bei der Fabrikation in der Regel keine Fehler auftreten werden.[462] Um einen Instruktionsfehler handelt es sich wiederum, wenn der Käufer nicht über den bestimmungsgemäßen Gebrauch und die sicherheitsrelevanten Eigenschaften des Produkts informiert wurde.[463] Zwar kommen Bedienungsanleitungen und Sicherheitshinweisen auch bei komplexer Software eine besondere Bedeutung zu, jedoch entstehen Cyber-Schäden durch Sicherheitslücken der Software, die unabhängig von der Bedienung des Käufers entstehen. Fabrikations- und Instruktionsfehler sind im Rahmen der Produkthaftung von Softwareherstellern somit von untergeordneter Bedeutung. Eine Haftung kann vielmehr aus Konstruktions- und Produktbeobachtungsfehlern resultieren.

---

459 *Hager*, in: Staudinger, § 823 Rn. F 11; *Looschelders*, SchuldRBT, § 63 Rn. 6; *Wilhelmi*, in: Erman, § 823 Rn. 112.

460 *Hager*, in: Staudinger, § 823 Rn. F 11 ff.; *Wagner*, in: MüKoBGB, § 823 Rn. 949.

461 *Hager*, in: Staudinger, § 823 Rn. F 17; *Wagner*, in: MüKoBGB, § 823 Rn. 874.

462 *Spindler*, BSI-Studie, Rn. 122.

463 BGH, Urt. v. 11.07.1972 – VI ZR 194/70, NJW 1992, 2217, 2220; OLG Karlsruhe, Urt. v. 27.03.1996 – 7 U 61/94, r+s 1997, 242, 243; *Schiemann*, in: Erman, § 823 Rn. 118; *Wagner*, in: MüKoBGB, § 823 Rn. 978.

(1) Konstruktionsfehler

Ein Konstruktionsfehler liegt vor, wenn das Produkt schon nach seiner Konzeption nicht den neuesten technischen Stand und den durch den bestimmungsgemäßen Gebrauch vorausgesetzten Sicherheitsstandard erfüllt.[464] Der Konstruktionsfehler erfasst dabei im Unterschied zum Fabrikationsfehler die gesamte Serie des Produkts.[465] Weist die Software einen Sicherheitsmangel auf, folgt dies aus der fehlerhaften Programmierung des Programms und betrifft daher die gesamte Version der Software.[466] Eine Sicherheitslücke stellt daher grundsätzlich einen Konstruktionsfehler dar. Allerdings ist der Konstruktionsfehler vom Entwicklungsfehler abzugrenzen. Denn die Haftung des Produzenten ist ausgeschlossen, wenn der Fehler zum Zeitpunkt, in dem das Produkt in den Verkehr gebracht wurde, nach dem damaligen Stand der Wissenschaft und Technik nicht erkennbar war.[467] Für die Haftung des Softwareherstellers kommt es somit darauf an, ob die Sicherheitslücke zum Zeitpunkt des Verkaufs der Software nach dem damaligen Stand der Wissenschaft und Technik erkennbar gewesen ist.[468]

Fraglich ist jedoch, wann dies der Fall ist. Entscheidend für die Erkennbarkeit des Fehlers ist nur das objektiv zugängliche Gefahrenwissen, auf die subjektiven Erkenntnismöglichkeiten des jeweiligen Herstellers kommt es nicht an.[469] Ein Fehler ist dann nicht erkennbar, wenn die von dem Produkt ausgehende Gefahr von niemandem bemerkt werden konnte, da die Erkenntnismöglichkeit noch nicht existierte.[470] Daraus folgt zum einen, dass der Hersteller alle ihm allgemein oder speziell zugänglichen Erkenntnisquellen beach-

---

464 BGH, Urt. v. 16.06.2009 – VI ZR 107/08, BGHZ 181, 253 Rn. 15 = NJW 2009, 2952, 2953; *Hager*, in: Staudinger, § 823 Rn. F 12.

465 OLG Schleswig, Urt. v. 19.10.2007 – 17 U 43/07, NJW-RR 2008, 691; *Förster*, in: BeckOK, § 823 Rn. 701.

466 *Spindler*, BSI-Studie, Rn. 122.

467 BGH, Urt. v. 26.11.1968 – VI ZR 212/66, BGHZ 51, 91, 105 f. = NJW 1969, 269, 275; Urt. v. 16.06.2009 – VI ZR 107/08, BGHZ 181, 253 Rn. 28 = NJW 2009, 2952, 2955; *Hager*, in: Staudinger, § 823 Rn. F 19.

468 *Spindler*, NJW 2004, 3145, 3146; *ders.* BSI-Studie, Rn. 123; Vgl. *Rockstroh/Kunkel*, MMR 2017, 77, 80 (zur Haftung von Herstellern von Industriekomponenten).

469 BGH, Urt. v. 16.06.2009 – VI ZR 107/08, BGHZ 181, 253 Rn. 28 = NJW 2009, 2952, 2955.

470 *Hager*, in: Staudinger, § 823 Rn. F 19.

ten muss, weshalb auch geheime Nachrichten an den Softwarehersteller zu einem Konstruktionsfehler führen.[471] Zum anderen stellen Sicherheitslücken, die erst nach dem Verkauf der Software bekannt werden, nur einen Entwicklungsfehler dar.[472] Ob eine Sicherheitslücke erkennbar war, wird im Einzelfall zu entscheiden sein. Hat der Hersteller anonyme Hinweise zu der Sicherheitslücke erhalten, war die Sicherheitslücke für den Hersteller erkennbar. Lagen solche Hinweise nicht vor, wird sich daher jeweils im Einzelfall die Frage stellen, ob die Sicherheitslücke nach dem Stand der Wissenschaft und Technik erkennbar war.

Die Softwarehersteller haben somit bei der Entwicklung der Software den zum Entwicklungszeitraum bestehenden Stand der Wissenschaft und Technik zu berücksichtigen.[473] Die Softwarehersteller müssen folglich den anspruchsvollsten Sicherheitsstandard der sog. Drei-Stufen-Theorie einhalten und haben daher die neusten Ergebnisse des derzeitigen wissenschaftlichen Erkenntnisstandes zu beachten.[474] Dabei können sich die Hersteller auch nicht im Nachhinein darauf berufen, der von ihnen verwendete Sicherheitsmaßstab entspreche dem Branchenstandard. Denn die Branchenüblichkeit hat keinen Einfluss auf den Stand von Wissenschaft und Technik, da die in der jeweiligen Branche tatsächlich praktizierten Sicherheitsvorkehrungen hinter der technischen Entwicklung und damit hinter den rechtlich gebotenen Maßnahmen zurückbleiben können.[475]

---

[471] *Spindler*, NJW 2004, 3145, 3146; *ders.* BSI-Studie, Rn. 123.

[472] *Spindler*, BSI-Studie, Rn. 123; Vgl. *Rockstroh/Kunkel*, MMR 2017, 77, 80 (zur Haftung von Herstellern von Industriekomponenten).

[473] *Littbarski*, in: Kilian/Heussen, Teil 18 Rn. 53; *Spindler*, BSI-Studie, Rn. 123; *Taeger*, Außervertr. Haftung Computerprogramme, S. 244 f.; Vgl. *Rockstroh/Kunkel*, MMR 2017, 77, 80 (zur Haftung von Herstellern von Industriekomponenten).

[474] Vgl. zur Drei-Stufen-Theorie: S. 89 ff..

[475] BGH, Urt. v. 16.06.2009 – VI ZR 107/08, BGHZ 181, 253 Rn. 16 = NJW 2009, 2952, 2953; Vgl. *Bräutigam/Klindt*, NJW 2015, 1137, 1141.

(2) Produktbeobachtungspflichten

Auch wenn der Hersteller für Entwicklungsfehler nicht haftet, so trifft ihn jedoch nach der Inverkehrgabe die Pflicht, seine Produkte auf noch unentdeckte schädliche Eigenschaften und sonstige eine Gefahrenlage schaffende Verwendungsfolgen zu beobachten, um rechtzeitig Gefahren aufzudecken und ihnen entgegenzuwirken.[476] Dies umfasst zum einen die passive Produktbeobachtungspflicht, d.h. Beschwerden von Kunden über Schadensfälle und Sicherheitsmängel entgegenzunehmen und auszuwerten, und zum anderen die aktive Produktbeobachtung, wonach Informationen hinsichtlich möglicher Schadensrisiken des Produkts zu erfassen sind.[477] Hat der Hersteller die jeweilige Gefahr erkannt, muss dieser insbesondere vor den Produktgefahren warnen.[478] Umstritten ist jedoch, ob den Hersteller auch die Pflicht trifft, das defekte Produkt zurückzurufen und durch ein neues zu ersetzen.[479] In diesen Streit reiht sich die Frage ein, ob Softwarehersteller, nachdem sie von der Sicherheitslücke ihrer Software erfahren haben, ihre Kunden lediglich vor dieser warnen müssen oder ob die Hersteller auch verpflichtet sind, ein Update zur Schließung dieser Sicherheitslücke zur Verfügung zu stellen.

(a) Meinungsstand

Ein Teil der Literatur lehnt eine Verpflichtung der Softwarehersteller zur Bereitstellung von Updates ab und sieht die Hersteller vielmehr nur dazu verpflichtet, die Kunden darüber zu warnen, dass die je-

---

[476] BGH, Urt. v. 17.03.1981 –VI ZR 286/78, BGHZ 80, 199, 202 = NJW 1981, 1606, 1607; Urt. v. 17.10.1989 – VI ZR 258/88, NJW 1990, 906, 907 f.; *Hager*, in: Staudinger, § 823 Rn. F 20.

[477] *Hager*, in: Staudinger, § 823 Rn. F 21; *Wagner*, in MüKoBGB, § 823 Rn. 990 f.

[478] OLG Saarbrücken, Urt. v. 11.09.2012 – 4 U 339/10, NJW-RR 2013, 271, 272; *Wagner*, in MüKoBGB, § 823 Rn. 998; *Wilhelmi*, in: Erman, § 823 Rn. 119.

[479] Befürwortend: *Hager*, in: Staudinger, § 823 Rn. F 25; *Michalski*, BB 1998, 961, 965; *Schiemann*, in: Erman, § 823 Rn. 119; Ablehnend: LG Frankfurt a.M., Urt. v. 01.08.2006 – 2-19 O 429/04, VersR 2007, 1575; *Foerste*, in: Foerste/v. Westphalen, § 24 Rn. 340 ff. (mit Differenzierungen); *Klindt*, BB 2009, 792, 794 f.

weilige Software eine Sicherheitslücke enthält.[480] Lediglich bei einer erheblichen Gefahr für Gesundheit und Eigentum könne in Ausnahmefällen eine Updatepflicht in Betracht kommen.[481] Die Ansicht stützt sich dabei im Wesentlichen auf die gleichen Argumente, die auch im Rahmen der Frage der Rückrufpflichten vorgebracht werden, nämlich dass das Deliktsrecht nur das Integritäts- und nicht das Äquivalenzinteresse schütze und den Hersteller daher nicht die Pflicht treffe, dem Nutzer eine sichere Software zu verschaffen.[482] Das Integritätsinteresse werde vielmehr ausreichend geschützt, wenn der Hersteller den Nutzer vor der Sicherheitslücke warnt und diesen so von der weiteren Nutzung der Software abhält.[483]

Andere Stimmen in der Literatur gehen hingegen davon aus, dass der Softwarehersteller seiner Produktbeobachtungspflicht nicht genügt, wenn er die Kunden nur über die Sicherheitslücke warnt, weshalb der Hersteller auch dazu verpflichtet sei, dem Kunden Sicherheitsupdates zur Verfügung zu stellen.[484] *Raue* zufolge übersieht die Gegenauffassung insbesondere, dass der Hersteller zu einer effektiven Beseitigung der Produktgefahren verpflichtet ist und eine Warnung dafür oftmals nicht geeignet sei, da sie nicht bei allen Nutzern ein ausreichendes Gefahrenbewusstsein erzeugt und zudem die Aufmerksamkeit von Hackern erregt, die zuvor noch keine Kenntnis von der Sicherheitslücke hatten.[485]

Ferner wird auf die Rechtsprechung des BGH abgestellt, wonach eine Warnung dann nicht ausreicht, wenn die Nutzer die Warnung voraussichtlich nicht befolgen werden und dadurch Dritte gefähr-

---

480 *Andrees*, Außervertr. Haftung IT-Sicherheit, S. 66 f.; *Böck/Theurer*, BB 2021, 520, 524; *Orthwein/Obst*, CR 2009, 1, 3; *Rockstroh/ Kunkel*, MMR 2017, 77, 80 f.; *Schrader/Engstler*, MMR 2018, 356, 360; *Spindler*, NJW 2004, 3145, 3148; *ders.*, BSI-Studie, Rn. 135, 139 ff.; *ders.*, CR 2016, 297, 309 f.

481 *Orthwein/Obst*, CR 2009, 1, 3; *Spindler*, NJW 2004, 3145, 3148; *ders.*, BSI-Studie, Rn. 139; *ders.*, in: Hornung/Schallbruch, § 11 Rn. 42; *Rockstroh/Kunkel*, MMR 2017, 77, 81.

482 *Andrees*, Außervertr. Haftung IT-Sicherheit, S. 66 f.; *Rockstroh/Kunkel*, MMR 2017, 77, 81; *Spindler*, NJW 2004, 3145, 3148; *ders.*, BSI-Studie, Rn. 139 f.; *Wiegand*, in: Kipker, Kap. 7 Rn. 4 *Wiegand*, in: Kipker, Kap. 7 Rn. 53; Vgl. *Schrader/Engstler*, MMR 2018, 356, 360 (zum Verwischen der Grenze zwischen Gewährleistungs- und Deliktsrecht).

483 *Orthwein/Obst*, CR 2009, 1, 3; *Spindler*, NJW 2004, 3145, 3148; *ders.*, BSI-Studie, Rn. 139, 141.

484 *Marly*, Praxishdb. Software-Recht, Rn. 1871; *Raue*, NJW 2017, 1841, 1844; *Riehm/Meier*, MMR 2020, 571, 574; *Taeger*, CR 1996, 257, 270.

485 *Raue*, NJW 2017, 1841, 1844.

den.[486] Gerade von weit verbreiteter Standardsoftware gehe eine große Streuwirkung aus, da Sicherheitslücken das Vertrauen in vernetzte Systeme untergraben und so das Allgemeininteresse an einem funktionsfähigen Internet beeinträchtigen würden.[487] Zudem sei den Softwareherstellern die Bereitstellung von Updates in der Regel auch wirtschaftlich zumutbar, da diese ohne Weiteres über das Internet verbreitet werden können und die Kosten für Serverkapazitäten nicht ins Gewicht fallen.[488] *Raue* zufolge dauert die Pflicht zur Bereitstellung von Updates so lange an, wie die Software noch in relevantem Maße genutzt wird.[489] Allerdings sei den Herstellern eine Updatepflicht dann nicht mehr zumutbar, wenn sie den Vertrieb der Software seit langer Zeit eingestellt haben, weshalb sie sich in der Regel auf Warnungen beschränken könnten.[490]

(b) Stellungnahme

Bei Standardsoftware besteht oftmals kein Vertragsverhältnis zwischen Hersteller und Kunde, weshalb die Lösung dieses Streits sowohl für Verbraucher als auch für Unternehmen bedeutsam ist, da die deliktische Haftung in diesen Fällen die einzige Möglichkeit darstellt, den Hersteller nach nicht erfolgtem Update in Anspruch zu nehmen. Dass auch im Zusammenhang mit Software nicht die strikte Trennung zwischen Kaufrecht und Deliktsrecht aufgeweicht werden darf, indem dem Kunden ein vollumfänglicher deliktischer Anspruch auf funktionsfähige Software verschafft wird, wird auch von den Befürwortern einer Update-Verpflichtung nicht bestritten. Denn die Gegenansicht verkennt, dass ein Sicherheitsupdate vielmehr dem Schutz des Integritätsinteresses als der Erfüllung des Äquivalenzinteresses dient. Anders als Updates, die Bedienfehler beheben, Änderungen der Darstellung vornehmen oder die Leistung optimieren, dient ein Sicherheitsupdate nicht in erster Linie der Ver-

[486] BGH, Urt. v. 16. 12. 2008 – VI ZR 170/07, BGHZ 179, 157 Rn. 11, 19 = NJW 2009, 1080, 1081 f.
[487] *Raue*, NJW 2017, 1841, 1844.
[488] *Raue*, NJW 2017, 1841, 1844.
[489] *Raue*, NJW 2017, 1841, 1844.
[490] *Raue*, NJW 2017, 1841, 1844.

besserung der Software und der vertragsgemäßen Verwendung des Programms. Zwar wird durch die Schließung von Sicherheitslücken auch die Verwendbarkeit der Software verbessert, im Vordergrund steht jedoch der Schutz der sonstigen Rechtsgüter und Interessen des Nutzers, wie beispielweise der Schutz der Daten oder der IT-Systeme.

Für das Bestehen einer Updatepflicht spricht zudem, dass sich Software maßgeblich von herkömmlichen Produkten unterscheidet. So erhält der Nutzer bei der Bereitstellung eines Sicherheitsupdates, anders als bei den klassischen Rückruffällen, nicht ein komplett neues Produkt, vielmehr wird sein bestehendes Produkt um eine Sicherheitslücke bereinigt, anderweitige Mängel der Software werden hingegen nicht automatisch mit ersetzt. Entscheidender aber ist der Unterschied, dass sowohl der Kunde als auch der Hersteller bei herkömmlichen Produkten, wie beispielsweise Matratzen oder Airbags, davon ausgehen kann, dass diese fehlerfrei sind. Ein Produktfehler stellt bei diesen herkömmlichen Produkten die Ausnahme dar. Software hingegen weist aufgrund ihrer Komplexität schon zum Zeitpunkt ihres Verkaufs diverse Sicherheitslücken auf. Der Käufer erwirbt somit nie ein komplett fehlerfreies Produkt. Anders als den Herstellern von herkömmlichen Produkten ist den Softwareherstellern daher bewusst, dass ihre Produkte zum Zeitpunkt des Verkaufs Sicherheitslücken aufweisen, die sie zum Zeitpunkt des Verkaufs noch nicht entdeckt haben. Es erscheint daher nicht angemessen, den Hersteller nur zu einer Warnung über sein Produkt zu verpflichten. Vielmehr ist es notwendig, dass die Hersteller die Sicherheitslücken ihrer Software durch Updates schließen.

Allerdings kann diese Verpflichtung nicht endlos andauern. Da die Schließung von Sicherheitslücken in der Programmierung zum Teil aufwendig sein kann, ist eine Update-Verpflichtung nur solange zumutbar, wie die Software noch von einer gewissen Anzahl von Nutzern verwendet wird.[491] Wo hier die Grenze liegt, wird jeweils im Einzelfall zu entscheiden sein. Ein Anhaltspunkt kann allerdings ein Vergleich zwischen der Anzahl der insgesamt verkauften Software

---

[491] Vgl. *Raue*, NJW 2017, 1841, 1844; vgl. zu vertraglichen Schutzpflichten S. 116.

und der Anzahl der noch aktiven Nutzer der Software bieten. So dürfte dem Hersteller eine Updatepflicht wirtschaftlich nicht zumutbar sein, wenn die Software, nach der Einstellung des Vertriebs, von weniger als zehn Prozent der ursprünglichen Softwareerwerber genutzt wird.

Eine Ausnahme von der Update-Verpflichtung muss zudem auch für Individualsoftware gelten. Zum einen besteht hier in der Regel ein direktes Vertragsverhältnis zwischen Hersteller und Nutzer, in welchem die Parteien oftmals individuell Haftungsfragen ausgehandelt haben. Der Nutzer von Individualsoftware ist daher nicht so schutzwürdig wie die Nutzer von Standardsoftware. Zum anderen verfügt der Hersteller in der Regel über die Kontaktdaten seines Kunden, weshalb er diesen zielgerichtet vor der Sicherheitslücke warnen kann.[492]

(c) Zwischenergebnis

Hersteller von Standardsoftware müssen somit aufgrund der ihnen obliegenden Produktbeobachtungspflicht Sicherheitslücken durch Updates schließen. Lediglich für alte und nicht mehr weitverbreitete Standardsoftware sowie für Individualsoftware reicht eine Warnung vor der Sicherheitslücke aus.

bb) Beweislastprobleme

Im Rahmen der Produkthaftung nach § 823 Abs. 1 BGB nehmen die Rechtsprechung und Literatur eine Beweislastumkehr vor und weichen von den allgemeinen Beweislastregeln ab, indem der Geschädigte nur nachweisen muss, dass die Rechtsgutsverletzung durch einen Produktfehler verursacht wurde und der Produzent den Be-

[492] *Raue*, NJW 2017, 1841, 1844.

weis erbringen muss, dass ihn kein Verschulden trifft.[493] Zudem hat der Produzent bei Konstruktions- und Fabrikationsfehlern die objektive Pflichtwidrigkeit nachzuweisen.[494] Diese zutreffende Beweislastverteilung beruht auf dem Gedanken, dass der Geschädigte keinen Einblick in den Organisationbereich des Produzenten hat und daher vor eheblichen Nachweisproblemen steht.[495] Aus diesem Grund greift hinsichtlich des objektiven Pflichtverstoßes auch keine Beweislastumkehr bei der Verletzung einer Produktbeobachtungspflicht ein, da hier nur allgemein zugängliche Informationen von Bedeutung sind.[496] Für die Beweislastverteilung zwischen Softwarehersteller und Nutzer bedeutet dies, dass der Hersteller nachweisen muss, dass es sich bei der Sicherheitslücke um einen Entwicklungsfehler handelt, der zum Zeitpunkt der Inverkehrgabe nicht erkennbar war. Der Nutzer muss wiederum nachweisen, dass der Hersteller seine Produktbeobachtungspflicht verletzt hat und daraufhin keine Updates zur Verfügung gestellt hat bzw. keine Warnung veröffentlicht hat. Zudem muss der Nutzer die Kausalität des Produktfehlers nachweisen, wobei dies nicht die Aufklärung der genauen technischen Ursache des Fehlers erfordert, sondern vielmehr der Nachweis ausreicht, dass das Produkt einen Sicherheitsmangel aufweist.[497] Aus diesem Grund muss der Nutzer nur nachweisen, dass der Schaden durch einen Fehler der Software verursacht wurde, wobei nicht notwendig ist, dass der Nutzer beweist, welche konkrete Sicherheitslücke den Schaden verursacht hat.[498]

In der Literatur wird vertreten, dass die Durchsetzung deliktischer Ansprüche gegen Softwarehersteller in der Regel daran scheitern wird, die Kausalkette mit einem vertretbaren Aufwand zu bewei-

---

[493] BGH, Urt. v. 26.11.1968 – VI ZR 212/66, BGHZ 51, 91, 102 ff. = NJW 1969, 269, 274 f.; Beschl. v. 24.04.1990 – VI ZR 358/89, NJW 1992, 41, 42; Urt. v. 02.02.1999 – VI ZR 392–97, NJW 1999, 1028, 1029; Förster, in: BeckOKBGB, § 823 Rn. 777; Hager, in: Staudinger, § 823 Rn. F 43; Wagner, in: MüKoBGB, § 823 Rn. 1014.

[494] BGH, Urt. v. 11.06.1996 – VI ZR 202/95, NJW 1996, 2507; *Hager*, in: Staudinger, § 823 Rn. F 43 f.

[495] BGH, Urt. v. 26.11.1968 – VI ZR 212/66, BGHZ 51, 91, 104 = NJW 1969, 269, 274; *Medicus/Lorenz*, SchuldR II, Rn. 341.

[496] *v. Westphalen*, NJW 1990, 83, 86; Vgl. BGH, Urt. v. 17.03.1981 – VI ZR 191/79, BGHZ 80, 186, 198 f. = NJW 1981, 1603, 1606 (bzgl. nachträglich aufgedecktem Instruktionsfehler).

[497] *Wagner*, in MüKoBGB, § 823 Rn. 1016.

[498] *Bartsch*, CR 2000, 721, 722.

sen.[499] Dies kann zwar zutreffen, wenn in dem IT-System eines Unternehmens diverse verschiedene Hard- und Softwarekomponenten zum Einsatz kommen.[500] Allerdings haben sich mittlerweile diverse Unternehmen (sog. IT-Forensiker) darauf spezialisiert, herauszufinden welchen Schaden die Angreifer verursacht haben, wie die Angreifer vorgegangen sind und welche Sicherheitslücke sie für ihren Angriff ausgenutzt haben. Hinzu kommt, dass oftmals sehr schnell klar ist, welche Sicherheitslücke für einen Cyber-Angriff verantwortlich ist, wie dies z.B. der Fall bei WannaCry war. Zudem lässt sich die Verletzung der Produktbeobachtungspflicht beispielsweise nachweisen, wenn Sicherheitsexperten öffentlich auf die Sicherheitslücke hingewiesen haben und der Softwarehersteller trotzdem kein Update veröffentlicht hat. Die Nachweisprobleme im Rahmen der Haftung von Softwareherstellern sind daher nicht so gravierend, wie von der Literatur teils dargestellt.

b) Haftung nach § 823 Abs. 2 i.V.m. § 3 ProdSG

Eine deliktische Haftung könnte sich auch aus § 823 Abs. 2 i.V.m. § 3 Abs. 1, 2 ProdSG ergeben. Zwar ist § 3 ProdSG als Schutzgesetz anerkannt,[501] allerdings fehlt es hier schon an einer praktischen Relevanz dieser Anspruchsgrundlage. Denn zum einen umfasst der Schutzbereich des ProdSG nur Personenschäden,[502] weshalb eine Anwendbarkeit beim weit überwiegenden Teil der Cyber-Schäden ausscheidet. Zum anderen sind die Pflichten des ProdSG derart allgemein formuliert, dass kein Unterschied zum Haftungsmaßstab des § 823 Abs. 1 BGB besteht.[503] Daher soll auf eine Untersuchung der von *Wiebe* aufgeworfenen Frage, inwieweit aus dem ProdSG

---

[499] *Mehrbrey/Schreibauer*, MMR 2016, 75, 78; *Raue*, NJW 2017, 1841, 1845; vgl. *Spindler*, in: Hornung/Schallbruch, § 11 Rn. 58.

[500] So *Mehrbrey/Schreibauer*, MMR 2016, 75, 78.

[501] Foerste, in: Foerste/v. Westphalen, § 32 Rn. 19; Wagner, in: MüKoBGB, § 823 Rn. 1028.

[502] Wagner, in: MüKoBGB, § 823 Rn. 1028.

[503] *Wagner*, in: MüKoBGB, § 823 Rn. 1029.

eine Pflicht zur Bereitstellung sicherheitsrelevanter Software-Updates folgt, verzichtet werden.[504]

c) Haftung nach § 1 Abs. 1 ProdHaftG

Des Weiteren können Softwarehersteller nach einem Cyber-Angriff einem Anspruch gem. § 1 Abs. 1 ProdHaftG ausgesetzt sein. Allerdings umfasst § 1 Abs. 1 ProdHaftG nur Schäden an privat genutzten Sachen. Zudem folgt aus § 1 Abs. 2 Nr. 2, Nr. 5 und § 3 ProdHaftG, dass die Verletzung einer Produktbeobachtungspflicht keine Haftung nach dem ProdHaftG begründet, da es für die Feststellung des Fehlers nur auf den Zeitpunkt des In-Verkehr-Bringens ankommt.[505] Da Cyber-Angriffe aber häufig im Unternehmensbereich Schäden verursachen und im Rahmen der Haftung von Softwareherstellern insbesondere die Verletzung von Produktbeobachtungspflichten maßgeblich ist, spielt die Haftung nach dem ProdHaftG nur eine untergeordnete Rolle.[506] Aus diesem Grund wird auf weitere Ausführungen zu einer Haftung nach dem ProdHaftG und zu der Frage, inwieweit es sich bei Software um ein Produkt i.S.v. § 2 ProdhaftG handelt,[507] verzichtet.

3. Lauterkeitsrechtliche Haftung

Raue untersucht, da er die deliktische Haftung von Softwareherstellern aufgrund von zu großen Durchsetzungsdefiziten für nicht ausreichend hält, die lauterkeitsrechtliche Haftung von Softwareherstellern.[508] Dabei kommt er zu dem Ergebnis, dass die Softwareherstel-

---

504 *Wiebe*, NJW 2019, 625.

505 *Katzenmeier*, in: Dauner-Lieb/Langen, § 3 ProdHaftG Rn. 17; *Oechsler*, in: Staudinger, § 3 ProdHaftG Rn. 112 f.

506 *Raue*, NJW 2017, 1841, 1843; *Spindler*, NJW 2004, 3145, 3149; Vgl. *Mehrbrey/Schreibauer*, MMR 2016, 75, 78.

507 Siehe dazu: *Oechsler*, in: Staudinger, § 2 ProdHaftG Rn. 64 ff.; *Wagner*, in: MüKoBGB, § 2 ProdHaftG Rn. 21 ff.

508 *Raue*, NJW 2017, 1841, 1845.

ler lauterkeitsrechtliche Verkehrspflichten treffen.[509] Problematisch an der lauterkeitsrechtlichen Haftung erscheint allerdings bereits, dass nach dem UWG nur Mitbewerber, Industrie- und Handelskammern, Verbraucherschutzvereine sowie Verbände anspruchsberechtigt sind, individuell betroffene Nutzer aber von vorherein keine Möglichkeit haben, Ansprüche nach dem UWG geltend zu machen. Hinzu kommt, dass Verbände und Verbraucherschutzvereine nur einen Unterlassungs- und Beseitigungsanspruch gegen den Softwarehersteller geltend machen können, der darauf gerichtet ist, die Sicherheitslücke durch ein Update zu schließen. Ein Schadensersatzanspruch gem. § 9 UWG kann hingegen nur von geschädigten Mitbewerbern geltend gemacht werden. Hat ein Softwarenutzer nach einem Cyber-Angriff durch eine Sicherheitslücke der Software einen Schaden erlitten, stehen ihm somit keine lauterkeitsrechtlichen Schadensersatzansprüche gegen den Softwarehersteller zu.

4. Ergebnis

Hat eine Sicherheitslücke in Software einen Cyber-Angriff ermöglicht, können Softwarehersteller grundsätzlich umfangreich in Anspruch genommen werden. Im Rahmen des Mängelgewährleistungsrechts haftet der Hersteller unabhängig davon, ob die Sicherheitslücke zum Zeitpunkt der Inverkehrgabe bereits bekannt war. Allerdings kann sich der Hersteller exkulpieren, indem er nachweist, dass er die Software umfangreich auf Sicherheitslücken überprüft hat. Ähnlich verhält es sich bei der deliktischen Haftung nach § 823 Abs. 1 BGB. Diese scheidet aus, wenn die Sicherheitslücke zum Zeitpunkt des Verkaufs der Software nach dem damaligen Stand der Wissenschaft und Technik nicht erkennbar war. Ist die Sicherheitslücke dem Softwarehersteller später bekannt geworden und hat er diese dennoch nicht durch ein Softwareupdate geschlossen, kommen insbesondere eine vertragliche Haftung gem. §§ 280 Abs. 1, 241 Abs. 2 BGB und eine deliktische Haftung aus § 823

[509] *Raue*, NJW 2017, 1841, 1845.

Abs. 1 BGB in Betracht. Eine solche Haftung kann jedoch bei alter oder nicht mehr weit verbreiteter Software ausscheiden.

III. Haftung von IT-Dienstleistern

Neben Softwareherstellern können auch IT-Dienstleister von dem Opfer des Cyber-Angriffs in Anspruch genommen werden. Die von diesen Unternehmen angebotenen Dienstleistungen sind vielfältig und können sich stark voneinander unterscheiden. So gibt es Dienstleister, welche die Netzwerkplanung, -installation, -integration und -pflege anbieten. Des Weiteren wird zum Teil die IT-Schulung von Mitarbeitern übernommen. Von praktisch größter Bedeutung bezüglich der Haftung für Cyber-Schäden dürfte in Zukunft die Inanspruchnahme von Cloud-Dienstleistern sein, da davon auszugehen ist, dass die Auslagerung von Speicherkapazitäten an Drittunternehmen deutlich zunehmen wird. Eine Haftung von Cloud-Dienstleistern kommt insbesondere in Betracht, wenn ein Cyber-Angriff dazu geführt hat, dass diverse Kundendaten gestohlen oder gelöscht wurden.[510]

Für die vertragliche Haftung von IT-Dienstleistern gelten zum Großteil die obigen Ausführungen zur Haftung von Softwareherstellern. Die Verletzung einer Hauptleistungspflicht liegt vor, wenn die Pflicht zur Gewährleistung von IT-Sicherheit ein ausdrücklicher Vertragsbestandteil geworden ist. Häufiger wird sich jedoch eine Inanspruchnahme aus § 280 Abs. 1 BGB i.V.m. § 241 Abs. 2 BGB begründen lassen. Insbesondere für Cloud-Dienstleister wird sich eine Pflicht zum Schutz der verwahrten Kundendaten annehmen lassen, da bei diesen die Sicherheit und Vertraulichkeit der verwahrten Daten im Vordergrund des Vertrages steht.[511] Aus diesem Grund sind auch Haftungsausschlüsse für fahrlässige Datenverluste als unwirksam anzusehen.[512] Bezüglich der Haftungsbegrenzung nach Art und

---

[510] Vgl. *Borges*, in: Rechtshdb. Cloud-Computing, § 12 Rn. 2 f.

[511] Vgl. zur Wirksamkeit von Haftungsausschlüssen: *Boehm*, ZEuP 2016, 358, 374; *Wicker*, MMR 2014, 787, 788.

[512] *Boehm*, ZEuP 2016, 358, 374; *Wicker*, MMR 2014, 787, 788.

Höhe des Schadens gelten die obigen Ausführungen zur Haftung von Softwareherstellern.[513]

Da der Kunde den IT-Dienstleister in der Regel selbst beauftragt hat, wird in den meisten Fällen zwischen den beiden Parteien ein Vertrag vorliegen. Anders als bei der Inanspruchnahme von Softwareherstellern kommt der deliktischen Haftung von IT-Dienstleistern daher eine geringere Bedeutung zu. Sollte eine vertragliche Inanspruchnahme jedoch nicht in Frage kommen, wird bei der deliktischen Haftung von IT-Dienstleistern ebenfalls die Frage im Vordergrund stehen, inwieweit der Dienstleister eine Verkehrssicherungspflicht verletzt hat.

Im Rahmen der spezialgesetzlichen Haftung von IT-Dienstleistern kann in Zukunft eine Haftung nach Art. 82 Abs. 1 DSGVO von Bedeutung werden, da neben dem Verantwortlichen auch der Auftragsverarbeiter für Verstöße gegen die DSGVO haftet.

IV. Haftung von Geschäftsleitern für ungenügende IT-Sicherheit

Hat ein Unternehmen einen Schaden durch einen Cyber-Angriff erlitten, kommen neben Anspruchsgegnern außerhalb des Unternehmens auch Ansprüche gegen Personen in Betracht, die Teil der Unternehmensorganisation sind bzw. waren. In Frage kommen hier insbesondere Ansprüche gegen Vorstände und Geschäftsführer, da diese der Gesellschaft gem. § 93 Abs. 2 S. 1 AktG bzw. § 43 Abs. 2 GmbHG im Falle einer Pflichtverletzung zum Ersatz des daraus entstandenen Schadens verpflichtet sind. Die Inanspruchnahme von Organmitgliedern hat seit den 2000er Jahren rapide zugenommen. Im Fokus standen dabei insbesondere Ansprüche wegen Compliance-Verstößen und Kartellverfahren. In der Literatur wird jedoch auch zunehmend diskutiert, welche Pflichten Geschäftsleiter im Hinblick auf IT-Sicherheit und Datenschutz zu erfüllen haben und inwieweit sie bei der Verletzung dieser Pflichten in Anspruch ge-

---

[513] Siehe S. 121 ff. und S. 123 f.

nommen werden können.[514] Diesen Fragen soll nachfolgend ebenfalls nachgegangen werden, allerdings mit der Einschränkung, dass nur untersucht wird, wie ein Geschäftsleiter im Nachhinein für einen Cyber-Schaden in Anspruch genommen werden kann. Auf die Darstellung datenschutzrechtlicher Pflichten, die für eine solche Inanspruchnahme nicht von Bedeutung sind, wie z.B. der Einbindung des Datenschutzbeauftragen in datenschutzrechtliche Fragestellungen oder die Pflicht zur Implementierung von Berichtigungs-, Lösch- und Sperrprozessen, soll hingegen verzichtet werden.[515] Zudem wird bei der nachfolgenden Untersuchung die Haftung des Vorstands nach § 93 Abs. 2 S. 1 AktG im Vordergrund stehen, da die Haftung des Geschäftsführers im Wesentlichen mit der Haftung von Vorständen übereinstimmt.[516]

1. Pflichtverletzung

Für einen Anspruch des geschädigten Unternehmens gegen ein Vorstandsmitglied muss eine Pflichtverletzung des Vorstands vorliegen. Die Pflichten eines Organmitglieds können sich aus Gesetzen, Satzungen, Geschäftsordnungen oder dem Anstellungsvertrag ergeben.[517] Die beiden wichtigsten Pflichten sind die Sorgfaltspflicht und die Treuepflicht der Vorstandsmitglieder.[518] Für die Haftung für Cyber-Schäden ist in erster Linie die Sorgfaltspflicht von Bedeutung. Diese folgt aus § 93 Abs. 1 S. 1 AktG, wonach die Vorstandsmitglieder bei ihrer Geschäftsführung die Sorgfalt eines ordentlichen und gewissenhaften Geschäftsleiters anzuwenden haben. Die Sorgfaltspflicht unterteilt sich in die Legalitätspflicht, die Sorgfaltspflicht

[514] *Behling*, ZIP 2017, 697, 698 ff.; *Beucher/Utzerath*, MMR 2013, 362, 366 f.; *Daghles*, DB 2018, 2289 ff.; *Fortmann*, r+s 2019, 688, 691 ff.; *Gercke/Laschet/Schweinsberg*, PHi 2014, 76, 78 f.; *König*, AG 2017, 262, 268 ff.; *Korch/Chatard*, AG 2019, 551, 554 ff.; *Löschhorn/Fuhrmann*, NZG 2019, 161, 166 ff.; *Mehrbrey/Schreibauer*, MMR 2016, 75, 79 f.; *Noack*, ZHR 183 (2019), 105, 124 ff.; *Nolte/Becker*, BB Beilage 2008 Nr. 005, 23, 26 f.; *Spindler*, CR 2017, 715, 716 ff.; *Voigt*, IT-Sicherheitsrecht, Rn. 32 ff., 198 ff.; *von Holleben/Menz*, CR 2010, 63 ff.

[515] Siehe dazu *Behling*, ZIP 2017, 697, 700 ff.; *Wybitul*, CCZ 2016, 194, 195 ff.

[516] So auch *Spindler*, CR 2017, 715.

[517] *J. Koch*, in: Hüffer/Koch, § 93 Rn. 40; *Spindler*, in: MüKoAktG, § 93 Rn. 166.

[518] *Fleischer*, in: Spindler/Stilz, § 93 Rn. 200; *Spindler*, in: MüKoAktG, § 93 Rn. 167.

im engeren Sinne sowie die Überwachungspflicht.[519] Nachfolgend sollen diese Pflichten zunächst jeweils dargestellt werden, um sodann zu untersuchen, welche Pflichten sich daraus konkret im Zusammenhang mit der Gewährleistung von IT-Sicherheit ergeben.

a) Verletzung der Legalitätspflicht

Die Legalitätspflicht verpflichtet den Vorstand dazu, bei seiner Amtsführung die einschlägigen Rechtsvorschriften einzuhalten. Dabei hat der Vorstand im Innenverhältnis die Pflichten und Vorgaben des AktG, der Satzung und der Geschäftsordnung zu erfüllen und muss im Außenverhältnis zudem die rechtlichen Pflichten und Vorgaben der Rechtsordnung einhalten.[520] Nach der weit überwiegenden und zutreffenden Auffassung in Rechtsprechung und Literatur führt eine Verletzung im Außenverhältnis auch zu einer Pflichtverletzung im Innenverhältnis.[521] Die Vorstände haben somit sämtliche Gesetze und Verordnungen einzuhalten. Ein Organhaftungsanspruch nach § 93 Abs. 1 S. 1 AktG kommt nach einem Cyber-Angriff daher in Betracht, wenn der Vorstand gegen Vorschriften mit IT-Sicherheitsbezug verstoßen hat. Um einer Haftung zu entgehen, muss sich der Vorstand deshalb in einem ersten Schritt über die auf sein Unternehmen anwendbaren Vorschriften des IT-Sicherheitsrechts informieren.[522] Wie oben dargestellt,[523] handelt es sich bei dem IT-Sicherheitsrecht um ein sehr heterogenes Rechtsgebiet, das aus einer Vielzahl von Gesetzen besteht.[524] Diese Normen statuieren in erster Linie organisatorische und technische Pflichten zu der Gewährleistung von IT-Sicherheit, weshalb auf diese Vorschriften im Rahmen der Organisations- und Überwachungspflichten ausführlich eingegangen werden soll.

---

[519] *Fleischer*, in: Spindler/Stilz, § 93 Rn. 200.

[520] *Spindler*, in: MüKoAktG, § 93 Rn. 86 f.

[521] BGH, Urt. v. 27.08.2010 – 2 StR 111/09, BGHSt 55, 266 Rn. 29 = NZG 2010, 1190, 1192; Beschl. v. 13.09.2010 – 1 StR 220/09, BGHSt 55, 288 Rn. 37 = NJW 2011, 88, 92; *Fleischer*, in: Spindler/Stilz, § 93 Rn. 24; Vgl. *Mertens/Cahn*, in: KölnerKommentarAktG, § 93 Rn. 71.

[522] *Daghles*, DB 2018, 2289, 2290; *Kiefner/Happ*, BB 2020, 2051, 2052.

[523] Siehe S. 83.

[524] *Daghles*, DB 2018, 2289, 2292; *Voigt*, IT-Sicherheitsrecht, Rn. 23.

b) Sorgfaltspflicht im engeren Sinne

Da sich die Legalitätspflicht in erster Linie auf das Datenschutzrecht sowie auf branchen- und sektorspezifische Regelungen beschränkt,[525] hat die sog. Sorgfaltspflicht im engeren Sinne eine größere praktische Bedeutung im Rahmen der Haftung für Cyber-Schäden. Darunter wird die Pflicht der Organmitglieder verstanden, die Unternehmensleitung im Sinne des vorgegebenen Pflichtenrahmens wahrzunehmen und das Amt mit der erforderlichen Sorgfalt zu führen.[526] Hieraus lässt sich eine Vielzahl einzelner nicht abschließend aufzählbarer Pflichten ableiten.[527] Ein einheitlicher Sorgfaltsmaßstab existiert nicht, vielmehr hängt dieser von unterschiedlichen Faktoren ab, wie die Art und Größe des Unternehmens, die wirtschaftliche Lage, das konjunkturelle Umfeld sowie die Bedeutung einer Maßnahme für das Unternehmen.[528] Im Zusammenhang mit IT-Sachverhalten wird hier insbesondere zu berücksichtigen sein, in welchem Umfang das Unternehmen auf die IT angewiesen ist und inwieweit das Unternehmen in einem IT-nahen Geschäftsbereich tätig ist. So werden an eine Bank, die ihren Kunden eine Onlinebanking-Funktion bietet, andere Anforderungen zu stellen sein als an ein Industrie- oder Versorgungsunternehmen.[529]

Anders als die Legalitäts- und Organisationspflichten ist die Sorgfaltspflicht nicht primär für Präventions-, sondern für Abwehrmaßnahmen unmittelbar nach einem Cyber-Angriff von Bedeutung. So wird der Vorstand auf einen Cyber-Angriff reagieren und notwendige Gegenmaßnahmen ergreifen müssen.[530] Eine Haftung kommt z.B. in Frage, wenn der Vorstand nicht die Umsetzung eines internen Cyber-Response-Plans veranlasst und keine Maßnahmen zur Schadensbegrenzung getroffen hat.[531] Ein Anspruch kommt auch in

---

[525] Vgl. *Voigt*, IT-Sicherheitsrecht, Rn. 25 (zur Unterscheidung des IT-Sicherheitsrechts in mittelbare und unmittelbare Anforderungen).

[526] *Klimke*, in: Seitz/Finkel/Klimke, Einf. Rn. 166.

[527] *Fleischer*, in: Spindler/Stilz, § 93 Rn. 41.

[528] *Fleischer*, in: Spindler/Stilz, § 93 Rn. 41; *Hopt/Roth*, in: GrossKommAktG, § 93 Rn. 85.

[529] Vgl. *Spindler*, CR 2017, 715, 716.

[530] *Habbe/Gergen*, CCZ 2020, 281, 284; *Korch/Chatard*, AG 2019, 551, 555; *Voigt*, IT-Sicherheitsrecht, Rn. 51.

[531] Vgl. *Kiefner*, in: Gabel/Heinrich/Kiefner, Kap. 2 Rn. 71, 110.

Betracht, wenn sich im Nachhinein herausstellt, dass die Rettung von gelöschten oder verschlüsselten Daten noch möglich gewesen wäre, der Vorstand es aber unterlassen hat eine Datensicherung zu veranlassen. Zu beachten ist allerdings, dass die Frage, welche konkreten Gegenmaßnahmen ergriffen werden, im Ermessen des Vorstands liegt.[532] Im vorgenannten Beispiel kommt daher ein Anspruch in Frage, wenn gar keine Gegenmaßnahmen zur Schadensminderung ergriffen wurden. Hat der Vorstand aber die interne IT-Abteilung statt eines externen IT-Forensikers mit der Datenrettung beauftragt, dürfte ein Anspruch hingegen ausscheiden. Etwas anderes gilt jedoch dann, wenn die IT-Abteilung aufgrund ihrer Größe oder Fähigkeiten zur Datenrettung offensichtlich nicht in der Lage war.

c) Organisations- und Überwachungspflichten

Auch wenn der Vorstand somit nach einem Cyber-Angriff bestimmte Maßnahmen veranlassen muss, so stellt sich die Frage, welche Pflichten den Vorstand vor Eintritt des Angriffs treffen, um Cyber-Schäden zu verhindern. Maßgeblich hierfür sind die Organisations- und Überwachungspflichten. Hierbei ist zwischen horizontalen und vertikalen Pflichten zu unterscheiden, das heißt zwischen der vorstandsinternen Überwachungs- und Organisationspflicht und der Überwachung und Organisation der nachgeordneten Unternehmensebenen.[533] Am relevantesten für eine Haftung für Cyber-Schäden sind die sog. IT-Risikomanagementpflichten,[534] d.h. die vertikalen Pflichten des IT-Vorstands bezüglich der Vermeidung von Cyber-Schäden durch die Überwachung und Organisation der nachgeordneten Unternehmensebenen. In engem Zusammenhang mit diesen vertikalen Pflichten steht die Pflicht zur Früherkennung von bestandsgefährdenden Entwicklungen nach § 91 Abs. 2

[532] *Voigt*, IT-Sicherheitsrecht, Rn. 51.
[533] *Bürgers*, in: Bürgers/Körber, § 93 Rn. 5; *Fleischer*, in: Spindler/Stilz, § 93 Rn. 95 f.; *Spindler*, in: MüKoAktG, § 93 Rn. 114.
[534] Siehe zu dem Begriff: *Von Holleben/Menz*, CR 2010, 63.

AktG,[535] da Maßnahmen wie die Festlegung von Meldepflichten innerhalb des Unternehmens der rechtzeitigen Erkennung des Cyber-Angriffs und des möglichen Schadens dienen. Ebenfalls von Bedeutung im Rahmen der Überwachungs- und Organisationspflichten ist zudem die sog. Compliance-Pflicht.[536] Compliance meint die Einhaltung von Gesetzen und Regeln, denen Unternehmen unterliegen.[537] Unter der Compliance-Pflicht wird daher die Pflicht des Vorstands verstanden, Verstöße von Unternehmensangehörigen gegen Gesetze und unternehmensinterne Richtlinien schon im Vorfeld durch geeignete und zumutbare organisatorische Maßnahmen zu verhindern.[538] In der Literatur wird im Zusammenhang mit IT-Sicherheit oftmals der Begriff „IT-Compliance" verwendet.[539] Von Bedeutung sind hier insbesondere Maßnahmen, welche interne Cyber-Angriffe sowie Verstöße gegen die DSGVO oder interne Richtlinien vermeiden sollen.

aa) Allgemeine IT-Risikomanagementpflichten

Für die Frage, ob der Vorstand seine IT-Risikomanagementpflichten erfüllt hat, ist entscheidend, ob der Vorstand geeignete Maßnahmen i.S.v. § 91 Abs. 2 AktG getroffen hat, damit Entwicklungen, welche den Fortbestand der Gesellschaft gefährden, früh erkannt werden. Eine bestandsgefährdende Entwicklung liegt vor, wenn sich nachteilige Veränderungen auf die Vermögens-, Finanz- und Ertragslage der Gesellschaft wesentlich auswirken können.[540] Cyber-Angriffe wie „Wanna-Cry" und „Petya" haben gezeigt, dass Cyber-Attacken zu einem immensen wirtschaftlichen Schaden des angegriffenen

---

535 *Spindler*, in: MüKoAktG, § 93 Rn. 114.

536 *Fleischer*, in: Spindler/Stilz, § 93 Rn. 112, § 91 Rn. 47; *J. Koch*, in: Hüffer/Koch, § 93 Rn. 6c; *Spindler*, in: MüKoAktG, § 93 Rn. 114.

537 *J. Koch*, in: Hüffer/Koch, § 76 Rn. 11.

538 *Fleischer*, in: Spindler/Stilz, § 93 Rn. 112; *J. Koch*, in: Hüffer/Koch, § 93 Rn. 6c; *Klimke*, in: Seitz/Finkel/Klimke, Einf. Rn. 215; *Mertens/Cahn*, in: Kölner KommentarAktG, § 91 Rn. 34.

539 *Beucher/Utzerath*, MMR 2013, 362, 366; *Nolte/Becker*, BB Beilage 2008, Nr 005, 23; *Voigt*, IT-Sicherheitsrecht, Rn. 32; Vgl. *Behling*, ZIP 2017, 697 („datenschutzrechtliche Compliance-Verantwortung"); *Daghles*, DB 2018, 2289 („Cybersecurity-Compliance"); *Wybitul*, CCZ 2016, 194.

540 *Bürgers*, in: Bürgers/Körber, § 91 Rn. 9; *Fleischer*, in: Spindler/Stilz, § 91 Rn. 32; *J. Koch*, in: Hüffer/Koch, § 91 Rn. 6.

Unternehmens führen können. Cyber-Angriffe sind daher oftmals als bestandsgefährdende Entwicklungen zu qualifizieren.[541] Es stellt sich daher die Frage, welche Maßnahmen der Vorstand zu ergreifen hat. Nach § 91 Abs. 2 AktG hat der Vorstand insbesondere ein Überwachungssystem einzurichten. In der Literatur ist die Reichweite und der Umfang dieses Überwachungssystems umstritten. Zum Teil wird vertreten, dass sich aus § 91 Abs. 2 AktG die Pflicht zur Einrichtung eines umfangreichen betriebswirtschaftlichem Risikomanagementsystems ergibt.[542] Die ganz h.M. ist hingegen der Ansicht, dass nur die Einrichtung eines Früherkennungs- und Überwachungssystems notwendig ist.[543] Dieser Meinung ist zuzustimmen, da zwischen betriebswirtschaftlich erstrebenswerten und rechtlich notwendigen Maßnahmen nicht immer Übereinstimmung herrscht und sich diese Ansicht auch aus dem Willen des Reformgesetzgebers ergibt.[544] Zu beachten ist jedoch, dass Normungen zu betriebswirtschaftlichen Risikomanagement-Systemen zumindest als Auslegungshilfe für die Erfüllung der Organisationspflicht herangezogen werden.[545] Im IT-Bereich ist hier die Norm ISO 27001 von Bedeutung, welche Anforderungen an die Planung und Umsetzung an Informationssicherheits-Managementsysteme statuiert.[546]

Bei der Frage, welche Maßnahmen zur Früherkennung zu ergreifen sind, sind unter anderem die Lage und Größe des Unternehmens, das Risikopotential des jeweiligen Marktumfelds sowie die Art des Kapitalmarktzugangs zu berücksichtigen.[547] Im Zusammenhang mit IT-Sicherheit wird insbesondere zu beachten sein, in welchem Maße das Unternehmen auf eine funktionsfähige IT angewiesen ist, wie hoch das Cyber-Risiko einzuschätzen ist, inwieweit das Unternehmen personenbezogene Daten speichert und in welchem Maße

---

541 Vgl. *Habben/Gergen*, CCZ 2020, 281, 282; *Voigt*, IT-Sicherheitsrecht, Rn. 42.

542 *Berg*, AG 2007, 271; *Preußner/Becker*, NZG 2002, 846, 848.

543 *Bürgers*, in: Bürgers/Körber, § 91 Rn. 11 f.; *Fleischer*, in: Spindler/Stilz, § 91 Rn. 34; *J. Koch*, in: Hüffer/Koch, § 91 Rn. 9; *Kort*, in: GrossKommAktG, § 91 Rn. 55; *Mertens/Cahn*, in: KölnerKommentarAktG, § 91 Rn. 20.

544 *Fleischer*, in: Spindler/Stilz, § 91 Rn. 34.

545 *von Holleben/Menz*, CR 2010, 63, 65.

546 Vgl. https://www.tuev-sued.de/management-systeme/it-dienstleistungen/iso-27001 (zuletzt aufgerufen am: 30.06.2021).

547 *Bürgers*, in: Bürgers/Körber, § 91 Rn. 10; *Fleischer*, in: Spindler/Stilz, § 91 Rn. 33; *Spindler*, in: MüKoAktG, § 91 Rn. 28.

der Schutz von Geschäftsgeheimnissen von Bedeutung ist.[548] Der Vorstand muss sich somit zunächst eine angemessene Informationsgrundlage verschaffen, in welcher unter anderem die im Unternehmen eingesetzte IT sowie die technischen und organisatorischen Strukturen enthalten sind.[549] Daraufhin müssen die relevanten IT-Risiken identifiziert und bewertet werden, um sodann die Durchführung der notwendigen technischen und organisatorischen Maßnahmen zu veranlassen.[550] Welche konkreten Pflichten zur frühzeitigen Erkennung und Vermeidung von Cyber-Angriffen notwendig sind, lässt sich jedoch nur im Einzelfall feststellen.[551] Mögliche Maßnahmen können die Einrichtung eines Notfallplans, die Festlegung von Meldepflichten, die Durchführung von sog. Stresstests sowie die Einführung von unternehmensinternen Policies sein.[552] Die bloße Einführung dieser Maßnahmen reicht jedoch nicht aus, vielmehr muss der Vorstand die Gefährdungslage sowie die Eignung der jeweiligen Maßnahmen regelmäßig überprüfen.[553] Da sich die Bedrohungslage, die von Cyber-Risiken ausgeht, häufig ändert, sollte diese Überprüfung mindestens ein Mal im Jahr stattfinden.[554]

Auch wenn die Notwendigkeit der durchzuführenden Maßnahmen von den Besonderheiten des Unternehmens abhängt, so wird sich eine Pflichtverletzung des Vorstands regelmäßig dann annehmen lassen, wenn das Unternehmen nicht über die elementarsten IT-Sicherheitsmaßnahmen verfügt.[555] Ein Verstoß gegen die Organisa-

---

[548] Vgl. *Fortmann*, r+s 2019, 688, 692; *Gercke/Laschet/Schweinsberg*, PHi 2014, 76, 78; *Habbe/Gergen*, CCZ 2020, 281, 283; *Kiefner*, in: Gabel/Heinrich/Kiefner, Kap. 2 Rn. 21, 24; *Koch/Chatard*, AG 2019, 551, 555; *Löschhorn/Fuhrmann*, NZG 2019, 161, 167; *Voigt*, IT-Sicherheitsrecht, Rn. 56.

[549] *Habbe/Gergen*, CCZ 2020, 281, 283; *Kiefner/Happ*, BB 2020, 2051, 2052; *Schmidt-Versteyl*, NJW 2019, 1637, 1641; *Voigt*, IT-Sicherheitsrecht, Rn. 60; *von dem Bussche*, in: Kipker, Kap. 4 Rn. 48; *von dem Bussche/*Schelinski, in: Leupold/Wiebe/Glossner, Teil 7.1 Rn. 100; von *Holleben/Menz*, CR 2010, 63, 66.

[550] *Daghles*, DB 2018, 2289, 2294; *Fortmann*, r+s 2019, 688, 692; *Gercke/Laschet/Schweinsberg*, PHi 2014, 76, 79; *Mehrbrey/Schreibauer*, MMR 2016, 75, 80; *Steger*, CR 2007, 137, 138; *von Holleben/Menz*, CR 2010, 63, 66.

[551] *Conrad*, in: Auer-Reinsdorff/Conrad, § 33 Rn. 50.

[552] *Daghles*, DB 2018, 2289, 2294; *Kiefner/Happ*, BB 2020, 2051, 2055.

[553] *Fortmann*, r+s 2019, 688, 692; *Kiefner*, in: Gabel/Heinrich/Kiefner, Kap. 2 Rn. 33; *Mehrbrey/Schreibauer*, MMR 2016, 75, 80; *Schmidt-Versteyl*, NJW 2019, 1637, 1641.

[554] *Fortmann*, r+s 2019, 688, 692.

[555] *Mehrbrey/Schreibauer*, MMR 2016, 75, 80.

tions- und Überwachungspflicht wird beispielsweise vorliegen, wenn keine Firewall eingerichtet wurde, die Mitarbeiter über keine individuellen Zugriffsrechte verfügen oder Unternehmensdaten nicht regelmäßig gesichert wurden.[556]

Die jeweils zu treffenden Maßnahmen muss der Vorstand nicht selbst durchführen, sondern kann sie an die ihm unterstehenden nachgeordneten Unternehmensebenen delegieren.[557] Diese Übertragung unternehmerischer Aufgaben entbindet den Vorstand allerdings nicht von seiner Gesamtverantwortung. Vielmehr obliegt ihm eine Auswahl- und Überwachungspflicht, d.h., er muss die mit der Aufgabe zu betrauende Person sorgfältig nach Qualifikation und persönlicher Eignung auswählen und muss diese bei der Ausführung der Aufgaben regelmäßig sowie anlassbezogen kontrollieren und bei fehlerhafter Ausführung korrigieren.[558] Bezogen auf die Aufgabendelegation zur Gewährleistung von IT-Sicherheit bedeutet dies, dass der Vorstand Aufgaben wie die Ausarbeitung eines Notfallplans an ihm unterstehende Mitarbeiter abgeben kann. Dabei muss er darauf achten, dass die Aufgabe an Personen delegiert wird, die über entsprechende Kompetenzen und Qualifikation im Bereich der IT-Sicherheit verfügen.[559] Bei einer Delegierung kann es sich gerade bei größeren Unternehmen anbieten, bestimmte mit der IT-Sicherheit beauftragte Positionen zu schaffen, wie beispielweise die Ernennung eines Chief Information Security Officers (CISO).[560] Die Schaffung solcher Zuständigkeiten liegt jedoch ebenfalls im Ermessen des Vorstands. Eine Haftung kommt daher nicht zwingend in Betracht, wenn der Vorstand keinen CISO ernannt hat. Andererseits wird eine Pflichtverletzung in der Regel vorliegen, wenn der Vorstand das Thema IT-Sicherheit bei den ihm unterstehenden Unternehmensebenen überhaupt nicht adressiert hat.

---

556 Vgl. *Voigt*, IT-Sicherheitsrecht, Rn. 200 (Beispielsfall zur Datensicherungsroutine).

557 *Hopt/Roth*, in: GrossKommAktG, § 93 Rn. 160.

558 *Bürgers*, in: Brügers/Körber, § 93 Rn. 5; *Daghles*, DB 2018, 2289, 2291; *Hopt/Roth*, in: GrossKommAktG, § 93 Rn. 162; Vgl. BGH, Urt. v. 07.11.1994 – II ZR 270/93, BGHZ 127, 336, 347 = NJW 1995, 326, 329 (zur GmbH).

559 *Koch/Chatard*, AG 2019, 551, 557; *Voigt*, IT-Sicherheitsrecht, Rn. 214.

560 *Daghles*, DB 2018, 2289, 2291; *Kiefner*, in: Gabel/Heinrich/Kiefner, Kap. 2 Rn. 61

bb) Spezialgesetzliche IT-Risikomanagementpflichten

Die Pflicht organisatorische Maßnahmen zur Gewährleistung von IT-Sicherheit im Unternehmen zu treffen, ergibt sich zum Teil auch aus gesetzlichen Vorschriften. Von Bedeutung sind hier unter anderem die §§ 109 Abs. 1, 2 TKG, 25a KWG, 8a Abs. 1 BSIG sowie Art. 32 DSGVO.[561] Diese Vorschriften verpflichten die jeweiligen Adressaten, bestimmte technische und organisatorische Maßnahmen zur Gewährleistung von IT-Sicherheit zu treffen. Der Vorstand hat daher dafür Sorge zu tragen, dass diese Vorgaben eingehalten werden. Von praktisch größter Bedeutung dürfte in Zukunft die Umsetzung von Art. 32 DSGVO sein, da nahezu alle Unternehmen personenbezogene Daten verarbeiten. Der Vorstand muss daher sicherstellen, dass in seinem Unternehmen die geeigneten technischen und organisatorischen Maßnahmen zum Schutz personenbezogener Daten durchgeführt werden und muss sich vergewissern, dass die in Art. 32 DSGVO statuierten Kriterien ausreichend berücksichtigt wurden.[562]

Neben der Verpflichtung organisatorische und technische Maßnahmen zur Gewährleistung von IT-Sicherheit zu treffen, statuieren einige Gesetze noch weitere Pflichten. Dazu gehören insbesondere Meldepflichten nach § 8b Abs. 4 BSIG und Art. 33 Abs. 1 DSGVO. So müssen Datenschutzverletzungen nach Art. 33 DSGVO möglichst binnen 72 Stunden an die zuständige Aufsichtsbehörde gemeldet werden. Der Vorstand hat daher nach einem Cyber-Angriff sicherzustellen, dass diese Meldepflichten eingehalten werden. Ist ein Unternehmen diesen Meldepflichten nach einem Cyber-Angriff nicht nachgekommen, kommen daher ebenfalls Ansprüche gegen den Vorstand in Betracht.

---

[561] Zum Inhalt der jeweiligen Vorschriften siehe S. 83 f.

[562] Vgl. *Behling*, ZIP 2017, 697, 701; *Daghles*, DB 2018, 2289, 2293.

d) Business Judgement Rule

aa) Voraussetzungen

Dem Vorstand kommt bei seinen unternehmerischen Entscheidungen, wie an einigen Stellen bereits angesprochen, ein Ermessen zu. Dies ergibt sich aus § 93 Abs. 1 S. 2 AktG. Nach dieser sog. Business Judgement Rule liegt eine Pflichtverletzung nicht vor, wenn das Vorstandsmitglied bei einer unternehmerischen Entscheidung vernünftigerweise annehmen durfte, auf der Grundlage angemessener Informationen zum Wohle der Gesellschaft zu handeln. Grundsätzlich kommt den Vorstandsmitgliedern somit bei ihren Entscheidungen ein umfangreiches Ermessen zu. Dafür müssen allerdings die Voraussetzungen des § 93 Abs. 1 S. 2 AktG erfüllt sein. Eine unternehmerische Entscheidung liegt vor, wenn der Vorstand eine mit Risiken verbundene, in die Zukunft gerichtete Entscheidung trifft.[563] Der sog. „Safe Harbor" aus § 93 Abs. 1 S. 2 AktG setzt zudem voraus, dass das Vorstandsmitglied auf der Grundlage angemessener Informationen gehandelt hat. Der Vorstand hat daher alle ihm zur Verfügung stehenden Erkenntnisquellen auszuschöpfen, muss dabei aber auch zwischen Kosten und Nutzen einer ausführlichen Tatsachenermittlung abwägen.[564] Das Vorstandsmitglied muss sich somit zunächst mit dem Thema IT-Sicherheit im Allgemeinen vertraut machen, um sich sodann über die IT-Systeme des Unternehmens, das konkrete Gefahrenpotential sowie über wirksame Schutzmaßnahmen zu informieren.[565] Zu beachten ist, dass die Informationsgrundlage des Vorstands umso umfangreicher und gefestigter sein muss, je mehr der Bestand und Erfolg des Unternehmens von dieser Entscheidung abhängt.[566]

Im Hinblick auf die Gewährleistung von IT-Sicherheit bedeutet dies, dass sich der IT-Vorstand umso mehr über die möglichen Maßnah-

---

[563] *Bürgers*, in: Bürgers/Körber, § 93 Rn. 11; *Hölters*, in: Hölters, § 93 Rn. 30.

[564] BGH, Urt. v. 12.10.2016 – 5 StR 134/15, NJW 2017, 578, 580; *Fleischer*, in: Spindler/Stilz, § 93 Rn. 70; *Spindler*, in: MüKoAktG, § 93 Rn. 55.

[565] *Conrad*, in: Auer-Reinsdorff/Conrad, § 33 Rn. 52; *Daghles*, DB 2018, 2289, 2290; *Voigt*, IT-Sicherheitsrecht, Rn. 60; *von Holleben/Menz*, CR 2010, 63, 66.

[566] *Fleischer*, in: Spindler/Stilz, § 93 Rn. 70; *Hopt/Roth*, in: GrossKommAktG, § 93 Rn. 107; *Lange*, D&O-Versicherung, § 2 Rn. 77.

men zur Vermeidung und Abwehr von Cyber-Angriffen informieren muss, desto abhängiger das Unternehmen von den IT-Systemen ist und je schwerwiegender die Folgen eines Cyber-Angriffs wären.[567] Dies hat zur Folge, dass an einen Vorstand eines börsennotierten Onlinehändlers oder einer Bank mit Online-Banking Funktion höhere Anforderungen zu stellen sind als an einen Hersteller von Baustoffen, dessen Maschinen nicht mit dem Internet verbunden sind und dessen Geschäft auch sonst nicht maßgeblich von seinen IT-Systemen abhängt. So wird man von einem Bankvorstand erwarten können, dass er sich ausführlich mit den Risiken des Online-Bankings auseinandersetzt und sich informiert, wie sich der Diebstahl von Zugangsdaten vermeiden lässt. Besondere Informationspflichten können sich für Vorstandsmitglieder insbesondere auch bei der Digitalisierung von Geschäftsprozessen ergeben. Führt ein produzierendes Unternehmen beispielsweise ein neues Industrial Control System ein,[568] welches mit dem Internet verbunden sein wird, muss sich der zuständige Vorstand auch über die möglichen Risiken und mögliche Sicherheitsmaßnahmen informieren.

Zu beachten ist im Rahmen des § 93 Abs. 1 S. 2 AktG, dass die angemessene Informationsgrundlage aus einer ex ante Perspektive betrachtet werden muss. Deshalb dürfen für den Haftungsmaßstab nur die Informationen berücksichtigt werden, die zu dem jeweiligen Zeitpunkt erwartet werden konnten.[569] Bei einer Inanspruchnahme eines Vorstandsmitglieds für Cyber-Schäden kann diesem beispielsweise nicht vorgehalten werden, dass er keine Maßnahmen zur Vermeidung von Cyber-Risiken getroffen hat, wenn diese zum damaligen Zeitpunkt noch nicht bekannt waren.

Von großer Bedeutung im Rahmen der Business Judgement Rule ist des Weiteren die Beweislastumkehr aus § 93 Abs. 2 S. 2 AktG, wonach den Vorstand die Beweislast trifft, wenn streitig ist, ob er die Sorgfalt eines ordentlichen und gewissenhaften Geschäftsleiters angewandt hat. Vorstände sollten daher sowohl die Entscheidungs-

---

567 *Daghles*, DB 2018, 2289, 2290; *Spindler*, CR 2017, 715, 717.

568 Siehe zu dem Begriff S. 16.

569 *Bürgers*, in: Bürgers/Körber, § 93 Rn. 13; *Hölters*, in: Hölters, § 93 Rn. 35; *J. Koch*, in: Hüffer/Koch, § 93 Rn. 21.

findung als auch die jeweilige Anordnung der zu treffenden Maßnahmen zur Gewährleistung von IT-Sicherheit sorgfältig dokumentieren, um für den Fall einer Inanspruchnahme nachweisen zu können, dass sie auf der Grundlage angemessener Informationen gehandelt haben und ihre Sorgfaltspflichten aus § 93 Abs. 1 S. 1 AktG erfüllt haben.[570]

bb) Anwendbarkeit bezüglich der Legalitätspflicht

Hat der Vorstand diese Voraussetzungen erfüllt, kommt ihm somit grundsätzlich ein umfangreiches Ermessen bei der Gewährleistung von IT-Sicherheit im Unternehmen zu. Allerdings hat die obige Darstellung gezeigt, dass sich die Organisationspflichten zum Teil aus Gesetzen ergeben kann. Nach Art. 32 Abs. 1 DSGVO, § 64 BDSG, § 8a BSIG, § 25a KWG und § 109 TKG müssen die Adressaten technische und organisatorische Maßnahmen treffen, um bestimmte Ziele zu erreichen, wie beispielsweise die Vermeidung von Störungen der Verfügbarkeit, Integrität, Authentizität und Vertraulichkeit ihrer informationstechnischen Systeme i.S.v. § 8a BSIG. Mit Ausnahme von Art. 32 Abs. 1 DSGVO enthalten diese Vorschriften keine konkreten Angaben bezüglich der zu treffenden Maßnahmen, sondern statuieren nur, dass die Maßnahmen „angemessen", „geeignet" oder „erforderlich" sein müssen, um die jeweiligen Zwecke zu erfüllen.[571]

Es stellt sich daher die Frage, inwieweit den Vorständen bei der Erfüllung dieser Vorgaben ein Ermessen i.S.v. § 93 Abs. 1 S. 2 AktG zukommt, z.B. hinsichtlich der Frage, ob eine Maßnahme die IT-Systeme angemessen vor Störungen der Verfügbarkeit schützt. Dafür ist entscheidend, inwieweit die Business Judgement Rule auch auf die Legalitätspflicht anwendbar ist. Diese Frage ist in der Litera-

---

570 *Conrad*, in: Auer-Reinsdorff/Conrad, § 33 Rn. 53; *Kiefner*, in: Gabel/Heinrich/Kiefner, Kap. 2 Rn. 88; *Kiefner/Happ*, BB 2020, 2051, 2057; *Mehrbrey/Schreibauer*, MMR 2016, 75, 80; *Schmidt-Versteyl*, NJW 2019, 1637, 1641; *von dem Bussche/*Schelinski, in: Leupold/Wiebe/Glossner, Teil 7.1 Rn. 100; *von Holleben/Menz*, CR 2010, 63, 68.

571 Vgl. *Korch/Chatard*, AG 2019, 551, 558 (zu den unbestimmen Rechtsbegriffen der DSGVO im Rahmen der Legalitätspflicht).

tur umstritten. Zum Teil wird vertreten, dass dem Vorstand auch bei der Umsetzung von Gesetzen ein Ermessen zukommt, soweit ein Spielraum dahingehend besteht, wie der gesetzlichen Verpflichtung nachzukommen ist.[572] Die Gegenansicht lehnt eine Anwendung der Business Judgement Rule auf die Legalitätspflicht ab.[573] Dies wird insbesondere mit der Gesetzesbegründung gerechtfertigt, welche zwischen unternehmerischen Entscheidungen und rechtlich gebundenen Entscheidungen differenziert.[574] Allerdings spricht auch diese Ansicht dem Vorstand einen gewissen Beurteilungsspielraum zu, wenn dieser bei der Auslegung von Gesetzen mit erheblichen Rechtsunsicherheiten konfrontiert ist.[575] Dies ist beim IT-Sicherheitsrecht aufgrund der Neuheit der Vorschriften und der damit einhergehenden mangelnden praktischen Erfahrung sowie wegen der Vielzahl der verwendeten unbestimmten Rechtsbegriffe der Fall.[576] Nach beiden Auffassungen steht einem Vorstand bei der Auslegung des IT-Sicherheitsrechts somit ein gewisser Beurteilungsspielraum zu, weshalb eine Haftung zumindest ausscheidet, wenn sich der Vorstand umfassend mit der unklaren Rechtslage auseinandergesetzt hat.

In diesem Zusammenhang ist für die jeweiligen Vorstände auch von Bedeutung, dass sie nach h.M. grundsätzlich nicht pflichtwidrig handeln, wenn sie bei der konkreten Umsetzung der gesetzlichen Vorgaben zuvor eine ausreichende Entscheidungsgrundlage geschaffen haben, welche auf internem oder externem Rechtsrat beruht.[577] Die Einholung eines Rechtsgutachtens kann das Haftungsrisiko eines Geschäftsleiters somit drastisch reduzieren. Allerdings ist hier zu beachten, dass die Frage, ob die Pflichten des IT-Sicherheitsrechts eingehalten wurden, insbesondere technischer

572 *Bürkle*, VersR 2013, 792, 794 ff.; *Hopt/Roth*, in GrossKommAktG, § 93 Rn. 75; *Mertens/Cahn*, in: KölnerKommentarAktG, § 93 Rn. 19; *Sieg/Zeidler*, in: Hauschka/Moosmeyer/Lösler, § 3 Rn. 38.

573 *Bürgers*, in: Bürgers/Körber, § 93 Rn. 11; *Fleischer*, in: Spindler/Stilz, § 93 Rn. 67; *Spindler*, in: MüKoAktG, § 93 Rn. 88.

574 *Spindler*, in: MüKoAktG, § 93 Rn. 88.

575 *Fleischer*, in: Spindler/Stilz, § 93 Rn. 69a; *Grigoleit/Tomasic*, in: Grigoleit, § 93 Rn. 17; *Spindler*, in: MüKoAktG, § 93 Rn. 89.

576 Vgl. *Koch/Chatard*, AG 2019, 551 (Zur DSGVO); *Spindler*, CR 2017, 715, 718 f. (zur Rechtsunsicherheit im IT-Sicherheitsrecht).

577 BGH, Urt. v. 20.09.2011 – II ZR 234/09, NJW-RR 2011, 1670, 1671; *Hopt/Roth*, in: GrossKommAktG, § 93 Rn. 139 f.; *Fleischer*, in: Spindler/Stilz, § 93 Rn. 29, 32; *Spindler*, CR 2017, 715, 719; *ders.*, in: MüKoAktG, § 93 Rn. 97.

Natur sind. Ob eine technische Maßnahme das Unternehmen vor Störungen oder Datenschutzverletzungen schützt, wird ein Rechtsanwalt mangels technischer Expertise oftmals nicht einschätzen können. Neben der Einholung von Rechtsrat sollten Vorstände daher bei der Umsetzung des IT-Sicherheitsrechts zusätzlich den Rat von IT-Sicherheitsexperten hinzuziehen.

2. Kausaler Schaden

Für einen Schadensersatzanspruch aus § 93 Abs. 1 S. 2 AktG ist des Weiteren notwendig, dass dem Unternehmen ein Schaden entstanden ist, welcher durch die Pflichtverletzung des Vorstands verursacht wurde. Hier stellt sich insbesondere die Frage, inwieweit die Gesellschaft ein ihr auferlegtes Bußgeld gegenüber dem Vorstand geltend machen kann. Diese hochumstrittene Frage ist im Zusammenhang mit Cyber-Angriffen insofern von Bedeutung, als dass nach Art. 83 DSGVO bei Verstößen gegen die DSGVO Bußgelder durch die zuständigen Aufsichtsbehörden verhängt werden können. Die Verhängung des Bußgelds erfolgt durch die zuständige Aufsichtsbehörde. Dies sind in Deutschland gem. § 40 BDSG i.V.m. Art. 55 DSGVO die Datenschutzbehörden der Länder. Die Verhängung eines Bußgelds nach Art. 83 DSGVO kommt im Zusammenhang mit Cyber-Angriffen insbesondere in Betracht, wenn in dem Unternehmen keine technischen und organisatorischem Maßnahmen zur Gewährleistung eines angemessenen Datenschutzniveaus i.S.v. Art. 32 Abs. 1 DSGVO getroffen oder die Behörden und Betroffenen nicht i.S.v. Art. 33, 34 DSGVO benachrichtigt wurden. Bei solchen Verstößen sind gem. Art. 83 Abs. 4 DSGVO Bußgelder von bis zu 10 Mio. EUR oder im Fall eines Unternehmens von bis zu 2 % seines gesamten weltweit erzielten Jahresumsatzes denkbar. Bei einigen Verstößen können gem. Art. 83 Abs. 6 DSGVO sogar Bußgelder i.H.v. bis zu 20.000.000 EUR oder im Fall eines Unternehmens von bis zu 4 % seines Jahresumsatzes verhängt werden. Die Frage der Möglichkeit eines sog. Bußgeldregresses gegen ein Vorstandsmitglied kann sich daher auch im Zusammenhang mit Cyber-Angriffen stellen. Da es sich bei dieser Frage allerdings um einen eigenen Themenkomplex handelt, soll der Streit um die Regressierbarkeit von Bußgeldern nicht in seiner ganzen Breite dargestellt werden.

Die Frage der Zulässigkeit des Bußgeldregresses wurde in der Rechtsprechung und Literatur bisher insbesondere im Zusammenhang mit verhängten Verbands- und Kartellbußen diskutiert. Die h.M. geht von einer Zulässigkeit des Bußgeldregresses aus.[578] Diese Meinung stützt sich unter anderem darauf, dass streng zwischen Ordnungswidrigkeitenrecht und Zivilrecht unterschieden werden müsse und die Behörden daher nicht darüber entscheiden dürften, wer am Ende zivilrechtlich für die Geldbuße aufkommen muss.[579] Dieser Meinung folgt auch ein Teil der datenschutzrechtlichen Literatur im Hinblick auf die Regressierbarkeit von Bußgeldern, die aufgrund von Art. 83 DSGVO verhängt wurden.[580]

Die Gegenansicht in der Literatur sowie das *LAG Düsseldorf* gehen hingegen davon aus, dass durch die Unternehmensgeldbuße gerade das jeweilige Unternehmen zur Verantwortung gezogen werden solle, weshalb der Bußgeldregress gegen den Regelungszweck der Sanktion verstoße und daher nicht zulässig sei.[581] Zudem wird darauf hingewiesen, dass der Bußgeldregress dafür sorge, dass die Sanktionswirkung der jeweiligen Geldbuße nicht erreicht wird.[582] Dieser Ansicht folgt auch *Voigt* im Hinblick auf Bußgelder, die wegen Datenschutzverletzungen verhängt werden, da Art. 83 DSGVO nur Bußgelder gegen Unternehmen, nicht aber gegen Vorstände vorsehe.[583] Ähnlich argumentieren *Kiefner*, *König* und *Noack*, die einer Regressierbarkeit entgegenhalten, dass Art. 83 Abs. 2

---

578 *Fleischer*, in: Spindler/Stilz, § 93 Rn. 213b; *Gädtke*, in: Bruck/Möller, Ziff. 5 AVB-AVG Rn. 121; *Hopt/Roth*, in: GrossKommAktG, § 93 Rn. 419; *J. Koch*, in: Hüffer/Koch, § 93 Rn. 48; *Hölters*, in: Hölters, § 93 Rn. 255; *Spindler*, in: MüKoAktG, § 93 Rn. 194; *Ruttmann*, Versicherbarkeit von Geldbußen, S. 172; *Zimmermann*, WM 2008, 433, 436 ff.

579 *Fleischer*, in: Spindler/Stilz, § 93 Rn. 213b; *Gädtke*, in: Bruck/Möller, Ziff. 5 AVB-AVG Rn. 121; *Zimmermann*, WM 2008, 433, 437.

580 *Bergt*, in: Kühling/Buchner, Art. 83 Rn. 24; *Moos/Schefzig*, in: Taeger/Gabel, Art. 83 Rn. 93a; *Wybitul*, ZD 2016, 253, 254.

581 LAG Düsseldorf, Urt. v. 20.01.2015 – 16-SA459/14, VersR 2015, 629, 632 f.; *Dreher*, FS Konzen, S. 85, 103 ff; *Finkel/Seitz*, in: Seitz/Finkel/Klimke, Ziff. 5 AVB-AVG Rn. 85 f.; *Lotze/Smolinski*, NZKart 2015, 254, 256 ff.; *Thomas*, NZG 2015, 1409, 1410 ff.

582 LAG Düsseldorf, Urt. v. 20.01.2015 – 16-SA459/14, VersR 2015, 629, 632; *Finkel/Seitz*, in: Seitz/Finkel/Klimke, Ziff. 5 AVB-AVG Rn. 85.

583 *Voigt*, IT-Sicherheitsrecht, Rn. 202.

DSGVO hinsichtlich der Bemessung der Höhe des Bußgeldes eindeutig auf unternehmensbezogene und nicht auf organbezogene Kriterien abstellt.[584]

König, *Noack* und *Voigt* ist insofern zuzustimmen, als dass sich das Bußgeld aus Art. 83 DSGVO ausschließlich an das Unternehmen richtet, welches gegen die Verordnung verstoßen hat. Allerdings ist der Zweck des Bußgelds mit seiner Verhängung erreicht. Ein Regressverbot würde daher, wie von der h.M. zu Recht vorgebracht, zu einer Vermengung von Ordnungswidrigkeitenrecht und Zivilrecht führen. Zudem kommt dem Schutz personenbezogener Daten heute angesichts der in allen gesellschaftlichen und wirtschaftlichen Bereichen um sich greifenden Digitalisierung eine enorme Bedeutung zu. Können Vorstände für Verstöße gegen die DSGVO in Anspruch genommen werden, wird dies in der Regel dazu führen, dass sie sich ausführlicher mit dem Thema Datenschutz beschäftigen und sich stärker für eine Einhaltung des Datenschutzrechts im Unternehmen einsetzen.[585] Die Zulässigkeit des Bußgeldregresses kann somit zur Erreichung des sich aus Art. 83 DSGVO folgenden Zwecks beitragen. Hinzu kommt, dass sich das Unternehmen nicht sicher sein kann, ob ein Regress erfolgreich ist, da dem Vorstand aufgrund von § 91 Abs. 1 S. 2 ein großer Ermessensspielraum zukommt.[586] Das Argument, ein Regress gegen den Vorstand würde den Zweck des Bußgelds, hier die Einhaltung des Datenschutzrechts, konterkarieren, vermag daher nicht zu überzeugen. Der Bußgeldregress gegen den Vorstand ist daher als zulässig anzusehen. Unternehmen, gegen die ein Bußgeld nach Art. 83 DSGVO verhängt wurde, können dieses daher im Rahmen des § 93 Abs. 2 S. 1 AktG geltend machen.

---

584 *Kiefner*, in: Gabel/Heinrich/Kiefner, Kap. 2 Rn. 115; *König*, AG 2017, 262, 270; *Noack*, ZHR 183 (2019), 105, 130.

585 Vgl. *Fleischer*, in: Spindler/Stilz, § 93 Rn. 213e (zu Kartellbußgeldern).

586 Vgl. *Fleischer*, in: Spindler/Stilz, § 93 Rn. 213e (zu Kartellbußgeldern).

3. Ergebnis

Vorstände von Aktiengesellschaften können umfassend für Cyber-Schäden in Anspruch genommen werden. Eine Haftung kommt insbesondere in Betracht, wenn der zuständige Vorstand nicht dafür gesorgt hat, dass organisatorische Maßnahmen zur Gewährleistung von IT-Sicherheit getroffen werden. Allerdings kommt dem Vorstand bei dieser Organisation grundsätzlich ein umfangreiches Ermessen zu, weshalb nicht jeder Cyber-Schaden auch gegen den Vorstand geltend gemacht werden kann.

V. Haftung von Arbeitnehmern

Das angegriffene Unternehmen kann des Weiteren Ansprüche gegen Arbeitnehmer haben, wenn deren Verhalten zumindest mitursächlich für den Cyber-Schaden geworden ist. Ansprüche kommen hier unter anderem in Betracht, wenn der Arbeitnehmer mit Schadsoftware infizierte E-Mail-Anhänge geöffnet hat oder der IT-Sicherheitsbeauftragte seine Aufgaben nicht ordnungsgemäß erfüllt hat.[587] Anspruchsgrundlage ist in diesen Fällen § 280 BGB. Das Unternehmen hat gegen den Arbeitnehmer einen Schadensersatzanspruch, wenn dieser eine Pflicht aus dem Arbeitsvertrag verletzt hat. Hier kommt unter anderem die Verletzung der arbeitsvertraglichen Treuepflicht in Betracht, da diese auch gewisse Nebenpflichten umfasst, wie z.B. das Verbot wissentlich mit Schadsoftware infizierte E-Mail-Anhänge zu öffnen oder die Verpflichtung zur Wahrung von Betriebsgeheimnissen.[588] Eine Pflichtverletzung kann des Weiteren vorliegen, wenn der Arbeitgeber eine IT-Sicherheitsrichtlinie erlassen hat, zu deren Einhaltung der Arbeitnehmer beim Abschluss des Arbeitsvertrages verpflichtet wurde.[589]

Im Rahmen des Vertretenmüssens sind jedoch die Grundsätze des innerbetrieblichen Schadensausgleiches zu beachten. Danach haf-

[587] Vgl. *Schmidl*, in: Hauschka/Moosmeyer/Lösler, § 28 Rn. 131 (bzgl. IT-Sicherheitsbeauftragter).
[588] *Trappehl/Schmidl*, NZA 2009, 985, 987.
[589] *Trappehl/Schmidl*, NZA 2009, 985, 987.

tet der Arbeitnehmer bei leichter Fahrlässigkeit gar nicht, bei mittlerer Fahrlässigkeit anteilig und bei grober Fahrlässigkeit und Vorsatz grundsätzlich vollständig.[590] Welcher Fahrlässigkeitsgrad im Zusammenhang mit Cyber-Schäden einschlägig ist, wird jeweils im Einzelfall zu beurteilen sein. Das LAG Sachsen hat im Jahr 2017 entschieden, dass eine Arbeitnehmerin grob fahrlässig handelte, indem sie an Kriminelle, die sich mit Hilfe der Fake-President-Methode[591] als ihr Vorgesetzter ausgegeben haben, 800.000 EUR überwiesen hat.[592] Allerdings hat das Gericht den Anspruch aufgrund eines Mitverschuldens der Arbeitgebers gemindert, da er in seinem Unternehmen keine ausreichenden Schutzmaßnahmen bezüglich der Fake-President-Methode vorgesehen hat.[593] So habe die Klägerin lediglich einmalig eine Hinweis-E-Mail zur Fake-President-Methode versendet anstatt interne Kontrollmechanismen oder technische Maßnahmen zur Aufdeckung dieser Betrugsmethode einzuführen.[594] Aus dem Urteil des LAG Sachsen ergibt sich daher, dass der Umfang des Schadensersatzes davon abhängt, wie viel der Arbeitgeber zur Vermeidung solcher Schäden unternommen hat.[595] Diese Grundsätze sind nicht nur auf die Fake-President-Methode, sondern auch auf die Haftung für andere Cyber-Schäden anwendbar. Hat ein Arbeitnehmer grob fahrlässig einen mit Schadsoftware infizierten E-Mail-Anhang geöffnet, wird der Anspruch des Arbeitgebers regelmäßig nach § 254 BGB zu mindern sein, wenn in dem Betrieb keine entsprechenden Sensibilisierungsmaßnahmen durchgeführt wurden.

Zu beachten ist jedoch, dass die Grundsätze des innerbetrieblichen Schadensausgleichs keine Anwendung finden, wenn der Arbeitnehmer selbst einen gezielten Angriff auf die IT-Systeme seines Arbeitgebers durchgeführt hat, da es hier an der betrieblichen Veranlassung des Arbeitnehmers fehlt.[596] In diesen Fällen haftet der Ar-

---

[590] BAG, Beschl. v. 27.09.1994 – GS 1/89, BAGE 78, 56, 60 = NZA 1994, 1083, 1084; Urt. v. 18.01.2007 – 8 AZR 250/06, NZA 2007, 1230, 1233.
[591] Zum Begriff des Fake-President-Betrugs siehe: S. 14.
[592] LAG Sachsen, Urt. v. 13.06.2017 – 3 Sa 556/16, BeckRS 2017, 127707.
[593] LAG Sachsen, Urt. v. 13.06.2017 – 3 Sa 556/16, BeckRS 2017, 127707, Rn. 61.
[594] LAG Sachsen, Urt. v. 13.06.2017 – 3 Sa 556/16, BeckRS 2017, 127707, Rn. 62 f.
[595] *Raif/Swidersky*, ArbRAktuell 2018, 173, 174.
[596] *Mehrbrey/Schreibauer*, MMR 2016, 75, 79.

beitnehmer daher nach den allgemeinen zivilrechtlichen Regelungen.[597]

VI. Haftung des Angegriffenen

Das Opfer eines Cyber-Angriffs kann nicht nur selbst anspruchsberechtigt sein, sondern kann vielmehr auch selbst Ansprüchen Dritter ausgesetzt sein.[598] Die Gründe hierfür können vielseitig sein und beispielsweise darauf beruhen, dass das angegriffene Unternehmen seine vertraglichen Verpflichtungen nicht mehr erfüllen kann oder Dritten dadurch ein Schaden entstanden ist, dass von dem Angegriffenen Viren weiterverbreitet wurden oder das IT-System Teil eines Bot-Netzes war und so für eine DoS-Attacke verantwortlich war.

1. Vertragliche Haftung

Das Opfer des Cyber-Angriffs wird einer vertraglichen Haftung hauptsächlich dann ausgesetzt sein, wenn es seinen vertraglichen Verpflichtungen gegenüber seinen Vertragspartnern aufgrund des Angriffs nicht mehr nachkommen kann. So können Cyber-Angriffe zu Betriebsunterbrechungsschäden im produzierenden Gewerbe führen, weshalb ein Unternehmen z.B. seine Lieferfristen nicht mehr einhalten kann.[599] Möglich ist auch, dass der Angriff die IT-gesteuerte Produktion beeinträchtigt und so Produktmängel verursacht hat.[600] Neben Ansprüchen, die aus der Verletzung von Hauptleistungspflichten resultieren, kommen insbesondere auch Ansprüche aus §§ 280 Abs. 1, 241 Abs. 2 BGB in Betracht. Dies gilt insbesondere für den Fall, dass Daten von Vertragspartnern gestohlen oder veröffentlicht werden, welche von dem angegriffenem Unternehmen verwahrt wurden. Eine Schutzpflichtverletzung wird sich

---

[597] *Mehrbrey/Schreibauer*, MMR 2016, 75, 79.
[598] *Mehrbrey/Schreibauer*, MMR 2016, 75, 80.
[599] *Mehrbrey/Schreibauer*, MMR 2016, 75, 80.
[600] *Mehrbrey/Schreibauer*, MMR 2016, 75, 80.

gerade dann annehmen lassen, wenn die Daten besonders vertraulich sind und eine Vertragsauslegung daher zu dem Ergebnis kommt, dass die verwahrende Partei die Daten vor Zugriffen Dritter schützen muss. Wie oben bereits dargestellt, gilt dies insbesondere für Banken, Online-Shops, Rechtsanwälte, Steuerberater, Wirtschaftsprüfer sowie für das produzierende Gewerbe, welches im Besitz bestimmter Produkt-Entwürfe seiner Vertragspartner ist.[601]

2. Deliktsrechtliche Haftung

a) Verkehrssicherungspflichten

In den meisten Fällen wird das Opfer des Cyber-Angriffs deliktischen Ansprüchen ausgesetzt sein, da zwischen dem angegriffenem Unternehmen und dem geschädigten Dritten oftmals kein Vertragsverhältnis bestehen wird. Der Angegriffene wird dabei in der Regel nicht für unmittelbare Rechtsgutsverletzungen in Anspruch genommen. Vielmehr wird die Inanspruchnahme darauf beruhen, dass er es unterlassen hat, bestimmte Maßnahmen zur Verhinderung von Cyber-Schäden vorzunehmen, wie z.B. das Installieren von Updates. Aus diesem Grund kommt der Frage, welche Verkehrssicherungspflichten das Opfer des Cyber-Angriffs zu erfüllen hat, eine besondere Bedeutung zu.

aa) Einschränkungen

(1) Meinungsstand

Fraglich ist jedoch zunächst, ob die Herrschaft über ein IT-System zwangsläufig Verkehrssicherungspflichten begründet. Im Zusammenhang mit der Versendung von mit Viren verseuchten E-Mails wird von einem Teil der Literatur zunächst die Frage aufgeworfen,

---

[601] Siehe dazu S. 26.

inwieweit der Zugang einer E-Mail dem allgemeinen Lebensrisiko zuzuordnen ist und inwiefern es daher an einer besonderen Gefährdungslage fehlen könnte.[602] Im Ergebnis wird diese Frage verneint, da nicht nur der Empfänger der E-Mail dem Risiko einer Rechtsgutsverletzung ausgesetzt sei, sondern durch eine mögliche erneute Weiterverbreitung per E-Mail auch dessen Kommunikationspartner dem Risiko ausgesetzt sind und sich daher mit jeder Weiterverbreitung die Gefährdungslage erhöhe.[603] Zudem wird angemerkt, dass es sich bei der Viren- oder Trojanerinfektion um ein „eindeutiges Ärgernis“ [604] handele, dass nicht allgemein akzeptiert sei.

R. Koch unterscheidet beim Bestehen von Verkehrssicherungspflichten im Zusammenhang mit der Weiterverbreitung von Viren durch E-Mails nach der Art der Geschäftsbeziehung der Parteien.[605] Danach treffen nur Unternehmen im Verhältnis zu privaten E-Mail-Empfängern („Business to Consumer“, B2C) Verkehrssicherungspflichten. Im Verhältnis zwischen zwei Unternehmen („Business to Business“, B2B) sowie zwischen zwei privaten Nutzern („Consumer to Consumer“, C2C) bestehen nach dieser Ansicht hingegen keine Verkehrssicherungspflichten. Begründet wird dies mit Gesichtspunkten des Vertrauensschutzes. So könne der Empfänger das Risiko, welches sich aus dem Erhalt von virenbehafteten E-Mails ergibt, besser abschätzen als der Versender der E-Mail. Daher sei es oftmals gerechtfertigt, dass der Versender bei einem Schadensfall geltend machen könne, darauf vertraut zu haben, dass der Empfänger ein Virenprogramm installiert hat. Diese Vertrauensschutzerwägungen würden lediglich im Verhältnis von Unternehmen zu Privatpersonen nicht überzeugen, da Unternehmen einerseits durch den Einsatz der E-Mail-Kommunikation erhebliche Vorteile erhalten würden und andererseits der private Empfänger auf ein verkehrsgerechtes Verhalten des Unternehmens vertrauen könne.

---

602 *R. Koch*, NJW 2004, 801, 803; *Mantz*, K & R 2007, 566, 570f.

603 *R. Koch*, NJW 2004, 801, 805.

604 *Mantz*, 2007, K & R, 570, 571.

605 *R. Koch*, NJW 2004, 801, 805 f.

Andere Stimmen in der Literatur lehnen eine Differenzierung anhand der Geschäftsbeziehung hingegen ab und nehmen bei der Sachherrschaft über ein IT-System generell das Bestehen von Verkehrssicherungspflichten an.[606] Denn das Bestehen von Schutzmöglichkeiten des Geschädigten würde es *F. Koch* zufolge nicht rechtfertigen, Verkehrssicherungspflichten des Schädigers vollends entfallen zu lassen.[607] Vielmehr sei der Anteil des Geschädigten an der Schadensverursachung nur im Rahmen des Mitverschuldens gem. § 254 BGB zu beurteilen.[608]

(2) Stellungnahme

Das Risiko, Opfer eines Cyber-Angriffs zu werden, wird zu Recht nicht als allgemeines Lebensrisiko eingestuft. Ein allgemeines Lebensrisiko wird dann angenommen, wenn die Gefahr nicht über das hinausgeht, was im täglichen Zusammenleben ohnehin unter Billigung der Rechtsordnung an Gefahren hingenommen werden muss.[609] Zwar ist es richtig, dass den Nutzern bewusst ist, dass die Nutzung des Internets mit einem gewissen Risiko verbunden ist. Anders als bei den anerkannten Fallgruppen des allgemeinen Lebensrisikos können Cyber-Risiken aber minimiert werden, indem die Softwarehersteller und Nutzer Maßnahmen zur Gewährleistung von IT-Sicherheit treffen. Da das Risiko durch technische Maßnahmen und ein aufmerksames Verhalten begrenzbar ist, kann es auch nicht als ein Risiko eingestuft werden, dass allgemein hingenommen werden muss.

Bezüglich des Einflusses der Geschäftsbeziehung auf Verkehrssicherungspflichten erscheint es zunächst sinnvoll, eine Haftung auch von den Kenntnissen und Fähigkeiten des Geschädigten sowie dessen Möglichkeiten zur Schadensabwehr abhängig zu machen. Denn wenn eine Partei keine Maßnahmen zur Schadensabwehr ge-

---

[606] *F. Koch*, CR 2009, 485, 487 f.; *Seitz/Thiel*, PHi, 2013, 42, 47.
[607] *F. Koch*, CR 2009, 485, 487 f.
[608] *F. Koch*, CR 2009, 485, 487 f.; *Seitz/Thiel*, PHi, 2013, 42, 47.
[609] *Oetker*, in MüKoBGB, § 249 Rn. 194.

troffen hat oder sie zuvor durch die jeweilige Situation besonders große Vorteile erlangt hat, wäre es nicht gerechtfertigt, der anderen Partei das gesamte Haftungsrisiko aufzubürden. *R. Koch* ist daher insofern zuzustimmen, als dass es durchaus angemessen ist, wenn auch der Empfänger der E-Mail Schutzmaßnahmen zur Verhinderung von Schäden durch infizierte E-Mail-Anhänge ergreifen muss, da dieser das Schadensrisiko seiner IT-Systeme am besten einschätzen kann.[610] Umstände wie diese sind aber gem. § 254 Abs. 1 BGB beim Mitverschulden des Geschädigten und nicht im Rahmen der Verkehrssicherungspflicht des Schädigers zu berücksichtigen.[611] Das Bestehen von Verkehrssicherungspflichten und der Anteil des Geschädigten am Schaden sind somit getrennt voneinander zu berücksichtigen.

Gegen das Bestehen von Verkehrssicherungspflichten ließe sich noch anführen, dass die Besitzer der IT-Systeme für den eingetretenen Schaden nicht verantwortlich sind.[612] Denn unmittelbar verursacht wurde der Schaden von demjenigen, der den Cyber-Angriff ausgeführt hat bzw. demjenigen, der die Schadsoftware programmiert hat. Allerdings ist allgemein anerkannt, dass Verkehrssicherungspflichten bestehen, wenn erfahrungsgemäß mit einem Fehlverhalten Dritter zu rechnen ist.[613] Es ist hinlänglich bekannt, dass Hacker ihre Angriffe ausführen, indem sie Sicherheitslücken in infizierten IT-Systemen ausnutzen. Ebenso ist bekannt, dass mit infizierten IT-Systemen weitere Angriffe durchgeführt werden, indem beispielsweise Schadsoftware weiterverbreitet wird oder das IT-System Teil eines Bot-Netzes wird.[614] Auch IT-Nutzer trifft daher die Verkehrssicherungspflicht, Schäden Dritter zu verhindern, die dadurch entstehen, dass Hacker Sicherheitslücken in ihren IT-Systemen ausnutzen.

---

610 *Vgl. R. Koch*, NJW 2004, 801, 805.

611 *F. Koch*, CR 2009, 485, 488; Vgl. *Seitz/Thiel*, PHi, 2013, 42, 47 (zumindest zur weiteren Anwendbarkeit von § 254 BGB für Unternehmen).

612 Vgl. *Sieber-Fazakas/Sedlmaier*, Phi 2021, 30, 34.

613 BGH, Urt. v. 19.12.1989 – VI ZR 182/89, NJW 1990, 1236, 1237; *Förster*, in: BeckOKBGB, § 823 Rn. 330; *Wagner*, in: MüKoBGB, § 823 Rn. 484.

614 Vgl. *Riehm/Meier*, MMR 2020, 571, 573 f.

bb) Umfang

Für die Beurteilung des Umfangs von Verkehrssicherungspflichten gilt der Grundsatz, dass von dem Pflichtigen nicht erwartet werden kann, dass er jede erdenkliche Schutzmaßnahme trifft, da eine Verkehrssicherung, die jegliche möglichen Schäden verhindert, nicht möglich ist.[615] Daher ist anerkannt, dass die rechtlich gebotene Verkehrssicherung nur die Maßnahmen umfasst, die ein umsichtiger und verständiger, in vernünftigen Grenzen vorsichtiger Mensch des betroffenen Verkehrskreises für notwendig und ausreichend hält, um andere vor Schäden zu bewahren und die ihm den Umständen nach zuzumuten sind.[616] Fraglich ist, welche Pflichten sich hieraus konkret für IT-Nutzer ableiten lassen.

(1) Bekanntheit der Gefahr

Die Frage, welche Maßnahmen zum Schutz vor Cyber-Angriffen notwendig und ausreichend sind, wird maßgeblich von den Sicherheitserwartungen des jeweiligen Verkehrskreises abhängen. Damit der betreffende Verkehrskreis aber bestimmte Erwartungen an die erforderlichen Maßnahmen zur Gewährleistung von IT-Sicherheit stellen kann, muss die bestehende Gefahr dem betreffenden Verkehrskreis zunächst einmal bekannt sein.[617]

Die Bekanntheit einer Bedrohung kann angenommen werden, wenn ein Nutzer der Verkehrsgruppe von der jeweiligen Gefahr Kenntnis hatte oder zumindest mit ihr rechnen musste.[618] Hierbei ist zunächst zwischen Verbrauchern und Unternehmen zu unterscheiden. Verbraucher erfahren von Cyber-Risiken in der Regel nur, wenn diese Gegenstand einer medialen Berichterstattung sind. Deshalb kann von einer Bekanntheit der Gefahr nur ausgegangen

615 BGH, Urt. v. 16.05.2006 - VI ZR 189/05, NJW 2006, 2326; *Hager*, in: Staudinger, § 823 Rn. E 35.

616 BGH, Urt. v. 16. 5. 2006 - VI ZR 189/05, NJW 2006, 2326; Urt. v. 02.10.2012 – VI ZR 311/11, NJW 2013, 48; Urt. v. 25.02.2014 – VI ZR 299/13, NJW 2014, 2105; *Hager*, in: Staudinger, § 823 Rn. E 35; *Wagner*, in: MüKoBGB, § 823 Rn. 475.

617 *Mantz*, K&R 2007, 566, 568; *Seitz/Thiel*, PHi 2013, 42, 48; *Spindler*, BSI-Studie, Rn. 285 f.

618 *Seitz/Thiel*, PHi 2013, 42, 48.

werden, wenn die Bedrohung in der medialen Berichterstattung große Beachtung gefunden hat, wie dies beispielsweise bei den Ransomware-Angriffen „WannaCry“ und „Petya“ der Fall gewesen ist.[619] Von Verbrauchern kann jedoch nicht erwartet werden, dass sie ein Cyber-Risiko kennen, das bisher noch nicht im Fokus der Öffentlichkeit stand.

Geht es um die Frage, ob einem Unternehmen eine Bedrohung bekannt sein musste, ist nach der Bekanntheit in der jeweiligen Verkehrsgruppe zu unterscheiden. So kann von einer Bank, die ihren Kunden Online-Banking anbietet, erwartet werden, dass sie die neusten Phishing-Methoden kennt. Zudem hängt die Kenntnis über Angriffsmethoden aber auch von der Unternehmensgröße ab. So wird man von kleinen oder mittelständischen Unternehmen nicht erwarten können, dass sie die Vielzahl von Angriffsmethoden im Blick hat. Anders ist dies bei großen Unternehmen wie Konzernen zu beurteilen. Diese Unternehmen verfügen oftmals über eine eigene IT-Abteilung mit mehreren Angestellten. Von IT-Abteilungen mit großen personellen Ressourcen kann daher verlangt werden, dass sie nicht nur über allseits bekannte Bedrohungsszenarien informiert sind, sondern sich auch über aktuelle Angriffsarten erkundigen, die nur in Fachkreisen bekannt sind. Diskutiert wird in diesem Zusammenhang, ob auch Berichte in Fachzeitschriften zur Bestimmung der Bekanntheit herangezogen werden können.[620] Sinnvoll erscheint es hier danach zu differenzieren, ob ein Sicherheitsproblem nur von einer oder von mehreren Fachzeitschriften aufgegriffen wurde. Ist letzteres der Fall, kann zumindest von Unternehmen mit großen IT-Abteilungen erwartet werden, dass sie Kenntnis über diese Bedrohung erlangt haben. Andererseits kann auch von großen IT-Abteilungen nicht verlangt werden, dass sie jeden Fachartikel kennen. Ebenfalls zur Bekanntheit von Sicherheitsrisiken können Fachtagungen und Veranstaltungen herangezogen werden.

---

[619] Vgl. *Mantz*, K&R 2007, 566, 569 (verlangt eine ausführliche und mehrfache Berichterstattung in den Massenmedien); Vgl. *Spindler*, BSI-Studie, Rn. 288 (bei umfangreicher Berichterstattung in den Medien).

[620] *Mantz*, K&R 2007, 566, 569; *Spindler*, BSI-Studie, Rn. 288.

Eine Verkehrssicherungspflicht kann aber nur dann bestehen, wenn neben der konkreten Bedrohung auch die entsprechende Maßnahme bekannt ist, um einen Cyber-Angriff abzuwehren.[621] Auch hier gilt, dass nur solche Maßnahmen erwartet werden können, die im jeweiligen Verkehrskreis bekannt sind. Daher gelten die eben getroffenen Aussagen in gleichem Maße für die Bekanntheit der Gegenmaßnahme.

(2) Notwendigkeit und Zumutbarkeit

Ob eine Maßnahme auch notwendig ist, um andere vor Cyber-Schäden zu bewahren, wird jeweils im Einzelfall zu entscheiden sein. Gerade im Hinblick auf die Verkehrssicherungspflichten von Unternehmen wird die Notwendigkeit der jeweiligen Maßnahme von Faktoren wie Unternehmensgröße, Umfang und Komplexität der unternehmenseignen IT und der Art und Vielfalt der bestehenden Risiken abhängen.[622]

Die Notwendigkeit der zu ergreifenden Maßnahmen wird durch das Kriterium der Zumutbarkeit begrenzt.[623] Um Cyber-Angriffe abzuwehren, ist oftmals ein umfangreiches technisches Fachwissen erforderlich. Andererseits können einige der möglichen Maßnahmen mit einem großen Kostenaufwand verbunden sein. Aus diesem Grund ist im Zusammenhang mit Cyber-Angriffen entscheidend, was den Parteien technisch und wirtschaftlich zumutbar ist.[624]

Die technische Zumutbarkeit ist insofern von Bedeutung, als dass von den Parteien nicht erwartet werden kann, dass sie jede mögliche Sicherheitsmaßnahme durchführen. So ist die Implementierung einiger Sicherheitsanwendungen oder die Konfiguration von bestimmten Sicherheitseinstellungen nur mit bestimmten technischen Vorkenntnissen möglich. Daher ist hier wie auch schon bei der Be-

---

621 *Mantz*, K&R 2007, 566, 569; *Seitz/Thiel*, PHi 2013, 42, 48.

622 Vgl. *Riehm/Meier*, MMR 2020, 571, 574.

623 *Spindler*, in: Hornung/Schallbruch, § 10 Rn. 21.

624 *Spindler*, BSI-Studie, Rn. 285; *ders.*, in: Hornung/Schallbruch, § 10 Rn. 22; Vgl. *R. Koch*, NJW 2004, 801, 804 (bzgl. Wirtschaftlicher Zumutbarkeit).

urteilung der Bekanntheit des Sicherheitsrisikos zwischen privaten und gewerblichen IT-Nutzern zu unterscheiden. Private Nutzer verfügen oftmals nur über sehr beschränkte Informatikkenntnisse. Aus diesem Grund sind für private Nutzer nur einfache und grundlegende Maßnahmen technisch zumutbar, wie beispielsweise die Installation eines Antivirenprogramms.[625] Anders ist dies bei Unternehmen zu beurteilen. Die meisten mittelständischen Unternehmen verfügen heute über eine eigene IT-Abteilung mit Angestellten, die eine IT-Ausbildung oder ein Informatikstudium abgeschlossen haben. Den Unternehmen ist daher technisch weitaus mehr zumutbar. Allerdings richtet sich die Zumutbarkeit hier insbesondere auch nach der Größe des jeweiligen Unternehmens, da davon in der Regel auch die Größe der IT-Abteilung abhängt. Sowohl für private als auch für gewerbliche Nutzer besteht allerdings für den Fall, dass ihre eigenen technischen Fähigkeiten nicht ausreichen, noch die Möglichkeit einen externen IT-Dienstleister zu beauftragen. Eine solche Beauftragung kann allerdings wirtschaftlich unzumutbar sein.

Bezüglich der wirtschaftlichen Zumutbarkeit der zu ergreifenden Maßnahmen gilt, dass von den Betroffenen nicht erwartet werden kann, dass sie Kosten aufwenden, die in keinem Verhältnis zu dem möglichen Risiko stehen.[626] Allerdings ist auch hier nach privaten und gewerblichen Nutzern zu unterscheiden. Denn von privaten Nutzern kann beispielsweise nicht erwartet werden, dass sie für IT-Sicherheit monatlich einen Betrag aufwenden, der die Kosten ihres Computers übersteigt. Etwas anderes gilt für Unternehmen. So kann von diesen z.B. verlangt werden, dass sie externe Dienstleister beauftragen, wenn sie selbst nicht in der Lage sind, notwendige Sicherheitsmaßnahmen zu implementieren.[627] Welche Maßnahmen konkret noch wirtschaftlich zumutbar sind, hängt zum einen von der Größe des Unternehmens ab. Desto größer das Unternehmen ist, je eher ist es ihm auch zumutbar besonders teure Sicherheitsmaßnahmen zu ergreifen. Zum anderen sind aber auch die Risiken, denen das Unternehmen ausgesetzt ist, von Bedeutung. Verfügt ein Unternehmen beispielsweise über sensible Kundendaten, besteht

---

[625] *Spindler*, BSI-Studie, Rn. 290.
[626] *Wagner*, in MüKoBGB, § 823 Rn. 452, 477.
[627] *Spindler*, BSI-Studie, Rn. 380.

die Gefahr, dass diese durch einen Cyber-Angriff gestohlen werden. Ein solches Risiko rechtfertigt höhere Ausgaben für IT-Sicherheit. Anders ist dies z.B. bei einem Handwerksbetrieb zu beurteilen, welcher die eigene IT hauptsächlich zur Kundenkommunikation einsetzt.

(3) Konkretisierung durch technische Standards

Der Umfang von Verkehrssicherungspflichten kann in einigen Fällen durch Regelwerke wie DIN-Vorschriften, Unfallverhütungsvorschriften und berufliche Standards konkretisiert werden.[628] Für IT anwendende Unternehmen existiert unter anderem die Normenreihe IEC 62443. Dieser Standard setzt bestimmte Anforderungen an Unternehmen, die industrielle Automatisierungs- und Kontrollsysteme verwenden (sog. Industrial Automation and Control Systems). Des Weiteren werden die Anforderungen an die Einrichtung und Umsetzung von sog. Informationssicherheits-Managementsystems (ISMS) durch die Norm ISO/IEC 27001 konkretisiert. Diese Systeme dienen unter anderem dazu, die IT-Sicherheit in einem Unternehmen zu kontrollieren und zu verbessern. Von besonderer Bedeutung ist zudem das IT-Grundschutz-Kompendium des BSI, welches im Jahr 2018 die zuvor für IT-Sicherheit relevanten IT-Grundschutzkataloge abgelöst hat. In diesem werden Vorgehensweisen zur Implementierung von Sicherheitsmaßnahmen in der unternehmensinternen IT empfohlen. Für Unternehmen kann dieses Kompendium daher zu einer Konkretisierung von Verkehrssicherungspflichten führen.[629] Dies gilt insbesondere, da das Grundschutz-Kompendium im Gegensatz zu seinem Vorgänger, den IT-Grundschutzkatalogen, bei den notwendigen Maßnahmen zwischen Basis-, Standard- und erhöhten Schutzanforderungen unterscheidet und daher einen guten Anhaltspunkt für notwendige Sicherheitsvorkehrungen bietet.[630]

[628] *Hager*, in: Staudinger, § 823 Rn. E 34; *Wagner*, in: MüKoBGB, § 823 Rn. 500.
[629] Vgl. *Beucher/Utzerath*, MMR 2013, 262, 367 (Noch zu den IT-Grundschutzkatalogen bzgl. der Konkretisierung des Fahrlässigkeitsvorwurfs).
[630] Vgl. BSI, IT-Grundschutz-Kompendium, S. 4.

Wie bereits ausgeführt, würde es sich anbieten, bei der Frage, ob der Schädiger seine Verkehrssicherungspflicht erfüllt hat, darauf abzustellen, ob der Schädiger angemessene organisatorische und technische Vorkehrungen i.S.v. § 8a Abs. 1 S. 1 BSIG zur Vermeidung von Störungen der Verfügbarkeit, Integrität, Authentizität und Vertraulichkeit seiner informationstechnischen Systeme getroffen hat.[631] Da § 8a Abs. 1 BSIG aufgrund seines begrenzten Adressatenkreises nicht zur Konkretisierung von Verkehrssicherungspflichten herangezogen werden kann, bleibt abzuwarten, inwieweit dieser Sorgfaltsmaßstab in Zukunft Teil einer richterrechtlichen Rechtsfortbildung wird.[632]

cc) Konkrete Maßnahmen

Der Umfang der zu treffenden Verkehrssicherungspflichten des Opfers eines Cyber-Angriffs hängt somit von der Bekanntheit, der Notwendigkeit und der technischen und wirtschaftlichen Zumutbarkeit der jeweiligen Sicherheitsmaßnahme sowie von der Bekanntheit der Bedrohung ab, wobei der Umfang der Verkehrssicherungspflichten durch technische Regelwerke konkretisiert werden kann. Es stellt sich daher die Frage, welche konkreten Maßnahmen notwendig sind, um eine Haftung im Falle eines Cyber-Angriffs zu vermeiden. Da heute eine Vielzahl von Maßnahmen ergriffen werden können, um sich vor Cyber-Angriffen zu schützen, sollen nachfolgend nur die wichtigsten und verbreitetsten Schutzmöglichkeiten untersucht werden.

(1) Antivirensoftware

Die wohl verbreitetste Art sich vor Cyber-Angriffen zu schützen, ist die Installation von Antivirensoftware. Dabei handelt es sich um Programme, die Computer und IT-Systeme vor Schadsoftware wie

---

[631] Siehe S. 93.
[632] Vgl. S. 94.

Viren, Trojanern oder Würmern schützen soll, indem sie diese aufspürt und daraufhin löscht oder blockiert.[633] Dass Schadsoftware eine der größten Bedrohungen für die Sicherheit von Computern und sonstigen IT-Systemen darstellt, ist seit der massenhaften Verbreitung von Computern bekannt.[634] Ebenfalls bekannt ist, dass Antivirensoftware dazu geeignet ist, Schäden durch Schadsoftware zu verhindern. Fraglich ist jedoch, inwieweit Antivirensoftware auch notwendig ist, um andere vor Cyber-Schäden zu bewahren. Lange Zeit herrschte sowohl in Fachkreisen als auch in der Bevölkerung die Auffassung, dass Antivirensoftware das effektivste Mittel gegen Schadsoftware ist. Allerdings wird in Fachkreisen vermehrt diskutiert, inwieweit Antivirensoftware noch zum Schutz vor Schadsoftware geeignet ist. So hat ein ehemaliger Entwickler des Software Unternehmens Mozilla Anfang 2017 empfohlen, keine Antivirensoftware mehr zu installieren. Die Empfehlung, die auch in deutschen Medien Beachtung fand,[635] beruhte auf der Ansicht, dass Antivirensoftware oftmals selbst zum Einfallstor von Schadsoftware werden. Allerdings wird bei gewerblichen und privaten Nutzern nach wie vor die Ansicht vorherrschen, dass Antivirensoftware notwendig ist, um sowohl die eigenen als auch die Systeme Dritter vor Schadsoftware zu schützen. Dafür spricht insbesondere, dass täglich neue Arten von Schadsoftware entdeckt werden und die Entwickler von Antivirensoftware oftmals am schnellsten auf diese reagieren, indem sie Updates der Antivirensoftware veröffentlichen, welche die neue Schadsoftware entdeckt und unschädlich macht.

Die Installation von Antivirensoftware ist den Nutzern auch technisch zumutbar, da die Programme den Nutzer in der Regel leicht verständlich und selbsterklärend durch den Installationsprozess führen und die Nutzer daher vor keine technischen Schwierigkeiten stellen.[636] Bei der wirtschaftlichen Zumutbarkeit ist zwischen privaten und gewerblichen Nutzern abzugrenzen. Zwar gibt es für private IT-Nutzer kostenlose Antivirensoftware, allerdings kann aufgrund

---

[633] Vgl. *Pruß/Sarre*, in: Auer-Reinsdorff/Conrad, Technisches Glossar; *Schmidl*, IT-Recht, S. 280.

[634] *Spindler*, BSI-Studie, Rn. 295.

[635] Siehe: http://www.faz.net/aktuell/technik-motor/digital/antiviren-software-wirkungslose-waechter-14886195.html (zuletzt aufgerufen am: 30.06.2021).

[636] *Spinder*, BSI-Studie, Rn. 295.

der steigenden Bedrohung durch Schadsoftware auch von privaten Nutzern erwartet werden, dass sie einen mittleren zweistelligen Betrag für Schadsoftware ausgeben.[637] Gewerbliche Nutzer haben in der Regel eine Vielzahl von Computern und Mitarbeitern und sind daher einem größeren Risiko ausgesetzt. Daher kann von gewerblichen Nutzern verlangt werden, dass sie höhere Kosten für Antivirensoftware als private Nutzer aufwenden.

Allerdings wird nahezu täglich eine neue Art von Schadsoftware entwickelt, die beispielsweise neue Sicherheitslücken ausnutzt. Daher schützt die Installation von Antivirensoftware nicht allein vor Schadsoftware. Vielmehr muss die Software auch regelmäßig aktualisiert werden, damit sie die IT-Systeme auch vor neuer Schadsoftware schützen kann.[638] Fraglich ist daher, inwieweit IT-Nutzer eine Verkehrssicherungspflicht zur regelmäßigen Aktualisierung von Antivirensoftware trifft. Dass täglich neue Schadsoftware entwickelt wird und es daher notwendig ist, die Antivirensoftware regelmäßig auf den neusten Stand zu bringen, ist allgemein bekannt. Auch wären die IT-Systeme ohne regelmäßige Updates nicht mehr effektiv vor Schadsoftware geschützt, weshalb ein regelmäßiges Updaten auch notwendig ist.[639] Da die Antivirensoftware von den Anbietern in der Regel für einen gewissen Zeitraum angeboten wird und in dieser Zeit auch alle Updates mit eingeschlossen sind, ist die Aktualisierung den Nutzern auch wirtschaftlich zumutbar.

Umstritten ist jedoch, in welchem zeitlichen Abstand diese Updates durchzuführen sind. *Spindler* ist der Ansicht, dass für IT-Nutzer nur die Pflicht besteht, die Software einmal die Woche zu aktualisieren, da der häufige Download großer Updatepakete den Nutzern nicht zumutbar sei.[640] *Seitz/Thiel* wiederum verlangen zumindest von Unternehmen eine tägliche Aktualisierung ihrer Antivirensoftware.[641] Gegen eine nur einmalige Updatepflicht pro Woche spricht, dass teilweise täglich neue Schadsoftware entwickelt wird. Die Systeme

---

[637] Vgl. *Mantz*, K & R 2007, 566, 570.

[638] *F. Koch*, CR 2009, 485, 488; *Mantz*, K&R 2007, 566, 570.

[639] *F. Koch*, CR 2009, 485, 488; *Libertus*, MMR 2005, 507, 510; *Mantz*, K&R 2007, 566, 570; *Seitz/Thiel*, PHi 2013, 42, 48.

[640] *Spindler*, BSI-Studie, Rn. 296.

[641] *Seitz/Thiel*, PHi 2013, 42, 48.

des Nutzers wären somit im schlimmsten Fall für eine Woche ungeschützt. Hinzu kommt, dass die Internetverbindungen heute, anders als zum Veröffentlichungszeitpunkt von *Spindlers* BSI-Studie, schnell genug sind, um auch größere Updates schnell herunterzuladen. Gegen eine sofortige Updatepflicht spricht, dass die Systeme durch die Aktualisierung oftmals neu gestartet werden müssen. Eine sofortige Updatepflicht würde daher bei Unternehmen dazu führen, dass der Arbeitsablauf ihrer Arbeitnehmer unterbrochen wird. Zumutbar erscheint hingegen eine Aktualisierung am Ende des Arbeitstages, wenn die Arbeitnehmer mit ihrer Tätigkeit fertig sind. Dieses Problem stellt sich für private Nutzer nicht, weshalb diesen bei Antivirensoftware zuzumuten ist, das Programm im Laufe des jeweiligen Tages zu aktualisieren.

(2) System- und Softwareupdates

Eine der Hauptursachen für erfolgreiche Cyber-Angriffe stellen Softwareschwachstellen dar. Ursächlich sind dabei insbesondere Schwachstellen in Softwareprodukten, die von Millionen von Nutzern verwendet werden, wie dem Adobe Flashplayer oder dem Microsoft Internet Explorer.[642] Nutzer können sich vor solchen Cyber-Angriffen schützen, indem sie Updates installieren, die von den Herstellern veröffentlicht wurden und so die entsprechende Sicherheitslücke schließen. Die Bedeutung solcher Updates zeigt sich daran, dass die unter dem Namen „WannaCry“ bekannte Cyber-Attacke im Mai 2017 eine Sicherheitslücke in Windowsbetriebssystemen ausgenutzt hat, für welche Microsoft bereits im März 2017 ein Update zur Verfügung gestellt hatte.

Es stellt sich daher die Frage, inwieweit IT-Nutzer die Verkehrssicherungspflicht trifft System- und Softwareupdates durchzuführen. *Spindler* bejaht eine solche Pflicht zumindest bei automatisierten und halb-automatischen Updates.[643] *F. Koch* ist hingegen der Ansicht, dass zumindest private Nutzer keine Pflicht zur Aktualisierung

[642] BSI, Lagebericht 2018, S. 43.
[643] *Spindler*, BSI-Studie, Rn. 306.

von Softwareprodukten trifft, solange diese eine Antivirensoftware installiert haben.[644] Gegen eine solche Auffassung spricht jedoch bereits, dass auch vor den Cyber-Angriffen „WannaCry“ und „Petya“ bekannt war, das Sicherheitslücken in Software eine große Gefahr darstellen und Updates oftmals die effektivste Art sind, sich vor Cyber-Angriffen zu schützen. So wurde immer wieder darüber berichtet, dass der Adobe Flashplayer diverse Sicherheitslücken aufweist, die nur durch Updates geschlossen werden können.[645] Sowohl privaten als auch gewerblichen IT-Nutzern muss daher bekannt sein, dass nicht aktualisierte Software ein hohes Risiko darstellt. Das Aktualisieren ihrer Software ist ihnen auch zumutbar.

Fraglich ist lediglich, wie schon bei der Antivirensoftware, wann und wie oft die Software aktualisiert werden muss. Notwendig ist zunächst, dass die Nutzer die Hinweisfunktion für neue Updates aktiviert haben. Im Unterschied zu Antivirensoftware dienen Software- und Systemupdates allerdings nicht allein dazu Sicherheitslücken zu schließen, sondern bringen andere Verbesserungen mit sich, wie beispielsweise ein neues Design oder neue Bedienelemente. Für die Nutzer ist daher oftmals nicht erkennbar, ob das Update sicherheitsrelevante Aktualisierungen enthält oder ob es sich um anderweitige Verbesserungen handelt. Von den Nutzern kann daher nicht erwartet werden, dass sie das Update sofort installieren. Dafür spricht auch das Zumutbarkeitskriterium, da insbesondere Betriebssystemupdates einen Neustart des Systems erfordern und teilweise viel Zeit in Anspruch nehmen, in welcher der Computer nicht verwendet werden kann. Dies spricht dafür, dass von privaten Nutzern nur verlangt werden kann, dass sie ihre Programme und Systeme ein Mal im Monat aktualisieren. Bei Unternehmen kann, wie auch bei der Aktualisierung von Antivirensoftware, hingegen erwartet werden, dass die Systeme am Ende des Arbeitstages aktualisiert werden, wenn die Arbeitnehmer mit ihrer Tätigkeit fertig sind.

---

644 *F. Koch,* CR 2009, 485, 488.

645 www.spiegel.de/netzwelt/web/adobe-flash-player-notfall-update-sollte-schnell-installiert-werden-a-1086236.html; www.sueddeutsche.de/digital/weitere-kritische-sicherheitsluecken-nutzer-sollten-flash-player-deaktivieren-1.2563299 (jeweils zuletzt aufgerufen am: 30.06.2021).

(3) Dekonnektieren

Eine Frage, die in der Literatur zur Gewährleistung von IT-Sicherheit diskutiert wird, ist inwieweit Opfer von Cyber-Angriffen die Pflicht trifft, die Internetverbindung ihres Geräts zu trennen (sog. Dekonnektieren), damit sich die Schadsoftware nicht weiterverbreitet und so keine Schäden bei den Systemen Dritter entstehen können. *F. Koch* ist der Ansicht, dass im Einzelfall die Trennung der Internetverbindung sowie die Blockierung des Zugangs zu E-Mail-Adresslisten notwendig sei.[646] Dass sich Schadsoftware über das Internet verbreitet ist bekannt. Daher kann auch angenommen werden, dass das Trennen der Internetverbindung als adäquates Mittel zum Schutz der eigenen und der Systeme Dritter bekannt ist. Allerdings muss jeweils auch bekannt sein, dass das System mit Schadsoftware infiziert ist. Zudem muss dem Nutzer die Maßnahme des Dekonnektierens auch zumutbar sein. Ohne eine Internetverbindung sind Computer heute kaum noch funktionsfähig. Insbesondere Mitarbeiter von Unternehmen können in den allermeisten Fällen ohne eine Internetverbindung ihrer Tätigkeit nicht nachkommen. Aufgrund dieser großen Einschränkungen ist es Unternehmen folglich nur in Ausnahmefällen zumutbar die Internetverbindung zu trennen. Dies ist der Fall, wenn die Gefahr, die von dem Cyber-Angriff ausgeht, als besonders hoch einzustufen ist, z.B. wenn sich ein Virus in kürzester Zeit auf dem gesamten System des Nutzers verbreitet und versucht, auch die Systeme Dritter zu infizieren. Des Weiteren muss das hohe Risiko auch erkennbar sein, da es selbst für eine gut ausgebildete IT-Abteilung nicht immer einfach sein wird, den Bedrohungsgrad sofort richtig einzuschätzen. So ist es für Nutzer oftmals nicht zu erkennen, ob ihr System Teil eines Bot-Netzes geworden ist.[647] Eine Pflicht zur Internettrennung kann daher nur in den seltensten Fällen angenommen werden.

---

[646] *F. Koch,* CR 2009, 485, 490.
[647] *F. Koch,* CR 2009, 485, 490.

(4) Unternehmensbezogene Maßnahmen

Darüber hinaus gibt es diverse weitere Sicherheitsmaßnahmen, die nur für Unternehmen in Frage kommen, da es sich bei ihnen entweder um spezielle betriebsbezogene Maßnahmen handelt oder es Maßnahmen sind, die mit einem hohem technischen und finanziellen Aufwand einhergehen und deren Kenntnis daher nur von Unternehmen erwartet werden kann. Allerdings ist auch hier bei der Notwendigkeit der Maßnahmen nach dem Risiko und der Unternehmensgröße zu unterscheiden.

Ein Risiko, dem alle Unternehmen ausgesetzt sind, ist das Verhalten ihrer Mitarbeiter, welche aufgrund von fahrlässigem Verhalten oder Unwissenheit einem Cyber-Angriff zum Erfolg verhelfen, indem sie beispielweise einen mit Schadsoftware verseuchten E-Mail-Anhang öffnen. Diese Schadensursache lässt sich nur durch die Sensibilisierung ihrer Mitarbeiter verhindern, z.B. mit Hilfe von Schulungen oder Online-Kursen.

Ein weiteres Mittel zum Schutz vor Cyber-Angriffen sind sog. Firewalls. Dabei handelt es sich um eine Soft- und Hardwarelösung, welche den eingehenden und ausgehenden Netzwerkverkehr überwacht und auf Grundlage von bestimmten Regeln einen Datenverkehr entweder zulässt oder blockiert.[648] Für Unternehmen ist die Implementierung einer Firewall unerlässlich, da eine Firewall in der Lage ist, den gesamten Netzwerkverkehr eines Unternehmens zu überwachen und so schon am „Netzwerkeingang" vor Cyber-Angriffen schützen kann.[649] Die konkrete Programmierung und der Umfang der Firewall werden aber von der Größe und dem individuellen Risiko des jeweiligen Unternehmens abhängen.

Des Weiteren existieren Schutzmaßnahmen, die der Zugriffskontrolle dienen. Dabei werden an die normalen Mitarbeiter Nutzerkonten mit beschränkten Eingriffsmöglichkeiten vergeben und einige wenige Mitarbeiter, in der Regel Angestellte der IT-Abteilung, mit einem

648 *Pruß/Sarre*, in: Auer-Reinsdorff/Conrad, Technisches Glossar; *Schmidl*, IT-Recht, S. 105.
649 *Spindler*, BSI-Studie, Rn. 388 f.

Administratorkonto ausgestattet.[650] Eine Erteilung von unterschiedlichen Zugriffrechten für die Mitarbeiter kann das Unternehmens sowohl vor vorsätzlichen als auch vor fahrlässigen Eingriffen von Angestellten in die IT-Systeme des Unternehmens schützen. Von großer Relevanz ist die Vergabe von Zugriffsrechten für Unternehmen, die über sensible Kundendaten verfügen, da es hier besonders wichtig ist, dass nicht jeder Mitarbeiter Zugang zu diesen Daten erlangen kann. Unternehmen, die über sensible Kundendaten verfügen, müssen des Weiteren Verschlüsselungsmaßnahmen ergreifen.[651] Dazu gehört die Verschlüsselung der Netzwerkverbindung, des E-Mail-Verkehrs sowie von Datenträgern.

Zur Gewährleistung von IT-Sicherheit können zudem auch sog. Intrusion-Detection-Systeme beitragen.[652] Diese Systeme überwachen laufend den aus- und eingehenden Datenverkehr auf Auffälligkeiten und sollen so Cyber-Angriffe erkennen.[653] Ebenfalls in Betracht kommt die Durchführung von sog. Penetrationstests. Bei dieser Maßnahme wird die Unternehmens-IT auf Schwachstellen getestet, indem die IT-Systeme einem Cyber-Angriff unterzogen werden, bei welchem die gleichen Angriffsmethoden und Werkzeuge verwendet werden, die auch von Angreifer benutzt werden. Sowohl die Implementierung von Intrusion-Detection-Systemen, als auch die Durchführung von Penetrationstests wird den Unternehmen aufgrund des großen technischen und wirtschaftlichen Aufwands nur in seltenen Fällen zumutbar sein.

b) Kausalität

Hat das angegriffene Unternehmen keine der soeben dargestellten Sicherheitsmaßnahmen ergriffen, kann es sich gegenüber dem geschädigten Dritten unter Umständen auf den Einwand des rechtmäßigen Alternativverhaltens berufen. Bei diesem wendet der Scha-

---

[650] *Spindler*, BSI-Studie, Rn. 395.
[651] *Seitz/Thiel*, PHi 2013, 42, 48.
[652] *Spindler*, BSI-Studie, Rn. 396.
[653] *Schmidl*, IT-Recht, S. 143 f.

densverursacher ein, dass der Schaden auch bei einem rechtmäßigen Verhalten eingetreten wäre.[654] Ein solcher Einwand könnte z.B. von Bedeutung sein, wenn einem Dritten dadurch ein Schaden entstanden ist, dass von dem System des angegriffenen Unternehmens Viren weiterverbreitet wurden. In diesem Fall kann sich das Unternehmen auf den Einwand des rechtmäßigen Alternativverhaltens berufen, wenn der Cyber-Schaden auch dann eingetreten wäre, wenn es eine Antivirensoftware oder eine Firewall installiert hätte, z.B. weil diese Sicherheitsanwendungen die Schadsoftware aufgrund ihrer Neuheit nicht erkannt hätten.[655] Allerdings kann sich das Unternehmen nicht auf diesen Einwand berufen, wenn noch andere Möglichkeiten bestanden hätten, den Schaden des Dritten abzuwenden. Dies gilt insbesondere dann, wenn die Schadsoftware eine Sicherheitslücke des Betriebssystems ausgenutzt hat und diese Sicherheitslücke durch die Installation eines Sicherheitsupdates hätte geschlossen werden können.

3. Ergebnis

Das Opfer eines Cyber-Angriffs wird am häufigsten deliktischen Ansprüchen ausgesetzt sein. Wurden von dem IT-System des angegriffenen Unternehmens Viren versendet oder war das IT-System Teil eines Bot-Netzes kommt oftmals ein Anspruch aus § 823 Abs. 1 BGB in Betracht. Anders als von *Spindler* vertreten,[656] ist das Opfer des Cyber-Angriffs dabei aber keiner uferlosen Haftung ausgesetzt. Vielmehr haftet der Angegriffene nur, wenn er eine Verkehrssicherungspflicht verletzt hat. Da in diesem Rahmen die individuelle technische und wirtschaftliche Zumutbarkeit berücksichtigt wird, haftet der Angegriffene gerade nicht für alle denkbaren Cyber-Schäden.

---

654 *Oetker*, in: MüKoBGB, § 249 Rn. 217.

655 LG Köln, Urt. v. 21.07.,1999 – 20 S 5-99, NJW 1999, 3206; *R. Koch*, NJW 2004, 801, 806; *Seitz/Thiel*, PHi 2013, 42, 49.

656 *Spindler*, BSI-Studie, Rn. 283.

D. Zusammenfassung

Eine Anspruchsgrundlage, mit der sämtliche Cyber-Schäden geltend gemacht werden können, existiert zum jetzigen Zeitpunkt im deutschen Zivilrecht nicht. Die Tatsachen, dass Daten heute nicht mehr zwingend auf den eigenen Datenträgern gespeichert werden und Kriminelle Daten oftmals nicht löschen, sondern nur kopieren, haben dazu geführt, dass § 823 Abs. 1 BGB keinen ausreichenden deliktischen Schutz vor Cyber-Schäden bietet. Daher hat der Gesetzgeber eine neue Haftungsnorm im Sinne eines § 823a BGB zu schaffen, mit der einerseits Schäden ersetzbar sind, die durch einen Datendiebstahl entstanden sind und andererseits auch solche Schäden ersetzbar sind, bei denen der bisherige Deliktsschutz versagt, weil die gelöschten oder verschlüsselten Daten auf einem fremden Datenträger gespeichert wurden.

Ein einheitlicher Sorgfaltsmaßstab, der sich für die Beurteilung von Verkehrssicherungspflichten, des Verschuldens sowie des Mitverschuldens im Zusammenhang mit Cyber-Angriffen heranziehen lässt, existiert zum jetzigen Zeitpunkt ebenfalls nicht. Hier wäre eine richterrechtliche Rechtsfortbildung wünschenswert, welche unter Berücksichtigung der Drei-Stufen-Theorie statuiert, dass IT-Sicherheit durch angemessene organisatorische und technische Vorkehrungen zur Vermeidung von Störungen der Verfügbarkeit, Integrität, Authentizität und Vertraulichkeit der informationstechnischen Systeme gewährleistet werden muss.

Die Darstellung hat des Weiteren gezeigt, dass insbesondere Softwarehersteller, Geschäftsleiter sowie der Angegriffene selbst umfangreich für Cyber-Schäden haften können. Eine Inanspruchnahme von Softwareherstellern kommt insbesondere in Frage, wenn diese es unterlassen haben, eine Sicherheitslücke ihrer Software durch Updates zu schließen. Vorstände und Geschäftsführer müssen wiederum sicherstellen, dass in ihrem Unternehmen ausreichende Maßnahmen zur Gewährleistung von IT-Sicherheit getroffen werden, um Schadensersatzansprüche nach § 93 Abs. 2 S. 1 AktG zu vermeiden. Das Opfer des Cyber-Angriffs haftet in erster Linie nach § 823 Abs. 1 BGB, sofern es Verkehrssicherungspflichten verletzt hat. Hier ist stets im Einzelfall zu entscheiden, ob die jeweiligen Schutzmaßnahmen bekannt, notwendig und zumutbar waren.

Teil 3 – Die Cyber-Versicherung

A. Überblick: Die Cyber-Versicherung

Die Cyber-Versicherung hat ihren Ursprung in den USA. Der Vertrieb von Cyber-Policen im heutigen Sinne hat in Deutschland erst vor einigen Jahren begonnen. Das neue Versicherungsprodukt war zwar von Beginn an Gegenstand zahlreicher Fachvorträge, am Markt aber hat sich das Produkt lange Zeit nicht durchgesetzt. Seit den zwei großen Cyber-Angriffen „WannaCry“ und „Petya“ im Jahr 2017 wird aber damit gerechnet, dass der Absatz von Cyber-Policen in Deutschland stark ansteigen wird.[657] Dennoch ist der amerikanische Cyber-Markt dem deutschen bereits weit voraus. So hat der Absatz von Cyber-Policen dort im Jahr 2015 bereits ein Prämienvolumen von 2,5 Mrd. US-Dollar erreicht, wohingegen das Volumen in Deutschland im gleichen Jahr nur schätzungsweise 30 Mio. Euro betragen hat.[658] Jedoch wird in Deutschland mit einer hohen Absatzsteigerung gerechnet und vorausgesagt, dass der Absatz von Cyber-Versicherungen im Jahr 2036 ein Prämienvolumen zwischen 9,41 und 20,38 Mrd. Euro erreichen wird.[659]

Haben in den Anfangsjahren nur wenige Versicherer eine Cyber-Police in Deutschland angeboten, listet der GDV mittlerweile 42 Anbieter auf, die eine solche Police anbieten.[660] Dabei gibt es sowohl Versicherer die in erster Linie große Unternehmen und Konzerne gegen Cyber-Risiken versichern, wie unter anderem die Industrieversicherer Allianz Global Corporate & Specialty und HDI Global, als auch solche Versicherer deren Angebot in erster Linie auf kleinere und mittlere Unternehmen abzielt, wie z.B. die R+V und die Ergo Versicherung. Dies spiegelt sich auch in den angebotenen Deckungssummen wieder, welche ein Maximum von bis zu 500 Mio. Euro erreichen können.[661] Die angebotenen Policen unterscheiden

---

657 Versicherungsmonitor, Dossier Nr. 7, S. 6 f.

658 KPMG, Cyber-Studie, Studienteil B., S. 28.

659 KPMG, Cyber-Studie, Studienteil B., S. 35 ff.

660 https://www.dieversicherer.de/service/wer-versichert-was/versicherer/47406?productQuery=Cyberversicherung&channelId=82 (zuletzt aufgerufen am: 30.06.2021); vgl. *Gebert/Klapper*, in: Veith/Gräfe/Gebert, § 24 Rn. 31.

661 Vgl. *Wirth*, BB 2018, 200, 201.

sich aber nicht nur in ihrer Zielgruppe und den angebotenen Deckungssummen, sondern in besonderem Maße auch in der konkreten Ausgestaltung ihrer Versicherungsbedingungen.[662]

Aufgrund dieser heterogenen Marktsituation hat der GDV am 19. April 2017 seine Cyber-Musterbedingungen veröffentlicht. Diese Allgemeinen Versicherungsbedingungen für die Cyberrisiko-Versicherung (nachfolgend AVB-Cyber) richten sich in erster Linie an kleine und mittlere Unternehmen und sollen zum einen Maklern und Versicherungsnehmern als Vergleichsmaßstab dienen und zum anderen Versicherern die Entwicklung ihrer Bedingungen erleichtern.[663] Zudem erhoffen sich die Marktteilnehmer von den AVB-Cyber eine Homogenisierung der Bedingungen sowie eine weitere Verbreitung und Akzeptanz der Cyber-Versicherung.

Bei der Cyber-Versicherung handelt es sich um eine sog. Multi-Line-Police, bei welcher Risiken verschiedener Sparten gedeckt werden.[664] Die Cyber-Policen setzen sich dabei in der Regel aus drei Deckungsbestandteilen zusammen: Drittschäden, Eigenschäden und sog. Servicekosten.[665] Der Drittschadensbaustein umfasst dabei Schadensersatzansprüche, denen das Opfer des Cyber-Angriffs ausgesetzt sein kann.[666] Dieser Haftpflichtbaustein gewährt daher insbesondere Schutz für die oben[667] dargestellten Ansprüche. Zu den von der Cyber-Versicherung abgedeckten Eigenschäden gehören insbesondere Betriebsunterbrechungsschäden und Kosten die zur Wiederherstellung von Daten aufgewendet wurden.[668] Zudem können oftmals auch weitere Schäden optional versichert werden, wie z.B. Vertrauensschäden. Der Service-Baustein umfasst zusätzliche Kosten die dem Versicherungsnehmer nach einem Cyber-

[662] Vgl. *Erichsen*, in: Rüffer/Halbach/Schimikowski, Vorbem. AVB-Cyber Rn. 4; *Gebert/Klapper*, in: Veith/Gräfe/Gebert, § 24 Rn. 2, 37 ff.; *Malek/Schilbach*, VersR 2019, 1321; *Wirth*, in: Gabel/Heinrich/Kiefner, Kap. 12 Rn. 14.

[663] https://www.gdv.de/de/medien/aktuell/gdv-stellt-musterbedingungen-fuer-cyberversicherung-vor-8270 (zuletzt aufgerufen am: 30.06.2021).

[664] *Gebert/Klapper*, in: Veith/Gräfe/Gebert, § 24 Rn. 24; *Malek/Schütz*, PHi 2018, 174, 182; *Schilbach*, SpV 2018, 2.

[665] *Erichsen*, CCZ 2015, 247, 249.

[666] Ziff. A3-1 AVB-Cyber.

[667] Siehe S. 21 ff., 161 ff.

[668] *Erichsen*, CCZ 2015, 247, 249.

Angriff entstehen können, wie z.B. Aufwendungen für IT-Forensiker, PR-Berater und Call-Center-Dienstleistungen.

B. Grundlegende Fragestellungen

I. Versicherbarkeit von Cyber-Risiken

Im Rahmen der Versicherung von Cyber-Risiken stellen sich zunächst sehr grundlegende Fragen. Dazu gehört insbesondere die Frage, inwieweit Cyber-Risiken versicherbar sind. Sie wurde in jüngerer Zeit von der Wirtschafts- und Fachpresse aufgegriffen. Gegenstand dieser Diskussion war die Frage, inwieweit die Versicherer wirtschaftlich in der Lage sind das Cyber-Risiko zu tragen. Als Hauptprobleme werden insbesondere die Gefahr des Kumulrisikos, die schwierige Kalkulierbarkeit des Risikos sowie die mangelnde Schadenserfahrung der Versicherer angesehen.[669] Neben der Frage der betriebswirtschaftlichen Versicherbarkeit stellt sich jedoch auch die Frage, inwieweit die Deckung von Cyber-Risiken rechtlich zulässig ist.

1. Betriebswirtschaftliche Versicherbarkeit

Die Versicherbarkeit im betriebswirtschaftlichen Sinne hängt nicht von absoluten Grenzen ab, sondern davon, ob Versicherungsunternehmen bereit sind das jeweilige Risiko zu zeichnen und ob der Versicherungsnehmer gewillt ist die entsprechende Prämie zu zahlen.[670] Da die Versicherer aber in der Regel nicht bereit sind jedes Risiko zu zeichnen und der Versicherungsnehmer die Bedingungen

---

669 Versicherungsmonitor Dossier Nr. 7, S. 15 ff..; https://live.versicherungsmonitor.de/2018/02/02/vergiftete-cyberdeckungen/; http://www.sueddeutsche.de/wirtschaft/cyberpolicen-das-ist-wie-dynamithandel-1.3156768; http://www.handelsblatt.com/my/finanzen/banken-versicherungen/schwieriges-geschaeft-mit-cyberpolicen-hilferuf-der-versicherer/20351940.html (jeweils zuletzt aufgerufen am: 30.06.2021).

670 Deutsche Akutarvereinigung, Versicherbarkeit von Risiken in der Schadenversicherung, S. 8; *Eszler*, ZVersWiss 2000, 285, 297.

des Versicherungsvertrages nur bei einer für ihn angemessenen Prämienhöhe akzeptieren wird, wurden in der Literatur mehrere Kriterien gebildet, an Hand derer die betriebswirtschaftliche Versicherbarkeit eines Risikos bestimmt werden kann.

a) Eindeutigkeit des Risikos

Das zu versichernde Risiko muss zunächst eindeutig definiert sein.[671] Notwendig ist daher, dass das den Versicherungsfall auslösende Ereignis, das versicherte Objekt sowie die Schadenart und Schadenhöhe eindeutig bestimmt werden können.[672] Die Schadensart lässt sich im Rahmen der Cyber-Versicherung sehr eindeutig festlegen. Wie bereits dargestellt, werden unter anderem Betriebsunterbrechungsschäden und Haftpflichtansprüche versichert. Ebenfalls leicht zu bestimmten ist das versicherte Objekt. Schwieriger kann nach einem Cyber-Angriff jedoch die Frage sein, welches Ereignis zu dem Cyber-Schaden geführt hat.[673] Allerdings können IT-Forensik-Dienstleister heute oftmals nachweisen, wie die Angreifer vorgegangen sind oder welche Schadsoftware für den Angriff verantwortlich war. Zwar kann nach wie vor in den allermeisten Fällen nicht festgestellt werden, wer für den Angriff verantwortlich gewesen ist,[674] dies ist für den Versicherungsschutz durch die Cyber-Versicherung allerdings auch nicht notwendig, da nur nachgewiesen werden muss, dass es zu einem solchen Angriff gekommen ist.

Problematisch kann jedoch die Bestimmung der Schadenshöhe sein. Wie schon beim Haftungsteil dargestellt,[675] kann insbesondere im Rahmen der Spionage und den daraus resultierenden Reputationsschäden oftmals nicht nachgewiesen werden, ob und in welchem Umfang ein Schaden eingetreten ist.[676] Schäden wie diese

---

[671] Deutsche Akutarvereinigung, Versicherbarkeit von Risiken in der Schadenversicherung, S. 17.
[672] *Buchner*, IT-Versicherung, S. 62; Deutsche Akutarvereinigung, Versicherbarkeit von Risiken in der Schadenversicherung, S. 17.
[673] *Buchner*, IT-Versicherung, S. 64.
[674] *Vgl. Buchner*, IT-Versicherung, S. 64.
[675] Siehe S. 82.
[676] *Buchner*, IT-Versicherung, S. 64 f.

sind daher nicht versicherbar. Bei den restlichen häufig auftretenden Schadensarten, wie z.B. den Datenwiederherstellungskosten, wird sich die Schadenshöhe in der Regel einfach bestimmen lassen; lediglich die genaue Bestimmung der Schadenshöhe von Betriebsunterbrechungsschäden wird im Einzelfall mit einem gewissen Aufwand verbunden sein. Das Kriterium der Eindeutigkeit ist daher mit Ausnahme von Spionage-Schäden bei Cyber-Risiken erfüllt.

b) Zufälligkeit des Schadensereignisses

Für eine Versicherbarkeit ist zudem erforderlich, dass das den Versicherungsfall auslösende Ereignis zufällig eingetreten ist, weshalb der Eintritt des Risikos für Versicherungsnehmer und Versicherer ungewiss und unbeeinflussbar sein muss.[677] Ungewissheit liegt vor, wenn beide Parteien über die gleichen Informationen verfügen.[678] Im Rahmen von Cyber-Risiken wissen beide Parteien nicht wann und auf welche Weise ein Cyber-Angriff erfolgen wird. Allerdings kennt der Versicherungsnehmer den Zustand seiner IT besser als der Versicherer. Dieses Informationsungleichgewicht lässt sich allerdings durch eine Risikoprüfung vermeiden,[679] indem der Versicherungsnehmer beispielsweise einen Risikofragebogen ausfüllen muss.

Bei der Unbeeinflussbarkeit muss gewährleistet sein, dass der Versicherungsfall unabhängig vom Willen oder Verhalten des Versicherungsnehmers eintritt.[680] In diesem Zusammenhang ist insbesondere das moralische Risiko (moral hazard) von Bedeutung, wonach die Sorgfalt einen Schaden zu verhindern durch den Versicherungsschutz abnimmt.[681] Im Rahmen der Cyber-Versicherung kann sich das moralische Risiko darin wiederspiegeln, dass der Versiche-

[677] *Buchner*, IT-Versicherung, S. 62; Deutsche Akutarvereinigung, Versicherbarkeit von Risiken in der Schadenversicherung, S. 17.

[678] *Buchner*, IT-Versicherung, S. 62.

[679] *Buchner*, IT-Versicherung, S. 63

[680] *Buchner*, IT-Versicherung, S. 62; Deutsche Akutarvereinigung, Versicherbarkeit von Risiken in der Schadenversicherung, S. 17.

[681] *Buchner*, IT-Versicherung, S. 62; *Karten*, ZVersWiss 1983, 213, 217.

rungsnehmer der IT-Sicherheit nach dem Erwerb einer Cyber-Police eine geringere Bedeutung beimisst. Dieses Risiko lässt sich allerdings durch die Vereinbarung von Selbstbehalten, Leistungsausschlüssen und Obliegenheiten erheblich senken. So kann beispielsweise eine Klausel in die Bedingungen aufgenommen werden, nach welcher der Versicherer von der Leistung befreit ist, wenn er seine Betriebssysteme nicht regelmäßig aktualisiert hat.[682]

c) Bewertbarkeit des Schadens

Für die Versicherbarkeit eines Risikos ist des Weiteren notwendig, dass der mögliche Schaden bewertbar ist. Der Versicherer muss in der Lage sein, das mittlere Schadensausmaß und die Schwankungsanfälligkeit des Risikos zu berechnen, um im Anschluss die notwendige Prämie kalkulieren zu können.[683] Notwendig für eine solche Schätzbarkeit ist grundsätzlich, dass der Versicherer auf ausreichende Daten und Statistiken zu dem betreffenden Risiko zurückgreifen kann, um die notwendigen Parameter, wie den möglichen Eintrittszeitpunkt und die Schadenhöhe, zu berechnen.[684]

Zwar ist die Bedrohung durch Schadprogramme spätestens seit Beginn der 2000er Jahre bekannt, jedoch hat sich die Bedrohungslage durch die stark zunehmende Vernetzung und den rasanten technischen Fortschritt in den letzten zehn Jahren enorm verschärft. Die Neuartigkeit von Cyber-Risiken führt dazu, dass es den Versicherern an Daten für die Bestimmung einer angemessenen Prämie fehlt.[685] Die schwierige Schätzbarkeit des Cyber-Risikos könnte daher gegen eine Versicherbarkeit sprechen. Allerdings haben alle neuen Risiken gemeinsam, dass sie mangels einer ausreichenden Datenlage nicht genau bestimmbar sind, was aber nicht zwingend zu einer Ablehnung der Versicherbarkeit führen muss.[686] So lässt sich bei neuen Risiken die mangelnde Schätzbarkeit durch eine an-

---

682 Vgl. *Buchner*, IT-Versicherung, S. 65.

683 Deutsche Akutarvereinigung, Versicherbarkeit von Risiken in der Schadenversicherung, S. 10, 18.

684 *Biener/Eling/Matt/Wirfs*, Cyber-Risk, S. 60.

685 *Biener/Eling/Matt/Wirfs*, Cyber-Risk, S. 63.

686 Deutsche Akutarvereinigung, Versicherbarkeit von Risiken in der Schadenversicherung, S. 9.

gemessene Produktgestaltung, wie z.B. eine Begrenzung der Deckungssumme und die Festlegung einer bestimmten Zahl von Versicherungsfällen pro Jahr ausgleichen.[687] Die Tatsache, dass es sich bei Cyber-Risiken um ein relativ neues Risiko handelt, begründet folglich noch keine Unversicherbarkeit. Allerdings gilt dies nur für die nahe Zukunft. Denn für eine mittel- bis langfristige Versicherbarkeit ist notwendig, dass das mittlere Schadensausmaß und die Schwankungsanfälligkeit stabil eingeschätzt werden können, da die Versicherer nicht dauerhaft ein Risiko versichern werden, welches keine Aussicht auf Gewinne verspricht.[688]

Neben dem Mangel an Daten kann auch das sog. Änderungsrisiko zu einer mangelnden Schätzbarkeit führen. Das Änderungsrisiko beschreibt die Situation, dass sich das Risiko aufgrund von Veränderungen wandelt.[689] Im Zusammenhang mit Cyber-Risiken kann dies bedeuten, dass die bisher gesammelten Daten nicht zielführend für eine Risikobewertung sind, da sich das Risiko verändert hat,[690] beispielsweise weil die Angreifer neue Angriffswege gefunden haben oder neue Technologien entstanden sind die eine neue Risikobewertung erfordern. Dieser Gefahr können die Versicherer aber begegnen, indem sie die Laufzeit von Versicherungsverträgen beschränken. Auf diese Weise kann der Versicherer in regelmäßigen Abständen eine neue Risikoeinschätzung vornehmen, um die Versicherungsbedingungen im Bedarfsfall anzupassen.

d) Unabhängigkeit der Risiken

Von großer Bedeutung für die Versicherbarkeit von Cyber-Risiken ist des Weiteren das Kriterium der Unabhängigkeit. Danach dürfen durch ein Ereignis nicht eine Vielzahl von versicherten Schäden betroffen sein, da ansonsten ein sog. Kumulrisiko vorliegt.[691] Ein klas-

---

[687] *Buchner*, IT-Versicherung, S. 65; Deutsche Akutarvereinigung, Versicherbarkeit von Risiken in der Schadenversicherung, S. 10.

[688] Deutsche Akutarvereinigung, Versicherbarkeit von Risiken in der Schadenversicherung, S. 10.

[689] *Biener/Eling/Matt/Wirfs*, Cyber-Risk, S. 63.

[690] *Biener/Eling/Matt/Wirfs*, Cyber-Risk, S. 63.

[691] Deutsche Akutarvereinigung, Versicherbarkeit von Risiken in der Schadenversicherung, S. 17.

sisches Kumulrisiko stellen Naturkatastrophen dar, bei denen z.B. durch Hagel oder einen Sturm diverse Schäden in der Kfz- oder Sachversicherung auftreten.[692] Aber auch bei Cyber-Risiken wird die Gefahr eines Kumul-Szenarios, bei welchem ein Cyber-Angriff eine Vielzahl von Versicherungsfällen zur Folge hat, als besonders hoch eingeschätzt.[693]

Gegen das Bestehen eines Kumulrisiko spricht zunächst, dass die Cyber-Versicherung zumindest in Deutschland noch kaum verbreitet ist[694] und ein weltweiter Cyber-Angriff die Versicherer in Deutschland bisher nicht vor zu große Probleme stellen würde. Zudem muss nicht jeder Cyber-Angriff zwangsläufig zu einer Vielzahl von Schäden führen.[695] Dies gilt insbesondere für individuell durchgeführte Cyber-Angriffe, die nur darauf ausgerichtet sind einem ganz bestimmten Unternehmen zu schaden.

Dennoch ist nicht von der Hand zu weisen, dass gerade Schadsoftware zu einer Vielzahl von Schäden führen kann. Der Cyber-Angriff „WannaCry“ hat gezeigt, dass Schadsoftware in der Lage ist, eine Vielzahl von Schäden zu verursachen. So wurden in England die IT-Systeme von mehreren Krankenhäusern infiziert, in den USA waren die Systeme des Logistikkonzerns FedEx betroffen und in Deutschland fielen zeitweise diverse Anzeigetafeln der Deutschen Bahn aus.[696] Das Beispiel „WannaCry“ verdeutlicht die zwei großen Gefahren die von Schadsoftware ausgehen. Zum einen verbreitet sich Schadsoftware oftmals in einer extrem schnellen Geschwindigkeit weiter, sodass in kürzester Zeit diverse IT-Systeme infiziert sind. Zum anderen sind die Schäden, anders als bei klassischen Kumulrisiken, wie z.B. Naturkatastrophen, nicht auf einen Ort be-

---

692 Deutsche Akutarvereinigung, Versicherbarkeit von Risiken in der Schadenversicherung, S. 17.

693 *Armbrüster*, Privatversicherungsrecht, Rn. 2126; Deutsche Akutarvereinigung, Versicherbarkeit von Risiken in der Schadenversicherung, S. 23; *R. Koch*, in: Karlsruher Forum 2010, S. 118; https://www.handelsblatt.com/finanzen/banken-versicherungen/schwieriges-geschaeft-mit-cyber policen-hilferuf-der-versicherer/20351940.html (zuletzt aufgerufen am: 30.06.2021).

694 Vgl. Bitkom, Studie 2018, S. 51 (wonach 14 % der befragten Unternehmen über eine Cyber-Versicherung verfügen); KPMG, Cyber-Studie, Studienteil B, S. 28 (wonach der Cyber-Markt in Deutschland noch relativ klein ist).

695 *Biener/Eling/Matt/Wirfs*, Cyber-Risk, S. 62.

696 http://www.spiegel.de/netzwelt/web/wannacry-attacke-fakten-zum-globalen-cyber-angriff-a-1147523.html (zuletzt aufgerufen am: 30.06.2021).

grenzt, sondern können zur gleichen Zeit weltweit auftreten.[697] Sollte der Vertrieb von Cyber-Versicherungen in Zukunft stark zunehmen, besteht zumindest die Gefahr, dass die Versicherungswirtschaft vor großen Deckungsproblemen stehen wird.

Um das Kumulrisiko auch in Zukunft zu begrenzen, bieten sich den Versicherern zunächst die klassischen Möglichkeiten an, wie z.B. die Festlegung von Höchstdeckungssummen, die Vereinbarung von Selbstbehalten, die Bildung von Schwankungsrückstellungen sowie der Abschluss einer Rückversicherung.[698] Allerdings geraten auch diese Lösungen an ihre Grenzen, wenn ein Cyber-Angriff eintritt, der einen sehr großen Teil der versicherten Risiken betrifft. Aus diesem Grund wird vertreten, dass der Staat, ähnlich wie bei Terror-Risiken, für besonders große Schäden einen Teil der Deckung übernehmen sollte.[699] Grund für die Einführung einer teilweise staatlichen Deckung von Terrorrisiken war,[700] dass die Versicherungswirtschaft sich nach dem Anschlag auf das World Trade Center am 11. September 2001 nicht mehr im Stande sah, Terrorrisiken in ihren herkömmlichen Policen abzudecken. Grundvoraussetzung für eine Rechtfertigung einer staatlichen Deckung ist somit, dass die Versicherung eines Risikos für die Versicherer alleine nicht realisierbar ist. Diese mangelnde Realisierbarkeit folgt bei Terrorrisiken daraus, dass Terroranschläge sehr selten auftreten, bei ihrem Eintritt aber in der Regel sehr hohe Schäden verursachen. Die überdurchschnittlich hohen Schadenssummen und die Unkalkulierbarkeit führen daher zu einer Unversicherbarkeit.

Auch Cyber-Angriffe können hohe Schäden zur Folge haben. Es ist aber bisher zumindest schwer vorstellbar, dass ein einzelner Cyber-Angriff zu einer vergleichbaren Schadenssumme wie bei dem Anschlag auf das World Trade Center führen kann. Hinzu kommt, dass Cyber-Angriffe zwar bisher schwer zu kalkulieren sind, diese aber

---

[697] Vgl. *R. Koch*, in: Karlsruher Forum 2010, S. 118.

[698] *Armbrüster*, Privatversicherungsrecht, Rn. 2126; *Buchner*, IT-Versicherung, S. 63; Deutsche Akutarvereinigung, Versicherbarkeit von Risiken in der Schadenversicherung, S. 17 f., 23 f.

[699] https://live.versicherungsmonitor.de/2018/02/02/vergiftete-cyberdeckungen/; https://www.handelsblatt.com/finanzen/banken-versicherungen/schwieriges-geschaeft-mit-cyberpolicen-hilferuf-der-versicherer/20351940.html (jeweils zuletzt aufgerufen am: 30.06.2021).

[700] Zur genauen Ausgestaltung der staatlichen Deckung in der Terroversicherung siehe: http://www.extremus.de/index.php/ueber-uns/geschichte (zuletzt aufgerufen am: 30.06.2021).

dennoch weitaus häufiger eintreten als Terroranschläge. Aufgrund dieses häufigeren Schadenseintritts ist es gut möglich, dass sich die Bewertbarkeit mit der weiteren Verbreitung der Cyber-Versicherung ändern kann, da die Versicherer dann auch über mehr Schadensdaten verfügen. Hinzu kommt, dass die Versicherer das Entstehen des Kumulrisikos selbst in der Hand haben. Anders als die Terror-Risiken vor dem 11.September 2001 sind Cyber-Risiken deutlich seltener durch herkömmliche Policen versichert.[701] Die Versicherer können das Kumulrisiko daher maßgeblich beeinflussen, in dem sie nur eine bestimmte Anzahl an Risiken zeichnen und für diese die Deckungssumme in einem für sie angemessenen Maße begrenzen. Aus diesen Gründen sind die klassischen Mittel zur Begrenzung des Kumulrisikos derzeit ausreichend. Daher erscheint der „Hilferuf der Versicherer“[702] verfrüht. Vielmehr sollte abgewartet werden, wie sich die Schadensstatistik in der neuen Sparte Cyber entwickelt. Sollte diese Statistik darauf hindeuten, dass die Versicherer tatsächlich nicht in der Lage sind die Risiken alleine zu regulieren und sollte der Markt die Cyber-Versicherung dennoch stark nachfragen, könnte über eine staatliche Deckung nachgedacht werden.

2. Rechtliche Versicherbarkeit

Neben der betriebswirtschaftlichen Versicherbarkeit von Cyber-Risiken, stellt sich darüber hinaus die Frage, ob die Zeichnung dieser Risiken auch rechtlich zulässig ist. Grundsätzlich ist in Deutschland jedes vermögenswerte Interesse versicherbar.[703] Eingeschränkt wird die Versicherbarkeit jedoch insoweit, als dass die Versicherung nicht gegen ein gesetzliches Verbot oder gegen die guten Sitten im Sinne der §§ 134, 138 BGB verstoßen darf.[704] Von praktischer Bedeutung für die Versicherbarkeit sind zudem die Vorgaben der BaFin, welche die Zeichnung bestimmter Risiken ausdrücklich

[701] Siehe dazu unten: S. 299 ff.

[702] https://www.handelsblatt.com/finanzen/banken-versicherungen/schwieriges-geschaeft-mit-cyberpolicen-hilferuf-der-versicherer/20351940.html (zuletzt aufgerufen am: 30.06.2021).

[703] *Armbrüster*, Privatversicherungsrecht, Rn. 449.

[704] *Armbrüster*, Privatversicherungsrecht, Rn. 449.

untersagt. Die Versicherung von Cyber-Risiken verstößt grundsätzlich weder gegen die Regeln der §§ 134, 138 BGB noch gegen die Vorgaben der BaFin. Allerdings könnte die Deckung bestimmter Schäden durch die Cyber-Versicherung gegen diese Vorgaben verstoßen. Dies erscheint namentlich bei zwei Schadenspositionen möglich: Lösegeldzahlungen und Geldbußen.

a) Lösegeldzahlungen

Nach einem Cyber-Angriff wird das Opfer oftmals dazu aufgefordert einen bestimmten Geldbetrag, meistens in Form von Bitcoins, an die Täter zu zahlen. Am häufigsten kommt dabei Ransomware zum Einsatz.[705] Darüber hinaus treten Lösegeldforderungen z.B. auf, wenn die Täter durch einen gezielten Angriff Daten kopiert oder gelöscht haben und daraufhin drohen diese zu veröffentlichen oder nicht herauszugeben, sollte das Opfer die geforderte Summe nicht zahlen.

Die Versicherung von Lösegeldzahlungen könnte sittenwidrig i.S.v. § 138 BGB sein, da die Möglichkeit besteht, dass die Deckung solcher Zahlungen den Anreiz zur Durchführung von Erpressungsstraftaten erhöht.[706] Diese Auffassung hat die Vorgängerbehörde der BaFin, das Bundesaufsichtsamt für das Versicherungswesen (nachfolgend BAV) lange Zeit vertreten, weshalb sie die Versicherung von Lösegeldzahlungen ablehnte. Dies umfasste sowohl Lösegeldzahlungen bei entführten Personen als auch die Zahlung zur Vermeidung von Produktvergiftungen und ähnlichen Androhungen im Rahmen der Rückruf- und Produktschutzversicherung. Mit der Veröffentlichung eines Rundschreibens im Jahr 1998 hat das BAV seine generelle Ablehnung der Lösegeldversicherung aufgehoben und die Versicherung von Lösegeldzahlung unter strengen Voraussetzungen für zulässig erklärt.[707] Zu diesen Erfordernissen gehört unter

---

[705] Siehe dazu S. 11.

[706] Vgl. *Martin*, Sachversicherungsrecht, D XII Rn. 109; *Wunderlich*, DStR 1996, 2003, 2004.

[707] BaFin, Rundschreiben 3/1998, abrufbar unter: https://www.bafin.de/SharedDocs/Veroeffentlichungen/DE/Rundschreiben/rs_9803_va_loesegeldversicherung.html?nn=9021442 (zuletzt aufgerufen am: 30.06.2021).

anderem: keine Werbung für die Versicherung, keine Bündelung bzw. Kombination mit anderen Versicherungsverträgen oder Versicherungszweigen, eine Laufzeit von maximal einem Jahr sowie keine Kenntnis von mehr als drei Personen des Versicherungsnehmers. Die BaFin hat die Anforderungen des Rundschreibens 3/1998 bereits mehrmals angepasst. So wurde die automatische Vertragsverlängerung unter bestimmten Voraussetzungen gestattet[708] und seit dem Jahr 2014 dürfen in einigen Fällen mehr als drei Personen Kenntnis von dem Versicherungsschutz erlangen.[709] Die für die Cyber-Versicherung bedeutendste Anpassung des Rundschreibens 3/1998 erfolgte im September 2017, als die BaFin bekannt gab, dass sie in Zukunft die Bündelung von Lösegeld- mit Cyberversicherungen in einem Vertrag akzeptiert.[710] Versicherer können daher seit dem die Versicherung von Lösegeldzahlungen zusammen mit der Cyber-Versicherung anbieten. Allerdings hat die BaFin auch klargestellt, dass die übrigen Voraussetzungen von Lösegeldverssicherungen weiterhin Bestand haben, weshalb zwar die Cyber-Versicherung als solche beworben werden darf, nicht jedoch die Versicherung von Lösegeldzahlungen.[711]

Auch wenn es sich bei den Rundschreiben der BaFin um schlicht-hoheitliche und damit unverbindliche Mitteilungen handelt,[712] kommt den Verlautbarungen eine quasi-rechtliche Wirkung zu, da diese rechtliche Anforderungen enthalten, welche erfüllt werden müssen, um keinen Sanktionen der BaFin ausgesetzt zu sein.[713] Aufgrund der Verlautbarung der BaFin im September 2017 können Lösegeldzahlungen daher im Rahmen der Cyber-Police als versicherbar angesehen werden, solange die weiteren Voraussetzungen der BaFin eingehalten werden.

---

708 BaFin Journal März 2008, S. 3, abrufbar unter: https://www.bafin.de/DE/PublikationenDaten/BaFinJournal/AlleAusgaben/bafinjournal_alle_node.html (zuletzt aufgerufen am: 30.06.2021).

709 BaFin Journal Juni 2014, S. 5 f., abrufbar unter: https://www.bafin.de/DE/PublikationenDaten/BaFinJournal/AlleAusgaben/bafinjournal_alle_node.html (zuletzt aufgerufen am: 30.06.2021).

710 https://www.bafin.de/SharedDocs/Veroeffentlichungen/DE/Meldung/2017/meldung_170915_loesegeldversicherung.html (zuletzt aufgerufen am: 30.06.2021).

711 *Fortmann*, r+s 2019, 429, 435.

712 *Kollhosser*, in: Prölss, 5. Aufl., § 103 Rn. 5; *Sasserath-Alberti*, in: MüKoVVG, Kap. 100 Rn. 104; *Bähr*, in: Fahr/Kaulbach/Bähr/Pohlmann, § 103 Rn. 2.

713 *Schäfer*, in: Boos/Fischer/Schulte-Mattler, § 6 KWG Rn. 16; *Walther*, in: Schimansky/Bunte/Lwowski, § 42 Rn. 57.

b) Geldbußen

Fraglich ist des Weiteren, inwieweit Bußgelder, die gegen das Opfer des Cyber-Angriffs erhoben wurden, versicherbar sind. Diese Frage ist aufgrund der nach Art. 83 Abs. 4, 5 DSGVO drohenden Bußgelder von besonderer Bedeutung.[714] Denn die hohen Geldbußen des Art. 83 Abs. 4, 5 DSGVO werden bei der versicherungsnehmenden Wirtschaft den Wunsch hervorrufen, diese Bußgeldzahlungen im Rahmen der Cyber-Versicherung zu versichern. Einige Versicherer haben daher in ihre Bedingungen Klauseln aufgenommen, nach denen Bußgelder oder Geldstrafen versichert sind, soweit dies rechtlich zulässig sein sollte.[715] Andere Versicherer sowie der GDV haben den Deckungsschutz für Bußgeldzahlungen hingegen ausgeschlossen.[716] In der Literatur herrscht große Uneinigkeit darüber, ob Bußgelder versicherbar sind.

Bei der Beantwortung dieser Frage ist danach zu unterscheiden, ob der Adressat der Sanktion Versicherungsschutz erlangen soll oder ob Regressansprüche versichert werden.[717] Die Frage, ob Regressansprüche versicherbar sind, stellt sich insbesondere im Rahmen der D&O-Versicherung,[718] wenn ein Unternehmen Bußgeldzahlungen gegen ihre Vorstände oder Geschäftsführer geltend macht.[719] Im Rahmen der Cyber-Versicherung wird der Versicherungsnehmer jedoch in den meisten Fällen der direkte Adressat des Bußgeldbescheids sein. Die Versicherbarkeit von Regressansprüchen ist in der Cyber-Versicherung daher von untergeordneter Bedeutung. Aus diesem Grund soll nachfolgend nur die Frage untersucht werden, inwieweit der Versicherungsschutz für den Adressaten der Geldbuße zulässig ist.

---

[714] Siehe dazu oben ausführlich: S. 156.

[715] So z.B. Ziff. IV.2 AIG; Ziff. II.2.10 Hiscox; Ziff. A.6.2.2 Markel.

[716] So z.B. Ziff. A1-17.11 AVB-Cyber; Teil B Ziff. 2.3 Axa; Ziff. V.11 Gotaher.

[717] *Armbrüster/Schilbach*, r+s 2016, 109, 110.

[718] Siehe dazu: *Armbrüster/Schilbach*, r+s 2016, 109, 112 f.; *Finkel/Seitz*, in: Seitz/Finkel/Klimke, Ziff. 5 Rn. 76 ff.; *Gädtke*, in: Bruck/Möller, Ziff. 5 AVB-AVG Rn. 124.

[719] Zur Zulässigkeit des Bußgeldregesses im Rahmen des § 93 Abs. 2 S. 1 AktG siehe S. 156 ff.

aa) Meinungsstand

Entscheidend für die Frage der Zulässigkeit von Versicherungsschutz für den Adressaten des Bußgeldbescheides ist, ob die Deckung von Bußgeldzahlungen durch einen Versicherer zu einer Nichtigkeit des Versicherungsvertrages nach § 134 BGB oder nach § 138 Abs. 1 BGB führt.[720] Vereinzelt wird in der Literatur vertreten, dass die Versicherung von Bußgeldzahlungen eine Vollstreckungsvereitelung gem. § 258 Abs. 2 StGB darstellt.[721] Die weitüberwiegende Ansicht in der Literatur lehnt dies hingegen ab und kommt daher zu dem Ergebnis, dass eine Deckung von Bußgeldern nicht gegen ein gesetzliches Verbot i.S.v. § 134 BGB verstößt.[722] Begründet wird dies in erster Linie mit dem Grundsatzurteil des BGH, wonach die nachträgliche Übernahme einer Geldstrafe keine Vollstreckungsvereitelung darstelle, da diese voraussetze, dass der Vollzug der Strafe selbst verhindert wird.[723] Auch eine Strafvereitelung i.S.v. § 258 Abs. 1 StGB, eine Begünstigung gem. § 257 StGB sowie eine Untreue gem. § 266 StGB werden weit überwiegend abgelehnt.[724]

Größere Uneinigkeit besteht hingegen hinsichtlich der Frage, ob die Deckung von Geldbußen sittenwidrig i.S.v. § 138 Abs. 1 BGB ist. Zum Teil wird bei der Versicherbarkeit danach unterschieden, ob die Pflichtverletzung auf Vorsatz oder Fahrlässigkeit beruhe.[725] So widerspreche es der Einheit der Rechtsordnung, wenn ein straffreies Verhalten zivilrechtlich sanktioniert wird.[726] Darüber hinaus wird im Rahmen der D&O-Versicherung die Versicherbarkeit von fahrlässigen Pflichtverletzungen damit begründet, dass ein Versicherungsschutz nicht die präventive Verhaltenssteuerung von Geschäftsleitern aufhebe, da die vereinbarten Selbstbehalte sowie die oftmals

---

[720] *Armbrüster/Schilbach*, r+s 2016, 109, 110.

[721] *Ihlas*, in: MüKoVVG, Kap. 320 Rn. 213.

[722] *Armbrüster/Schilbach*, r+s 2016, 109, 110; *Gädtke*, in: Bruck/Möller, Ziff. 5 AVB-AVG Rn. 110; *Ruttmann*, Versicherbarkeit von Geldbußen, S. 68 ff.; *Schaloske/Wagner*, in: Sassenberg/Faber, § 18 Rn. 53..

[723] BGH, Urt. v. 07.11.1990 – 2 StR 439/90, BGHSt 37, 226 = NJW 1991, 990, 992.

[724] *Gädtke*, in: Bruck/Möller, Ziff. 5 AVB-AVG Rn. 110; *Ruttmann*, Versicherbarkeit von Geldbußen, S. 74 ff.; Vgl. *Armbrüster/Schilbach*, r+s 2016, 109, 110 (zu §§ 257, 258 StGB).

[725] *Gädtke*, in: Bruck/Möller, Ziff. 5 AVB-AVG Rn. 116; *Kapp*, NJW 1992, 2796, 2798.

[726] *Kapp*, NJW 1992, 2796, 2798.

mangelnde Kenntnis der Organmitglieder vom Umfang des Versicherungsschutzes nicht zu einer Minderung der Sorgfaltspflicht führen.[727] *Schaloske/Wagner* differenzieren wiederum danach, ob Repräsentanten oder andere Mitarbeiter des versicherten Unternehmens für das ordnungswidrige Handeln verantwortlich sind und bejahen eine Sittenwidrigkeit nur für den ersten Fall.[728]

Ein Großteil der Literatur geht hingegen davon aus, dass die Versicherung von Geldstrafen und -bußen insgesamt gegen die guten Sitten i.S.v. § 138 BGB verstößt.[729] Wie auch bei der Zulässigkeit einer vorherigen Erstattungszusage des Arbeitgebers gegenüber seinen Arbeitnehmern für Geldbußen wegen straßenverkehrsrechtlicher Verstöße[730] wird die Sittenwidrigkeit insbesondere damit begründet, dass die Deckungszusage sowohl bei vorsätzlichen als auch bei fahrlässigen Pflichtverletzungen geeignet sei die Hemmschwelle der versicherten Person zu verringern und eine Deckung darüber hinaus dem Zweck der jeweiligen Straf- und Bußgeldvorschriften widerspreche.[731] So ergebe sich aus der Androhung einer Geldbuße die Ansicht des Gesetzgebers, dass die anderweitigen Sanktionsmöglichkeiten nicht ausreichen, um die angestrebte Präventionswirkung zu erreichen.[732]

bb) Stellungnahme

Ein Rechtsgeschäft ist sittenwidrig, wenn es gegen das Anstandsgefühl aller billig und gerecht Denkenden verstößt.[733] Zu beachten ist dabei, dass § 138 BGB unter anderem dazu dient die Einhaltung

---

727 *Gädtke*, in: Bruck/Möller, Ziff. 5 AVB-AVG Rn. 116.

728 *Schaloske/Wagner*, in: Sassenberg/Faber, § 18 Rn. 53.

729 *Armbrüster/Schilbach*, r+s 2016, 109, 111 f.; *Dreher*, VersR 2015, 781, 792; *Fleischer*, in: Spindler/Stilz, § 84 Rn. 72; *Ihlas*, in: MüKoVVG, Kap. 320 Rn. 213; *Ruttmann*, VW 2015, 50; ders., Versicherbarkeit von Geldbußen, S. 90 ff.

730 BAG, Urteil vom 25. 1. 2001 – 8 AZR 465/00, NJW 2001, 1962, 1963; *Sack/Fischinger*, in: Staudinger, § 138 Rn. 54, 584.

731 *Armbrüster/Schilbach*, r+s 2016, 109, 112; *Fleischer*, in: Spindler/Stilz, § 84 Rn. 72.

732 *Armbrüster/Schilbach*, r+s 2016, 109, 112.

733 RG, Urt. v. 15.10.1912 – VII 231/12, RGZ 80, 219, 221; BGH, Urt. v. 09.07.1953 – IV ZR 242/52, BGHZ 10, 232 = NJW 1953, 1665; *Sack/Fischinger*, in: Staudinger, § 138 Rn. 57.

der Rechtsordnung zu gewährleisten.[734] Daher sind auch die Wertentscheidungen einfacher Gesetze bei der Bestimmung der Sittenwidrigkeit zu berücksichtigen.[735]

Eine Sittenwidrigkeit der Deckung von Bußgeldzahlungen nach Art. 83 DSGVO käme daher insbesondere in Betracht, wenn diese die Begehung von Datenschutzverletzungen fördert oder dem Zweck von Art. 83 DSGVO widerspricht. Gem. Art. 1 Abs. 2 DSGVO schützt die Verordnung die Grundrechte und Grundfreiheiten natürlicher Personen und insbesondere deren Recht auf Schutz personenbezogener Daten. Der wesentliche Zweck der DSGVO ist somit der Schutz personenbezogener Daten. Aus diesem Grund statuiert die DSGVO diverse Anforderungen zum Schutz personenbezogener Daten, welche die Adressaten der Verordnung umsetzen müssen. Der Schutz personenbezogener Daten kann aber nur gewährleistet werden, wenn die Adressaten die Anforderungen auch erfüllen. Durch die Möglichkeit der Bußgeldverhängung, sollen die Adressaten daher dazu angehalten werden, sich mit den datenschutzrechtlichen Anforderungen auseinanderzusetzen und diese daraufhin konsequent durchzusetzen.[736] Würden Versicherungsunternehmen einen Deckungsschutz für diese Bußgelder anbieten, könnte dies den Anreiz, die datenschutzrechtlichen Anforderungen der DSGVO zu erfüllen, strak verringern, was wiederum zu einer höheren Wahrscheinlichkeit von Datenschutzverletzungen führen würde. Aus dem deutlich höheren Bußgeldrahmen im Vergleich zur alten Rechtslage in Deutschland ergibt sich zudem, dass Art. 83 DSGVO insbesondere auch eine Abschreckungswirkung zu kommt.[737] Diese Abschreckungswirkung wäre hinfällig, wenn sich Unternehmen in Zukunft gegen Bußgeldzahlungen aufgrund von Art. 83 DSGVO versichern könnten.

Für eine Sittenwidrigkeit spricht des Weiteren, dass dem Schutz von personenbezogenen Daten in der öffentlichen Wahrnehmung ein besonders großer Stellenwert zukommt. Dies gilt insbesondere für

[734] *Armbrüster*, in: MüKoBGB, § 138 Rn. 33.
[735] *Sack/Fischinger*, in: Staudinger, § 138 Rn. 57.
[736] Vgl. *Holländer*, BeckOKDatenSR, Art. 83 Rn. 2.
[737] Vgl. *Holländer*, BeckOKDatenSR, Art. 83 Rn. 2.

Deutschland, wo das Bedürfnis der Vertraulichkeit der eigenen Daten stärker ausgeprägt ist als in den meisten anderen Ländern. So ist die mediale Berichterstattung und die öffentliche Empörung oftmals sehr groß, wenn bekannt wird, dass bei einem Unternehmen Kundendaten abhandengekommen sind. Umso größer dürfte daher das allgemeine Unverständnis sein, wenn sich herausstellen sollte, dass Bußgeldzahlungen eines Unternehmens, welches z.B. keine ausreichenden technischen und organisatorischen Maßnahmen zum Datenschutz getroffen hat, nicht von diesem selbst, sondern von einem Versicherungsunternehmen übernommen werden. Es würde daher gegen das Anstandsgefühl aller billig und gerecht Denkenden verstoßen, wenn ein Unternehmen mögliche Bußgeldzahlungen nach Art. 83 DSGVO versichern könnte. Aus diesen Gründen ist die Gewährung von Versicherungsschutz für den Adressaten des Bußgeldbescheids nach Art. 83 DSGVO sittenwidrig i.S.v. § 138 Abs. 1 BGB.

Hinsichtlich der Rechtsfolge legt § 138 Abs. 1 BGB fest, dass ein Rechtsgeschäft, welches gegen die guten Sitten verstößt, nichtig ist. Strenggenommen müsste die Sittenwidrigkeit der Bußgeldklausel daher die Nichtigkeit des gesamten Versicherungsvertrages zur Folge haben.[738] Anerkannt ist jedoch, dass die Nichtigkeit sich nur auf die sittenwidrige Abrede beschränkt, solange die Klausel aus dem Vertrag herausgelöst werden kann und dieser auch ohne die sittenwidrige Klausel eine sinnvolle Geltung entfalten kann.[739] Deckt eine Cyber-Police Bußgeldzahlungen des Adressaten, ist daher lediglich von einer Teilnichtigkeit des Versicherungsvertrags auszugehen.

3. Ergebnis

Die Darstellung hat gezeigt, dass Cyber-Risiken sowohl aus betriebswirtschaftlicher als auch aus rechtlicher Sicht weitestgehend versicherbar sind. Lediglich Reputations- und Spionageschäden

---

[738] Vgl. *Ruttmann*, Versicherbarkeit von Geldbußen, S. 101.

[739] BGH, Urt. v. 12.07.1965 – II ZR 118/63, BGHZ 44, 158, 162 = NJW 1965, 2147, 2148; *Armbrüster*, in: MüKoBGB, § 138 Rn. 159.

sind aus betriebswirtschaftlichen Erwägungen als nicht versicherbar einzustufen. Geldbußen nach Art. 83 DSGVO sind nicht versicherbar, wenn dem Adressaten der Geldbuße Versicherungsschutz gewährt wird.

II. Spartenabgrenzung und versicherungsvertragliche Einordnung

Im VAG sowie im VVG wird an einigen Stellen auf die Anlage 1 zum VAG verwiesen. Diese teilt die versicherbaren Risiken in Sparten ein und ist insbesondere für die Zulassung zum Geschäftsbetrieb nach den §§ 8 ff. VAG von Bedeutung. So ist gem. § 9 Abs. 1 VAG mit dem Antrag auf Erlaubnis zum Geschäftsbetrieb der Geschäftsplan des Versicherungsunternehmens einzureichen. In diesem müssen gem. § 9 Abs. 2 Nr. 2 VAG auch Angaben darüber enthalten sein, welche Versicherungssparten betrieben und welche Risiken einer Versicherungssparte gedeckt werden sollen. Des Weiteren gilt gem. § 8 Abs. 4 VAG der Grundsatz der Spartentrennung, wonach sich bei Erstversicherungsunternehmen der Betrieb der Lebensversicherung und die Erlaubnis zum Betrieb anderer Versicherungssparten einander ausschließen. Die Spartenabgrenzung durch Anlage 1 zum VAG ist auch daher so bedeutsam, da das Betreiben eines spartenfremden Versicherungsgeschäfts einen Straftatbestand gem. § 331 Abs. 1 Nr. 1 VAG darstellt und die BaFin zudem die Geschäftsleiter gem. § 303 VAG verwarnen oder unter bestimmten Voraussetzungen sogar abberufen kann.[740] Darüber hinaus ist die Spartenabgrenzung nach Anlage 1 zum VAG auch für die Bestimmung des Großrisikos nach § 210 VVG relevant und spielt daher maßgeblich eine Rolle bei der Frage, ob die Beschränkungen der Vertragsfreiheit des VVG auf den jeweiligen Versicherungsvertrag anwendbar sind. Die Spartenabgrenzung ist gerade für die Cyber-Versicherung von besonderer Bedeutung, da diese als sog. Multi-Line-Police Risiken verschiedener Sparten versichert.[741]

---

[740] Vgl. *Schaaf*, VersR 2015, 17, 24 (noch zu § 140 VAG a.F.).

[741] Vgl. *Dreher*, VersR 2020, 129, 132; *Fortmann*, r+s 2019, 429, 430.

Wie oben bereits dargestellt,[742] setzt sich eine Cyber-Police aus drei Deckungsbestandteilen zusammen: Haftpflichtschäden, Eigenschäden und sog. Servicekosten. Der Haftpflichtbaustein gewährt dabei Versicherungsschutz für Schadensersatzansprüche, denen das Opfer des Cyber-Angriffs ausgesetzt sein kann. Da somit keine speziellen Haftpflichtrisiken der Nr. 10 bis 12 der Anlage 1 zum VAG versichert werden, ist der Haftpflichtbaustein als Allgemeine Haftpflicht i.S.v. Nr. 13 der Anlage 1 zum VAG einzuordnen.

Zu den von der Cyber-Versicherung abgedeckten Eigenschäden gehören zum einen Betriebsunterbrechungsschäden. Nach Ziff. A.4-1.1 AVB-Cyber liegt eine Betriebsunterbrechung vor, wenn infolge einer Informationssicherheitsverletzung elektronische Daten oder informationsverarbeitende Systeme des Versicherungsnehmers nicht zur Verfügung stehen oder nicht die übliche Leistung erbringen und daraus ein Unterbrechungsschaden entsteht. Ein solcher Unterbrechungsschaden umfasst gem. Ziff. A.4-1.2 den Betriebsgewinn und die fortlaufenden Kosten, die im Zeitraum der Betriebsunterbrechung durch den Versicherungsnehmer nicht erwirtschaftet werden konnten. Die Deckung von entgangenem Betriebsgewinn und fortlaufenden Kosten fällt unter keine klassischen Sparten der Anlage 1 zum VAG und ist daher von Nr. 16 „verschiedene finanzielle Verluste" umfasst. Konkret ist die Versicherung des Betriebsgewinns als Gewinnausfall nach Nr. 16 d) der Anlage 1 zum VAG zu qualifizieren. Fortlaufende Kosten sind wiederum als „laufende Unkosten allgemeiner" Art i.S.v. Nr. 16 e) Anlage 1 zum VAG einzuordnen. Der Eigenschadenbaustein der meisten Cyber-Policen deckt darüber hinaus Kosten die zur Wiederherstellung von Daten aufgewendet wurden. Da diese Kosten dem jeweiligen Unternehmen unerwartet entstehen, sind diese als „unvorhergesehene Geschäftskosten" i.S.v. Nr. 16 f) zu qualifizieren. Unter diese Risikogruppe dürfte ebenfalls der Servicekosten-Baustein fallen.[743]

---

[742] Siehe S. 184.

[743] Vgl. *Dreher*, VersR 2020, 129, 132 (zur Einordnung des Service-Kosten-Bausteins als „allgemeine Haftpflicht" und „verschiedene finanzielle Verluste" i.S.v. Nr. 13 und Nr. 16 der Anlage 1 zum VAG); *R. Koch*, VersR 2019, 449, 451 (zur Einordnung des Service-Kosten-Bausteins als „verschiedene finanzielle Verluste" i.S.v. Nr. 16 der Anlage 1 zum VAG).

Zu beachten ist, dass die BaFin die Erlaubnis zum Geschäftsbetrieb für jede der in Anlage 1 zum VAG genannten Versicherungssparten gem. § 10 Abs. 2 VAG gesondert erteilt, wobei sich die Erlaubnis grundsätzlich auf die gesamte Sparte bezieht, es sei denn, dass das Unternehmen nach seinem Geschäftsplan nur einen Teil der Risiken dieser Versicherungssparte versichern will. Gem. § 10 VAG benötigt ein Versicherer, der Cyber-Policen anbieten möchte, daher zumindest zwei gesonderte Genehmigungen zum Geschäftsbetrieb, die Genehmigung zur Versicherung der allgemeinen Haftpflicht (Nr. 13) sowie die Deckung von verschiedenen finanziellen Verlusten (Nr. 16).[744] Die großen Versicherungskonzerne werden in der Regel über die erforderlichen Genehmigungen verfügen. Gerade jedoch kleinere Versicherungsunternehmen sowie Spezialversicherer sollten jedoch überprüfen, ob sie über die ausreichenden Genehmigungen verfügen, bevor sie Cyber-Policen anbieten.

Neben der Anlage 1 zum VAG führt auch das VVG bestimmte Versicherungszweige auf, wobei dabei nur einige besonders bedeutende und daher regelungsbedürftige Sparten aufgeführt werden, zumal die gesetzliche Typenbildung des VVG auch nicht abschließend ist.[745] Bei der Cyber-Versicherung wird dem Versicherungsnehmer Schutz für den Fall versprochen, dass ihm durch einen Cyber-Angriff ein Schaden entsteht. Die Cyber-Versicherung ist daher als Schadenversicherung zu qualifizieren, weshalb die Vorschriften der §§ 74 bis 87 VVG auf die gesamte Cyber-Versicherung Anwendung finden.[746] Die Vorschriften der §§ 88 bis 99 VVG sind hingegen nicht anwendbar, da diese sich nur auf die Sachversicherung beziehen und bei der Cyber-Versicherung in der Regel nur Vermögensschäden versichert werden.[747] Die §§ 100 ff. VVG enthalten zudem spezielle Vorschriften zur Haftpflichtversicherung. Diese finden daher Anwendung bezüglich des Haftpflichtbausteins.

---

[744] Vgl. *Pache/Graß*, PHi 2017, 122, 124 (zum Erfordernis einer gesonderten Zulassung für jede von der Deckung erfasste Sparte).

[745] *Armbrüster*, Privatversicherungsrecht, Rn. 88 f..

[746] *Armbrüster*, Privatversicherungsrecht, Rn. 2106.

[747] Siehe dazu unten S. 208.

III. Auslegung von Versicherungsbedingungen

Wie bei allen Versicherungsbedingungen stellt sich auch bei der Cyber-Versicherung die Frage, wie die Bedingungswerke jeweils auszulegen sind. Dafür ist zunächst der allgemeine Grundsatz maßgebend, nach dem Versicherungsbedingungen so auszulegen sind, wie sie ein durchschnittlicher Versicherungsnehmer bei verständiger Würdigung, aufmerksamer Durchsicht und Berücksichtigung des erkennbaren Sinnzusammenhangs verstehen muss.[748] Zu beachten ist dabei, dass die Sicht eines durchschnittlichen Versicherungsnehmers verkehrskreisbezogen ist. Richten sich bestimmte Versicherungspolicen in der Regel an einen bestimmten Personenkreis, sind daher die Verständnismöglichkeiten der Mitglieder dieser Gruppe entscheidend.[749] So ist z.B. in der Transportversicherung zu berücksichtigen, dass der Versicherungsnehmer geschäftserfahren und mit allgemeinen Versicherungsbedingungen vertraut ist.[750] Auch die Cyber-Versicherung richtet sich ausschließlich an Unternehmen, weshalb auch hier die Geschäftserfahrenheit des Versicherungsnehmers zu berücksichtigen ist.[751] Von dem Versicherungsnehmer kann daher erwartet werden, dass er bei der Durchsicht der Bedingungen nicht nur den konkreten Kontext der Begrifflichkeiten und Formulierungen, sondern auch den Gesamtzusammenhang des Bedingungswerks berücksichtigt.[752] Da es sich bei der Cyber-Versicherung um eine Police handelt, die spezielle technische Risiken deckt, ist bei der Bestimmung des Auslegungsmaßstabs zudem zu berücksichtigen, dass sich die Cyber-Versicherung nicht an Unternehmen aus der IT-Branche, sondern an Unternehmen richtet, die in der Regel über keine speziellen IT-Kenntnisse verfügen.

---

748 BGH, Urt. v. 16.06.1982 – IV a ZR 270/80, BGHZ 84, 268, 272 = NJW 1982, 2776, 2777; Urt. v. 23.06.1993 – IV ZR 135/92, BGHZ 123, 83, 85 = NJW 1993 2369 f.; Urt. v. 11.09.2013 – IV ZR 303/12, NJW 2014, 377; *Beckmann*, in: Beckmann/Matusche-Beckmann, § 10 Rn. 167; *Reiff*, in: MüKoVVG, Kap 50 Rn. 79; *Schimikowski*, Versicherungsvertragsrecht, Rn. 24.

749 *Reiff*, in: MüKoVVG, Kap. 50 Rn. 80.

750 BGH, Urt. v. 09.05.1984 – IV a ZR 176/82, VersR 1984, 830, 831; Urt. v. 25.05.2011 – IV ZR 117/09, r+s 2011, 295, 296; *Reiff*, in: MüKoVVG, Kap. 50 Rn. 80.

751 *Malek/Schütz*, r+s 2019, 421, 424.

752 *Malek/Schütz*, r+s 2019, 421, 424.

Soweit nachfolgend in dieser Arbeit auf das Verständnis eines durchschnittlichen Versicherungsnehmers abgestellt wird, bezieht sich dies daher auf ein Unternehmen, welches geschäftserfahren und im Umgang mit AGB vertraut ist, jedoch über keine IT-spezifischen Kenntnisse verfügt.

Im Zusammenhang mit der mangelnden IT-Kenntnis der Versicherungsnehmer kann sich zudem die Frage stellen, wie die in den Versicherungsbedingungen verwendeten cyberspezifischen Begrifflichkeiten auszulegen sind.[753] Hier ist fraglich, ob von einem durchschnittlichen Versicherungsnehmer spezielle IT-Kenntnisse und das Verständnis der speziellen Fachterminologie erwartet werden kann.[754] Werden in AGB technische Begrifflichkeiten verwendet, bei denen mehrere Bedeutungen in Frage kommen, ist die technische Bedeutung nach den allgemeinen AGB-rechtlichen Grundsätzen nur dann maßgeblich, wenn die Bedingungen sich an einen bestimmten Branchenkreis richten, welcher mit den verwendeten Begriffen vertraut ist.[755]

Wie ein technischer Begriff auszulegen ist, wenn sich die Bedingungen nicht an branchenkundige Geschäftspartner richten, wird in der Literatur nicht einheitlich beurteilt. Zum Teil wird vertreten, dass bei zwei Bedeutungsvarianten die jeweils günstigere Bedeutungsalternative anzuwenden ist.[756] Nach der anderen Ansicht hat in diesen Fällen hingegen immer die allgemeinsprachliche Auslegung Vorrang.[757] Die Frage der Auslegung spielt aber nur dann eine Rolle, wenn der Wortlaut und der Sinn und Zweck der Regelung nicht zu einem eindeutigen Ergebnis führen.[758] Bei den technischen Begriffen der Cyber-Versicherung wird jedoch in der Regel nur eine eindeutige Begriffsbedeutung in Betracht kommen. So kommt bei Begriffen wie DDoS-Angriff, Firewall, Trojaner oder informationsverar-

---

[753] Siehe dazu: *Malek/Schütz*, PHi 2018, 174, 178; *dies.*, r+s 2019, 421, 423 f.

[754] *Malek/Schütz*, PHi 2018, 174, 178 f. (welche von dem Versicherungsnehmer eine „Parralelwertung in der Laiensphäre“ erwarten); *dies.*, r+s 2019, 421, 424.

[755] *Basedow*, in: MüKoBGB, § 305c Rn. 38; *Lindacher/Hau*, in: Wolf/Lindacher/Pfeiffer, § 305c Rn. 113.

[756] *Lindacher/Hau*, in: Wolf/Lindacher/Pfeiffer, § 305c Rn. 113; *Schlosser*, in: Staudinger, § 305c Rn. 128.

[757] *Basedow*, in: MüKoBGB, § 305c Rn. 37; *Roloff*, in: Erman, § 305c Rn. 25.

[758] BGH, Urt. v. 17.06.2004 – VII ZR 75/03, NJW-RR 2004, 1248, 1249.

beitendes System nur die IT-spezifische Auslegung in Betracht, da es für diese Begriffe in der Alltagssprache schon gar keine andere Bedeutung gibt.[759] Selbst wenn aber doch einmal eine andere Bedeutung in Betracht kommen sollte, müsste eine Auslegung ergeben, dass die fachspezifische Bedeutung gemeint ist. Denn nur ein IT-spezifisches Verständnis ermöglicht es, den Leistungsinhalt der Cyber-Versicherung verlässlich zu präzisieren.[760] Die Verwendung von Fachtermini in der Cyber-Versicherung führt aus diesem Grund auch nicht zu einer Unverständlichkeit nach § 307 Abs. 1 S. 2 BGB, da eine konkrete Beschreibung des versicherten Risikos ansonsten nicht möglich wäre. Dem Versicherungsnehmer ist es daher zuzumuten, bei der Durchsicht der Versicherungsbedingungen ein Nachschlagewerk oder eine Internetsuchmaschine zu Rate zu ziehen.[761]

C. Darstellung der gegenwärtigen Versicherungsbedingungen

Nachfolgend werden die gegenwärtigen Versicherungsbedingungen dargestellt und verglichen, um die Vorteile und Nachteile der einzelnen Deckungskonzepte zu untersuchen. In diesem Zusammenhang wird untersucht, inwieweit die AVB-Cyber des GDV praxistauglich sind und an welchen Stellen die Verwendung des Musterwordings sinnvoll erscheint und wo gegebenenfalls andere Deckungskonzepte vorzuziehen sind. Dafür wird an Stellen wo dies sinnvoll erscheint, die Ausgestaltung in ausländischen Wordings vergleichend dargestellt, um zu untersuchen inwieweit bestimmte Ausgestaltungen auch in deutschen Bedingungen übernommen werden sollten. Darüber hinaus soll die nachfolgende Darstellung zeigen, inwieweit die derzeitigen Bedingungswerke für Versicherungsnehmer und Versicherungsmakler vergleichbar sind. Aufgrund der diversen Be-

---

[759] Vgl. *Malek/Schilbach*, VersR 2019, 1321, 1323 (zum Begriff des informationsverarbeitenden Systems).

[760] Vgl. *Lindacher/Hau*, in: Wolf/Lindacher/Pfeiffer, § 305c Rn. 113 (zur Zulässigkeit von Fachtermini aus Präzisionsgründen).

[761] Vgl. *Malek/Schütz*, PHi 2018, 174, 179.

dingungsstrukturen wird sich die Darstellung an dem Aufbau der AVB-Cyber des GDV orientieren.

I. Aufbau der Versicherungsbedingungen

Gemeinsam haben die deutschen Versicherungsbedingungen, dass sie aus verschiedenen Bestandteilen bestehen, in der Regel aus einem Abschnitt mit allgemeinen, die gesamte Police betreffenden Regelungen und einem Drittschaden- und einem Eigenschaden-baustein.[762] Allerdings ist dies oftmals schon die einzige Gemeinsamkeit. Stellen die einen ihre allgemeinen bausteinübergreifenden Regelungen an den Anfang der Bedingungen, finden sich diese bei anderen am Ende. Auch der Aufbau der allgemeinen Regelungen variiert stark. Führen einige Versicherer beispielwiese in diesem Abschnitt sämtliche Ausschlüsse auf, d.h. auch solche die nur für einen Baustein vorgesehen sind,[763] verlagern andere Anbieter diese speziellen Ausschlüsse in den jeweiligen Baustein.[764] Gleiches gilt für den Versicherungsfall, der teilweise im allgemeinen Baustein[765] und zum Teil in den jeweiligen Deckungsbausteinen definiert wird.[766] Auch der Aufbau der einzelnen Deckungsbausteine variiert stark. Unterteilt z.B. die Gothaer Versicherung ihre Deckungsbausteine nur nach Eigen- und Drittschäden,[767] findet sich in den meisten Bedingungen ein gesonderter Abschnitt für die Service-Kosten.[768]

Trotz des angloamerikanischen Ursprungs der Cyber-Versicherung unterscheidet sich das deutsche Baustein-Konzept deutlich von Versicherungsbedingungen aus Ländern wie den USA, Großbritan-

---

762 Vgl. *Heidemann/Flagmeier*, Cyber-Versicherungen, S. 56 f.; *Wirth*, BB 2018, 200, 202 f.

763 So z.B.: Ziff. IV AGCS; Ziff. IX. AIG; Ziff. 4 Allianz-Vers.; Ziff. V Gothaer; Ziff. 5.4 HDI-Gloabl; Ziff. III. Hiscox.

764 So z.B.: Ziff. A3-7, A4-2.3 AVB-Cyber; Teil B Ziff. 1.1.4, 1.7.5, 1.8.8 Axa; Ziff. A3-7, A4-2.3 Signal-Iduna.

765 So z.B.: Ziff. VIII.1 AIG; Ziff. A1-4 AVB-Cyber; Ziff. IV.1. Hiscox; Ziff. E. Markel; Ziff. A1-4 Signal Iduna.

766 So z.B.: Ziff. I.1.5., I.2.6., I.3.5., I.4.2., I.5.9, I.6.2 AGCS; Ziff. 1.1.5, 1.2.5, 1.3.4, 1.4.7 Allianz-Vers.; Ziff. II.2, III.2 Gothaer; Ziff. 1.5, 2.3 HDI-Global.

767 Teil II und III Gothaer.

768 So z.B.: Ziff. V. AIG; Abschnitt A2 AVB-Cyber; Ziff. I.5 AGCS; Ziff I.4 Allianz-Vers.; Vertragsteil C Ergo; Ziff. 4 R+V; Abschnitt A2 Signal-Iduna.

nien oder Australien, da diese Bedingungen nicht nach Deckungsbausteinen unterscheiden. Vielmehr enthalten die anglo-amerikanischen Bedingungswerke in der Regel einen Abschnitt in welchem der Versicherungsschutz, das heißt die versicherten Eigen- und Drittschäden, in kurzer Form dargestellt wird.[769] Diese kurze und übersichtliche Darstellung ist möglich, da diese Bedingungen zusätzlich einen umfangreichen Definitionsteil enthalten. Der Vorteil dieses Konzepts liegt darin, dass der Deckungsumfang sehr verständlich und übersichtlich dargestellt werden kann, ohne die jeweiligen Deckungsklauseln mit Definitionen zu überfrachten. Andererseits ergibt sich der konkrete Deckungsumfang häufig nur aus den Definitionen, weshalb dieser für den Versicherungsnehmer nicht sofort erkennbar ist. Dies wird noch dadurch verstärkt, dass die Definitionen oftmals auf weitere Definitionen verweisen, die sich ebenfalls nur im Definitionsteil befinden.[770] Der deutsche Wordingaufbau erscheint daher vorzugwürdig.

II. Allgemeine bausteinübergreifende Regelungen

1. Gegenstand der Versicherung

a) Vermögensschäden

Der Gegenstand der Cyber-Versicherung wird von den AVB-Cyber und einigen am Markt erhältlichen Bedingungen zu Beginn bausteinübergreifend definiert. Gegenstand der Cyber-Versicherung sind demnach Vermögensschäden.[771] Andere Versicherungsbedingungen definieren den Gegenstand der Cyber-Versicherung hingegen nur im Rahmen der Haftpflichtkomponente als Vermögensschaden.[772] Bci dcn restlichen Deckungsbausteinen wird der Ge-

---

[769] So z.B.: Edmund Insurance; Markel UK; Hiscox UK.

[770] So definiert Edmund Insurance „Business Interruption Loss“ u.a. als „The Insured's Reduction of Net Income“, wobei diese Begrifflichkeit im Definitionsteil ebenfalls definiert wird; siehe dazu auch unten: S. 230.

[771] Ziff. A1-1 AVB-Cyber; Ziff. A1-1 Signal-Iduna; Ziff. 1.1 R+V.

[772] So etwa: Ziff. I.1. AIG; Ziff. B.1.8.1 AXA; Ziff. I. Hiscox; Ziff. A.6.1.1 Markel.

genstand der Versicherung konkret bezeichnet, z.B. als Unterbrechungsschaden[773] oder als Eigenschaden.[774] Da diese Bausteine jedoch weder Personen- noch Sachschäden versichern,[775] handelt es sich bei diesen grundsätzlich ebenfalls um Vermögensschäden. Im Rahmen der Deckung von Datenwiederherstellungskosten und Kosten für Dienstleistungsunternehmen könnte jedoch eingewandt werden, dass diese keine Schäden, sondern Aufwendungen darstellen, da diese vom Versicherungsnehmer freiwillig geleistet wurden. Wie oben bereits dargestellt, sind jedoch auch diese Kosten als Schäden einzuordnen.[776] Gegenstand der Cyber-Police sind daher Vermögensschäden. Eine Ausnahme davon macht die Ergo Versicherung, welche ausdrücklich auch Personen- und Sachschäden versichert.[777]

Weitgehend einheitlich ist die Definition von Vermögensschäden. Die meisten Versicherer greifen dabei auf den klassischen Vermögensschadenbegriff zurück, wonach Vermögensschäden solche Schäden sind, die weder Personenschäden noch Sachschäden sind, noch sich unmittelbar aus solchen Schäden herleiten.[778] In den meisten Bedingungen findet sich zudem die Ergänzung, dass Elektronische Daten keine Sachen im Sinne der jeweiligen Cyber-Bedingungen sind,[779] bzw. die Klarstellung, dass Schäden aus dem Verlust, der Veränderung oder der Nichtverfügbarkeit von Daten als Vermögensschaden gelten.[780] Damit umgehen die Versicherungsbedingungen den Streit, ob und unter welchen Umständen die Löschung von Daten zu einer Eigentumsverletzung und einem Sachschaden führen.[781]

---

773 So Ziff. B.1.1.1 Axa.

774 So Ziff. I.Hiscox.

775 Vgl. zur Abgrenzung von Vermögensschäden zu Sach- und Personenschäden: *Büsken*, in: MüKoVVG, Kap. 300 Rn. 46 f.

776 Siehe dazu S. 75 f.

777 Ziff. A.1 Ergo.

778 So unter anderem: Ziff. I.1. AIG; Ziff.; A1-3AVB-Cyber; Ziff. 1.8.1 Axa; Ziff. 1.1 Dual; Ziff. A.1 Ergo; Ziff. I. Hiscox; Ziff. A.6.1.1 Markel; Ziff. 1.1 R+V; Ziff. A1-3 Signal Iduna.

779 Ziff. A1-3 AVB-Cyber; Ziff. 6.1 Dual; Ziff. A.1-3 Signal-Iduna.

780 So unter anderem: Ziff. I.1. AIG; Ziff. 1.8.1 Axa; Ziff. I. Hiscox; Ziff. A.6.1.1 Markel.

781 Zum Streit bei § 823 Abs. 1 BGB siehe: S. 29 ff.; zum Streit im Rahmen der Haftpflicht- und Sachversicherung siehe: S. 300 ff. und S. 309 ff.

b) Schadensereignis

Anders als z.B. die Vermögensschadenhaftpflichtversicherung bietet die Cyber-Versicherung keinen Deckungsschutz für sämtliche Vermögensschäden, sondern nur für solche Vermögensschäden, die durch bestimmte Schadensereignisse hervorgerufen wurden. Allerdings unterscheiden sich die Versicherungsbedingungen der jeweiligen Versicherer dabei erheblich hinsichtlich der Definition des Schadensereignisses. Nachfolgend sollen daher die jeweils versicherten Schadensereignisse dargestellt werden, um zum einen auf die Vor- und Nachteile der jeweiligen Definition des Schadensereignisses einzugehen und um zum anderen zu untersuchen, inwieweit sich die jeweiligen Schadensereignisdefinitionen tatsächlich in ihrem Deckungsumfang unterscheiden oder ob im Ergebnis doch die gleichen Cyber-Risiken versichert sind und die Unterschiede daher nur terminologischer Natur sind.

aa) GDV: Informationssicherheitsverletzung

Anders als in vielen anderen Bedingungen wird in den AVB-Cyber das versicherte Schadensereignis nicht separat im jeweiligen Deckungsbaustein, sondern einheitlich für alle Deckungselemente im Basisbaustein definiert. Gem. Ziff. A1-1 AVB-Cyber muss der versicherte Vermögensschaden durch eine sog. Informationssicherheitsverletzung verursacht worden sein. Wann eine Informationssicherheitsverletzung vorliegt ergibt sich dabei aus Ziff. A1-2 AVB-Cyber, wobei in Ziff. A1-2.1 AVB-Cyber der Begriff der Informationssicherheitsverletzung abstrakt definiert wird und in Ziff. A1-2.4 AVB-Cyber die notwendigen Ereignisse abschließend aufgezählt werden.

(1) Beeinträchtigung der Verfügbarkeit, Integrität, Vertraulichkeit von elektronischen Daten oder informationsverarbeitenden Systemen

Gem. Ziff. A1-2.1 AVB-Cyber ist eine Informationssicherheitsverletzung „eine Beeinträchtigung der Verfügbarkeit, Integrität oder der Vertraulichkeit von elektronischen Daten des Versicherungsnehmers oder von informationsverarbeitenden Systemen, die er zur Ausübung seiner betrieblichen oder beruflichen Tätigkeit nutzt." In dem der GDV den Begriff der „elektronischen Daten" verwendet, stellt er klar, dass er nur von dem in der Informatik verwendeten Datenbegriff ausgeht. Ausgehend von diesem Verständnis handelt es sich bei Daten um Informationen, die durch Zeichen oder kontinuierliche Funktionen dargestellt werden und die sich als Gegenstand oder Mittel der Datenverarbeitung für eine Datenverarbeitungsanlage codieren lassen oder die das Ergebnis eines Datenverarbeitungsvorgangs sind.[782]

Der Begriff der informationsverarbeitenden Systeme wird in den AVB-Cyber nicht definiert. Es ist jedoch davon auszugehen, dass der Begriff bewusst gewählt wurde, um möglichst alle Systeme zu erfassen, die Ziel eines Cyber-Angriffs werden können.[783] Bei informationsverarbeitenden Systemen handelt es sich daher beispielsweise um Computer, Server, Kommunikations- und Systemnetzwerke oder industrielle Steuerungsanlagen. Da es bei der Verwendung des Systems gem. Ziff. A1-2.1 AVB-Cyber lediglich darauf ankommt, dass diese zur betrieblichen oder beruflichen Tätigkeit genutzt werden, wird vom Versicherungsschutz auch die immer häufiger verbreitete Praxis des sog. „bring your own device" („byod") erfasst, bei welcher Arbeitnehmer ihre privaten Geräte auch für ihre berufliche Tätigkeit einsetzen.[784] Es können jedoch im Einzelfall Zweifel hinsichtlich der Bestimmung des IT-Systems aufkommen. So kann sich

[782] *Lenckner/Eisele*, in: Schönke/Schröder, § 202a Rn. 3; *Liesching*, in: Paschke/Berlit/Meyer, Abschnitt 89 Rn. 23.

[783] Vgl. *Malek/Schilbach*, VersR 2019, 1321, 1322; *Pawig-Sander*, in: Rüffer/Halbach/ Schimikowski, Ziff. A.1-2 AVB-Cyber Rn. 5.

[784] *Klimke*, in: Prölss/Martin, Ziff. A1-2 AVB-Cyber Rn. 8; Malek/*Schilbach*, VersR 2019, 1321, 1323; *Pawig-Sander*, in: Rüffer/Halbach/Schimikowski, Ziff. A.1-2 AVB-Cyber Rn. 10; *Schilbach*, SpV 2018, 2.

Malek/Schütz zufolge die Frage stellen, ob Transportsysteme und sonstige Roboter, Cloud-Services, automatisierte Fertigungssysteme oder Steuerungssoftware als IT-System einzuordnen sind.[785] Da Zweifel bei der Auslegung von AGB gem. § 305c Abs. 2 BGB zu Lasten des Verwenders gehen, ist diese Frage zu bejahen. Gleiches gilt auch für die von *Fortmann* aufgeworfene Frage, inwieweit auch reine Speicherungssysteme als ein informationsverarbeitendes System einzuordnen sind.[786] Hierfür lässt sich zudem auch die Regelung des GDV zum Versicherungsort, Ziff. A1-10 AVB-Cyber, anführen, wonach Server beispielhaft als informationsverarbeitendes System genannt werden.[787] Versicherer die von einem engeren Verständnis des Begriffs „informationsverarbeitendes System" ausgehen, sollten den Begriff des IT-Systems daher definieren.

Darüber hinaus ist es gem. Ziff.A1-2.2 AVB-Cyber unerheblich, ob sich die elektronischen Daten oder die informationsverarbeitenden Systeme des Versicherungsnehmers in dessen unmittelbaren Verfügungsbereich befinden oder ob sich der Versicherungsnehmer eines externen Dienstleisters bedient. Wobei dies insofern eingeschränkt wird, als das bei der Beauftragung eines externen Dienstleisters kein Versicherungsschutz für solche Schäden besteht, die durch den Ausfall, die Unterbrechung oder die Störung der Dienstleistung entstehen. Daraus folgt, dass Angriffe die sich gegen den Dienstleister als solchen richten und einen Gesamtausfall der Dienstleistung zur Folge haben, nicht versichert sind.[788] Wird z.B. der Cloud-Dienstleister Opfer eines Cyber-Angriffs und gehen dem Versicherungsnehmer dadurch Daten verloren, sind diese Schäden nicht versichert.[789] Gedeckt sind hingegen zielgerichtete Angriffe die sich nur gegen den Versicherungsnehmer selbst richten, weshalb z.B. Versicherungsschutz besteht, wenn der Zugangsschlüssel für den Cloud-Dienstleister durch einen Cyber-Angriff in Erfahrung ge-

[785] *Malek/Schütz*, PHi 2018, 174, 177; *dies.*, r+s 2019, 421, 422.
[786] Vgl. *Fortmann*, r+s 2019, 429, 431.
[787] *Fortmann*, r+s 2019, 429, 431.
[788] *Pawig-Sander*, in: Rüffer/Halbach/Schimikowski, Ziff. A.1-2 AVB-Cyber Rn. 13; *Schilbach*, SpV 2018, 2, 3.
[789] *Schilbach*, SpV 2018, 2, 3.

bracht wurde und anschließend die Daten des Versicherungsnehmers gelöscht oder kopiert werden.[790]

Bei den Begriffen der Verfügbarkeit, Integrität und Vertraulichkeit handelt es sich um die drei, bereits oben dargestellten, wesentlichen Schutzziele der IT-Sicherheit, welche sich unter anderem auch in der IT-Sicherheitsdefinition des § 2 Abs. 2 BSIG wieder finden.[791] Da das Schutzziel der Verfügbarkeit den Schutz vor Verlust, Entzug, der Blockade oder der Zerstörung von Informationen umfasst,[792] liegt eine Beeinträchtigung der Verfügbarkeit von Daten insbesondere vor, wenn diese gelöscht oder verschlüsselt wurden.[793] Die Verfügbarkeit von informationstechnischen Systemen wird wiederum beeinträchtigt, wenn es zu einem Systemausfall gekommen ist und daher auf das System nicht zugegriffen werden kann.[794] Das Schutzziel der Integrität wird beeinträchtigt wenn Informationen und Systeme ungewollt oder unbefugt verändert werden.[795] Dieses Schutzziel ist daher beeinträchtigt, wenn informationsverarbeitende Systeme durch einen Cyber-Angriff manipuliert werden. In Bezug auf Daten liegt eine Beeinträchtigung der Integrität z.B. vor, wenn diese verschlüsselt werden. Dies führt dazu, dass bei der Verschlüsselung von Daten durch Ransomware, sowohl die Verfügbarkeit als auch die Integrität von Daten beeinträchtigt wird.[796] Die Vertraulichkeit von Daten wird wiederum beeinträchtigt, wenn diese von Unbefugten wahrgenommen werden.[797] Dies ist z.B. der Fall, wenn Angreifer in die IT-Systeme des Opfers eingedrungen sind und geheime Unternehmensdaten kopiert haben.

---

790 *Malek/Schilbach*, VersR 2019, 1321, 1330; *Schilbach*, SpV 2018, 2, 3.

791 Zum Begriff der IT-Sicherheit ausführlich siehe: S. 85 ff.

792 *Heckmann*, MMR 2006, 280, 281.

793 *Armrbrüster*, Privatversicherungsrecht, Rn. 2110; *Klimke*, in: Prölss/Martin, Ziff. A1-2 AVB-Cyber Rn.12; *Malek/Schilbach*, VersR 2019, 1321, 1322.

794 *Armbrüster*, Privatversicherungsrecht, Rn. 2110; *Malek/Schilbach*, VersR 2019, 1321, 1322.

795 *Heckmann*, MMR 2006, 280, 281; *Klimke*, in: Prölss/Martin, Ziff. A1-2 AVB-Cyber Rn.13; *Pawig-Sander*, in: Rüffer/Halbach/Schimikowski, Ziff. A.1-2 AVB-Cyber Rn. 3; *Pohle,* in: 19. DFN-Arbeitstagung, S. 104.

796 *Armbrüster*, Privatversicherungsrecht, Rn. 2110.

797 *Armbrüster*, Privatverischerungsrecht, Rn. 2110; *Heckmann*, MMR 2006, 280, 281; *Klimke*, in: Prölss/Martin, Ziff. A1-2 AVB-Cyber Rn.14; *Malek/Schilbach*, VersR 2019, 1321, 1322; *Pawig-Sander*, in: Rüffer/Halbach/Schimikowski, Ziff. A.1-2 AVB-Cyber Rn. 3; *Pohle,* in: 19. DFN-Arbeitstagung, S. 105.

Zu beachten ist, dass es bei der Betrugsform des Social Engineering und der Fake-President-Methode grundsätzlich zu keiner Beeinträchtigung der Verfügbarkeit, Integrität oder der Vertraulichkeit von elektronischen Daten des Versicherungsnehmers oder von informationsverarbeitenden Systemen kommt,[798] da der Täter hier in der Regel nicht auf Daten einwirkt, sondern durch das Vorspiegeln falscher Tatsachen eine Person zur Überweisung einer bestimmten Geldsumme verleitet. Für Schäden, die durch das Social Engineering und die Fake-President-Methode verursacht wurden, besteht daher nach den AVB-Cyber grundsätzlich kein Versicherungsschutz.

(2) Informationssicherheitsverletzung auslösende Ereignisse

Aus Ziff. A1-2.4 AVB-Cyber folgt, dass die Informationssicherheitsverletzung durch eines der dort aufgezählten Ereignisse ausgelöst werden muss, wobei diese abstrakt und nicht anhand von konkreten Angriffsarten dargestellt werden.[799] Der GDV hat dadurch entstehende Auslegungsspielräume bewusst in Kauf genommen, um auch neue Risikoszenarien von dem Versicherungsschutz zu erfassen.[800]

(a) Angriffe auf elektronische Daten oder informationsverarbeitende Systeme

Nach Ziff. A1-2.4 Spiegelstrich 1 AVB-Cyber besteht Versicherungsschutz, wenn die Informationssicherheitsverletzung durch Angriffe auf elektronische Daten oder informationsverarbeitende Systeme des Versicherungsnehmers ausgelöst wurde. Wann ein solcher Angriff vorliegt, wird in den AVB-Cyber nicht weiter ausgeführt. Die vom GDV in Kauf genommenen Auslegungsspielräume kommen bereits dadurch zum Ausdruck, dass eine Cyber-Attacke in den allermeisten Fällen vom Wortsinn her zu einem Angriff auf elektroni-

---

798 Zur Begriffserläuterung siehe auch: S. 13 f..
799 *Schilbach*, SpV 2018, 2, 3.
800 *Schilbach*, SpV 2018, 2, 3.

sche Daten oder informationsverarbeitende Systeme führt. So wird z.B. die Integrität von Daten angegriffen, wenn der Kriminelle versucht die Daten des Versicherungsnehmers zu kopieren. Genauso liegt ein Angriff auf die Verfügbarkeit von Daten vor, wenn diese durch Schadsoftware gelöscht werden. Ein Blick auf die anderen in Ziff. A1-2.4 AVB-Cyber aufgelisteten Ereignisse legt jedoch nahe, dass von Spiegelstrich 1 in erster Linie zielgerichtete Angriffe, wie DDos- und APT-Angriffe, umfasst sind.[801] Denn Schäden die durch Datendiebstähle, Eingriffe in die Integrität von IT-Systemen oder durch Schadprogramme verursacht wurden, lassen sich bereits unter die Spiegelstiche 2, 3 und 4 subsumieren.

Fraglich ist jedoch, ob Ziff. A1-2.4 Spiegelstrich 1 ein willentliches Handeln des Angreifers voraussetzt. *Malek/Schilbach* lehnen dies ab und kommen vielmehr zu dem Ergebnis, dass ein Angriff auch dann vorliegt, wenn die Informationssicherheitsverletzung nur versehentlich durch eine unkontrollierte Handlung eines Dritten verursacht wurde.[802] Demnach wären auch solche Schäden versichert, die durch fahrlässige Beeinträchtigungen an Daten und informationsverarbeitenden Systemen verursacht wurden, wie z.B. das versehentliche Löschen einer elektronischen Gerichtsakte durch eine Assistentin in einer Anwaltskanzlei. Es dürfte jedoch zu bezweifeln sein, dass es im Sinne der Cyber-Versicherer ist, auch fahrlässig verursachte Schäden an Daten und informationsverarbeitenden Systemen zu versichern. Denn dadurch wird der Deckungsschutz der Cyber-Police nochmals deutlich erweitert.

Es stellt sich daher die Frage, wie der Begriff des Angriffs auszulegen ist. Für das Erfordernis einer vorsätzlichen Schädigung spricht der natürliche Wortsinn.[803] Denn danach ist unter einem Angriff die absichtliche Schädigung eines anderen zu verstehen.[804] Für ein solches Verständnis sprechen zudem systematische Erwägungen. Denn anders als in Spiegelstrich 1 werden bei der Deckung von Datenschutzverstößen in Spiegelstrich 4 die deutlich weiter gefassten

---

801 Vgl. *Pawig-Sander*, in: Rüffer/Halbach/Schimikowski, Ziff. A.1-2 AVB-Cyber Rn. 5, 25.
802 *Malek/Schilbach*, VersR 2019, 1321, 1324.
803 Vgl. *Malek/Schilbach*, VersR 2019, 1321, 1324.
804 Vgl. https://www.duden.de/rechtschreibung/angreifen#Bedeutung-1a; https://www.duden.de/rechtschreibung/Angriff (jeweils zuletzt aufgerufen am: 30.06.2021).

Begriffe der „Handlung“ und der „Unterlassung“ verwendet. Da hierdurch auch fahrlässige Datenschutzverstöße umfasst sind,[805] ergibt sich im Umkehrschluss, dass der Begriff des Angriffs nur vorsätzliche Schädigungen umfassen soll. Der Sinn und Zweck den Begriff des „Angriffs“ und nicht den der „Handlung“ zu verwenden, liegt somit darin, nicht jegliche Schäden an Daten und informationsverarbeitenden Systemen, sondern nur solche, die durch vorsätzliche Handlungen verursacht wurden, zu versichern. Hiergegen lässt sich auch nicht einwenden, dass der Versicherungsschutz für den Versicherungsnehmer von Zufälligkeiten abhinge und er zudem vor großen Beweisschwierigkeiten stehe, wenn es auf die Motivation des Angreifers ankomme. Denn bei Cyber-Angriffen, wie APT- und DDos-Attacken, dürften in der Regel gar keine Zweifel an der vorsätzlichen Schädigung des Angreifers bestehen, da die Durchführung dieser Angriffe in den meisten Fällen so komplex ist, dass die Annahme einer versehentlichen Durchführung fernliegend ist. Aus diesen Gründen umfasst Ziff. A1-2.4 Spiegelstrich 1 AVB-Cyber nur vorsätzliche Schädigungen.

(b) Unberechtigte Zugriffe auf elektronische Daten

Vom Gegenstand der Cyber-Versicherung umfasst sind gem. Ziff. A1-2.4 Spiegelstrich 2 AVB-Cyber Beeinträchtigungen der Verfügbarkeit, Integrität und Vertraulichkeit die durch unberechtigte Zugriffe auf elektronische Daten des Versicherungsnehmers ausgelöst wurden. Fraglich ist, wann ein Zugriff auf elektronische Daten vorliegt. Anders als bei einem Angriff i.S.v. Spiegelstrich 1 muss der Täter bei einem Zugriff vom Wortsinn her die Daten nicht löschen oder verschlüsseln, sondern in der Lage sein über den Inhalt der Daten zu verfügen. Ein unberechtigter Zugriff liegt daher vor, wenn der Täter die Daten öffnen kann und ihm der Inhalt der Daten angezeigt wird. Im Gegensatz zu Angriffen auf elektronische Daten i.S.v. Spiegelstrich 1 wird bei einem unberechtigten Zugriff nicht die Verfügbarkeit, sondern die Vertraulichkeit von elektronischen Daten beein-

[805] Siehe dazu S. 220.

trächtigt.[806] Ein Zugriff i.S.v. Ziff. A1-2.4 Spiegelstrich 2 AVB-Cyber kann einerseits über das Internet erfolgen, z.B. wenn der Angreifer mit Hilfe von Schadsoftware die Kontrolle über das System des Opfers erlangt hat. Andererseits ist ein Zugriff mangels weiterer Konkretisierungen in Ziff. A1-2.4 AVB-Cyber auch möglich wenn der Angreifer physischen Zugang zu den Systemen des Opfers hat, wie z.B. ein Einbrecher der an einem Unternehmenscomputer auf vertrauliche Daten zugreift.

Ein Datenzugriff liegt zudem insbesondere vor, wenn der Angreifer die Daten aus dem System des Opfers kopiert hat und sie erst später auf seinen eigenen Systemen öffnet. Zu beachten ist allerdings, dass in diesen Fällen eine Informationssicherheitsverletzung ausscheidet, wenn es dem Täter zwar gelungen ist, die Daten auf sein System zu kopieren, er diese dann aber nicht öffnen kann, z.B. weil die Daten passwortgeschützt sind und es dem Täter nicht gelingt den Schutz aufzuheben. Dafür spricht bereits, dass aufgrund des Wortsinns mit einem Zugriff nur das Abrufen des Inhalts gemeint sein kann. Entscheidend aber ist, dass in diesen Fällen neben der mangelnden Vertraulichkeitsverletzung auch eine Beeinträchtigung der Verfügbarkeit oder Integrität der Daten ausscheidet, da sich die Originaldaten nach einem Datendiebstahl in der Regel noch unverändert auf den Systemen des Opfers befinden.

Notwendig ist darüber hinaus, dass der Zugriff auf die elektronischen Daten unberechtigt erfolgt ist. Unberechtigt ist ein Zugriff auf Daten immer dann, wenn dem Zugreifendem die Erlaubnis fehlt die Daten zu öffnen. Dies ist der Fall, wenn Dritte auf vertrauliche Unternehmensdaten zugreifen. Das gleiche gilt auch für den Fall, dass sich ein Mitarbeiter Zugriff zu Daten verschafft, für die ihm die Zugangsberechtigung fehlt.

---

[806] Vgl. *Malek/Schilbach*, VersR 2019, 1321, 1325.

(c) Eingriffe in informationsverarbeitende Systeme

Zu den von Ziff. A1-2.4 AVB-Cyber umfassten Ereignissen gehören nach Spiegelstrich 3 auch Eingriffe in informationsverarbeitende Systeme. Es stellt sich daher die Frage, wann ein Eingriff in informationsverarbeitende Systeme vorliegt.

In ein informationsverarbeitendes System wird dem Wortsinn nach eingegriffen, wenn die Prozesse oder die Programmierung des Systems verändert werden. Ein Eingriff in ein informationsverarbeitendes System liegt daher z.B. vor, wenn es dem Angreifer gelungen ist Zugriff auf eine industrielle Steuerungsanlage[807] einer Fabrik zu erlangen und er diese so programmiert hat, dass die Produktion nicht mehr dem gewünschten Standard entspricht oder komplett ausfällt. Bei einem Eingriff in informationsverarbeitende Systeme wird somit das Schutzziel der Integrität beeinträchtigt.

Wie schon beim „Angriff" ergibt sich auch beim „Eingriff" im Umkehrschluss zu Spiegelstrich 4, dass dieser vorsätzlich erfolgen muss.[808] Hierfür spricht auch der Wortsinn des Begriffs. Denn ein „Eingriff" beschreibt die willentliche Einflussnahme auf etwas durch ein entscheidendes Handeln.[809] Aus diesem Grund stellen Schäden, die durch reine Softwarefehler verursacht wurden, keine Informationssicherheitsverletzung dar.[810] Denn führt Software allein aufgrund ihrer Fehlerhaftigkeit zu einer Beeinträchtigung der Integrität eines informationsverarbeitenden Systems, liegt keine vorsätzliche Herbeiführung dieser Beeinträchtigung vor.

Fraglich ist jedoch, ob ein Eingriff i.S.v. Ziff. A1-2.4 Spiegelstrich 3 AVB-Cyber auch erfordert, dass dieser gegen den Willen des Versicherungsnehmers erfolgte. Mit dem Wortsinn des Begriffs lässt sich dies nicht bejahen, auch wenn der Begriff häufig im Zusammenhang mit unberechtigten Handlungen verwendet wird.[811] Gegen das Er-

---

807 Siehe zur Begrifflichkeit: S. 16.

808 A.A.: *Malek/Schilbach*, VersR 2019, 1321, 1324 f.

809 Vgl. https://www.duden.de/rechtschreibung/eingreifen#Bedeutung-1; https://www.duden.de/ rechtschreibung/Eingriff (jeweils zuletzt aufgerufen am: 30.06.2021).

810 A.A.: *Malek/Schilbach*, VersR 2019, 1321, 1326.

811 *Malek/Schilbach*, VersR 2019, 1321, 1325.

fordernis eines unwillentlichen Eingriffs spricht, dass Spiegelstrich 2 im Gegensatz zu Spiegelstrich 3 den Zusatz „unberechtigt“ enthält.[812] Eindeutig lässt sich die Frage jedoch nicht klären. Daher ist *Malek/Schilbach* darin zuzustimmen, dass gem. § 305 c Abs. 2 BGB die begünstigende Auslegungsvariante maßgeblich ist.[813] Ein Eingriff erfordert daher nicht, dass dieser gegen den Willen des Versicherungsnehmers erfolgte. In der Praxis dürfte es auf diese Frage jedoch nicht ankommen, da Cyber-Angriffe in der Regel gegen den Willen des Versicherungsnehmers erfolgen.

(d) Verletzung von datenschutzrechtlichen Vorschriften

Versicherungsschutz besteht gem. Ziff. A1-2.4 Spiegelstrich 4 AVB-Cyber auch dann, wenn die Informationssicherheitsverletzung durch eine Handlung oder Unterlassung ausgelöst wurde, die zu einer Verletzung von datenschutzrechtlichen Vorschriften durch den Versicherungsnehmer geführt hat. Von Bedeutung ist dabei insbesondere die DSGVO. Zwar besteht gem. Ziff. A1-11 AVB-Cyber weltweiter Versicherungsschutz, jedoch gilt dies nur, soweit die Ansprüche in EWR-Staaten und nach deren Recht geltend gemacht werden. Da die DSGVO jedoch in den EWR übernommen wurde,[814] findet diese auch in den EWR-Staaten Anwendung, die nicht Mitglied der EU sind, namentlich Island, Liechtenstein und Norwegen. Die wichtigsten datenschutzrechtlichen Vorschriften i.S.v. Ziff. A1-2.4 Spiegelstrich 4 AVB-Cyber sind daher die Regelungen der DSGVO. Hinzu kommen noch die nationalen Datenschutzvorschriften der Mitgliedsstaaten, welche die DSGVO ergänzen bzw. Regelungsbereiche betreffen die nicht von der DSGVO erfasst sind. Dies ist in Deutschland das neu gefasste und zeitgleich in Kraft getretene BDSG.

---

[812] *Malek/Schilbach*, VersR 2019, 1321, 1325.

[813] Vgl. *Malek/Schilbach*, VersR 2019, 1321, 1325.

[814] Vgl. Beschl. des gemeinsamen EWR-Ausschusses Nr. 154/2018 v. 06.07.2018, https://eur-lex.europa.eu/legal-content/DE/TXT/PDF/?uri=CELEX:22018D1022 (zuletzt aufgerufen am: 30.06.2021).

Nach dem Wortlaut von Ziff. A1-2.4 Spiegelstrich 4 AVB-Cyber sind sämtliche Verletzungen von datenschutzrechtlichen Vorschriften vom Versicherungsschutz umfasst. Dies wird im Ergebnis jedoch wieder durch Ziff. A1-2.1 AVB-Cyber eingeschränkt, da nicht jeder Verstoß gegen die DSGVO auch eine Beeinträchtigung der Verfügbarkeit, Integrität oder Vertraulichkeit von elektronischen Daten oder von informationsverarbeitenden Systemen zur Folge hat. Kommt ein Unternehmen beispielsweise einer Aufforderung zur Berichtigung oder Löschung von personenbezogenen Daten nicht unverzüglich nach, stellt dies zwar eine Verletzung von Art. 16 bzw. 17 DSGVO dar, hat im Ergebnis aber nicht zu einer Informationssicherheitsverletzung geführt.

Zu einer Beeinträchtigung der Verfügbarkeit, Vertraulichkeit oder Integrität von elektronischen Daten oder informationsverarbeitenden Systemen kommt es hingegen, wenn es gleichzeitig auch zu einer Verletzung des Schutzes personenbezogener Daten i.S.v. Art. 4 Nr. 12 DSGVO gekommen ist. Denn nach dieser Definition liegt eine Datenschutzverletzung bei der Vernichtung, dem Verlust, der Veränderung oder einer unbefugten Offenlegung von personenbezogenen Daten bzw. dem unbefugten Zugang zu diesen Daten vor, weshalb eine solche Datenschutzverletzung im Ergebnis immer auch zu einer Beeinträchtigung der Verfügbarkeit, Vertraulichkeit oder Integrität von elektronischen Daten i.S.v. Ziff. A1-2.1 AVB-Cyber führt.

Ist es zu einer Datenschutzverletzung i.S.v. Art. 4 Nr. 12 DSGVO gekommen, kommen in erster Linie drei Vorschriften der DSGVO in Frage, gegen die der Versicherungsnehmer verstoßen haben kann. So kommt ein Verstoß gegen Art. 32 Abs. 1 DSGVO in Betracht, wenn der Versicherungsnehmer keine geeigneten technischen und organisatorischen Maßnahmen getroffen hat, um ein angemessenes Datenschutzniveau zu gewährleisten. Zudem kommen Verstöße gegen Art. 33 und 34 DSGVO in Frage, wenn der Versicherungsnehmer die Datenschutzverletzung nicht der zuständigen Aufsichtsbehörde gemeldet hat oder er die von der Verletzung betroffenen Personen nicht benachrichtigt hat.

Zu beachten ist des Weiteren, dass gem. Ziff. A1-2.4 Spiegelstrich 4 AVB-Cyber jede Handlung oder Unterlassung vom Versicherungsschutz umfasst ist, die zu einer Verletzung von datenschutzrechtlichen Vorschriften geführt hat. Daraus folgt, das von Ziff. A1-2.4 Spiegelstrich 4 AVB-Cyber nicht nur Datenschutzverletzungen versichert sind, die durch Cyber-Angriffe verursacht wurden, sondern dass sämtliche vorsätzlich oder fahrlässig verursachten Verstöße gegen datenschutzrechtliche Vorschriften gedeckt werden. Vom Versicherungsschutz umfasst sind daher z.B. auch solche Fälle, in denen ein Mitarbeiter versehentlich personenbezogene Kundendaten in der Öffentlichkeit hat liegen lassen. Daher wäre nach Ziff. A1-2.4 Spiegelstrich 4 AVB-Cyber auch der Fall versichert gewesen, in dem ein Verwaltungsmitarbeiter Konfetti aus vertraulichem Aktenmaterial hergestellt hat und dieses daraufhin bei einem Fußballspiel in die Luft geworfen und im Stadion großflächig verteilt hat.[815]

(e) Schadprogramme

Das für den Versicherungsschutz praktisch wohl relevanteste Schadensereignis sind Schadprogramme i.S.v. Ziff. A1-2.4 Spiegelstrich 5 AVB-Cyber, die auf elektronische Daten oder informationsverarbeitende Systeme des Versicherungsnehmers wirken. Dies umfasst sämtliche gezielte und ungezielte Cyber-Angriffe, die mit Hilfe von Schadprogrammen durchgeführt wurden. Von Ziff. A1-2.4 Spiegelstrich 5 sind daher unter anderem Schäden erfasst, die durch Computerviren, Würmer, Trojanische Pferde oder Ransomware verursacht wurden.[816] Da die Wirkungsweise dieser Schadprogramme sehr vielseitig ist, können sowohl die Verfügbarkeit als auch die Integrität oder Vertraulichkeit von elektronischen Daten oder informationsverarbeitenden Systemen beeinträchtigt werden. Zu beachten ist jedoch, dass die Informationssicherheitsverletzung unmittelbar durch das Schadprogramm verursacht worden sein muss. Hat der Angreifer sich beispielsweise mit Hilfe der Schadsoftware Zugang

---

815 https://www.datenschutzticker.de/2016/09/verwaltungsmitarbeiter-verbreitet-stimmung-im-fussballstadion-mit-konfetti-aus-vertraulichem-aktenmaterial/ (zuletzt aufgerufen am: 30.06.2021).

816 Siehe zu den Begriffen S. 10 f.

zu den Systemen des Versicherungsnehmers verschafft und hat er die Daten dann jedoch eigenhändig gelöscht, wurde die Informationssicherheitsverletzung nicht durch ein Schadprogramm, sondern durch einen Angriff auf elektronische Daten i.S.v. Spiegelstrich 1 ausgelöst.

bb) Dreiteilung: Netzwerksicherheitsverletzung, Datenschutzverletzung, Datenvertraulichkeitsverletzung

Seit der Veröffentlichung der AVB-Cyber haben einige Versicherer ihre Bedingungen geändert und definieren das den Vermögensschaden verursachende Ereignis ebenfalls als Informationssicherheitsverletzung.[817] Allerdings definieren die Versicherer diesen Begriff anders als der GDV. Denn nach diesen Bedingungen ist eine Informationssicherheitsverletzung eine Datenschutzverletzung, eine (Daten-)Vertraulichkeitsverletzung oder eine Netzwerksicherheitsverletzung.[818] Diese Dreiteilung des Schadensereignisses haben diese Versicherer auch schon in ihren Vorgängerbedingungen verwendet. Auch wenn die Versicherer nun den Begriff der Informationssicherheitsverletzung verwenden, so hat sich die Definition des versicherten Schadensereignisses im Ergebnis nicht geändert und unterscheidet sich daher nach wie vor maßgeblich von den AVB-Cyber. Nicht alle Versicherer haben jedoch den Begriff der Informationssicherheitsverletzung aufgegriffen. So listet Hiscox zu Beginn seiner Bedingungen diverse versicherte Schadensereignisse auf, zu denen unter anderem die Netzwerkssicherheitsverletzung und die Datenrechtsverletzung gehören.[819] Dual wiederum verwendet mit dem Cyber-Event beispielsweise einen eigenen Oberbegriff, definiert diesen aber ebenfalls als Datenschutzverletzung, Datenvertraulichkeitsverletzung und Netzwerksicherheitsverletzung.[820]

---

[817] Ziff. I.1. AIG, Ziff. VII.19. AGCS; Ziff. 1.3.5 HDI-Global.

[818] Ziff. I.1. AIG; Ziff. VII.19. AGCS; Ziff. 1.3.5 HDI-Global.

[819] Ziff. I.1 und 3 Hiscox.

[820] Ziff. 1.3 Dual.

Im Ergebnis handelt es sich bei diesen drei Begriffen somit um die am Markt gängigste Schadensereignisdefinition. Die Begriffe Datenschutzverletzung, Datenvertraulichkeitsverletzung und Netzwerksicherheitsverletzung sollen daher nachfolgend näher dargestellt werden, um zu untersuchen inwieweit sich die Definitionen der Begriffe in den jeweiligen Bedingungen unterscheiden und welche Vor- und Nachteile sich aus der Verwendung dieser Schadensereignisdefinition im Vergleich zur Informationssicherheitsverletzung des GDV ergeben. Auf eine Darstellung der weiteren im Markt verwendeten Schadensereignisdefinitionen soll hingegen verzichtet werden, da sich diese sowohl hinsichtlich ihrer Definition als auch in ihrem Aufbau zum Großteil stark voneinander unterscheiden.[821]

(1) Datenschutzverletzung

Die Datenschutzverletzung wird unter anderem als „jede Verletzung anwendbarer datenschutzrechtlicher Bestimmungen wie beispielsweise des BDSG, der DSGVO oder vergleichbarer inländischer oder ausländischer Rechtsnormen" definiert.[822] Das Schadensereignis der Datenschutzverletzung entspricht daher im Ergebnis dem versicherten Ereignis aus Ziff. A1-2.4 Spiegelstrich 4 AVB-Cyber. Bei genauerer Betrachtung zeigen sich allerdings Unterschiede. Wie oben bereits dargestellt, sind nach den AVB-Cyber im Ergebnis nur solche Schäden versichert, die gleichzeitig auch zu einer Datenschutzverletzung i.S.v. Art. 4 Nr. 12 DSGVO geführt haben,[823] da die Verletzung datenschutzrechtlicher Vorschriften zu einer Beeinträchtigung der Verfügbarkeit, Integrität oder Vertraulichkeit von elektronischen Daten oder informationsverarbeitenden Systemen geführt haben muss. In den meisten Marktbedingungen findet sich eine solche Einschränkung aber nicht.[824] Dies führt dazu, dass dem Wortlaut entsprechend jeder Vermögensschaden versichert ist, der

---

[821] So unter anderem: Ergo; Markel; Axa; R+V.

[822] Ziff. VII.11. AGCS; Vgl. Ziff. 1.3.1 Dual (ohne Nennung der DSGVO); ähnlich: Ziff. I.3 Hiscox.

[823] Siehe dazu S. 219 f.

[824] Anders jedoch: Ziff. I.1.1 AIG (Die eine Vernichtung, einen Verlust, eine Veränderung, eine unbefugte Offenlegung oder einen unbefugten Zugang zu personenbezogenen Daten voraussetzen).

durch eine Verletzung datenschutzrechtlicher Vorschriften verursacht wurde. Nach diesen Bedingungen sind daher sämtliche Verstöße gegen die DSGVO versichert. Versicherungsschutz besteht somit z.B. auch für Schäden, die einer Person dadurch entstanden sind, dass das Unternehmen dem Recht auf Löschung nach Art. 17 DSGVO nicht nachgekommen ist.

Neben dem Umfang der versicherten Verstöße gegen die DSGVO besteht noch ein weiterer elementarer Unterschied zwischen den AVB-Cyber und den meisten Marktbedingungen. Denn anders als Ziff. A1-11 AVB-Cyber beschränken diese Bedingungen den Geltungsbereich nicht auf Ansprüche die in EWR-Staaten und nach deren Recht geltend gemacht werden, sondern bieten ohne weitere Einschränkungen weltweiten Deckungsschutz.[825] Dies führt dazu, dass nicht nur die Verstöße nach der DSGVO und den nationalen Vorschriften der EWR-Staaten von Bedeutung sind, sondern auch solche von Drittstaaten. Grundsätzlich müssen die Versicherer daher auch Versicherungsschutz für Datenschutzschäden leisten, welche in den USA geltend gemacht werden. Dies kann für die Versicherer zu einer hohen finanziellen Belastung führen, da hier enorme Schadenssummen drohen können.

(2) Datenvertraulichkeitsverletzung

Das zweite Schadensereignis, wird in den Marktbedingungen als Datenvertraulichkeitsverletzung[826] oder nur als Vertraulichkeitsverletzung[827] bezeichnet. Zum Teil wird die Datenvertraulichkeitsverletzung als die fahrlässige Veröffentlichung von Daten, den unberechtigten Zugriff auf Daten oder die unberechtigte Nutzung von vertraulichen Informationen definiert.[828] Zu beachten ist, dass nach einigen Bedingungen nur Datenvertraulichkeitsverletzungen versichert sind, wenn sich die Daten im Verfügungsbereich der Versicherten befin-

---

825 Ziff. 5.13 HDI Global; Ziff. IV.5. Hiscox.
826 Ziffl.1.2 AIG; Ziff. A1.2 Ergo; Ziff. 1.3.7 HDI-Global.
827 Ziff. VII.34 AGCS.
828 Ziff. VII.34 AGCS; Ziff. 7.32 Allianz Vers.; Ziff. 1.3.2 Dual.

den und diese die Datenvertraulichkeitsverletzung verursacht haben.[829] Andere Wordings versichern hingegen auch Datenvertraulichkeitsverletzungen die durch externe Dienstleister verursacht wurden, wobei in diesen Fällen nur die fahrlässige Veröffentlichung und nicht der unberechtigte Zugriff versichert ist.[830]

Entscheidend für den Deckungsumfang der Cyber-Versicherung ist des Weiteren, wessen Daten von der Vertraulichkeitsverletzung umfasst sind. Bei einem Teil der Versicherer sind nur Daten Dritter vom Versicherungsschutz umfasst, nicht hingegen die Daten des Versicherungsnehmers selbst. Bei einem Teil dieser Bedingungen ergibt sich dies unmittelbar aus dem Wortlaut, in dem dort nur die Verletzung der Vertraulichkeit von „Daten Dritter"[831] oder „Kundeninformationen"[832] umfasst ist. Auch die Allianz versichert im Ergebnis nur Daten Dritter, da der Versicherungsnehmer die Daten in seine Obhut genommen haben muss und er zu deren Geheimhaltung vertraglich oder gesetzlich verpflichtet sein muss.[833]

Ob die Vertraulichkeit von Daten Dritter oder den Daten des Versicherungsnehmers verletzt wurde, wird in den meisten Fällen leicht zu ermitteln sein. Handelt es sich bei dem Versicherungsnehmer um ein produzierendes Unternehmen und wurden Dateien kopiert, auf welchen sich Produktentwürfe befanden, wurde offensichtlich nicht die Vertraulichkeit von Daten Dritter, sondern von Daten des Versicherungsnehmers verletzt. Bei Kundeninformationen handelt es sich wiederum offensichtlich um Daten Dritter. Auch Arbeitnehmerdaten dürften jedenfalls dann als Daten Dritter zu qualifizieren sein, wenn es sich um personenbezogene Daten i.S.v. Art. 4 Nr. 1 DSGVO handelt.

Die Frage, ob ein Versicherer nur die Vertraulichkeit von Daten Dritter versichert oder auch Schäden deckt, die dadurch entstehen, dass die Vertraulichkeit von Daten des Versicherungsnehmers verletzt werden, hat einen großen Einfluss auf den Umfang des Versi-

---

[829] So Ziff. 1.2 AIG; Ziff. 1.3.7 HDI-Global.
[830] So Ziff. VII.34.b) AGCS; Ziff. 1.3.2 Dual.
[831] Ziff. 1.3.7 HDI-Global.
[832] Ziff. 1.3.2 Dual.
[833] Ziff. VII.33 AGCS; Ziff. 7.31 Allianz-Vers.

cherungsschutzes. Definieren Versicherer eine Datenvertraulichkeitsverletzung als eine Verletzung von Daten Dritter, hat dies zur Folge, dass gerade die Service-Kosten, d.h. Aufwendungen für IT-Forensiker oder PR-Berater, nur dann übernommen werden, wenn Daten Dritter gestohlen wurden. Wurden aber vertrauliche Unternehmensdaten, beispielsweise Konstruktionspläne oder interne Unternehmenskorrespondenz gestohlen, könnte der Versicherer die Deckung für PR- und Forensikkosten verweigern. Es stellt sich jedoch die Frage, inwieweit eine solche Eingrenzung des Deckungsschutzes marktgerecht ist, da die meisten Versicherungsnehmer bei Abschluss einer Police gerade diese Schäden für versichert halten.

Diese Deckungsbeschränkung könnte zwei Ursachen haben. Einerseits kann sich der Versicherer bewusst dafür entschieden haben nur Vertraulichkeitsschäden zu versichern, wenn dem Versicherungsnehmer Kundendaten abhandengekommen sind. Andererseits besteht auch die Möglichkeit, dass die Versicherer den Deckungsumfang unwissentlich beschränkt haben. Dies gilt insbesondere für solche Anbieter, welche die Datenvertraulichkeitsverletzung im Drittschadensbaustein als Verletzung der Vertraulichkeit von Daten Dritter definieren und in den anderen Bausteinen auf diese Begriffserklärung verweisen. Hier erscheint es zumindest denkbar, dass in den anderen Deckungsbausteinen auf die Definition des Drittschadenbausteins verwiesen wurde, ohne zu bedenken, dass ein solcher Verweis zu einer Deckungsbeschränkung führt.

(3) Netzwerksicherheitsverletzung

Das letzte der drei versicherten Schadensereignisse ist die sog. Netzwerksicherheitsverletzung. Wie auch schon bei den anderen beiden Schadensereignissen wird auch die Netzwerksicherheitsverletzung unterschiedlich definiert. Einige Versicherer definieren sie ausschließlich anhand konkreter Ereignisse, indem sie beispielsweise Schäden versichern, die durch Schadsoftware, Denial-of-Service-Angriffe oder die Aneignung von Zugangscodes entstanden sind.[834] Diese Versicherer wählen somit das Gegenmodell zum GDV, der bei seiner Definition der Informationssicherheitsverletzung auf die Nennung konkreter Schadensereignisse verzichtet.

Andere Versicherer wiederum definieren die Netzwerksicherheitsverletzung zunächst abstrakt. So ist sie nach den Hiscox Bedingungen jeder unzulässige Zugriff auf das IT-System oder jede unzulässige Nutzung des IT-Systems eines Versicherten.[835] Die Allianz wiederum definiert die Netzwerksicherheitsverletzung als „jedes Eindringen in das Computer System einer versicherten Gesellschaft, das dessen unberechtigte Nutzung oder den unberechtigten Zugang zu dem Computer System einer versicherten Gesellschaft oder die unautorisierte Veränderung, Zerstörung, Löschung, Übertragung, Kopierung von elektronischen Daten oder von Software oder die Beanspruchung von Ressourcen des Computer Systems einer versicherten Gesellschaft zur Folge hat."[836] Die Bedingungen von Hiscox und der AGCS haben gemeinsam, dass nach der abstrakten Definition eine Auflistung mit konkreten Ereignissen folgt, welche insbesondere eine Netzwerksicherheitsverletzung darstellen. Diese Ereignisse entsprechen zum Großteil den Ereignissen der Bedingungen, welche die Netzwerksicherheitsverletzung ausschließlich anhand von konkreten Schadensursachen definieren.

Auch wenn somit keine der Definitionen der Netzwerksicherheitsverletzung identisch ist und es immer bestimmte Abweichungen gibt, so decken die Policen im Ergebnis weiterüberwiegend die gleichen Schäden.

(4) Standort

Anders als der GDV definieren die Marktbedingungen das versicherte Schadensereignis nicht zu Beginn in einem Basis-Baustein. Vielmehr werden die Netzwerksicherheitsverletzung und die Daten-

[834] Ziff. 1.3 AIG; Ziff. 1.3.8 HDI-Global; Vgl. *Malek/Schütz*, PHi 2018, 174, 176.
[835] Ziff. I.1. Hiscox.
[836] Ziff. VII.20. AGCS; Ziff. 7.18, 7.8 Allianz-Vers.

schutz- und Datenvertraulichkeitsverletzung in den meisten Versicherungsbedingungen im Drittschadenbaustein definiert.[837] Die anderen Deckungsbausteine verwenden allerdings die gleichen Schadensereignisse und verweisen bei deren Definition auf den Drittschadenbaustein. Allerdings bestehen hier teilweise Unterschiede zwischen den einzelnen Bedingungen. Zum Teil wird auf alle versicherten Schadensereignisse verwiesen, d.h. auf die Netzwerksicherheitsverletzung und die Datenschutz- und Datenvertraulichkeitsverletzung.[838] Bei diesen Bedingungen gilt daher wie beim GDV ein einheitlicher Schadensereignisbegriff. Andere Versicherer verweisen in ihren Bedingungen jedoch in einigen Deckungsbausteinen nur auf einzelne Schadensereignisse. So werden im Rahmen der Wiederherstellungskosten zum Teil nur solche Kosten übernommen, die durch eine Netzwerksicherheitsverletzung verursacht wurden.[839]

cc) Ausländische Versicherungsbedingungen

Wie oben dargestellt,[840] unterscheiden sich hiesige Bedingungen trotz ihres angloamerikanischen Ursprungs in ihrem Aufbau deutlich von ausländischen Versicherungsbedingungen. Dies zeigt sich insbesondere bei der Darstellung des versicherten Risikos. Anders als in Deutschland, werden die versicherten Schadensereignisse in Ländern wie den USA, Großbritannien oder Australien nicht in einer eigenen Klausel definiert. Vielmehr findet sich das versicherte Schadensereignis innerhalb eines Abschnitts, in welchem der Versicherungsschutz, das heißt die versicherten Eigen- und Drittschäden, dargestellt werden. Allerdings wird an dieser Stelle nur der Begriff des Schadensereignisses verwendet, ohne diesen näher zu definieren. Eine weitere Definition erfolgt vielmehr in einem ausführlichen Definitionsteil. Die Begriffe für das Schadensereignis sind dabei unterschiedlich. Das australische Startup Edmund verwendet

[837] So zum Beispiel: Ziff. 1.3.6 HDI-Global.
[838] So zum Beispiel: Ziff. VI.1. AIG.
[839] Ziff. 2.4.1 HDI-Global.
[840] Siehe S. 206 f.

die Begriffe „Claim“, „Cyber Threat of Extortion“ und „Cyber Breach“.[841] Markel wiederum versichert Schäden die durch folgende Ereignisse verursacht wurden: „Cyber Attack“, „Data Breach“ und „Computer Virus“.[842] AIG wiederum verwendet die Begriffe „Security Failure“ und „Privacy Event“.[843]

Auch in ausländischen Bedingungen herrscht daher zumindest hinsichtlich der verwendeten Begrifflichkeiten eine gewisse Heterogenität. Dafür besteht aber zumindest weitgehende Einheitlichkeit was den Aufbau und den Standort des versicherten Schadensereignisses anbelangt. Bezüglich des Definitionsabschnitts fällt zudem auf, dass die Definitionen Begriffe verwenden die ebenfalls im Definitionsteil definiert werden. So definiert Edmund Insurance „Business Interruption Loss“ unter anderem als „The Insured’s Reduction of Net Income“, wobei es sich dabei um eine Begrifflichkeit handelt, die im Definitionsteils ebenfalls definiert wird.[844]

Im Hinblick auf den konkreten Deckungsumfang unterscheiden sich die ausländischen Bedingungen zumindest in Bezug auf Schäden, die durch Cyber-Angriffe verursacht wurden, nicht wesentlich von deutschen Bedingungen, da auch in Staaten wie den USA, Großbritannien oder Australien Schäden versichert sind, die beispielsweise durch Schadsoftware, DDos-Angriffe oder durch Datendiebstahl entstanden sind. Ein Unterschied zwischen deutschen und ausländischen Bedingungen besteht aber bezüglich des Deckungsumfangs von Datenschutzverletzungen. Zum Teil werden Datenschutzverletzungen in ausländischen Cyber-Policen gar nicht versichert[845] und wenn doch, dann beschränkt sich der Deckungsschutz auf Kosten die durch Untersuchungen von Datenschutzbehörden entstanden sind.[846] Andere wiederum versichern nur solche Datenschutzverletzungen, die im Zusammenhang damit stehen, dass der Versicherungsnehmer keine ausreichenden Maßnahmen getroffen hat,

---

841 Sec. 1 Edmund.

842 „Insuring Clause“ Markel UK.

843 Sec. 1 „Specialty Risk Protector“ AIG US.

844 Sec. 2 Edmund.

845 So Markel UK.

846 So unter anderem: So unter anderem: Ziff. 2 claim d) Edmund insurance; Ziff B. AIG AUS (die zusätzlich auch noch Bußgelder versichern die durch Datenschutzbehörden verhängt wurden).

um die Daten vor Datenschutzverletzungen zu schützen.[847] Insgesamt zeigt sich, dass die ausländischen Versicherungsbedingungen ihren Deckungsschutz oftmals nur auf Schäden beschränken, die im Zusammenhang mit Cyber-Crime stehen.

dd) Stellungnahme und Definitionsvorschlag

Die Darstellung hat ergeben, dass sich sowohl der Inhalt als auch der Standort der verwendeten Schadensereignisdefinition zum Teil enorm voneinander unterscheiden. Nachfolgend soll daher untersucht werden, wie das Schadensereignis in der Cyber-Versicherung am besten zu definieren ist und an welcher Stelle im Bedingungswerk sich eine solche Definition befinden sollte.

Dafür stellt sich zunächst die Frage, welche Ziele und Anforderungen eine praxistaugliche Schadensereignisdefinition erfüllen sollte. Anders als bei herkömmlichen Versicherungsprodukten, wie der Einbruchsdiebstahlversicherung oder der Feuerversicherung, versichert eine Cyber-Police Risiken, die für die meisten Versicherungsnehmer nicht ohne Weiteres zu verstehen sind. Notwendig ist daher insbesondere, dass das versicherte Schadensereignis so verständlich wie möglich definiert wird, damit Auslegungsschwierigkeiten vermieden werden. Darüber hinaus hat der Versicherungsnehmer ein großes Interesse daran, dass die Cyber-Versicherung einen umfangreichen Deckungsschutz gewährt und möglichst alle denkbaren Cyber-Schäden versichert sind. Diesem Wunsch steht das Interesse des Versicherers entgegen, den Deckungsumfang zu begrenzen, um die notwendige Prämie berechnen zu können und das Kumulrisiko zu verringern. Ein Ausgleich dieser Interessen kann zwar durch Ausschlüsse und Obliegenheiten erzielt werden, die Grundlage für diesen Interessenausgleich wird aber durch eine Definition der versicherten Schadensereignisse geschaffen.

[847] So Ziff. 2 (I) Security and Privacy Coverage Section AIG US; Anders: Ziff. 5 Hiscox UK.

(1) Standort, Inhaltlicher Aufbau und Begrifflichkeiten

Fraglich ist zunächst, an welcher Stelle der Versicherungsbedingungen die Definition des Schadensereignisses erfolgen soll. In Betracht käme ein Aufbau im Sinne der angloamerikanischen Bedingungen, d.h. eine kurze Darstellung des versicherten Risikos zu Beginn der Bedingungen mit anschließender Erläuterung der verwendeten Begriffe in einem Definitionsabschnitt. Für einen definitionsbasierten Aufbau spricht, dass sich die Schadensereignisdefinition auf den ersten Blick verständlicher und prägnanter gestalten lässt, da in der jeweiligen Deckungsklausel auf umfangreiche Definitionen verzichtet werden kann. Allerdings führt ein solcher Aufbau nur auf den ersten Blick zu einer erhöhten Verständlichkeit. Cyber-Versicherungsbedingungen verwenden eine Vielzahl von Begrifflichkeiten, die dem Versicherungsnehmer in der Regel nicht bekannt sein werden. Der Versicherungsnehmer wäre daher konstant damit beschäftigt vom Deckungs- zum Definitionsteil zu wechseln. Hinzu kommt, dass das Verweisen auf weitere Definitionen innerhalb des Definitionsteils zu einer erheblichen Unübersichtlichkeit der Bedingungen führen kann. Gegen das angloamerikanische Modell sprechen auch praktische Erwägungen, da sich die Gliederung in Deckungsbausteine in Deutschland weitgehend etabliert hat und nicht davon auszugehen ist, dass die Versicherer zu einer derart großen Umstrukturierung, die ein definitionsbasiertes Wording mit sich bringen würde, bereit sein werden. Ein großer Vorteil der ausländischen Versicherungsbedingungen liegt aber zweifelsohne darin, dass der Versicherungsnehmer durch die anfängliche Darstellung der Deckungsbausteine einen Überblick darüber erhält, welche Schäden versichert sind. Gleiches sollte auch für das versicherte Schadenereignis gelten. Daher sollte die Informationssicherheitsverletzung, wie in Ziff. A1-2.1 AVB-Cyber, am Anfang der Bedingungen definiert werden. Diese Definition sollte im Basis-Baustein und nicht im Drittschadenbaustein erfolgen, da dem Versicherungsnehmer so ohne Weiteres deutlich wird, dass die Schadensereignisdefinition für alle Deckungsbausteine gleichermaßen anwendbar ist.

Fraglich ist des Weiteren, wie die Schadensereignisdefinition inhaltlich aufgebaut sein sollte. Dabei stellt sich die Frage, ob diese Definition im Sinne der AVB-Cyber aufgeteilt werden soll, indem die Informationssicherheitsverletzung zunächst als Verletzung der Verfügbarkeit, Integrität oder Vertraulichkeit definiert wird und sodann Ereignisse aufgezählt werden, welche diese Verletzung verursacht haben müssen oder ob auf eine solche Aufteilung im Sinne der Marktbedingungen verzichtet werden sollte. Für das GDV-Modell spricht, dass es sich bei der Verfügbarkeit, Integrität und Vertraulichkeit um drei Rechtsbegriffe handelt, die mittlerweile in mehreren Normen genannt werden[848] und zudem auch in der IT-Branche allgemein bekannt sind.

Allerdings hat die obige Darstellung auch gezeigt, dass sich der Deckungsumfang nicht immer eindeutig aus der Schadensereignisdefinition des GDV ergibt. So ist schon die Abgrenzung der einzelnen Schadensereignisse aus Ziff. A1-2.4 AVB-Cyber zueinander nicht eindeutig. Zum anderen ergibt sich erst bei genauerem Hinsehen, dass nach Ziff. A1-2 AVB-Cyber nicht sämtliche Verstöße gegen datenschutzrechtliche Vorschriften versichert sind.[849] Gerade bei einem komplexen Produkt wie der Cyber-Versicherung ist es für die Verständlichkeit der Bedingungen hinderlich, wenn der Versicherungsnehmer zwei Klauseln, in diesem Fall Ziff. A1-2.1 AVB-Cyber mit Ziff. A1-2.4 AVB-Cyber, kombinieren muss, um den konkreten Deckungsumfang zu verstehen. Notwendig ist vielmehr, dass der Versicherungsnehmer schon beim ersten Lesen weiß, welche Schäden versichert sind. Daher sprechen die besseren Gründe dafür, auf die Nennung der Schutzziele der IT-Sicherheit zu Beginn der Schadensereignisdefinition zu verzichten und sich bei dem Aufbau der Risikodefinition an den Marktdefinitionen zu orientieren, welche nur die versicherten Schadensereignisse enthalten.

Darüber hinaus stellt sich die Frage, welche Begrifflichkeiten in der Schadensereignisdefinition verwendet werden sollten. Die obige Darstellung hat gezeigt, dass die am häufigsten verwendeten Begriffe die Informationssicherheitsverletzung, die Netzwerksicherheitsverletzung, die Datenvertraulichkeitsverletzung und die Datenschutzverletzung sind. Die Verwendung von vielen verschiedenen Begrifflichkeiten verringert die Verständlichkeit von Klauseln häufig

---

[848] Siehe dazu: S. 85 und S. 88.
[849] Siehe dazu S.219 f.

eher, als dass sie diese erhöht. Dies gilt gerade bei einem Versicherungsprodukt wie der Cyber-Police, bei welchem die versicherten Risiken ohnehin schwer zu erfassen sind. Es erscheint daher am sinnvollsten bei der Schadensereignisdefinition auf die Begriffe Netzwerksicherheitsverletzung, Datenvertraulichkeitsverletzung und Datenschutzverletzung zu verzichten und vielmehr nur den Begriff der Informationssicherheitsverletzung zu verwenden. Dafür spricht auch, dass sich dieser Begriff vermehrt in deutschen Versicherungsbedingungen durchsetzt und sich so eine gewisse Vereinheitlichung der Versicherungsbedingungen herbeiführen ließe.

(2) Konkrete Ausgestaltung

Die obige Darstellung hat ergeben, dass eine Cyber-Versicherung im Wesentlichen drei Schadensereignisse versichert: Datenschutzverletzungen, die Verletzung der Vertraulichkeit von Daten sowie Cyber-Angriffe, welche zu Schäden an Daten oder IT-Systemen führen. Fraglich ist daher, wie diese Schadensereignisse in einer Cyber-Versicherung definiert werden sollten.

(a) Datenschutzverletzungen

Der weitüberwiegende Teil der deutschen Cyber-Policen versichert sämtliche Datenschutzverletzungen, sofern diese zu einem Vermögensschaden geführt haben.[850] Lediglich der GDV und die Bedingungen, die sich weitgehend an den AVB-Cyber orientieren, versichern im Ergebnis nur solche Datenschutzverletzungen, die durch Cyber-Angriffe oder die versehentliche Veröffentlichung von Daten verursacht wurden.[851] Eine Beschränkung des Versicherungsschutzes für Datenschutzverletzungen auf bestimmte Schadensursachen erscheint aus mehreren Gründen sinnvoll. So wurde die Cyber-Police von den Versicherern ursprünglich auf den Markt gebracht, um Unternehmen gegen Vermögensschäden zu versichern, welche

---

[850] Siehe S. 223.
[851] Siehe dazu S. 219 f.

den Versicherungsnehmern durch Cyber-Angriffe entstanden sind. Von diesem Ziel sind die deutschen Policen abgekommen, indem sie Bedienfehler, Technikfehler und eben auch sämtliche Datenschutzverletzungen versichern. Wenn aber neben den klassischen Cyber-Schäden auch noch Verluste versichert werden, die nicht durch Cyber-Angriffe verursacht wurden, erhöht dies das Kumulrisiko zusätzlich. Seit dem Inkrafttreten der DSGVO gilt dies in besonderem Maße, da davon auszugehen ist, dass die Zahl der geltend gemacht Schadensersatzansprüche und der verhängten Bußgelder nach Datenschutzverstößen in Zukunft deutlich ansteigen wird.

Aus diesen Gründen sollten die Versicherer künftig nicht mehr jegliche Datenschutzverletzungen versichern, sondern den Deckungsschutz auf solche Verletzungen beschränken, die durch einen Cyber-Angriff entstanden sind. Hier kommen in erster Linie zwei Verstöße gegen die DSGVO in Frage. So wird das Opfer des Cyber-Angriffs oftmals keine technischen und organisatorischen Maßnahmen getroffen haben, um Datenschutzverletzungen zu verhindern, weshalb insbesondere Verstöße gegen Art. 32 DSGVO in Betracht kommen. Zum anderen kann das Opfer des Cyber-Angriffs gegen Meldepflichten gegenüber den Aufsichtsbehörden und den Betroffenen i.S.v. Art. 33 und 34 DSGVO verstoßen haben. Eine Cyber-Police sollte sich bei der Versicherung von Datenschutzverletzungen daher auf diese Verstöße beschränken. Da die Cyber-Versicherungsbedingungen in der Regel weltweiten Versicherungsschutz gewähren, sollte die Klausel auch Verstöße gegen Datenschutzvorschriften anderer Rechtsordnungen umfassen, welche den Art. 32 ff. DSGVO entsprechen.

Von der hier vorgeschlagenen Schadensereignisdefinition[852] sind allerdings auch solche Schäden umfasst, die durch die versehentliche Veröffentlichung von Daten entstanden sind. Dies erscheint jedoch vertretbar, da eine solche Veröffentlichung auch Verstöße gegen die Art. 32 ff. DSGVO nach sich ziehen kann und die Versicherungsnehmer eine solche Deckung in der Regel auch erwarten.

---

[852] Siehe unten: S. 237.

(b) Verletzung der Vertraulichkeit von Daten

Bei der Versicherung von Vertraulichkeitsverletzungen hat sich gezeigt, dass eine Definition als „Verletzung der Vertraulichkeit von Daten Dritter" dazu führt, dass z.B. PR- und Forensikkosten nicht versichert sind, wenn die Vertraulichkeit von Daten des Versicherungsnehmers verletzt wurde. Daher sollte auf den Zusatz „Dritter" verzichtet werden. Ansonsten kann sich bei der Beschreibung von Datenvertraulichkeitsverletzungen an den Marktbedingungen orientiert werden. Allerdings sind Vertraulichkeitsverletzungen auch nach der hier vorgeschlagenen Schadensereignisdefinition[853] nicht versichert, wenn sich die Daten bei einem Dritten befinden, wie beispielsweise bei einem Cloud-Dienstleister. Möchte der Versicherer auch diese Vertraulichkeitsverletzungen versichern, wäre eine zusätzliche Regelung notwendig, welche den Deckungsschutz auf die Datenträger von bestimmten Dienstleistern erweitert. Hiervon sollte jedoch nur im Einzelfall Gebrauch gemacht werden, da die Versicherer in der Regel keinerlei Kenntnis über die Umsetzung vom IT-Sicherheitsmaßnahmen der Dienstleister haben und das Schadensrisiko daher schwer einzuschätzen ist.

(c) Daten- und IT-Systemschäden

Auch wenn Datenschutz- und Datenvertraulichkeitsverletzungen einen wichtigen Teil der zu versichernden Schadensereignisse darstellen, so werden die meisten Versicherer eine Cyber-Versicherung abschließen, um sich gegen Schäden an ihren Daten und IT-Systemen zu versichern, die ihnen durch einen Cyber-Angriff entstanden sind. Diese Daten- und IT-Systemschäden werden in den jeweiligen Versicherungsbedingungen zum Teil sehr unterschiedlich definiert. Die obige Darstellung hat jedoch gezeigt, dass sich im Ergebnis zwei Definitionsmodelle gegenüberstehen. Dies sind zum einen die Marktbedingungen, welche die versicherten Schadensereignisse anhand konkreter Ereignisse definieren und zum anderen

---

[853] Siehe unten: S. 237.

die AVB-Cyber des GDV.[854] Für Daten- und IT-Systemschäden sind hier die Schadensereignisse aus Ziff. A1-2.4 Spiegelstrich 1, 3 und 5 AVB-Cyber von Bedeutung. Diese sehr abstrakt formulierte Schadensereignisdefinition ließe sich mit dem Argument befürworten, dass dadurch sämtliche Cyber-Angriffe versichert werden und daher auch Schutz für solche Risiken besteht, die zum jetzigen Zeitpunkt noch nicht bekannt sind.[855] Zwar ist ein besonders weiter Deckungsumfang im Interesse des Versicherungsnehmers, allerdings hat die obige Darstellung gezeigt, dass bei der Cyber-Versicherung ohnehin schon ein besonders großes Kumulrisiko besteht. Wenn nun auch noch sämtliche unbekannte Cyber-Risiken versichert werden, besteht die Gefahr, dass sich das Kumulrisiko noch weiter erhöht. Hinzu kommt, dass die meisten Versicherer nicht bereit sein werden, Risiken zu versichern die sie zum jetzigen Zeitpunkt noch nicht kennen. Gegen das GDV-Modell spricht zudem, dass die Schadensereignisse gerade im Zusammenhang mit Daten- und IT-Systemschäden nicht immer klar voneinander abzugrenzen sind. So ist z.B. nicht ohne Weiteres klar, wann ein Angriff auf informationsverarbeitende Systeme i.S.v. Ziff. A1-2.4 Spiegelstrich 1 AVB-Cyber und wann ein Eingriff in informationsverarbeitende Systeme gem. Ziff. A1-2.4 Spiegelstrich 3 AVB-Cyber vorliegt.

Eine konkrete Auflistung von Schadensereignissen, d.h. die Nennung von Angriffsarten wie DDoS-Attacken oder Viren und Trojanern verdeutlicht dem Versicherungsnehmer hingegen, welche Cyber-Angriffe versichert sind.[856] Allerdings kann dies den Versicherungsnehmer auch überfordern, gerade wenn zahlreiche Ereignisse aufgelistet werden und diese eine Vielzahl von Fachbegriffen enthalten. Zudem kann eine rein konkrete Auflistung leichter zu wesentlichen Deckungslücken führen als dies bei einer abstrakten Schadensereignisdefinition der Fall ist. Darüber hinaus unterscheiden sich die jeweils genannten Schadensereignisse häufig von Bedingungswerk zu Bedingungswerk, was eine Vergleichbarkeit der Wordings untereinander erheblich erschwert.

---

[854] Vgl. *Malek/Schütz*, r+s 2019, 421, 422 (welche zwischen generell-abstrakten, abschließend-konkreten sowie kombinierten Definitionsansätzen unterscheiden).

[855] Vgl. *Malek/Schütz*, PHi 2018, 174, 176; *dies.*, r+s 2019, 421, 423; *Schilbach*, SpV 2018, 2, 3.

[856] Vgl. *Malek/Schütz*, PHi 2018, 174, 176; *dies.*, r+s 2019, 421, 423.

Aus diesen Gründen ist weder eine abstrakte noch eine konkrete Schadensereignisdefinition für Daten- und IT-Systemschäden zu befürworten. Sinnvoller erscheint es vielmehr beide Modelle miteinander zu kombinieren, um so die jeweiligen Vorteile zu verbinden. Die Schadensereignisdefinition sollte daher mit einer abstrakten Beschreibung des Risikos beginnen. Um alle relevanten Daten- und IT-Schäden abzudecken, sollten dabei die wesentlichen Einwirkungsformen auf IT-Systeme und Daten dargestellt werden. Bei IT-Systemen sind dies der unberechtigte Zugang, die unberechtigte Nutzung und die unberechtigte Veränderung sowie die Überlastung der Systeme. Vielfältiger sind die Einwirkungsformen auf Daten, weshalb die Löschung, Zerstörung, Veränderung, Übertragung, Blockierung und das Kopieren von Daten in der Definition enthalten sein sollte. Um dem Versicherungsnehmer einen umfangreichen Schutz in Bezug auf Datenschäden zu gewährleisten, sollte auch noch jede andere unberechtigte Einwirkung auf Daten als Auffangtatbestand in die Schadensereignisdefinition aufgenommen werden.

An die abstrakte Definition sollte sich sodann, ähnlich wie bei der AGCS oder Hiscox,[857] eine beispielhafte Auflistung mit konkreten Schadensereignissen anschließen. Da die abstrakte Definition bereits alle relevanten Daten- und IT-Schäden abdeckt, steht bei dieser Auflistung die Leistungsbeschreibung im Hintergrund. Diesem Teil kommt vielmehr eine Klarstellungfunktion zu und soll die Verständlichkeit der Klausel für den Versicherungsnehmer erhöhen. Aus diesem Grund ist es auch nicht notwendig eine Vielzahl von Schadensereignissen aufzulisten. Für die Verständlichkeit ist es vielmehr förderlicher, die wichtigsten und bekanntesten Angriffsarten in die Schadensereignisdefinition aufzunehmen. Dazu gehört die Infektion von IT-Systemen des Versicherten mit Schadsoftware bzw. die Übermittlung dieser durch IT-Systeme des Versicherten. Darüber hinaus sollten DDos-Angriffe, die unberechtigte Aneignung von Zugangscodes sowie die Verhinderung des Zugriffs zu IT-Systemen bzw. zu den dort gespeicherten Daten (z.B. durch Ransomware) aufgenommen werden.

---

[857] Vgl. Ziff. VII.20. AGCS (die aber anders als in der hier vorgeschlagenen Schadensereignisdefinition eine Vielzahl von konkreten Ereignissen auflistet); Ziff. I.1. Hiscox (die wiederum anders als hier vorgeschlagen, eine sehr kurze abstrakte Definition verwenden).

(3) Definitionsvorschlag

Aus der obigen Darstellung ergibt sich folgender, im Basis-Baustein zu verortender Definitionsvorschlag:

<u>Informationssicherheitsverletzung</u>

Eine Informationssicherheitsverletzung ist:

1. *eine Verletzung datenschutzrechtlicher Vorschriften wie der Datenschutzgrundverordnung (DSGVO), welche*
   - *dadurch verursacht wurde, dass der Versicherungsnehmer keine geeigneten technischen oder organisatorischen Maßnahmen getroffen hat, um eine Datenschutzverletzung zu verhindern*

   oder

   - *durch einen Verstoß gegen Melde- oder Benachrichtigungspflichten gegenüber den zuständigen Aufsichtsbehörden oder der von der Datenschutzverletzung betroffenen Person verursacht wurde.*
2. *eine Verletzung der Vertraulichkeit von Daten, sofern sich die Daten im Verantwortungsbereich des Versicherten befanden.*
3. *der unberechtigte Zugang, die unberechtigte Nutzung, die unberechtigte Veränderung oder die Überlastung von IT-Systemen sowie das unberechtigte Löschen, Zerstören, Verändern, Übertragen, Blockieren oder Kopieren von Daten oder jedes andere unzulässige Einwirken auf Daten. Hiervon umfasst sind insbesondere:*
   a) *eine Infektion von IT-Systemen des Versicherten mit jeder Art von Schadsoftware (z.B. Viren oder Trojaner) oder eine Übermittlung dieser durch IT-Systeme des Versicherten,*

   b) *ein Denial-of-Service-Angriff auf oder durch ein IT-System des Versicherten,*

   c) *eine Verhinderung des autorisierten Zugangs zu dem IT-System des Versicherten oder zu den in diesem System gespeicherten Daten,*

   d) *eine unberechtigte Aneignung von Zugangscodes des Versicherten.*

2. Versicherungsfall

a) Eintritt des Versicherungsfalls bei Cyber-Angriffen

Wie jede Versicherung gewährt auch eine Cyber-Police nur Versicherungsschutz, wenn während der Wirksamkeit der Versicherung ein Versicherungsfall eingetreten ist.[858] Der Versicherungsfall ist das Ereignis, welches die Leistungspflicht des Versicherers begründet.[859] In der Rechtsprechung und der Literatur wurden über die letzten Jahrzehnte verschiedene Versicherungsfalldefinitionen entwickelt. Es stellt sich daher die Frage, wann im Rahmen der Cyber-Versicherung der Versicherungsfall nach den jeweiligen Definitionen eintritt. Nach dem Verstoß- bzw. Kausalereignisprinzip tritt der Versicherungsfall mit der ersten Pflichtverletzung ein.[860] Als Verstoß wird das haftungsrelevante Verhalten angesehen, welches den Schaden verursacht hat.[861] Im Rahmen der Cyber-Versicherung stellt sich jedoch die Frage, an wessen Verstoß angeknüpft werden soll. In Betracht kommt einerseits der Verstoß des Angreifers, wobei hier die genaue Bestimmung des Verstoßes unklar sein kann. So könnte der Verstoß schon vorliegen, wenn dieser den Virus entwickelt hat oder aber erst, wenn er die E-Mail mit dem infizierten Anhang versendet hat. Neben dem Verstoß des Angreifers kommt zumindest im Rahmen des Drittschadensbausteins auch der Verstoß des Versicherungsnehmers in Betracht. So wird dieser von einem Dritten nach einem Cyber-Angriff meistens in Anspruch genommen werden, weil er gegen vertragliche Schutzpflichten verstoßen hat oder er seinen Verkehrssicherungspflichten nicht nachgekommen ist.

Nach dem Schadensereignis- bzw. dem Folgeereignisprinzip kommt es nicht auf die Ursache, sondern auf den Vorgang an, als dessen Folge die Schädigung unmittelbar eintritt.[862] Entscheidend ist das

---

[858] Ziff. A1-4 AVB-Cyber.

[859] *v. Rintelen*, in: Späte/Schimikowski, Ziff. 1 AHB Rn. 26; *Wandt*, Versicherungsrecht, Rn. 907.

[860] *Schimikowski*, in: Rüffer/Halbach/Schmikowski, § 100 Rn. 11.

[861] *Littbarski*, in: MüKoVVG, § 100 Rn. 112; *Lücke*, in: Prölss/Martin, § 100 Rn. 25; *v. Rintelen*, in: Späte/Schimikowski, Ziff. 1 AHB Rn. 75.

[862] *Lücke*, in: Prölss/Martin, § 100 Rn. 25; *Schimikowski*, in: Rüffer/Halbach/Schmikowski, § 100 Rn. 12; *Wandt*, Versicherungsrecht, Rn. 913.

letzte Ereignis vor dem Schadeneintritt.[863] Dieses Schadensereignis ist im Rahmen der Cyber-Versicherung die Informationssicherheitsverletzung, bzw. die alternativ verwendete Schadensereignisdefinition. Nach der Schadensereignistheorie tritt der Versicherungsfall bei einem Cyber-Eingriff daher in dem Moment ein, in welchem die Informationssicherheitsverletzung eingetreten ist.

Nach dem Manifestations- bzw. Feststellungsprinzip ist der Versicherungsfall die nachprüfbare erste Feststellung des Schadens.[864] Anders als beim Schadensereignisprinzip tritt der Versicherungsfall erst ein, wenn der Versicherungsnehmer oder der Dritte den Cyber-Schaden, wie z.B. die durch einen Virus verursachte Datenlöschung, festgestellt hat.

Beim Anspruchserhebungs- bzw. claims-made-Prinzip tritt der Versicherungsfall in dem Zeitpunkt ein, in welchem der Haftpflichtanspruch gegen den Versicherungsnehmer erstmals erhoben wurde.[865] Diese Versicherungsfalldefinition ist bei der Cyber-Versicherung nur im Rahmen des Drittschadensbausteins von Bedeutung. Anders als beim Feststellungprinzip kommt es nicht darauf an, wann der Dritte den Cyber-Schaden festgestellt hat, sondern wann er diesen gegenüber dem Versicherungsnehmer geltend gemacht hat.

Zur Veranschaulichung, soll der Eintritt des Versicherungsfalls in der Cyber-Versicherung an Hand eines Zeitstrahls dargestellt werden:

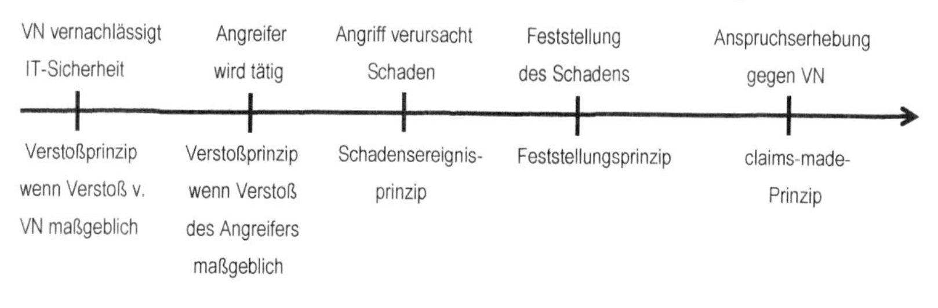

[863] *Schimikowski*, in: Rüffer/Halbach/Schmikowski, § 100 Rn. 12.

[864] *Littbarski*, in: MüKoVVG, § 100 Rn. 124.

[865] *Littbarski*, in: MüKoVVG, § 100 Rn. 125; *v. Rintelen*, in: Späte/Schimikowski, Ziff. 1 AHB Rn. 34; *Schimikowski*, in: Rüffer/Halbach/Schmikowski, § 100 Rn. 14.

b) Versicherungsfalldefinitionen in aktuellen Bedingungswerken

Wie beim Schadensereignis wird auch beim Versicherungsfall in den Bedingungen der Cyber-Versicherung keine einheitliche Definition verwendet. Zumal eine Vielzahl von Versicherern auch innerhalb ihrer Bedingungen verschiedene Versicherungsfalldefinitionen verwenden. So wird häufig im Rahmen des Eigenschadensbaustein das Feststellungsprinzip [866] und im Drittschadensbaustein das claims-made-Prinzip angewandt.[867] Der GDV und einige Marktbedingungen verwenden wiederum für alle Deckungsbausteine einheitlich das Feststellungsprinzip.[868] Ein geringer Teil von Versicherern definiert den Versicherungsfall, als den Eintritt der versicherten Ereignisse, wobei sich dies nur auf den Eigenschadenbaustein bezieht.[869] Die AIG und Hiscox hingegen verwenden das Schadenserеignisprinzip sowohl für Drittschäden als auch für Eigenschäden.[870] So knüpft die AIG bei letzterem an den Eintritt der Informationssicherheitsverletzung und im Rahmen der Drittschäden an das Schadensereignis an, als dessen Folge die Schädigung des Dritten unmittelbar entstanden ist.[871]

c) Stellungnahme

Fraglich ist, welche Versicherungsfalldefinition für die Cyber-Versicherung am geeignetsten ist. Gegen das Verstoßprinzip wird im Allgemeinen die unbeschränkte Nachdeckung sowie die schwierige Feststellbarkeit des Zeitpunkts des Verstoßes angeführt.[872] Beides ist auch im Rahmen der Cyber-Versicherung von großer Be-

---

[866] Ziff. I.2.6 AGCS; Dual (wird im vorangestellten Hinweis klargestellt); Ziff. 2.3 HDI-Global.

[867] Ziff. I.1.5. AGCS; Teil B Ziff. 1.8.2.1 Axa; Dual (wird im vorangestellten Hinweis klargestellt); Ziff. A.5 Ergo; Ziff. 1.5 HDI-Global; Ziff. E.1.Markel.

[868] Ziff. A1-4 AVB-Cyber; Ziff. 1.3 R+V; Ziff. A1-4 Signal Iduna.

[869] Teil B Ziff. 2.1.1 Axa; Ziff. E.1. Markel.

[870] Ziff. VIII.1 AIG; Ziff. IV.1. Hiscox.

[871] Ziff. VIII.1 AIG.

[872] *Schramm*, Anspruchserhebungsprinzip, S. 18; Vgl. *Ihlas*, in: MüKoVVG, Kap. 320 Rn. 241 (zum Spätschadenrisiko); *Schimikoswki*, in: Rüffer/Halbach/Schimikowksi, § 100 Rn. 11 (zum Spätschadenrisiko).

deutung. So bestehen bei einer Anknüpfung an den Verstoß des Angreifers, wie oben bereits dargestellt,[873] schon Probleme bei der genauen Bestimmung des Verstoßes, da dieser einerseits schon vorliegen könnte, wenn der Angreifer den Virus entwickelt hat, aber andererseits auch erst gegeben sein könnte, wenn er die E-Mail mit dem infizierten Anhang versendet hat. Aber auch wenn diese Frage durch die Versicherungsbedingungen geklärt wird, würde sich das Folgeproblem stellen, dass sich der Verstoß und dessen Zeitpunkt oftmals gar nicht nachweisen bzw. bestimmen lässt,[874] zumal in den allermeisten Fällen schon der Angreifer nicht mehr zu ermitteln sein wird.

Ebenfalls große Probleme bei der Bestimmbarkeit des Verstoßes stellen sich, wenn an das Verhalten des Versicherungsnehmers angeknüpft wird, da der Verstoß hier in der Regel in einem Unterlassen liegen wird, indem der Versicherungsnehmer gegen vertragliche Schutzpflichten verstoßen hat oder er seinen Verkehrssicherungspflichten nicht nachgekommen ist. Der Zeitpunkt des Verstoßes wird sich daher besonders schwer nachweisen lassen, da oftmals nicht zweifelsfrei bestimmbar ist, wann der Versicherungsnehmer gegen seine Pflicht verstoßen hat, bestimmte IT-Sicherheitsmaßnahmen zu implementieren. Zur Minimierung dieses Problems wäre, wie z.B. auch in der Berufshaftpflichtversicherung für Rechtsanwälte, eine Klausel denkbar, wonach die Pflichtverletzung im Zweifel an dem Tag als begangen gilt, an welchem die gebotene Handlung spätestens hätte vorgenommen werden müssen.[875] Allerdings wird sich gerade im Hinblick auf einheitliche Sicherheitsstandards schwer feststellen lassen, wann eine Sicherheitsmaßnahme spätestens erforderlich war.[876] Gegen das Verstoßprinzip spricht darüber hinaus, dass gerade bei der Anknüpfung an das Verhalten des Versicherungsnehmers der Versicherungsfall oftmals eintreten würde, lange bevor der Cyber-Angriff überhaupt stattgefunden hat. Dem Verstoßprinzip kann daher sowohl aufgrund der mangelnden Be-

---

[873] Siehe S. 239.

[874] *Malek/Schütz*, r+s 2019, 421, 425.

[875] Vgl. *Diller*, Berufshaftpflicht Rechtsanwälte, § 2 AVB-RSW Rn. 10.

[876] Vgl. *Schramm*, Anspruchserhebungsprinzip, S. 19 (allgemein zur schwierigen Feststellbarkeit der Gebotenheit einer Handlung).

stimmbarkeit als auch aufgrund des hohen Spätschadenrisikos die Eignung für die Cyber-Versicherung abgesprochen werden.

Von den in der Praxis verwendeten Versicherungsfalldefinitionen tritt der Versicherungsfall bei dem Schadensereignisprinzip am frühesten ein. Dies kann für den Versicherungsnehmer sehr günstig sein, da ihm so besonders früh Versicherungsschutz gewährt wird. Für den Versicherer führt ein Abstellen auf das Schadensereignisprinzip jedoch zu einem erheblichen Spätschadenrisiko.[877] Dies gilt insbesondere für Fälle in denen der Versicherungsnehmer erst deutlich nach der Informationssichersicherheitsverletzung den Schaden entdeckt. Allerdings werden einige Versicherungsnehmer erwarten, dass der Versicherer in dem Moment zur Leistung verpflichtet ist, in welchem das Schadensereignis eintritt. Andererseits wird es auch viele Versicherungsnehmer geben, die mit einer Deckung in dem Zeitpunkt rechnen, in welchem sie den Schaden feststellen. Dies ergibt auch insofern Sinn, als dass dem Versicherungsnehmer in diesem Zeitpunkt Kosten für IT-Forensiker, PR-Berater, Call-Center-Dienstleistungen oder Datenwiederherstellungskosten entstehen. Anders ist dies jedoch bei Betriebsunterbrechungsschäden, da dem Versicherungsnehmer schon ein Schaden entsteht, bevor er den Schaden überhaupt festgestellt hat.

Entscheidend gegen die Verwendung des Schadensereignisprinzips spricht jedoch, dass sich oft nicht genau feststellen lassen wird, wann die Informationssicherheitsverletzung eingetreten ist.[878] Hier bietet das Feststellungprinzip einen weitaus verlässlicheren Anknüpfungspunkt, da es eine klare zeitliche Zuordnung des Versicherungsfalls ermöglicht.[879] Zudem verringert es für den Versicherer das Spätschadenrisiko.[880] Hinzu kommt, dass das Feststellungprinzip grundsätzlich eine unbeschränkte Rückwärtsdeckung für Informationssicherheitsverletzungen gewährt, die vor Vertragsschluss

[877] *Schramm*, Anspruchserhebungsprinzip, S. 24 (Allgemein zum Schadensereignisprinzip).

[878] Vgl. allgemein zur schwierigen Bestimmbarkeit des Schadensereignisses: *v. Rintelen*, in: Späte/Schimikowski, Ziff. 1 AHB Rn. 58; *Schramm*, Anspruchserhebungsprinzip, S. 25.

[879] *Armbrüster*, Privatversicherungsrecht, Rn. 2123; *Klimke*, in: Prölss/Martin, Ziff. A1-4 AVB-Cyber Rn.1; *Pawig-Sander*, in: Rüffer/Halbach/Schimikowski, Ziff. A.1-4 AVB-Cyber Rn. 1; *Schilbach*, SpV 2018, 2, 3; vgl. allgemein zum Schadensereignisprinzip: *v. Rintelen*, in: Späte/Schimikowski, Ziff. 1 AHB Rn. 93; *Schramm*, Anspruchserhebungsprinzip, S. 24.

[880] *Schimikowski*, in: Rüffer/Halbach/Schimikowski, § 100 Rn. 13.

eingetreten sind, solange die Entdeckung des Schadens innerhalb des Vertragszeitraums erfolgte. Allerdings wird dieser Vorteil insofern etwas relativiert, als dass die meisten Versicherer die Rückwärtsdeckung auf einen bestimmten Zeitraum beschränken.[881] Dies ist allerdings verständlich, da den Versicherern eine Einschätzung des zu versichernden Risikos sonst noch schwerer fallen würde. Zumindest hinsichtlich des Eigenschadenbausteins sprechen somit die besseren Argumente für eine Verwendung des Feststellungsprinzips.

Im Drittschadenbaustein bietet sich neben der Verwendung des Feststellungsprinzips auch eine Definition des Versicherungsfalls im Sinne des claims-made-Prinzips an, da der Zeitpunkt der Inanspruchnahme des Versicherungsnehmers ebenfalls eindeutig feststellbar ist. Eine Anknüpfung an das claims-made-Prinzip im Rahmen des Drittschadensbausteins erscheint auch insofern sinnvoll, als dass dem Versicherungsnehmer erst Schäden entstehen, wenn er von einem Dritten in Anspruch genommen wird. Gegen eine Verwendung des claims-made-Prinzips könnte jedoch sprechen, dass die Obliegenheiten des Versicherungsnehmers, wie z.B. die Schadensabwendungs- und Minderungsobliegenheit nach § 82 VVG, durch die unterschiedlichen Versicherungsfalldefinitionen im Eigen- und Drittschadenbaustein zu verschiedenen Zeitpunkten beginnen.[882] Dies dürfte für einen Versicherungsnehmer nicht ohne weiteres erkennbar sein, weshalb er darauf vor Abschluss des Versicherungsvertrags hinzuweisen ist. Gegen eine Verwendung des claims-made-Prinzips im Drittschadenbaustein spricht daher, dass eine unterschiedliche Versicherungsfalldefinition im Eigen- und Drittschadenbaustein einen höheren Beratungsaufwand verursacht.

Für das claims-made-Prinzip sprechen jedoch praktische Erwägungen. So kann der Versicherungsnehmer ohne Weiteres die Inanspruchnahme durch den Dritten nachweisen. Ist hingegen die Feststellung des Schadens maßgeblich, wird der Versicherungsnehmer häufig weitere Dokumente von dem Dritten einfordern müssen, um zu ermitteln, wann dieser den Schaden festgestellt hat. Hinzu

---

[881] Siehe dazu unten S. 247.

[882] Vgl. *Schilbach*, SpV 2018, 2, 3.

kommt, dass zwischen der Feststellung des Schadens durch den Dritten und der Anspruchserhebung gegen den Versicherungsnehmer ein großer Zeitraum liegen kann. Denn anders als beispielsweise bei einem Verkehrsunfall ist nach einem Cyber-Angriff nicht ohne Weiteres klar, ob der Versicherungsnehmer für eine Schadensverursachung überhaupt in Frage kommt. Dies herauszufinden kann einige Zeit in Anspruch nehmen. Wenn Feststellung und Inanspruchnahme im Drittschadenbaustein somit zeitlich deutlich auseinanderfallen können, erscheint eine zeitliche Anknüpfung an die Geltendmachung von Ansprüchen am sinnvollsten, da der Versicherungsnehmer den Versicherungsschutz in diesem Zeitpunkt am dringendsten benötigt und ihn daher in der Regel zu diesem Zeitpunkt auch erwarten wird.

Entscheidend gegen das claims-made-Prinzip spricht jedoch, dass es für der Versicherungsnehmer einen erheblichen Nachteil mit sich bringt, wenn Schäden nicht versichert sind, die zwar während der Versicherungszeit eingetreten sind, aber von den Geschädigten erst später geltend gemacht wurden.[883] Dies spricht dafür, dass eine Anknüpfung an das claims-made-Prinzip unwirksam ist, da der Versicherungsnehmer gem. § 307 Abs. 1 S. 1 BGB entgegen den Geboten von Treu und Glauben unangemessen benachteiligt wird. Dies ist aber nur der Fall, wenn die Versicherungsfalldefiniton gem. § 307 Abs. 3 S. 1 BGB der Inhaltskontrolle zugänglich ist. Diese Frage ist in der Rechtsprechung und Literatur umstritten.[884] Die besseren Gründe sprechen jedoch dafür, eine solche Inhaltskontrollfähigkeit anzunehmen. Denn aus § 100 VVG ergibt sich, dass der Haftpflichtversicherer dem Versicherungsnehmer während der Dauer der Versicherung Deckung zu gewähren hat, ohne dass es dabei auf den Zeitpunkt der Inanspruchnahme durch den Dritten ankommt.[885] Von dieser Regelung weicht das claims-made-Prinzip ab, weshalb eine Modifizierung des Leistungsversprechens des Versi-

---

[883] OLG München, Urt. v. 08.05.2009 – 25 U 5136/08, r+s 2009, 327, 330; *Koch*, VersR 2011, 295, 297.

[884] Bejahend: OLG München, Urt. v. 08.05.2009 – 25 U 5136/08, r+s 2009, 327, 329; *Baumann*, VersR 2012, 1461, 1465; *Koch*, VersR 2011, 295, 296 ff.; *Rixecker*, in: Langheid/Rixecker, § 1 Rn. 76; Ablehnend: BGH, Urt. v. 26.03.2014 – IV ZR 422/12, NJW 2014, 2038, 2040; *Lücke*, in: Prölss/Martin, § 100 Rn. 26.

[885] *Baumann*, VersR 2012, 1461, 1465; *Koch*, VersR 2011, 295, 296.

cherers vorliegt, die der Inhaltskontrolle unterliegt.[886] Grundsätzlich verstößt eine Verwendung des claims-made-Prinzips daher gegen § 307 Abs. 1 S. 1 BGB.

Allerdings hat das OLG München eine Vereinbarkeit das claims-made-Prinzips mit § 307 Abs. 1 S. 1 BGB angenommen, wenn die Versicherungsbedingungen Nachhaftungs- und Umstandsregelungen enthalten.[887] Dem ist zuzustimmen, da hierdurch der Nachteil des claims-made-Prinzips kompensiert wird.[888] Einer Verwendung des claims-made-Prinzips steht daher nichts entgegen, solange die Bedingungen solche Klauseln enthalten. Dies ist bei Cyber-Bedingungen in der Regel der Fall.[889]

Die besseren Gründe sprechen somit für die Verwendung des claims-made-Prinzips im Drittschadenbaustein. Zu beachten ist allerdings, dass diverse Versicherer neben der Inanspruchnahme des Versicherungsnehmers durch einen Dritten auch den Eintritt des Schadensereignisses während des versicherten Zeitraums voraussetzen.[890] Dadurch kombinieren diese Versicherer im Ergebnis das claims-made- mit dem Schadensereignisprinzip. Durch die faktische Kombination dieser zwei Versicherungsfalldefinitionen beschränken diese Anbieter im Ergebnis den Versicherungsschutz des Versicherungsnehmers. Denn zum einen sind Fälle möglich, in welchen die Informationssicherheitsverletzung im versicherten Zeitraum aufgetreten ist, der Anspruch des Dritten aber erst nach Ablauf der Versicherungsperiode geltend gemacht wird. Zum anderen kann es aber auch zu Fällen kommen, in denen zwar der Anspruch im versicherten Zeitraum geltend gemacht wird, die Informationssicherheitsverletzung aber noch vor der Versicherungsperiode eingetreten ist. Der Verzicht auf die Voraussetzung des Eintritts des Schadensereignisses im versicherten Zeitraum wäre daher interessengerechter für den Versicherungsnehmer. Aber auch mit dieser Einschränkung ist das claims-made-Prinzip auf Grund der vorgenannten Vorteile die

---

886 *Baumann*, VersR 2012, 1461, 1465; *Koch*, VersR 2011, 295, 296.

887 OLG München, Urt. v. 08.05.2009 – 25 U 5136/08, r+s 2009, 327, 330.

888 Vgl. OLG München, Urt. v. 08.05.2009 – 25 U 5136/08, r+s 2009, 327, 330.

889 Siehe unten S. 248.

890 Ziff. II.3 AGCS; Ziff. 2.3 Allianz-Vers.; Teil B Ziff. 1.8.2.2 Axa; Ziff. II.2 Gothaer; Ziff. 1.5. HDI-Global; Ziff. F.1 Markel.

geeignetste Versicherungsfalldefinition für den Drittschadenbaustein.

Im Ergebnis ist daher die Verwendung des Feststellungsprinzips im Eigenschadenbaustein und das Abstellen auf den Zeitpunkt der Anspruchserhebung im Drittschadenbaustein zu bevorzugen.

3. Versicherter Zeitraum

Was den Zeitraum betrifft, in welchem der Versicherungsfall eingetreten sein muss, so leisten die Versicherer, wenn dieser während der Wirksamkeit der Versicherung eingetreten ist.[891] Wie soeben dargestellt, verlangen einige Versicherer im Rahmen ihrer Drittschadensbausteine zusätzlich, dass nicht nur der Versicherungsfall, sondern auch die Informationssicherheitsverletzung während der Vertragsdauer eingetreten sein muss.[892] Viele Bedingungswerke enthalten jedoch Rückwärtsdeckungs- und Nachhaftungsklauseln. So wird dem Versicherungsnehmer häufig eine sog. Rückwärtsdeckung gewährt. Danach sind auch solche Schäden versichert, deren Informationssicherheitsverletzung zwar vor Beginn des Versicherungsvertrags eingetreten ist, der Versicherungsnehmer von dieser aber keine Kenntnis hatte.[893] Einige Versicherer verlangen allerdings nicht nur, dass der Versicherungsfall bzw. der Schaden dem Versicherten nicht bekannt war, sondern dass ihm diese Umstände darüber hinaus auch nicht hätten bekannt sein müssen.[894] Fraglich erscheint jedoch, wann einem Versicherten eine Informationssicherheitsverletzung, ein Versicherungsfall oder ein Schaden hätte bekannt sein müssen. Gerade im Zusammenhang mit Cyber-Angriffen wird sich dies oftmals mangels allgemein gültiger IT-Sicherheitsstandards nur schwer bestimmen lassen. Eine solche Klausel eröffnet dem Versicherer daher leicht die Möglichkeit eine

[891] So unter anderem: Ziff. VIII.3.1 AIG; Ziff. A1-4 AVB-Cyber; Ziff. IV.3.1 Hiscox.

[892] Ziff. II.3 AGCS ; Ziff. 2.3 Allianz-Vers.; Teil B Ziff. 1.8.2.2 Axa; Ziff. II.2 Gothaer; Ziff. 1.5. HDI-Global; Ziff. F.1 Markel.

[893] Teil B. Ziff. 1.8.2.3 Axa; Ziff. A1-6 AVB-Cyber; Ziff. 1.6.2 HDI-Global; Ziff. IV.3.1 Hiscox; Ziff. F.1 Markel.

[894] So unter anderem: Ziff. II.4.b) AGCS; Ziff. IV.3.1 Hiscox; Ziff. F.1 Markel.

Rückwärtsdeckung mit dem Argument abzulehnen, die Informationssicherheitsverletzung hätte dem Versicherten bekannt sein müssen, weshalb eine Verwendung dieser Klausel nicht im Interesse des Versicherungsnehmers ist.

Zu beachten ist des Weiteren, dass einige Versicherer keine unbegrenzte Rückwärtsversicherung vorsehen, sondern die Rückwärtsdeckung zeitlich beschränken. Notwendig ist daher, dass die Informationssicherheitsverletzung innerhalb des bestimmten Zeitraums eingetreten ist, welcher im Versicherungsschein benannt wird[895] oder sich direkt aus dem Wording ergibt und beispielsweise sechs Monate[896] oder zwei Jahre[897] betragen kann. Sowohl das Feststellungsprinzip, als auch dass claims-made-Prinzip gewähren grundsätzlich eine unbeschränkte Deckung für Schadensereignisse, die vor Vertragsbeginn eingetreten sind.[898] Die Regelungen der begrenzten Rückwärtsdeckung führen bei diesen Versicherungsfalldefinitionen zu einer Beschränkung der unbegrenzten Rückwärtsdeckung für vor Vertragsbeginn eingetretene Informationssicherheitsverletzungen. Allerdings dürften die Rückwärtsdeckungsfristen für die meisten Cyber-Schäden ausreichen. Bei großangelegten APT-Angriffen,[899] bei welchem die Angreifer aufwendig in die IT-Systeme des Opfers eindringen und sich dort oft über einen langen Zeitraum unentdeckt aufhalten, kann dieser Zeitrahmen jedoch im Einzelfall nicht ausreichen. Da den Versicherern allerdings eine Einschätzung des zu versichernden Risikos ohne eine angemessene Begrenzung der Rückwärtsdeckung kaum möglich sein wird, erscheint eine solche Beschränkung gerechtfertigt.

Darüber hinaus gewähren die Cyber-Versicherungsbedingungen eine sog. Nachhaftung bzw. Nachmeldefrist, wonach der Versicherungsschutz auch nach dem Ende des Versicherungsschutzes fortbesteht, wenn während der Wirksamkeit der Versicherung eine Informationssicherheitsverletzung eingetreten ist, aber ein Vermögensschaden zum Zeitpunkt der Beendigung des Versicherungsver-

---

[895] So unter anderem: Ziff. II.4 AGCS; Ziff. A1-6 AVB-Cyber.
[896] Ziff. II.3 Gothaer.
[897] Ziff. 1.6.2 HDI Global.
[898] *v. Rintelen*, in: Späte/Schimikowsi, Ziff. 1 AHB Rn. 91, 97.
[899] Zur Begriffserläuterung siehe: S. 14.

trages noch nicht festgestellt wurde[900] bzw. kein Anspruch gegen den Versicherungsnehmer geltend gemacht wurde.[901] Voraussetzung ist jedoch, dass die Feststellung bzw. die Anspruchserhebung in einem bestimmten Zeitraum erfolgt, welcher beispielsweise fünf Jahre beträgt.[902] Für Bedingungen die den Versicherungsfall im Sinne des Feststellungsprinzips definieren, führt dies im Rahmen des Drittschadensbausteins zu einer Leistungsbeschränkung, da hier grundsätzlich eine unbeschränkte Nachdeckung für Haftpflichtansprüche besteht, solange der Schaden während der Vertragsdauer erstmals entdeckt wurde.[903] Ähnlich wie im Rahmen der Rückwärtsdeckung kann es den Versicherern aber nicht zugemutet werden, Haftpflichtschäden unbegrenzt nach Ablauf des Versicherungsvertrags zu versichern.

Für Versicherungsbedingungen, welche den Versicherungsfall im Sinne des claims-made-Prinzips definieren, führen die Nachhaftungsfristen hingegen zu einer Deckungserweiterung, da bei diesem grundsätzlich keine Zukunftssicherung besteht.[904] Aus diesem Grund stellt sich hier auch nicht die Frage, ob die Nachhaftungsfrist mit § 307 BGB vereinbar ist.[905]

4. Serienschaden

Wie in anderen Versicherungssparten, verwenden auch die Versicherungsbedingungen der Cyber-Versicherung üblicherweise eine Serienschadenklausel. Nach Ziff. A1-15 AVB-Cyber gelten mehrere während der Wirksamkeit der Versicherung eintretende Versicherungsfälle als ein Versicherungsfall, wenn diese auf derselben Ursache oder auf gleichen Ursachen mit inneren, insbesondere sachlichem und zeitlichem Zusammenhang beruhen, wobei der Versi-

---

900 Ziff. A1-5 AVB-Cyber.

901 Ziff. II. 5 AGCS; Teil B Ziff. 1.8.2.5 Axa; Ziff. 1.6.3 HDI-Global; Ziff. F.2. Markel.

902 So Ziff. IV.3.2 Hiscox.

903 *Schramm*, Anspruchserhebungsprinzip, S. 28.

904 *v. Rintelen*, in: Späte/Schimikowski, Ziff. 1 AHB Rn. 98.

905 Vgl. OLG Frankfurt/M., Urteil vom 5. 12. 2012 - 7 U 73/11, r+s 2013, 329, 332 (zur D&O-Versicherung).

cherungsfall im Zeitpunkt des ersten dieser Versicherungsfälle eintritt. Diese beiden Klauseln werden als Ursachenklausel und erweiterte Ursachenklausel bezeichnet. Sie werden auch in den Marktbedingungen zur Definition des Serienschadens verwendet.[906] Im Rahmen dieser Klauseln ergeben sich Fragen hinsichtlich des Inhalts und der Wirksamkeit, denen nachfolgend nachgegangen werden soll.

a) Ursachenklausel

Bei der Ursachenklausel stellt sich zunächst die Frage, welche Ursache im Rahmen der Cyber-Versicherung den Serienschaden auslöst. Ziff. A1-15 Spiegelstrich 1 AVB-Cyber stellt klar, dass es sich bei derselben Ursache um die Informationssicherheitsverletzung handeln muss. Wie auch in der Umwelthaftpflichtversicherung[907] wird bei der den Serienschaden herbeiführenden Ursache somit an das Schadensereignis angeknüpft. Da eine Ursachenklausel nur die wirkliche Ursachenidentität umfasst, d.h. solche Fälle in denen eine einzige Schadensursache mehrere Versicherungsfälle ausgelöst hat,[908] liegt ein Serienschaden nach Ziff. A1-15 Spiegelstrich 1 AVB-Cyber vor, wenn ein und dieselbe Informationssicherheitsverletzung zu mehreren Versicherungsfällen geführt hat.[909] Dies kann z.B. der Fall sein, wenn die Infektion eines IT-Systems mit Schadsoftware an mehreren Unternehmensstandorten zu Datenverlusten geführt hat.

Anders als die AVB-Cyber verzichten einige Cyber-Bedingungen auf eine Definition der Ursache, welche den Serienschaden auslösen muss. Dies sind unter anderem Versicherer, welche den Versiche-

[906] Ziff. III.8 a), b) AGCS; Ziff. 5.2 AIG; Ziff. E.4.2 Ergo; Ziff. VI.2.2 Gothaer; Ziff. IV.1.1. Hiscox; Ziff. E.2. Markel; Ziff. 1.6 R+V; Ziff. A1-15 Signal Iduna.

[907] Ziff. 7.2 Umwelthaftpflicht-Modell (wonach die Versicherungsfälle durch dieselbe Umwelteinwirkung herbeigeführt werden müssen).

[908] BGH, Urt. v. 27.11.2002 – IV ZR 159/01, NJW 2002, 511, 513; *Harsdorf-Gebhardt*, in: Späte/Schimikowski, Ziff. 6 AHB Rn. 16 f.; *Lücke*, in: Prölss/Martin, Ziff. 6 AHB Rn. 12.

[909] *Klimke*, in: Prölss/Martin, Ziff. A1-15 AVB-Cyber Rn. 4; a.A.: *Salm*, in: Rüffer/Halbach/Schimikowski, Ziff. A1-15 AVB Cyber Rn. 9.

rungsfall im Sinne des Schadensereignisprinzips definieren.[910] Fraglich erscheint daher, welche Ursachen hier den Serienschaden hervorrufen müssen. Anders als bei den zuvor genannten Wordings, welche bei der Versicherungsfalldefinition auf das Feststellungs- oder das claims-made-Prinzip abstellen, kann das Schadensereignis nicht den Serienschaden verursachen, da die Informationssicherheitsverletzung bereits den Eintritt des Versicherungsfalls herbeiführt. Denn wenn jeder einzelne Versicherungsfall durch eine Informationssicherheitsverletzung ausgelöst wird, kann diese Informationssicherheitsverletzung nicht auch gleichzeitig eine Serie von Versicherungsfällen verursachen. Wie auch bei der allgemeinen Haftpflichtversicherung, kann die Serienschadenklausel daher nur zur Anwendung kommen, wenn mehrere Schadensereignisse vorliegen, jedoch nicht wenn bei einem einheitlichen Schadensereignis mehrere Schäden entstanden sind.[911]

Wenn das Schadensereignis bei den Bedingungen, welche den Versicherungsfall im Sinne des Schadensereignisprinzips definieren, das Schadensereignis nicht den Serienschaden auslösen kann, muss die Ursache des Serienschadens eine andere sein. Dies kann, wie auch bei der allgemeinen Haftpflichtversicherung, nur der Verstoß oder das Kausalereignis sein, welcher bzw. welches das Schadensereignis verursacht hat.[912] Wie oben dargestellt,[913] kommen im Rahmen der Cyber-Versicherung jedoch sowohl der Verstoß des Angreifers, als auch der Verstoß des Versicherungsnehmers in Betracht. Bei Versicherungsbedingungen, die das Schadensereignisprinzip verwenden, ist somit nicht ohne Weiteres klar, durch welche Ursache der Serienschaden überhaupt herbeigeführt werden muss. Darüber hinaus ist sowohl der Verstoß des Angreifers, als auch der Verstoß des Versicherungsnehmers oftmals kaum nachzuweisen.[914] Die Probleme, die sich im Rahmen der Serien-

---

[910] Ziff. 5.2 AIG; Teil B Ziff. 2.1.12 Axa; Ziff. 4.1.1 Hiscox; Ziff. E.2 Markel.

[911] Vgl. *Harsdorf-Gebhardt*, in: Späte/Schimikowski, Ziff. 1 AHB Rn. 12 (zur allgemeinen Haftpflichtversicherung).

[912] Vgl. zur allgemeinen Haftpflichtversicherung: *Harsdorf-Gebhardt*, in: Späte/Schimikowski, Ziff. 1 AHB Rn. 12; *R. Koch*, in: Bruck/Möller, Ziff. 6 AHB Rn. 15; *Lücke*, in: Prölss/Martin, Ziff. 6 AHB Rn. 12.

[913] Siehe S. 239.

[914] Siehe S. 241 f..

schadensklausel ergeben, verdeutlichen daher, dass das Schadenereignisprinzip nicht für die Definition des Versicherungsfalls in der Cyber-Versicherung geeignet ist.

b) Erweiterte Ursachenklausel

aa) Inhalt

Neben Versicherungsfällen, die auf derselben Ursache beruhen, liegt nach der sog. erweiterten Ursachenklausel auch dann ein Serienschaden vor, wenn mehrere Versicherungsfälle auf gleichen Ursachen mit innerem Zusammenhang beruhen. Wie schon bei der einfachen Ursachenklausel hängt die Frage, wann im Rahmen der Cyber-Versicherung ein Versicherungsfall auf gleichen Ursachen beruht, von der verwendeten Versicherungsfalldefinition ab. Ziff. A1-15 Spiegelstrich 2 AVB-Cyber stellt, wie auch schon bei der einfachen Ursachenklausel, klar, dass der Serienschaden durch die gleiche Informationssicherheitsverletzung verursacht werden musste, weshalb auch hier bei der Ursache des Serienschadens auf das Schadensereignis abgestellt wird. Bei Versicherungsbedingungen, die den Versicherungsfall im Sinne des Schadensereignisprinzips definieren, kommt als gleiche Ursache erneut nur der Verstoß des Angreifers bzw. des Versicherungsnehmers in Betracht.

Anders als bei der einfachen Ursachenklausel erfordert die erweiterte Ursachenklausel keine Ursachenidentität. Bei der erweiterten Ursachenklausel führt somit nicht eine Ursache zum Eintritt von zwei Versicherungsfällen. Vielmehr werden diese durch zwei Schadensursachen hervorgerufen. Von der erweiterten Ursachenklausel können daher grundsätzlich Fälle erfasst sein, in denen zwei Cyber-Angriffe zu zwei Schadenspositionen geführt haben.

Jedoch ergibt sich aus Ziff. A1-15 Spiegelstrich 2 AVB-Cyber, dass die gleichen Ursachen einen inneren, insbesondere sachlichen und zeitlichen Zusammenhang aufweisen müssen. Fraglich ist jedoch, wann ein solcher Zusammenhang vorliegt. Dies wird auch innerhalb anderer Versicherungssparten nicht einheitlich beurteilt. So hat der BGH in der Haftpflichtversicherung in einem Fall, bei dem es in einem neu erbauten Geschäftshaus innerhalb von viereinhalb Monaten zu verschiedenen Deckenstürzen gekommen ist, einen zeitlichen Zusammenhang bejaht.[915] *Meyer-Kahlen* wiederum lässt nur einige Tage ausreichen.[916] Die überwiegende Ansicht in der Literatur lehnt eine pauschale Beurteilung des zeitlichen Zusammenhangs jedoch ab und beurteilt diesen vielmehr nach den Umständen des Einzelfalls.[917] Dies wird auch im Rahmen der Cyber-Versicherung die zu bevorzugende Methode sein.

Ohnehin wird der sachliche Zusammenhang der Ursache des Serienschadens in der Cyber-Versicherung von größerer Bedeutung sein. Wann dieser sachliche Zusammenhang vorliegt, ist in der Cyber-Versicherung nicht eindeutig. So stellt sich bei Versicherungsbedingungen, die den Versicherungsfall im Sinne des Schadenereignisprinzips definieren, die Frage, wann bei dem Verstoß des Angreifers ein sachlicher Zusammenhang bestehen soll. Ein solcher ließe sich beispielsweise annehmen, wenn er an ein Unternehmen mehrere mit Schadsoftware infizierte E-Mails versendet. Ein sachlich gleicher Verstoß des Versicherungsnehmers könnte wiederum vorliegen, wenn in verschiedenen Unternehmensteilen die gleichen Sicherheitsmaßnahmen nicht getroffen wurden, z.B. wenn an mehreren Unternehmensstandorten keine Firewall eingerichtet wurde.

Wann eine sachlich gleiche Ursache vorliegt, ist bei Versicherungsbedingungen, die auf dem Feststellungs- oder claims-made-Prinzip basieren, noch wesentlich schwieriger zu bestimmen. So ließe sich bei Informationssicherheitsverletzungen eine gleiche Ursache schon annehmen, wenn die Schäden durch die gleiche Angriffsart hervorgerufen wurden, d.h. durch die gleiche Art von Schadsoftware. Danach wäre es für einen Serienschaden z.B. ausreichend, wenn die Schäden jeweils durch Ransomware verursacht wurden. Andererseits ließe sich eine Gleichartigkeit nur dann annehmen, wenn die

---

[915] BGH, Urt. v. 18.01.1965 – II ZR 135/62, BGHZ 43, 88, 94 = NJW 1965, 755, 757.

[916] *Meyer-Kahlen*, VersR 1976, 8, 12.

[917] *Büsken*, in: MüKoVVG, Kap. 300 Rn. 136; *Harsdorf-Gebhardt*, in: Späte/Schimikowski, Ziff. 6 AHB Rn. 19; *Littbarski*, AHB, § 3 Rn. 171.

Schäden durch die exakt gleiche Schadsoftware hervorgerufen wurden. Letztere Ansicht vertritt ein Teil der Literatur im Zusammenhang mit Ziff. 4.3 BHV-IT.[918] Übertragen auf die Ransomware-Angriffe aus dem Jahr 2017 würde dies bedeuten, dass ein Serienschaden nach dieser Auslegung vorliegt, wenn alle Schäden durch den Angriff „WannaCry“ entstanden sind, nicht aber wenn sie sowohl durch „WannaCry“ als auch durch „Petya“ hervorgerufen wurden. Eindeutig aus dem Wortlaut der erweiterten Serienschadenklausel ergibt sich dies allerdings nicht.

Neben der Beurteilung der Gleichartigkeit von Schadsoftware stellt sich jedoch auch die Frage, wann andere Cyber-Angriffe eine gleiche Ursache darstellen. So ist z.B. bei DDos-Angriffen ungeklärt, ob es ausreicht, dass die Schäden durch mehrere DDoS-Attacken verursacht wurden oder ob es erforderlich ist, dass die DDoS-Angriffe von dem gleichen Angreifer durchgeführt wurden. Letzteres wäre insbesondere dann zu bejahen, wenn die DDos-Angriffe von dem gleichen Bot-Netz ausgingen oder wenn sich der Angreifer zu den Attacken bekannt hat, wie dies z.B. bei einem Bekenntnis einer Aktivistengruppe der Fall sein kann. Anhaltspunkte für den gleichen Angreifer könnten zudem die gleiche Größe bzw. Bandbreite des Angriffs[919] oder eine ähnlich lange Dauer der Attacke sein.

bb) Wirksamkeit

(1) Meinungsstand zu Ziff. 6.3 AHB, Ziff. 8.3 ProdHM, Ziff. 4.2 BHV-IT

Bei der erweiterten Ursachenklausel stellt sich die Frage, inwieweit diese mit AGB-Recht vereinbar ist. Der BGH hat im Jahr 2002 festgestellt, dass Serienschadenklauseln als Risikobegrenzungsklauseln eng auszulegen sind, weshalb im Rahmen von § 3 Abs. 2 Nr. 2

---

[918] *R. Koch*, r+s 2005, 181, 186; *Lücke*, in: Prölss/Martin, Ziff. 4 BetrH IT Rn. 3; *Spindler*, in: Beckmann/Matusche-Beckmann, § 40 Rn. 118.

[919] Die Größe bzw. Bandbreite eines DDoS-Angriff lässt sich in Giga- oder Megabit pro Sekunde bemessen.

Abs. 1 S. 3 AHB a.F. Ursachenidentität vorliegen müsse und gleiche oder gleichartige Ursachen für einen Serienschaden nicht ausreichen würden, da eine solche Regelung die Gefahr mit sich bringe, zum Nachteil des Versicherungsnehmers von wesentlichen Grundgedanken der gesetzlichen Regelung der privaten Haftpflichtversicherung abzuweichen.[920] Aufgrund dieses Urteils hat die Versicherungswirtschaft im Jahr 2004 eine Änderung der AHB vorgenommen und die erweiterte Ursachenklausel in ihrer aktuellen Fassung in die Serienschadenklausel eingefügt.[921] Trotz der vorgenommen Änderung ist die Wirksamkeit der erweiterten Ursachenklausel in der Literatur sowohl in der Haftpflichtversicherung, als auch in anderen Sparten umstritten.

Lücke hält die erweiterte Ursachenklausel im Rahmen der allgemeinen Haftpflichtversicherung für unwirksam i.S.v. § 307 Abs. 2 Nr. 1 BG, da sie von wesentlichen Grundgedanken des § 100 VVG abweiche, nämlich der vollen Freistellung in Höhe der Versicherungssumme für jeden einzelnen Haftpflichtanspruch eines Dritten.[922] Andere wiederum halten die erweitere Ursachenklausel für unwirksam, da oftmals nicht verständlich sei, wann gleiche Ursachen vorliegen, weshalb Ziff. 6.3 AHB gegen das Transparenzgebot aus § 307 Abs. 1 S. 2 BGB verstoße.[923] *Schimikowski* zufolge könne das Adjektiv „gleich" sowohl „in jeder Hinsicht übereinstimmend" als auch „in der Art übereinstimmend" bedeuten, weshalb für den Versicherungsnehmer nicht deutlich werde, in welchem Maß der Versicherungsschutz begrenzt wird.[924] *R. Koch* wiederum hält die Verständlichkeit des inneren Zusammenhangs gleicher Ursachen für fragwürdig.[925]

Andere lehnen eine Wirksamkeit von Ziff. 6.3 Spiegelstrich 2 AHB bzw. Ziff. 8.3 Spiegelstrich 1 ProdHM nicht ab, sondern beschränken diese vielmehr dahingehend, als dass zwischen mehreren glei-

---

920 BGH, Urt. v. 27.11.2002 – IV ZR 159/01, NJW 2003, 511, 512 f..
921 *R. Koch*, in: Bruck/Möller, Ziff. 6 AHB Rn. 18.
922 *Lücke*, in: Prölss/Martin, Ziff. 6 AHB Rn. 15.
923 *R.Koch*, in: Bruck/Möller, Ziff 6 AHB Rn. 18; *Schimikowski*, in: Rüffer/Halbach/Schimikowski, Ziff. 6 AHB Rn. 3.
924 *Schimikowski*, in: Rüffer/Halbach/Schimikowski, Ziff. 6 AHB Rn. 3.
925 *R.Koch*, in: Bruck/Möller, Ziff. 6 AHB Rn. 18.

chen Ursachen ein innerer Zusammenhang bestehen muss, welcher gegeben sei, wenn eine Ursache nicht ohne die andere denkbar ist oder alle Ursachen nicht ohne eine gemeinsame Dritte Ursache möglich sind.[926] Bei rein zufälliger Gleichartigkeit fehle hingegen der innere Zusammenhang.[927]

Im Rahmen von Ziff. 4.2 Spiegelstrich 2 BHV-IT wird eine Unwirksamkeit der Klausel zum Teil noch deutlicher als bei Ziff. 6.3 AHB angenommen. So würde Ziff. 4.2 Spiegelstrich 2 BHV-IT den Versicherungsschutz aushöhlen, da durch die Breitenwirkung des Internets die Möglichkeit bestehe, aufgrund eines nicht endeckten Virus bei einer Vielzahl von Dritten Schäden zu verursachen.[928] Wobei *Stelzner* eine Unwirksamkeit im Rahmen der Privathaftpflichtversicherung in jedem Fall bejaht und eine Unwirksamkeit bei der Betriebshaftpflichtversicherung aufgrund der fehlenden Beteiligung von privaten Versicherungsnehmern für weniger eindeutig hält.[929] Zudem wird gegen eine Wirksamkeit der erweiterten Serienschadenklausel vorgebracht, dass der Versicherer durch die mögliche Vereinbarung eines Sublimits oder einer Jahreshöchstentschädigung bereits ausreichend geschützt sei.[930]

(2) Stellungnahme und Klauselvorschlag

(a) Wirksamkeit nach §§ 307 Abs. 1 S. 1, Abs. 2 Nr. 1 BGB

Lücke ist in seiner Kritik an der erweiterten Ursachenklausel insofern zuzustimmen, als dass der Versicherer den Versicherungsnehmer grundsätzlich in der vollen Höhe der Versicherungssumme

[926] *Büsken*, in: MüKoVVG, Kap. 300 Rn. 135; *Littbarski*, Produkthaftpflichtversicherung, Ziff. 8 Rn. 61 f.

[927] *Büsken*, in: MüKoVVG, Kap. 300 Rn. 135; *Littbarski*, Produkthaftpflichtversicherung, Ziff. 8 Rn. 63.

[928] *Lücke*, in: Prölss/Martin, Ziff. 4 BetrH IT Rn. 2; *Stelzner*, in: Looschelders/Pohlmann, Anh. J Rn. 175, 57.

[929] *Stelzner*, in: Looschelders/Pohlmann, Anh. J Rn. 175, 57.

[930] Vgl. zum Sublimit: *Lücke*, in: Prölss/Martin, Ziff. 4 BetrH IT Rn. 2; *Stelzner*, in: Looschelders/Pohlmann, Anh. J Rn. 175; Vgl. zur Jahreshöchstentschädigung: *Lücke*, in: Prölss/Martin, Ziff. 6 AHB Rn. 15.

für jeden einzelnen Versicherungsfall freizustellen hat, weshalb die erweiterte Ursachenklausel von dem wesentlichen Grundgedanken des § 100 VVG abweicht. Allerdings ergibt sich aus § 307 Abs. 1 Nr. 1 BGB, dass bei einer Unvereinbarkeit einer Klausel mit wesentlichen Grundgedanken einer gesetzlichen Regelung eine unangemessene Benachteiligung nur „im Zweifel" anzunehmen ist, weshalb auch in den Fällen des § 307 Abs. 2 Nr. 1 BGB der Grundsatz aus § 307 Abs. 1 S. 1 BGB maßgeblich bleibt, dass eine Klausel nur dann unwirksam ist, wenn der Vertragspartner entgegen den Geboten von Treu und Glauben unangemessen benachteiligt wird.[931] Aus diesem Grund können höherrangige Interessen des AGB-Verwenders dazu führen, dass eine Klausel die mit wesentlichen Grundgedanken der gesetzlichen Regelung nicht vereinbar ist, keine unangemessene Benachteiligung gem. § 307 Abs. 1 S. 1 BGB zur Folge hat.[932] Die erweiterte Ursachenklausel ist daher wirksam, wenn höherrangige Interessen der Versicherer einer unangemessenen Benachteiligung der Versicherungsnehmer entgegenstehen.

Oben wurde bereits dargestellt, dass die Versicherer im Rahmen der Cyber-Versicherung insbesondere das außergewöhnlich hohe Kumulrisiko fürchten.[933] Dieses Risiko lässt sich durch eine erweiterte Ursachenklausel reduzieren, da der Versicherer auf diese Weise für mehrere Schäden, die durch die gleiche Schadsoftware verursacht wurden, nur einmal die Versicherungssumme zur Verfügung stellen muss. Die Begrenzung des Kumulrisikos stellt daher grundsätzlich ein höherrangiges Interesse der Versicherer dar, welches einer Einordnung der erweiterten Ursachenklausel als unangemessene Benachteiligung i.S.v. § 307 Abs. 1 S. 1 BGB entgegensteht.

Dem lässt sich nicht entgegenhalten, dass der Versicherer schon durch die mögliche Vereinbarung eines Sublimits geschützt sei.

---

931 BGH, Urt. v. 25.06.1991 – XI ZR 257/90, BGHZ 115, 38, 43 = NJW 1991, 2414, 2415 (noch zu § 9 AGBG); BGH, Urt. v. 07.05.1996 – XI ZR 217/95, NJW 1996, 2032, 2033 (noch zu § 9 AGBG); Urt. v. 28.01.2003 – XI ZR 156/02, BGHZ 153, 344, 349 = NJW 2003, 1447, 1448.

932 BGH, Urt. v. 23.04.1991 – XI ZR 128/90, NJW 1991, 1886, 1887 (noch zu § 9 AGBG); Urt. v. 25.06.1991 – XI ZR 257/90, BGHZ 115, 38, 43 f. = NJW 1991, 2414, 2415 (noch zu § 9 AGBG); *Beckmann*, in: Beckmann/Matusche-Beckmann, § 10 Rn. 244.

933 Siehe S. 185, 190.

Dies vermag zwar für einen Zusatzbaustein wie den BHV-IT zu überzeugen, ergibt aber für die Cyber-Versicherung keinen Sinn, da Cyber-Angriffe hier nicht eine zusätzlich versicherte Gefahr darstellen, sondern es sich bei diesen um das versicherte Hauptrisiko handelt. Auch die Vereinbarung eines Sublimits für bestimmte Cyber-Angriffe würde den Zweck der Cyber-Versicherung, einen umfangreichen Cyber-Deckungsschutz zu gewähren, aushöhlen und darüber hinaus den Vertrieb von Cyber-Policen deutlich erschweren. Die Vereinbarung einer Jahreshöchstentschädigung in der Cyber-Versicherung ist zwar ein adäquates Mittel um das Kumulrisiko zu reduzieren, ist aber allein nicht ausreichend, dass Kumulrisiko zu begrenzen.

Auch die Senkung der Versicherungssumme stellt kein ausreichendes Mittel dar, um die Versicherer vor dem Kumulrisiko zu schützen. Denn ohne eine erweiterte Serienschadenklausel müsste der Versicherer jeweils die volle Versicherungssumme zahlen, wenn der Angriff auf der gleichen Schadsoftware beruht. Kommt es beispielsweise zu einem Cyber-Angriff, welche bei diversen Versicherungsnehmern Schäden verursacht hat, wird der Versicherer aller Wahrscheinlichkeit nach schon an seine Kapazitätsgrenzen kommen, wenn er für jeden Versicherungsnehmer einmal die Höchstentschädigung zu entrichten hat. Müsste der Versicherer diese nun auch noch für einige Versicherungsnehmer mehrmals zahlen, ist davon auszugehen, dass dies diverse Versicherer vor ernsthafte finanzielle Probleme stellen würde. Eine erweiterte Serienschadenklausel ist somit aufgrund der vorgenannten Gründe notwendig, um dem Versicherungsnehmer überhaupt einen Cyber-Versicherungsschutz anbieten zu können. Daher ist eine Unwirksamkeit der erweiterten Serienschadenklausel in der Cyber-Versicherung wegen einer unangemessenen Benachteiligung des Versicherungsnehmers nach § 307 Abs. 1 S. 1 BGB grundsätzlich abzulehnen.

Allerdings kann das Kumulrisiko nicht dazu führen, dass sich die Versicherer bei gleichartigen Cyber-Angriffen stets auf die erweiterte Serienschadenklausel berufen. Denn wie ein Teil der Literatur richtig annimmt, darf die erweiterte Ursachenklausel nur solche Ursachen umfassen, die einen inneren Zusammenhang aufweisen.

Würden sämtliche Schäden, die durch die gleiche Art von Schadsoftware verursacht wurden, einen Serienschaden darstellen, würde dies dem Versicherer die Möglichkeit geben, in zahlreichen Schadensfällen nur einmal die vereinbarte Versicherungssumme zahlen zu müssen. Eine solch weite Auslegung erscheint daher nicht mit § 307 Abs. 1 Nr. 1 BGB vereinbar und verstößt darüber hinaus gegen den Grundsatz des BGH zur engen Klauselauslegung.[934] Entscheidend aber ist, dass das hohe Kumulrisiko nur durch die exakt gleiche Schadsoftware entsteht, d.h. durch Schadprogramme wie „WannCry" oder „Petya". Ziff. A1-15 Spiegelstrich 2 AVB-Cyber verlangt, dass die Informationssicherheitsverletzungen einen inneren, insbesondere sachlichen und zeitlichen Zusammenhang aufweisen müssen.

Legt man diese Klausel gemäß des Grundsatzes der engen Klauselauslegung restriktiv aus, lässt sich insbesondere aus dem Erfordernis des sachlichen Zusammenhangs folgern, das nur die exakte gleiche Schadsoftware eine gleiche Ursache i.S.v. Ziff. A1-15 Spiegelstrich 2 AVB-Cyber darstellt und die Verursachung nur durch die gleiche Art von Software, wie z.B. einen Trojaner, hingegen nicht ausreicht. Aufgrund dieser Auslegung erfasst die erweiterte Ursachenklausel aus Ziff. A1-15 Spiegelstrich 2 AVB-Cyber daher nur solche Fälle, in denen es zu mehreren Informationssicherheitsverletzungen durch die exakt gleiche Schadsoftware gekommen ist. Im Hinblick auf Versicherungsfälle die durch Schadsoftware verursacht wurden ist Ziff. A1-15 Spiegelstrich 2 AVB-Cyber somit aufgrund der engen Klauselauslegung und der notwendigen Begrenzung des Kumulrisikos mit §§ 307 Abs. 2 Nr. 1, Abs. 1 S. 1 BGB vereinbar.

Allerdings können gem. Ziff. A1-15 Spiegelstrich 2 AVB-Cyber sämtliche Informationssicherheitsverletzungen i.S.v. Ziff. A1-2.4 AVB-Cyber zu einem Serienschaden führen. Die erweiterte Serienschadenklausel umfasst daher auch Versicherungsfälle, die z.B. durch mehrere DDoS- oder APT-Angriffe verursacht wurden. Auch wenn das Kumulrisiko in erster Linie von Schadsoftware ausgeht, können auch zielgerichtete Angriffe wie DDoS-Attacken zu Schäden bei

[934] Vgl. BGH, Urt. v. 28.11.1990 – IV ZR 184/89, NJW-RR 1991, 412, 413; Urt. v. 27.11.2002 – IV ZR 159/01, NJW 2003, 511, 512 f.

mehreren Opfern führen. So hat z.B. ein DDoS-Angriff im Oktober 2016 dazu geführt, dass die Webseiten von diversen Unternehmen, wie z.B. Paypal, Netflix oder Twitter nicht erreichbar waren.[935] Auch bei zielgerichteten Angriffsarten besteht daher ein Kumulrisiko, weshalb die Statuierung einer Serienschadenklausel ebenfalls angemessen erscheint. Allerdings wird man aufgrund des Erfordernisses eines sachlichen und zeitlichen Zusammenhangs zu dem Ergebnis kommen müssen, dass ein Serienschaden nicht bei sämtlichen Schäden vorliegt, die durch DDoS-Angriffe verursacht wurden. Ein sachlicher Zusammenhang dürfte vielmehr nur dann gegeben sein, wenn die DDos-Angriffe auf die gleichen Angreifer, z.B. das gleiche Hacker-Kollektiv, zurückgehen. Aufgrund dieser engen Klausel-auslegung ist die Ziff. A1-15 Spiegelstrich 2 AVB-Cyber daher auch im Hinblick auf zielgerichtete Angriffsformen wie DDos- oder APT-Angriffe mit § 307 Abs. 2 Nr. 1, Abs. 1 S. 1 BGB vereinbar.

(b) Wirksamkeit nach § 307 Abs. 1 S. 2 BGB

Allerdings könnte Ziff. A1-15 AVB-Cyber gegen das Transparenzgebot aus § 307 Abs. 1 S. 2 BGB verstoßen. Maßstab für die Verständlichkeit einer Klausel sind die Verständnismöglichkeiten eines durchschnittlichen Vertreters des angesprochenen Kundenkreises.[936] Im Rahmen von Versicherungsbedingungen gebietet es der Grundsatz von Treu und Glauben, dass zum einen die Rechte und Pflichten seines Vertragspartners klar und durchschaubar dargestellt werden und zum anderen, dass auch die Nachteile und Belastungen der jeweiligen Klausel soweit erkennbar sind, wie dies nach den jeweiligen Umständen gefordert werden kann.[937]

Wie auch von einem Teil der Literatur vorgebracht, erscheint es schwer vorstellbar, dass ein durchschnittlicher Versicherungsneh-

---

[935] https://www.faz.net/aktuell/wirtschaft/netzwirtschaft/twitter-paypal-spotify-hackerangriffe-legen-webseiten-lahm-14492710.html (zuletzt aufgerufen am: 30.06.2021).

[936] BGH, Urt. v. 09.12.2009 – XII ZR 109/08, BGHZ 183, 299 Rn. 22 = NJW 2010, 671, 673; Urt. v. 23.02.2011 – XII ZR 101/09, NJW-RR 2011, 1144, 1145; *Wurmnest*, in: MüKoBGB, § 307 Rn. 64.

[937] BGH, Urteil vom 09.05.2001 – IV ZR 138/99, BGHZ 147, 373, 377 f. = NJW 2001, 2012, 2013; *Wandt*, Versicherungsrecht, Rn. 235.

mer einer Cyber-Versicherung beim Lesen von Ziff. A1-15 Spiegelstrich 2 AVB-Cyber versteht, dass der Versicherer nur einmal die Versicherungssumme zahlen muss, wenn die Schäden durch die gleiche Schadsoftware verursacht wurden. Auch dürfte sich für einen durchschnittlichen Versicherungsnehmer aus dieser Klausel nicht eindeutig ergeben, wann zielgerichtete Cyber-Angriffe einen inneren Zusammenhang aufweisen. So ergibt sich aus dem Wortlaut nicht, dass bei mehreren DDos-Angriffen ein innerer Zusammenhang nur vorliegen wird, wenn diese auf die gleichen Angreifer zurückzuführen sind. Ziff. A1-15 Spiegelstrich 2 AVB-Cyber ist daher gem. § 307 Abs. 1 S. 2 BGB unwirksam.

(c) Klauselvorschlag

Wenn also eine Begrenzung des Kumulrisikos durch eine erweiterte Serienschadenklausel gerechtfertigt ist, jedoch an der derzeitigen Formulierung scheitert, erscheint es sinnvoll, die Serienschadenklausel anzupassen. Dafür ist notwendig, dass sich aus der Klausel bzgl. Schadsoftware für einen durchschnittlichen Versicherungsnehmer einer Cyber-Versicherung verständlich ergibt, dass von dieser Klausel nur Schäden umfasst sind, die durch das gleiche Schadprogramm verursacht wurden. Damit jedoch Schäden, die zwar durch das gleiche Schadprogramm verursacht wurden, aber zehn Jahre auseinander liegen, nicht als ein Serienschaden qualifiziert werden, sollte die Notwendigkeit des zeitlichen Zusammenhangs beibehalten werden.

Im Hinblick auf Versicherungsfälle, die nicht durch Schadsoftware, sondern durch andere Angriffsmethoden verursacht wurden, sollte die Klausel neben dem Erfordernis des zeitlichen Zusammenhangs voraussetzen, dass die Informationssicherheitsverletzungen auf den gleichen Angreifer zurückzuführen sind. Im Rahmen von Ziff. A1-15 AVB-Cyber käme daher folgende Formulierung in Betracht:

„Mehrere während der Wirksamkeit der Versicherung eintretende Versicherungsfälle gelten als ein Versicherungsfall (Serienschaden), der im Zeitpunkt der ersten dieser Versicherungsfälle eingetreten ist, wenn diese

- auf derselben Informationssicherheitsverletzung beruhen,

- durch das gleiche Schadprogramm verursacht wurden und die Schäden darüber hinaus einen zeitlichen Zusammenhang aufweisen,

- oder auf anderen gleichen Informationssicherheitsverletzungen beruhen, soweit diese auf den gleichen Angreifer zurückzuführen sind und einen zeitlichen Zusammenhang aufweisen."

5. Obliegenheiten

Wie bei jedem anderen Versicherungsprodukt auch, hat der Versicherungsnehmer im Rahmen der Cyber-Versicherung vor, bei und nach Eintritt des Versicherungsfalls bestimmte Obliegenheiten zu erfüllen. Dabei treffen den Versicherungsnehmer gesetzliche und vertragliche Obliegenheiten.

a) Obliegenheiten vor Eintritt des Versicherungsfalls

aa) Technische und organisatorische Maßnahmen

Vor Eintritt des Versicherungsfalls muss der Versicherungsnehmer unter anderem technische und organisatorische Maßnahmen zur Gewährleistung von IT-Sicherheit treffen. Auch hinsichtlich der zu erfüllenden Obliegenheiten unterscheiden sich die Versicherungsbedingungen der jeweiligen Anbieter deutlich voneinander.[938] Im Rahmen der zu treffenden technischen und organisatorischen Maßnahmen sind in erster Linie zwei Ausgestaltungsformen gängig. So

[938] *Malek/Schütz*, PHi 2018, 174, 181.

verwendet ein Teil der Marktbedingungen sog. Stand-der-Technik-Klauseln.[939] Nach dem anderen Teil und den AVB-Cyber muss der Versicherungsnehmer konkrete Maßnahmen zum Schutz seiner IT-Systeme treffen.[940] Ein geringer Teil von Wordings verzichtet wiederum komplett auf technische und organisatorische Obliegenheiten.[941]

(1) Gewährleistung des Stands der Technik

Die erstgenannten Bedingungen verpflichten den Versicherungsnehmer dazu angemessene, dem Stand der Technik entsprechende, Sicherheitsvorkehrungen zu treffen, um Cyber-Angriffe zu verhindern.[942] Fraglich ist inwieweit eine solche Klausel mit AGB-Recht vereinbar ist. Die Stand-der-Technik-Klausel modifiziert als Obliegenheit das Leistungsversprechen des Versicherers und ist daher kontrollfähig.[943] Mangels einschlägigem Regelbeispiel von §§ 308, 309 BGB müsste die Stand-der-Technik-Klausel daher mit § 307 BGB vereinbar sein. Die Obliegenheit könnte eine entgegen des Grundsatzes von Treu und Glauben unangemessene Benachteiligung i.S.v. § 307 Abs. 1 S. 1 BGB darstellen. Für die Feststellung einer unangemessenen Benachteiligung ist eine umfassende Interessenabwägung der widerstreitenden Interessen notwendig, wobei jedoch keine für den Versicherungsnehmer optimale Klauselgestaltung notwendig ist.[944] Eine unangemessene Benachteiligung ließe sich im Rahmen der Obliegenheiten annehmen, wenn diese derart hohe Sicherheitsanforderungen an den Versicherungsnehmer stellen, dass der Versicherungsschutz in einem wesentlichen De-

---

939 So z.B.: Ziff. 5.9.4 HDI-Global.

940 Ziff. A1-16.1 AVB-Cyber; Teil B Ziff. 2.2 Axa; Ziff. E.1 Ergo; Ziff. VI.8. Gothaer; Ziff. A1-16 Signal-Iduna; Ziff. 7.10.1 R+V.

941 So: Hiscox; Markel.

942 So z.B.: Ziff. 5.9.4 HDI-Global.

943 Vgl. *Beckmann*, in: Beckmann/Matusche-Beckmann, § 10 Rn. 209 (zur Kontrollfähigkeit von Obliegenheiten).

944 *Beckmann*, in: Beckmann/Matusche-Beckmann, § 10 Rn. 218.

ckungsbereich wertlos ist.[945] Es stellt sich daher die Frage, inwieweit die Stand-der-Technik-Klausel zu hohe Anforderungen an den Versicherungsnehmer stellt.

Wie oben bereits dargestellt, handelt es sich bei dem Stand der Technik um einen anerkannten Rechtsbegriff, der Teil der sog. „Drei-Stufen-Theorie“ ist.[946] Diese unterscheidet im Rahmen von technischen Sicherheitsvorkehrungen zwischen drei Technikstandards: den allgemein anerkannten Regeln der Technik, dem Stand der Technik und dem Stand der Wissenschaft und Technik.[947] Der Stand der Technik umfasst dabei den Entwicklungsstand fortschrittlicher Verfahren, Einrichtungen oder Betriebsweisen, welcher die praktische Eignung einer Maßnahme zur Erreichung eines allgemein hohen Schutzniveaus insgesamt als gesichert erscheinen lässt.[948]

Im Zusammenhang mit IT-Sicherheit können zur Bestimmung des Stands der Technik technische Standards wie ISO-Normen und das IT-Grundschutz-Kompendium des BSI herangezogen werden. Anders als bei den allgemein anerkannten Regeln der Technik kommt diesen Standards im Rahmen des Stands der Technik jedoch in der Regel nur eine negative Wirkung zu, indem der Stand der Technik nicht erreicht ist, wenn die Regeln nicht eingehalten wurden.[949] Dies rührt daher, dass bei den Standards nicht immer eindeutig ist, ob sie auch den Entwicklungsstand fortschrittlicher Verfahren umfassen und ob dabei insbesondere auch solche neuen Techniken berücksichtigt wurden, die sich in der Praxis noch nicht hinreichend bewährt haben.[950] Im Zusammenhang mit IT-Sicherheit müssen Unternehmen somit zum einen sicherstellen, dass die Anforderungen der ISO-Normen und IT-Grundschutz-Kompendiums erfüllt sind, und sich zum anderen mit der Frage auseinandersetzen, ob neben den in den Standards enthaltenen Maßnahmen auch noch andere ge-

---

[945] Vgl. BGH, Urt. v. 16.05.1990 – IV ZR 137/89, VersR 1990, 896 f. (zu übertriebenen Sicherheitsanforderungen in der Hausratversicherung); *Schmidt*, in: Ulmer/Brandner/Hensen, Teil 2 (54) Rn. 12 (zu Sicherheitsvorschriften in der Sachversicherung).

[946] Siehe dazu ausführlich: S. 89 f..

[947] BVerfG, Beschl. v. 08.08.1978 – 2 BvL 8/77, BVerfGE 49, 89, 135 f. = NJW 1979, 359, 362; *Breuer*, AöR 101 (1976), 46, 67 f.; *von Hayn-Habermann*, in: Jansen/Seibel, § 13 Rn. 52.

[948] Vgl. § 3 Abs. 6 BImSchG.

[949] Siehe dazu ausführlich: S. 91 f.; Vgl. *Jarass*, BImSchG, 9. Aufl. 2012, § 3 Rn. 96.

[950] Vgl. *Jarass*, BImSchG, 12. Aufl. 2017, § 3 Rn. 115; *Seibel*, NJW 2013, 3000, 3002.

eignetere und aktuellere Maßnahmen zur Gewährleistung von IT-Sicherheit existieren. Auch wenn gerade das IT-Grundschutz-Kompendium sehr umfangreich und detailliert ist, wird es somit in der Regel erforderlich sein, dass sich der Anwender selbst mit der Frage auseinandersetzt welche Maßnahmen erforderlich sind um seine IT-Systeme angemessen zu schützen.

Fraglich ist, ob diese Anforderungen den durchschnittlichen Versicherungsnehmer unangemessen benachteiligen. Es steht, wie oben dargestellt, außer Frage, dass jedem Nutzer von IT heute zugemutet werden kann seine IT-Systeme regelmäßig zu aktualisieren und geeignete Anti-Virensoftware zu verwenden.[951] Diese Maßnahmen entsprechen aber schon den allgemein anerkannten Regeln der Technik. Der Stand der Technik setzt jedoch wesentlich höhere Anforderungen und lässt es, wie dargestellt, auch nicht ausreichen sich nur auf technische Standards zu verlassen. Dies kann den Versicherungsnehmer vor große technische und organisatorische Schwierigkeiten stellen. So wird es gerade für kleinere Unternehmen schon technisch nicht möglich sein den Stand der Technik einzuhalten.[952] Wenn schon das sehr umfangreiche IT-Grundschutz-Kompendium nicht ausreicht um den Stand der Technik abschließend zu konkretisieren, kann es gerade kleinen und mittleren Unternehmen nicht zugemutet werden, sich in dieser Breite und Tiefe mit dem Schutz ihrer IT-Systeme zu beschäftigen. Dies spricht daher für eine unangemessene Benachteiligung i.S.v. § 307 Abs. 1 S. 1 BGB. Anders ist dies bei großen Unternehmen und Konzernen zu beurteilen. Diese sind in der Regel einem höheren Cyber-Risiko ausgesetzt und verfügen oftmals über eine große IT-Abteilung, weshalb sie auch über die Ressourcen verfügen den Stand der Technik umzusetzen. Großen Unternehmen und Konzernen kann daher zugemutet werden, hinsichtlich ihrer IT-Systeme den Stand der Technik zu erfüllen.

Von großer Bedeutung im Rahmen der Wirksamkeitserwägungen ist aber auch, dass den Versicherungsnehmern oftmals nicht klar sein wird, welche konkreten Maßnahmen sie vornehmen müssen, um

---

[951] Siehe dazu S. 174 ff. und S. 171 ff.
[952] *Günther/Ider*, VW 2018, 50, 51.

den Stand der Technik zu erfüllen. Die Stand-der-Technik-Klausel könnte daher auch gegen das Transparenzgebot aus § 307 Abs. 1 S. 2 BGB verstoßen. Hier ist zu beachten, dass bei der Auslegung von Versicherungsbedingungen ausnahmsweise nicht das Verständnis eines durchschnittlichen Versicherungsnehmers entscheidend ist, wenn die Rechtssprache mit dem verwendeten Ausdruck einen fest umrissenen Begriff verbindet und dieser Begriff nicht von dem üblichen Verständnis und Sprachgebrauch abweicht.[953] Allerdings gilt ein Rechtsbegriff nach der Rechtsprechung dann nicht als fest umrissen, wenn er einer wertenden Ausfüllung durch die Rechtsprechung bedarf und er auch in der Rechtsprache in seinen Konturen nicht eindeutig festgelegt ist.[954] Dem ist zuzustimmen, da das juristische Begriffsverständnis bei der Auslegung nicht weiterhilft, wenn die Bedeutung des Begriffs schon in der Rechtssprache nicht eindeutig ist.[955]

Wie dargestellt, handelt es sich bei dem Stand der Technik um einen anerkannten Rechtsbegriff, der Teil der sog. „Drei-Stufen-Theorie" der Rechtsprechung und Literatur ist.[956] *Buchner* kommt daher zu dem Ergebnis, dass es sich bei dem Stand der Technik um einen Rechtsbegriff mit fest umrissenem Regelungsgehalt handelt, der nicht wesentlich von dem alltäglichen Sprachgebrauch und Sprachverständnis abweicht.[957]

Die Darstellung des Stands der Technik hat gezeigt, dass dieser durch Gesetze und im Rahmen der Drei-Stufen-Theorie einheitlich definiert wird. Gleichzeitig hat die Untersuchung aber auch ergeben, dass oftmals nicht ohne Weiteres klar sein wird, wann der Stand der Technik eingehalten wird. Der Begriff „Stand der Technik" ist somit in seinen Konturen nicht eindeutig festgelegt und bedarf daher immer einer wertenden Ausfüllung durch die Rechtsprechung. Bei dem Stand der Technik handelt es sich daher nicht um einen fest umris-

---

[953] BGH, Urt. v. 18.03.1992 – IV ZR 87/91, NJW-RR 1992, 793; Urt. v. 08.12.1999 – IV ZR 40/99, NJW 2000, 1194, 1196; Urt. v. 08.05.2013 – IV ZR 84/12, NJW 2013, 2739, 2740; *Beckmann*, in: Beckmann/Matusche-Beckmann, § 10 Rn. 233.

[954] BGH, Urt. v. 08.12.1999 – IV ZR 40/99, NJW 2000, 1194, 1196; a.A.: *Pilz*, Missverständliche AGB, S. 68 ff.

[955] BGH, Urt. v. 08.12.1999 – IV ZR 40/99, NJW 2000, 1194, 1196.

[956] Siehe dazu ausführlich: S. 89 ff.

[957] *Buchner*, IT-Versicherung, S. 307 ff.; Vgl. *Klimke*, in: Prölss/Martin, Ziff. A1-16 AVB-Cyber Rn. 2.

senen Rechtsbegriff. Die mangelnde Klarheit hinsichtlich der notwendigen technischen Maßnahmen sowie die Tatsache, dass es sich bei dem Stand der Technik nicht um einen fest umrissenen Rechtsbegriff handelt, sprechen daher zumindest bei Bedingungen, die sich an kleinere und mittlere Unternehmen richten für einen Verstoß gegen das Transparenzgebot aus § 307 Abs. 1 S. 2 BGB. Großen Unternehmen sollte es aufgrund ihrer meist personell stärker besetzten IT-Abteilung hingegen leichter fallen, zu bestimmen, welche konkreten Maßnahmen notwendig sind, um den Stand der Technik zu erfüllen. Die Stand-der-Technik-Klausel ist für diese daher grundsätzlich als verständlich einzuordnen.

Bei der Beurteilung der Frage, ob die Stand-der-Technik-Klausel den Versicherungsnehmer gem. § 307 Abs. 1 S. 1 BGB unangemessen benachteiligt, kommt es somit entscheidend auf die Bestimmung des durchschnittlichen Versicherungsnehmers des Versicherers an. Richtet sich die Cyber-Police ausschließlich an große Industriekonzerne, erscheint eine Stand-der-Technik-Klausel mit § 307 Abs. 1 BGB vereinbar. Gehören zu den Versicherungsnehmern der Police auch kleinere und mittlere Unternehmen, ist eine Wirksamkeit der Stand-der-Technik-Klausel hingegen abzulehnen.

(2) Konkrete Maßnahmen zum Schutz der IT-Systeme

Der GDV und ein Großteil der Marktbedingungen fordern von dem Versicherungsnehmer nicht, dass seine technischen Schutzmaßnahmen dem Stand der Technik entsprechen, sondern bestimmen vielmehr konkrete Maßnahmen, die er im Hinblick auf seine informationsverarbeitenden Systeme treffen muss.[958] Nach Ziff. A1-16.1 AVB-Cyber sind dies: die Unterscheidung nach einzelnen Nutzern und Befugnisebenen, die Ausrüstung mit zusätzlichem Schutz gegen unberechtigte Zugriffe, das Verfügen von Schutz gegen Schadsoftware, Verwendung eines Patch-Management-Verfahrens sowie

[958] Ziff. A1-16.1 AVB-Cyber; Teil B Ziff. 2.2 Axa; Ziff. E.1 Ergo; Ziff. VI.8. Gothaer; Ziff. A1-16 Signal-Iduna; Ziff. 7.10.1 R+V.

die Anwendung eines mindestens wöchentlichen Sicherungsprozesses.

Die jeweiligen Maßnahmen wurden dabei verhältnismäßig ausführlich beschrieben. So sind z.B. gem. Ziff. A1-16.1a) AVB-Cyber im Rahmen der Nutzer- und Befugnisebenen individuelle Zugänge für alle Nutzer erforderlich, die mit ausreichenden komplexen Passwörtern gesichert werden. Der Schutz gegen unberechtigte Zugriffe muss gem. Ziff. A1-16b) AVB-Cyber wiederum nur erfolgen, wenn die informationsverarbeitenden Systeme über das Internet erreichbar oder im mobilen Einsatz sind. Mögliche Schutzmaßnahmen können gem. Ziff. A1-16b) AVB-Cyber z.B. eine Firewall oder eine 2-Faktor-Authentifizierung bei Servern sein. Anders als früher in der Softwareversicherung, wird der Versicherungsnehmer somit nicht lediglich verpflichtet „geeignete oder übliche Schutz- oder Sicherheitsmaßnahmen“ zu treffen.[959] Durch die Auflistung der zu ergreifenden Maßnahmen und der konkreten Umschreibungen, bestehen daher grundsätzlich keine Bedenken hinsichtlich der Verständlichkeit und Bestimmtheit der einzelnen Klauseln.

Dickmann zu Folge ist jedoch fraglich, ob die in Ziff. A1-1b) AVB-Cyber geforderten Maßnahmen auch wirksam sein müssen.[960] Dies ist zu bejahen. Zwar ergibt sich ein solches Erfordernis nicht aus dem Wortlaut der Klausel, allerdings ist dies aufgrund des Sinn und Zwecks der Klausel anzunehmen. Denn dieser liegt darin, einen Schutz des Versicherungsnehmers vor unberechtigten Zugriffen auf seine IT-Systeme zu schützen. Ein solcher Schutz kann aber nur gewährleitstet werden, wenn die jeweiligen Maßnahmen auch wirksam sind. Denn die Ausrüstung mit einem zusätzlichen Schutz gegen unberechtigte Zugriffe wäre überflüssig, wenn dieser nicht auch wirksam wäre.

Fraglich könnte des Weiteren die Wirksamkeit der Datensicherungsklausel aus Ziff. A1-16.1e) AVB-Cyber sein. Im Rahmen von Software- und IT-Haftpflichtversicherungskonzepten wurde von *Buchner* eine Wirksamkeit der Datensicherungsklausel untersucht

[959] Siehe dazu: *Buchner*, IT-Versicherung, S. 300 ff.
[960] *Dickmann*, r+s 2020, 131, 136.

und aufgrund von mangelnder Bestimmtheit abgelehnt, wenn die Bedingungen den Versicherungsnehmer zu einer „üblichen Datensicherung“ oder einer „Datensicherung in angemessenen Intervallen“ verpflichten.[961] Allerdings nimmt er eine Wirksamkeit an, wenn die Datensicherungsklausel eine konkrete zeitliche Vorgabe enthält, wie beispielsweise die Verpflichtung zu einer mindestens wöchentlichen Datensicherung.[962] Nach Ziff. A1-16.1e) AVB-Cyber muss das informationsverarbeitende System einem mindestens wöchentlichem Sicherungsprozess unterliegen. Die zeitliche Konkretisierung spricht daher bereits für eine ausreichende Bestimmtheit der Klausel. *Buchner* nimmt eine Unbestimmtheit von Datensicherungsklauseln jedoch auch dann an, wenn die Klausel keine Konkretisierungen zur Aufbewahrung der Daten enthält.[963] Nach Ziff. A1-16.1e) müssen die Sicherungsträger physisch getrennt voneinander aufbewahrt werden. Zudem ist sicherzustellen, dass im Versicherungsfall auf Originale und Duplikate nicht gleichzeitig zugegriffen werden kann. Zudem hat der Versicherungsnehmer die ordnungsgemäße Funktion des Sicherungs- und Wiederherstellungsprozesses durch eine regelmäßige Prüfung nach einem festgelegten Turnus zu prüfen. Ziff. A1-16-1e) enthält folglich sowohl zum zeitlichen Rahmen als auch hinsichtlich der Datenaufbewahrung konkrete Vorgaben. Aus Ziff. A1-16.1e) AVB-Cyber ergeben sich daher klar und verständlich die Anforderungen an die Datensicherung des Versicherungsnehmers, weshalb auch die Datensicherungsklausel des GDV nicht gegen das Transparenzgebot des § 307 Abs. 1 S. 2 BGB verstößt.

Insgesamt lässt sich daher aus Ziff. A1-16.1 AVB-Cyber keine unangemessene Benachteiligung des Versicherungsnehmers i.S.v. § 307 Abs. 1 S. 1 BGB begründen. Einzig die Notwendigkeit der jeweiligen Maßnahmen erscheint vereinzelt fraglich. So ist es zumindest zweifelhaft, ob beispielsweise eine Anwaltssozietät mit vier Anwälten und zwei Assistentinnen zwingend zwischen einzelnen Nutzer- und Befugnisebenen unterscheiden muss. Auch die Tatsa-

---

961 *Buchner*, IT-Versicherung, S. 289.

962 *Buchner*, IT-Versicherung, S. 289; *ders.*, in: Hdb. Multimedia-Recht, Kap. 18.4, Rn.58; Vgl. dazu auch *R. Koch*, Versicherbarkeit von IT-Risiken, Rn. 1245 (der eine individualvertragliche Lösung in der Softwareversicherung für vorzugswürdig hält).

963 *Buchner*, IT-Versicherung, S. 290 f.

che, dass Ziff. A1-16.1e) AVB-Cyber eine Sicherung von Daten erfordert, die sich auf mobilen Datenträgern wie Handys oder Laptops befinden, ist aufgrund der damit verbundenen technischen Herausforderungen nicht zwingend im Interesse des Versicherungsnehmers.[964] Allerdings begründen hohe Anforderungen an die IT-Sicherheit des Versicherungsnehmers noch keine unangemessene Benachteiligung i.S.v. § 307 Abs. 1 S.1 BGB. Einer Wirksamkeit der Obliegenheit zur Verwendung bestimmter technischer Maßnahmen steht somit nichts entgegen, sofern sie im Sinne der AVB-Cyber oder zumindest mit ihnen vergleichbar gestaltet sind.

bb) Anzeigepflicht bei Gefahrerhöhung

Von großer praktischer Bedeutung dürften in Zukunft die Obliegenheiten des Versicherungsnehmers im Zusammenhang mit einer sog. Gefahrerhöhung sein. So darf der Versicherungsnehmer gem. Ziff. B3-2.2.1 AVB-Cyber nach Abgabe seiner Vertragserklärung ohne vorherige Zustimmung des Versicherers keine Gefahrerhöhung vornehmen. Erkennt der Versicherungsnehmer nachträglich, dass er ohne vorherige Zustimmung des Versicherers eine Gefahrerhöhung vorgenommen hat, so muss er diese dem Versicherer gem. B3-2.2.3 AVB-Cyber unverzüglich anzeigen. Die Bestimmungen der AVB-Cyber zu den Pflichten des Versicherungsnehmers im Rahmen einer Gefahrerhöhung entsprechen der Regelung des § 23 VVG. Auch die Rechtsfolgen einer Verletzung der Gefahrerhöhungspflichten stimmen mit den Regelungen der §§ 24 ff. VVG überein. So kann der Versicherer z.B. den Vertrag bei vorsätzlicher oder grob fahrlässiger Verletzung seiner Anzeigepflicht fristlos und bei leicht fahrlässiger Verletzung nach einmonatiger Frist kündigen.

[964] Siehe dazu: *Fortmann*, r+s 2019, 429, 436.

(1) Begriff der Gefahrerhöhung

Das Vorliegen einer Gefahrerhöhung begründet für den Versicherungsnehmer somit umfangreiche Pflichten und kann darüber hinaus zu weitreichenden Folgen, im schlimmsten Fall zum Verlust des Versicherungsschutzes, führen. Daher stellt sich die Frage, wann eine solche Gefahrerhöhung vorliegt. Eine Gefahrerhöhung ist nach der allgemein anerkannten Definition eine nachträgliche Änderung der im Zeitpunkt der Vertragserklärung des Versicherungsnehmers tatsächlich vorhandenen Umstände, welche den Eintritt des Versicherungsfalls, eine Vergrößerung des Schadens oder eine ungerechtfertigte Inanspruchnahme des Versicherers wahrscheinlicher macht.[965] In diesem Sinne haben auch die AVB-Cyber und diverse Marktbedingungen die Gefahrerhöhung definiert.[966]

Fraglich ist jedoch, wann im Rahmen der Cyber-Versicherung Umstände so verändert werden, dass der Eintritt des Versicherungsfalls, eine Vergrößerung des Schadens oder eine ungerechtfertigte Inanspruchnahme wahrscheinlicher wird. Rein theoretisch steigt die Gefahr eines Cyber-Angriffs mit jedem neu angeschafften Computer oder mit jeder neu installierten Software, weshalb dies jeweils eine Anzeigepflicht begründen würde.[967] Allerdings sind die Vorschriften der §§ 23 ff. VVG nach § 27 VVG nicht anzuwenden, wenn nur eine unerhebliche Erhöhung der Gefahr vorliegt oder wenn nach den Umständen als vereinbart anzusehen ist, dass die Gefahrerhöhung mitversichert sein soll.[968] Eine Gefahrerhöhung ist als unerheblich einzuordnen, wenn die Wahrscheinlichkeit für den Eintritt eines Versicherungsfalls nur unwesentlich gesteigert wird.[969] Daher stellen

---

[965] OLG Düsseldorf, Urt. v. 27.06.1997 – 4 U 211/94, VersR 1997, 231, 232; *Armbrüster*, in: Prölss/Martin, § 23 Rn. 7; *Karczewski*, in: Rüffer/Halbach/Schimikowski, § 23 Rn. 13; *Matusche-Beckmann*, in: Bruck/Möller, § 23 Rn. 4; *Reusch*, in: MüKoVVG, § 23 Rn. 21; Vgl. BGH, Urt. v. 21.09.1964 – II ZR 40/62, BGHZ 42, 295, 297 = NJW 1965, 156 (zum Eintritt des Versicherungsfalls und der Vergrößerung des Schadens).

[966] Ziff. B3.2.1.1 AVB-Cyber; Teil A Ziff. 3.2.1 Axa (zusätzlich mit beispielhafter Aufführung, z.B. Oursourcing der IT-Systeme); Ziff. 5.12 HDI-Global; Ziff. B3.2.1.1 Signal-Iduna.

[967] *Malek/Schütz*, PHi 2018, 174, 181.

[968] Auf eine Darstellung der dogmatischen Einordnung der unerheblichen Gefahrerhöhung soll mangels praktischer Bedeutung verzichtet werden. Siehe dazu: *Looschelders*, in: Looschelders/Pohlmann, § 27 Rn. 3 ff.

[969] *Looschelders*, in: Looschelders/Pohlmann, § 28 Rn. 5; *Reusch*, in: MüKoVVG, § 27 Rn. 2.

quantitativ, räumlich und zeitlich nur geringfügige Veränderungen gegenüber dem Rechtszustand bei Antragsstellung keine Gefahrerhöhung i.S.v. § 23 VVG dar.[970] Ob die Gefahr, Opfer eines Cyber-Angriffs zu werden, durch die Neubeschaffung eines Computer steigt, hängt wesentlich von der Unternehmensgröße ab. Bei einem großen mittelständischen Unternehmen oder gar einem Konzern wird ein neuer Computer die Gefahr eines Cyber-Angriffs nur minimal erhöhen, da diese Unternehmen ohnehin schon einem hohen Risiko ausgesetzt sein werden. Bei einem kleinen Betrieb mit nur fünf Angestellten kann ein neuer Computer hingegen schon als eine neue Gefahrenquelle eingestuft werden.

Zu beachten ist allerdings, dass die Vorschriften der §§ 23 ff. VVG gem. § 27 Var. 2 VVG unanwendbar sein können, wenn nach den Umständen als vereinbart anzusehen ist, dass die Gefahrerhöhung mitversichert sein soll. Dies ist unter anderem dann der Fall, wenn die Gefahrerhöhung als allgemein üblich einzustufen ist, dem Durchschnittsrisiko unterfällt oder eine Gefahrerhöhung nach den §§ 23 ff. VVG den Versicherungsschutz entwerten würde.[971] In jedem Unternehmen ist es üblich, unabhängig von der Größe, von Zeit zu Zeit neue Computer anzuschaffen, sei es weil die alten Geräte nicht mehr funktionsfähig sind oder weil ein neuer Mitarbeiter im Unternehmen angefangen hat. Eine Gefahrerhöhung durch einen neuen Computer ist daher als allgemein üblich einzustufen. Zudem würde es den Versicherungsschutz stark entwerten, wenn jeder neue Computer zu einer Gefahrerhöhung i.S.v. § 23 VVG führen würde. Unabhängig von der Unternehmensgröße führt ein neuer Computer daher nicht zu einer Gefahrerhöhung im Sinne des § 23 VVG. Ab wann eine Gefahrerhöhung bei der Anschaffung neuer Computer zu einer Gefahrerhöhung führt lässt sich nicht pauschal beantworten und hängt maßgeblich von der Unternehmensgröße ab. Allerdings wird man von einer erheblichen Steigerung des Schadensrisikos in jedem Fall ausgehen können, wenn das Unternehmen die Anzahl ihrer eingesetzten Computer um 50 Prozent erhöht, da hierdurch das Cyber-Risiko deutlich zunimmt.

---

[970] *Karczewski*, in: Rüffer/Halbach/Schimikowski, § 23 Rn. 14.
[971] *Armbrüster*, in: Prölss/Martin, § 27 Rn. 4.

Die Frage ob eine Gefahrerhöhung bei neu installierter Software vorliegt, wird von der Art der Software abhängen. Die Installation von Standardsoftware wie dem Adobe Acrobat Reader wird als übliche Gefahrerhöhung einzustufen sein. Installiert ein Versicherungsnehmer hingegen neue Unternehmenssoftware, kann zumindest von einer Gefahrerhöhung ausgegangen werden, wenn diese Software noch nahezu unerprobt ist oder in besonders sensiblen Unternehmensbereichen eingesetzt wird. Im Zusammenhang mit Software kann zudem eine Gefahrerhöhung angenommen werden, wenn der Versicherungsnehmer beginnt veraltete Software einzusetzen, bei welcher bereits Sicherheitslücken festgestellt wurden.[972]

Etwas anderes kann jedoch gelten, wenn die Software erst als veraltet einzustufen ist, während sie beim Versicherungsnehmer in Betrieb ist und dieser es lediglich unterlässt eine neue Software zu erwerben.[973] Denn nach der Rechtsprechung und einem Teil der Literatur kann eine subjektive Gefahrerhöhung i.S.v. § 23 Abs. 1, 2 VVG nicht durch Unterlassen verwirklicht werden.[974] Dem ist unter anderem aufgrund des Wortlauts zuzustimmen, da der Versicherungsnehmer keine Gefahrerhöhung „vornehmen“ darf.[975] Für die Ansicht der Rechtsprechung sprechen aber auch systematische Erwägungen, da die Herbeiführung einer Gefahrerhöhung durch Unterlassen den Anwendungsbereich von § 23 Abs. 3 VVG deutlich einschränken würde.[976] Eine subjektive Gefahrerhöhung setzt somit ein positives Tun voraus, weshalb der Nichterwerb neuer Software keine Gefahrerhöhung i.S.v. § 23 Abs. 1 VVG darstellt. Allerdings liegt in diesem Fall eine objektive Gefahrerhöhung nach § 23 Abs. 3 VVG vor, da das Veralten der Software unabhängig vom Willen des Versicherungsnehmers eintritt. Der Versicherungsnehmer muss dem Versicherer den Umstand, dass seine Software veraltet ist, daher

---

[972] *Fortmann*, r+s 2019, 429, 437.

[973] *Fortmann*, r+s 2019, 429, 438.

[974] BGH, Urt. v. 25.09.1968 – IV ZR 514/68, BGHZ 50, 385, 387 = NJW 1969, 42, 43; Urt. v. 11.12.1980 – IVa ZR 18/80, BGHZ 79, 156, 161 = NJW 1981, 926, 927; Urt. v. 21.01.1987 – IV a ZR 112/85, NJW 1987, 2443, 2444; *Matusche-Beckmann*, in: Bruck/Möller § 23 Rn. 21 ff.; *Karczewski*, in: Rüffer/Halbach/Schimikowski, § 23 Rn. 25; a.A.: *Langheid*, in: Langheid/Rixecker, § 23 Rn. 32; *Martin*, Sachversicherungsrecht, N III Rn. 4.

[975] BGH, Urt. v. 25.09.1968 – IV ZR 514/68, BGHZ 50, 385, 387 = NJW 1969, 42, 43.

[976] *Hahn*, in: Beckmann/Matusche-Beckmann, § 20 Rn.

gem. § 23 Abs. 3 VVG mitteilen, sobald er hiervon Kenntnis erlangt.[977]

(2) Begrenzung durch Fragebögen

Eine weitere Konkretisierung hinsichtlich der gefahrerhöhenden Umstände ergibt sich aus Ziff. B3-2.1.2 AVB-Cyber, wonach eine Gefahrerhöhung insbesondere vorliegen kann, wenn sich ein gefahrerheblicher Umstand ändert, nach dem der Versicherer vor Vertragsschluss gefragt hat.[978] Eine Gefahrerhöhung könnte daher beispielsweise vorliegen, wenn der Versicherungsnehmer beginnt, seinen Mitarbeitern zu erlauben, mit ihren privaten Geräten auf die geschäftliche IT-Infrastruktur zuzugreifen oder er neuerdings Geschäftsgeheimnisse Dritter speichert.[979] Das gleiche gilt für den Fall, dass der Versicherungsnehmer statt einer wöchentlichen nur noch eine monatliche Datensicherung vornimmt.[980]

Fraglich ist jedoch, ob im Rahmen der Cyber-Versicherung auch dann eine Gefahrerhöhung vorliegt, wenn sich ein Umstand ändert, nach denen der Versicherer nicht explizit gefragt hat. Nach Ziff. B3-2.1.2 AVB-Cyber kann eine Gefahrerhöhung „insbesondere – aber nicht nur – vorliegen, wenn sich ein gefahrerheblicher Umstand ändert, nach dem der Versicherer vor Vertragsschluss gefragt hat." Aus der Einschränkung „aber nicht nur" ergibt sich, dass nach den AVB-Cyber auch dann eine Gefahrerhöhung vorliegen kann, wenn sich ein Umstand ändert, nach denen der Versicherer nicht explizit gefragt hat. Fraglich ist jedoch, ob dies mit § 23 VVG vereinbar ist. Dafür ist entscheidend, ob eine Gefahrerhöhung nach § 23 VVG nur vorliegt, wenn sich ein Umstand ändert, nach dem der Versicherer bei Vertragsschluss ausdrücklich gefragt hat. Diese Frage ist umstritten, wird aber von dem Großteil der Literatur grundsätzlich be-

[977] Vgl. *Fortmann*, r+s 2019, 429, 438.
[978] Ziff. B3-2.1.2 AVB-Cyber; vgl. *Malek/Schütz*, PHi 2018, 174, 181.
[979] Vgl. Ziff. PG2, DV2 GDV-Risikofragebogen.
[980] Vgl. *Fortmann*, r+s 2019, 429, 437.

jaht.[981] Hierfür wird unter anderem angeführt, dass der Versicherungsnehmer sich darauf verlassen dürfe, dass der Versicherer alle für seine Prämienkalkulation erforderlichen wichtigen Umstände erfragt hat, da durch den Fragenkatalog der Eindruck entstehe, dass die nicht erfragten Aspekte für einen Vertragsschluss nicht von entscheidender Bedeutung gewesen sind.[982] Dieser Ansicht folgt auch *Fortmann* im Rahmen der Cyber-Versicherung, weshalb er davon ausgeht, dass die Regelungen zur Gefahrerhöhung durch den Risikofragebogen des Versicherers beschränkt werden.[983]

Reusch ist hingegen der Ansicht, dass es bei der Gefahrerhöhung nicht allein auf den Fragenkatalog ankommen kann, weshalb eine Gefahrerhöhung auch eintrete, wenn sich Umstände ändern, nach denen der Versicherer nicht gefragt hat.[984] Begründet wird dies damit, dass der Versicherer im Rahmen seines Fragebogens unmöglich alle erdenklichen Gefahrerhöhungsfälle erfassen könne.[985]

Gegen die Ansicht von *Reusch* spricht in erster Linie der Wille des Gesetzgebers bei der VVG-Reform. Im Rahmen des § 19 VVG wurde es als größte Neuerung angesehen, dass der Versicherungsnehmer nur solche Umstände anzeigen muss, nach denen der Versicherer in Textform gefragt hat, weshalb das Risiko einer Fehleinschätzung hinsichtlich der Gefahrenrelevanz nicht mehr beim Versicherungsnehmer liege.[986] Auch wenn der Gesetzgeber diesen Gedanken in § 23 VVG nicht ausdrücklich aufgenommen hat, so kann dies nur bedeuten, dass eine Gefahrerhöhung sich allein auf die erfragten Umstände bezieht, da das Gegenteil ansonsten den Zweck des § 19 VVG konterkarieren würde.[987] Denn obwohl der Versicherer nicht nach bestimmten Gefahrumständen gefragt hat, könnte er sich später auf die Rechtsfolgen der §§ 24 ff. VVG beru-

---

[981] OLG Köln, Urt. v. 04.04.2000 – 9 U 133/99, r+s 2000, 205, 206; *Armbrüster*, in: Prölss/Martin, § 23 Rn. 13; *Langheid*, in: Langheid/Rixecker, § 23 Rn. 22 f.; *Martin*, Sachversicherungsrecht, N I Rn. 7; *Matusche-Beckmann*, in: Bruck/Möller, § 23 Rn. 7.

[982] OLG Köln, Urt. v. 04.04.2000 – 9 U 133/99, r+s 2000, 205, 206; *Martin*, Sachversicherungsrecht, N I Rn. 7; *Matusche-Beckmann*, in: Bruck/Möller, § 23 Rn. 7.

[983] *Fortmann*, r+s 2019, 429, 438.

[984] *Reusch*, in MüKoVVG, § 23 Rn. 76.

[985] *Reusch*, in MüKoVVG, § 23 Rn. 76.

[986] BTDrucks. 16/3945, S. 64.

[987] *Matusche-Beckmann*, in: Bruck/Möller, § 23 Rn. 7.

fen.[988] Aus diesem Grund kann sich eine Gefahrerhöhung nur auf Umstände beziehen, nach denen der Versicherer beim Vertragsschluss gefragt hat. Dieses Ergebnis erscheint gerade auch bei der Cyber-Versicherung angemessen, da es für den Versicherungsnehmer mangels technischer Kenntnisse oftmals so gut wie unmöglich sein wird, einzuschätzen, welche technische oder organisatorische Änderung in seinem Betrieb die Gefahr eines Cyber-Angriffs erhöht.

Fraglich und bisher ungeklärt ist jedoch, welche Auswirkung die hier vertretene Auffassung im Hinblick auf Ziff. B3-2.1.2 AVB-Cyber hat. Bei den Vorschriften der §§ 19 bis 28 Abs. 4 VVG handelt es sich gem. § 32 VVG um halbzwingende Vorschriften, von denen nicht zum Nachteil des Versicherungsnehmers abgewichen werden kann. Nach Ziff. B3-2.1.2 AVB-Cyber kann eine Gefahrerhöhung auch vorliegen, wenn sich ein Umstand geändert hat, nach dem der Versicherer nicht ausdrücklich gefragt hat, weshalb diese Klausel nach hier vertretener Ansicht zum Nachteil des Versicherungsnehmers von § 23 VVG abweicht. Nach der überwiegenden Auffassung zum neuen VVG ist eine Klausel, die von einer halbzwingenden Vorschrift zum Nachteil des Versicherungsnehmers abweicht, unwirksam.[989] Dem ist aufgrund des Zwecks der VVG-Reform, den Versicherungsnehmerschutz zu verbessern, zuzustimmen.[990] Ziff. B3-2.1.2 AVB-Cyber ist daher unwirksam.

b) Schadensabwendungs- und -minderungsobliegenheit

Der Versicherungsnehmer hat nicht nur vor, sondern auch bei und nach Eintritt des Versicherungsfalls Obliegenheiten zu erfüllen. Von besonders großer Bedeutung ist dabei die sog. Rettungsobliegenheit. Nach Ziff. B3-3.1 AVB-Cyber hat der Versicherungsnehmer bei und nach Eintritt des Versicherungsfalls nach Möglichkeit für die

988 *Matusche-Beckmann*, in: Bruck/Möller, § 23 Rn. 7.

989 *Armbrüster*, Privatversicherungsrecht, Rn. 585; *Brömmelmeyer*, in: Bruck/Möller, § 32 Rn. 22; *Rixecker*, in: Langheid/Rixecker, § 32 Rn. 1; *Wandt*, in: MüKoVVG, § 32 Rn. 17; a.A.: *Roggler*, in: Rüffer/Halbach/Schimikowski, § 208 Rn. 5.

990 *Armbrüster*, Privatversicherungsrecht, Rn. 585.

Abwendung und Minderung des Schadens zu sorgen. Dabei hat er Weisungen des Versicherers, soweit für ihn zumutbar, zu befolgen. Zudem muss er Weisungen einholen, wenn die Umstände dies gestatten. Diese § 82 Abs. 1, 2 VVG entsprechenden Regelungen verpflichten den Versicherungsnehmer somit dazu, nach einer Informationssicherheitsverletzung den Cyber-Schaden entweder vollständig abzuwenden oder zumindest zu mindern.

aa) Beginn

Dabei stellt sich zunächst die Frage, ab welchem Zeitpunkt der Versicherungsnehmer für die Abwendung oder Minderung des Schadens zu sorgen hat. Nach § 82 Abs. 1 S. 1 VVG beginnt die Rettungsobliegenheit „bei Eintritt des Versicherungsfalls“. In der Literatur wird vertreten, dass die Rettungsobliegenheit erst beginnt, wenn der Versicherungsfall eingetreten ist bzw. wenn der Eintritt begonnen hat.[991] Dem ist aufgrund des klaren gesetzgeberischen Willens, die Rettungsobliegenheiten nicht auf den Zeitpunkt zu erstrecken, in dem der Versicherungsfall kurz bevorsteht (sog. Vorerstreckung),[992] zuzustimmen.[993] Für den Beginn der Rettungsobliegenheit kommt es daher entscheidend auf die in den Versicherungsbedingungen verwendete Versicherungsfalldefinition an.[994] Aufgrund der verschiedenen Ausgestaltungsformen der Versicherungsfalldefinition in den Cyber-Bedingungen[995] unterscheidet sich daher auch der Beginn der Rettungsobliegenheiten stark voneinander. Bei Versicherungsbedingungen, die auf dem Schadensereignisprinzip beruhen, beginnt die Rettungsobliegenheit daher in dem Zeitpunkt, in welchem die Informationssicherheitsverletzung eingetreten ist. Dies kann insofern problematisch sein, als dass der Eintritt und die Fest-

---

991 *Beckmann*, in: Beckmann/Matusche-Beckmann, § 15 Rn. 22 ff.; *Looschelders*, in: MüKoVVG, § 82 Rn. 13 ff.; *Schimikowski*, in: Rüffer/Halbach/Schimikowski, § 82 Rn. 4 f.

992 BTDrucks. 16/3945, S. 82 f.

993 Vgl. *Beckmann*, in: Beckmann/Matusche-Beckmann, § 15 Rn. 22 ff.; *Schimikowski*, in: Rüffer/Halbach/Schimikowski, § 82 Rn. 4 f.

994 *Fortmann*, r+s 2019, 429, 439; *Voit*, in: Prölss/Martin, § 82 Rn. 3; Vgl. *Schimikowski*, in: Rüffer/Halbach/Schimikowski, § 82 Rn. 7 (zur Haftpflichtversicherung).

995 Siehe dazu S. 240 f.

stellung der Informationssicherheitsverletzung zeitlich stark auseinanderfallen können. So kann es vorkommen, dass die Infektion eines IT-Systems mit Schadsoftware erst Monate später festgestellt wird. Wenn aber der Beginn der Rettungsobliegenheit und die eigentliche Entdeckung des Ereignisses zu so unterschiedlichen Zeitpunkten eintreten, verdeutlicht dies erneut, dass das Schadensereignisprinzip für die Definition des Versicherungsfalls in der Cyber-Versicherung ungeeignet ist.

Wird der Versicherungsfall im Sinne des Feststellungsprinzips definiert, beginnt die Schadensabwendungs- und -minderungsobliegenheit erst in dem Zeitpunkt, in welchem der Schaden von dem Versicherungsnehmer erstmals festgestellt wurde.

Fraglich ist, wann bei der Verwendung des claims-made-Prinzips die Rettungsobliegenheiten beginnen. Im Rahmen der D&O-Versicherung wird zum Teil vertreten, dass die Rettungsobliegenheiten erst mit Geltendmachung eines Anspruchs gegen die versicherte Person beginnen.[996] Andere verweisen darauf, dass bei einer solchen zeitlichen Anknüpfung der Schaden oftmals nicht mehr gemindert werden könne, weshalb die Vertreter dieser Meinung einen Beginn der Rettungsobliegenheiten schon ab dem Zeitpunkt der Pflichtverletzung der versicherten Person[997] oder mit dem Eintritt des Schadens annehmen.[998] Dem steht jedoch der Wortlaut des § 82 Abs. 1 VVG entgegen, welcher eindeutig auf den Eintritt des Versicherungsfalls abstellt.[999] Hinzu kommt, dass das claims-made-Prinzip schon seit langer Zeit Einzug in deutsche Versicherungsbedingungen gefunden hat, weshalb der Gesetzgeber mit der VVG-Reform eine Änderung hinsichtlich des Beginns der Rettungsobliegenheiten im Rahmen des claims-made-Prinzips vorgenommen hätte, wenn er dies für notwendig gehalten hätte.

Darüber hinaus würde selbst die mittlerweile abzulehnende Vorerstreckungstheorie in der Regel keine Rettungsobliegenheiten zum

---

996 *Pataki*, VersR 2004, 835, 838 f.; *Schimikowski*, in: Rüffer/Halbach/Schimikowski, § 82 Rn. 7; *ders.*, VersR 2010, 1533, 1537; *Voit*, in: Prölss/Martin, § 82 Rn. 3.

997 *R. Koch*, in: Bruck/Möller, § 82 Rn. 103; *ders.*, FS Wälder, S. 163, 177.

998 *Lenz*, in: van Bühren, § 25 Rn. 191.

999 Vgl. *Pataki*, VersR 2004, 835, 838 f. (noch zu § 62 VVG a.F.).

Zeitpunkt der Pflichtverletzung oder des Schadenseintritts begründen, da diese das Bestehen einer Rettungsobliegenheit nur angenommen hat, wenn der Versicherungsfall kurz bevorstand.[1000] Im Rahmen der Haftpflichtversicherung steht die Inanspruchnahme durch einen Dritten aber oftmals nicht unmittelbar bevor, vielmehr kann zwischen der Pflichtverletzung bzw. dem Schadenseintritt und der Inanspruchnahme viel Zeit vergehen. Hinzu kommt, dass häufig noch gar nicht klar sein wird, ob der Dritte die versicherte Person überhaupt in Anspruch nehmen wird.[1001] Die Annahme, die Rettungsobliegenheiten würden im Rahmen des claims-made-Prinzips schon mit der Pflichtverletzung oder dem Schadenseintritt beginnen, lässt sich daher in keiner Weise mit § 82 Abs. 1 VVG vereinbaren. Die Pflicht des Versicherungsnehmers zur Schadensabwendung und -minderung beginnt daher bei Cyber-Bedingungen, die im Drittschadensbaustein das claims-made-Prinzip verwenden, erst in dem Zeitpunkt, in welchem Dritte gegen den Versicherungsnehmer Ansprüche wegen einer Informationssicherheitsverletzung geltend machen. Allerdings wird eine wirksame Schadensminderung nach einem Cyber-Angriff in der Regel nur unmittelbar nach der Schadensfeststellung möglich sein, weshalb der Versicherer dem Versicherungsnehmer im Haftpflichtbaustein in den meisten Fällen nicht die Leistung nach § 82 Abs. 3 VVG verweigern bzw. kürzen kann, da der Versicherungsfall nach dem claims-made-Prinzip zu diesem Zeitpunkt noch nicht eingetreten ist.

Die zeitliche Anknüpfung des § 82 Abs. 1 VVG an den Eintritt des Versicherungsfalls ist zudem von Bedeutung, wenn ein Bedingungswerk auf verschiedene Versicherungsfalldefinitionen zurückgreift. Wie oben bereits dargestellt, definieren diverse Cyber-Bedingungen im Eigen- und Service-Kosten-Baustein den Versicherungsfall im Sinne des Schadensereignis- oder Feststellungsprinzips und stellen im Drittschadenbaustein auf den Zeitpunkt der Anspruchserhebung ab.[1002] Dies hat zur Folge, dass die Rettungsob-

[1000] Vgl. BGH, Urt. v. 20.02.1991 – IV ZR 202/90, BGHZ 113, 359, 360 f. = VersR 1991, 459, 460; Urt. v. 25.06.2003 – IV ZR 276/02, NJW 2003, 2903.
[1001] Vgl. *Pataki*, VersR 2004, 835, 838 f. (noch zu § 62 VVG a.F.).
[1002] Siehe dazu S. 240.

liegenheiten in den jeweiligen Deckungsbausteinen zu unterschiedlichen Zeitpunkten beginnen.[1003]

bb) Umfang und Rettungskostenersatz

Ist es bei einem Versicherungsnehmer zu einer Informationssicherheitsverletzung gekommen und ist nach den jeweiligen Versicherungsbedingungen zudem der Versicherungsfall eingetreten, stellt sich für den Versicherungsnehmer die Frage, welche Maßnahmen er ergreifen muss, um seiner Rettungsobliegenheit gerecht zu werden. Im Rahmen des § 82 Abs. 1 VVG hat der Versicherungsnehmer alle ihm möglichen und zumutbaren Maßnahmen zu ergreifen.[1004] Darüber hinaus muss die Maßnahme auch geeignet sein den Schaden abzuwenden bzw. zu mindern.[1005] Welche Maßnahmen der Versicherungsnehmer zur Abwendung oder Minderung des Cyber-Schadens treffen musste, wird sich nur im konkreten Einzelfall feststellen lassen. Im Rahmen der Zumutbarkeit wird es, ähnlich wie bei der Erfüllung von Verkehrssicherungspflichten, auf die wirtschaftliche und technische Zumutbarkeit ankommen.[1006] Anders als Verkehrssicherungspflichten umfassen die Schadensabwendungs- und -minderungsobliegenheiten aber, wie soeben dargestellt, keine Maßnahmen, die vor Eintritt des Versicherungsfalls zur Schadensprävention getroffen werden müssen, sondern verpflichten den Versicherungsnehmer ausschließlich dazu Maßnahmen zur treffen, die der Abwehr eines konkreten Angriffs dienen. Eine Maßnahme, die aber sowohl im Rahmen der Verkehrssicherungspflichten als auch bei den Rettungsobliegenheiten von Bedeutung sein kann, ist das bereits erwähnte sog. Dekonnektieren, bei dem das Opfer eines Cyber-Angriffs die Internetverbindung des IT-Systems trennt, um eine Weiterverbreitung der Schadsoftware zu verhindern.[1007] Wie auch bei den Verkehrssicherungspflichten wird dem Versicherungs-

---

[1003] *Schilbach*, SpV 2018, 2, 3.

[1004] BGH, Urt. v. 12.07.1972 – IV ZR 23/71, VersR 1972, 1039, 1040; *R. Koch*, in: Bruck/Möller, § 82 Rn. 95; *Voit*, in: Prölss/Martin, § 82 Rn. 9.

[1005] *Schimikowksi*, in: Rüffer/Halbach/Schimikowski, § 82 Rn. 14.

[1006] Siehe zu den Verkehrssicherungspflichten S. 168 f.

[1007] Siehe dazu S. 176.

nehmer eine Trennung der Internetverbindung aufgrund der damit verbundenen Einschränkungen nur zuzumuten sein, wenn von der Schadsoftware ein besonders großes Risiko ausgeht, welches für den Versicherungsnehmer zudem auch erkennbar ist.

Neben dem Dekonnektieren kommen als taugliche Rettungsmaßnahme alle weiteren möglichen und zumutbaren Maßnahmen in Betracht, die geeignet sind, nach einem Cyber-Angriff Schäden zu verhindern oder zu verringern. Dies werden in erster Linie technische Maßnahmen sein, welche den Zugriff des Angreifers auf die Systeme des Versicherungsnehmers unterbinden oder die Weiterverbreitung von Schadsoftware verhindern können. Auch die Wiederherstellung von gelöschten Daten kann eine solche technische Maßnahme zur Schadensabwendung sein. Bei besonders schwerwiegenden Cyber-Angriffen kann es dem Versicherungsnehmer zudem auch zumutbar sein, einen IT-Dienstleister zu beauftragen, um den Cyber-Schaden abzuwenden oder zu verringern.

Ist der Versicherungsnehmer seiner Pflicht zur Abwendung oder Minderung des Schadens nachgekommen, hat der Versicherer dem Versicherungsnehmer gem. § 83 Abs. 1 VVG grundsätzlich die Kosten zu erstatten, die diesem durch die Erfüllung der Rettungsobliegenheit entstanden sind. Fraglich ist daher, ob der Versicherungsnehmer auch einen Anspruch auf Rettungskostenersatz gem. § 83 Abs. 1 VVG hat, wenn er einen IT-Dienstleister mit der Minderung oder Abwehr des Schadens beauftragt hat. Zwar sind diese Kosten bei diversen Versicherern ohnehin mitversichert. Allerdings ist die Frage insbesondere von Bedeutung, wenn diese Kosten nicht gedeckt sind oder das Sublimit des Service-Kosten-Bausteins überschritten ist.[1008]

R. Koch lehnt eine solche Ersatzpflicht ab, da den Versicherungsnehmer keine Obliegenheit zur Beauftragung eines IT-Beraters gem. § 82 Abs. 1 VVG treffe.[1009] Dem ist nicht voll umfänglich zuzustimmen, da es dem Versicherungsnehmer im Einzelfall, wie eben ausgeführt, bei besonders schwerwiegenden Cyber-Schäden auch

---

[1008] Vgl. *R. Koch*, VersR 2019, 449, 451.

[1009] *R. Koch*, VersR 2019, 449, 452.

zumutbar sein kann, einen IT-Dienstleister mit der Schadensabwehr zu beauftragen. Hinzu kommt, dass es gem. § 83 Abs. 1 S. 1 VVG nur darauf ankommt, ob der Versicherungsnehmer die Aufwendungen für geboten halten durfte. Dies ist zumindest zu bejahen, wenn der Cyber-Angriff eine besonders große Bedrohung für das Unternehmen darstellt, d.h. wenn beispielsweise immens wichtige Unternehmensdaten gelöscht wurden, ohne die ein weiterer Unternehmensbetrieb nicht möglich gewesen wäre. In diesem Fall kommt ein Anspruch aus § 83 Abs. 1 S. 1 VVG auf Ersatz der Rettungskosten in Betracht. Selbst wenn eine Police Service-Kosten nicht versichert oder das Sublimit überstiegen wird, kann der Versicherer somit im Einzelfall zu einer Erstattung dieser Aufwendungen verpflichtet sein. Zu beachten ist in diesem Zusammenhang darüber hinaus, dass Versicherungsnehmer im Rahmen der Cyber-Versicherung keinen erweiterten Aufwendungsersatzanspruch gegen den Versicherer auf Erstattung der Kosten zur Abwendung eines unmittelbar bevorstehenden Versicherungsfalls aus § 90 VVG haben, da diese Vorschrift nur für die Sachversicherung Anwendung findet.[1010] Allerdings sind diese Kosten nach den AVB-Cyber und einigen Marktbedingungen im Rahmen des Service-Kosten Bausteins ohnehin versichert.[1011]

c) Rechtsfolgen bei Obliegenheitsverletzungen

Der Versicherer ist gem. Ziff. B3-4.2.1 AVB-Cyber bei einer vorsätzlichen Obliegenheitsverletzung leistungsfrei und bei einer grob fahrlässigen Verletzung der Obliegenheit dazu berechtigt, seine Leistung in dem Verhältnis zu kürzen, das der Schwere des Verschuldens des Versicherungsnehmers entspricht. Dies entspricht den Rechtsfolgeregelungen der §§ 28 Abs. 2, 82 Abs. 3 VVG.

Der Einwand des Versicherers, der Versicherungsnehmer habe eine Obliegenheit vorsätzlich oder grob fahrlässig verletzt, wird vor allen

[1010] Zur versicherungsvertraglichen Einordnung der Cyber-Versicherung nach dem VVG siehe: S. 202.

[1011] So z.B.: Ziff. A2-3.1 AVB-Cyber; Teil B Ziff. 1.2.1 Axa; Ziff. III.3.1 Gothaer; Vgl. *Armbrüster*, Privatversicherungsrecht, Rn. 2115.

Dingen von Bedeutung sein, wenn der Versicherungsnehmer entweder gegen seine vertragliche Obliegenheit, technische oder organisatorische Maßnahmen zur Gewährleistung von IT-Sicherheit zu treffen, verstoßen hat oder er seiner Rettungsobliegenheit aus § 82 VVG nicht nachgekommen ist. Der Versicherungsnehmer wird gegen diese Obliegenheiten allerdings in den seltensten Fällen vorsätzlich verstoßen haben, da er in der Regel ein eigenes Interesse daran hat sein Unternehmen vor einem Cyber-Angriff und dessen Folgen zu schützen.

Relevanter dürfte daher der Einwand der grob fahrlässigen Verletzung sein. Es stellt sich jedoch die Frage, wann der Versicherungsnehmer gegen diese Obliegenheiten grob fahrlässig verstoßen hat. Der Begriff der groben Fahrlässigkeit entspricht im Rahmen der §§ 28, 82 VVG der allgemeinen Definition.[1012] Grob fahrlässig handelt danach, wer die im Verkehr erforderliche Sorgfalt in ungewöhnlich hohem Maße verletzt und unbeachtet lässt, was im gegebenen Fall jedem hätte einleuchten müssen.[1013] Von grober Fahrlässigkeit kann daher im Rahmen von Ziff. A1-16.1 AVB-Cyber bzw. der Stand-der-Technik Klausel ausgegangen werden, wenn der Versicherungsnehmer keine Maßnahmen getroffen hat, die nach allgemeiner Auffassung offensichtlich zwingend notwendig sind, um die IT-Systeme vor Cyber-Angriffen zu schützen. Grobe Fahrlässigkeit kann z.B. angenommen werden, wenn der Versicherungsnehmer es unterlassen hat seine Systeme mit einer Firewall oder einem Passwortschutz auszustatten. Die Feststellung der grob fahrlässigen Verletzung einer Rettungsobliegenheit wird hingegen wesentlich schwieriger sein. Grobe Fahrlässigkeit ließe sich unter Umständen annehmen, wenn der Versicherungsnehmer es unterlassen hat, nach einem Cyber-Angriff einen IT-Experten damit zu beauftragen den Cyber-Angriff abzuwehren, wobei dies davon abhängen wird, wie offensichtlich die Notwendigkeit externer Hilfe im Einzelfall war.

[1012] Vgl. *Armbrüster*, in: Prölss/Martin, § 28 Rn. 205; *Beckmann*, in: Beckmann/Matusche-Beckmann, § 15 Rn. 69.

[1013] BGH, Urt. v. 11.05.1953 – IV ZR 170/52, BGHZ 10, 14, 16 = NJW 1953, 1139; Urt. v. 18.12.1996 – IV ZR 321/95, VersR 1997, 351, 352; Urt. v. 29.01.2003 – IV ZR 173/01, VersR 2003, 364.

Steht fest, dass der Versicherungsnehmer grob fahrlässig gegen eine Obliegenheit verstoßen hat, kann der Versicherer seine Leistung gem. §§ 28 Abs. 2 S. 1, 82 Abs. 3 S. 2 VVG in einem Verhältnis kürzen, das der Schwere des Verschuldens des Versicherungsnehmers entspricht. Bei dieser sog. Quotelung geht es darum, durch Wertung der erheblichen Umstände des Einzelfalls das konkrete Maß an grober Fahrlässigkeit auf einer Skala von 0 bis 100 Prozent einzuordnen.[1014] Dabei kann der Rechtsprechung und der h.M. zufolge die grobe Fahrlässigkeit im Einzelfall auch so schwer wiegen, dass die Leistung auf Null gekürzt wird.[1015] Dem ist zuzustimmen, da weder der Wortlaut noch die Entstehungsgeschichte des § 28 Abs. 2 VVG einer solchen vollen Kürzung entgegenstehen und zudem Fälle denkbar sind, in denen die Schwere der groben Fahrlässigkeit mit dem Verschuldensgrad des Vorsatzes vergleichbar ist.[1016] Für die Quotelung kann unter anderem die objektive und subjektive Vermeidbarkeit des Fehlverhaltens sowie die objektive und subjektive Erkennbarkeit des Verhaltens von Bedeutung sein.[1017]

Der Cyber-Versicherer muss somit im Einzelfall bestimmen wie schwer das Verschulden des Versicherungsnehmers hinsichtlich der Obliegenheitsverletzung, z.B. bezüglich der nicht getroffenen Sicherheits- oder Rettungsmaßnahmen wiegt. Diese Bestimmung wird für den Versicherer oftmals mit einigen Schwierigkeiten verbunden sein.[1018] So muss er z.B. prüfen wie erkennbar es für den Versicherungsnehmer war, sein IT-System mit einer Firewall auszustatten. In einem solchen Fall wird der Versicherer einem Konzern die Leistung in der Regel auf Null kürzen dürfen, da Unternehmen zwingend über eine funktionierende Firewall verfügen müssen und dies für einen Konzern mit eigener IT-Abteilung auch erkennbar ist. Andererseits wird die subjektive Erkennbarkeit bei einem Unter-

---

[1014] *Armbruster*, In: Prölss/Martin, § 28 Rn 215; *Wandt*, in: MüKoVVG, § 28 Rn. 240.

[1015] BGH, Urt. v. 11.01.2012 – IV ZR 251/10, r+s 2012, 166, 167; Vgl. zu § 81 VVG: BGH, Urt. v. 22.06.2011 – IV ZR 225/10, BGHZ 190, 120, Rn. 23 ff. = NJW 2011, 3299, 3302; OLG Hamm, Urt. v. 27.04.2012 – I-20 U 144/11, VersR 2013, 101, 102; OLG Frankfurt, Urt. v. 11.05.2012 – 3 U 153/11, VersR 2013, 356, 357; *Felsch*, in: Rüffer/Halbach/Schimikowski, § 28 Rn. 175; *Wandt*, in: MüKoVVG, § 28 Rn. 240; a.A.: *Armbrüster*, in: Prölss/Martin, § 28 Rn. 233 f.

[1016] BGH, Urt. v. 11.01.2012 – IV ZR 251/10, NJW-RR 2012, 724, 725; *Felsch*, in: Rüffer/Halbach/Schimikowski, § 28 Rn. 175.

[1017] *Wandt*, in: MüKoVVG, § 28 Rn. 243.

[1018] Vgl. *Armbrüster*, in: Prölss/Martin, § 28 Rn. 216 (allgemein zur Schwierigkeit der Quotelung).

nehmen mit z.B. nur 20 Mitarbeitern geringer sein, weshalb der Versicherer hier oftmals auch nur zu einer geringeren Leistungskürzung berechtigt sein wird.

Neben dem Recht zur Leistungsverweigerung bzw. zur -kürzung kann der Versicherer den Vertrag bei einer vorsätzlichen oder grob fahrlässigen Verletzung von Obliegenheiten, die der Versicherungsnehmer vor Eintritt des Versicherungsfalls zu erfüllen hat, innerhalb eines Monats, nachdem er von der Obliegenheitsverletzung Kenntnis erlangt hat, gem. Ziff. B 3-4.1 AVB-Cyber, § 28 Abs. 1 S. 1 VVG kündigen.

6. Einschränkungen der Leistungspflicht

a) Überblick

Wie in allen Versicherungsbedingungen, sind auch die Ausschlüsse im Rahmen der Cyber-Versicherung von großer Bedeutung, da diese dem Versicherer die Möglichkeit geben, die Leistung zu begrenzen. Die Beweislast für das Eingreifen eines Risikoausschlusses trifft den Versicherer.[1019] Für Versicherer sind bei der Erstellung von Leistungsausschlüssen die sog. verhüllten Obliegenheiten von besonderer Bedeutung. Dabei handelt es sich um Klauseln, die wie ein Risikoausschluss formuliert sind, in Wahrheit den Versicherungsschutz aber von einem bestimmten Verhalten des Versicherungsnehmers abhängig machen.[1020] In Rechtsprechung und Literatur herrscht zumindest insofern Einigkeit, als dass der Schutzzweck der §§ 28, 32 VVG nicht dadurch umgangen werden darf, eine Obliegenheit als einen Risikoausschluss zu formulieren.[1021] Für die Frage, ob es sich bei einer Klausel um eine verhüllte Obliegenheit

[1019] *Armbrüster*, Privatversicherungsrecht, Rn. 1804; *v. Rintelen*, in: Beckmann-Matusche-Beckmann, § 23 Rn. 84.

[1020] BGH, Urt. v. 26.02.1969 – IV ZR 541/68, NJW 1969, 1116 f.; Urt. v. 24.05.2000 – IV ZR 186/99, NJW 2000, 1190, 1191; Urt. v. 14.05.2014 – IV ZR 288/12, NJW 2014, 3449, 3450; *Marlow*, in: Beckmann/Matusche-Beckmann, § 13 Rn. 15a; *Wandt*, Versicherungsrecht, Rn. 573.

[1021] BGH, Urt. v. 26.02.1969 – IV ZR 541/68, NJW 1969, 1116 f.; Urt. v. 24.05.2000 – IV ZR 186/99, NJW 2000, 1190, 1191; *Rattay*, VersR 2015, 1075, 1078 f.; *Wandt*, Versicherungsrecht, Rn. 573.

handelt, ist zunächst entscheidend, wie Risikobegrenzungen und Obliegenheiten voneinander abzugrenzen sind. Diese Frage ist in der Literatur umstritten. Zum Teil wird eine Obliegenheit nur angenommen, wenn der Wortlaut tatsächlich ein Verhalten beschreibt.[1022] Andere nehmen eine Obliegenheit an, wenn die Klausel eine Verhaltenspflicht enthält.[1023] Nach der Rechtsprechung kommt es für die Unterscheidung zwischen einer Obliegenheit und einer Risikobegrenzung darauf an, ob die Klausel eine individualisierende Beschreibung eines bestimmten Wagnisses enthält, für welches der Versicherer keinen Schutz gewähren will (dann Ausschluss) oder ob vielmehr ein vorbeugendes Verhalten des Versicherungsnehmers gefordert wird (dann Obliegenheit).[1024] Dem ist schon aufgrund der damit verbundenen höheren Flexibilität in der Rechtsanwendung zu folgen.[1025]

Eine verhüllte Obliegenheit würde daher bei der Versicherung von Cyber-Risiken vorliegen, wenn die Bedingungen, wie dies früher zum Teil bei IT-Haftpflichtversicherungen der Fall war, Datensicherungs- und Datensicherheitsausschlüsse enthält.[1026] Denn diese Klauseln knüpfen an ein vorbeugendes Verhalten des Versicherungsnehmers an, indem sie den Versicherungsschutz ausschließen, wenn der Versicherungsnehmer keine übliche Datensicherung vorgenommen hat oder er keine dem Stand der Technik entsprechenden Schutzvorkehrungen getroffen hat.[1027] Allerdings befinden sich zum jetzigen Zeitpunkt weder in den AVB-Cyber noch in Marktbedingungen vergleichbare Klauseln. Aus diesem Grund soll auf eine Darstellung des Streits, welche Folgen die Verwendung einer verhüllten Obliegenheit hat,[1028] verzichtet werden.

Im Rahmen ihrer Leistungsausschlüsse unterscheiden einige Marktbedingungen sowie die AVB-Cyber zwischen Ausschlüssen,

---

[1022] *Voß*, VersR 1961, 866, 867 ff.
[1023] *Heiss*, in: Bruck/Möller, § 28 Rn. 26.
[1024] BGH, Urt. v. 16.06.2004 – IV ZR 201/03, NJW-RR 2004, 1259, 1261; Urt. v. 16.11.2005 – IV ZR 120/04, NJW-RR 2006, 394, 396; Urt. v. 18.05.2011 – IV ZR 165/09, NJW 2011, 1110, 1112 f.; Urt. v. 14.05.2014 – IV ZR 288/12, NJW 2014, 3449, 3450.
[1025] *Wandt*, in: MüKoVVG, § 28 Rn. 70.
[1026] Dazu ausführlich: *Buchner*, IT-Versicherung, S. 278 ff.; 299.
[1027] *Buchner*, IT-Versicherung, S. 284, 299.
[1028] Siehe dazu: *Armbrüster*, in: Prölss/Martin, § 28 Rn. 42; *ders.*, Privatversicherungsrecht, Rn. 1591.

die für alle Deckungsbausteine gleichermaßen gelten und solchen die nur für bestimmte Deckungsbausteine von Bedeutung sind.[1029] Bei den allgemeinen Ausschlüssen gibt es einige Klauseln, die sich in nahezu jedem Bedingungswerk befinden. Dazu gehört unter anderem der Infrastruktur-, Vorsatz-, Finanzmarkttransaktions-, Kernenergie- sowie der Kriegs- und Terrorausschluss.[1030] Insgesamt setzt sich die Diversität der Versicherungsbedingungen aber auch im Rahmen der Leistungsausschlüsse fort. So findet sich in einigen Bedingungen z.B. ein Diskriminierungsausschluss[1031] oder ein Ausschluss für Rückrufkosten.[1032] Darüber hinaus wird der Versicherungsschutz in einigen Bedingungen für Risiken ausgeschlossen, die in anderen Bedingungen ausdrücklich mitversichert sind. So schließen der GDV und einige Marktbedingungen die Deckung von Lösegeldzahlungen sowie den Versicherungsschutz von Bußgeldern aus,[1033] wohingegen ersteres nach einigen Versicherungsbedingungen ausdrücklich versichert ist und Versicherungsschutz für Bußgelder zumindest unter dem Vorbehalt der rechtlichen Zulässigkeit gewährt wird.[1034] Wie oben dargestellt, ist die Deckung von Bußgeldern jedoch nicht zulässig,[1035] weshalb nach diesen Bedingungen im Ergebnis ebenfalls kein Versicherungsschutz für Bußgelder besteht.

Die Praxisrelevanz der jeweiligen Ausschlüsse wird sich erst noch in der Zukunft, insbesondere nach häufigerem Eintritt von Schadensfällen, zeigen. Bekannt geworden ist bisher nur die Leistungsverweigerung der Zurich Versicherung in den USA gegenüber dem Konzern Mondolez aufgrund des Kriegsausschlusses.[1036] Bei dem Kriegs- und Terrorausschluss ergeben sich im Rahmen der Cyber-Versicherung auch die meisten rechtlichen Fragen und Probleme.

1029 Ziff. A1-17, A4-1.2 AVB-Cyber; Ziff. IV. AGCS; Ziff. IX. AIG; Ziff. 4 Allianz-Vers.

1030 So unter anderem: Ziff. A1-17 AVB-Cyber; Ziff. 4.1 Allianz-Vers.; Ziff. D.1 Ergo; Ziff. V. Gotaher; Ziff. 6. R+V.

1031 Ziff. A1-17.14 AVB-Cyber; A1-17.14 Signal Iduna.

1032 Teil B Ziff. 2.3e) Axa; Ziff. D.1.3 Ergo.

1033 Ziff. A1-17.7, A1-17.11 AVB-Cyber; Ziff. A1-17.7, A1-17.11 Signal Iduna.

1034 Ziff. I.4., I.3.5. AGCS; Ziff. V.1., IV.2. AIG (optional); Ziff. II.2.6., II.2.10 Hiscox; Ziff. A3, A.6.2.2 Markel.

1035 Siehe dazu: S. 197 ff.

1036 Vgl. www.welt.de/wirtschaft/article185510234/Notpetya-Dieser-Fall-entscheidet-ob-Hacken-eine-Kriegswaffe-ist.html (zuletzt aufgerufen am: 30.06.2021).

Darüber hinaus ist das Recht des Versicherers zum Leistungsausschluss bzw. zur Leistungskürzung bei vorsätzlicher oder grob fahrlässiger Herbeiführung des Versicherungsfalls gem. § 81 VVG von großer Bedeutung und soll daher nachfolgend ebenfalls dargestellt werden.

b) Krieg- und Terrorausschluss

Nach den Ziff. A1-17.2 und A1-17.4 AVB-Cyber sind Versicherungsfälle oder Schäden „aufgrund von Krieg“ oder „durch Terrorakte“ vom Versicherungsschutz ausgeschlossen. Sowohl Staaten als auch Terrororganisationen können heute mit Hilfe von Cyber-Angriffen ihre Ziele erreichen.[1037] Was Cyber-Angriffe, die von Staaten ausgehen betrifft, so gibt es diverse Angriffe, die zumindest staatlichen Stellen zugerechnet werden, wie z.B. der Angriff auf ein iranisches Atomkraftwerk im Jahr 2010.[1038] Der Kriegsausschluss ist, wie eben bereits dargelegt, in der jüngeren Vergangenheit in der Praxis von großer Bedeutung geworden. Denn der Versicherer Zürich hat dem Konzern Mondolez in den USA den Versicherungsschutz für Schäden verweigert, die im Zusammenhang mit dem Cyber-Angriff „Petya“ bzw. „Notpetya“ entstanden sind, da der Angriff als eine direkte Attacke eines Staates gegen einen anderen Staat geplant war und daher von dem Kriegsausschluss erfasst sei.[1039]

Gem. Ziff. A1-17.2 AVB-Cyber bedeutet Krieg „Krieg, Invasion, Bürgerkrieg, Aufstand, Revolution, Aufruhr, militärische oder andere Form der Machtergreifung.“ Unter welchen Umständen ein Cyber-Angriff von diesem Ausschluss erfasst ist, ergibt sich aus diesem Ausschluss zumindest nicht unmittelbar. Für die Auslegung des Kriegsbegriffs könnte daher die Kriegsdefinition herangezogen wer-

---

[1037] Vgl. BSI, Register aktueller Cyber-Gefährdungen und -Angriffsformen, Anhang 1, S. 2, https://www.allianz-fuer-cybersicherheit.de/SharedDocs/Downloads/Webs/ACS/DE/BSI-CS/BSI-CS_026.pdf;jsessionid=F22907483D42267F851A0419B0D30AEE.internet081?__blob=publicationFile&v=1 (zuletzt aufgerufen am: 30.06.2021).

[1038] https://www.spiegel.de/netzwelt/netzpolitik/angriff-auf-irans-atomprogramm-stuxnet-virus-koennte-tausend-uran-zentrifugen-zerstoert-haben-a-736604.html (zuletzt aufgerufen am: 30.06.2021).

[1039] www.welt.de/wirtschaft/article185510234/Notpetya-Dieser-Fall-entscheidet-ob-Hacken-eine-Kriegswaffe-ist.html (zuletzt aufgerufen am: 30.06.2021).

den, welche im Rahmen von anderen Versicherungssparten entwickelt wurde. Einigkeit besteht danach zunächst dahin gehend, dass es nicht darauf ankommt, ob Krieg im völkerrechtlichen Sinne herrscht.[1040] Erforderlich sei vielmehr eine Auseinandersetzung mit Waffen- bzw. Gewalteinsatz zwischen Staaten, Völkern oder Volksgruppen von gewisser Dauer und gewissem Umfang,[1041] weshalb noch kein Krieg bei einer militärischen Einzelaktion herrscht.[1042] Der Kriegsausschluss ist daher weder anwendbar, wenn es sich bei dem Cyber-Angriff nur um eine staatliche Einzelaktion gehandelt hat,[1043] noch greift er bei Angriffen die von Terroristen oder privaten Hackern ausgingen.[1044]

Nach der klassischen Definition erfordert der Kriegsbegriff zudem den Einsatz von Waffen bzw. Gewalt. Cyber-Angriffe wirken aber auf Computer, IT-Systeme oder andere Maschinen und können daher grundsätzlich keinen körperlich wirkenden Zwang ausüben. Cyber-Angriffe sind daher nicht als Einsatz von Waffen oder Gewalt einzuordnen. Nach der klassischen Kriegsdefinition würde daher ein Schaden des Versicherungsnehmers, welcher durch einen staatlich angeordneten Cyber-Angriff verursacht wurde, nicht vom Kriegsausschluss erfasst. Es stellt sich jedoch die Frage, ob eine Auslegung von Ziff. A1-17.4 AVB-Cyber zu einem anderen Ergebnis kommen würde. Das Verständnis des Kriegsbegriffs ist insbesondere von den gewaltsamen Auseinandersetzungen der letzten Jahrhunderte, insbesondere den zwei Weltkriegen, geprägt,[1045] weshalb eine Auslegung im Sinne des klassischen Kriegsbegriffs naheliegt. Allerdings haben sich durch den technologischen Wandel auch die Auseinandersetzungen zwischen Staaten gewandelt. Wäre das Ausschalten eines Atomkraftwerkes früher nur durch Waffengewalt

---

[1040] RG, Urt. v. 03.07.1917 – VII 114/17, RGZ 90, 378, 380; *Dahlke*, VersR 2003, 25, 27 f.; *Fricke*, VersR 1991, 1098, 1099; *ders.*, VersR 2002, 6, 7; *Knappmann*, in: Prölss/Martin, Ziff. 5 AUB 2014 Rn. 40; *Mangen*, in: Beckmann/Matusche-Beckmann, § 47 Rn. 65; *Tita*, VW 2001, 1779.

[1041] *Dahlke*, VersR 2003, 25, 28; *Dörner*, in: MüKoVVG, § 178 Rn. 144; *Knappmann*, in: Prölss/Martin, Ziff. 5 AUB 2014 Rn. 40; *Mangen*, in: Beckmann/Matusche-Beckmann, § 47 Rn. 65; *Naumann/Brinkmann*, r+s 2012, 469, 471.

[1042] *Dörner*, in: MüKoVVG, § 178 Rn. 144; *Mangen*, in: Beckmann/Matusche-Beckmann, § 47 Rn. 65; *Naumann/Brinkmann*, r+s 2012, 469, 471.

[1043] A.A. wohl: *Günther*, r+s 2019, 188, 190.

[1044] *Günther*, r+s 2019, 188, 190.

[1045] Vgl. *Naumann/Brinkmann*, r+s 2012, 469, 471.

möglich gewesen, konnten aller Wahrscheinlichkeit nach im Jahr 2010 in einem iranischen Kernkraftwerk mittels des Computerwurms „Stuxnet“ bis zu tausend Uran-Zentrifugen zerstört werden.[1046] Hinzu kommt, dass Staaten schon seit einiger Zeit stark in die IT-Fähigkeiten ihrer Streitkräfte investieren. So hat die Bundeswehr im Jahr 2017 beispielsweise das Kommando „Cyber- und Informationsraum“ in Dienst gestellt.[1047] Militärische Auseinandersetzungen werden heute folglich nicht mehr nur mit Waffengewalt geführt, sondern verlagern sich ins Internet. Auch ist gerade in der Presse immer öfter von einem „Cyber-Krieg“ bzw. „Cyber-War“ die Rede.[1048] Dies könnte darauf hindeuten, dass sich die allgemeinsprachliche Bedeutung, auf die es bei der AVB-Auslegung grundsätzlich ankommt,[1049] bzgl. des Begriffs „Krieg“ geändert hat. Dann wären vom Kriegsausschluss auch solche Schäden umfasst, die durch einen staatlichen Cyber-Angriff verursacht wurden.[1050]

Andererseits sind Risikoausschlüsse eng auszulegen, da der Versicherungsnehmer nicht mit Verkürzungen des Versicherungsschutzes zu rechnen braucht, wenn ihm dieser nicht hinreichend verdeutlicht wurde.[1051] Dieser Gedanke spricht wiederum für eine Auslegung im Sinne der klassischen Kriegsdefinition.[1052] Dies gilt insbesondere vor dem Hintergrund der Definition der Ziff. A1-17.2 AVB-Cyber, welche den Krieg als „Krieg, Invasion, Bürgerkrieg, Aufstand, Revolution, Aufruhr, militärische oder andere Form der Machtergreifung“ definiert und beim Versicherungsnehmer den Eindruck erwecken dürfte, dass Krieg im Sinne der AVB-Cyber zwingend den Ein-

---

[1046] https://www.spiegel.de/netzwelt/netzpolitik/angriff-auf-irans-atomprogramm-stuxnet-virus-koennte-tausend-uran-zentrifugen-zerstoert-haben-a-736604.html (zuletzt aufgerufen am: 30.06.2021).

[1047] https://www.bmvg.de/de/aktuelles/aufstellung-kommando-cir-11120 (zuletzt aufgerufen am: 30.06.2021).

[1048] https://www.sueddeutsche.de/digital/cyberkrieg-bundesregierung-1.4084810; https://www.deutschlandfunkkultur.de/die-nato-probt-den-ernstfall-mein-erster-cyberkrieg.3720.de.html?dram:article_id=403011; https://www.stern.de/wirtschaft/job/cyber-krieg--teams--die-zu-viel-quatschen--verlieren-den-krieg-7968210.html; https://www.deutschlandfunk.de/thomas-rid-mythos-cyberwar.1310.de.html?dram:article_id=429262 (jeweils zuletzt aufgerufen am: 30.06.2021).

[1049] Vgl. BGH, Urt. v. 23.09.2009 – VIII ZR 344/08, NJW 2009, 3716; *Basedow*, in: MüKoBGB, § 305 c Rn. 36 f.

[1050] I.E. so: Günther, r+s 2019, 188, 190.

[1051] BGH, Urt. v. 17.09.2003 – IV ZR 19/03, r+s 2003, 500, 501; Urt. v. 13.12.2006 – IV ZR 120/05, r+s 2007, 102; *Beckmann*, in: Beckmann/Matusche-Beckmann, § 10 Rn. 169.

[1052] Vgl. *Fortmann*, r+s 2019, 429, 433.

satz von Gewalt voraussetzt.[1053] Auch wenn gute Gründe für eine moderne Auslegung des Kriegsbegriffs sprechen, kann daher zumindest nicht ausgeschlossen werden, dass ein Gericht den Kriegsausschluss im Sinne des klassischen Begriffsverständnisses auslegt und daher eine Gewaltanwendung für erforderlich hält. Versicherern, welche auch Cyber-Angriffe die im Zusammenhang mit einem Krieg stehen, ausschließen möchten, ist daher zu raten ihre Kriegsdefinition zu erweitern.[1054] So könnte eine solche Klausel um folgenden Hinweis ergänzt werden: *„Krieg kann neben dem Einsatz von Waffen und Gewalt auch auf dem nachweislichen Einsatz von Informationstechnologien beruhen."*

Anders als beim Kriegsausschluss ist für den Terrorausschluss keine Auseinandersetzung von gewisser Dauer und gewissem Umfang notwendig, weshalb neben Terroranschlägen auch staatliche Einzelaktionen von dem Terrorausschluss umfasst sein können. Allerdings wird in der Literatur auch für den Terrorausschluss die Anwendung von physischer Gewalt vorausgesetzt.[1055] Daher stellt sich auch hier die Frage, ob der technologische Wandel und ein geändertes Begriffsverständnis heute nicht zu einer anderen Auslegung führen müssten. Denn auch Terroristen können Cyber-Angriffe nutzen, um ihre Ideologie zu verbreiten und ihren Einfluss zu vergrößern.[1056] Zudem hat auch der Begriff des Cyber-Terrors Einzug in die Berichterstattung und den allgemeinen Sprachgebrauch gefunden.[1057] Hinzu kommt, dass die Definition des Terrorakts aus Ziff. A1-17.4 AVB-Cyber keine Anwendung von Gewalt voraussetzt. Voraussetzung ist vielmehr nur, dass dieser politische, religiöse,

---

[1053] *Fortmann*, r+s 2019, 429, 433.

[1054] Vgl. *Salm*, in: Rüffer/Halbach/Schimikowski, Ziff. A.1-12 AVB Cyber Rn. 2 (zur Notwendigkeit einer Konkretisierung des Kriegsausschlusses).

[1055] *Dahlke*, VersR 2003, 25, 27; *Leverenz*, in: Bruck/Möller, Ziff. 5.1.3 AUB Rn. 58; Vgl. *Fricke*, VersR 2002, 6, 10 (bzgl. einer Kriegsdefinition die auch Terroranschläge umfasst).

[1056] Vgl. BSI, Register aktueller Cyber-Gefährdungen und -Angriffsformen, Anhang 1, S. 2, https://www.allianz-fuer-cybersicherheit.de/SharedDocs/Downloads/Webs/ACS/DE/BSI-CS/BSI-CS_026.pdf;jsessionid=F22907483D42267F851A0419B0D30AEE.internet081?__blob=publicationFile&v=1 (zuletzt aufgerufen am: 30.06.2021).

[1057] https://www.welt.de/newsticker/dpa_nt/afxline/topthemen/hintergruende/article166047934/Experten-warnen-vor-Cyber-Terror-gegen-Infrastruktur.html; www.br.de/fernsehen/das-erste/sendungen/report-muenchen/videos-und-manuskripte/hacker-islamischer-staat-100.html; www.deutschlandfunk.de/cyber-terrorismus-als-realitaet.724.de.html?dram:article_id=97405; (jeweils zuletzt aufgerufen am: 30.06.2021).

ethnische oder ideologische Ziele erreichen soll und dazu geeignet ist, Angst oder Schrecken in der Bevölkerung oder Teilen der Bevölkerung zu verbreiten, um dadurch auf eine Regierung oder staatliche Einrichtungen Einfluss zu nehmen. Allerdings handelt es sich dabei um die gleiche Definition, die auch in den Bedingungen der Extremus AG zur Terrorversicherung verwendet wird.[1058]

In der Literatur wird das fehlende Gewalterfordernis im Rahmen der ATB damit erklärt, dass die Ersteller der Bedingungen davon ausgingen, dass die Verbreitung von Angst und Schrecken immer auch mit der Anwendung von Gewalt verbunden sein müsse.[1059] Allerdings ist es heute denkbar, dass Terroristen auch Gewalt und Schrecken mit Hilfe von Cyber-Angriffen verbreiten, z.B. indem sie die Energieversorgung außer Betrieb setzten. Ähnlich wie beim Kriegsausschluss wird zumindest die Möglichkeit bestehen, dass ein Gericht aufgrund des Grundsatzes der engen Klauselauslegung zu dem Ergebnis kommt, dass Schäden oder Versicherungsfälle die durch Cyber-Angriffe von Terrororganisationen verursacht wurden, nicht von Ziff. A1-17.4 AVB-Cyber umfasst sind. Versicherer, die diese Schäden rechtssicher ausschließen wollen, sollten daher auch die Terrordefinition um den Hinweis erweitern, dass Terror auch auf dem nachweislichem Einsatz von Informationstechnologien beruhen kann.

Aber auch bei der Verwendung einer solchen Klausel wird der Leistungsausschluss oftmals an der Nachweisbarkeit des Ausschlussgrundes scheitern.[1060] Denn die Beweisbarkeit und Verfolgbarkeit der Angreifer ist bei Cyber-Angriffen ohnehin schwer und wird bei staatlichen bzw. terroristischen Angriffen aufgrund der oftmals hohen Professionalität besonders problematisch sein. So wird bei dem Angriff auf das iranische Atomkraftwerk nur vermutet, dass der Angriff von westlichen Geheimdiensten ausgeführt wurde; sichere Beweise gibt es dafür nicht.[1061] Auch bei dem Prozess von Mondolez gegen die Zurich Versicherung, kann zumindest bezweifelt werden,

---

[1058] Vgl. Ziff. A1.2. ATB 2016.
[1059] *Langheid/Rupietta*, NJW 2005, 3233, 3235.
[1060] Vgl. *Malek/Schütz*, r+s 2019, 421, 427.
[1061] http://www.spiegel.de/netzwelt/netzpolitik/angriff-auf-irans-atomprogramm-stuxnet-virus-koennte-tausend-uran-zentrifugen-zerstoert-haben-a-736604.html (zuletzt aufgerufen am: 30.06.2021).

dass es dem Versicherer gelingen wird, zu beweisen dass „Notpetya" das Werk russischer Geheimdienste war. Kriegs- oder Terrorausschlüsse werden daher in der Regel nur zum Tragen kommen, wenn sich ein Staat oder eine Terrororganisation öffentlich zu dem Cyber-Angriff bekannt hat.

c) Herbeiführung des Versicherungsfalls

Gem. § 81 VVG kann der Versicherer die Leistung verweigern bzw. kürzen, wenn der Versicherungsnehmer den Versicherungsfall vorsätzlich oder grob fahrlässig herbeigeführt hat. Zu beachten ist bei der Cyber-Versicherung als Multi-Line-Police, dass für einige Sparten abweichende Regeln zur Herbeiführung des Versicherungsfalls maßgeblich sind. So kann der Versicherer bei der Haftpflichtversicherung gem. § 103 VVG zwar die Leistung bei vorsätzlicher Herbeiführung des Versicherungsfalls verweigern. Ein Kürzungsrecht bei grob fahrlässiger Herbeiführung des Versicherungsfalls steht ihm hingegen nicht zu. Beim Drittschadenbaustein kann der Versicherer die Versicherungsleistung daher bei einer grob fahrlässigen Herbeiführung des Versicherungsfalls nicht kürzen.

Die Herbeiführung des Versicherungsfalls kann sowohl durch positives Tun als auch durch Unterlassen herbeigeführt werden.[1062] Im Rahmen der Cyber-Versicherung wird hauptsächlich letzteres in Betracht kommen. So wird sich ein Versicherer vermutlich auf § 81 VVG berufen, wenn der Versicherungsnehmer bestimmte Sicherheitsmaßnahmen zur Vermeidung von Cyber-Angriffen nicht getroffen hat. Notwendig ist jedoch stets, dass der Versicherer den Versicherungsfall vorsätzlich oder grob fahrlässig herbeigeführt hat. Die vorsätzliche Herbeiführung des Versicherungsfalls durch Unterlassen kommt beispielsweise in Betracht, wenn der Geschäftsführer oder der Vorstand eines Unternehmens auf die Notwendigkeit einer Sicherheitsmaßnahme hingewiesen wurde und die Durchführung einer solchen Maßnahme aus Kostengründen abgelehnt hat.

[1062] *Armbrüster*, Privatversicherungsrecht, Rn. 1314.

Weitaus praxisrelevanter dürfte allerdings die grob fahrlässige Herbeiführung des Versicherungsfalls durch Unterlassen sein. Der Begriff der groben Fahrlässigkeit aus § 81 Abs. 2 VVG entspricht der allgemeinen Definition.[1063] Grob fahrlässig handelt folglich, wer die im Verkehr erforderliche Sorgfalt in ungewöhnlich hohem Maße verletzt und unbeachtet lässt, was im gegebenen Fall jedem hätte einleuchten müssen.[1064] Wie auch bei der Verletzung der Obliegenheiten vor Eintritt des Versicherungsfalls,[1065] wird eine grob fahrlässige Herbeiführung des Versicherungsfalls insbesondere vorliegen, wenn der Versicherungsnehmer Maßnahmen nicht getroffen hat die offensichtlich notwendig sind, um IT-Sicherheit im Unternehmen zu gewährleisten.[1066] Die grob fahrlässige Herbeiführung des Versicherungsfalls kann daher angenommen werden, wenn der Versicherungsnehmer es unterlassen hat seine Systeme mit einem Passwortschutz oder einer Firewall auszustatten. Aufgrund der Tatsache, dass Cyber-Versicherungsbedingungen den Versicherungsnehmer verpflichten bestimmte technische Maßnahmen zu ergreifen, wird bei einem solchen Verstoß oftmals sowohl eine Obliegenheitsverletzung als auch die grob fahrlässige Herbeiführung des Versicherungsfalls vorliegen, weshalb sich das Kürzungsrecht des Versicherers sowohl aus § 28 Abs. 2 S. 2 VVG als auch aus § 81 Abs. 2 VVG ergibt.

Was die Rechtsfolgenseite anbelangt, ist der Versicherer bei vorsätzlicher Herbeiführung des Versicherungsfalls gem. § 81 Abs. 1 VVG nicht zur Leistung verpflichtet. Hat der Versicherungsnehmer den Versicherungsfall grob fahrlässig herbeigeführt, kann der Versicherer seine Leistung in einem der Schwere des Verschuldens des Versicherungsnehmers entsprechenden Verhältnis kürzen. Der Versicherer muss daher, wie auch bei der Verletzung der vertraglichen Obliegenheiten und der Rettungsobliegenheit, eine sog. Quotelung vornehmen. Es gelten daher die oben dargestellten Grundsätze.[1067] Der Cyber-Versicherer muss somit auch im Rahmen von § 81

[1063] Vgl. *Armbrüster*, in: Prölss/Martin, § 81 Rn. 30.

[1064] BGH, Urt. v. 11.05.1953 – IV ZR 170/52, BGHZ 10, 14, 16 = NJW 1953, 1139; Urt. v. 18.12.1996 – IV ZR 321/95, VersR 1997, 351, 352; Urt. v. 29.01.2003 – IV ZR 173/01, VersR 2003, 364.

[1065] Siehe dazu S. 283.

[1066] *Fortmann*, r+s 2019, 429, 438 f.

[1067] Siehe dazu S. 283.

Abs. 2 VVG im jeweiligen Einzelfall bestimmen, wie schwer das Verschulden des Versicherungsnehmers hinsichtlich der Herbeiführung des Versicherungsfalls wiegt und unter anderem prüfen, wie erkennbar die Notwendigkeit einer Sicherheitsmaßnahme für den jeweiligen Versicherungsnehmer war. In Ausnahmefällen kommt auch hier eine Kürzung der Leistung „auf Null" in Betracht,[1068] z.B. wenn ein Konzern über keine Firewall verfügt hat.[1069]

III. Deckungsbausteine

Auf den Basis-Baustein folgen bei den AVB-Cyber der Service-Kosten-Baustein, der Drittschaden-Baustein und der Eigenschaden-Baustein. Die Marktbedingungen sind ebenfalls in einzelne Deckungsbausteine unterteilt, auch wenn sich der Aufbau teilweise unterscheidet.[1070] Gemeinsam haben nahezu alle Bedingungen, dass sie im Service-Kosten-Baustein die Kosten die durch die Beauftragung von Forensik- und PR-Dienstleistern entstehen übernehmen.[1071] Ebenfalls versichern fast alle Anbieter im Eigenschadenbaustein Betriebsunterbrechungsschäden und Datenwiederherstellungskosten.[1072] Zudem besteht nach allen Bedingungen Schutz für den Fall, dass der Versicherungsnehmer wegen eines Cyber-Angriffs aufgrund gesetzlicher Haftpflichtbestimmungen privatrechtlichen Inhalts von einem Dritten auf Schadensersatz in Anspruch genommen wird.[1073]

[1068] BGH, Urt. v. 22.06.2011 – IV ZR 225/10, BGHZ 190, 120, Rn. 23 ff. = NJW 2011, 3299, 3302; OLG Hamm, Urt. v. 27.04.2012 – I-20 U 144/11, VersR 2013, 101, 102; OLG Frankfurt, Urt. v. 11.05.2012 – 3 U 153/11, VersR 2013, 356, 357;
Armbrüster, in: Prölss/Martin, § 81 Rn. 62; *Looschelders*, in: MüKoVVG, § 81 Rn. 139.

[1069] Vgl. S. 284.

[1070] Siehe dazu S. 206.

[1071] Ziff. V.2, V.3 AIG; Ziff. 1.4.1, 1.4.4 Allianz-Vers.; Teil B Ziff. 1.2.1, 1.4.1 Axa; Ziff. 2.3.2.2, 2..3.2.5 Dual; Ziff. C.1, C.3 Ergo; Ziff. III.3.1, III.3.3 Gothaer; Ziff. II.2.1, II.2.2 Hiscox; Ziff. 4.2, 4.4 R+V; Ziff. A2-1, A2-2.2 Signal Iduna.

[1072] Ziff. V.5, VI. AIG; Ziff. A4-1, A4-2 AVB-Cyber; Ziff. 1.2.1, 1.2.2 Allianz-Vers.; Teil B Ziff. 1.1, 1.3 Axa; Ziff. 2.3.2.7, 2.3.1 Dual; Ziff. B.1, B.2 Ergo; Ziff. II.2.3, Ziff. II.5 Hiscox; Ziff. A.1.2.2, A.2 Markel; Ziff. 2.1, 2.2 R+V; Ziff. A4-1, A4-2 Signal-Iduna.

[1073] Ziff. I. AIG; Ziff. A3-1 AVB-Cyber; Ziff. 1 Allianz-Vers.; Teil B Ziff. 1.8 Axa; Ziff. 1.1 Dual; Ziff. A.1 Ergo; Ziff. II. Gothaer; Ziff. II.3 Hiscox; Ziff. A.6 Markel; Ziff. 3 R+V; Ziff. A3-1 Signal Iduna.

Abgesehen von diesen Gemeinsamkeiten zeigt sich die Homogenität der Cyber-Policen nirgendwo so deutlich wie bei den jeweiligen Deckungsbausteinen. So sind beispielsweise Vertragsstrafen der Kreditkartenindustrie bei einigen Policen mitversichert,[1074] wohingegen diese bei anderen Bedingungen nur optional versichert werden.[1075] Besonders unterschiedlich sind die Versicherungsbedingungen im Rahmen des Service-Kosten- und Eigenschaden-Bausteins ausgestaltet. So werden zum Teil zusätzlich zu den oben genannten Service-Kosten z.B. die Aufwendungen für Kulanzleistungen,[1076] Konsumentenschutzfond Zahlungen[1077] und Kreditkartenmonitoring übernommen.[1078] Seit einiger Zeit ist zudem zu beobachten, dass Versicherer in ihren Policen auch Schutz für Schäden gewähren, die nicht durch Cyber-Angriffe verursacht werden, aber im weiteren Sinne als ein IT-Risiko bezeichnet werden können. Dies sind z.B. die Versicherung von Schäden die durch technische Probleme und Systemausfälle[1079] oder die Fehlbedienung von Computersystemen entstanden sind.[1080] Aus diesem Grund ist von Marktteilnehmern zu hören, dass sich die Cyber-Versicherung von einer Police nur für Cyber-Crime zu einer umfangreichen Digitalisierungs-Police entwickelt. Vor dem Hintergrund, des großen Kumulrisikos und der Tatsache, dass die Cyber-Versicherer ohnehin schon große Probleme bei der Bewertung des Risikos haben, scheint eine solche Entwicklung problematisch.

Welche deckungsrechtlichen Probleme im Zusammenhang mit den Klauseln der jeweiligen Deckungsbausteine bestehen, wird sich erst in Zukunft zeigen, wenn die Versicherer mehr Schadenserfahrung gesammelt haben. Im Rahmen des Drittschadenbausteins dürften die Versicherer darüber hinaus mit diversen haftungsrechtlichen Fragestellungen konfrontiert sein. Dies wird jedoch davon abhängen, ob die prozessuale Geltendmachung von Cyber-Schäden in Zukunft zunehmen wird.

[1074] So z.B.: Ziff. 1.1.4 Allianz-Vers.; Ziff. 1.3.5 Dual; Ziff. A1.5 Ergo; Ziff. II.2.7 Hiscox.

[1075] So z.B.: Ziff. IV.3 AIG; Ziff. A3-4.2 AVB-Cyber; Ziff. A.4.1 Markel.

[1076] So z.B.: Ziff. V.10 AIG (optional); Ziff. II.2.2 Hiscox.

[1077] So z.B.: Ziff. V.6 AIG; Ziff. 1.3.3 Allianz Vers.

[1078] So z.B.: Ziff. 1.4.2 f) Allianz-Vers.; Ziff. III.4 Gothaer.

[1079] So z.B.: Ziff. VI.3 AIG (optional).

[1080] So z.B.: Ziff. V.7. AIG; Teil B Ziff. 1.1.3 b) Axa; Ziff. A.1.1 Markel; Ziff. I.2 Hiscox.

Deckungsrechtlich könnte sich beim Drittschadenbaustein zukünftig zudem die Frage stellen, inwieweit Ansprüche nach Art. 82 DSGVO von diesem Baustein gedeckt sind. Denn wie oben bereits dargestellt, umfasst diese Anspruchsgrundlage sowohl materielle als auch immaterielle Schäden.[1081] Vom Versicherungsschutz der Cyber-Versicherung sind jedoch nur Vermögensschäden gedeckt, zumal immaterielle Schäden nach Ziff. A1-17.2 AVB-Cyber ausdrücklich vom Versicherungsschutz ausgeschlossen sind. Daher kommt *Dickmann* zu dem Ergebnis, dass nicht alle immateriellen Schäden des Art. 82 DSGVO von den AVB-Cyber gedeckt werden.[1082] Hiergegen ließe sich jedoch einwenden, dass Ziff. A3-4.1 Spiegelstrich 1 AVB-Cyber Ansprüche wegen Persönlichkeitsrechts- und Namensrechtsverletzungen im Rahmen des Drittschadenbausteins ausdrücklich in den Versicherungsschutz wieder einschließt. Problematisch ist jedoch, dass diese Klausel voraussetzt, dass die Medieninhalte des Anspruchsgegners durch den Versicherungsnehmer veröffentlicht wurden. Nach einem Cyber-Angriff werden die gestohlenen Daten jedoch in der Regel nicht von dem Versicherungsnehmer, sondern von dem Angreifer veröffentlicht. Das Erfordernis einer Veröffentlichung der Daten durch den Versicherungsnehmer führt daher dazu, dass die meisten immateriellen Schäden des Art. 82 DSGVO nicht versichert sind.[1083] Da dies nicht im Interesse des Versicherungsnehmers ist, sollte diese Voraussetzung aus Ziff. A3-4.1 AVB-Cyber gestrichen werden.

Beim Service-Kosten-Baustein stellt sich vorgelagert zu möglichen deckungsrechtlichen Problemen die Frage, inwieweit die Versicherung von Service-Kosten überhaupt zulässig ist. Dies wäre zu verneinen, wenn es sich bei der Deckung von Assistance-Leistungen um ein versicherungsfremdes Geschäft i.S.v. § 15 Abs. 1 S. 1 VAG handeln würde.[1084] Die Annahme eines versicherungsfremden Geschäfts ist abzulehnen, wenn der Versicherer dem Versicherungsnehmer nur im Nachhinein die angefallenen Service-Kosten ersetzt, da es sich bei dem nachträglichen Schadensausgleich um eine

---

[1081] Siehe dazu oben: S. 22.
[1082] *Dickmann*, r+s 2020, 131, 136.
[1083] Vgl. *Dickmann*, r+s 2020, 131, 136.
[1084] Siehe zu dieser Frage ausführlich: *Dreher*, VersR 2020, 129, 132 f.

klassische Versicherungsleistung handelt. Aber auch wenn der Versicherer die Dienstleistung unmittelbar selbst oder durch einen Dienstleister erbringen würde, liegt kein versicherungsfremdes Geschäft vor.[1085] Denn aus § 1 Abs. 1 VVG ergibt sich, dass es auf die Form der Leistungserbringung nicht ankommt.[1086] Die Deckung bzw. Erbringung von Assistance-Dienstleistungen ist somit zulässig.

Bei der Deckung von Service-Kosten könnte in Zukunft zudem die Frage aufkommen, inwieweit die Versicherer dem Versicherungsnehmer für fehlerhafte Assistanceleistungen der jeweiligen Dienstleister haften.[1087] Hier wird eine Haftung jedoch nur in Betracht kommen, wenn die Versicherer in die Auswahl des Dienstleisters mit eingebunden sind, indem sie z.B. im Vornherein einen IT-Forensiker in ihren Bedingungen benannt haben. Allerdings wird auch in diesen Fällen eine Auslegung der Versicherungsbedingungen in der Regel ergeben, dass die Versicherer nur für die Tauglichkeit und fachliche Eignung der Dienstleister haften.[1088]

D. Deckungsüberschneidungen mit anderen Versicherungen

Neben der Cyber-Versicherung gibt es noch andere Versicherungsprodukte, die Versicherungsschutz für Cyber-Risiken gewähren. Dazu gehören zum einen Versicherungen, die diese Risiken ausdrücklich versichern, wie beispielsweise die Zusatzbedingungen zur Betriebshaftpflichtversicherung für die Nutzer von Internet-Technologien (BHV-IT). Zum anderen gibt es auch Versicherungen, welche die Deckung von Cyber-Risiken zwar nicht ausdrücklich gewähren, bei denen eine Versicherung von Cyber-Risiken aber zumindest in Betracht kommt. Diese Versicherungen haben insbesondere im Jahr 2018 große Bedeutung erfahren, da viele Versicherer die Sorge umtrieb, dass sie in ihren Bedingungen sog. „Silent Cy-

---

[1085] *Dreher*, VersR 2020, 129, 133.
[1086] *Dreher*, VersR 2020, 129, 133.
[1087] Siehe dazu ausführlich: *R. Koch*, VersR 2019, 449.
[1088] *R. Koch*, VersR 2019, 449, 455; vgl. *Gebert/Klapper*, in: Veith/Gräfe/Gebert, § 24 Rn. 82 (zur Pflicht des Versicherers qualifizierte und zuverlässige Dienstleister zu beauftragen).

ber"- Risiken (teilweise auch „non-affirmative-Cyber-Risks" genannt) mitversichern.[1089] Dabei handelt es sich um Cyber-Risiken, die mitversichert sind, weil diese in den jeweiligen Bedingungen nicht erwähnt oder nicht ausdrücklich ein- oder ausgeschlossen werden.[1090] Um diesem Risiko in Zukunft nicht mehr ausgesetzt zu sein, benennt und definiert beispielsweise die AGCS seit Januar 2019 in allen Neuverträgen ausdrücklich das enthaltene Cyber-Risiko.[1091] Der Ausschluss des „Silent Cyber"-Risikos ist für die Versicherer insbesondere deshalb von Bedeutung, da diese Deckung in der Regel nicht beabsichtigt war und daher auch keine Berücksichtigung bei der Prämienberechnung gefunden hat.[1092]

Es stellt sich daher die Frage, inwieweit anderweitige Versicherungsbedingungen ebenfalls Versicherungsschutz für Cyber-Risiken gewähren. Diese Untersuchung ist notwendig, um beurteilen zu können, inwieweit bei klassischen Versicherungssparten wirklich ein sog. „Silent Cyber"-Risiko besteht und ob die klassischen Versicherungsprodukte für einen Schutz gegen Cyber-Risiken ausreichend sind. Zudem stellt sich die Folgefrage, wie mit einer gegebenenfalls bestehenden Deckungsüberschneidung von Cyber-Versicherung und klassischer Versicherung umzugehen ist und welche Rechtfolgen sich in einem solchen Fall ergeben.

[1089] www.munichre.com/topics-online/de/digitalisation/cyber/how-insurable-are-cyber-risks.html; https://www.handelsblatt.com/finanzen/banken-versicherungen/schutz-gegen-hacker-wie-die-versicherer-gegen-cyberangriffe-vorgehen/23250998.html (jeweils zuletzt aufgerufen am: 30.06.2021).

[1090] *Bertsch*, Silent Cyber, S. 5; *Gebert/Klapper*, in: Veith/Gräfe/Gebert, § 24 Rn. 48; *Siebert*, VP 6/2019, 17.

[1091] https://versicherungsmonitor.de/2018/11/30/allianz-mit-strategie-fuer-versteckte-cyberrisiken/; https://www.reinsurancene.ws/allianz-to-address-silent-cyber-with-updated-policy-wordings/ (jeweils zuletzt aufgerufen am: 30.06.2021).

[1092] Vgl. *Gebert/Klapper*, in: Veith/Gräfe/Gebert, § 24 Rn. 48; *Siebert*, VP 6/2019, 17.

I. Abgrenzung zu anderen Versicherungen

1. Allgemeine Haftpflichtversicherung

In der allgemeinen Haftpflichtversicherung besteht gem. Ziff. 1.1 AHB Versicherungsschutz für den Fall, dass der Versicherungsnehmer wegen eines während der Wirksamkeit der Versicherung eingetretenen Schadenereignisses, das einen Personen-, Sach- oder sich daraus ergebenen Vermögensschaden zur Folge hatte, aufgrund gesetzlicher Haftpflichtbestimmungen privatrechtlichen Inhalts von einem Dritten auf Schadensersatz in Anspruch genommen wurde. Es werden folglich nur Haftpflichtrisiken und keine Eigenschäden versichert, weshalb Deckungsüberschneidungen mit der Cyber-Versicherung nur im Rahmen des Drittschadensbausteins auftreten können.[1093] Allerdings setzt die Haftpflichtversicherung auch einen Personen-, Sach- oder sich daraus ergebenden Vermögensschaden voraus. Personenschäden sind im Zusammenhang mit Cyber-Angriffen nicht von Bedeutung. Allerdings kann das Erfordernis eines Sachschadens oder eines sich daraus ergebenen Vermögensschadens für die Abgrenzung der Haftpflichtversicherung von der Cyber-Versicherung von Bedeutung sein. Dies gilt in erster Linie für die Frage, ob die Löschung oder sonstige Beeinträchtigung von Daten einen Sachschaden i.S.v. von Ziff. 1.1 AHB oder einen grundsätzlich nicht versicherten Vermögensschaden darstellt.

a) Meinungsstand zum Sachschadenbegriff

Diese Frage ist, wie auch im Rahmen von § 823 Abs. 1 BGB,[1094] umstritten. Ein Großteil in der Literatur nimmt bei einer Datenlöschung einen durch die Haftpflichtversicherung gedeckten Sachschaden an.[1095] Zum Teil wird dies damit begründet, dass für einen

[1093] Vgl. *Wirth*, BB 2018, 200, 205.

[1094] Siehe dazu S. 30 ff.

[1095] *Bertsch*, Silent Cyber, S. 35; *Buchner*, IT-Versicherung, S. 245; *Fortmann*, r+s 2019, 429, 441; *Lücke*, in: Prölss/Martin, Ziff. 1 AHB Rn. 40; *R. Koch*, in: Bruck/Möller, Ziff. 1 AHB Rn. 17; *v. Rintelen*, Ziff. 1 AHB Rn. 242 f.

Sachschaden bereits die Verminderung der Gebrauchstauglichkeit ausreiche.[1096] Eine solche Verminderung der Gebrauchsfähigkeit sei bei der Beschädigung oder Zerstörung von Daten gegeben, da der Datenträger danach nicht mehr in gleichem Umfang von dem Versicherungsnehmer genutzt werden könne.[1097] Andere begründen den Sachschaden mit der Sachqualität von Daten, da der Anwender die Daten mit Hilfe des Bildschirms, der Tastatur und der Maus abrufen, bearbeiten, speichern, löschen oder per E-Mail versenden könne, weshalb das Körperlichkeitserfordernis aus § 90 BGB erfüllt sei.[1098] Lediglich Daten, die noch nicht auf dem Datenträger gespeichert sind, erfüllen dieses Kriterium nach dieser Auffassung nicht.[1099]

Buchner behandelt die Qualifikation von Datenlöschungen in der Sachversicherung, hält den dortigen Sachschadensbegriff aber für identisch mit dem der Haftpflichtversicherung, mit der Ausnahme, dass das Abhandenkommen von Daten nicht versichert sei.[1100] Hinsichtlich des Vorliegens eines Sachschadens, kommt er aufgrund der mit der Datenlöschung einhergehenden Veränderung der elektromagnetischen Spannung, zu dem Ergebnis, dass das Löschen von Daten zu einem versicherten Sachschaden führt, das kopieren oder bloße lesen von Daten hingegen mangels einer Veränderung der elektromagnetischen Spannung aber keinen Sachschaden begründet.[1101]

Die Gegenansicht sieht die erforderliche Körperlichkeit hingegen als nicht erfüllt an und lehnt einen Sachschaden nach einer Datenlöschung daher ab.[1102] Vielmehr sei der Verlust oder die Beschädigung elektronischer Daten als Vermögensschaden einzuordnen.[1103]

1096 *Fortmann*, r+s 2019, 429, 441; *Lücke*, in: Prölss/Martin, Ziff. 1 AHB Rn. 40.
1097 *Fortmann*, r+s 2019, 429, 441.
1098 *R. Koch*, in: Bruck/Möller, Ziff. 1 AHB Rn. 17.
1099 *R. Koch*, in: Bruck/Möller, Ziff. 1 AHB Rn. 17.
1100 *Buchner*, IT-Versicherung, S. 245.
1101 *Buchner*, IT-Versicherung, S. 243.
1102 *Diller*, in: Späte/Schimikowski, Ziff. 1 AVB-V Rn. 30; *Stelzner*, in: Looschelders/Pohlmann, Anh. J Rn. 67 f.
1103 *Diller*, in: Späte/Schimikowski, Ziff. 1 AVB-V Rn. 30.

b) Stellungnahme

Zunächst stellt sich die Frage, inwieweit es sich bei Daten um Sachen i.S.v. Ziff. 1 AHB handelt. Der Sachbegriff aus Ziff. 1 AHB entspricht dabei nach allgemeiner Ansicht der Definition aus § 90 BGB.[1104] Auf die Frage, inwieweit Daten als Sachen i.S.v. § 90 BGB zu qualifizieren sind, kann daher die obige Darstellung zu § 823 Abs. 1 BGB herangezogen werden.[1105] Da es den Daten selbst an der notwendigen Körperlichkeit fehlt, ist fraglich, ob ein Sachschaden am Datenträger vorliegt, wenn von diesem Daten gelöscht wurden. Wie auch im Rahmen von § 823 Abs. 1 BGB wird zweifelsfrei ein Sachschaden vorliegen, wenn der Datenträger durch die Datenlöschung nicht mehr funktioniert. Schwieriger zu beantworten ist jedoch erneut die Frage, ob die Datenlöschung auch dann ausreicht, wenn der Datenträger noch funktionsfähig ist.

Der Begriff des Sachschadens erfordert, dass die Sache vernichtet oder beschädigt wurde.[1106] Ein Sachschaden liegt zweifelsfrei immer dann vor, wenn ein Eingriff in die Sachsubstanz erfolgt ist.[1107] Wie oben bereits dargestellt,[1108] werden die Magnetisierungen bzw. elektrischen Ladungen des Datenträgers durch die Datenlöschung verändert, weshalb es dabei zu einem Eingriff in die Sachsubstanz kommt.[1109] Da diese Daten nicht mehr auf dem Datenträger zur Verfügung stehen, beeinträchtigt dies auch die Brauchbarkeit des Datenträgers.[1110] Eine Datenlöschung führt somit zu einem Sachschaden an dem Datenträger.

Daten können aber nicht nur gelöscht, sondern auch verschlüsselt werden, z.B. durch einen Verschlüsselungstrojaner, weshalb sich die Frage stellt, ob auch eine Datenverschlüsselung zu einem Sachschaden führt. Auf den ersten Blick ist eine Einwirkung abzu-

---

[1104] *Büsken*, in: MüKoVVG, Kap. 300 Rn. 29; *R. Koch*, in: Bruck/Möller, Ziff. 1 AHB Rn. 14; *v. Rintelen*, in: Späte/Schimikowski, Ziff. 1 AHB Rn. 143.

[1105] Siehe dazu S. 32 f..

[1106] *Lücke*, in: Prölss/Martin, Ziff. 1 AHB Rn. 22; *Schimikowski*, in: Rüffer/Halbach/Schimikowski, Ziff. 1 AHB Rn. 30.

[1107] *v. Rintelen*, in: Späte/Schimikowski, Ziff. 1 AHB Rn. 160.

[1108] Siehe S. 34.

[1109] *Buchner*, IT-Versicherung. S. 243.

[1110] *Buchner*, IT-Versicherung. S. 243.

lehnen, da der Eigentümer zwar nicht mehr auf die Daten zugreifen kann, sich diese aber nach wie vor auf dem Datenträger befinden und es somit zu keiner Substanzverletzung kommt.[1111] Allerdings ist für einen Sachschaden i.S.v. Ziff. 1 AHB keine Verletzung der Sachsubstanz der Sache erforderlich.[1112] Notwendig ist lediglich, dass auf die Substanz einer Sache so eingewirkt wurde, dass ihr früherer Zustand beeinträchtigt wurde und dadurch ihre Gebrauchsfähigkeit aufgehoben oder gemindert wurde.[1113] Bei einem Verschlüsselungstrojaner werden die Daten durch einen Verschlüsselungsalgorithmus in eine nur für den Berechtigten erschließbare Form gebracht,[1114] weshalb es zu einer Beeinträchtigung des früheren Zustands des Datenträgers kommt. Da der Eigentümer des Datenträgers nicht mehr auf die gespeicherten Daten zugreifen kann, ist zudem auch die Gebrauchsfähigkeit des Datenträgers gemindert. Auch eine Datenverschlüsselung führt somit zu einem Sachschaden.

Neben dem Löschen und Verschlüsseln können Daten aber auch kopiert werden. In diesem Fall befinden sich die Daten aber auch nach dem Kopiervorgang noch weiterhin auf dem Datenträger.[1115] Zudem kann der Dateninhaber in der Regel noch problemlos auf die Daten zugreifen. Bei dem Kopieren von Daten kommt es daher nicht zu einer Beeinträchtigung der Sachsubstanz des Datenträgers, weshalb nach dem Kopieren von Daten kein Sachschaden vorliegen kann.[1116]

Von großer Bedeutung im Zusammenhang mit Datenlöschungen ist darüber hinaus, dass der Geschädigte Dritte im Rahmen von Ziff. 1.1 AHB nicht Eigentümer der Sache zu sein braucht.[1117] An-

---

[1111] Siehe S. 35.

[1112] BGH, Urt. v. 27.06.1979 – IV ZR 174/77, VersR 1979, 853, 854; *Büsken*, in: MüKoVVG, Kap. 300 Rn. 28; *v. Rintelen*, in: Späte/Schimikowski, Ziff. 1 AHB Rn. 163.

[1113] BGH, Urt. v. 14.04.1976 – IV ZR 60/75, VersR 1976, 629, 630; Urt. v. 21.09.1983 – IV a ZR 154/81, VersR 1983, 1169; *Lücke*, in: Prölss/Martin, Ziff. 1 AHB Rn. 22; *Schimikowski*, in: Rüffer/Halbach/Schimikowski, Ziff. 1 AHB Rn. 30.

[1114] *Schmidl*, IT-Recht, S. 278.

[1115] *Buchner*, IT-Versicherung, S. 243.

[1116] *Buchner*, IT-Versicherung, S. 243.

[1117] BGH, Urt. v. 21.01.1976 – IV ZR 123/74, VersR 1976, 477, 479; *Büsken*, in: MüKoVVG, Kap. 300 Rn. 30; *Lücke*, in: Prölss/Martin, Ziff. 1 AHB Rn. 26; *v. Rintelen*, in: Späte/Schimikowski, Ziff. 1 AHB Rn. 179.

ders als bei einer Eigentumsverletzung nach § 823 Abs. 1 BGB kommt eine Sachbeschädigung nach Ziff. 1 AHB daher auch dann in Betracht, wenn der Dritte nicht Eigentümer des Datenträgers ist. Ein Sachschaden liegt somit auch dann vor, wenn der Dritte seine Daten bei einem Cloud-Anbieter gespeichert hat und diese durch einen Cyber-Angriff gelöscht wurden. Auch wenn der Eigentumsbegriff aus § 823 Abs. 1 BGB für eine Auslegung des Sachschadens aus Ziff. 1 AHB zumindest in Betracht kommt,[1118] verdeutlicht dieses Beispiel die Unterschiede zwischen den beiden Rechtsbegriffen.

Ziff. 1 AHB erfasst somit sämtliche Datenschäden mit Ausnahme des Datendiebstahls, weshalb es grundsätzlich zu großen Deckungsüberschneidungen zwischen der allgemeinen Haftpflichtversicherung und dem Drittschadensbaustein der Cyber-Versicherung kommen kann. Allerdings enthalten die AHB in Ziff. 7.15 einen IT-Ausschluss. Danach sind von der Haftpflichtversicherung Haftpflichtansprüche wegen Schäden aus dem Austausch, der Übermittlung und der Bereitstellung elektronischer Daten ausgeschlossen, soweit es sich um Schäden aus „(1) Löschung, Unterdrückung, Unbrauchbarmachung oder Veränderung von Daten, (2) Nichterfassen oder fehlerhaftem Speichern von Daten, (3) Störung des Zugangs zum elektronischen Datenaustausch, (4) Übermittlung vertraulicher Daten oder Informationen" handelt. Dieser Ausschluss ist sehr weitreichend und schließt im Ergebnis alle denkbaren Schäden aus, die durch einen Cyber-Angriff entstehen können.[1119] So sind nicht nur Schäden ausgeschlossen die durch die Löschung, oder Veränderung von Daten verursacht wurden. Vielmehr sind von dem Ausschluss in Abs. 3 auch solche Schäden umfasst, die durch DDos-Attacken entstanden sind.[1120] Enthält eine Haftpflichtversicherung somit einen Ausschluss, der Ziff. 7.15 AHB entspricht, bestehen keine Deckungsüberschneidungen mit der Cyber-Versicherung.

[1118] *R. Koch*, in: Bruck/Möller, Ziff. 1 AHB Rn. 20; *v. Rintelen*, in: Späte/Schimikowski, Ziff. 1 AHB Rn. 153.

[1119] *Bartsch*, Silent Cyber, S. 46 ff; Vgl. zum Ausschluss sämtlicher IT-Risiken: *Büsken*, in: MüKoVVG, Kap. 300 Rn. 237; *Harsdorf-Gebhardt*, in: Späte/Schimikowski, Ziff. 7 Rn. 418; *R. Koch*, in: Bruck/Möller, Ziff. 7 AHB Rn. 385; *ders.*, r+s 2005, 181, 182; *Lücke*, in: Prölss/Martin, Ziff. 7 AHB Rn. 141; *Schimikowski*, in: Rüffer/Halbach/Schimikowski, Ziff. 7 AHB Rn. 101.

[1120] *Bartsch*, Silent Cyber, S. 47 f.; *Büsken*, in: MüKoVVG, Kap. 300 Rn. 240; *Lücke*, in: Prölss/Martin, Ziff. 7 AHB Rn. 142.

2. BHV-IT

Neben der Einführung des IT-Ausschlusses in den AHB hat der GDV zudem die Zusatzbedingungen zur Betriebshaftpflichtversicherung für die Nutzer von Internet-Technologien (BHV-IT) veröffentlicht. Diese schließen die von Ziff. 7.15 AHB ausgeschlossenen IT-Risiken weitestgehend wieder ein,[1121] weshalb sich die Frage stellt, inwieweit Deckungsüberschneidungen zwischen der Cyber-Versicherung und den BHV-IT bestehen. Versichert ist gem. Ziff. 2 BHV-IT die gesetzliche Haftpflicht des Versicherungsnehmers wegen Schäden aus dem Austausch, der Übermittlung und der Bereitstellung elektronischer Daten.

Notwendig ist zudem, dass der Schaden von einem der Schadensereignisse aus Ziff. 2.1 bis 2.4 BHV-IT ausgelöst wurde. Versichert sind gem. Ziff. 2.1 BHV-IT Schäden aus der Löschung, Unterdrückung, Unbrauchbarmachung oder Veränderung von Daten Dritter durch Computer-Viren und andere Schadprogramme. Ziff. 2.1 BHV-IT versichert damit im Ergebnis die gleichen Schadensereignisse wie Ziff. A1-2.4 AVB-Cyber. Anders als bei der Cyber-Versicherung sind von Ziff. 2.1 BHV-IT nicht nur Vermögensschäden, sondern auch Sach- und Personenschäden versichert.[1122] Was Haftpflichtansprüche angeht, deren Schäden durch Schadsoftware verursacht wurden, ist der Versicherungsschutz von Ziff. 2.1 BHV-IT somit sogar weitreichender als der Schutz der AVB-Cyber.[1123]

Allerdings ist zu beachten, dass sich der Versicherungsschutz aus Ziff. 2.1 BHV-IT ausschließlich auf Schäden bezieht, die durch Schadsoftware entstanden sind. Der Versicherungsschutz für „Datenveränderungen aus sonstigen Gründen“ findet sich in Ziff. 2.2 BHV-IT. Eine Datenveränderung aus sonstigen Gründen liegt vor, wenn die Veränderung der Daten nicht durch Schadsoftware erfolgt ist.[1124] Als Beispiele werden hierfür in der Literatur die Zurverfü-

---

[1121] Vgl. *Bertsch*, Silent Cyber, S. 50.
[1122] Vgl. *Spindler*, in: Beckmann/Matusche-Beckmann, § 40 Rn. 100.
[1123] Vgl. *Bertsch*, Silent Cyber, S. 51.
[1124] *Lücke*, in: Prölss/Martin, Ziff. 2 BetrH IT Rn. 9; *Spindler*, in: Beckmann/Matusche-Beckmann, § 40 Rn. 102.

gungstellung fehlerhafter Software, welche Veränderungen im System des Kunden durchführt oder die Versendung inkompatibler Dateien, welche zum Datenverlust führt, genannt.[1125] Eine Datenveränderung aus sonstigen Gründen wird im Zusammenhang mit Cyber-Risiken in erster Linie bei zielgerichteten Cyber-Angriffen vorliegen, z.B. wenn ein Hacker gezielt Daten gelöscht hat. Allerdings erstreckt sich der Versicherungsschutz für Datenveränderungen aus sonstigen Gründen gem. Ziff. 2.2 BHV-IT nur auf Personen- und Sachschäden sowie auf Kosten zur Wiederherstellung der veränderten Daten. Hinsichtlich der versicherten Personen- und Sachschäden stellt Ziff. 2.2 BHV-IT klar, dass weitere nachteilige Datenveränderungen nicht versichert sind. Dadurch wird die Frage der Sachqualität von Daten und dem Vorliegen eines Sachschadens bei einer Datenlöschung entschärft.[1126]

Aus der ausdrücklichen Versicherung von Datenwiederherstellungskosten folgt wiederum, dass weitere Folgeschäden, wie insbesondere Betriebsunterbrechungsschäden nicht versichert sind.[1127] Auch reine Vermögensschäden sind nicht versichert.[1128] Fraglich ist lediglich, ob Vermögensfolgeschäden, die aus Sach- oder Personenschäden resultieren, versichert sind. Ein Teil der Literatur lehnt dies ab.[1129] *Lücke* hingegen bejaht eine Deckung von Vermögensfolgeschäden.[1130] Aufgrund der mangelnden Aufzählung von Vermögensfolgeschäden in Ziff. 2.2 BHV-IT, ist ersterer Meinung zu folgen. Allerdings wird diese Frage in der Praxis nicht bedeutsam sein, da die praktisch relevanten, durch Datenveränderungen entstandenen Folgeschäden, ohnehin nicht versichert sind. Eine Deckungsüberschneidung zwischen dem Drittschadensbaustein der Cyber-Versicherung und Ziff. 2.2 BHV-IT kommt somit nur in Betracht, wenn der Dritte gegen den Versicherungsnehmer Datenwiederherstellungskosten geltend macht.

[1125] *Spindler*, in: Beckmann/Matusche-Beckmann, § 40 Rn. 102; Vgl. *R. Koch*, Versicherbarkeit von IT-Risiken, Rn. 2415.

[1126] Vgl. *Spindler*, in: Beckmann/Matusche-Beckmann, § 40 Rn. 103.

[1127] *R. Koch*, Versicherbarkeit von IT-Risiken, Rn. 2415; *Spindler*, in: Beckmann/Matusche-Beckmann, § 40 Rn. 103.

[1128] *Lücke*, in: Prölss/Martin, Ziff. 2 BetrH IT Rn. 9.

[1129] *R. Koch*, r+s 2005, 181, 184; *Spindler*, in: Beckmann/Matusche-Beckmann, § 40 Rn. 103.

[1130] *Lücke*, in: Prölss/Martin, Ziff. 2 BetrH IT Rn. 9.

Des Weiteren sind gem. Ziff. 2.3 BHV-IT Schäden aus der Störung des Zugangs Dritter zum elektronischen Datenaustausch umfasst. Dies umfasst unter anderem auch DDos-Angriffe,[1131] weshalb hier ebenfalls eine Deckungsüberschneidung zwischen den BHV-IT und der Cyber-Versicherung besteht, da diese nach Ziff. A1-2.4 Spiegelstrich 1 AVB-Cyber versichert sind.[1132] Auch sind gem. Ziff. 2.4 BHV-IT Schäden aus der Verletzung von Persönlichkeits- und Namensrechten versichert. Diese Schäden können im Drittschadensbaustein der Cyber-Versicherung optional versichert werden,[1133] sind ansonsten aber von der Deckung ausgeschlossen.[1134] Im Falle einer Deckungserweiterung würden somit auch in diesem Fall Überschneidungen mit den BHV-IT bestehen.

Für eine Abgrenzung zwischen den BHV-IT und der Cyber-Versicherung sind allerdings auch die Risikoausschlüsse der BHV-IT zu beachten. Für eine Abgrenzung zur Cyber-Versicherung ist insbesondere Ziff. 7.1 BHV-IT relevant. Danach sind Ansprüche ausgeschlossen, die im Zusammenhang mit massenhaft versandten, vom Empfänger ungewollten, elektronisch übertragenen Informationen stehen, wie dies z.B. beim sog. Spamming der Fall ist. Da Ziff. 7.1 BHV-IT massenhaft übertragene Informationen ausschließt, sind von diesem Ausschluss, zumindest dem Wortlaut zufolge, auch Schäden ausgeschlossen, die durch Schadsoftware entstanden sind. Dies steht allerdings im deutlichen Wiederspruch zu Ziff. 2.1 BHV-IT, weshalb *R. Koch* eine Unwirksamkeit dieser Klausel aufgrund von § 307 Abs. 2 Nr. 1 BGB zumindest für möglich hält.[1135] *Lücke* kommt aufgrund einer Klauselauslegung hingegen zu dem Ergebnis, dass ein durchschnittlicher Versicherungsnehmer einer Cyber-Versicherung unter „Informationen“ nur das verstehen wird, was den Dritten informieren soll, wohingegen von diesem Verständnis nicht solche Informationen umfasst sind, die ihm verborgen bleiben sollen, um ihn anschließend zu schädigen.[1136] Dem ist zuzu-

---

[1131] *Lücke*, in: Prölss/Martin, Ziff. 2 BetrH IT Rn. 10; *R. Koch*, in: Bruck/Möller, Ziff. 7 AHB Rn. 401; *Spindler*, in: Beckmann/Matusche-Beckmann, § 40 Rn. 104.

[1132] Siehe dazu S. 214.

[1133] Ziff. A3-4.1 AVB-Cyber.

[1134] Ziff. A1-17.12 AVB-Cyber.

[1135] *R. Koch*, r+s 2005, 181, 187.

[1136] *Lücke*, in: Prölss/Martin, Ziff. 7 Rn. 1.

stimmen, da sich aus Ziff. 2.1 BHV-IT ausdrücklich der weitgehende Versicherungsschutz für Schadsoftware ergibt. Der Versicherungsnehmer kann daher Ziff. 7.1 BHV-IT nur so verstehen, dass Informationen im Sinne von Werbe- und Spammails vom Versicherungsschutz ausgeschlossen werden, nicht aber Schadsoftware. Schäden aufgrund von Schadsoftware sind somit nicht vom Versicherungsschutz der BHV-IT ausgeschlossen.

Im Ergebnis bestehen zwischen den BHV-IT und der Cyber-Versicherung Deckungsüberschneidungen hinsichtlich folgender Haftpflichtschäden: Vermögensschäden, die durch Schadsoftware verursacht wurden, Datenwiederherstellungskosten aufgrund sonstiger Datenveränderungen sowie Vermögensschäden, die durch DDoS-Angriffe verursacht wurden.

Im August 2020 hat der GDV seine Allgemeinen Versicherungsbedingungen für die Betriebs- und Berufshaftspflichtversicherung (AVB BHV) aktualisiert. Seit dem ist der GDV dazu übergegangen, den Zusatzbaustein nicht mehr gesondert in Zusatzbedingungen zu veröffentlichen. Vielmehr finden sich die Klauseln der BHV-IT nun in Ziff. A1-6.13 AVB BHV im Abschnitt „Besondere Regelungen für einzelne betriebliche und berufliche Risiken". Inhaltich entpricht diese Klausel aber weitestgehend den BHV-IT. So finden sich die Vorschriften aus Ziff. 2 und Ziff. 7 BHV-IT nunmehr in Ziff. A1-6.13.1 und Ziff. A1-6.13.5 AVB BHV. Die obigen Ausführungen zu den Deckungsüberschneidungen zwischen den BHV-IT und der Cyber-Versicherung sind daher entsprechend anwendbar.

3. Sachversicherung

a) Sachschaden

Deckungsüberschneidungen können des Weiteren mit der Sachversicherung bestehen. Zu den relevanten Firmenversicherungen gehören dabei unter anderem die Feuerversicherung, die Einbruchdiebstahl- und Raubversicherung, die Maschinenversicherung sowie die Elektronikversicherung. Da diese Versicherungen nur Deckungsschutz für Sachschäden gewähren, stellt sich auch hier die Frage, ob das Löschen oder Blockieren von Daten einen Sachschaden darstellt.

Der Großteil der Literatur lehnt das Vorliegen eines Sachschadens nach einer Datenlöschung in der Sachversicherung ab.[1137] Dies wird in erster Linie mit der mangelnden Einwirkung auf die Sachsubstanz einer Sache begründet.[1138] *Günther* stellt bei der Frage, ob ein Sachschaden vorliegt, maßgeblich auf die Funktionsfähigkeit des Datenträgers ab und kommt daher zu dem Ergebnis, dass die Unbrauchbarkeit von Daten nicht zu einem Sachschaden führt, wenn der Datenträger weiterhin funktionsfähig ist.[1139] Für die Herleitung dieses Ergebnisses zieht *Günther* zum einen die Rechtsprechung zur Sachversicherung heran, nach welcher der Sachschadensbegriff der Haftpflichtversicherung nur eingeschränkt auf die Sachversicherung übertragbar sei, und stellt zum anderen auf die versicherungsrechtliche Rechtsprechung zum Schaden am Datenträger ab.[1140] Darüber hinaus sei die Ablehnung eines Sachschadens notwendig, da sich die Sachversicherung ansonsten nicht praktikabel von der Cyber-Versicherung abgrenzen lasse.[1141]

Die von *Günther* herangezogene Rechtsprechung zum Schaden am Datenträger kommt zu dem Ergebnis, dass der reine Datenverlust keinen Versicherungsschutz begründet, solange der Datenträger noch funktionsfähig ist.[1142] Diese Urteile haben allerdings, mit Ausnahme der Entscheidung des LG Stuttgart, zum Gegenstand, ob nach der Datenklausel der Elektronikversicherung, heute § 6 Nr. 2 ABE, Versicherungsschutz für reine Datenschäden besteht.[1143] Diese Rechtsprechung setzt sich somit nicht mit der grundsätzlichen

---

[1137] *Achenbach*, VersR 2017, 1493, 1494; *Bertsch*, Silent Cyber, S. 35 f.; *Erichsen*, CCZ 2015, 247, 249; *Günther*, VersR 2018, 205, 207; *Wirth*, BB 2018, 200, 205.

[1138] *Achenbach*, VersR 2017, 1493, 1494; *Bertsch*, Silent Cyber, S. 36; *Erichsen*, CCZ 2015, 247, 249; *Wirth*, BB 2018, 200, 205.

[1139] *Günther*, VersR 2018, 205, 207.

[1140] *Günther*, VersR 2018, 205, 206.

[1141] *Günther*, VersR 2018, 205, 207.

[1142] OLG Karlsruhe, Urt. v. 17.07.1997 – 12 U 212-96, NJW-RR 1998, 891; LG Stuttgart, Urt. v. 25.08.2004 – 5 S 106/04, NJOZ 2004, 3754; LG Dortmund, Urt. v. 14.02.2008 – 2 O 324/07, NJOZ 2008, 2043.

[1143] OLG Karlsruhe, Urt. v. 17.07.1997 – 12 U 212-96, NJW-RR 1998, 891, 892; LG Dortmund, Urt. v. 14.02.2008 – 2 O 324/07, NJOZ 2008, 2043, 2044.

Frage auseinander, ob eine Datenlöschung immer zu einem Sachschaden in der Sachversicherung führt, sondern beruht auf einer speziellen Klausel zur Elektronikversicherung. Einzig das Urteil des LG Stuttgart setzt sich mit der Frage auseinander, inwieweit eine Datenlöschung in der Sachversicherung zu einem Sachschaden führt, wobei der Kläger in diesem Fall eine Hausratversicherung abgeschlossen hatte. Das Gericht hat einen Sachschaden, ähnlich wie die Literatur, aufgrund der mangelnden Sachqualität von Daten abgelehnt.[1144] Zudem lehnt das Gericht einen solchen Schaden auch mit dem Argument ab, dass die gespeicherten Daten in der Regel nicht zu einer Wertsteigerung des Datenträgers führen würden.[1145]

Entscheidend für die Frage, ob eine Datenlöschung zu einem Sachschaden führt, ist wie der Sachschadensbegriff in der Sachversicherung ausgelegt wird. In den einzelnen Sparten der Sachversicherung wird der Begriff des Sachschadens weitgehend einheitlich definiert. Nach dieser Definition liegt ein Sachschaden vor, wenn die Sachsubstanz so beeinträchtigt wird, dass infolge des Geschehens der Wert oder die Brauchbarkeit der Sache gemindert ist.[1146] Wie bei der Haftpflichtversicherung, ist auch bei der Sachversicherung nicht notwendig, dass die Sachsubstanz der Sache verletzt wurde.[1147] Die Definition des Sachschadens unterscheidet sich daher zumindest hinsichtlich der grundsätzlichen Definition nicht von der des Sachschadens in der Haftpflichtversicherung. Auffallend ist lediglich, dass in der Sachversicherung noch deutlicher darauf abgestellt wird, dass die Beeinträchtigung durch eine physikalische oder chemische Einwirkung erfolgen muss.[1148] Durch die Veränderung der Magnetisierungen bzw. elektrischen Ladungen bei einer Datenlöschung wird physikalisch auf den Datenträger eingewirkt, weshalb

---

[1144] LG Stuttgart, Urt. v. 25.08.2004 – 5 S 106/04, NJOZ 2004, 3754.

[1145] LG Stuttgart, Urt. v. 25.08.2004 – 5 S 106/04, NJOZ 2004, 3754 f.

[1146] BGH, Urt. v. 27.06.1979 – IV ZR 174/77, VersR 1979, 853, 854; Beschl. v. 20.04.2010 – IV ZR 250/08, r+s 2010, 376, 377; OLG Jena, Urt. v. 03.09.2013 – 4 U 997/12, r+s 2014, 457; *Scherpers*, in: Beckmann/Matusche-Beckmann, § 35 Rn. 127; *v. Rintelen*, in: Bruck/Möller, A § 2 AMB/ABMG/ABE Rn. 3; *Voit*, in: Prölss/Martin, A § 2 Nr. 1 AMB Rn. 2.

[1147] BGH, Urt. v. 27.06.1979 – IV ZR 174/77, VersR 1979, 853, 854; OLG Jena, Urt. v. 03.09.2013 – 4 U 997/12, r+s 2014, 457; *v. Rintelen,* A § 2 AMB/ABMG/ABE Rn. 4; *Voit*, in: Prölss/Martin, A § 2 Nr. 1 AMB Rn. 2.

[1148] OLG Jena, Urt. v. 03.09.2013 – 4 U 997/12, r+s 2014, 457; *Martin*, Sachversicherungsrecht, B III Rn. 4; *Scherpers*, in: Beckmann/Matusche-Beckmann, § 35 Rn. 127.

es auch bei der Sachversicherung zu einem Sachschaden kommt, wenn Daten gelöscht werden.[1149] Gleiches gilt auch für die Verschlüsselung von Daten, da die Daten mit Hilfe eines Verschlüsselungsalgorithmus in eine nur für den Angreifer erschließbare Form gebracht werden und Eigentümer des Datenträgers nicht mehr auf den Datenträger und die darauf gespeicherten Daten zugreifen kann und so der frühere Zustand und die Gebrauchsfähigkeit des Datenträgers beeinträchtigt bzw. aufgehoben wird. Sowohl eine Löschung als auch eine Verschlüsselung von Daten führt daher in der Sachversicherung grundsätzlich zu einem Sachschaden an dem Datenträger.

Fraglich ist jedoch, ob ein Sachschaden im Rahmen der Sachversicherung auch eintritt, wenn der Datenträger nicht im Eigentum des Versicherungsnehmers steht. Bei der Feuer- und Einbruchdiebstahlversicherung ist diese Frage abzulehnen, da bewegliche Sachen gem. § 3 Nr. 3a) AFB und § 3 Nr. 3a) AERB nur versichert sind, wenn der Versicherungsnehmer Eigentümer dieser Sachen ist. Anders ist dies bei der Elektronik- und der Maschinenversicherung. Ist der Versicherungsnehmer nicht Eigentümer der Sache, ist gem. § 3 Nr. 1 ABE und § 3 Nr. 1 AMB auch das Interesse des Eigentümers versichert. Daraus ergibt sich, dass die Interessen des Versicherungsnehmers unabhängig davon versichert sind, ob der Versicherungsnehmer Eigentümer der versicherten Sache ist.[1150] Wie bei der Haftpflichtversicherung kommt es daher auch bei der Elektronik- und Maschinenversicherung nicht auf die Eigentümerstellung an dem Datenträger an.

b) Feuerversicherung und Einbruchdiebstahl- und Raubversicherung

Deckungsüberschneidungen mit der Cyber-Versicherung können somit grundsätzlich dann auftreten, wenn es zu einer Datenlöschung gekommen ist. Allerdings ist fraglich, wie praxisrelevant die-

[1149] *Buchner*, IT-Versicherung, S. 243.
[1150] *v. Rintelen*, in: Bruck/Möller, § 3 AMB/ABMG/ABE, Rn. 4.

se Deckungsüberschneidungen tatsächlich sind. Die Bedingungen der Feuerversicherung und der Einbruchdiebstahl- und Raubversicherung stellen in A § 3 Nr. 1 AFB bzw. A § 3 Nr. 1 AERB klar, dass Daten und Programme im Sinne dieser Bedingungen keine Sachen sind. In A § 4 AFB und A § 4 AERB finden sich jedoch Klauseln, die in einem bestimmten Umfang Versicherungsschutz für Datenschäden gewähren. Danach ersetzt der Versicherer unter anderem Daten und Programme, die für die Grundfunktion einer versicherten Sache notwendig sind oder auf einem versicherten und zum Verkauf bestimmten Datenträger gespeichert waren. Grundsätzlich käme somit eine Deckungsüberschneidung mit der Cyber-Versicherung in Betracht. Allerdings wird gem. A § 4 Nr. 1 AFB, A § 4 Nr. 1 AERB nur eine Entschädigung für Daten und Programme geleistet, wenn der Verlust, die Veränderung oder die Nichtverfügbarkeit der Daten und Programme durch einen dem Grunde nach versicherten Schaden an dem Datenträger verursacht wurde. Der Schaden am Datenträger muss somit durch eine versicherte Gefahr verursacht worden sein.[1151] Im Rahmen der Feuerversicherung leistet der Versicherer gem. A § 1 AFB für versicherte Sachen, die durch Brand, Blitzschlag, Explosionen, Anprall oder Absturz eines Luftfahrzeuges entstanden sind. Die Cyber-Versicherung bietet jedoch nur Versicherungsschutz für Informationssicherheitsverletzungen. Die Feuerversicherung und die Cyber-Versicherung bieten somit Versicherungsschutz für völlig unterschiedliche Risiken, bei denen eine Überschneidung kaum möglich erscheint.[1152]

Eine Deckungsüberschneidung mit der Cyber-Versicherung ließe sich allenfalls mit sehr speziellen Fallkonstellationen konstruieren. So hält *Fortmann* eine Deckungsüberschneidung mit der Cyber-Versicherung für denkbar, wenn Angreifer über das Internet den Herd in einer Küche aktivieren oder die Gas-Heizung eines Gebäudes überlasten.[1153] Auch wird zum Teil das Szenario aufgeführt, in dem es zum einem Brand oder einer Explosion kommt, weil ein Cyber-Angriff die Wärmesteuerung oder das Kühlsystem einer Indust-

[1151] Vgl. *Gebert/Klapper*, in: Veith/Gräfe/Gebert, § 24 Rn. 52; *Johannsen*, in: Bruck/Möller, A § 4 AFB 2008/2010 Rn. 2.

[1152] Vgl. *Wirth*, in: Gabel/Heinrich/Kiefner, Kap. 12 Rn. 117.

[1153] *Fortmann*, r+s 2019, 429, 442.

rieanlage deaktiviert hat.[1154] Zwar erscheinen solche Angriffe in der Theorie möglich; praktisch wird die Anzahl solcher Schäden jedoch zumindest in der näheren Zukunft gering bleiben. Denn bisher sind zumindest keine Fälle bekannt geworden, in dem ein Cyber-Angriff ein Feuer verursacht hat.

Auch zur Einbruchdiebstahl- und Raubversicherung bestehen aufgrund der unterschiedlichen versicherten Risiken im Ergebnis keine Deckungsüberschneidungen. Denn nach A § 1 AERB gewährt diese nur Versicherungsschutz für Einbruchsdiebstahl, Vandalismus nach einem Einbruch, Raub innerhalb eines Gebäudes oder Grundstücks sowie für Raub auf Transportwagen. Eine Deckungsüberschneidung der Cyber-Versicherung mit der Feuer- und der Einbruchdiebstahl- und Raubversicherung scheidet somit, trotz der grundsätzlich versicherten Datenschäden, aus.

c) Elektronik- und Maschinenversicherung

Fraglich ist, inwieweit Deckungsüberschneidungen zwischen der Cyber- und der Elektronikversicherung sowie der Maschinenversicherung auftreten können. Gem. § 1 Nr. 1 ABE 2011 sind in der Elektronikversicherung die im Versicherungsvertrag bezeichneten elektrotechnischen und elektronischen Anlagen und Geräte versichert, sobald sie betriebsfertig sind. In der Maschinenversicherung sind wiederum gem. § 1 Nr. 1 AMB 2011 die im Versicherungsvertrag bezeichneten stationären Maschinen, maschinellen Einrichtungen und sonstigen technischen Anlagen versichert. Versicherungsschutz wird nach A § 2 Nr. 1 ABE/AMB 2011, für unvorhergesehen eintretende Beschädigungen oder Zerstörungen von versicherten Sachen geleistet. Kommt es bei einem Unternehmen zu einem Cyber-Angriff, können durch diesen Angriff Daten gelöscht oder verschlüsselt werden, welche auf den elektronischen Geräten oder Maschinen gespeichert waren. Hinzu kommt, dass vom Versiche-

[1154] BaFin Jahresonferenz Versicherungsaufsicht 2019, Impulsreferat 3, S. 20, https://www.bafin.de/SharedDocs/Downloads/DE/Veranstaltung/dl_191029_va_jahreskonferenz_Vortragsunterlagen_3.html (zuletzt aufgerufen am: 30.06.2021); vgl. *Bertsch*, Silent-Cyber, S. 70.

rungsschutz gem. A § 1 Nr. 4 ABE 2011, A § 1 Nr. 4 AMB 2011 nur Wechseldatenträger, wie z.B. USB-Sticks und Festplatten, vom Versicherungsschutz ausgeschlossen sind, nicht aber Speichermedien die nicht ohne Weiteres aus dem Gerät entfernt werden können.[1155] Zumindest hinsichtlich fest verbauter Datenträger sind daher grundsätzlich Überschneidungen mit der Cyber-Versicherung möglich. Allerdings ist gem. A § 6 Nr. 2 ABE 2011, A § 6 Nr. 2 AMB 2011 nur die Wiederherstellung von Daten des Betriebssystems versichert, welche für die Grundfunktion der versicherten Sache notwendig sind. Umfasst sind somit Daten von Betriebssystemen wie z.B. Microsoft Windows; nicht erfasst sind jedoch Standard- und Individualsoftware sowie unternehmensbezogene Daten, wie z.B. Kunden- und Lieferantenadressen.[1156] Für die meisten Datenverluste, nämlich solche, die keine Betriebssystemdaten sind, besteht somit nach A § 6 Nr. 2 ABE 2011, A § 6 Nr. 2 AMB 2011 kein Versicherungsschutz.

Etwas anderes gilt jedoch, wenn der Versicherer in seine Bedingungen zusätzlich eine Datenklausel aufgenommen hat. Nach Ziff. 1 a) TK ABE 1911/TK AMB 2911 sind Wiederherstellungskosten für Daten sowie betriebsfertige und funktionsfähige Standard- und Individualprogramme zu deren Nutzung der Versicherungsnehmer berechtigt ist, vom Versicherungsschutz umfasst. Zudem sind auch Wechseldatenträger gem. Ziff. 2 TK ABE 1911/ TK AMB 2911 vom Versicherungsschutz erfasst. Zu den versicherten Gefahren und Schäden gehören gem. Ziff. 3 TK ABE 1911/TK AMB 2911 der Verlust, die Veränderung oder die Nichtverfügbarkeit von Daten oder Programmen, infolge von Über- oder Unterspannung durch Blitz oder aufgrund eines dem Grunde nach versicherten Schadens an dem Datenträger oder der Datenverarbeitungsanlage.

Aufgrund des Versicherungsschutzes für Daten des Versicherungsnehmers könnten daher grundsätzlich Deckungsüberschneidungen zur Cyber-Versicherung bestehen: nach A § 6 Nr. 2 ABE/AMB 2011 für Betriebssystemdaten auf fest verbauten Datenträgern und bei

---

[1155] Vgl. *Spindler*, in: Beckmann/Matusche-Beckmann, § 40 Rn. 122 (zur Elektronikversicherung).

[1156] *R. Koch*, in: Kilian/Heussen, Abschnitt 121 Rn. 34; Vgl. *Voit*, in: Prölss/Martin, § 6 Nr. 2 AMB Rn. 1.

dem Vorliegen einer Klausel nach Ziff. 1 a) TK ABE 1911/AMB 2911 für jegliche Datenschäden. Allerdings muss in diesem Zusammenhang beachtet werden, dass nach A § 6 Nr. 2 ABE/AMB, Ziff. 3 b) TK ABE 1911/AMB 2911 nur dann Versicherungsschutz besteht, wenn der Datenverlust infolge eines dem Grunde nach versicherten Schadens an dem Datenträger eingetreten ist. Fraglich ist, inwieweit dieser Zusatz zu einer Beschränkung des Versicherungsschutzes führt. *V. Rintelen* zufolge, ist es grundsätzlich nicht notwendig, dass der Datenträger nicht mehr funktionsfähig ist. Vielmehr sei es ausreichend, dass die Daten selbst beschädigt wurden.[1157] Dem ist nicht zuzustimmen. Aus dem Erfordernis eines dem Grunde nach versicherten Schadens folgt vielmehr, dass der Datenträger gem. A § 2 Nr. 1 ABE/AMB 2011 beschädigt, zerstört oder abhandengekommen sein muss.[1158] Ein Datenträger ist jedoch nur dann als beschädigt i.S.v. A § 2 Nr. 1 ABE/AMB 2011 anzusehen, wenn er nicht mehr funktionsfähig ist. Versicherungsschutz besteht daher nur dann, wenn ein Schaden an dem Datenträger zu dem Verlust der Daten geführt hat.[1159] Es muss somit, anders als nach hier grundsätzlich vertretener Auffassung, die Funktionsfähigkeit des Datenträgers beeinträchtigt sein, damit ein Datenverlust versichert ist.[1160] Cyber-Schäden sind daher grundsätzlich nicht vom Versicherungsschutz umfasst,[1161] da der Datenträger nach dem Cyber-Angriff in der Regel noch funktionsfähig sein wird.

Die Elektronik- und Maschinenversicherung versichert Cyber-Risiken somit, wenn es durch den Cyber-Angriff zu einem Verlust von Betriebssystemdaten gekommen ist, die auf einem fest verbauten Datenträger gespeichert waren, welcher durch den Datenverlust beschädigt worden ist. Zudem werden im Rahmen von TK ABE 1911 und TK AMB 2911 sämtliche Datenschäden versichert, sofern es zu einer Beschädigung des Datenträgers gekommen ist. Da der

---

[1157] v. *Rintelen*, in: Bruck/Möller, A § 6 AMB/ABMG/ABE Rn. 13.

[1158] Vgl. LG Dortmund, Urt. v. 14.02.2008 – 2 O 324/07, NJOZ 2008, 2043, 2044; *Voit*, in: Prölss/Martin, A § 6 Nr. 2 ABE Rn. 1.

[1159] Vgl. zur Beschränkung der TK 1911 auf die „klassischen" Gefahren der Elektronikversicherung: *Achenbach*, VersR 2017, 1493, 1495; *Spindler*, in: Beckmann/Matusche-Beckmann, § 40 Rn. 148.

[1160] Vgl. *Bertsch*, Silent Cyber, S. 76.

[1161] *Achenbach*, VersR 2017, 1493, 1495; *Spindler*, in: Beckmann/Matusche-Beckmann, § 40 Rn. 148.

Datenträger bei einem Cyber-Angriff in der Regel unbeschädigt bleibt und grundsätzlich auch nicht in Betriebssystemdaten eingegriffen wird, bestehen praktisch keine Deckungsüberschneidungen zur Cyber-Versicherung.

Am 01.12.2020 hat der GDV mit den ABE 2020 und den AMB 2020 neue Musterbedingungen für die Elektronik- und Maschinenversicherung veröffentlicht. Mit diesen sind in der Zukunft insofern noch größere Deckungsüberschneidungen zur Cyber-Versicherung möglich, als dass neben den Betriebssystemdaten gem. Ziff. A2-2.1 ABE/AMB 2020 auch Kosten für sonstige Daten versichert werden. Zudem hat der GDV auch seine Datenklauseln aktualisiert. Insbesondere die neue erweiterte Datenklausel TK ABE (2020) A 1929 kann zu weiteren Deckungsüberschneidungen mit der Cyber-Versicherung führen, da hier gem. Ziff. 2 (b)(aa) auch vorsätzliche Angriffe wie z.B. Hackerangriffe versichert sind.

d) Betriebsunterbrechungsversicherungen

Neben der Versicherung des eigentlichen Sachschadens werden am Markt auch Betriebsunterbrechungsversicherungen angeboten, wie z.B. die Feuerbetriebsunterbrechungsversicherung oder die Maschinenbetriebsunterbrechungsversicherung. Da Cyber-Versicherungen auch Betriebsunterbrechungsschäden versichern, könnten hier Deckungsüberschneidungen auftreten. Nach § 1 FBUB besteht Versicherungsschutz für Ertragsausfallschäden, wenn der Betrieb des Versicherungsnehmers infolge eines Sachschadens unterbrochen oder beeinträchtigt wurde. Ertragsausfallschäden durch den Verlust von Daten werden nach § 1 Nr. 4 FBUB nur ersetzt, wenn sie als Folge eines Sachschadens am Datenträger, auf dem die Daten und Programme gespeichert waren, entstanden sind. Ein Sachschaden liegt nach § 2 Nr. 1 FBUB nur vor, wenn er durch Brand, Blitzschlag, Explosion oder den Absturz eines Luftfahrzeuges verursacht wurde. Wie auch in der klassischen Feuerversicherung werden Überschneidungen zur Cyber-Versicherung daher schon aufgrund der unterschiedlich versicherten Risiken ausscheiden.[1162] Auch zur Maschinenbetriebsunterbrechungs- und zur Elektronikbetriebsunterbrechungsversicherung bestehen im Ergebnis keine Deckungsüberschneidungen, da nach § 3 Nr. 3 AMBUB und Ziff. 1 d) TK AMBUB 4910 nur Entschädigung für Unterbrechungsschäden infolge von Verlusten oder Veränderungen von Daten des Betriebssystems infolge eines Sachschadens an Datenträgern geleistet wird. Es besteht daher erneut nur Versicherungsschutz, wenn auch der Datenträger beschädigt wurde. Zwischen den Betriebsunterbrechungsversicherungen der Sachversicherung und dem Betriebsunterbrechungsbaustein der Cyber-Versicherung bestehen somit in der Regel keine Deckungsüberschneidungen.

4. Vertrauensschadenversicherung

Deckungsüberschneidungen zur Cyber-Versicherung können darüber hinaus mit der Vertrauensschadenversicherung bestehen. In ihrer Grundform bietet die Vertrauensschadenversicherung Versicherungsschutz für Sach- und Vermögensschäden, die durch vorsätzliche unerlaubte Handlungen, welche nach den gesetzlichen Vorschriften zum Schadensersatz verpflichten, unmittelbar verursacht wurden.[1163] Durch die Deckung von Sach- und Vermögensschäden sind bei der Vertrauensschadenversicherung grundsätzlich wesentlich mehr Deckungsüberschneidungen mit der Cyber-Versicherung möglich als bei den bisher dargestellten Versicherungsprodukten.[1164] Die Vertrauensschadenversicherung versichert heute zum einen Schäden, die dem versicherten Unternehmen durch sog. Vertrauenspersonen, d.h. durch Arbeitnehmer und Organe des Unternehmens, entstanden sind und zum anderen Schäden, die durch wirtschaftskriminelle Handlungen Dritter verursacht wurden.[1165] Da sich der Deckungsumfang dieser beiden Schadenspositionen unterscheidet, muss bei der Untersuchung von Deckungsüberschnei-

---

[1162] Vgl. *Wirth*, in: Gabel/Heinrich/Kiefner, Kap. 12 Rn. 117.
[1163] Vgl. Präambel VSV-EulerHermes.
[1164] Vgl. *Erichsen*, CCZ 2015, 247, 250 (zur wesentlichen Überschneidung zwischen Vertrauensschaden- und Cyber-Versicherung).
[1165] *Looschelders/Waiblinger*, in: Looschelders/Pohlmann, Anh. D Rn. 2.

dungen zur Cyber-Versicherung zwischen diesen Schäden differenziert werden.

a) Schäden verursacht durch Vertrauensperson

Eine Vertrauensschadenversicherung bietet für Schäden, die durch eine Vertrauensperson verursacht wurden, Versicherungsschutz, wenn die Vertrauensperson dem versicherten Unternehmen durch eine unerlaubte Handlung, welche nach den gesetzlichen Bestimmungen zum Schadensersatz verpflichtet, einen Schaden zugefügt hat.[1166] Die Vertrauensschadenversicherung beschränkt den Versicherungsschutz in der Regel nicht auf bestimmte Schadensarten. Daher sind auch Cyber-Schäden durch die Vertrauensschadenversicherung versichert, solange diese durch eine Vertrauensperson des versicherten Unternehmens verursacht wurden. Gedeckt sind daher insbesondere Angriffe auf elektronische Daten oder informationsverarbeitende Systeme, Eingriffe in das informationsverarbeitende System sowie unberechtigte Zugriffe auf elektronische Daten. Zu beachten ist allerdings, dass die Vertrauensschadenversicherung grundsätzlich nur Schäden umfasst, die dem Unternehmen unmittelbar durch die unerlaubte Handlung zugefügt wurden.

Wann ein unmittelbarer Schaden in der Vertrauensschadenversicherung vorliegt, ist nicht abschließend geklärt. In der Literatur wird dabei die Rechtsprechung des BGH zur Vertrauensschadenversicherung für Notarkammern herangezogen, wonach es keine von der Rechtsprechung entwickelte oder in der Literatur anerkannte Definition des „mittelbaren Schadens“ gibt, weshalb der Inhalt des mittelbaren Schadens durch Auslegung des jeweiligen Vertrags zu ermitteln sei.[1167] Die Literatur kommt bei der Vertrauensschadenversicherung zu dem Ergebnis, dass zwischen der nachteiligen Veränderung an der Sache selbst (dann unmittelbarer Schaden) und den

---

[1166] § 1 VSV-EulerHermes; Vgl. *R. Koch/Sommer*, in: van Bühren, § 19 Rn. 28; *Looschelders/ Waiblinger*, in: Looschelders/Pohlmann, Anh. D Rn. 1.

[1167] BGH, Urt. v. 20.07.2011 – IV ZR 75/09, VersR 2011, 1261, 1262; BGH, Urt. v. 20.07.2011 – IV ZR 291/10, VersR 2011, 1392, 1394; Vgl. *Loosschelders*, VersR 2013, 1069, 1071.

sich aus dem Verletzungserfolg ergebenden weiterten Nachteilen als Folgeschäden (dann mittelbarer Schaden) zu unterschieden ist.[1168] Mittelbare Schäden sind daher z.B. Nutzungsausfallschäden, wohingegen Reparatur- und Wiederherstellungskosten einen unmittelbaren Schaden darstellen.[1169] Aus diesem Grund sind Wiederherstellungskosten für Daten als unmittelbarer Schaden einzuordnen und daher von der Vertrauensschadenversicherung gedeckt, weshalb hier eine Überschneidung mit der Cyber-Versicherung besteht.

Die Abgrenzung zwischen unmittelbaren und mittelbaren Schäden wird aber auch insoweit erleichtert, als das in dem Leistungsausschluss für mittelbare Schäden oftmals der entgangene Gewinn, Zinsen, Geldstrafen, Bußgelder, Löse-, Erpressungs- und Schmerzensgelder sowie Betriebsunterbrechungs- und Reputationsschäden beispielhaft als mittelbare Schadenspositionen aufgelistet werden.[1170] Dieser Ausschluss für mittelbare Schäden begrenzt die zur Cyber-Versicherung möglichen Deckungsüberschneidungen deutlich, da diese Schadenspositionen zum Großteil von einer Cyber-Police versichert werden. Eine mittelbare Schadensposition, die in den Bedingungen der Vertrauensschaden-Versicherung oftmals ausdrücklich versichert ist, sind Kosten zur Minderung von Reputationsschäden. Dabei werden in der Regel Kosten erstattet, die aufgewendet wurden, um einen eingetretenen Reputationsschaden zu mindern.[1171] Vom Versicherungsschutz sind somit PR-Kosten umfasst.[1172]

Zu den ebenfalls meist versicherten mittelbaren Schadenspositionen gehören externe und interne Schadenermittlungskosten.[1173] Dies sind Aufwendungen, die ein versichertes Unternehmen zur Aufklärung des Schadenhergangs, zur Feststellung der Schaden-

---

1168 *Grote*, in: MüKoVVG, Kap. 550 Rn. 50 ff.; *R. Koch/Sommer*, in: van Bühren, § 19 Rn. 28; *Looschelders*, VersR 2013, 1069, 1071; *Looschelders/Waiblinger*, in: Looschelders/Pohlmann, Anh. D Rn. 59.

1169 *Looschelders*, VersR 2013, 1069, 1071.

1170 So z.B. § 51 VSV-EulerHermes; Vgl. *Gebert/Klapper*, in: Veith/Gräfe/Gebert, § 24 Rn. 56; *Looschelders*, VersR 2013, 1069, 1071.

1171 § 22 VSV-EulerHermes.

1172 *Looschelders/Waiblinger*, in: Looschelders/Pohlmann, Anh. D Rn. 48.

1173 § 26 VSV-EulerHermes.

höhe oder zur Ermittlung des Schadenverursachers getätigt hat.[1174] Im Zusammenhang mit Cyber-Angriffen sind hiervon insbesondere Kosten umfasst, die für IT-Forensiker aufgewendet wurden, da diese in der Regel damit beauftragt werden den Hergang des Cyber-Angriffs, den Umfang des entstandenen Schadens sowie den Urheber des Cyber-Angriffs zu ermitteln. Durch die Deckung von Kosten für PR-Berater und IT-Forensiker besteht somit eine Überschneidung mit dem Service-Kosten-Baustein der Cyber-Versicherung.[1175]

Neben der Deckung von Schäden des versicherten Unternehmens werden in der Vertrauensschadenversicherung auch Schäden versichert, die einem Dritten durch eine Vertrauensperson zugefügt wurden, soweit das versicherte Unternehmen dem Dritten aufgrund einer vertraglichen oder gesetzlichen Verpflichtung hierfür Schadensersatz geleistet hat und die Vertrauensperson dem versicherten Unternehmen gegenüber nach den gesetzlichen Bestimmungen über unerlaubte Handlungen in entsprechender Höhe zum Schadensersatz verpflichtet ist.[1176] In der Vertrauensschadenversicherung sind somit auch Haftpflichtansprüche versichert, weshalb hier Deckungsüberschneidungen mit dem Drittschadenbaustein der Cyber-Versicherung auftreten können. Da die Vertrauensschadenversicherung jedoch die Deckung von mittelbaren Schäden wie Betriebsunterbrechungsschäden und Lösegeldzahlungen ausschließt und die Schadenermittlungskosten und die Kosten zur Minderung eines Reputationsschadens nur für das versicherte Unternehmen ersetzt werden, sind die von einer Vertrauensschadenversicherung übernommenen Haftpflichtansprüche eines Dritten gegenüber dem versicherten Unternehmen im Zusammenhang mit Cyber-Angriffen begrenzt. Im Ergebnis wird sich der Versicherungsschutz hier auf Datenwiederherstellungsschäden des Dritten beschränken.

[1174] § 27 VSV-EulerHermes.
[1175] *Erichsen*, CCZ 2015, 247, 250.
[1176] § 3 VSV-EulerHermes.

b) Schäden verursacht durch Dritte

Deckungsüberschneidungen können des Weiteren bestehen, wenn Dritte, insbesondere Hacker, bei dem versicherten Unternehmen einen Schaden verursacht haben. Die Vertrauensschadenversicherung gewährt in der Regel Deckungsschutz für Schäden, die einem versicherten Unternehmen von Dritten durch bestimmte Straftaten im Sinne des StGB zugefügt wurden, wie z.B. durch Raub, Betrug und Diebstahl.[1177] Die Versicherung von Straftaten nach § 263 StGB führt dazu, dass die Betrugsform des Social-Engineering, insbesondere die sog. Fake-President-Fälle,[1178] von der Vertrauensschadensversicherung versichert sind.[1179] Da die Betrugsform des Social-Engineering keine Informationssicherheitsverletzung darstellt, bestehen hier grundsätzlich keine Deckungsüberschneidungen zur Cyber-Versicherung.[1180] Bei den sonstigen üblichen Cyber-Angriffen, bei denen die Verfügbarkeit, Integrität oder Vertraulichkeit von elektronischen Daten oder informationsverarbeitenden Systemen beeinträchtigt wird, macht sich der Angreifer nicht nach den §§ 242, 249, 263 StGB strafbar, sondern erfüllt vielmehr die Straftatbestände der §§ 202a, 303a StGB.[1181] Diese Straftaten sind jedoch nicht immer von der Vertrauensschadenversicherung umfasst,[1182] weshalb eine Deckung von Cyber-Angriffen, verursacht durch Dritte, grundsätzlich ausscheidet. Allerdings enthalten marktübliche Bedingungen der Vertrauensschadensversicherung eine Klausel für Eingriffe Dritter in das EDV-System.[1183] Diese Klausel bietet Versicherungsschutz für unmittelbare Schäden, die einem versicherten Unternehmen durch vorsätzliche, rechtswidrige und zielgerichtete Eingriffe Dritter in das EDV-System des versicherten Unternehmens zugefügt werden. Danach besteht zum einen Versicherungsschutz, wenn sich der Angreifer in der Höhe des Schadens bereichert hat.[1184] Zum anderen besteht aber auch Versicherungs-

---

[1177] So z.B. § 10 VSV-EulerHermes.
[1178] Zum Social-Engineering und den Fake-President-Fällen siehe: S. 13 f.
[1179] Siehe ausführlich zur Strafbarkeit der Fake-President-Methode: *Buss*, CR 2017, 410.
[1180] Vgl. S. 213.
[1181] Vgl. S. 103.
[1182] So z.B. bei VSV-EulerHermes.
[1183] So. z.B. §§ 15, 16 VSV-EulerHermes.
[1184] § 15 VSV-EulerHermes.

schutz für unmittelbare Schäden die durch Eingriffe Dritter in das EDV-System des versicherten Unternehmens verursacht wurden, ohne dass sich der Dritte bereichert hat.[1185] Grundsätzlich deckt die Vertrauensschadenversicherung daher auch Cyber-Schäden.

Allerdings ist zu beachten, dass die marktüblichen Bedingungen der Vertrauensschadenversicherung in der Regel nur zielgerichtete Eingriffe versichern.[1186] Ein Teil der Literatur ist der Ansicht, dass es sich bei Schäden, die durch Schadsoftware (wie z.B. Ransomware) verursacht werden, nicht um zielgerichtete Angriffe handelt.[1187] *R. Koch* ist hingegen der Auffassung, dass der Begriff des zielgerichteten Angriffs neben Angriffen von Hackern auch Angriffe durch Computerviren und sonstige Schadprogramme umfasst, da „zielgerichtet" nicht bedeute, dass sich der Angriff ausschließlich auf den Versicherungsnehmer beschränken muss.[1188] Dem ist nicht zuzustimmen. Der Begriff „zielgerichtet" kann von einem durchschnittlichem Versicherungsnehmer nur so verstanden werden, dass der Eingriff eine bestimmte vorher festgelegte Gruppe von IT-Nutzern zum Ziel hatte und diese gerade nicht zufällig Opfer des Angriffs geworden sind. Massenhaft versendete Schadsoftware verbreitet sich aber in den allermeisten Fällen an eine unbestimmte Zahl von Adressaten, indem sie z.B. ihre Schadsoftware mit Hilfe von E-Mails an alle Kontakte des infizierten Opfers weiterverbreitet. In diesen Fällen richtet sich der Angriff daher nicht an eine bestimmte Anzahl von EDV-Nutzern. Ein zielgerichteter Angriff liegt aber vor, wenn ein Angreifer die Schadsoftware gezielt an das angegriffene Unternehmen gesendet hat, z.B. um sich Zugang zu den Systemen zu verschaffen. Die Beschränkung auf zielgerichtete Eingriffe führt somit dazu, dass Schäden, die durch ungezielt weiterverbreitete Schadsoftware verursacht wurden, nicht vom Versicherungsschutz der Vertrauensschadenversicherung umfasst sind.[1189] Deckungsüberschneidungen zwischen der Vertrauensschadenversicherung und der Cyber-

[1185] § 16 VSV-EulerHermes.
[1186] So z.B.: §§ 15, 16 EulerHermes.
[1187] *Gebert/Klapper*, in: Veith/Gräve/Gebert, § 24 Rn. 56; *Keltner*, in: Berisha/Gisch/Koban, S. 118.
[1188] *R. Koch*, in: Karlsruher Forum 2010, S. 135.
[1189] Vgl. *Gebert/Klapper*, in: Veith/Gräve/Gebert, § 24 Rn. 56.

Versicherung bestehen daher grundsätzlich nur hinsichtlich solcher Cyber-Angriffe, die sich gezielt an bestimmte Adressaten richten.

c) Zwischenergebnis

Die vorliegende Darstellung hat gezeigt, dass zwischen der Vertrauensschadenversicherung und der Cyber-Versicherung einige Deckungsüberschneidungen bestehen, wobei diese nicht so umfangreich sind, wie die Deckung von Sach- und Vermögensschaden zunächst vermuten lässt. Die Deckungsüberschneidungen sollen der Übersichtlichkeit halber tabellarisch dargestellt werden.

	VSV: Schaden verursacht durch Vertrauensperson	VSV: Schaden verursacht durch Dritten
Drittschadenbaustein der Cyber-Versicherung	Datenwiederherstellungskosten	Datenwiederherstellungskosten, sofern durch zielgerichteten Cyber-Angriff verursacht
Service-Kosten- und Eigenschadenbaustein der Cyber-Versicherung	PR-, Forensik- und Datenwiederherstellungskosten	PR-, Forensik- und Datenwiederherstellungskosten, sofern durch zielgerichteten Cyber-Angriff verursacht;

5. D&O-Versicherung

Deckungsüberschneidungen können darüber hinaus zur D&O-Versicherung bestehen. Die D&O-Versicherung gewährt Versicherungsschutz für den Fall, dass ein gegenwärtiges oder ehemaliges Mitglied des Aufsichtsrates, des Vorstandes oder der Geschäftsführung des Versicherungsnehmers wegen einer bei Ausübung dieser Tätigkeit begangenen Pflichtverletzung aufgrund gesetzlicher Haftpflichtbestimmungen für einen Vermögensschaden auf Schadenersatz in Anspruch genommen wird.[1190] Entscheidend für die Frage,

[1190] Ziff. A-1 AVB-D&O.

ob zwischen der D&O-Versicherung und der Cyber-Versicherung Deckungsüberschneidungen bestehen, ist daher, inwieweit Vorstände und Geschäftsführer für Schäden die durch Cyber-Angriffe entstanden sind, in Anspruch genommen werden können. Die obige Untersuchung hat gezeigt, dass Vorstände und Geschäftsführer grundsätzlich umfangreich von ihrem Arbeitgeber für Cyber-Schäden gem. § 93 Abs. 2 S. 1 AktG bzw. § 43 Abs. 2 GmbHG in Anspruch genommen werden können.[1191] Einer Deckung von Cyber-Schäden stehen grundsätzlich auch keine Leistungsausschlüsse entgegen, da in den meisten D&O-Bedingungen keine Ausschlüsse für Cyber-Schäden enthalten sind.[1192]

a) Vermögensschaden

Der Deckung von Cyber-Schäden durch die D&O-Versicherung könnte jedoch im Wege stehen, dass diese anders als die Haftpflicht- und Sachversicherung das Vorliegen eines Vermögensschadens voraussetzt. Vermögensschaden sind nach Ziff. A-1 AVB-D&O solche Schäden, „die weder Personenschäden (Tötung, Verletzung des Körpers oder Schädigung der Gesundheit von Menschen) noch Sachschäden (Beschädigung, Verderben, Vernichtung oder Abhandenkommen von Sachen) sind noch sich aus solchen Schäden herleiten." Sachschäden werden von der D&O-Versicherung folglich nicht versichert. Zudem folgt aus Ziff. A-1 AVB-D&O, dass auch die sog. unechten Vermögensschäden vom Versicherungsschutz ausgeschlossen sind, d.h. solche Schäden, die mit Personen- oder Sachschäden in einem ursächlichen Zusammenhang stehen.[1193] Da Sachschäden und unechte Vermögensschäden ausdrücklich vom Versicherungsschutz der D&O-Versicherung ausgeschlossen sind, stellt sich die Frage, inwieweit Cyber-Schäden überhaupt von einer D&O-Police gedeckt werden. *Fortmann* lehnt dies ab, da die

---

[1191] Siehe dazu ausführlich S. 142 ff.

[1192] *Achenbach*, VersR 2017, 1493, 1496; *Armbrüster*, in: Münchener Handbuch des Gesellschaftsrechts; § 108 Rn. 130; *Fortmann*, r+s 2019, 68888, 693; *Ihlas*, in: MüKoVVG, Kap. 320 Rn. 830; vgl. *Keltner*, in: Berisha/Gisch/Koban, S. 121 (zum Versicherungsmarkt in Österreich).

[1193] *Baumann*, in: Bruck/Möller, Ziff. 1 AVB-AVG Rn. 43; *Finkel/Seitz*, in: Seitz/Finkel/Klimke, Ziff. 1 Rn. 158.

Brauchbarkeit des Datenträgers, auf dem die Daten verkörpert sind, durch die Beschädigung oder Zerstörung der Daten beeinträchtigt werde.[1194] *Bertsch* hingegen kommt zu dem Ergebnis, dass Datenschäden von der D&O-Versicherung umfasst sind, da er diese, anders als hier vertreten, nicht als Sach- sondern als Vermögensschaden einordnet.[1195]

Aus Ziff. A1 AVB-D&O ergibt sich, dass die AVB-D&O von dem klassischen versicherungsrechtlichen Verständnis bezüglich der Begriffe Vermögensschaden und Sachschaden ausgehen.[1196] Hierfür spricht auch, dass die AVB-D&O, anders als die AVB-Cyber,[1197] keine Klarstellung zur Einordnung von Datenschäden als Vermögensschaden enthalten. Entscheidend für die Bestimmung des Deckungsumfangs von Cyber-Schäden ist folglich allein der klassische Sachschadensbegriff. Wie im Rahmen der Haftpflicht- und Sachversicherung dargestellt, stellt das Löschen und Verschlüsseln von Daten, nach der hier vertretenen Auffassung, einen Sachschaden dar, da bei ersterem auf die Sachsubstanz des Datenträgers eingewirkt und bei letzterem zumindest die Gebrauchsfähigkeit des Datenträgers beeinträchtigt wird.[1198] Schäden an Daten, die durch die Löschung oder Verschlüsselung verursacht wurden, sind somit grundsätzlich nicht vom Versicherungsschutz der D&O-Versicherung umfasst. Ebenfalls vom Versicherungsschutz ausgeschlossen sind Schäden, die aus einer solchen Löschung oder Verschlüsselung resultieren, da diese als unechte Vermögensschäden zu qualifizieren sind. Dies gilt insbesondere für Kosten, welche durch die Wiederherstellung der Daten entstanden sind. Aber auch ein Betriebsunterbrechungsschaden, der durch die Datenlöschung verursacht wurde, ist als ein solcher unechter Vermögensschaden einzuordnen. Das gleiche gilt nach der h.M. für Schadensersatzansprüche Dritter, solange dieser einen Sachschaden erlitten hat.[1199] Dem ist zuzustimmen, da auch

---

[1194] *Fortmann*, r+s 2019, 429, 443; *Ders.*, r+s 2019, 688, 694.

[1195] *Bertsch*, Silent Cyber, S. 63.

[1196] *Haehling von Lanzenauer/Kreienkamp*, in: Looschelders/Pohlmann, Anh. C Rn. 85.

[1197] Siehe S. 209.

[1198] Siehe S. 302 f., 310 f.

[1199] *Baumann*, in: Bruck/Möller, Ziff. 1 AVB-AVG Rn. 48; *Finkel/Seitz*, in: Seitz/Finkel/Klimke, Ziff. 1 Rn. 159; *Haehling von Lanzenauer/Kreienkamp*, in: Looschelders/Pohlmann, Anh. C Rn. 85; *Ihlas*, in: MüKoVVG, Kap. 320 Rn. 204; *Voit*, in: Prölss/Martin, Ziff. A-1 AVB-D&O Rn. 20; a.A.: *Beckmann*, in: Beckmann/Matusche-Beckmann, § 28 Rn. 69.

der Regressanspruch im Ergebnis auf den Sachschaden zurückzuführen ist.[1200]

Die D&O-Versicherung gewährt somit grundsätzlich keinen Versicherungsschutz für Schäden, die aus der Löschung oder Verschlüsselung von Daten resultieren. Etwas anderes gilt jedoch, wenn die Daten lediglich kopiert wurden. Denn wie oben bereits dargestellt, führt der Diebstahl von Daten gerade nicht zu einem Sachschaden,[1201] weshalb solche Schäden als Vermögensschaden zu qualifizieren sind. Schäden, die im Zusammenhang mit einem Datendiebstahl stehen, sind somit von der D&O-Versicherung umfasst, weshalb zumindest bezüglich dieser Schadenspositionen umfangreiche Deckungsüberschneidungen mit der Cyber-Versicherung möglich sind.

Dennoch führt der Ausschluss von Schäden, die durch die Löschung oder Verschlüsselung von Daten verursacht wurden, grundsätzlich dazu, dass die Deckung von Cyber-Risiken durch die D&O-Versicherung wesentlich geringer ist, als dies zum Teil von der Literatur und der Praxis angenommen wurde.[1202] Allerdings ist zu beachten, dass die meisten Marktbedingungen in der D&O-Versicherung einen sog. erweiterten Vermögensschadenbegriff verwenden, welcher oftmals Sachfolgeschäden in den Versicherungsschutz miteinbezieht. Diese Erweiterung des Versicherungsschutzes erfolgt aber in der Regel unter der Bedingung, dass die zu Grunde liegende Pflichtverletzung des Geschäftsleiters ausschließlich für den Folgeschaden und gerade nicht für den Sachschaden kausal ist.[1203] Diese Klausel könnte in der Praxis noch zu Auslegungsschwierigkeiten führen. So wird sich die Frage stellen, wann eine Pflichtverletzung des Geschäftsleiters die Datenlöschung verursacht hat und wann eine Pflichtverletzung nur für den Folgeschaden kausal geworden ist. Ersteres wird der Fall sein, wenn der Vorstand nur unzu-

---

[1200] *Voit*, in: Prölss/Martin, Ziff. A-1 AVB-D&O Rn. 20.

[1201] Siehe S. 303.

[1202] Vgl. *Erichsen*, CCZ 2015, 247, 250 (wonach Cyber- und D&O-Vers. nebeneinanderstehen); https://www.sueddeutsche.de/wirtschaft/kriminalitaet-achtung-cyber-risiko-1.4553354 (zur D&O-Police als Auffanglösung; zuletzt aufgerufen am: 30.06.2021).

[1203] *Baumann*, in: Bruck/Möller, Ziff. 1 AVB-AVG Rn. 50; *Finkel/Seitz*, in: Seitz/Finkel/Klimke, Ziff. 1 Rn. 163.

reichende Maßnahmen getroffen hat, um die IT-Systeme des Unternehmens vor Cyber-Angriffen zu schützen.[1204] Letzteres ließe sich wiederum annehmen, wenn das Organmitglied nach einer Datenlöschung keine rasche Wiederherstellung der Daten veranlasst hat.

Im Ergebnis lässt sich somit festhalten, dass durch das Erfordernis eines Vermögensschadens eine Vielzahl von Cyber-Schäden nicht von der D&O-Versicherung gedeckt sind. Dennoch bestehen durch den erweiterten Vermögensschadenbegriff sowie durch die volle Deckung von Schäden, die auf dem Diebstahl von Daten beruhen, einige Deckungsüberschneidungen zur Cyber-Versicherung.

b) Weitere Voraussetzungen

Neben dem Erfordernis eines Vermögensschadens müssen auch die weiteren Voraussetzungen der D&O-Versicherung erfüllt sein. Notwendig ist, dass eine Pflichtverletzung und ein Verschulden des Geschäftsleiters vorliegen. Daher scheidet eine Deckungsüberschneidung zwischen Cyber- und D&O-Versicherung aus, wenn der Vorstand pflichtgemäß gehandelt hat.[1205] Eine Haftung von Geschäftsleitern kommt jedoch insbesondere in Frage, wenn in dem Unternehmen offensichtlich notwendige Maßnahmen zur Gewährleistung von IT-Sicherheit nicht implementiert wurden oder gegen gesetzliche IT-Sicherheitspflichten verstoßen wurde.[1206] In solchen Fällen sind Cyber-Schäden von einer D&O-Police umfasst. Allerdings ist bei einer D&O-Versicherung anders als bei der Cyber-Versicherung nicht das Unternehmen versichert, sondern der Vorstand oder Geschäftsführer. Jedoch umfasst die D&O-Versicherung unter anderem die Freistellung von berechtigten Schadensersatzverpflichtungen des Geschäftsleiters,[1207] sodass im Ergebnis das angegriffene Unternehmen von der D&O-Versicherung profitiert. Ei-

[1204] Vgl. *Fortmann*, r+s 2019, 429, 443.
[1205] Vgl. *Achenbach*, VersR 2017, 1493, 1496.
[1206] Siehe dazu S. 147 ff.
[1207] Ziff. 6.1 AVB-D&O.

ner Deckung von Cyber-Schäden stehen grundsätzlich auch keine Leistungsausschlüsse entgegen, da in aktuellen D&O-Bedingungen keine Ausschlüsse für Cyber-Schäden enthalten sind und auch nicht davon auszugehen ist, dass ein solcher Ausschluss in den kommenden Jahren in die Bedingungen aufgenommen wird.[1208]

Beim Vorliegen eines Vermögensschadens im Sinne der jeweiligen D&O-Bedingungen bestehen somit umfangreiche Deckungsüberschneidungen zwischen der Cyber- und der D&O-Versicherung.[1209] Allerdings ist zu beachten, dass die Freistellung von Schadensersatzverpflichtungen in der D&O-Versicherung nur dann erfolgt, wenn die versicherten Personen aufgrund Gesetzes, rechtskräftigen Urteils, Anerkenntnisses oder Vergleiches zur Entschädigung verpflichtet sind und der Versicherer hierdurch gebunden ist.[1210] Die Erlangung eines Urteils oder die Erzielung eines Vergleichs kann im Rahmen der Geschäftsleiterhaftung jedoch einige Zeit in Anspruch nehmen, zumal oftmals unsicher ist, ob ein Vergleich erzielt werden kann bzw. ob dem Unternehmen der geltend gemacht Anspruch zugesprochen wird.[1211] Die Cyber-Versicherung hat daher gegenüber der D&O-Versicherung den großen Vorteil, dass sie dem versicherten Unternehmen wesentlich schneller und sicherer Deckungsschutz gewähren kann. Auch wenn somit Deckungsüberschneidungen zwischen der D&O- und der Cyber-Versicherung bestehen, stellt die Cyber-Versicherung bezüglich der schnellen und effektiven Regulierung von Cyber-Schäden das geeignetere Versicherungsprodukt dar.

6. Spezielle IT-Versicherungskonzepte

Neben der Cyber-Versicherung gibt es noch weitere Versicherungsprodukte die ausdrücklich Cyber-Risiken oder damit verwandte Gefahren versichern. Diese richten sich allerdings meistens an Unter-

---

[1208] *Achenbach*, VersR 2017, 1493, 1496; *Ihlas*, in: MüKoVVG, Kap. 320 Rn. 830.
[1209] Vgl. *Erichsen*, CCZ 2015, 247.
[1210] Ziff. 6.1 AVB-D&O.
[1211] Vgl. *Gebert/Klapper*, in: Veith/Gräve/Gebert, § 24 Rn. 60.

nehmen aus der IT-Branche wie IT-Hersteller und IT-Dienstleister. So hat der GDV Besondere Bedingungen und Risikobeschreibungen für die Haftpflichtversicherung von IT-Dienstleistern (BBR-IT) veröffentlicht, und auch im Versicherungsmarkt gibt es diverse Versicherer, die eine IT-Haftpflichtversicherung speziell für IT-Unternehmen anbieten.[1212] Da sich die Cyber-Versicherung jedoch nicht primär an Unternehmen aus der IT-Branche richtet, bestehen hier keine Deckungsüberschneidungen.

7. Zusammenfassung

a) Deckungsüberschneidungen

Die Untersuchung hat gezeigt, dass grundsätzlich Deckungsüberschneidungen zwischen klassischen Versicherungsprodukten und der Cyber-Versicherung bestehen, diese aber oftmals aufgrund der unterschiedlichen versicherten Risiken oder durch spezielle Ausschlüsse nicht zum Tragen kommen. So gewähren die Feuer- und die Einbruchdiebstahl- und Raubversicherung für völlig andere Risiken Versicherungsschutz als die Cyber-Versicherung. Auch zur Elektronik- und Maschinenversicherung bestehen praktisch keine Deckungsüberschneidungen. Größere Deckungsüberschneidungen bestehen grundsätzlich zwischen dem Drittschadenbaustein der Cyber-Versicherung und der allgemeinen Haftpflichtversicherung. Die Deckung von Cyber-Risiken ist hier jedoch nur von Bedeutung, wenn die Haftpflicht-Police keinen Cyber-Ausschluss im Sinne der jeweiligen GDV-Musterbedingungen enthält.

Größere Deckungsüberschneidungen können zwischen der Cyber-Versicherung und der Vertrauensschadenversicherung sowie der D&O-Versicherung bestehen, da vom Versicherungsschutz dieser beiden Produkte grundsätzlich Cyber-Risiken umfasst sind und sich in den Bedingungen bisher auch kein Cyber-Ausschluss befindet. Darüber hinaus versichern die BHV-IT und der Drittschadenbaustein

[1212] So z.B. Axa, HDI und Hiscox.

der Cyber-Versicherung zum Teil die gleichen Risiken. Die Untersuchung hat jedoch auch gezeigt, dass die anderen Versicherungsprodukte nur Überschneidungen zu einzelnen Deckungsbausteinen aufweisen. Keines der klassischen Versicherungsprodukte enthält einen so umfassenden Deckungsschutz für Cyber-Risiken wie die Cyber-Versicherung. Für die effektive Absicherung gegen diese Risiken ist die Cyber-Versicherung daher unerlässlich.[1213]

b) „Silent Cyber"

Der von der medialen Berichterstattung geprägte Eindruck, dass in allen klassischen Versicherungssparten ein besonders hohes „Silent Cyber"-Risiko besteht,[1214] ist nicht zutreffend. So führt die Beschränkung auf Feuer- und Einbruchsrisiken dazu, dass es kaum zu ungewollten Cyber-Deckungen in der Feuer- und der Einbruchdiebstahl- und Raubversicherung kommen wird. Auch bei der Elektronik- und Maschinenversicherung wird es in der Regel nicht zu einer ungewollten Cyber-Deckung kommen. Die Untersuchung hat allerdings auch gezeigt, dass es in der Feuer-, in der Elektronik- und in der Maschinenversicherung im Einzelfall zu einer „Silent Cyber"-Deckung kommen kann. Dies gilt in der Feuer-Versicherung für den Fall, dass ein Cyber-Angriff ein Feuer auslöst. Dies ist jedoch zumindest zum jetzigen Zeitpunkt unwahrscheinlich. In der Elektronik- und Maschinenversicherung kann es zu einer ungewollten Cyber-Deckung kommen, wenn es zu einer Beschädigung des Datenträgers gekommen ist. Auch dieser Fall ist unwahrscheinlich, da es bei Cyber-Angriffen in der Regel nicht zu einer solchen Beschädigung kommt. Auch wenn in der Sachversicherung die Deckung von „Silent Cyber"-Risiken somit unwahrscheinlich ist, besteht zumindest ein gewisses Restrisiko, dass es zu einer „Silent Cyber"-Exponierung kommt. Um die Deckung von „Silent Cyber"-Risiken

---

[1213] Vgl. *Gebert/Klapper*, in: Veith/Gräfe/Gebert, § 24 Rn. 61.

[1214] Vgl. z.B.: be.invalue.de/d/publikationen/vwheute/2019/07/04/Problemfall-Silent-Cyber-Versicherungskunden-drohen-harte-Ausschluesse.html (zuletzt aufgerufen am: 30.06.2021); https://www.handelsblatt.com/finanzen/banken-versicherungen/schutz-gegen-hacker-wie-die-versicherer-gegen-cyberangriffe-vorgehen/23250998.html?ticket=ST-5976429-b23eRxJfkekYRfZ5XO9K-ap2 (zuletzt aufgerufen am: 30.06.2021)

vollkommen zu vermeiden, sollten die Versicherer daher entsprechende Ausschlüsse in ihre Bedingungen aufnehmen.

Ein hohes „Silent Cyber"-Risiko besteht grundsätzlich in der allgemeinen Haftpflichtversicherung, da hier mit Ausnahme des Datendiebstahls grundsätzlich sämtliche Datenschäden versichert sind und zudem auch Versicherungsschutz besteht, wenn der Dritte seine Daten bei einem Cloud-Anbieter gespeichert hat. „Silent Cyber"-Risiken werden jedoch dann nicht versichert, wenn die Bedingungen einen Ausschluss i.S.v. Ziff. 7.15 AHB verwenden, da Cyber-Risiken hierdurch wirksam vom Versicherungsschutz ausgeschlossen werden.

Ein hohes „Silent Cyber"-Risiko ist zudem bei der D&O-Versicherung gegeben. Denn diese Versicherung deckt bisher auch Cyber-Risiken. Dies gilt insbesondere dann, wenn die Bedingungswerke den sog. erweiterten Vermögensschadenbegriff verwenden. Um das „Silent Cyber"-Risiko in der D&O-Versicherung zu minimieren, müsste daher in Zukunft ein umfangreicher Deckungsausschluss aufgenommen werden.

Zur Deckung von Cyber-Risiken kann es, wie bereits dargestellt, auch bei der Vertrauensschadenversicherung und bei den BHV-IT kommen. Zumindest bei den BHV-IT handelt es sich jedoch nicht um eine sog. „Silent Cyber"-Deckung, da die Cyber-Risiken hier ausdrücklich mitversichert werden und es daher gerade nicht zu einer „versteckten" Deckung kommt.[1215] Das gleiche gilt in einem gewissen Umfang auch für die Vertrauensschadenversicherung, da Cyber-Risiken hier zum Teil ebenfalls ausdrücklich mitversichert werden.

[1215] Vgl. *Gebert/Klapper*, in: Veith/Gräfe/Gebert, § 24 Rn. 48 (zum Begriff „Silent Cyber").

II. Rechtsfolge von Deckungsüberschneidungen

1. Grundsätzlich: Gesamtschuldner nach § 78 VVG

Wenn in einigen Fällen Deckungsüberschneidungen zwischen klassischen Versicherungsprodukten und der Cyber-Versicherung denkbar sind, stellt sich die Frage, welche Rechtsfolgen sich bei einer solchen Deckungsüberschneidung ergeben. Ist dasselbe Risiko durch mehrere Versicherer gedeckt, haften die Versicherer gem. § 78 Abs. 1 VVG grundsätzlich als Gesamtschuldner.

Für das Vorliegen einer Mehrfachversicherung i.S.v. § 78 Abs. 1 VVG ist zunächst notwendig, dass mindestens zwei Versicherungen, welche bei verschiedenen Versicherern abgeschlossen wurden, nebeneinander bestehen und die Versicherer in Bezug auf die Risikodeckung nicht einverständlich zusammenwirken.[1216] Dieselbe Gefahr wurde dann bei verschiedenen Versicherern versichert, wenn es sich bei diesen jeweils um eine eigenständige juristische Person handelt, unabhängig davon ob sie demselben Konzern angehören.[1217]

Des Weiteren muss bei mehreren Versicherern ein Interesse versichert worden sein. Unter dem versicherten Interesse ist eine Beziehung zu verstehen, aufgrund derer der Versicherungsnehmer einen Vermögensnachteil erleiden kann.[1218] Dabei ist ausreichend, dass sich das versicherte Interesse zumindest teilweise überschneidet (sog. Teilidentität).[1219] Da es sich bei der Cyber-Versicherung um eine Multi-Line-Police handelt, sind bei dieser mehrere Interessen versichert. Der Eigenschadenbaustein versichert Vermögensschäden des Versicherungsnehmers, weshalb das Interesse an der Vermögenserhaltung des Versicherungsnehmers versichert ist. Der Drittschadenbaustein versichert wiederum das Interesse des Versicherungsnehmers, einem Dritten für Cyber-Schäden nicht haftpflich-

---

1216 *Armbrüster*, in: Prölss/Martin, § 77 Rn. 4.

1217 *Schnepp*, in: Bruck/Möller, § 77 Rn. 20.

1218 *Armbrüster*, in: Prölss/Martin, Vor§§74-99 Rn. 28; *Brambach*, in: Rüffer/Halbach/Schimikowksi, § 74 Rn. 7; *Schnepp*, in: Bruck/Möller, § 77 Rn. 25.

1219 *Halbach*, in: MüKoVVG, § 77 Rn. 25; *Schnepp*, in: Bruck/Möller, § 77 Rn. 27.

tig zu werden. Auch eine Haftpflichtversicherung deckt das Interesse des Versicherungsnehmers einem Dritten gegenüber nicht haftpflichtig zu werden. Bezüglich des versicherten Interesses besteht zwischen der Cyber-Versicherung und der Haftpflichtversicherung somit Teilidentität. Die Vertrauensschadenversicherung versichert wiederum Vermögensschäden des Versicherungsnehmers, weshalb hier wie beim Eigenschadenbaustein der Cyber-Versicherung das Vermögenserhaltungsinteresse versichert ist und daher ebenfalls Teilidentität besteht. Bei der Sachversicherung wird das Sacherhaltungsinteresse des Versicherungsnehmers gedeckt,[1220] weswegen hier eine Mehrfachversicherung ausscheiden würde. Dies ist aber insofern nicht von Bedeutung, als dass zwischen der Sach- und der Cyber-Versicherung faktisch ohnehin kaum Deckungsüberschneidungen bestehen. Die Frage, inwieweit die Cyber-Versicherung und die D&O-Versicherung das gleiche Interesse versichern, soll aufgrund der Besonderheiten der D&O-Versicherung gesondert untersucht werden.

Für das Bestehen einer Mehrfachversicherung müssen die Versicherungen zudem dieselbe Gefahr versichern. Die versicherte Gefahr meint das abstrakte Risiko, für welches der Versicherer nach den Versicherungsbedingungen eintreten will.[1221] Auch bezüglich der versicherten Gefahr ist eine Teilidentität ausreichend.[1222] Die Cyber-Versicherung sowie die Haftpflichtversicherung und die Vertrauensschadenversicherung versichern, wenn auch im unterschiedlichen Umfang, das Risiko Opfer eines Cyber-Angriffs zu werden, weshalb auch bezüglich der versicherten Gefahr zumindest Teilidentität besteht.

Damit die Versicherer dem Versicherungsnehmer gegenüber gesamtschuldnerisch haften, ist gem. § 78 VVG des Weiteren erforderlich, dass entweder die Versicherungssummen zusammen den Versicherungswert übersteigen oder der Gesamtschaden von der Summe der Entschädigungen, die von jedem Versicherer ohne Bestehen der anderen Versicherung zu zahlen wären, überstiegen

[1220] *Klimke*, in: Prölss/Martin, § 43 Rn. 14.
[1221] *Brambach*, in: Rüffer/Halbach/Schimikowski, § 77 Rn. 7.
[1222] *Schnepp*, in: Bruck/Möller, § 77 Rn. 40.

wird. Ersteres ist nach der h.M. nur dann der Fall, wenn die zu zahlende Entschädigungssumme der Verträge höher ist als der Gesamtschaden; woran es fehlen kann, wenn zwar die Versicherungssumme höher als der Gesamtschaden ist, aber Selbstbehalte zu berücksichtigen sind.[1223] Konkret kann eine Mehrfachversicherung z.B. vorliegen, wenn ein Unternehmen durch einen Cyber-Angriff einen Schaden i.H.v. 100.000 € erlitten hat und dieser sowohl nach einer Cyber- als auch nach einer Vertrauensschadenversicherung versichert ist und die Versicherungssumme bei der ersten Police 90.000 € und bei letzterer 50.000 € beträgt.

§ 78 Abs. 1 Alt. 2 VVG ist wiederum insbesondere für die Haftpflichtversicherung von Bedeutung, da die erste Alternative hier mangels eines Versicherungswertes keine Anwendung finden kann.[1224] Erforderlich ist, dass die Summe der Entschädigungen, welche von jedem Versicherer zu zahlen wäre, den Gesamtschaden übersteigt. Hier ist zunächst zu ermitteln, welche Entschädigung von jedem Versicherer zu zahlen wäre, wenn kein weiterer Versicherer zur Leistung verpflichtet wäre.[1225] Bei dieser Ermittlung sind Entschädigungsgrenzen, Selbstbehalte und Über- und Unterversicherungsregelungen zu berücksichtigen.[1226] In einem zweiten Schritt ist die Summe der einzelnen Entschädigungen dem Gesamtschaden gegenüber zu stellen. Ist der Gesamtschaden dabei geringer als die Summe der Entschädigungen, liegt eine Mehrfachversicherung vor.[1227]

Bei einer Mehrfachversicherung haften die Versicherer gem. § 78 Abs. 1 VVG in der Weise als Gesamtschuldner, dass jeder Versicherer den von ihm nach dem Vertrag zu leistenden Betrag zu zahlen hat, der Versicherungsnehmer aber insgesamt nicht mehr als den Betrag des Schadens verlangen kann. Der Versicherungsnehmer hat somit ein Wahlrecht bzgl. der Frage, welchen Versicherer er

---

[1223] *Armbrüster*, in: Prölss/Martin, § 77 Rn. 6; *Halbach*, in: MüKoVVG, § 78 Rn. 9; *Kloth/Neuhaus*, in: Schwintowski/Brömmelmeyer, § 78 Rn. 9; *Schnepp*, in: Bruck/Möller, § 78 Rn. 33.

[1224] *Brambach*, in: Rüffer/Halbach/Schimikowski, § 78 Rn. 14.

[1225] *Brambach*, in: Rüffer/Halbach/Schimikowski, § 78 Rn. 14; *Halbach*, in: MüKoVVG, § 78 Rn. 10; *Schnepp*, in: Bruck/Möller, § 78 Rn. 40.

[1226] *Halbach*, in: MüKoVVG, § 78 Rn. 10.

[1227] *Brambach*, in: Rüffer/Halbach/Schimikowski, § 78 Rn. 15.

in Anspruch nehmen möchte. Im Verhältnis zueinander sind die Versicherer gem. § 78 Abs. 2 S. 1 VVG zu Anteilen nach Maßgabe der Beträge verpflichtet, die sie dem Versicherungsnehmer nach dem jeweiligen Vertrag zu zahlen haben. Daraus ergibt sich einerseits, dass ein Versicherer der mehr als die interne Quote an den Versicherungsnehmer gezahlt hat, einen Ausgleichsanspruch gegen den anderen Versicherer hat und zum anderen, dass ein Versicherer der genau den seiner Quote entsprechenden Betrag gezahlt hat, einen Befreiungsanspruch gegen den anderen Versicherer hat.[1228] Bei der Berechnung dieser internen Quote sind zunächst die Verpflichtungen der jeweiligen Versicherer im Außenverhältnis zu betrachten, um daran anschließend die Summe dieser Beträge zum versicherten Schaden ins Verhältnis zu setzen.[1229]

Ist ein Schaden, der durch einen Cyber-Angriff verursacht wurde, sowohl von einer Cyber-Versicherung als auch von einer Haftpflicht- oder einer Vertrauensschadenversicherung gedeckt, haften die beiden Versicherer dem Versicherungsnehmer gegenüber somit als Gesamtschuldner und im Verhältnis zueinander anteilig gem. § 78 Abs. 2 VVG.

2. Sonderfall: Geschäftsleiterhaftung und D&O-Versicherung

Ein Sonderfall bezüglich der Rechtsfolge von Deckungsüberschneidungen besteht dann, wenn ein Unternehmen einen Cyber-Schaden erlitten hat und neben dem Deckungsanspruch gegen den Cyber-Versicherer zusätzlich noch ein Anspruch gegen ein Organmitglied, d.h. einen Vorstand oder Geschäftsführer, besteht und dieser gegebenenfalls auch noch durch eine D&O-Police versichert ist. Hier ergeben sich mehrere Anspruchskonstellationen.

[1228] *Armbrüster*, in: Prölss/Martin § 78 Rn. 18.
[1229] *Brambach*, in: Rüffer/Halbach/Schimikowski, § 78 Rn. 22; Vgl. *Schauer*, in: Berliner Kommentar, § 59 Rn. 23 f. (ausführlich zur Anteilsbestimmung).

In Betracht kommt zunächst der Fall, dass das Organmitglied den geltend gemachten Anspruch des geschädigten Unternehmens beglichen hat. Hier stellt sich die Frage, inwieweit das Organmitglied einen Ausgleichanspruch gegen den Cyber-Versicherer hat. In Frage kommt ein Anspruch aus gesamtschuldnersicher Haftung nach § 426 BGB. Dann müssen das Organ und der Cyber-Versicherer Gesamtschuldner gem. § 421 BGB sein. Dafür ist notwendig, dass sich der Anspruch gegen mehrere Schuldner richtet, diese dem Gläubiger eine Leistung schulden, jeder Schuldner zur Bewirkung der ganzen Leistung verpflichtet ist und der Gläubiger nur einmal berechtigt ist die Leistung zu fordern.[1230]

Hat das Unternehmen einen Cyber-Schaden erlitten, welcher durch eine Cyber-Versicherung gedeckt ist, und wurde der Schaden zudem auch durch eine schuldhafte Pflichtverletzung des Organs verursacht, hat das geschädigte Unternehmen einerseits einen Anspruch auf Erstattung des Schadens gegen den Versicherer aus dem Versicherungsvertrag und zum anderen einen Anspruch gegen das Organ aus § 93 Abs. 2 S. 1 AktG bzw. § 43 Abs. 2 GmbHG. Grundsätzlich sind somit die Voraussetzungen der Gesamtschuld erfüllt. Nach der Rechtsprechung und herrschenden Lehre erfordert die Gesamtschuld allerdings darüber hinaus eine Gleichstufigkeit der Ansprüche.[1231] Daran fehlt es, wenn ein Schuldner nachrangig und nicht vorrangig gegenüber dem Gläubiger haftet.[1232] Eine solche Nachrangigkeit liegt insbesondere im Rahmen der Legalzession vor und besteht daher unter anderem bei einem Anspruchsübergang nach § 86 VVG.[1233] Im vorliegenden Beispiel hat das geschädigte Unternehmen einen Anspruch gegen das Organmitglied aus § 93 Abs. 2 S. 1 AktG bzw. § 43 Abs. 2 GmbHG. Ersetzt der Cyber-Versicherer dem geschädigten Unternehmen nun den Schaden, geht dieser Ersatzanspruch nach § 86 VVG auf den Cyber-

[1230] *Heinemeyer*, in: MüKoBGB, § 421 Rn. 3; *Looschelders*, in: Staudinger, § 421 Rn. 1.

[1231] BGH, Urt. v. 26.01.1989 – III ZR 192/87, BGHZ 106, 313, 318 f. = NJW 1989, 2127, 2128; Urt. v. 22.10.1992 – IX ZR 244/91, BGHZ 120, 50, 56 = NJW 1993, 585, 586; *Heinemeyer*, in: MüKoBGB, § 421 Rn. 12; *Gebauer*, in: Soergel, § 421 Rn. 15; *Larenz*, Schuldrecht I, § 37 I; *Völzmann-Stickelbrock*, in: Dauner-Lieb/Langen, § 421 Rn. 8.

[1232] *Heinemeyer*, in: MüKoBGB, § 421 Rn. 12; *Völzmann-Stickelbrock*, in: Dauner-Lieb/Langen, § 421 Rn. 8.

[1233] *Heinemeyer*, in: MüKoBGB, § 421 Rn. 12.

Versicherer über. Es liegt somit eine Legalzession vor, weshalb der Cyber-Versicherer dem Versicherungsnehmer im Verhältnis zum Organmitglied nachrangig haftet. Das Vorliegen einer Gesamtschuld würde daher ausscheiden.

Ein Teil der Literatur lehnt das Kriterium der Gleichstufigkeit allerdings ab,[1234] da der besonders schutzwürdige Sekundärschuldner eine Privilegierung verdiene, dieser aber durch die h.M. benachteiligt werde.[1235] Nach dieser Ansicht hätte das Organmitglied daher trotz der vorrangigen Haftung einen Anspruch gegen den Cyber-Versicherer. Dieser Auffassung ist aber gerade im Rahmen der Legalzession nicht zuzustimmen, da das Gesetz hier einen eigenen Regressweg vorsieht und diese Spezialvorschriften den allgemeinen Regeln über die Gesamtschuld vorgehen.[1236] Eine Gesamtschuld nach § 421 BGB setzt somit eine Gleichstufigkeit der Ansprüche voraus. Das Organmitglied und der Cyber-Versicherer sind daher nicht Gesamtschuldner i.S.v. § 421 BGB. Das Organmitglied hat daher keinen Ausgleichsanspruch aus § 426 BGB gegen den Cyber-Versicherer, wenn er den Schaden des Unternehmens beglichen hat. Ersetzt hingegen der Cyber-Versicherer dem Versicherungsnehmer den Schaden, hat er gem. § 86 Abs. 1 S. 1 VVG einen Anspruch gegen das Organmitglied aus § 93 Abs. 2 S. 1 AktG bzw. § 43 Abs. 2 GmbHG.

Neben dem Haftungsverhältnis zwischen dem Organmitglied und dem Cyber-Versicherer stellt sich darüber hinaus die Frage, ob der D&O-Versicherer gegen den Cyber-Versicherer einen Ausgleichsanspruch hat, wenn er das Organmitglied von Schadensersatzverpflichtungen gegenüber dem geschädigtem Unternehmen freigestellt hat. In Betracht käme hier ein Ausgleichsanspruch des D&O-Versicherers gegen den Cyber-Versicherer aus gesamtschuldnerischer Haftung gem. § 78 Abs. 1, 2 VVG. Dafür müsste eine Mehrfachversicherung nach § 77 Abs. 1 VVG vorliegen. Dies liegt insofern nahe, als dass das geschädigte Unternehmen sowohl bei der

[1234] *Gebauer*, in: Soergel, § 421 Rn. 10; *Looschelders*, in: Staudinger, § 421 Rn. 29.
[1235] *Looschelders*, in: Staudinger, § 421 Rn. 29.
[1236] *Looschelders*, Schuldrecht AT, Rn. 23.

Cyber-Versicherung als auch bei der D&O-Versicherung der Versicherungsnehmer ist.

Allerdings müsste bei beiden Versicherungen auch ein Interesse gegen dieselbe Gefahr versichert sein. Die Cyber-Versicherung versichert im Rahmen des Drittschadenbausteins das Interesse des Versicherungsnehmers einem Dritten nicht haftpflichtig zu werden. Die D&O-Versicherung versichert zwar auch ein Ersatzinteresse, allerdings das Interesse des Organmitglieds dem Versicherungsnehmer oder einem Dritten gegenüber nicht haftpflichtig zu werden.[1237] Die Cyber-Versicherung und die D&O-Versicherung versichern folglich unterschiedliche Interessen. Hinzu kommt, dass sich die beiden Versicherungen auch hinsichtlich der versicherten Gefahr unterscheiden. Die Cyber-Versicherung versichert das Risiko Opfer eines Cyber-Angriffs zu werden. Die D&O-Versicherung versichert hingegen Haftungsrisiken der beruflichen Tätigkeit des Organmitglieds. [1238] Die Cyber-Versicherung und die D&O-Versicherung versichern folglich nicht ein Interesse gegen dieselbe Gefahr. Es liegt somit keine Mehrfachversicherung i.S.v. § 77 Abs. 1 VVG vor. Eine gesamtschuldnerische Haftung des D&O-Versicherers gegenüber dem Cyber-Versicherer scheidet daher aus. Ein anderes Ergebnis käme auch schon deswegen nicht in Betracht, da eine gesamtschuldnerische Haftung des Cyber-Versicherers gegenüber dem D&O-Versicherer dazu führen würde, dass ein Organmitglied ohne Versicherungsschutz dem Cyber-Versicherer gegenüber nach § 86 VVG voll haften würde, bei bestehendem Versicherungsschutz aber ein Ausgleich zwischen D&O- und Cyber-Versicherer bestünde.

Die dargestellten Ergebnisse führen dazu, dass ein Organmitglied bei einer Schadensersatzpflicht nach § 93 Abs. 2 S. 1 AktG oder § 43 Abs. 2 GmbHG auch dann für die gesamte Schadenssumme haftet, wenn der Schaden von einer Cyber-Police gedeckt ist. Für die Cyber-Versicherer bedeutet dies, dass sie stets prüfen sollten, ob Ansprüche gegen Organmitglieder des Versicherungsnehmers in Frage kommen, da der Cyber-Versicherer den gesamten Schaden

---

[1237] Vgl. Ziff. A-1 AVB-D&O.
[1238] *Lange*, D&O-Versicherung, § 1 Rn. 15.

im Wege des Regresses nach § 86 VVG vom Organmitglied verlangen kann. Für die D&O-Versicherer hat die alleinige Haftung des Organmitglieds zur Folge, dass sie trotz des Bestehens einer anderweitigen Versicherung alleine für den Schaden aufkommen müssen.

3. Abbedingung von § 78 VVG

Eine Mehrfachversicherung nach § 78 VVG lässt sich verhindern, indem in die Versicherungsbedingungen eine Subsidiaritätsklausel aufgenommen wird, welche die Nachrangigkeit einer der beiden Versicherungen anordnet.[1239] Dabei ist zwischen einfachen und qualifizierten Subsidiaritätsklauseln zu unterscheiden. Bei einer einfachen Subsidiaritätsklausel haftet der Versicherer nur dann nicht, wenn nach einem anderen Versicherungsvertrag Deckungsschutz besteht; wohingegen bei einer qualifizierten Subsidiaritätsklausel der Versicherungsschutz generell ausgeschlossen wird, wenn für dasselbe Risiko und dieselbe Gefahr ein anderer Versicherungsvertrag besteht, unabhängig davon, ob dieser Versicherer zur Leistung verpflichtet ist.[1240] § 78 VVG kann darüber hinaus aber auch durch eine sog. Spezialitätsklausel abbedungen werden, welche die Vorrangigkeit der Police gegenüber anderen Versicherungen statuiert.

Nahezu alle Cyber-Bedingungen enthalten eine Klausel, welche das Verhältnis zu anderen Versicherungen regelt. Allerdings sind diese Klauseln, wie bei fast allen Bestimmungen der Cyber-Versicherung, uneinheitlich. Häufig wird in den verschiedenen Bedingungen eine Klausel i.S.v. Ziff. A1-12 AVB-Cyber verwendet, wonach die Cyber-Versicherung vorgeht, soweit Versicherungsschutz nach den Bedingungen der Cyber-Versicherung auch in einem anderen Versicherungsvertrag besteht.[1241] Andere Bedingungen verwenden ebenfalls eine solche Spezialitätsklausel, schränken ihren Umfang allerdings

---

[1239] *Armbrüster*, in: Beckmann/Matusche-Beckmann, § 6 Rn. 80.
[1240] *Armbrüster*, in: Beckmann/Matusche-Beckmann, § 6 Rn. 84 f.; *ders.*, Privatversicherungsrecht, Rn. 1256 f.; *Schnepp*, in: Bruck/Möller, § 78 Rn. 174, 178.
[1241] Ziff. 2 AIG; Ziff. F.4 Markel; Ziff. A1-12 Signal Iduna.

ein. So ist die Cyber-Versicherung der Axa Versicherung AG mit Ausnahme des Haftpflichtbausteins gegenüber anderen Versicherungen vorrangig.[1242] Die Gothaer Allgemeine Versicherung AG sieht wiederum eine Vorrangigkeit ihrer Cyber-Versicherung vor, es sei denn in dem anderen Versicherungsvertrag besteht Versicherungsschutz im Rahmen einer Nachmeldefrist oder Nachhaftung.[1243] Andere Versicherungsbedingungen sehen hingegen eine Subsidiarität gegenüber anderen Cyber-Versicherungen vor, wobei in diesen Fällen der Schutz der Cyber-Versicherung im Anschluss an das Versicherungslimit der anderen Versicherung zur Verfügung steht.[1244] Des Weiteren gibt es auch Cyber-Bedingungen, die unabhängig von der Art der anderen Versicherung grundsätzlich eine Nachrangigkeit vorsehen, wenn für einen grundsätzlich versicherten Schaden Versicherungsschutz im Rahmen eines anderen Versicherungsvertrages besteht.[1245]

Nachfolgend soll zunächst die Klausel des GDV zur Mehrfachversicherung, Ziff. A1-12 AVB-Cyber, ausgelegt werden. Daran anschließend sollen die wichtigsten Kollisionsmöglichkeiten von Spezialitäts- und Subsidiaritätsklauseln und ihre jeweiligen Rechtsfolgen dargestellt werden.

a) Auslegung von Ziff. A1-12 AVB-Cyber

Ziff. A1-12 AVB-Cyber enthält folgenden Inhalt: „Besteht Versicherungsschutz nach den Bedingungen dieses Vertrages auch in einem anderen Versicherungsvertrag, so geht die Cyberrisiko-Versicherung vor.“ Diese Klausel lässt bezüglich der Abbedingung der Rechtsfolgen des § 78 VVG mehrere Auslegungsmöglichkeiten zu. Zum einen kann die Klausel so verstanden werden, dass der Versicherungsnehmer bei Eintritt des Versicherungsfalls nur den Cyber-Versicherer in Anspruch nehmen darf und dieser den Schaden voll-

[1242] Teil B Ziff. 2.1.2 Axa.
[1243] Ziff. VI.10 Gothaer.
[1244] Ziff. III.10 AGCS; Ziff. 3.9 Allianz-Vers.; Ziff. IV.2. Hiscox.
[1245] Ziff. A.6 Ergo; Klausel CY1002 R+V.

umfänglich ersetzt.[1246] Der Versicherungsnehmer kann die Spezialitätsklausel aber auch so verstehen, dass er den anderen Versicherer dennoch in Anspruch nehmen kann und der Cyber-Versicherer nur im Ergebnis für den Schaden alleine aufkommt, indem der andere Versicherer gegen ihn einen Regressanspruch aus § 78 Abs. 2 VVG hat.[1247] Als dritte Auslegungsmöglichkeit kommt das Verständnis in Betracht, dass der Cyber-Versicherer die Regulierung des Schadens gegenüber dem Versicherungsnehmer zwar übernimmt, er die Regressmöglichkeit gegenüber dem anderen Versicherer aber nicht abbedingen möchte, weshalb die Spezialitätsklausel bei einem solchen Verständnis nur eine Vorleistungspflicht des Cyber-Versicherers statuieren würde.[1248] Zu diesem Ergebnis kommt *Fortmann*.[1249]

Bei genauerer Betrachtung geht es bei der Auslegung von Ziff. A1-12 AVB-Cyber um zwei Fragen. Zum einen stellt sich die Frage, ob diese Klausel das Wahlrecht des Versicherungsnehmers aus § 78 Abs. 1 VVG einschränkt. Zum anderen ist bei Ziff. A1-12 AVB-Cyber ungeklärt, ob die gesamtschuldnerische Haftung nach § 78 Abs. 1, 2 VVG abbedungen wird, mit der Rechtsfolge, dass der Cyber-Versicherer gegenüber dem Versicherungsnehmer vorrangig zur Leistung verpflichtet ist. Beide Auslegungsergebnisse sind zumindest insoweit zulässig, als dass von § 78 Abs. 1, 2 VVG gem. § 87 VVG auch zum Nachteil des Versicherungsnehmers abgewichen werden kann.[1250]

Mit Ausnahme der Aufsätze von *Fortmann*, *Malek/Schütz* und *R. Koch* existieren keine Abhandlungen zur Cyber-Versicherung, die sich mit der Auslegung von Ziff. A1-12 AVB-Cyber auseinandersetzen.[1251] Auch kann bei der Beantwortung dieser Frage nicht auf andere Versicherungszweige zurückgegriffen werden, da eine solche Vorrangigkeitsklausel in anderen Sparten nicht verwendet wird. So

[1246] *Fortmann*, r+s 2019, 429, 439; *Malek/Schütz*, PHi 2018, 174, 184.
[1247] *Malek/Schütz*, PHi 2018, 174, 184.
[1248] *Fortmann*, r+s 2019, 429, 439; *Malek/Schütz*, PHi 2018, 174, 185.
[1249] *Fortmann*, r+s 2019, 429, 439 f.
[1250] *R. Koch*, Prioritätsklauseln in Versicherungsverträgen, S. 13
[1251] *Fortmann*, r+s 2019, 429, 439 f.; *R. Koch*, Prioritätsklauseln in Versicherungsvverträgen, S. 8 ff. *Malek/Schütz*, PHi 2018, 174, 185.

findet sich eine solche Klausel bisher auch nicht in anderen speziellen Versicherungskonzepten. Vielmehr verwenden z.B. die D&O- und die Vertrauensschadenversicherung jeweils eine Subsidiaritätsklausel.[1252] Daher gibt es auch im Rahmen anderer Versicherungssparten keine Literatur zu den aufgeworfenen Fragen. Lediglich in der Krankenversicherung ist des Öfteren die Vorrangigkeit einer Versicherung von Bedeutung, wie z.B. in § 5 Abs. 6, 7, 8 SGB V. Hier geht es jedoch um die Vorrangigkeit jeweiliger Versicherungspflichten im Rahmen der gesetzlichen Krankenversicherung und nicht um den Vorrang einzelner Versicherungspolicen. Die Frage, wie eine Klausel auszulegen ist, die ihre Vorrangigkeit i.S.v. Ziff. A1-12 AVB-Cyber anordnet, ist somit spartenübergreifend ungeklärt.

aa) Abbedingung der gesamtschuldnerischen Haftung

Im Verhältnis zu anderen Versicherungen kommen bei Ziff. A1-12 AVB-Cyber zwei Auslegungsmöglichkeiten in Betracht. Zum einen könnte diese Klausel die gesamtschuldnerische Haftung nach § 78 Abs. 1, 2 VVG abbedingen und den Versicherer zur vorrangigen Leistung verpflichten.[1253] In diesem Fall würde der Cyber-Versicherer gegenüber dem Versicherungsnehmer mit der vollen Versicherungssumme haften. Der zweite Versicherer wäre dann erst bei deren Ausschöpfung leistungspflichtig. Zum anderen könnte die Klausel, wie von einigen Stimmen in der Literatur vertreten, aber auch so ausgelegt werden, dass der Versicherer gegenüber dem Versicherer nur vorleisten möchte, um im Anschluss daran den zweiten Versicherer nach § 78 Abs. 1, 2 VVG in Anspruch zu nehmen.[1254]

[1252] Siehe dazu unten S. 357.

[1253] *Fortmann*, r+s 2019, 429, 440; *Malek/Schütz*, PHi 2018, 174, 184; *Schilbach*, VW 2020, 90, 93.

[1254] *Armbrüster*, in: Münchener Handbuch des Gesellschaftsrechts, § 108 Rn. 131; *Klimke*, in: Prölss/Martin, Ziff. A1-12 AVB-Cyber Rn. 2 f.; *R. Koch*, Prioritätsklauseln in Versicherungsverträgen, S. 13 ff.; Vgl. *Fortmann*, r+s 2019, 429, 440; *Malek/Schütz*, PHi 2018, 174, 184; *Schilbach*, VW 2020, 90, 93.

(1) Wortlaut

Bei der Beantwortung dieser Frage ist zunächst vom Wortlaut von Ziff. A1-12 AVB-Cyber auszugehen, wobei entscheidend ist, wie dieser von einem durchschnittlichen Versicherungsnehmer der Cyber-Versicherung verstanden wird.[1255] *Fortmann* und *Schilbach* zu Folge lässt sich aus dem Wortlaut dieser Klausel nicht eindeutig entnehmen, ob der Versicherer nur vorleisten möchte oder ob dort eine Subsidiarität der anderen Versicherung statuiert wird.[1256]

Nach Ziff. A1-12 AVB-Cyber „geht die Cyberrisiko-Versicherung vor", wenn „Versicherungsschutz" nach den Bedingungen „dieses Vertrags" auch in einem anderen Versicherungsvertrag besteht. Wenn etwas gegenüber einer anderen Sache vorgeht oder als vorrangig zu behandeln ist, dann bedeutet dies nach dem allgemeinen Sprachgebrauch, dass die betreffende Sache oder Angelegenheit in einem übergeordnetem Rangverhältnis steht und ihr eine höhere Priorität zukommt. Ein durchschnittlicher Versicherungsnehmer wird Ziff. A1-12 AVB-Cyber daher so verstehen, dass der Cyber-Versicherung im Verhältnis zu der anderen Versicherung eine höhere Priorität zukommt. Dabei dürfte er davon ausgehen, dass die Cyber-Police der anderen Versicherung in jeglicher Hinsicht vorgeht. Denn dafür, dass sich die Priorität der Leistungspflicht nur auf das Verhältnis zum Versicherungsnehmer, nicht aber auf das Verhältnis zu anderen Versicherern erstreckt, gibt es in Ziff. A1-12 AVB-Cyber keine Anhaltspunkte. Der Wortlaut der Klausel spricht daher für die Auslegung, nach welcher der Cyber-Versicherer zunächst mit der vollen Versicherungssumme gegenüber dem Versicherungsnehmer haftet und eine Leistungspflicht des anderen Versicherers erst bei deren Ausschöpfung eintritt.

[1255] Vgl. *Beckmann*, in: Beckmann/Matusche-Beckmann, § 10 Rn. 167 (Allgemein zur AVB-Auslegung).

[1256] *Fortmann*, r+s 2019, 429, 440; *Schilbach*, VW 2020, 90, 93.

(2) Sinn und Zweck

Fraglich ist jedoch, ob sich aus dem Sinn und Zweck von Ziff. A1-12 AVB-Cyber etwas anderes ergibt. Denn bei der Auslegung von Versicherungsbedingungen ist neben dem Wortlaut auch der Sinn und Zweck der Klausel sowie die systematische Stellung der Klausel im Bedingungswerk entscheidend.[1257]

Einige Stimmen in der Literatur sehen den Zweck von Ziff. A1-12 AVB-Cyber darin sicherzustellen, dass der Versicherungsnehmer nach einem Cyber-Angriff in jedem Fall schnell und unkompliziert Versicherungsschutz erhält, auch wenn der Schaden noch unter einer anderen Police versichert ist.[1258] So soll Ziff. A1-12 AVB-Cyber *Fortmann* und *Schilbach* zu Folge in erster Linie gewährleisten, dass sich der Versicherungsnehmer im Schadenfall nicht erst mit verschiedenen Versicherern auseinandersetzen muss.[1259] Denn gerade nach einem Cyber-Angriff habe der Versicherungsnehmer nicht die Zeit, sich erst langwierig mit der Frage auseinanderzusetzen, welcher Versicherer leistungspflichtig ist.[1260] Nach dieser Ansicht soll der Versicherungsnehmer somit nicht befürchten müssen, dass beide Versicherer den Versicherungsnehmer jeweils an den anderen Versicherer mit dem Argument verweisen, dass der andere Versicherer leistungspflichtig sei. Würde man dem folgen, ließe sich argumentieren, dass eine Abbedingung der gesamtschuldnerischen Haftung nach § 78 Abs. 1, 2 VVG nicht notwendig ist, um diesen Zweck zu erreichen.

Allerdings bedarf es Ziff. A1-12 AVB-Cyber nicht, um sicherzustellen, dass der Versicherungsnehmer nach einem Cyber-Angriff in jedem Fall Versicherungsschutz erhält. Denn gem. § 78 Abs. 1 VVG kann der Versicherungsnehmer ohnehin von jedem Versicherer die

---

1257 *Beckmann*, in: Beckmann/Matusche-Beckmann, § 10 Rn. 167; *Brömmelmeyer*, in: Rüffer/Halbach/Schimikowski, Einl. Rn. 66; vgl. BGH, Urt. v. 05.11.1991 – XI ZR 246/90, NJW 1992, 180, 181 (bzgl. Systematik); Urt. v. 14.01.1999 – IX ZR 140–98, NJW 1999, 1105, 1106 (bzgl. Sinn und Zweck).

1258 *Fortmann*, r+s 2019, 429, 440; *Gebert/Klapper*, in: Veith/Gräfe/Gebert, § 24 Rn. 104; *Klimke*, in: Prölss/Martin, Ziff. A1-12 AVB-Cyber Rn. 1; *Salm*, in: Rüffer/Halbach/Schimikowski, Ziff. A.1-12 AVB-Cyber Rn. 1.

1259 *Fortmann*, r+s 2019, 429, 440; *Schilbach*, VVW 2020, 90, 93.

1260 *Fortmann*, r+s 2019, 429, 440.

volle Leistung verlangen, da er nach Eintritt des Versicherungsfalls ein Wahlrecht bezüglich der Frage hat, welchen der beiden jeweils leistungspflichtigen Versicherer er in Anspruch nehmen möchte.[1261] Der in Anspruch genommene Versicherer ist somit auch ohne Ziff. A1-12 AVB-Cyber vorleistungspflichtig. Allein für die Statuierung einer Leistungspflicht hätte es Ziff. A1-12 AVB-Cyber nicht bedurft. Es ist daher abzulehnen, darin den Zweck der GDV-Klausel zu sehen.

Der Zweck von Ziff. A1-12 AVB-Cyber könnte aber darin liegen, durch die frühzeitige Einbindung des Cyber-Versicherers ein effizientes Schadenmanagement zu gewährleisten.[1262] Hierfür spricht, dass es sich bei dem Cyber-Risiko um ein neues Risiko handelt, welches insbesondere bei der Schadensbetreuung und -abwicklung ein besonderes Know-how des Versicherers erfordert. Cyber-Versicherer haben sich auf die Versicherung dieses Risikos spezialisiert und verfügen daher, anders als klassische Haftpflicht-, Sach- oder Vertrauensschadenversicherer, über das notwendige Fachwissen. Dies ist insofern von Bedeutung, als dass ein Fehlverhalten des Angegriffenen nach einer Cyber-Attacke oftmals den Schaden vergrößern oder sogar erst verursachen kann.[1263] Daher soll die frühzeitige Einbindung des Cyber-Versicherers eine Schadensvergrößerung oder -verursachung verhindern.[1264]

Dafür, dass Ziff. A1-12 AVB-Cyber ein effizientes Schadenmanagement gewährleisten soll, sprechen aber auch systematische Erwägungen. Denn wie oben bereits dargestellt, gehört zum Kernbestandteil einer Cyber-Versicherung der Service-Kosten-Baustein, nach dem unter anderem die Kosten für Dienstleistungen von IT-Forensikern, PR-Beratern und Call-Center-Anbietern übernommen werden. Oftmals arbeiten die Versicherer hier mit bestimmten Anbietern zusammen. Damit diese Dienstleister ihre Arbeit aufnehmen können, ist es zwingend notwendig, dass der Versicherungsnehmer

---

[1261] *Halbach*, in: MüKoVVG, § 78 Rn. 12 f.

[1262] *Armbrüster*, in: Münchener Handbuch des Gesellschaftsrechts, § 108 Rn. 131; *Schilbach*, VW 2020. 90, 92; Vgl. *R. Koch*, Prioritätsklauseln in Versicherungsverträgen, S. 14 f.

[1263] *Pache/Graß*, PHi 2017, 122, 126.

[1264] *Malek/Schütz*, PHi 2018, 174, 184; *Pache/Graß*, PHi 2017, 122, 126; *Salm*, in: Rüffer/Halbach/Schimikowski, Ziff. A.1-12 AVB-Cyber Rn. 3; *Schilbach*, SpV 2018, 2, 3.

sich an seinen Cyber-Versicherer wendet. Hinzu kommt, dass die Kosten für Forensik-, PR- und Call-Center-Dienstleistern gem. Ziff. A2-1 und Ziff. A2-2 AVB-Cyber nur nach vorheriger Abstimmung mit dem Versicherer ersetzt werden. Bevor der Versicherungsnehmer einen Dienstleister beauftragt, hat er dies folglich mit dem Cyber-Versicherer abzustimmen.

Ziff. A1-12 AVB-Cyber hat somit die Gewährleistung eines effizienten Schadenmanagements zum Ziel. Für die Gewährleistung eines effizienten Schadenmanagements ist die Abbedingung einer gesamtschuldnerischen Haftung nach § 78 Abs. 1, 2 VVG jedoch nicht notwendig, da die spätere Inanspruchnahme des anderen Versicherers einem effizienten Schadenmanagement nicht im Wege steht.[1265] Wenn es sich bei der Gewährleistung eines effizienten Schadenmanagements um das einzige Ziel von Ziff. A1-12 AVB-Cyber handelt, wäre es mit dem Zweck der Klausel vereinbar, lediglich die Statuierung einer Vorleistungspflicht des Versicherers anzunehmen.

Allerdings ist bei Ziff. A1-12 AVB-Cyber auch der primäre Zweck der Cyber-Versicherung zu berücksichtigen. Die Cyber-Versicherung wurde von der Versicherungswirtschaft auf den Markt gebracht, da man zu der Erkenntnis gekommen war, dass herkömmliche Versicherungen bei der Deckung von Cyber-Risiken an ihre Grenzen gelangen.[1266] Der Zweck der Cyber-Versicherung liegt somit darin, den Versicherungsnehmer vollumfänglich gegen etwaige Cyber-Schäden abzusichern. Wenn der Sinn einer Cyber-Versicherung darin liegt, speziell Cyber-Risiken zu versichern, bedeutet dies, dass der Versicherungsnehmer die Versicherungsprämie gerade dafür zahlt, dass der Cyber-Versicherer vollumfänglich für den Cyber-Schaden aufkommt. Dafür spricht auch, dass der Versicherungsnehmer mit dem Abschluss der Cyber-Versicherung das Ziel verfolgen wird, das Cyber-Risiko von seinen anderen Unternehmensversicherungen abzutrennen und auf den Cyber-Versicherer auszulagern.

[1265] Vgl. *Fortmann*, r+s 2019, 429, 440 (zur Sicherstellung, dass der VN in jedem Fall Versicherungsschutz erhält).
[1266] Vgl. *Erichsen*, CCZ 2015, 247, 250.

Dass die alleinige Tragung eines Cyber-Schadens durch den Cyber-Versicherer für den Versicherungsnehmer von großer Bedeutung ist, verdeutlicht die Rechtsfolge, die eintreten würde, wenn man die vorrangige Haftung des Cyber-Versicherers ablehnt. Haftet der Cyber-Versicherer nicht alleine für den Cyber-Schaden, sondern ist auch der andere Versicherer zur Leistung verpflichtet, kann dieser in der Regel das Versicherungsverhältnis kündigen. Denn zum einen räumen die meisten Versicherungsbedingungen dem Versicherer nach der Leistung ein Kündigungsrecht ein, und zum anderen ergibt sich das Kündigungsrecht zumindest bei der Sach- und bei der Haftpflichtversicherung aus § 92 VVG und § 111 VVG. Eine solche Kündigung durch den anderen Versicherer würde für den Versicherungsnehmer bedeuten, dass seine klassische Haftpflicht-, Sach-, oder Vertrauensschadenversicherung nicht mehr für die eigentlichen Versicherungsfälle, für die der Versicherungsnehmer ursprünglich den Schutz erworben hat, leisten würde. Der Zweck, dass Cyber-Risiko von den anderen bestehenden Unternehmensversicherungen abzutrennen und auf den Cyber-Versicherer auszulagern, wäre verfehlt.

Aus diesen Gründen liegt der Zweck einer Cyber-Versicherung darin, den Versicherungsnehmer abschließend vor Cyber-Risiken zu schützen. Dieses Ziel lässt sich nur durch eine Abbedingung der gesamtschuldnerischen Haftung nach § 78 Abs. 1, 2 VVG erreichen. Ein durchschnittlicher Versicherungsnehmer wird daher davon ausgehen, dass durch Ziff. A1-12 AVB-Cyber die vorrangige Haftung des Cyber-Versicherers und die damit einhergehende Abbedingung der gesamtschuldnerischen Haftung nach § 78 Abs. 1, 2 VVG bestimmt werden soll.

(3) § 305c Abs. 2 BGB

Nach der hier vertretenen Auffassung wird ein durchschnittlicher Versicherungsnehmer Ziff. A1-12 AVB-Cyber sowohl aufgrund des Wortlauts als auch aufgrund des mit dieser Klausel verfolgten

Zwecks so verstehen, dass die gesamtschuldnerische Haftung nach § 78 Abs. 1, 2 VVG abbedungen wird.

Aber auch wenn man den Wortlaut und den Sinn und Zweck von Ziff. A1-12 AVB-Cyber nicht in diesem Sinne verstehen würde, dürfte man aufgrund der Unklarheitenregel aus § 305c Abs. 2 BGB zu keinem anderen Ergebnis kommen. Denn dann bleiben bei der Auslegung dieser Klausel zumindest Zweifel, ob das Vorgehen des Versicherungsschutzes der Cyber-Versicherung gegenüber einer anderen Versicherung als bloße Statuierung einer Vorleistungspflicht gemeint ist oder ob die gesamtschuldnerische Haftung nach § 78 Abs. 1, 2 VVG abbedungen wird. Die zweite Auslegungsvariante wäre dabei für den Versicherungsnehmer günstiger und wäre daher gem. § 305c Abs. 2 BGB maßgeblich. Denn wie bereits dargestellt, würde eine gemeinsame Haftung der beiden Versicherer dazu führen, dass der andere Versicherer den Versicherungsvertrag aufgrund des Eintritts des Versicherungsfalls kündigen kann. Für den Versicherungsnehmer ist es daher besser, wenn der Cyber-Versicherer alleine für den Schaden aufkommt, da er den anderen Versicherer so auch noch für zukünftige Schäden in Anspruch nehmen kann.

Auch bei Ablehnung der vorigen Auslegungsergebnisse, muss man daher aufgrund von § 305c Abs. 2 BGB zu dem Ergebnis kommen, dass Ziff. A1-12 AVB-Cyber die gesamtschuldnerische Haftung der Versicherer nach § 78 Abs. 1, 2 VVG abbedingt.

bb) Abbedingung des Wahlrechts des Versicherungsnehmers

Fraglich ist, ob Ziff. A1-12 AVB-Cyber auch das Wahlrecht des Versicherungsnehmers aus § 78 Abs. 1 VVG abbedingt. Denn danach kann der Versicherungsnehmer selbst entscheiden, welchen Versicherer er für die Schadensdeckung in Anspruch nimmt.[1267] Bei der Auslegung von Ziff. A1-12 AVB-Cyber kommen grundsätzlich zwei Möglichkeiten in Betracht. Zum einen könnte die Klausel den Versi-

---

[1267] *Halbach*, in: MüKoVVG, § 78 Rn. 12 f.

cherungsnehmer dazu verpflichten, sich nach einem Schaden zur Erlangung des Versicherungsschutzes ausschließlich an den Cyber-Versicherer zu wenden.[1268] Dann dürfte er den Schaden nicht bei dem anderen Versicherer geltend machen. Zum anderen könnte Ziff. A1-12 AVB-Cyber aber auch, wie von *Klimke* und *R. Koch* vertreten, nur als Empfehlung ausgelegt werden, mit der Folge, dass sich der Versicherungsnehmer nach einem Schaden zwar an den Cyber-Versicherer wenden soll, er hierzu aber nicht verpflichtet ist.[1269] In diesem Fall könnte der Versicherungsnehmer auch den anderen Versicherer primär in Anspruch nehmen. Dies hätte zur Folge, dass der andere Versicherer einen Regeressanspruch gegen den Cyber-Versicherer in Höhe der gesamten Versicherungssumme der Cyber-Versicherung hätte. Denn wie eben dargestellt, ergibt sich aus Ziff. A1-12 AVB-Cyber, dass der Cyber-Versicherer für den Cyber-Schaden mit der vollen Versicherungssumme haftet.

(1) Wortlaut, Sinn und Zweck

Für die Frage, ob das Wahlrecht abbedungen wird, ist erneut das Verständnis eines durchschnittlichen Versicherungsnehmers entscheidend. Der Wortlaut von Ziff. A1-12 AVB-Cyber spricht bereits für die erste Auslegungsvariante. Denn ein durchschnittlicher Versicherungsnehmer dürfte den Wortlaut so verstehen, dass die Cyber-Versicherung nicht nur bzgl. der Leistung, sondern insgesamt, d.h. auch hinsichtlich der Inanspruchnahme einer anderen Versicherungspolice vorgeht.

Auch der Sinn und Zweck von Ziff. A1-12 AVB-Cyber sprechen für eine solche Auslegung. Denn wie oben bereits dargestellt, soll Ziff. A1-12 AVB-Cyber ein effizientes Schadenmanagement gewährleisten. So soll die frühzeitige Einbindung des Cyber-Versicherers eine Schadensvergrößerung oder -verursachung verhindern.[1270]

[1268] *Malek/Schütz*, PHi 2018, 174, 184.
[1269] *Klimke*, in: Prölss/Martin, Ziff. A1-12 AVB-Cyber Rn. 2; *R. Koch,* Prioritätsklauseln in Versicherungsverträgen, S. 13; Vgl. *Malek/Schütz*, PHi 2018, 174, 184.
[1270] *Malek/Schütz*, PHi 2018, 174, 184; *Pache/Graß*, PHi 2017, 122, 126; *Schilbach*, SpV 2018, 2, 3.

Dieses Ziel kann aber nur erreicht werden, wenn sich der Versicherungsnehmer sofort an den Cyber-Versicherer und nicht an einen Anbieter klassischer Versicherungsprodukte wendet. Hierfür sprechen auch die oben erwähnten systematischen Erwägungen zur den Service-Kosten. Denn nach Ziff. A2-1 und Ziff. A2-2 AVB-Cyber werden diese nur nach vorheriger Abstimmung mit dem Versicherer ersetzt. Damit der Cyber-Versicherer die Dienstleistungskosten ersetzt, ist es daher notwendig, dass sich der Versicherungsnehmer sofort mit dem Cyber-Versicherer in Verbindung setzt.

Für die Pflicht sich ausschließlich an den Cyber-Versicherer zur Schadensregulierung zu wenden, spricht des Weiteren die oben festgestellte Abbedingung der gesamtschuldnerischen Haftung. Es würde keinen Sinn ergeben, wenn der Cyber-Versicherer primär für den Schaden haftet, der Versicherungsnehmer aber dennoch entscheiden kann, welchen Versicherer er in Anspruch nehmen möchte. Dies gilt auch, da der andere Versicherer ohnehin stets einen vollen Regressanspruch gegen den Cyber-Versicherer hätte, weshalb es naheliegt, dass der Versicherungsnehmer den Schaden direkt bei diesem geltend machen muss.

Aus diesen Gründen sprechen der Wortlaut sowie der Sinn und Zweck von Ziff. A1-12 AVB-Cyber dafür, dass der Versicherungsnehmer nach einem Cyber-Angriff verpflichtet ist, sich bei der Geltendmachung des Schadens zunächst ausschließlich an seinen Cyber-Versicherer zu wenden.

(2) § 307 Abs. 1 S. 1 BGB

Fraglich ist allerdings, ob die Abbedingung des Wahlrechts den Versicherungsnehmer gem. § 307 Abs. 1 S. 1 BGB unangemessen benachteiligt. Dafür könnte sprechen, dass der Versicherungsnehmer den Cyber-Versicherer aufgrund des abbedungenen Wahlrechts auch dann in Anspruch nehmen muss, wenn seine zweite Versicherung einen geringeren Selbstbehalt als die Cyber-Versicherung enthält. Dies könnte dazu führen, dass der Versicherungsnehmer auf den finanziellen Vorteil, den er durch die Inanspruchnahme des anderen Versicherers erlangen würde, verzichten müsste.[1271] Dies ist jedoch im Ergebnis nicht der Fall, da der Versicherungsnehmer den restlichen Schaden später auch immer noch gegenüber dem zweiten Versicherer geltend machen kann.

Dies soll folgendes Beispiel verdeutlichen: Ein Cyber-Schaden in Höhe von 100.000 € ist sowohl nach einer Cyber-Versicherung als auch nach einer Vertrauensschadenversicherung gedeckt. Die Cyber-Versicherung enthält einen Selbstbehalt von 50.000 € und die Vertrauensschadenversicherung von 20.000 €. Nimmt der Versicherungsnehmer den Vertrauensschadenversicherer in Anspruch, erhält er von diesem 80.000 €. Kommt der Versicherungsnehmer hingegen seiner Pflicht aus Ziff. A1-12 AVB-Cyber nach, indem er den Cyber-Versicherer primär in Anspruch nimmt, erhält er von diesem 50.000 €. Allerdings kann er seinen restlichen Schaden in Höhe von 50.000 € immer noch gegenüber dem Vertrauensschadenversicherer geltend machen, weshalb er aufgrund des Selbstbehalts von diesem eine Versicherungsleistung in Höhe von 30.000 € erhält. Auch bei einer Abbedingung des Wahlrechts erhält der Versicherungsnehmer somit Versicherungsleistungen in Höhe von insgesamt 80.000 €.

Eine unangemessene Benachteiligung des Versicherungsnehmers nach § 307 Abs. 1 S. 1 BGB liegt durch die Abbedingung des Wahlrechts somit nicht vor.

(3) Fehlen einer Rechtsfolge

Der Wortlaut und der Sinn und Zweck von Ziff. A1-12 AVB-Cyber sprechen somit dafür, dass der Versicherungsnehmer den Cyber-Schaden zunächst ausschließlich bei dem Cyber-Versicherer geltend machen muss. Auch § 307 Abs. 1 S. 1 BGB steht dem nicht entgegen. Dennoch ließe sich die Abbedingung des Wahlrechts des

[1271] Vgl. *Malek/Schütz*, PHi 2018, 174, 184 (bzgl. des Vorteils für den Versicherungsnehmer bei einem solchen Wahlrecht).

Versicherungsnehmers ablehnen, wenn sich aus Ziff. A1-12 AVB-Cyber keine Rechtsfolge ergibt, die eintritt, wenn sich der Versicherungsnehmer nach einem Cyber-Angriff nicht an seinen Cyber-Versicherer wendet. Denn es würde keinen Sinn ergeben, den Versicherungsnehmer zu einem Verhalten zu verpflichten, bei dem ein Verstoß rechtsfolgenlos bleibt.[1272]

Fraglich ist daher, ob eine Rechtsfolge eintritt, wenn der Versicherungsnehmer seinen Schaden nicht vorrangig bei dem Cyber-Versicherer geltend macht. Hierbei ist zunächst entscheidend, wie Ziff. A1-12 AVB-Cyber rechtlich einzuordnen ist. So könnte diese Klausel eine Obliegenheit statuieren.[1273] Wie oben bereits dargestellt, liegt eine Obliegenheit vor, wenn von dem Versicherungsnehmer ein bestimmtes Verhalten gefordert wird.[1274] Vorliegend hat die Auslegung von Ziff. A1-12 AVB-Cyber ergeben, dass sich der Versicherungsnehmer für die Schadensregulierung vorrangig an den Cyber-Versicherer wenden soll. Von dem Versicherungsnehmer wird folglich ein bestimmtes Verhalten gefordert, weshalb es naheliegen würde Ziff. A1-12 AVB-Cyber als Obliegenheit einzuordnen.

Die Rechtsfolge, die bei der Verletzung einer vertraglichen Obliegenheit eintritt, kann sich sowohl aus § 28 Abs. 1 VVG als auch aus dem Vertrag selbst ergeben. Gem. § 28 Abs. 1 VVG kann der Versicherer den Versicherungsvertrag kündigen, wenn der Versicherungsnehmer eine Obliegenheit verletzt hat. Dies gilt jedoch nur für Obliegenheiten, die vom Versicherungsnehmer vor Eintritt des Versicherungsfalls zu erfüllen sind. Ziff. A1-12 AVB-Cyber statuiert jedoch eine Obliegenheit, die nach dem Eintritt des Versicherungsfalls zu erfüllen ist. Denn die Pflicht, sich an den Cyber-Versicherer zur Erlangung von Versicherungsschutz zu wenden, wird erst relevant, wenn der Versicherungsnehmer den Schaden festgestellt hat oder wenn Dritte gegen ihn Ansprüche geltend machen. Die Rechtsfolge kann sich daher nicht nach § 28 Abs. 1 VVG richten.

[1272] Vgl. *Wandt*, in: MüKoVVG, § 28 Rn. 29 (allgemein dazu, dass das Fehlen einer Rechtsfolge ein starkes Indiz gegen die Annahme einer Obliegenheit ist).

[1273] Vgl. *Schilbach*, VW 2020, 90, 92 (i.E. ablehnend).

[1274] Siehe S. 285.

Da § 28 VVG für Obliegenheiten, die nach Eintritt des Versicherungsfalls von Bedeutung sind, keine Rechtsfolgen statuiert, müssen diese vertraglich bestimmt werden.[1275] Ziff. A1-12 AVB-Cyber sieht keine Rechtsfolge vor, die eintritt, wenn der Versicherungsnehmer sich nicht ausschließlich zur Schadensregulierung an den Cyber-Versicherer wendet. Zwar finden sich in Ziff. B3-4 AVB-Cyber Rechtsfolgen, die eintreten, wenn der Versicherungsnehmer eine Obliegenheit verletzt. Diese Rechtsfolgen finden sich jedoch in dem Abschnitt „B3 Anzeigepflicht, Gefahrerhöhung, andere Obliegenheiten" und beziehen sich offensichtlich nur auf die in diesem Abschnitt statuierten Obliegenheiten. Aus den AVB-Cyber ergibt sich daher keine Rechtsfolge, die eintritt, wenn sich der Versicherungsnehmer nicht an die Pflicht hält, sich nach einem Cyber-Angriff ausschließlich an den Cyber-Versicherer zu wenden. Ein solcher Verstoß bleibt daher rechtsfolgenlos.

Diese fehlende Rechtsfolge bei einem Verstoß gegen Ziff. A1-12 AVB-Cyber spricht entscheidend dagegen, dass sich der Versicherungsnehmer ausschließlich zur Erlangung von Versicherungsschutz an den Cyber-Versicherer wenden muss. Denn die Statuierung von Obliegenheiten, die der Versicherungsnehmer nach Eintritt des Versicherungsfalls zu erfüllen hat, ist überflüssig, wenn der Vertrag keine Rechtsfolgen bei deren Verletzung vorsieht.[1276] Es ergibt somit keinen Sinn, den Versicherungsnehmer zu einem Verhalten zu verpflichten, bei dem ein Verstoß gegen dieses Gebot rechtsfolgenlos bleibt.[1277] Auch wenn der Wortlaut und der Sinn und Zweck von Ziff. A1-12 AVB-Cyber grundsätzlich für eine Abbedingung des Wahlrechts aus § 78 Abs. 1 VVG sprechen, wird man daher nur zu dem Ergebnis kommen können, dass es sich bei dieser Klausel lediglich um eine Empfehlung des Versicherers handelt, sich nach einem Schadensfall direkt an den Cyber-Versicherer zu wenden. Denn würde es dem Versicherer wirklich darauf ankommen, den Versicherungsnehmer zu einer primären Inanspruchnahme zu ver-

---

[1275] *Wandt*, in: MüKoVVG, § 28 Rn. 25.
[1276] *Wandt*, in: MüKoVVG, § 28 Rn. 25.
[1277] Vgl. *Wandt*, in: MüKoVVG, § 28 Rn. 29 (allgemein dazu, dass das Fehlen einer Rechtsfolge ein starkes Indiz gegen die Annahme einer Obliegenheit ist).

pflichten, hätte er dies durch die Statuierung einer Rechtsfolge deutlich gemacht.

Aufgrund der fehlenden Rechtsfolge in Ziff. A1-12 AVB-Cyber wird ein durchschnittlicher Versicherungsnehmer daher zu dem Ergebnis kommen, dass er sich nach einem Cyber-Angriff nicht zwingend an den Cyber-Versicherer zur Schadensregulierung wenden muss. Aus Ziff. A1-12 AVB-Cyber folgt daher keine Pflicht des Versicherungsnehmers, sich nach einem Cyber-Angriff primär an den Cyber-Versicherer zu wenden.

cc) Lösungsmöglichkeiten

Die bei der Auslegung von Ziff. A1-12 getroffenen Ergebnisse werden nicht zwingend im Sinne der Cyber-Versicherer sein. So könnte es Versicherer geben, die bei einer Verwendung der GDV-Klausel davon ausgehen, dass sie einen anderen Versicherer im Anschluss an die Leistung an den Versicherungsnehmer nach wie vor gem. § 78 Abs. 1, 2 VVG in Regress nehmen können. Denn die alleinige Haftung für Cyber-Schäden dürfte bei Bestehen einer zweiten Versicherung oftmals nicht im Interesse des Cyber-Versicherers sein. Auch wird es nicht im Interesse der Versicherers sein, dass Ziff. A1-12 AVB-Cyber nicht zu einer Abbedingung des Wahlrechts aus § 78 Abs. 1 VVG führt.

Es stellt sich daher die Frage, wie Cyber-Versicherer wirksam eine Vorleistungspflicht statuieren, die zwar das Wahlrecht des Versicherungsnehmers, nicht aber die gesamtschuldnerische Haftung nach § 78 Abs. 1, 2 VVG abbedingt.

Ersteres lässt sich am einfachsten umsetzen, indem die Klausel ausdrücklich die Pflicht des Versicherungsnehmers statuiert, den Cyber-Versicherer primär zur Erlangung von Versicherungsschutz in Anspruch zu nehmen. Zudem sollte die Klausel eine Rechtsfolge statuieren, falls der Versicherungsnehmer gegen diese Pflicht verstößt. Hier bietet sich eine Bestimmung i.S.v. § 28 Abs. 2 VVG an, nach welcher der Versicherer bei einer vorsätzlichen Obliegenheitsverletzung leistungsfrei und bei einer grob fahrlässigen Verletzung zur Leistungskürzung berechtigt ist.

Damit der Cyber-Versicherer den anderen Versicherer nach der Leistung an den Versicherungsnehmer in Regress nehmen kann, sollte die Klausel auch den Hinweis erhalten, dass die gesamtschuldnerische Haftung nach § 78 Abs. 1, 2 VVG im Verhältnis zu dem anderen Versicherungsvertrag nicht abbedungen wird.

Daher würde sich an Stelle von Ziff. A1-12 AVB-Cyber die Verwendung folgender Klausel anbieten:

„*(1) Besteht Versicherungsschutz nach den Bedingungen dieses Vertrages auch in einem anderen Versicherungsvertrag, so geht die Cyberrisiko-Versicherung vor, mit der Folge, dass der Versicherungsnehmer den Cyber-Versicherer zur Erlangung von Versicherungsschutz primär in Anspruch nehmen muss. Verletzt der Versicherungsnehmer diese Pflicht vorsätzlich, ist der Versicherer von der Verpflichtung zur Leistung frei. Bei grob fahrlässiger Verletzung dieser Pflicht, ist der Versicherer berechtigt, seine Leistung in dem Verhältnis zu kürzen, das der Schwere des Verschuldens des Versicherungsnehmers entspricht.*

(2) Im Verhältnis zu dem anderen Versicherungsvertrag wird die gesamtschuldnerische Haftung nach § 78 Abs. 1, 2 VVG nicht abbedungen.“

Um deutlich zu machen, dass an der gesamtschuldnerischen Haftung nach § 78 Abs. 1, 2 VVG festgehalten wird, käme aber auch die Verwendung einer Klausel in Betracht, wie sie z.B. von Markel verwendet wird.[1278] Diese Klausel verpflichtet den Versicherungsnehmer dazu, dem Cyber-Versicherer die Ansprüche aus dem anderen Versicherungsvertrag abzutreten, soweit der Cyber-Versicherer leistet und ihm im Fall der Gesamtschuld ein Ausgleichsanspruch gegen den anderen Versicherer zusteht.

[1278] Ziff. F.4. Markel.

Diese Klausel weist eine gewisse Ähnlichkeit zu den sog. Zessionsklauseln auf, welche teilweise im Zusammenhang mit Subsidiaritätsabreden verwendet werden. Bei einer Zessionsklausel verpflichtet sich der Versicherer unter Abtretung des Anspruchs gegen den anderen Versicherer zur Vorleistung. Umstritten ist, inwieweit Zesssionsklauseln wirksam sind. *Martin* lehnt dies ab, da durch eine Zessionsklausel der Ausgleichsanspruch des anderen Versicherers ausgeschlossen werde.[1279] Dem ist nicht zuzustimmen. Denn Zessionsklauseln sind so auszulegen, dass der Versicherer nicht gleichrangig mit anderen Versicherern haften, sondern dem Versicherungsnehmer nur eine atypische Versicherungsleistung in Darlehensform gewähren möchte.[1280]

Bei der Markel-Klausel ist die Wirksamkeit jedoch aus einem anderen Grund zu bejahen. Denn diese Klausel enthält den Hinweis, dass der Versicherungsnehmer die Ansprüche nur abzutreten hat, soweit dem Cyber-Versicherer im Fall der Gesamtschuld ein Ausgleichsanspruch zusteht. Der Bezug auf die Gesamtschuld ist daher als Verweis auf § 78 VVG zu deuten und so auszulegen, dass die gesamtschuldnerische Haftung nach § 78 Abs. 1, 2 VVG nicht abbedungen werden soll. Der Cyber-Versicherer kann gegen den anderen Versicherer somit nur einen anteiligen Anspruch geltend machen. Im Ergebnis ändert die Klausel daher nicht die Rechtslage nach § 78 Abs. 1, 2 VVG. Wenn aber die gesamtschuldnerische Haftung nach § 78 Abs. 1, 2 VVG nicht abbedungen werden soll, ist der Umweg über die Abtretung des Anspruchs gegen den anderen Versicherer nicht notwendig. Denn der Cyber-Versicherer hat im Falle einer Leistung an den Versicherungsnehmer ohnehin einen Ausgleichsanspruch gegen den anderen Versicherer aus § 78 Abs. 1, 2 VVG. Einer Abtretung bedarf es daher nicht. Aus diesem Grund erscheint die oben vorgeschlagene Klausel praktikabler, da sie lediglich klarstellt, dass sich an der gesamtschuldnerischen Haftung der Versicherer nichts ändert.

[1279] *Martin*, Sachversicherungsrecht, V I Rn. 25.

[1280] *Armbrüster*, in: Prölss/Marin, § 78 Rn. 37; *Schnepp*, in: Bruck/Möller, § 78 Rn. 187.

b) Kollisionsmöglichkeiten

Die Frage, ob und in welchem Umfang die Rechtsfolgen einer Mehrfachversicherung nach § 78 VVG abbedungen werden, hängt nicht nur von der Kollisionsvorschrift der Cyber-Versicherung ab. Entscheidend ist auch, wie die andere Police das Verhältnis zu anderen Versicherungen geregelt hat.

Möglich ist z.B., dass die andere Versicherung ihre Subsidiarität vorsieht. So enthält Ziff. B4-1 AVB-D&O eine einfache Subsidiaritätsklausel. Die Vertrauensschadenversicherung von Euler Hermes wiederum enthält für Schäden verursacht durch Dritte, für Kosten zur Minderung eines Reputationsschadens sowie für Schadenermittlungs- und Rechtsverfolgungskosten eine qualifizierte Subsidiaritätsklausel. Danach ist der Versicherungsschutz ausgeschlossen, wenn für die jeweiligen versicherten Risiken ein anderer Versicherungsvertrag besteht, unabhängig davon, ob das versicherte Unternehmen aufgrund des anderen Versicherungsvertrages eine Leistung beanspruchen kann.[1281] Möglich ist aber auch, dass die andere Versicherung ihre Vorrangigkeit anordnet oder dass die Bedingungen gar keine Klausel zum Thema Deckungsüberschneidungen enthalten.

Es kommen somit diverse Konstellationen in Frage, bei denen Spezialitäts- und Subsidiaritätsklauseln aufeinandertreffen. Daher sollen nachfolgend die wichtigsten Kollisionsmöglichkeiten und deren jeweiligen Rechtsfolgen dargestellt werden.

aa) Kollision von Spezialitätsklausel mit Subsidiaritätsklausel

In Betracht kommt zunächst der Fall, dass die Cyber-Versicherung eine Spezialitätsklausel und die kollidierende Versicherung eine einfache Subsidiaritätsklausel enthält. Dadurch, dass die Cyber-Versicherung ihre Vorrangigkeit gegenüber anderen Versicherungen vorsieht und die andere Versicherung ihre Nachrangigkeit anordnet,

[1281] §§ 14, 25, 33 VSV-EulerHermes.

kann der Versicherungsnehmer seinen Schaden nur gegenüber dem Cyber-Versicherer geltend machen, weshalb es auch nicht zu einem Innenausgleich nach § 78 Abs. 2 VVG zwischen den Versicherern kommen würde.[1282]

Zu diesem Ergebnis kommt man im Übrigen auch dann, wenn man entgegen der hier vertretenen Auffassung nicht davon ausgeht, dass Ziff. A1-12 AVB-Cyber die gesamtschuldnerische Haftung nach § 78 Abs. 1, 2 VVG abbedingt.[1283] Dies gilt zudem auch für den Fall, dass die oben vorgeschlagene Klausel zur Vermeidung einer vorrangigen Haftung verwendet wird. Da der andere Versicherer seine nachrangige Haftung vorsieht, kann es in beiden Fällen schon nicht zu einem Ausgleichsanspruch des Cyber-Versicherers gegen den anderen Versicherer nach § 78 Abs. 2 VVG kommen.

Ordnet die Cyber-Versicherung ihre Subsidiarität an und enthält die andere Versicherung eine Spezialitätsklausel, kann es ebenfalls nicht zu einem Innenausgleich nach § 78 Abs. 2 VVG kommen, mit dem Unterschied, dass der Versicherungsnehmer in diesem Fall nur Versicherungsschutz von dem anderen Versicherer erlangen kann. Die Konstellationen, in denen eine Spezialitäts- und eine einfache Subsidiaritätsklausel aufeinandertreffen, bringen folglich keine Probleme mit sich, da sich die Kollisionsvorschriften nicht widersprechen.

Fraglich ist jedoch, ob dies auch gilt wenn die Spezialitätsklausel mit einer qualifizierten Subsidiaritätsklausel kollidiert, nach welcher der Versicherer schon bei dem Bestehen einer anderen Versicherung nachrangig haftet. Diese Frage stellt sich insofern, als dass die AGB-rechtliche Wirksamkeit von qualifizierten Subsidiaritätsklauseln umstritten ist. Ein Teil der Literatur lehnt die Wirksamkeit von qualifizierten Subsidiaritätsklauseln ab.[1284] *Fajen* begründet dies damit, dass die Klausel überraschend und intransparent i.S.v. §§ 305c Abs. 1, 307 Abs. 1 S. 2 BGB sei, da sich aus der Klausel nicht ergebe, dass der Versicherungsnehmer keinerlei Versicherungsschutz

---

[1282] *Fortmann*, r+s 2019, 429, 439.

[1283] So *Klimke*, in: Prölss/Martin, Ziff. A1-12 AVB-Cyber Rn. 2 f.

[1284] *Fajen*, VersR 2013, 973, 974; *Winter*, VersR 1991, 527, 529 f.

erhält, wenn die andere Versicherung ebenfalls eine qualifizierte Subsidiaritätsabrede enthält oder der Primärversicherer wegen eines Prämienverzugs oder einer Obliegenheitsverletzung nicht zur Leistung verpflichtet ist.[1285] Darüber hinaus gefährde eine qualifizierte Subsidiaritätsklausel den Vertragszweck wesentlich.[1286] Folgt man dieser Ansicht, wäre eine qualifizierte Subsidiaritätsklausel unwirksam, weshalb sich daran anschließend die Frage stellen würde, wie die Kollision mit einer Spezialitätsklausel zu lösen wäre. Nach der Gegenauffassung stellt sich diese Frage nicht, da sie die Unwirksamkeit einer qualifizierten Subsidiaritätsklausel ablehnt. Begründet wird dies damit, dass der Versicherungsnehmer nicht unangemessen benachteiligt werde und eine qualifizierte Subsidiaritätsklausel auch nicht so ungewöhnlich sei, dass sie als überraschend einzuordnen wäre.[1287]

Der erst genannten Meinung ist insofern zuzustimmen, als dass die qualifizierte Subsidiaritätsklausel für den Versicherungsnehmer einen Nachteil darstellt, da dieser keinerlei Versicherungsschutz erhält, wenn der andere Versicherer ebenfalls eine solche Klausel verwendet oder die Leistung aus anderen Gründen ablehnt wird. Allerdings stellt dies keine unangemessene Benachteiligung i.S.v. § 307 Abs. 1 S. 1 BGB dar, da der Versicherer die Leistung auch durch die Aufnahme eines Leistungsausschlusses in das Bedingungswerk verweigern könnte und dies für den Versicherungsnehmer deutlich einschneidender ist als eine qualifizierte Subsidiaritätsklausel.[1288] Auch ist es nicht ungewöhnlich und überraschend für den Versicherungsnehmer, dass der Versicherer bei dem Bestehen einer anderen Versicherung nicht leisten möchte, weshalb eine qualifizierte Subsidiaritätsklausel auch nicht unwirksam i.S.v. § 305c Abs. 1 BGB ist.[1289] Es ist daher der zuletzt genannten Auffassung zu folgen. Enthält die Cyber-Versicherung eine Spezialitätsklausel und die andere Versicherung eine qualifizierte Subsidiaritätsklausel, gilt

---

[1285] *Fajen*, VersR 2013, 973, 974.
[1286] *Fajen*, VersR 2013, 973, 974; *Winter*, VersR 1991, 527, 529.
[1287] *Amrbüster*, in: Beckmann/Matusche-Beckmann, § 6 Rn. 88; *ders.*, in: Prölss/Martin, § 78 Rn. 35; *Schnepp*, in: Bruck/Möller, § 78 Rn. 180.
[1288] *Schnepp*, in: Bruck/Möller, § 78 Rn. 180.
[1289] *Armbrüster*, in: Beckmann/Matusche-Beckmann, § 6 Rn. 88; *ders.*, in: Prölss/Martin, § 78 Rn. 35.

daher das gleiche wie bei einer einfachen Subsidiaritätsklausel: der Cyber-Versicherer ist vorrangig zur Leistung verpflichtet.[1290]

bb) Keine Subsidiaritätsklausel

Auslegungsprobleme können sich ergeben, wenn die andere Versicherung keine Kollisionsvorschrift enthält, d.h. weder ihre Subsidiarität noch ihre Spezialität anordnet. Ordnet die Cyber-Versicherung ihre Subsidiarität an, wäre die andere Versicherung mangels einer eigenen Subsidiaritätsklausel vorrangig zur Leistung verpflichtet.

Problematisch ist jedoch der Fall, in dem die Cyber-Versicherung eine Klausel i.S.v. Ziff. A1-12 AVB-Cyber enthält. Denn hier stellen sich die oben dargestellten Auslegungsfragen.[1291] Da es sich bei Ziff. A1-12 AVB-Cyber nach hier vertretener Auffassung um eine Spezialitätsklausel handelt, die eine gesamtschuldnerische Haftung nach § 78 Abs. 1, 2 VVG abbedingt, haftet der Cyber-Versicherer zunächst mit der vollen Versicherungssumme. Erst bei deren Ausschöpfung ist der zweite Versicherer leistungspflichtig. Lehnt man die Abbedingung einer gesamtschuldnerischen Haftung hingegen ab, würden beide Versicherer ihren Anteilen entsprechend nach § 78 Abs. 2 VVG für den Schaden aufkommen. Eine gesamtschuldnerische Haftung tritt zudem ein, wenn der Cyber-Versicherer die oben vorgeschlagene Klausel verwenden würde.

cc) Kollision von zwei Subsidiaritätsklauseln

Da nicht alle Cyber-Bedingungen eine Spezialitätsklausel enthalten, sondern ganz oder teilweise ihre Nachrangigkeit anordnen, kann es auch sein, dass sich bei Deckungsüberschneidungen zwei Subsidiaritätsklauseln gegenüberstehen. Treffen mehrere Subsidiaritätsklauseln aufeinander, richtet sich deren Verhältnis primär nach den

---

[1290] Vgl. *Klimke*, in: Prölss/Martin, Ziff. A1-12 AVB-Cyber Rn. 3

[1291] Siehe S. 340 ff.

entsprechenden Bestimmungen in den Versicherungsverträgen.[1292] Oftmals wird es an solchen Klauseln aber fehlen, weshalb in diesen Fällen die Grundsätze der ergänzenden Vertragsauslegung anzuwenden sind.[1293] Wie diese Konflikte zu lösen sind, ist zum Teil strittig. Treffen eine einfache und eine qualifizierte Subsidiaritätsklausel aufeinander, hat die qualifizierte Subsidiaritätsklausel nach der weitüberwiegenden Auffassung der Literatur Vorrang, weshalb der einfach subsidiär haftende Versicherer zur Leistung verpflichtet ist.[1294] Dies ist insofern gerechtfertigt, als dass der einfach subsidiär haftende Versicherer nur dann von der Leistungspflicht befreit sein will, wenn kein anderer Versicherer leistungspflichtig ist; dies ist jedoch gegenüber einem Versicherer, der keinesfalls beim Bestehen einer anderweitigen Versicherung leisten will, nicht der Fall.[1295] Versichert eine Cyber-Police mit einer einfachen Subsidiaritätsklausel den gleichen Schaden, wie z.B. eine Vertrauensschadenversicherung mit einer qualifizierten Subsidiaritätsklausel, wäre der Cyber-Versicherer somit trotz seiner einfachen Subsidiaritätsklausel zur Leistung verpflichtet.

Umstritten war zeitweise die Frage, wie das Aufeinandertreffen von zwei einfachen Subsidiaritätsklauseln zu lösen ist. *Martin* war der Ansicht, es hafte nur der Versicherer des älteren Vertrages.[1296] *Blanck* wiederum stellte auf eine anteilige Haftung ab.[1297] Die mittlerweile weitüberwiegende h.M. der Rechtsprechung und Literatur kommt hingegen zu dem Ergebnis, dass sich die beiden einfachen Subsidiaritätsklauseln gegenseitig aufheben, weshalb es zu einer Anwendung von § 78 Abs. 1, 2 VVG kommt.[1298] Dem ist zu folgen, da sich aus der Auslegung einer einfachen Subsidiaritätsklausel ergibt, dass der Versicherer zwar grundsätzlich die Rechtsfolgen

---

[1292] *Schnepp*, in: Bruck/Möller, § 78 Rn. 182.
[1293] *Brambach*, in: Rüffer/Halbach/Schimikowski, § 77 Rn. 34; *Schauer*, in: Berliner Kommentar, § 59 Rn. 52.
[1294] *Armbrüster*, in: Prölss/Martin, § 78 Rn. 34; *Halbach*, in: MüKoVVG, § 78 Rn. 22; *Schnepp*, in: Bruck/Möller, § 78 Rn. 183; *von Koppenfels-Spies*, in: Looschelders/Pohlmann, § 78 Rn. 19.
[1295] *Schnepp*, in: Bruck/Möller, § 78 Rn. 183.
[1296] *Martin*, VersR 1973, 691, 697 f.
[1297] *Blanck*, VersR 1973, 705, 706.
[1298] BGH, Urt. v. 19.02.2014 – IV ZR 389/12, VersR 2014, 450, 451; LG Hambrug, Urt. v. 11.01.1978 – 2 S 142/77, VersR 1978, 933, 934 f.; *Armbrüster*, in: Beckmann/Matusche-Beckmann, § 6 Rn. 88; *Brambach*, in: Rüffer/Halbach/Schimikowski, § 77 Rn. 36; *Halbach*, in: MüKoVVG, § 78 Rn. 22; *Schnepp*, in: Bruck/Möller, § 78 Rn. 184; *v. Koppenfels*, in: Looschelders/Pohlmann, § 78 Rn. 19.

des § 78 VVG abbedingen möchte, er gleichzeitig aber auch verhindern möchte, dass der Versicherungsnehmer keinen Versicherungsschutz erhält.[1299] Hinzu kommt, dass der Versicherungsnehmer die beiden Subsidiaritätsklauseln nicht so verstehen wird, dass der Streit der Versicherer um die Leistungspflicht dazu führen solle, dass er am Ende keinen Versicherungsschutz erhält.[1300] Kollidiert eine Cyber-Versicherung mit einer anderen Versicherung und enthalten beide eine einfache Subsidiaritätsklausel, ist somit § 78 VVG anwendbar, weshalb die Versicherer dem Versicherungsnehmer gegenüber als Gesamtschuldner haften.

Des Weiteren ist das Zusammentreffen von zwei qualifizierten Subsidiaritätsklauseln möglich. Nach überwiegender Auffassung ist in einem solchen Fall keiner der beiden Versicherer zur Leistung verpflichtet.[1301] Dem ist zuzustimmen, da die Nachrangigkeit der beiden Versicherungen gerade nicht davon abhängt, ob der andere Versicherer eintrittspflichtig ist, sondern schon beim Vorliegen einer deckungsgleichen Versicherung kein Schutz besteht.[1302] Auch bestehen gegen ein solches Ergebnis keine AGB-rechtlichen Bedenken, da der fehlende Versicherungsschutz aufgrund einer qualifizierten Subsidiaritätsklausel, wie bereits dargestellt,[1303] nicht überraschend i.S.v. § 305c Abs. 1 BGB ist und der Versicherungsnehmer auch nicht gem. § 307 Abs. 1 S. 1 BGB unangemessen benachteiligt wird.[1304] Bei dem Zusammentreffen von zwei Subsidiaritätsklauseln sind daher beide Versicherer leistungsfrei. Da zumindest zum jetzigen Zeitpunkt Cyber-Bedingungen nur einfache aber keine qualifizierten Subsidiaritätsklauseln enthalten, ist diese Konstellation nur von untergeordneter praktischer Relevanz. Sollte in der Zukunft jedoch ein Cyber-Versicherer eine qualifizierte Subsidiaritätsklausel in seine Bedingungen aufnehmen, müsste der Versicherungsnehmer damit rechnen, bei dem Bestehen einer zweiten Versicherung mit qualifizierter Subsidiaritätsklausel keinen Deckungsschutz zu erhalten. Dies gilt insbesondere für den Fall, dass der Versicherungs-

[1299] *Brambach*, in: Rüffer/Halbach/Schimikowski, § 77 Rn. 36; *Schnepp*, in: Bruck/Möller, § 78 Rn. 18.
[1300] BGH, Urt. v. 19.02.2014 – IV ZR 389/12, VersR 2014, 450, 451.
[1301] *Armbrüster*, in: Beckmann/Matusche-Beckmann, § 6 Rn. 88; *ders.*, in: Prölss/Martin, § 78 Rn. 35; *Brambach*, in: Rüffer/Halbach/Schimikowski, § 77 Rn. 35; *Schnepp*, in: Bruck/Möller, § 78 Rn. 185.
[1302] *Brambach*, in: Rüffer/Halbach/Schimikowski, § 77 Rn. 35.
[1303] Siehe S. 359.
[1304] *Armbrüster*, in: Beckmann/Matusche-Beckmann, § 6 Rn. 88; *ders.*, in: Prölss/Martin, § 78 Rn. 35.

nehmer zusätzlich eine Vertrauensschadenversicherung abgeschlossen hat, da deren Bedingungen oftmals eine qualifizierte Subsidiaritätsklausel enthalten.[1305] Daher wäre einem Versicherungsnehmer davon abzuraten, eine Cyber-Police mit einer qualifizierten Subsidiaritätsklausel abzuschließen.

dd) Kollision von zwei Spezialitätsklauseln

Denkbar ist des Weiteren, dass sowohl die Cyber-Versicherung als auch die andere Police eine Spezialitätsklausel enthalten, nach welcher die jeweilige Versicherung gegenüber anderen Verträgen vorgeht. Die Frage, wie eine solche Konstellation zu lösen ist, wurde nicht von der Literatur untersucht. Allerdings sind auch hier die Grundsätze der ergänzenden Vertragsauslegung heranzuziehen. Nach hier vertretener Auffassung machen die Versicherer durch die Verwendung einer Klausel wie Ziff. A1-12 AVB-Cyber deutlich, dass sie für den Cyber-Schaden vorrangig, das heißt mit der vollen Versicherungssumme, für den Schaden aufkommen wollen. Ein durchschnittlicher Versicherungsnehmer kann die Klausel daher nur so verstehen, dass der Versicherer den Schaden in jedem Fall ersetzen wird. Da folglich beide Versicherer für den Schaden leisten möchten, kann eine Kollision von Spezialitätsklauseln nur zur Folge haben, dass sich die beiden Bestimmungen gegenseitig aufheben. Wie auch bei einfachen Subsidiaritätsklauseln ist daher § 78 VVG anzuwenden, weshalb beide Versicherer dem Versicherungsnehmer gegenüber als Gesamtschuldner haften.

4. Ergebnis

Die Untersuchung hat gezeigt, dass bei Deckungsüberschneidungen zwischen zwei Versicherungen grundsätzlich § 78 VVG anwendbar ist, weshalb der Versicherungsnehmer wählen kann, von welchem Versicherer er die Versicherungssumme verlangen möch-

[1305] So z.B. §§ 14, 25, 33 VSV-EulerHermes.

te, und die Versicherer gesamtschuldnerisch nach § 78 Abs. 2 VVG haften. Dies gilt aber im Rahmen der Cyber-Versicherung nur bei Deckungsüberschneidungen mit der Haftpflicht- und der Vertrauensschadenversicherung. Besteht ein Anspruch des Versicherungsnehmers gegen ein Organmitglied aus § 93 Abs. 2 S. 1 bzw. § 43 Abs. 2 GmbHG, haftet das Organmitglied vollständig, weshalb der Cyber-Versicherer gegen das Organmitglied einen Regressanspruch hat, wenn er den Schaden des Versicherungsnehmers beglichen hat.

Ein von § 78 VVG abweichendes Ergebnis ergibt sich darüber hinaus, wenn die Versicherer in ihren Bedingungen eine Spezialitäts- oder Subsidiaritätsklausel verwendet haben. Nach der hier vertretenen Ansicht ist Ziff. A1-12 AVB-Cyber als Spezialitätsklausel auszulegen, weshalb beim Zusammentreffen mit einer anderen Versicherung die gesamtschuldnerische Haftung nach § 78 Abs. 1, 2 VVG abbedungen wird.

Aufgrund der zahlreichen Kollisionsmöglichkeiten sollen die Ergebnisse der Übersichtlichkeit halber tabellarisch an der Deckungsüberschneidung einer Cyber-Police mit einer Vertrauensschadenversicherung (abgekürzt als VSV) dargestellt werden. Dabei wird bei der Cyber-Versicherung zudem auch die Rechtsfolge dargestellt, die eintritt, wenn die oben vorgeschlagene Klausel zur Vermeidung einer vorrangigen Haftung verwendet wird.

	Cyber: Spezialität	Cyber: einfache Subsidiarität	Cyber: qualifizierte Subsidiarität	Cyber: keine Kollisionsvorschrift	Cyber: Klauselvorschlag S. 354
VSV: einfache Subsidiarität	Cyber vorrangig	§ 78 VVG	VSV vorrangig	Cyber vorrangig	Cyber vorrangig
VSV: qualifizierte Subsidiarität	Cyber vorrangig	Cyber vorrangig	Keine Leistung	Cyber vorrangig	Cyber vorrangig
VSV: keine Kollisionsvorschrift	Cyber vorrangig	VSV vorrangig	VSV vorrangig	§ 78 VVG	§ 78 VVG
VSV: Spezialität	§ 78 VVG	VSV vorrangig	VSV vorrangig	VSV vorrangig	VSV vorrangig

E. Zusammenfassung

Cyber-Risiken sind sowohl wirtschaftlich als auch rechtlich weitestgehend versicherbar sind. Allerdings sind die Versicherungsbedingungen aufgrund ihrer enorm unterschiedlichen Gestaltung bisher kaum miteinander zu vergleichen,[1306] obwohl die Bedingungen im Ergebnis weitestgehend die gleichen Risiken versichern. Ein erster Schritt zur Förderung der Vergleichbarkeit und Verständlichkeit wäre daher eine einheitliche Beschreibung des versicherten Risikos. Hier wäre eine Bezeichnung als Informationssicherheitsverletzung ratsam, welche im Sinne des obigen Klauselvorschlags definiert werden sollte.

Ebenfalls empfehlenswert wäre der Verzicht auf eine Definition des Versicherungsfalls im Sinne des Schadensereignisprinzips. Vorzugswürdig ist vielmehr die Verwendung des Feststellungsprinzips im Eigenschadenbaustein und eine Definition im Sinne des claims-made-Prinzips im Drittschadenbaustein.

Bei einigen Klauseln bestehen zudem Wirksamkeitsbedenken. Dies gilt namentlich für die erweiterte Ursachenklausel und die Stand-der-Technik-Klausel. Auch hat die obige Darstellung ergeben, dass Versicherer ihre jeweiligen Ausschlüsse anpassen sollten, wenn sie Cyber-Schäden wirksam ausschließen wollen, die durch Terrororganisationen oder Staaten verursacht wurden.

Im Hinblick auf Deckungsüberschneidungen mit herkömmlichen Versicherungsprodukten kann festgestellt werden, dass das von den Versicherern gefürchtete Risiko „Silent Cyber“ wesentlich geringer ist als angenommen. Dies gilt zumindest, soweit die Bedingungen der Sach- und Haftpflichtversicherung ähnliche Risikobeschreibungen und Ausschlüsse wie der GDV verwenden. Deutliche Deckungsüberschneidungen können jedoch zur D&O- und zur Vertrauensschadenversicherung auftreten. Deckungsüberschneidungen mit der D&O-Versicherung sind für den Cyber-Versicherer jedoch nicht weiter problematisch, da dieser sämtliche Zahlungen an

---

[1306] Vgl. *Malek/Schütz*, PHI 2018, 174, 185.

seinen Versicherungsnehmer im Wege des Regresses nach § 86 VVG gegen das Organmitglied geltend machen kann. Bei Deckungsüberschneidungen mit der Vertrauensschadenversicherung haften die Versicherer dem Versicherungsnehmer gegenüber grundsätzlich als Gesamtschuldner nach § 78 Abs. 1, 2 VVG. Etwas anderes kann jedoch gelten, wenn die Versicherer Spezialitäts- oder Subsidiaritätsklauseln in ihre Bedingungen aufgenommen haben. Dies gilt insbesondere, wenn die Bedingungen eine Klausel i.S.v. Ziff. A1-12 AVB-Cyber verwenden, da diese nach hier vertretener Auffassung die gesamtschuldnerische Haftung nach § 78 Abs. 1, 2 VVG abbedingt.

Teil 4 – Zusammenfassung und Ausblick

A. Zusammenfassung der wesentlichen Ergebnisse in Thesen

I. Die Haftung für Cyber-Angriffe

1. Die Gewährleistung von IT-Sicherheit wird sich in der Regel lediglich bei Verträgen mit Softwareherstellern und IT-Dienstleistern als vertragliche Hauptleistungspflicht einordnen lassen.

2. Eine Schutzpflichtverletzung i.S.v. § 241 Abs. 2 BGB kommt insbesondere in Betracht, wenn eine Vertragspartei Daten des anderen Vertragspartners gespeichert hat und sich aus dem Inhalt und dem Zweck des Vertrages oder durch eine ergänzende Vertragsauslegung ergibt, dass die Integrität und Vertraulichkeit der Daten von großer Bedeutung für die andere Vertragspartei ist. Dies gilt insbesondere für: Betreiber von Online-Shops, Banken mit Online-Banking, Rechtsanwälte, Steuerberater, Insolvenzverwalter, Wirtschaftsprüfer.

3. Eine Eigentumsverletzung i.S.v. § 823 Abs. 1 BGB liegt nach einer Datenlöschung oder -verschlüsselung nur vor, wenn der Datenträger im Eigentum des Datennutzers steht. Wurden Daten auf Servern Dritter gespeichert, wie z.B. beim Cloud-Computing, liegt keine Eigentumsverletzung vor. Wurden Daten rechtswidrig kopiert, wie dies beim sog. Datendiebstahl der Fall ist, kommt, unabhängig von den Eigentumsverhältnissen am Datenträger, keine Eigentumsverletzung in Betracht.

4. Die sonstigen Rechte des § 823 Abs. 1 BGB sowie § 823 Abs. 2 BGB bieten keinen umfassenden, sondern nur einen punktuellen Deliktsschutz für Datenlöschungen und Datendiebstahl.

5. Das Deliktsrecht bietet bisher keine ausreichende Anspruchsgrundlage für Schäden, die durch das Löschen, Verschlüsseln

oder Stehlen von Daten verursacht wurden. Diese Haftungslücke ist nicht durch die Schaffung eines neuen sonstigen Rechts in Form eines Rechts am eigenen Datenbestand zu schließen. Vielmehr bedarf das Deliktsrecht einer neuen Haftungsnorm, wie z.B. in Form eines § 823a BGB.

6. Kosten, die dem Geschädigten nach einem Cyber-Angriff durch die Beauftragung von PR-, Callcenter- und IT-Forensik-Dienstleistern entstanden sind, stellen grundsätzlich einen ersatzfähigen Schaden i.S.v. § 249 BGB dar.

7. Kosten zur Abwehr des Cyber-Angriffs sind auch dann ersatzfähig, wenn die Abwehr von den eigenen Mitarbeitern des Unternehmens durchgeführt wurde. Kosten, die dadurch entstanden sind, dass die IT-Abteilung des Unternehmens den eingetretenen Schaden ermittelt, können hingegen nicht im Rahmen eines Schadensersatzanspruchs geltend gemacht werden.

8. Ein einheitlicher Sorgfaltsmaßstab für Cyber-Angriffe existiert bisher aufgrund des heterogenen IT-Sicherheitsrechts nicht.

9. Die Gewährleistung von IT-Sicherheit durch das Treffen von angemessenen organisatorischen und technischen Vorkehrungen zur Vermeidung von Störungen der Verfügbarkeit, Integrität, Authentizität und Vertraulichkeit der informationstechnischen Systeme stellt einen geeigneten Maßstab für die Bestimmung von vertraglichen Nebenpflichtverletzungen, Verkehrssicherungspflichten und dem Verschulden und Mitverschulden dar. Dieser § 8a Abs. 1 S. 1 BSIG entsprechende Sorgfaltsmaßstab sollte nicht Teil eines reformierten IT-Sicherheitsrechts werden, sondern im Rahmen einer richterrechtlichen Rechtsfortbildung unter Berücksichtigung der sog. Drei-Stufen-Theorie bei der jeweiligen rechtlichen Fragestellung angewendet werden.

10. Im Rahmen des § 254 BGB trifft den Geschädigten des Cyber-Angriffs eine sekundäre Darlegungslast, aufgrund derer er nachweisen muss, ob er die jeweils notwendigen Sicherheitsmaßnahmen ergriffen hat, um seine Systeme vor Cyber-

Angriffen zu schützen. Wird das Opfer des Cyber-Angriffs von einem geschädigten Dritten in Anspruch genommen, muss es nachweisen, dass es zur Erfüllung seiner Verkehrssicherungspflicht die notwendigen Sicherheitsmaßnahmen zum Schutz seiner IT-Systeme getroffen hat.

11. Datenwiederherstellungskosten sind nach § 249 Abs.1 BGB nur ersatzfähig, solange die Wiederherstellung technisch möglich ist. Sind die Daten technisch nicht mehr rekonstruierbar, sondern können sie nur noch durch die manuelle Neueingabe oder erneute Programmierung wiederhergestellt werden, kommt nur ein Wertersatz nach § 251 Abs. 1 BGB in Frage.

12. Eine Sicherheitslücke in Software stellt einen Mangel nach §§ 434 Abs. 1 S. 1 Nr. 2, 633 Abs. 2 S. 1 Nr. 2 BGB dar, welcher grundsätzlich auch dann schon bei Gefahrübergang vorlag, wenn die Sicherheitslücke zum Zeitpunkt des Erwerbs noch nicht aufgetreten oder bekannt geworden ist.

13. Softwarehersteller trifft gem. § 241 Abs. 2 BGB die Pflicht, ihren Kunden Sicherheitsupdates zur Verfügung zu stellen. Die Dauer dieser Schutzpflicht hängt unter anderem von der Zahl der Nutzer der Software, dem damit verbundenen Aufwand sowie von dem zu erwartenden Lebenszyklus der Software ab.

14. Ein Haftungsausschluss für leicht fahrlässig verursachte Cyber-Schäden ist für Softwarehersteller zumindest nicht möglich, soweit von diesem Schäden umfasst sind, welche durch eine Sicherheitslücke der Software verursacht wurden. Ein genereller Ausschluss von Mangelfolgeschäden ist unzulässig. Möglich ist aber eine Haftungsbegrenzung auf vertragstypische und vorhersehbare Mangelfolgeschäden. Eine Begrenzung der Haftung auf den Wert der Software, die Auftragssumme oder den Wert des Datenträgers ist bei Verbraucherverträgen zulässig.

15. Hersteller von Standardsoftware müssen im Rahmen der Produkthaftung nach § 823 Abs. 1 BGB, aufgrund ihrer Produktbeobachtungspflicht, Sicherheitslücken durch Updates schlie-

ßen. Lediglich für alte und nicht mehr weiterverbreitete Standardsoftware sowie für Individualsoftware reicht eine Warnung vor der Sicherheitslücke aus.

16. Vorstände und Geschäftsführer können umfassend für Cyber-Schäden in Anspruch genommen werden. Eine Haftung kommt insbesondere in Betracht, wenn der zuständige Vorstand nicht dafür gesorgt hat, dass organisatorische Maßnahmen zur Gewährleistung von IT-Sicherheit getroffen werden.

17. Im Zusammenhang mit Cyber-Risiken kann sich der jeweilige IT-Vorstand nur auf die Business Judgement Rule des § 93 Abs. 1 S. 2 AktG berufen, wenn er sich vor seiner unternehmerischen Entscheidung über die IT-Systeme des Unternehmens, das konkrete Gefahrenpotential und wirksame Schutzmaßnahmen informiert hat. Dabei hat sich der IT-Vorstand umso mehr über die möglichen Maßnahmen zur Vermeidung und Abwehr von Cyber-Angriffen zu informieren, je abhängiger das Unternehmen von den IT-Systemen ist und je schwerwiegender die Folgen eines Cyber-Angriffs für das Unternehmen wären.

18. Einem Vorstand steht bei der Auslegung des IT-Sicherheitsrechts ein gewisser Beurteilungsspielraum zu, weshalb eine Haftung zumindest ausscheidet, wenn sich der Vorstand umfassend mit der unklaren Rechtslage auseinandergesetzt hat. Um eine Verletzung ihrer Legalitätspflicht zu verhindern, sollten Organmitglieder bei der Umsetzung des IT-Sicherheitsrechts, neben der Einholung von Rechtsrat, zusätzlich den Rat von IT-Sicherheitsexperten hinzuziehen.

19. Unternehmen, gegen die ein Bußgeld nach Art. 83 DSGVO verhängt wurde, können dieses im Rahmen des sog. Bußgeldregresses gem. § 93 Abs. 2 S. 1 AktG gegenüber ihren Vorstandsmitgliedern geltend machen.

20. Der Umfang der zu treffenden Verkehrssicherungspflichten des Opfers eines Cyber-Angriffs hängt von der Bekanntheit, der Notwendigkeit und der technischen und wirtschaftlichen

Zumutbarkeit der jeweiligen Sicherheitsmaßnahme sowie von der Bekanntheit der Bedrohung ab, wobei der Umfang der Verkehrssicherungspflichten durch technische Regelwerke konkretisiert werden kann. An diese Kriterien sind umso höhere Anforderungen zu stellen, je größer das Unternehmen und je exponierter das Cyber-Risiko des jeweiligen Unternehmens ist.

21. Unternehmen müssen die von ihnen verwendete Software am Ende des Arbeitstages ihrer Arbeitnehmer aktualisieren. Dies gilt sowohl für Antivirensoftware als auch für Betriebssysteme und Standardsoftware.

22. Das Opfer eines Cyber-Angriffs wird am häufigsten deliktischen Ansprüchen ausgesetzt sein. Wurden von dem IT-System des angegriffenem Unternehmens Viren versendet oder war das IT-System Teil eines Bot-Netzes, kommt ein Anspruch aus § 823 Abs. 1 BGB in Betracht. Durch die Berücksichtigung der technischen und wirtschaftlichen Zumutbarkeit im Rahmen der Verkehrssicherungspflichten, haftet das angegriffene Unternehmen jedoch nicht uferlos.

II. Die Cyber-Versicherung

23. Cyber-Risiken sind sowohl aus betriebswirtschaftlicher als auch aus rechtlicher Sicht weitestgehend versicherbar. Lediglich Reputations- und Spionageschäden sind aus betriebswirtschaftlichen Erwägungen als nicht versicherbar einzuordnen. Geldbußen, die aufgrund von Art. 83 DSGVO verhängt werden, sind zumindest nicht versicherbar, soweit dem Adressaten der Geldbuße Versicherungsschutz gewährt wird.

24. Die Unterteilung der Cyber-Versicherungsbedingungen in einzelne Deckungsbausteine ist dem definitionsbasierten angloamerikanischen Aufbau vorzuziehen.

25. Bei der Schadensereignisdefinition ist auf eine Verwendung der Begriffe „Netzwerksicherheitsverletzung“, „Datenvertraulichkeitsverletzung“ und „Datenschutzverletzung“ zu verzichten. Zur Erhöhung der Verständlichkeit sowie zur Vereinheitlichung der deutschen Versicherungsbedingungen ist eine Bezeichnung des versicherten Schadensereignisses als „Informationssicherheitsverletzung“ zu bevorzugen. Die Definition der „Informationssicherheitsverletzung“ sollte am Anfang der Bedingungen im Basis-Baustein erfolgen.

26. Zur Begrenzung des Kumulrisikos sollte eine Cyber-Versicherung in Zukunft nicht mehr jegliche Datenschutzverletzungen versichern. Vorzugswürdig wäre es, den Deckungsschutz auf Verstöße gegen die Art. 32, 33, 34 DSGVO und entsprechende datenschutzrechtliche Normen anderer Jurisdiktionen zu beschränken.

27. Bei der Versicherung von Vertraulichkeitsverletzungen führt eine Definition als „Verletzung der Vertraulichkeit von Daten Dritter“ dazu, dass z.B. PR- und Forensikkosten nicht versichert sind, wenn die Vertraulichkeit von Daten des Versicherungsnehmers verletzt wurde. Da dies nicht im Interesse des Versicherungsnehmers ist, sollte auf den Zusatz „Dritter“ verzichtet werden.

28. Für die Versicherung von Daten- und IT-Systemschäden ist weder eine abstrakte noch eine konkrete Definition zu befürworten. Um die Verständlichkeit der Schadensereignisdefinition zu erhöhen und zugleich das Kumulrisiko zu begrenzen, erscheint eine Kombination aus abstrakter und konkreter Schadensereignisdefinition am sinnvollsten. Eine solche Definition sollte mit einer abstrakten Beschreibung des Risikos beginnen, welche bereits alle relevanten Daten- und IT-Schäden umfasst. Zur Gewährleistung der Verständlichkeit und aus Klarstellungsgesichtspunkten sollte sich hieran eine beispielhafte Auflistung der wichtigsten und bekanntesten Angriffsarten anschließen.

29. Im Rahmen der Versicherungsfalldefinition ist im Eigenschadenbaustein eine Definition im Sinne des Feststellungsprinzips und im Drittschadenbaustein im Sinne des claims-made-Prinzips gegenüber dem Schadensereignis- und dem Verstoßprinzip zu bevorzugen. Das Schadensereignisprinzip ist für die Definition des Versicherungsfalls in der Cyber-Versicherung ungeeignet. Das gleiche gilt für das Verstoßprinzip.

30. Die erweiterte Serienschadenklausel, Ziff. A1-15 Spiegelstrich 2 AVB-Cyber, ist aufgrund einer engen Klauselauslegung mit § 307 Abs. 2 Nr. 1, Abs. 1 S. 1 BGB vereinbar. Allerdings ergibt sich für einen durchschnittlichen Versicherungsnehmer aus Ziff. A1-15 Spiegelstrich 2 AVB-Cyber nicht, dass der Versicherer nur einmal die Versicherungssumme zahlen muss, wenn die Schäden durch die gleiche Schadsoftware verursacht wurde. Für einen durchschnittlichen Versicherungsnehmer ist zudem nicht erkennbar, wann zielgerichtete Cyber-Angriffe einen inneren Zusammenhang aufweisen. Ziff. A1-15 Spiegelstrich 2 AVB-Cyber ist daher gem. § 307 Abs. 1 S. 2 BGB unwirksam und bedarf folglich einer Anpassung.

31. Eine Stand-der-Technik-Klausel ist im Rahmen der Obliegenheiten des Versicherungsnehmers gem. § 307 Abs. 1 BGB unwirksam, wenn sich die Police auch an kleinere und mittelständische Unternehmen richtet, da eine solche Klausel für diese nicht klar und verständlich i.S.v. § 307 Abs. 1 S. 2 BGB ist und die Unternehmen zudem bei der Umsetzung der Anforderungen vor zu große technische und organisatorische Schwierigkeiten gestellt werden. Richtet sich die Cyber-Police hingegen nur an große Unternehmen und Konzerne, bestehen hinsichtlich einer Stand-der-Technik-Klausel keine Wirksamkeitsbedenken.

32. Die Obliegenheiten aus Ziff. A1-16.1 AVB-Cyber zur Gewährleistung der IT-Sicherheit sind mit AGB-Recht vereinbar.

33. Eine Gefahrerhöhung i.S.v. § 23 VVG liegt nach der hier vertretenen Auffassung nur vor, wenn sich Umstände ändern, nach denen der Versicherer bei Vertragsschluss in seinem Ri-

sikofragebogen gefragt hat. Ziff. B3-2.1.2 AVB-Cyber weicht von dieser Regelung zum Nachteil des Versicherungsnehmers ab, da nach ihr eine Gefahrerhöhung auch dann vorliegt, wenn sich Umstände ändern, nach denen der Versicherer nicht gefragt hat. Ziff. B3-2.1.2 AVB-Cyber ist daher gem. § 32 VVG unwirksam.

34. Hat der Versicherungsnehmer einen IT-Dienstleister mit der Minderung oder Abwehr des Cyber-Schadens beauftragt, kann er diese Kosten im Wege des Rettungskostenersatzes gem. § 83 Abs. 1 VVG zumindest dann geltend machen, wenn der Cyber-Angriff eine besonders große Bedrohung für das Unternehmen dargestellt hat. Der Versicherungsnehmer kann daher im Einzelfall auch dann Service-Kosten gegenüber dem Versicherer geltend machen, wenn diese nicht versichert sind oder das Sublimit des Service-Kosten-Bausteins erreicht wurde.

35. Aus dem Kriegs- und Terror-Ausschluss aus Ziff. A1-17.2. und A1-17.4 AVB-Cyber ergibt sich nicht zweifelsfrei, ob dieser die Anwendung von Gewalt voraussetzt. Es besteht daher die Möglichkeit, dass ein Gericht aufgrund des Grundsatzes der engen Klauselauslegung zu dem Ergebnis kommt, dass Cyber-Angriffe, die von Staaten oder Terrororganisationen ausgingen, nicht von Ziff. A1-17.2. und A1-17.4 AVB-Cyber umfasst sind. Versicherer, die auch diese Schäden rechtssicher ausschließen wollen, sollten daher ihre Kriegs- und Terrordefinition um den Hinweis erweitern, dass Krieg und Terror neben dem Einsatz von Waffen und Gewalt auch auf dem nachweislichen Einsatz von Informationstechnologien beruhen können.

36. Das Löschen oder Verschlüsseln von Daten führt in der Haftpflicht- und in der Sachversicherung zu einem Sachschaden. Im Rahmen der Elektronik- und Maschinenversicherung ist zusätzlich notwendig, dass der Datenträger beschädigt wurde. In den Fällen des Datendiebstahls liegt weder in der Haftpflicht- noch in der Sachversicherung ein Sachschaden vor.

37. Anders als bei einer Eigentumsverletzung nach § 823 Abs. 1 BGB tritt ein Sachschaden in der Haftpflicht-, der Elektronik-

und der Maschinenversicherung unabhängig davon ein, ob der Datenträger, auf welchem die Daten gespeichert waren, im Eigentum des Versicherungsnehmers stand.

38. Zwischen der allgemeinen Haftpflichtversicherung und dem Drittschadenbaustein der Cyber-Versicherung kann es grundsätzlich zu großen Deckungsüberschneidungen kommen. Enthält eine Haftpflichtversicherung jedoch einen Ausschluss i.S.v. Ziff. 7.15 AHB, bestehen keine Deckungsüberschneidungen mit der Cyber-Versicherung. Deckungsüberschneidungen bestehen jedoch zwischen den Zusatzbedingungen zur Betriebshaftpflichtversicherung für die Nutzer von Internet-Technologien (BHV-IT) und dem Drittschadenbaustein der Cyber-Versicherung.

39. Durch die Leistungsbeschränkungen in der Sachversicherung und durch die Unterschiede beim versicherten Risiko bestehen praktisch keine Deckungsüberschneidungen zwischen der Sachversicherung und der Cyber-Versicherung.

40. Zwischen der Vertrauensschadenversicherung und der Cyber-Versicherung bestehen Deckungsüberschneidungen bezüglich PR-, Forensik- und Datenwiederherstellungskosten.

41. Das Erfordernis eines Vermögensschadens sowie die klassische Definition dieses Begriffs führen in der D&O-Versicherung dazu, dass von einer D&O-Police keine Schäden gedeckt werden, die durch die Löschung oder Verschlüsselung von Daten verursacht wurden. Dies hat zur Folge, dass von der D&O-Versicherung eine Vielzahl von Cyber-Schäden nicht versichert sind. Durch den erweiterten Vermögensschadenbegriff sowie durch die volle Deckung von Schäden, die auf dem Diebstahl von Daten beruhen, bestehen dennoch einige Deckungsüberschneidungen zur Cyber-Versicherung.

42. Keines der bereits etablierten Versicherungsprodukte enthält einen umfassenden Deckungsschutz für Cyber-Risiken. Für die effektive Absicherung gegen diese Risiken ist die Cyber-Versicherung unerlässlich.

43. Der von der medialen Berichterstattung geprägte Eindruck, dass in allen klassischen Versicherungssparten ein besonders hohes „Silent Cyber"-Risiko besteht, ist nicht zutreffend. Insbesondere in der Sachversicherung ist die Gefahr, ungewollt Cyber-Risiken zu versichern, als gering einzustufen. Ein hohes „Silent Cyber"-Risiko kann in der Haftpflichtversicherung bestehen, wenn die Police keinen Cyber-Ausschluss i.S.v. Ziff. 7.15 AHB enthält. Da in der D&O-Versicherung Cyber-Ausschlüsse bisher unüblich sind, ist das „Silent Cyber"-Risiko hier als hoch einzustufen.

44. Bei Deckungsüberschneidungen zwischen der Cyber-Versicherung und einer anderen Police ist grundsätzlich § 78 VVG anwendbar, weshalb die Versicherer dem Versicherungsnehmer gegenüber gesamtschuldnerisch haften und dieser wählen kann, von welchem Versicherer er die gesamte Versicherungssumme verlangen möchte.

45. Hat ein Unternehmen gegen ein Organmitglied einen Schadensersatzanspruch aus § 93 Abs. 2 S. 1 AktG bzw. § 43 Abs. 2 GmbHG für erlittene Cyber-Schäden, haftet dieser Geschäftsleiter auch dann für die gesamte Schadenssumme, wenn der Schaden von einer Cyber-Versicherung gedeckt ist. Begleicht der Cyber-Versicherer den Schaden des Versicherungsnehmers, hat er einen Regressanspruch aus § 86 VVG gegen das Organmitglied.

46. Die Cyber-Versicherung und die D&O-Versicherung versichern nicht ein Interesse gegen dieselbe Gefahr i.S.v. § 77 VVG, weshalb zwischen diesen Versicherungen keine Mehrfachversicherung vorliegt. Eine gesamtschuldnerische Haftung der Versicherer nach § 78 Abs. 2 VVG scheidet aus.

47. Ziff. A1-12 AVB-Cyber führt zu einer Abbedingung der gesamtschuldnerischen Haftung nach § 78 Abs. 1, 2 VVG, weshalb der Cyber-Versicherer im Verhältnis zu einer anderen Versicherung zur vorrangigen Leistung verpflichtet ist. Der Cyber-Versicherer haftet daher gegenüber dem Versicherungsnehmer mit der vollen Versicherungssumme. Eine Leistungspflicht

des anderen Versicherers tritt erst bei deren Ausschöpfung ein.

48. Sowohl der Wortlaut als auch der Sinn und Zweck von Ziff. A1-12 AVB-Cyber sprechen dafür, dass diese Klausel das Wahlrecht des Versicherungsnehmers aus § 78 Abs. 1 VVG abbedingt, weshalb der Versicherungsnehmer den Cyber-Schaden zunächst ausschließlich bei dem Cyber-Versicherer geltend machen müsste. Einer solchen Auslegung steht jedoch entgegen, dass sich aus Ziff. A1-12 AVB-Cyber keine Rechtsfolge ergibt. Ziff. A1-12 AVB-Cyber führt daher nicht zu einer Abbedingung des Wahlrechts aus § 78 Abs. 1 VVG.

49. Ein Versicherer, welcher an der gesamtschuldnerischen Haftung nach § 78 Abs. 1, 2 VVG festhalten, aber das Wahlrecht des Versicherungsnehmers abbedingen will, sollte dies in einer entsprechenden Klausel ausdrücklich statuieren. Zudem müsste die Klausel eine Rechtsfolge festlegen, die eintreten würde, wenn sich der Versicherungsnehmer nicht primär an den Cyber-Versicherer wendet.

50. Enthält die Cyber-Versicherung eine Spezialitätsklausel und die kollidierende Versicherung eine einfache oder eine qualifizierte Subsidiaritätsklausel, ist der Cyber-Versicherer vorrangig zur Leistung verpflichtet.

51. Bestimmt die Cyber-Versicherung, dass sie gegenüber anderen Versicherungen vorgeht und enthält die andere Versicherung keine Kollisionsvorschrift, haftet der Cyber-Versicherer mit der vollen Versicherungssumme. Der andere Versicherer ist grundsätzlich nur leistungspflichtig, wenn die Versicherungssumme der Cyber-Versicherung voll ausgeschöpft wurde.

52. Die Kollision von zwei einfachen Subsidiaritäts- bzw. zwei Spezialitätsklauseln führt jeweils zur Anwendung von § 78 VVG. Bei einem Zusammentreffen von zwei qualifizierten Subsidiaritätsklauseln ist keiner der beiden Versicherer zur Leistung verpflichtet.

B. Ausblick

Es steht außer Frage, dass die Digitalisierung in der Zukunft in großem Maße und mit hohem Tempo weiter voranschreiten wird. Auch der Absatz von Cyber-Policen wird dementsprechend noch weiter zunehmen. Es ist daher nur eine Frage der Zeit, bis die oben dargestellten Haftungs- und Versicherungsfragen auch in der Praxis relevant sein werden. Neben den hier dargestellten Problemen dürften in der Zukunft noch diverse weitere Haftungs- und Deckungsfragen von Bedeutung sein.

So wird sich zeigen, inwieweit Cyber-Schäden zukünftig mit Hilfe des neuen Geschäftsgeheimnisgesetzes geltend gemacht werden können. So könnte ein Schadensersatzanspruch aus § 10 GeschGehG insbesondere für Datendiebstähle von Bedeutung sein.[1307] In den meisten Fällen wird ein solcher Anspruch aber ausscheiden, da das Gesetz nur Geschäftsgeheimnisse schützt und zudem keine Kompensationsmöglichkeit für Datenlöschungen- oder -verschlüsselungen vorsieht.[1308] Ebenfalls könnte sich die Frage stellen, inwieweit Gewinne abgeschöpft werden können, die der Schädiger durch den Cyber-Angriff erlangt hat. Hier kommt ein Anspruch aus § 812 Abs. 1 S. 1 Alt. 2 BGB in Betracht.[1309] Ein solcher Anspruch dürfte aber nur von größerer Bedeutung werden, wenn es in Zukunft zuverlässiger gelingt, den Urheber von Cyber-Angriffen ausfindig zu machen.

Auch kann die Haftung weiterer Beteiligter von größerer Praxisrelevanz werden. Dies gilt namentlich für betriebliche und externe Datenschutzbeauftragte. So stellt sich die Frage, ob und in welchem Umfang ein Datenschutzbeauftragter i.S.d. Art. 37 ff. DSGVO bei Verletzung seiner Pflichten in Anspruch genommen werden kann.[1310] Ebenfalls von größerer praktischer Bedeutung könnte die Inanspruchnahme von Cloud-Dienstleistern werden, wenn Kunden-

---

[1307] Vgl. *Riehm*, VersR 2019, 714, 719.

[1308] *Riehm*, VersR 2019, 714, 719.

[1309] Siehe dazu: *Riehm*, VersR 2019, 714, 721 f.

[1310] Siehe dazu: *Bergt*, in: Kühling/Buchner, Art. 37 Rn. 51 ff.; *Lantwin*, ZD 2017, 411; *Niklas/Faas*, NZA 2017, 1091, 1096; *Paal*, in: Paal/Pauly, Art. 39 Rn. 11.

daten durch einen Cyber-Angriff gelöscht, verschlüsselt oder gestohlen wurden. Für eine Zunahme der Inanspruchnahme von Cloud-Dienstleistern spricht, dass schon heute große Mengen von Daten bei externen Dienstleistern verwaltet werden und davon auszugehen ist, dass in Zukunft die Speicherung von Daten auf externen Servern deutlich zunehmen wird. Andererseits gehört die Sicherheit der verwahrten Daten zum Kernbestandteil des Geschäftsmodells der Cloud-Anbieter, weshalb sich erst noch zeigen wird, ob es Cyber-Angreifern gelingen wird, die vermutlich hohen Sicherheitsvorkehrungen dieser Dienstleister zu überwinden. Rechtlich von Bedeutung ist neben den Fragen des anwendbaren Rechts und der vertraglichen und deliktischen Haftung unter anderem, welche Pflichten sich aus § 13 Abs. 7 TMG für die Cloud-Dienstleister ergeben, wonach die Anbieter von Telemedien zu technischen und organisatorischen Schutzmaßnahmen verpflichtet sind.[1311] Des Weiteren stellt sich die Frage, inwieweit Cloud-Anbieter Betreiber einer kritischen Infrastruktur sind und ob sie daher die Pflichten aus § 8a BSIG treffen.[1312]

Auch für Vorstände und Geschäftsführer könnte das Risiko einer Inanspruchnahme noch steigen. Dies gilt insbesondere für den Fall, dass der Abschluss einer Cyber-Versicherung in Unternehmen zunehmend zur Selbstverständlichkeit wird. Denn in diesem Fall ließe sich eine Pflichtverletzung unter Umständen begründen, wenn der Geschäftsleiter es unterlassen hat, eine Cyber-Versicherung abzuschließen.[1313] Eine solche Pflichtverletzung wird sich jedoch zum jetzigen Zeitpunkt grundsätzlich nicht annehmen lassen.[1314] Denn dem Geschäftsleiter kommt auch bei der Entscheidung über den Abschluss von Versicherungen ein Ermessensspielraum zu, welcher zumindest bisher nicht „auf Null" reduziert ist.[1315]

Bei der Cyber-Versicherung könnte in Zukunft von Bedeutung sein, inwieweit der Cyber-Versicherer für Fehler seiner Forensik- und PR-

[1311] Siehe hierzu: *Borges*, in: Rechtshdb. Cloud-Computing, § 12 Rn. 52 ff.
[1312] Siehe hierzu: *Borges*, in: Rechtshdb. Cloud-Computing, § 12 Rn. 50 f.
[1313] *Fortmann*, r+s 2019, 688, 691; *Wirth*, in: Gabel/Heinrich/Kiefner, Kap. 12 Rn. 125.
[1314] *Erichsen*, CCZ 2015, 247, 250; *Fortmann*, r+s 2019, 688, 691.
[1315] *Fortmann*, r+s 2019, 688, 691.

Dienstleister haftet.[1316] Im Rahmen des Drittschadenbausteins könnte sich zudem die Frage nach der Wirksamkeit von Kostenanrechnungsklauseln stellen.[1317] Dies gilt jedoch nicht für Versicherungsbedingungen, die sich an den AVB-Cyber orientieren, da diese einen Ausschluss für die Anrechnung von Kosten auf die Versicherungssumme enthalten.[1318] Ebenfalls im Drittschadenbaustein kann in Zukunft die Frage aufkommen, ob Verteidigungskosten in einem Musterfeststellungsverfahren nach den §§ 606 ff. ZPO vom Versicherungsschutz einer Cyber-Police gedeckt sind.[1319]

Darüber hinaus dürften für Cyber-Versicherer neben den oben untersuchten Fragen der Sparteneinordnung[1320] auch weitere aufsichtsrechtliche Fragestellungen relevant werden. Dies gilt z.B. für den Fall, dass sich ein Versicherer dafür entscheidet, die Assistance-Leistungen anstelle einer reinen Kostenersetzung durch einen Dienstleister erbringen zu lassen. Denn hier gilt es zu beachten, dass eine solche Ausgliederung zu erhöhten aufsichtsrechtlichen Anforderungen führt.[1321]

Des Weiteren dürfte die DSGVO in der Zukunft zu einigen Deckungsfragen führen. So könnte sich die Frage stellen, ob Versicherer die Leistung verwehren oder kürzen dürfen, wenn Versicherungsnehmer nicht die notwendigen organisatorischen und technischen Maßnahmen i.S.v. Art. 25 und 32 DSGVO getroffen haben. Eine Leistungsverweigerung bzw. Kürzung ließe sich mit der Obliegenheit aus Ziff. A1-16.2 a) AVB-Cyber begründen, wonach der Versicherungsnehmer alle gesetzlichen Sicherheitsvorschriften einzuhalten hat. Dann müsste es sich bei den Vorschriften der DSGVO um Sicherheitsvorschriften i.S.v. Ziff. A1-16.2a) AVB-Cyber handeln. Ein Teil der Literatur bejaht dies.[1322] *Dickmann* geht hingegen davon aus, dass unter Sicherheitsvorschriften i.S.v. Ziff. A1-16.2a) AVB-Cyber keine datenschutzrechtlichen Vorschriften zu verstehen

---

1316 Dazu *R. Koch*, VersR 2019, 449; siehe dazu auch: S. 298.

1317 Siehe dazu *Malek/Schütz*, PHi 2018, 174, 183 f.; *dies.*, r+s 2019, 421, 428 f.

1318 Ziff. A3-6.3 AVB-Cyber; Vgl. *Malek/Schütz*, PHi 2018, 174, 184.

1319 Siehe dazu ausführlich: *Malek/Schütz*, r+s 2019, 421, 426 f.

1320 Siehe S. 200 ff.

1321 Siehe dazu ausführlich: *Dreher*, VersR 2020, 129, 133 ff.

1322 *Fortmann*, r+s 2019, 429, 437; *Salm*, in: Rüffer/Halbach/Schimikowski, Ziff. A.1-16 AVB Cyber Rn. 24.

sind.[1323] Dem ist zuzustimmen. Denn der Gegenstand der Cyber-Versicherung umfasst nach Ziff. A1-2.4 Spiegelstrich 4 ausdrücklich Handlungen oder Unterlassungen, die zu einer Verletzung von datenschutzrechtlichen Vorschriften führen. Eine Auslegung von Ziff. A1-16.2a) AVB-Cyber kann daher nur ergeben, dass Verstöße gegen die DSGVO keine Sicherheitsvorschriften im Sinne dieser Klausel darstellen, da ansonsten der Versicherungsschutz der Cyber-Versicherung ausgehöhlt werden würde.[1324]

Sollte es, wie bereits erörtert, zukünftig vermehrt zu Cyber-Angriffen auf Cloud-Dienstleister kommen, könnte dies auch Auswirkungen auf die Deckung einer Cyber-Versicherung haben. Denn wie oben dargestellt,[1325] sind gem. Ziff. A1-2.2 AVB-Cyber solche Schäden nicht versichert, die sich gegen den Dienstleister als solchen richten. Kommt es zu einem solchen Angriff und verweigert der Versicherer aufgrund von Ziff. A1-2.2 AVB-Cyber die Leistung für daraus resultierende Schäden, könnten in diesem Zusammenhang mehrere Fragen aufkommen.[1326] So ist fraglich, wie weitgehend der Begriff des externen Dienstleisters ist und ob davon auch rechtlich selbstständige Tochtergesellschaften des Versicherungsnehmers erfasst sind.[1327] Am relevantesten wird jedoch die Frage sein, ob Ziff. A1-2.2 AVB-Cyber wirksam ist.[1328] Dies dürfte zu bejahen sein. Denn wie oben bereits dargestellt, sind bei der Beurteilung, ob eine unangemessene Benachteiligung i.S.v. § 307 Abs. 1 S. 1 BGB vorliegt, auch höherrangige Interessen des Klauselverwenders zu berücksichtigen.[1329] Ziff. A1-2.2 AVB-Cyber dient in erster Linie dazu, das Kumulrisiko des Versicherers zu verringern, da ein Angriff auf einen Cloud-Dienstleister dazu führen kann, dass bei zahlreichen Versicherungsnehmern gleichzeitig Schäden eintreten. Die Begrenzung des Kumulrisikos stellt daher ein höherrangiges Interesse der Versicherer dar, weshalb eine unangemessene Benachteiligung des Ver-

[1323] *Dickmann*, r+s 2020, 131, 137.

[1324] Vgl. *Dickmann,* r+s 2020, 131, 137.

[1325] Siehe S. 212 f.

[1326] Siehe zu den Fragestellungen rund um Ziff. A1-2.2 AVB-Cyber ausführlich: *Malek/Schilbach*, VersR 2019, 1321, 1327 ff.

[1327] Siehe dazu *Malek/Schilbach*, VersR 2019, 1321, 1327.

[1328] Siehe dazu *Malek/Schilbach*, VersR 2019, 1321, 1328 ff.

[1329] Siehe S. 257.

sicherungsnehmers gem. § 307 Abs. 1 S. 1 BGB ausscheiden dürfte.

Bei Schäden, die im Zusammenhang mit Angriffen auf Cloud-Dienstleister stehen, ist des Weiteren fraglich, ob auch eine Beeinträchtigung der Vertraulichkeit von Daten eine Störung der Dienstleistung i.S.v. Ziff. A1-2.2 AVB-Cyber darstellt.[1330] Würde man dies bejahen, ließe sich auch dann eine Deckung ablehnen, wenn ein Cyber-Angriff auf den Cloud-Dienstleister dazu geführt hat, dass Daten des Versicherungsnehmers veröffentlicht wurden. Allerdings spricht die Aufzählung der Begriffe „Störung", „Ausfall" und „Unterbrechung" eher dafür, dass die Klausel nur solche Schäden umfasst, die aus einer Beeinträchtigung der Verfügbarkeit der Dienstleistung folgen.[1331] Allerdings wäre es zur Begrenzung des hohen Kumulrisikos im Interesse der Versicherer, wenn auch Beeinträchtigungen der Vertraulichkeit von Ziff. A1-2.2 AVB-Cyber umfasst wären. Insofern wäre eine Anpassung dieser Klausel naheliegend.

An Bedeutung dürften im Rahmen der Cyber-Versicherung künftig auch Beweisfragen gewinnen. So trägt der Versicherungsnehmer die Beweislast für das Vorliegen einer versicherten Informationssicherheitsverletzung.[1332] Allerdings wird sich nach einem Cyber-Angriff nicht immer genau rekonstruieren lassen, ob und wie es zu einer Informationssicherheitsverletzung gekommen ist. Aus diesem Grund regt *Wirth* zu Recht an, zu Gunsten des Versicherungsnehmers ähnlich wie bei der Hausratversicherung Beweiserleichterungen zuzulassen.[1333]

Sowohl haftungs- als auch versicherungsrechtliche Fragen können sich in der Zukunft ergeben, wenn es zu Cyber-Angriffen auf Kraftfahrzeuge kommen sollte.[1334] Diese Fragen können sich einerseits stellen, da Fahrerassistenzsysteme heute schon in diversen Kraftfahrzeugen Verwendung finden und andererseits, weil das autono-

---

[1330] Siehe dazu: *Malek/Schilbach*, VersR 2019, 1321, 1328.
[1331] *Malek/Schilbach*, VersR 2019, 1321, 1328.
[1332] *Pawig-Sander*, in: Rüffer/Halbach/Schimikowski, Ziff. A.1-2 AVB-Cyber Rn. 27.
[1333] Siehe dazu ausführlich: *Wirth*, in: Gabel/Heinrich/Kiefner, Kap. 12 Rn. 141 ff.
[1334] Siehe dazu ausführlich: *Pütz/Meier*, r+s 2019, 444; vgl. zu datenschutzrechtlichen Fragestellungen der Cyber-Abwehr bei Connected-Cars: *Kahl/Behrendt*, RAW 2020, 82.

me Fahren in der Zukunft aller Voraussicht nach fester Bestandteil des Straßenverkehrs sein wird. Hat ein Cyber-Angriff auf ein Kraftfahrzeug einen Unfall verursacht, z.B. indem Schadsoftware die Steuerung des Kraftfahrzeugs beeinträchtigt hat, stellt sich haftungsrechtlich die Frage, wer nach einem solchen Angriff gegen wen Ansprüche geltend machen kann. Wurden durch den Unfall Dritte geschädigt, könnten diese unter Umständen Schadensersatzansprüche gegen den Fahrzeughalter und den Fahrer haben.[1335] Relevanter erscheint jedoch, ob der Fahrzeughalter nach einem Unfall Ansprüche gegen den Hersteller des Kraftfahrzeugs geltend machen kann,[1336] z.B. weil die Software des Fahrzeugs eine Sicherheitslücke aufgewiesen hat, welche den Cyber-Angriff ermöglicht hat. Versicherungsrechtlich stellt sich bei Cyber-Angriffen auf Kraftfahrzeuge wiederum die Frage, inwieweit das Cyber-Risiko von der Kraftfahrzeug-Haftpflichtversicherung und der Kaskoversicherung gedeckt wird.[1337] Wird dies bejaht, würde sich daran die Frage anschließen, ob eine Mehrfachversicherung i.S.d. §§ 76 ff. VVG vorliegt, wenn der Hersteller des Kraftfahrzeugs für Cyber-Schaden mitverantwortlich ist und über eine Cyber-Police verfügt. Zumindest für Cyber-Bedingungen, die sich an den AVB-Cyber orientieren, ist diese Frage zu verneinen, da nach Ziff. A1-17.6 AVB-Cyber Versicherungsfälle oder Schäden im Zusammenhang mit Kraftfahrzeugen vom Versicherungsschutz ausgeschlossen sind.[1338] Haftungs- und versicherungsrechtliche Fragen, die im Zusammenhang mit Cyber-Angriffen auf Kraftfahrzeuge stehen, sind jedoch zum jetzigen Zeitpunkt von untergeordneter praktischer Relevanz. Denn echte Cyber-Angriffe auf Kraftfahrzeuge sind bisher nicht bekannt, auch wenn die experimentelle Attacke auf das Entertainment-System eines Fahrzeugs gezeigt hat, das hier zumindest in der Theorie ein hohes Gefahrenpotential besteht.[1339]

Des Weiteren könnte in der Zukunft auch die Bedeutung der Cyber-Versicherung für Verbraucher zunehmen, welche vermehrt von Ver-

---

[1335] Siehe dazu: *Pütz/Meier*, r+s 2019, 444, 445 f.
[1336] Vgl. *Andrees*, Außervertr. Haftung IT-Sicherheit, S. 110.
[1337] Siehe dazu: *Pütz/Meier*, r+s 2019, 444, 446 ff.
[1338] Vgl. *Fortmann*, r+s 2019, 429, 444.
[1339] Vgl. *Pütz/Meier*, r+s 2019, 444, 445.

sicherern angeboten wird. Dabei wird Versicherungsschutz für Schäden geleistet, die unter anderem durch folgende Ursachen entstehen können: Betrug beim Online-Shopping, Identitätsmissbrauch, Datenlöschungen und Online-Mobbing.[1340] Rechtliche Fragen werden sich bei dieser Versicherung, ähnlich wie bei der Unternehmenspolice, im Hinblick auf die Abgrenzung zu anderen bereits bestehenden Versicherungsprodukten ergeben. So ist fraglich, inwieweit es hier zu Deckungsüberschneidungen mit herkömmlichen Verbraucher-Versicherungen kommen kann. Deckungsüberschneidungen können insbesondere mit der Krankenversicherung, der privaten Haftpflichtversicherung und der Hausratversicherung auftreten.[1341] Kommt es zu einer solchen Deckungsüberschneidung, stellt sich wie schon bei der Unternehmens-Police die Frage, ob eine Mehrfachversicherung nach den §§ 76 ff. VVG vorliegt und ob die Versicherer gesamtschuldnerisch haften. Ob diese Fragen auch wirklich von praktischer Bedeutung sein werden, hängt insbesondere davon ab, inwieweit der Absatz dieses Versicherungsprodukts zunehmen wird.

In der Zukunft dürften im Zusammenhang mit Cyber-Risiken noch diverse weitere haftungs- und versicherungsrechtliche Fragestellungen aufkommen. Diese werden zu Tage treten, wenn die gerichtliche Geltendmachung von Cyber-Schäden sowie Deckungsklagen gegen Versicherer zunehmen. Bis dahin soll diese Arbeit einen ersten Überblick über haftungs- und versicherungsrechtliche Probleme geben.

[1340] Vgl.: www.inter.de/sach-haftpflicht/cyberversicherung/ (zuletzt aufgerufen am: 30.06.2021); www.bavariadirekt.de/versicherungen/rund-ums-haus/cyber-versicherung/produktinfos/ (zuletzt aufgerufen am: 30.06.2021).

[1341] Vgl. www.verbraucherzentrale.nrw/wissen/geld-versicherungen/weitere-versicherungen/cyberversicherung-ist-sie-sinnvoll-35611 (zuletzt aufgerufen am: 30.06.2021).

Quellenverzeichnis

A. Literatur

Abel, Stefan: Der Millennium-Bug und der lange Arm der Produzentenhaftung, CR 1999, 680-683

Achenbach, Matthias: Die Cyber-Versicherung – Überblick und Analyse, VersR 2017, 1493-1500

Andrees, Markus: Außervertragliche Haftung bei mangelhafter IT-Sicherheit – Legislative Handlungsoptionen zur Verbesserung ges IT-Sicherheitsniveaus von Produkten und Diensten, Berlin 2019, Diss., zitiert: *Andrees*, Außervertragl. Haftung IT-Sicherheit

Armbrüster, Christian: Privatversicherungsrecht, 2. Aufl. Tübingen 2019, zitiert: *Armbrüster*, Privatversicherungsrecht

Armbrüster, Christian/Schilbach, Dan: Nichtigkeit von VersVerträgen wegen Verbots- oder Sittenverstoßes, r+s 2016, 109-117

Auer-Reinsdorff, Astrid/Conrad, Isabell: Handbuch IT- und Datenschutzrecht, 3. Aufl. München 2019, zitiert: *Bearbeiter*, in: Auer-Reinsdorff/Conrad

Bach, Ivo: Neue Richtlinien zum Verbrauchsgüterkauf und zu Verbraucherverträgen über digitale Inhalte, NJW 2019, 1705-1711

Bamberger, Heinz Georg/Roth, Herbert/Hau, Wolfgang/Poseck, Roman (Hrsg.): Beck'scher Online-Kommentar BGB, 51. Edition (Stand: 01.08.2019) München 2019, zitiert: *Bearbeiter*, in: BeckOKBGB

Bartsch, Michael: Computerviren und Produkthaftung, CR 2000, 721-725

Ders.: Softwarepflege nach neuem Schuldrecht, NJW 2002, 1526-1530

Ders.: Software als Rechtsgut – Zur Wahrnehmung von Software aus Sicht des Rechts, zur Begriffsbildung im Recht und zu den praktischen Konsequenzen, CR 2010, 553-559

Baumann, Horst: AGB-rechtliche Inhaltskontrollfreiheit des Claims-made-Prinzips?, VersR 2012, 1461-1467

Beckmann, Roland Michael/Matusche-Beckmann, Annemarie: Versicherungsrechts-Handbuch, 3. Aufl. München 2015, zitiert: *Bearbeiter*, in: Beckmann/Matusche-Beckmann

Behling, Thorsten B.: Die datenschutzrechtliche Compliance-Verantwortung der Geschäftsleitung, ZIP 2017, 697-706

Berg, Cai: Korruption in Unternehmen und Risikomanagement nach § 91 Abs 2 AktG, AG 2007, 271-278

Berisha, Arlinda/ Gisch, Erwin/Koban, Klaus (Hrsg.): Haftpflicht-, Rechtsschutz- und Cyberversicherung, Wien 2018, zitiert: *Bearbeiter*, in: Berisha/Gisch/Koban

Bertsch, Sascha: Silent Cyber – Darstellung und Bewältigung einer neuen Herasuforderung, Karlsruhe 2021, zitiert: *Bertsch*, Silent Cyber

Beucher, Klaus/Utzerath, Julia: Cybersicherheit - Nationale und internationale Regulierungsinitiativen – Folge für die IT-Compliance und die Haftungsmaßstäbe, MMR 2013, 362-367

Biener, Christian/Elling, Martin/Matt, Andreas/Wirfs, Jan Hendrik: Cyber Risk: Risikomanagement und Versicherbarkeit, St. Gallen 2015, zitiert: Biener/Eling/Matt/Wirfs, Cyber-Risk

Blanck, W.: Doppelversicherung bei Zusammentreffen mehrerer Versicherungen mit Subsidiaritätsklausel, VersR 1973, 705-706

Boehm, Franziska: Herausforderungen von Cloud Computing-Verträgen: Vertragstypologische Einordnung, Haftung und Eigentum an Daten, ZEuP 2016, 358-387

Böck, Nicole/Theurer, Jakob: Herstellerpflichten und Haftungsrisiken bei IT-Sicherheitslücken vernetzter Produkte, BB 2021, 520-525

Boos, Karl-Heinz/Fischer, Reinfried/Schulte-Mattler, Hermann (Hrsg.): KWG, CRR-VO – Kommentar zu Kreditwesengesetz, VO (EU) Nr. 575/2013 (CRR) und Ausführungsvorschriften, 5. Aufl. München 2016, zitiert: *Bearbeiter*, in: Boos/Fischer/Schulte-Mattler

Borges, Georg (Hrsg.): Cloud Computing – Rechtshandbuch, München 2016, zitiert: *Bearbeiter*, in: Rechtshdb. Cloud-Computing

Born, Manfred/Ghassemi-Tabar, Nima/Gehle, Burkhard: Münchener Handbuch des Gesellschaftsrechts, Band 7: Gesellschaftsrechtliche Streitigkeiten (Corporate Litigation), 6. Aufl. München 2020, zitiert: *Bearbeiter*, in: Münchener Handbuch des Gesellschaftsrechts

Brandi-Dohrn, Anslem: Die Besonderheiten von Haftungsklauseln in IT-Verträgen, CR 2014, 417-427

Bräutigam, Peter/Klindt, Thomas: Industrie 4.0, das Internet der Dinge und das Recht, NJW 2015, 1137-1142

Bredemeyer, Dierk: Das Prinzip „Drittschadensliquidation", JA 2012, 102-107

Breuer, Rüdiger: Direkte und indirekte Rezeption technischer Regeln durch die Rechtsordnung, AöR 101 (1976), 46-88

Brink, Stefan/Wolff, Heinrich Amadeus: Beck'scher Kommentar Datenschutzrecht, 29. Edition (Stand: 01.08.2019) München 2019, zitiert: *Bearbeiter*, in: BeckOKDatenSR

Brox, Hans/Walker, Wolf-Dietrich: Besonderes Schuldrecht, 44. Aufl. München 2020, zitiert: *Brox/Walker*, Schuldrecht BT

Bruck, Ernst/Möller, Hans (Begr.): VVG – Großkommentar zum Versicherungsvertragsgesetz, Band 1: Einführung §§ 1-32, 9. Aufl. Berlin 2008; Band 2: §§ 33-73, 9. Aufl. Berlin 2010; Band 3: §§ 74-99, 9. Aufl. Berlin 2010; Band 4: Haftpflichtversicherung, 9. Aufl. Berlin 2013; Band 7: Sachversicherung, 9. Aufl. Berlin 2012; Band 9: §§ 178-191, Allgemeine Unfallversicherungsbedingungen

2008, 9. Aufl. Berlin 2011; Band 11: §§ 209-216, 9. Aufl. Berlin 2013; zitiert: *Bearbeiter*, in: Bruck/Möller

Gräfin von Brühl, Frkederike/Brandenburg, Anne: Cyberbedrohungen: Rechtliche Rahmenbedingungen und praktische Lösungen, ITRB 2013, 260-263

Buchner, Frank: Die IT-Versicherung – Eine rechtliche Untersuchung der Versicherung von Risiken der Informationstechnologie unter Berücksichtigung bisher angebotener Versicherungskonzepte und deren versicherungsrechtlichen Problemen, Frankfurt am Main 2007, zitiert: *Buchner*, IT-Versicherung

van Bühren, Hubert W. (Hrsg.): Handbuch Versicherungsrecht, 7. Aufl. Bonn 2017, zitiert: *Bearbeiter*, in: van Bühren

Bürgers, Tobias/Körber, Torsten: Aktiengesetz, 4. Aufl. Heidelberg 2017, zitiert: *Bearbeiter*, in: Bürgers/Körber

Bürkle, Jürgen: Aufsichtsrechtliches Legal Judgment: Sachlicher Anwendungsbereich und prozedurale Voraussetzungen, VersR 2013, 792-802

Buss, Sebastian: Identitätsmissbrauch - Strafbarkeit beim CEO Fraud – Wie weit die geltenden strafrechtlichen Normen reichen, CR 2017, 410-416

Conrad, Isabell/Grützmacher, Malte (Hrsg.): Recht der Daten und Datenbanken im Unternehmen, Köln 2014, zitiert: *Bearbeiter*, in: Conrad/Grützmacher

Daghles, Natalie: Cybersecurity-Compliance: Pflichten und Haftungsrisiken für Geschäftsleiter in Zeiten fortschreitender Digitalisierung, DB 2018, 2289-2294

Dahlke, Peter: Terror als Schadensursache, VersR 2003, 25-33

Dauner-Lieb, Barbara/Langen, Werner (Hrsg.): Bürgerliches Gesetzbuch Schuldrecht, Band 2/2: §§ 241 - 853 BGB, 3. Aufl. Baden-Baden 2016

Dickmann, Roman: Angriffspfad Drucker und Schäden durch Datenabfluss – Aspekte von Deckung und Haftung unter der Cyber-Versicheurng, r+s 2020, 131-139

Diller, Martin: Berufshaftpflichtversicherung der Rechtsanwälte, 2. Aufl. München 2017, zitiert: *Diller*, Berufshaftpflicht Rechtsanwälte

Dorner, Michael: Big Data und "Dateneigentum" – Grundfragen des modernen Daten- und Informationshandels, CR 2014, 617-628

Dreher, Meinrad: Die kartellrechtliche Bußgeldverantwortlichkeit von Vorstandsmitgliedern – Vorstandshandeln zwischen aktienrechtlichem Legalitätsprinzip und kartellrechtlicher Unsicherheit, in: Dauener-Lieb, Barbara/Hommelhoff, Peter/ Jacobs, Matthias/Kaiser, Dagmar/Weber, Christoph (Hrsg.), Festschrift für Horst Konzen, Tübingen 2006, S. 85-107

Ders.: Versicherungsschutz für die Verletzung von Kartellrecht oder von Unternehmensinnenrecht in der D&O-Versicherung und Ausschluss vorsätzlicher oder wissentlicher Pflichtverletzungen, VersR 2015, 781-794

Ders.: Versicherungsaufsichtsrechtliche Fragen bei Assistance-Leistungen in der D&O- und Cyber-Versicherung, VersR 2020, 129-136

Eckert, Claudia: IT-Sicherheit – Konzepte - Verfahren - Protokolle, 10. Aufl., Berlin 2018, zitiert: *Eckert*, IT-Sicherheit

Ehlen, Theresa/Brandt, Elena: Die Schutzfähigkeit von Daten – Herausforderungen und Chancen für Big Data Anwender, CR 2016, 570-575

Engel, Friedrich-Wilhelm: Produzentenhaftung für Software, CR 1986, 702-708

Erichsen, Sven: Cyber-Risiken und Cyber-Versicherung: Abgrenzung und/oder Ergänzung zu anderen Versicherungssparten, CCZ 2015, 247-250

Erman, Walter (Begr.): Bürgerliches Gesetzbuch, Band 2: §§ 762-2385, ProdHaftG, ErbbauRG, VersAusglG, VBVG, LPartG, WEG, EGBGB, 15. Aufl. Köln 2017, zitiert: *Bearbeiter*, in: Erman

Ernst, Stefan (Hrsg.): Hacker, Cracker & Computerviren – Recht und Praxis der Informationssicherheit, Köln 2004, zitiert: *Bearbeiter*, in: Hacker, Cracker & Computerviren

Eszler, Erwin: Versicherbarkeit und ihre Grenzen: Logik – Realität – Konstruktion, ZversWiss 2000, 285-299

Fahr, Ulrich/Kaulbach, Detlef/Bähr, Gunne/Pohlmann, Petra (Hrsg.): Versicherungsaufsichtsgesetz, 5. Aufl. München 2012, zitiert: *Bearbeiter*, in: Kaulbach/Bähr/Pohlmann

Fajen, Katharina Maria: Die Subsidiaritätsklauseln im Versicherungsrecht unter besonderer Berücksichtigung der qualifizierten Subsidiaritätsklausel, VersR 2013, 973-975

Faust, Florian: Digitale Wirtschaft – Analoges Recht: Braucht das BGB ein Update?, in: Ständige Deputation des Deutschen Juristentages (Hrsg.), Verhandlungen des 71. Deutschen Juristentages, Band I: Gutachten, München 2016, S. A 3-92

Faustmann, Jörg: Der deliktische Datenschutz, VuR 2006, 260-263

Fischer, Thomas: Strafgesetzbuch mit Nebengesetzen, 66. Aufl. München 2019, zitiert: *Fischer*, StGB

Foerste, Ulrich/Graf von Westphalen, Fridrich (Hrsg.): Produkthaftungshandbuch, 3. Aufl. : München 2012, zitiert: *Bearbeiter*, in: Foerste/v. Westphalen

Forgó, Nikolaus/Helfrich, Marcus/Schneider, Jochen (Hrsg.): Betrieblicher Datenschutz, 2. Aufl. 2017, zitiert: *Bearbeiter*, in: Forgó/Helfrich/Schneider, 2. Aufl.

Fortmann, Michael: Cyberversicherung: ein gutes Produkt mit noch einigen offenen Fran, r+s 2019, 429-444

Ders.: Cyber-/Datenrisiken: Erhebliche Gefahr für Geschäftsleiter und D&O-Versicherer?, r+s 2019, 688-695

Fricke, Martin: Rechtliche Probleme des Ausschlusses von Kriegsrisiken in AVB, VersR 1991, 1098-1103

Ders.: Rechtliche Probleme des Ausschlusses von Kriegsrisiken in AVB, VersR 2002, 6-11

Fritzemeyer, Wolfgang/Splittgerber, Andreas: Verpflichtung zum Abschluss von Softwarepflege- und Hardwarewartungsverträgen?, CR 2007, 209-215

Gabel, Detlev/Heinrich, Tobias/Kiefner, Alexander: Rechtshandbuch Cyber-Security, Frankfurt am Main 2019, zitiert: *Bearbeiter*, in: Gabel/Heinrich/Kiefner

Gaycken, Sandro/Karger, Michael: Entnetzung statt Vernetzung – Paradigmenwechsel bei der IT-Sicherheit, MMR 2011, 3-8

Gercke, Marco/Laschet, Carsten/Schweinsberg, Klaus: Cyber-Risiken als Teil unternehmerischer Leistungsverantwortung – Gedanken zum Umgang durch Vorstand und Aufsichtsrat, PHi 2014, 76-80

Goette, Wulf/Habersack, Mathias: Münchener Kommentar zum Aktiengesetz, Band 2: §§76-117, 5. Aufl. München 2019, zitiert: *Bearbeiter*, in: MüKoAktG

Grigoleit, Hans Christoph (Hrsg.): Aktiengesetz, München 2013, zitiert: *Bearbeiter*, in: Grigoleit

Grützmacher, Malte: Dateneigentum - ein Flickenteppich – Wem gehören die Daten bei Industrie 4.0, Internet der Dinge und Connected Cars?, CR 2016, 485-495

Grützner, Thomas/Jakob, Alexander: Compliance von A – Z, 2. Aufl. München 2015, zitiert: *Bearbeiter*, in: Compliance von A-Z

Günther, Dirk-Carsten: Datenträgerklauseln und Sachschaden, VersR 2018, 205-207

Ders.: „Cyberwar" und Kriegsausschluss, r+s 2019, 188-190

Günther, Dirk-Carsten/Ider, Nazan: Auf dem Stand der Technik, VW 2018, 50-52

Habbe, Julia Sophia/Gergen, Philipp: Compliance vor und bei Cyberangriffen – Pflichten der Geschäftsleitung und deren konkrete Umsetzung in der Praxis, CCZ 2020, 281-286

Haller, Heiko A./Lutz, Holger: Datendiebstahl als neues Prozessrisiko, BB 2014, 1993-1998

Härting, Niko: "Dateneigentum" - Schutz durch Immaterialgüterrecht? – Was sich aus dem Verständnis von Software für den zivilrechtlichen Umgang mit Daten gewinnen lässt, CR 2016, 646-649

Hauschka, Christoph E./Moosmayer, Klaus/Lösler, Thomas (Hrsg.): Corporate Compliance – Handbuch der Haftungsvermeidung im Unternehmen, 3. Aufl. München 2016, zitiert: *Bearbeiter*, in: Hauschka/Moosmeyer/Lösler

Heckmann, Dirk: Rechtspflichten zur Gewährleistung von IT-Sicherheit im Unternehmen –Maßstäbe für ein IT-Sicherheitsrecht, MMR 2006, 280-285

Heidemann, Jörg/Flagmeier, Wilfried: Sonderheft: Cyber-Versicherungen, 4. Aufl. Köln 2018, zitiert: *Heidemann/Flagmeier*, Cyber-Versicherungen

von Heintschel-Heinegg, Bernd (Hrsg.): Beck'scher Online-Kommentar StGB, 43. Edition (Stand: 01.08.2019) München 2019, zitiert: *Bearbeiter*, in: BeckOKStGB

Heydn, Truiken: Software as a Service (SaaS): Probleme und Vertragsgestaltung – Software im digitalen Zeitalter – Subladen des BGB II, MMR 2020, 435

Dies., Die AGB-Kontrolle im unternehmerischen Geschäftsverkehr – ein Hindernis für die Digitalisierung!, BB 2021, 1420-1430

Heymann, Thomas: Rechte an Daten – Warum Daten keiner eigentumsrechtlichen Logik folgen, CR 2016, 650-657

Hilgendorf, Eric: Tatbestandsprobleme bei der Datenveränderung nach StGB § 303a, JR 1994, 478-480

Ders.: Grundfälle zum Computerstrafrecht, JuS 1996, 702-706

Hirte, Heribert/Mülbert, Peter O., Roth, Markus (Hrsg.): Aktiengesetz, Band 4/1: §§ 76-91, 5. Aufl. Berlin 2015; Band 4/2: §§ 92-94, 5. Aufl. Berlin 2015; zitiert: *Bearbeiter*, in: GrossKommAktG

Hoeren, Thomas: Dateneigentum – Versuch einer Anwendung von § 303a StGB im Zivilrecht, MMR 2013, 486-491

Ders.: Datenbesitz statt Dateneigentum – Erste Ansätze zur Neuausrichtung der Diskussion um die Zuordnung von Daten, MMR 2019, 5-8

Hoeren, Thomas/Sieber, Ulrich/Holznagel, Bernd (Hrsg.): Handbuch Multimedia-Recht – Rechtsfragen des elektronischen Rechtsverkehrs, Stand: Februar 2019 (48. Ergänzungslieferung), München 2019, zitiert: *Bearbeiter*, in: Hdb. Multimedia-Recht

von Holleben, Kevin Max/Menz, Monika: IT-Risikomanagement – Pflichten der Geschäftsleitung, CR 2010, 63-68

Hölters, Wolfgang: Aktiengesetz, 3. Aufl. München 2017, zitiert: *Bearbeiter*, in: Hölters

Honsel, Heinrich (Hrsg.): Berliner Kommentar zum Versicherungsvertragsgesetz – Kommentar zum deutschen und österreichischen VVG, Berlin 1999, zitiert: *Bearbeiter*, in: Berliner Kommentar

Hornung, Gerrit/Schallbruch, Martin (Hrsg.): IT-Sicherheitsrecht, 1. Aufl. Baden-Baden 2021, zitiert: *Bearbeiter*, in: Hornung/Schallbruch

Hüffer, Uwe/Koch, Jens: Aktiengesetz, 13. Aufl. München 2018, zitiert: *J.Koch*, in: Hüffer/Koch

Hüßtege, Rainer/Mansel, Heinz-Peter: Rom-Verordnungen, 2. Aufl. Baden-Baden 2015, zitiert: *Bearbeiter*, in: Hüßtege/Mansel

Jaeger, Lothar: Grenzen der Kündigung von Softwarepflegeverträgen über langlebige Industrie-Software – Zugleich Anmerkung zum Urteil des LG Köln - 83 O 26/97, CR 1999, 209-213

Jansen, Günther Arnold/Seibel Mark (Hrsg.): VOB Teil B – Vergabe und Vertragsordnung für Bauleistungen, 4. Aufl. München 2016, zitiert: *Bearbeiter*, in: Jansen/ Seibel

Jarass, Hans D.: Bundesimmissionsschutzgesetz – Kommentar unter Berücksichtigung der Bundes-Immisionsschutzverordnungen, der TA Luft sowie der TA Lärm, 9. Aufl. München 2012, 12. Aufl. München 2017, zitiert: *Jarass*, BImSchG

Joecks, Wolfgang/Miebach, Klaus (Hrsg.): Münchener Kommentar zum StGB, Band 4: §§ 185-262, 3. Aufl. München 2017; Band 5: §§ 263-358 StGB, 3. Aufl. 2019; zitiert: *Bearbeiter*, in: MüKoStGB

Kahl, Thomas/Behrendt, Philipp: Datenschutzrechtliche Herausforderungen der Cyber-Abwehr im Connected-Car-Umfeld, RAW 2020, 82-88

Kapp, Thomas: Dürfen Unternehmen ihren (geschäftsleitenden) Mitarbeitern Geldstrafen bzw. -bußen erstatten?, NJW 1992, 2796-2800

Karten, Walter: Risikopolitik der Versicherer – Grundlagen der Risikopolitik – Überblick, ZVersWiss 1983, 213-229

Kiefner, Alexander/Happ, Benedikt: Cyber-Security als rechtliche Herausforderung für die Unternehmensleitung und Unternehmensorganisation, BB 2020, 2051-2058

Kilian, Wolfgang/Heussen Benno (Begr.): Computerrechts-Handbuch – Informationstechnologie in der Rechts- und Wirtschaftspraxis, 34. Ergänzungslieferung (Stand Mai 2018) München 2018, zitiert: *Bearbeiter*, in: Kilian/Heussen

Kindhäuser, Urs: Strafgesetzbuch, 5. Aufl. Baden-Baden 2017, zitiert: *Kindhäuser*, StGB Kommentar

Kindhäuser, Urs/Neumann, Ulfried/Paeffgen, Hans-Ullrich (Hrsg.): Strafgesetzbuch, 5. Aufl. Baden-Baden 2017, zitiert: *Bearbeiter*, in: Kindhäuser/Neumann/Paeffgen

Kipker, Dennis-Kenji (Hrsg.): Cybersecurity, 1. Aufl. München 2020, zitiert: *Bearbeiter*, in: Kipker

Klindt, Thomas: Produktrückrufe und deren Kostenerstattung nach der Pflegebetten-Entscheidung des BGH, BB 2009, 792-795

Knop, Jan (Hrsg.): Heute schon das Morgen sehen – 19. DFN-Arbeitstagung über Kommunikationsnetze in Düsseldorf, Bonn 2005, zitiert: *Bearbeiter*, in: 19. DFN-Arbeitstagung

Koch, Frank A.: Updating von Sicherheitssoftware - Haftung und Beweislast – Eine Problemskizze zur Verkehrssicherungspflicht zum Einsatz von Antivirenprogrammen, CR 2009, 485-491

Koch, Robert: Haftung für die Weiterverbreitung von Viren durch E-Mails, NJW 2004, 801-807

Ders.: Versicherbarkeit von IT-Risiken – in der Sach-, Vertrauensschaden- und Haftpflichtversicherung, Berlin 2005, zitiert: *R. Koch*, Versicherbarkeit von IT-Risiken

Ders.: Nullstellung und Wiedereinschluss von IT-Risiken in der Betriebshaftpflichtversicherung (AHB 2004/BHV-IT), r+s 2005, 181-187

Ders.: Vorerstreckung der Schadenabwendungsobliegenheit nach der Reform des Versicherungsvertragsgesetzes, in: Schimikowski, Peter (Hrsg.), Festschrift für Johannes Wälder, München 2009, S. 163-177

Ders.: Das Claims-made-Prinzip in der D&O-Versicherung auf dem Prüfstand der AGB-Inhaltskontrolle, VersR 2011, 295 - 302

Ders.: Haftung des Versicherers für fehlerhafte Assistanceleistungen, VersR 2019, 449-456

Ders.: Prioritätsklauseln in Versicherungsverträgen, Karlsruhe 2020, zitiert: *R. Koch*, Prioritätsklauseln in Versicherungsverträgen

Kochheim, Dieter: Cybercrime und Strafrecht in der Informations- und Kommunikationstechnik, 2. Aufl. München 2018, zitiert: *Kochheim*, Cybercrime

König, Franz: Haftung für Cyberschäden – Auswirkungen des neuen Europäischen Datenschutzrechts auf die Haftung von Aktiengesellschaften und ihrer Vorstände, AG 2017, 262-271

Korch, Stefan/Chatard, Yannick: Datenschutz als Vorstandsverantwortung, AG 2019, 551-560

Kühling, Jürgen/Buchner, Benedikt: Datenschutzgrundverordnung/BDSG, 3. Aufl. München 2020, zitiert: *Bearbeiter*, in: Kühling/Buchner

Kullmann, Josef: Die Rechtsprechung des Bundesgerichtshofs zum Produkthaftpflichtrecht in den Jahren 1997-1998, NJW 1999, 96-102

Lackner, Karl/Kühl, Kristian: Strafgesetzbuch, 29. Aufl. München 2018, zitiert: *Bearbeiter*, in: Lackner/Kühl

Lafrenz, Egon (Hrsg.): Karlsruher Forum 2010: Haftung und Versicherung im IT-Bereich – Mit Vorträgen von Gerald Spindler und Robert Koch und Dokumentation der Diskussion, Karlsruhe 2011, zitiert: *Bearbeiter*, in: Karlsruher Forum 2010

Lange, Oliver: D&O-Versicherung und Managerhaftung, München 2014, zitiert: *Lange*, D&O-Versicherung

Langheid, Theo/Rixecker, Roland: Versicherungsvertragsgesetz – mit Einführungsgesetz und VVG-Informationspflichtenverordnung, 6. Aufl. München 2019, zitiert: *Bearbeiter*, in: Langheid/Rixecker

Langheid, Theo/Rupietta, Dirk: Versicherung gegen Terrorschäden, NJW 2005, 3233-3238

Langheid, Theo/Wandt, Manfred: Münchener Kommentar zum Versicherungsvertragsgesetz, Band 1: §§ 1-99, 2. Aufl. München 2016; Band 2: §§ 100-216, 2. Aufl. 2017; Band 3: Nebengesetze, 2. Aufl. 2017; zitiert: *Bearbeiter*, in: MüKoVVG

Larenz, Karl: Lehrbuch des Schuldrechts – Band 1, 14. Aufl. München 1987, zitiert: *Larenz*, Schuldrecht I

Larenz, Karl/Canaris Claus-Wilhelm: Lehrbuch des Schuldrechts – Band 2 Halbband 2, 13. Aufl. München 1994 , zitiert: *Larenz/Canaris*, Schuldrecht II 2

Laufhütte, Heinrich Wilhelm/Rissing-van Saan, Ruth/Tiedemann, Klaus (Hrsg.): Leipziger Kommentar Strafgesetzbuch, Band 10: §§ 284-305a, 12. Aufl. Berlin 2008, zitiert: *Bearbeiter*, in: Leipziger Kommentar

Leenen, Detlef: Die Neuregelung der Verjährung, JZ 2001, 552-560

Leible, Stefan: Rechtswahl im IPR der außervertraglichen Schuldverhältnisse nach der Rom II-Verordnung, RIW 2008, 257-264

Leupold, Andreas/Wiebe, Andreas/Glossner, Silke (Hrsg.): IT-Recht – Recht, Wirtschaft und Technik der digitalen Transformation, 4. Aufl. München 2021, zitiert: *Bearbeiter*, in: Leupold/Wiebe/Glossner

Libertus, Michael: Zivilrechtliche Haftung und strafrechtliche Verantwortlichkeit bei unbeabsichtigter Verbreitung von Computerviren, MMR 2005, 507-512

Littbarski, Sigrud: Allgemeine Versicherungsbedingungen für die Haftpflichtversicherung, München 2001, zitiert: *Littbarski*, AHB

Dies.: Produkthaftpflichtversicherung, 2. Aufl. München 2014, zitiert: *Littbarski*, Produkthaftpflichtversicherung

Looschelders, Dirk: Aktuelle Probleme der Vertrauensschadenversicherung, VersR 2013, 1069-1078

Ders.: Schuldrecht – Allgemeiner Teil, 18. Aufl. München 2020, zitiert: *Looschelders*, SchuldR AT

Ders.: Schuldrecht – Besonderer Teil, 16. Aufl. München 2021, zitiert: *Looschelders*, SchuldR BT

Looschelders, Dirk/Pohlmann, Petra: Versicherungsvertragsgesetz, 3. Aufl. Köln 2016, zitiert: *Bearbeiter*, in: Looschelders/Pohlmann

Löschhorn, Alexander/Fuhrmann, Lambertus: „Neubürger" und die Datenschutz-Grundverordnung: Welche Organisations und Handlungspflichten treffen die Geschäftsleitung in Bezug auf Datenschutz und Datensicherheit?, NZG 2019, 161-170

Lotze, Andreas/Smolinski, Sebastian: Entschärfung der Organhaftung für kartellrechtliche Unternehmensgeldbußen, NZKart 2015, 254-258

Malek, Paul/Schütz, Camilla: Cyber-Versicherung – Überblick und aktuelle Probleme, PHi 2018, 174-185

Dies.: Cyber-Versicherung: Rechtliche und praktische Herausforderungen, r+s 2019, 421-429

Mankowski, Peter: Internationale Zuständigkeit am Erfüllungsort bei Softwareentwicklungsverträgen – Eine europäisch-autonome Auslegung des internationalen Erfüllungsgerichtsstands und ihre Folgen im Bereich der Entwicklung von Software, CR 2010, 137-141

von Manstein, Gero: IT-Risiken - Haftung und Versicherung, PHi 2002, 122-132

Mantz, Reto: Haftung für kompromittierte Computersysteme – § 823 Abs. 1 BGB und Gefahren aus dem Internet, K&R 2007, 566-572

Marly, Jochen: Praxishandbuch Softwarerecht – Rechtsschutz und Vertragsgestaltung, 7. Aufl. München 2018, zitiert: *Marly*, Parxishdb. Software-Recht

Martin, Anton: Zusammentreffen zweier Subsidiaritätsabreden, VersR 1973, 691-699

Ders.: Sachversicherungsrecht – Kommentar zu den allgemeinen Versicherungsbedingungen für Hausrat, Wohngebäude, Feuer, Einbruchdiebstahl und Raub, Leitungswasser, Sturm einschließlich Sonderbedingungen und Klauseln, 3. Aufl. München 1992, zitiert: *Martin*, Sachversicherungsrecht

Medicus, Dieter/Lorenz, Stephan: Schuldrecht II – Besonderer Teil, 18. Aufl. München 2018, zitiert: *Medicus/Lorenz*, SchuldR II

Medicus, Dieter/Petersen, Jens: Bürgerliches Gesetzbuch – eine nach Anspruchsgrundlagen geordnete Darstellung zur Examensvorbereitung, 26. Aufl. München 2017, zitiert: Medicus/Petersen, Bürgerliches Recht

Mehrbrey, Kim Lars/Schreibauer, Marcus: Haftungsverhältnisse bei Cyber-Angriffen - Ansprüche und Haftungsrisiken von Unternehmen und Organen, MMR 2016, 75-82

Meier, Klaus/Wehlau, Andreas: Die zivilrechtliche Haftung für Datenlöschung, Datenverlust und Datenzerstörung, NJW 1998, 1585-1591

Meyer-Kahlen, Walter: Der Serienschaden in der Produkt-Haftpflichtversicherung, VersR 1976, 8-17

Michaelis, Patrick: Der „Stand der Technik" im Kontext regulatorischer Anforderungen, DuD 2016, 458-462

Müller-Hengstenberg, Claus D.: Computersoftware ist keine Sache, NJW 1994, 3128-3134

Musielak, Hans-Joachim/Voit, Wolfgang (Hrsg.): Zivilprozessordnung – mit Gerichtsverfassungsgesetz, 16. Aufl. München 2019, zitiert: *Bearbeiter*, in: Musielak/Voit

Nägele, Thomas/Jacobs, Sven: Rechtsfragen des Cloud Computing, ZUM 2010, 281-292

Naumann, Andreas: Zur Auslegung des Kriegsausschlusses in der privaten Unfallversicherung, r+s 2012, 469-477

Neuroth, Heike/Oßwald, Achim/Scheffel, Regine/Strathmann, Stefan/Huth, Karsten (Hrsg.): nestor-Handbuch – Eine kleine Enzyklopädie der digitalen Langzeitarchivierung, Version 2.3 Göttingen 2010, zitiert: *Bearbeiter*, in: nestor Handbuch

Noack, Ulrich: Organisationspflichten und -strukturen kraft Digitalisierung, ZHR 183 (2019), 105-144

Noltke, Norbert/Becker, Thomas: IT-Compliance, BB 2008 Beil. 005, 23-27

Nordmeier, Carl Friedrich: Cloud Computing und internationales Privatrecht – Anwendbares Recht bei der Schädigung von in Datenwolken gespeicherten Daten, MMR 2010, 151-156

Orthwein, Matthias/Obst Jean-Stephan: Embedded Systems – Updatepflichten für Hersteller hardwarenaher Software, CR 2009, 1-4

Paal, Boris P./Pauly, Daniel A. (Hrsg.): Datenschutzgrundverordnung Bundesdatenschutzgesetz, 2. Aufl., München 2018, 3. Aufl. München 2021, zitiert: *Bearbeiter*, in: Paal/Pauly

Pache, Thomas/Graß, Peter: Cyberversicherungen in Deutschland, PHi 2017, 122-126

Palandt, Otto (Begr.): Bürgerliches Gesetzbuch – mit Nebengesetzen, 80. Aufl. München 2021, zitiert: *Bearbeiter*, in: Palandt

Paschke, Marian/Berlit, Wolfgang/Meyer, Claus: Hamburger Kommentar Gesamtes Medienrecht, 3. Aufl. Baden-Baden 2016, zitiert: *Bearbeiter*, in: Paschke/Berlit/Meyer

Pataki, Tibor: Der Versicherungsfall in der Haftpflichtversicherung – Grenzen eines Definitionsversuchs am Beispiel der "Claims-made"-Theorie, VersR 2004, 835-842

Preußner, Joachim/Becker, Florian: Ausgestaltung von Risikomanagementsystemen durch die Geschäftsleitung – Zur Konkretisierung einer haftungsrelevanten Organisationspflicht, NZG 2002, 846-851

Prölss, Erich R. (Begr.): Versicherungsaufsichtsgesetz, 5. Aufl. München 2005, zitiert: *Bearbeiter*, in: Prölss, 5. Aufl.

Prölss, Erich R. (Begr.)/Martin, Anton: Versicherungsvertragsgesetz – mit Nebengesetzen, Vermittlerrecht und allgemeinen Versicherungsbedingungen, 31. Aufl. München 2021, zitiert: *Bearbeiter*, in: Prölss/Martin

Prütting, Hanns/Wegen, Gerhard/Weinrich, Gerd (Hrsg.): Bürgerliches Gesetzbuch, 15. Aufl. Köln 2020, zitiert: *Bearbeiter*, in: Prütting/Wegen/Weinrich

Pütz, Fabian/Meier Karl: Haftung und Versicherungsschutz bei Cyber-Angriffen auf ein Kfz, r+s 2019, 444-449

Raabe, Oliver/Schallbruch, Martin/Steinbrück, Anne: Systematisierung des IT-Sicherheitsrechts – Ein Beitrag zu einem konstruktiven Strukturentwurf, CR 2018, 706-715

Raif, Alexander/Swidersky, Manuel: Betrüger am Werk – Arbeitnehmerverantwortung bei CEO-Fraud und Konsorten, ArbRAktuell 2018, 173-176

Raue, Benjamin: Haftung für unsichere Software, NJW 2017, 1841-1846

Ders.: Reichweite der vertraglichen Pflicht zur Aktualisierung von IT-Lösungen aufgrund von Gesetzesänderungen – Eine Untersuchung der vertraglichen Leistungssicherungspflichten gem. § 241 Abs. 1 BGB, CR 2018, 277-285

Rauscher, Thomas/Krüger, Wolfgang (Hrsg.): Münchener Kommentar zur Zivilprozessordnung mit Gerichtsverfassungsgesetz und Nebengesetzen, Band 1: §§ 1-354, 5. Aufl. München 2016; Band 3: §§ 946-947 BGB, EGZPO, GVG, EGGVG, UKlaG, Internationales und Europäisches Zivilprozessrecht, 5. Aufl. München 2017; zitiert: *Bearbeiter*, in: MüKoZPO

Redeker, Helmut: IT-Recht, 6. Aufl. München 2017, zitiert: *Redeker*, IT-Recht

Ders. (Hrsg.): Handbuch der IT-Verträge, 38. Aktualisierung Köln 2019, zitiert: *Bearbeiter*, in: Hdb. IT-Verträge

Riehm, Thomas: Rechte an Daten – Perspektive des Haftungsrechts, VersR 2019, 714-724

Riehm, Thomas/Meier, Stanislaus: Rechtliche Durchsetzung von Anforderungen an die IT-Sicherheit – Behörden, Private und Verbände in der Gesamtverantwortung, MMR 2020, 571-576

Rockstroh, Sebastian/Kunkel, Hanno: IT-Sicherheit in Produktionsumgebungen – Verantwortlichkeit von Herstellern für Schwachstellen in ihren Industriekomponenten, MMR 2017, 77-82

Rombach, Wolfgang: Killer-Viren als Kopierschutz – Vertragliche und deliktische Anspruchsgrundlagen der Betroffenen, CR 1990, 101-106

Roos, Philipp: Das IT-Sicherheitsgesetz – Wegbereiter oder Tropfen auf den heißen Stein?, MMR 2015, 636-645

Roos, Philipp/Philipp Schumacher: Botnetze als Herausforderung für Recht und Gesellschaft –Zombies außer Kontrolle? MMR 2014, 377-383

Roth, Birgit/Schneider, Uwe K.: IT-Sicherheit und Haftung, ITRB 2005, 19-22

Rüffer, Wilfried/Halbach, Dirk/Schimikowski, Peter (Hrsg.): Versicherungsvertragsgesetz – VVG, EGVVG, VVG-InfoV, AltZertG, PflVG, KfzPflVV, allgemeine Versicherungsbedingungen, 4. Aufl. Baden-Baden 2020, zitiert: *Bearbeiter*, in: Rüffer/Halbach/Schimikowski

Ruttmann, Peter: Die Versicherbarkeit von Geldstrafen, Geldbußen, Strafschadensersatz und Regressansprüchen in der D&O-Versicherung – unter vergleichender Betrachtung der Rechtslage in den Vereinigten Staaten, Karlsruhe 2014, Diss., zitiert: *Ruttmann*, Versicherbarkeit von Geldbußen

Säcker, Franz Jürgen/Rixecker, Roland/Oetker, Hartmut/Limperg, Bettina (Hrsg.): Münchener Kommentar zum Bürgerlichen Gesetzbuch, Band 1: Allgemeiner Teil, 8. Aufl. München 2018, Band 2: Schuldrecht – Allgemeiner Teil I, 8. Aufl. 2019; Band 3: Schuldrecht – Allgemeiner Teil II, 8. Aufl. München 2019; Band 4: Schuldrecht – Besonderer Teil IV, 8. Aufl. München 2019; Band 6: Schuldrecht – Besonderer Teil IV, 7. Aufl. München 2017; Band 7: Schuldrecht – Besonderer Teil IV, 8. Aufl. München 2020; Band 8: Sachenrecht, 8. Aufl. München 2020; Band 13: Internationales Privatrecht II, Internationales Wirtschaftsrecht, Einführungsgesetz zum Bürgerlichen Gesetzbuche (Art. 50-253), 8. Aufl. München 2021; zitiert: *Bearbeiter*, in: MüKoBGB

Saenger, Ingo (Hrsg.): Zivilprozessordnung – Familienverfahren, Gerichtsverfassung, Europäisches Verfahrensrecht, 8. Aufl. Baden-Baden 2019, zitiert: *Bearbeiter*, in: Saenger

Salomon, Tim R.: Cybercrime und Lösegeld – Strafbarkeit der Zahlung von Lösegeld als Reaktion auf Erpressungstrojaner, MMR 2016, 575-579

Sassenberg, Thomas/Faber, Tobias (Hrsg.): Rechtshandbuch Industrie 4.0 und Internet of Things – Praxisfragen und Perspektiven der digitalen Zukunft, 2. Aufl. München 2020, zitiert: *Bearbeiter*, in: Sassenberg/Faber

Schaaf, Martin: Aktuelle Rechtsfragen zur Feststellung erlaubnispflichtigen Versicherungsgeschäfts und zur Spartenabgrenzung, VersR 2015, 17-26

Schilbach, Dan: Die Musterbedingungen des GDV für die Cyberrisiko-Versicherung, SpV 2018, 2-4

Ders.: Vorrangigkeitsklauseln in der Cyberversicherung, Karlsruhe 2020, 90-93

Schimansky, Herbert/Bunte, Herrmann-Josef/Hans-Jürgen Lwowski (Hrsg.): Bankrechts-Handbuch, 5. Aufl. München 2017, zitiert: *Bearbeiter*, in: Schimansky/Bunte/Lwowski

Schimikowski, Peter: Claims made - ein geeignetes Prinzip für Haftpflichtversicherungen im Heilwesenbereich?, VersR 2010, 1533-1541

Ders.: Versicherungsvertragsrecht, 6. Aufl. München 2017, zitiert: *Schimikowski*, Versicherungsvertragsrecht

Schmidl, Michael: Aspekte des Rechts der IT-Sicherheit, NJW 2010, 476-481

Ders.: IT-Recht von A - Z, 2. Aufl. München 2014, zitiert: *Schmidl*, IT-Recht von A – Z

Schmidt-Versteyl: Cyber Risks – neuer Brennpunkt Managerhaftung?, NJW 2019, 1637-1642

Schneider, Jochen (Hrsg.): Handbuch EDV-Recht – IT-Recht mit IT-Vertragsrecht, Datenschutz, Rechtsschutz und E-Business, 5. Aufl. Köln 2017, zitiert: *Bearbeiter*, in: Hdb. EDV-Recht

Schönke, Adolf/Schröder, Horst (Begr.): Strafgesetzbuch, 30. Aufl. München 2019, zitiert: *Bearbeiter*, in: Schönke/Schröder

Schrader, Paul T./Engstler, Jonathan: Anspruch auf Bereitstellung von Software-Updates? – Unklare Begründung eines eingeschränkt notwendigen Anspruchs, MMR 2018, 356-361

Schramm, Tanja: Das Anspruchserhebungsprinzip – ein Deckungskonzept in der Haftpflichtversicherung zur zeitlichen Abgrenzung des Versicherungsschutzes, Karlsruhe 2009, Diss., zitiert: *Schramm*, Anspruchserhebungsprinzip

Schulze, Reiner: Bürgerliches Gesetzbuch, 10. Aufl. Baden-Baden 2019, zitiert: *Bearbeiter*, in: Hk-BGB

Schuster, Fabian: Haftung, Aufwendungsersatz und Rückabwicklung bei IT-Verträgen, CR 2011, 215-221

Schuster, Fabian/Hunzinger Sven: Vor- und nachvertragliche Pflichten beim IT-Vertrag – Teil II: Nachvertragliche Pflichten, CR 2015, 277-286

Schwintowski, Hans-Peter/Brömmelmeyer, Christoph (Hrsg.): Praxiskommentar zum Versicherungsvertragsrecht, 2. Aufl. Münster 2011, zitiert: *Bearbeiter*, in: Schwintowski/Brömmelmeyer

Seibel, Mark: „Stand der Technik", „allgemein anerkannte Regeln der Technik" und „Stand der Wissenschaft und Technik", BauR 2004, 266-274

Ders.: Abgrenzung der „allgemein anerkannten Regeln der Technik" vom „Stand der Technik", NJW 2013, 3000-3004

Seitz, Björn/Finkel, Bastian/Klimke, Dominik: D&O-Versicherung – Kommentar zu den AVB-AVG, München 2016, zitiert: *Bearbeiter*, in: Seitz/Finkel/Klimke

Seitz, Björn/Thiel, Sven-Markus: Cyber Liability – virtuell oder real?, PHi 2013, 42-50

Siebert-Fazakas, Eszter/Sedlmaier, Felix: Neue Cybersecurity-Anforderungen für die Automobilbranche – (produkt)haftungsrechtliche Auswirkungen, Phi 2021, 30-36

Siebert, Reiner: Die Versicherung von Cyber-Risiken – Zeit für einen marktweiten Dialog!, VP 6/2019, 17-18

Simitis, Spiros (Hrsg.): Bundesdatenschutzgesetz, 8. Aufl. Baden-Baden 2014, zitiert: *Bearbeiter*, in: Simitis

Soergel, Hans-Theodor (Begr.): Bürgerliches Gesetzbuch mit Einführungsgesetz und Nebengesetzen, Band 3/2: Schuldrecht 1/2 – §§ 243-304, 13 Aufl. Stuttgart 2014; Band 5/3: Schuldrecht 3/3 – §§ 328-432, 13. Aufl. Stuttgart 2010;

Band 12: Schuldrecht 10 – §§ 823-853 BGB, 13. Aufl. Stuttgart 2005, zitiert: *Bearbeiter*, in: Soergel

Sodtalbers, Axel: Softwarehaftung im Internet – die außervertragliche Produkthaftung für online in Verkehr gegebene Computerprogramme, Frankfurt am Main 2006, Diss., zitiert: *Sodtalbers*, Softwarehaftung im Internet

Späte, Bernd/Schimikowski, Peter (Hrsg.): Haftpflichtversicherung – Kommentar zu den AHB und weiteren Haftpflichtversicherungsbedingungen, 2. Aufl. München 2015, zitiert: *Bearbeiter*, in: Späte/Schimikowski

Spindler, Gerald: IT-Sicherheit und Produkthaftung – Sicherheitslücken, Pflichten der Hersteller und der Softwarenutzer, NJW 2004, 3145-3150

Ders.: Verantwortlichkeiten von IT-Herstellern, Nutzern und Intermediären - Studie im Auftrag des BSI durchgeführt von Prof. Dr. Gerald Spindler, Universität Göttingen, Bonn 2007, zitiert: *Spindler*, BSI-Studie

Ders.: IT-Sicherheit – Rechtliche Defizite und rechtspolitische Alternativen, MMR 2008, 7-13

Ders.: Daten im Deliktsrecht, in: Hilbig-Lugani, Katharina/Jakob, Dominique/Mäsch, Gerald/Reuß, Philipp/Schmid, Christoph (Hrsg.), Festschrift für Dagmar Coester-Waltjen, München 2015, 1183-1192

Ders.: IT-Sicherheitsgesetz und zivilrechtliche Haftung – Auswirkungen des IT-Sicherheitsgesetzes im Zusammenspiel mit der endgültigen EU-NIS-Richtlinie auf die zivilrechtliche Haftung, CR 2016, 297-312

Ders.: Digitale Wirtschaft – analoges Recht: Braucht das BGB ein Update?, JZ 2016, 805-816

Ders.: Haftung der Geschäftsführung für IT-Sachverhalte – Die Verantwortung für spezifische IT-Fragen und Compliance bei Datenschutz und IT-Sicherheit mit besonderem Blick auf die Haftung der Organe, CR 2017, 715-724

Spindler, Gerald/Schuster, Fabian (Hrsg.): Recht der elektronischen Medien, 3. Aufl. München 2015; 4. Aufl., München 2019, zitiert: *Bearbeiter*, in: Spindler/Schuster

Spindler, Gerald/Stilz, Eberhard: Kommentar zum Aktiengesetz, Band 1: §§ 1-149, 4. Aufl. München 2019, zitiert: *Bearbeiter*, in: Spindler/Stilz

Staudenmeyer, Dirk: Auf dem Weg zum digitalen Privatrecht – Verträge über digitale Inhalte, NJW 2019, 2497-2501

von Staudinger, Julius (Begr.): Kommentar zum Bürgerlichen Gesetzbuch – mit Einführungsgesetz und Nebengesetzen, Buch 1: Allgemeiner Teil – §§ 90-124, §§ 130-133, Neubearb. Berlin 2017; Buch 1: §§ 134-138, ProstG, Neuberab. Berlin 2017; Buch 2: Recht der Schuldverhältnisse – §§ 241-243, Neubearb. Berlin 2015; Buch 2: Recht der Schuldverhältnisse – §§ 249-254, Neubearb. Berlin 2017; Buch 2: Recht der Schuldverhältnisse: §§ 305-310, UKlaG, Neubearb. Berlin 2013; Buch 2: Recht der Schuldverhältnisse – §§ 433-480, Neubearb. Berlin 2014; Buch 2: Recht der Schuldverhältnisse – §§ 823 A-D, Neubearb. Berlin 2017; Buch 2: Recht der Schuldverhältnisse: §§ 823 E-I, 824, 825, Neubearb. Berlin 2010; Buch 2: Recht der Schuldverhältnisse, §§ 826-829, ProdHaftG, Neubearb. Berlin 2018; zitiert: *Bearbeiter*, in: Staudinger

Steger, Udo: Rechtliche Verpflichtungen zur Notfallplanung im IT-Bereich – Ein Überblick zu den maßgeblichen rechtlichen Anforderungen an die unternehmerische IT-Notfallplanung, CR 2007, 137-143

Stoffels, Markus: AGB-Recht, 3. Aufl. München 2015, zitiert: *Stoffels*, AGB-Recht

Sujecki, Bartosz: Internationales Privatrecht und Cloud Computing aus europäischer Perspektive, K&R 2012, 312-317

Sydow, Gernot (Hrsg.): Europäische Datenschutzgrundverordnung, 2. Aufl. Baden-Baden 2018, zitiert: *Bearbeiter*, in: Sydow

Taeger, Jürgen: Außervertragliche Haftung für fehlerhafte Computerprogramme, Tübingen 2995, zitiert: *Taeger*, Außervertr. Haftung Computerprogramme

Ders.: Produkt- und Produzentenhaftung bei Schäden durch fehlerhafte Computerprogramme, CR 1996, 257-271

Taeger, Jürgen/Gabel, Detlev (Hrsg.): DSGVO – BDSG, 3. Aufl. Frankfurt am Main 2019, 1. Aufl. Frankfurt am Main 2010, zitiert: *Bearbeiter*, in Taeger/Gabel

Thomas, Stefan: Bußgeldregress, Übelszufügung und D&O-Versicherung, NZG 2015, 1409-1419

Tita, Rolf-Thomas: Zum Terrorrisiko in der IT-Versicherung, VW 2001, 1179-1780

Trappehl, Bernhard/Schmidl, Michael: Arbeitsrechtliche Konsequenzen von IT-Sicherheitsverstößen, NZA 2009, 985-990

Ulmer, Peter/Brandner, Hans Erich/Hensen, Horst-Diether (Hrsg.): AGB-Recht – Kommentar zu den §§ 305-310 BGB und zum UKlaG, 12. Aufl. Köln 2016, zitiert: *Bearbeiter*, in: Ulmer/Brandner/Hensen

Veith, Jürgen/Gräfe, Jürgen/Gebert, Yvonne (Hrsg.): Der Versicherungsprozess – Ansprüche und Verfahren, 4. Aufl. Baden-Baden 2020, zitiert: *Bearbeiter*, in: Veith/Gräfe/Gebert

Vogelgesang, Stephanie/Möllers, Frederik: Ransomware als moderne Piraterie – Erpressung in Zeiten digitaler Kriminalität, jM 2016, 381-387

Voigt, Paul: IT-Sicherheitsrecht – Pflichten und Haftung im Unternehmen, Köln 2018, zitiert: *Voigt*, IT-Sicherheitsrecht

Wandt, Manfred: Versicherungsrecht, 6. Aufl. München 2016, zitiert: *Wandt*, Versicherungsrecht

Graf von Westphalen, Friedrich: Das neue Produkthaftungsgesetz, NJW 1990, 83-93

Graf von Westphalen, Friedrich/Thüsing, Gregor: Vertragsrecht und AGB-Klauselwerke, 43. Ergänzungslieferung (Stand: April 2019) München 2019, zitiert: *Bearbeiter*, in: Graf von Westphalen/Thüsing, Kapiteltitel, Rn.

Wicker, Magda: Haftungsbegrenzung des Cloud-Anbieters trotz AGB-Recht? – Relevante Haftungsfragen in der Cloud, MMR 2014, 787-790

Wiebe, Gerhard: Produktsicherheitsrechtliche Pflicht zur Bereitstellung sicherheitsrelevanter Software-Updates, NJW 2019, 625-630

Winter, Gerrit: Subsidiaritätsklauseln und AGBG, VersR 1991, 527-532

Wirth, Christian: Versicherung von Cyber-Risiken – eine Bestandsaufnahme unter besonderer Berücksichtigung von M&A-Transaktionen, BB 2018, 200-208

Wohlgemuth, Michael: Das Jahr 2000-Problem – Vertragliche und vertragsähnliche Haftung, MMR 1999, 59-67

Wrede, Dirk/Freers, Thorben/Graf von der Schulenburg, Johann-Matthias: Herausforderungen und Implikationen für das Cyber-Risikomanagement sowie die Versicherung von Cyberrisiken – Eine empirische Analyse, ZVersWiss, 405-434

Wolf, Manfred/Lindacher Walter F.Pfeiffer, Thomas (Hrsg.): AGB-Recht, 6. Aufl. München 2013, zitiert: *Bearbeiter*: in: Wolf/Lindacher/Pfeiffer

Wunderlich, Wolfgang: Steuerliche Behandlung von Lösegeldzahlungen und Prämien zu einer Entführungsrisikoversicherung, DStR 1996, 2003-2006

Wybitul, Tim: Welche Folgen hat die EU-Datenschutz-Grundverordnung für Compliance?, CCZ 2016, 194-198

Ders.: DS-GVO veröffentlicht – Was sind die neuen Anforderungen an die Unternehmen?, ZD 2016, 253-254

Zahrnt, Christoph: Anmerkung zu LG Konstanz, Urt. 10.05.1996 – 1 S 292/95, BB 1996 Beil. 19, 9

Zech, Herbert: Information als Schutzgegenstand, Tübingen 2012, Habil., zitiert: *Zech*, Information als Schutzgegenstand

Zimmermann, Martin: Kartellrechtliche Bußgelder gegen Aktiengesellschaft und Vorstand: Rückgriffsmöglichkeiten, Schadensumfang und Verjährung, WM 2008, 433-442

Zöllner, Wolfgang/Noack, Ulrich (Hrsg.): Kölner Kommentar zum Aktiengesetz, Band 2,1: §§ 76-94 AktG, 3. Aufl. Köln 2010, zitiert: *Bearbeiter*, in: KölnerKommentarAktG

B. Versicherungsbedingungen

AIG Australia Limited: CyberEdge Network Security and Privacy Insurance, abrufbar unter: https://www.aig.com.au/content/dam/aig/apac/australia/documents/brochure/cyberdge2018/aigaustralia-cyberedge-policy-wording-0319-final.pdf, zitiert: Sec. AIG AUS

AIG Europe Limited: CyberEdge 3.0, Stand 4/2018, zitiert: Ziff. AIG

AIG, Inc.: CyberEdge, zitiert: Sec. AIG US

Allianz Versicherungs-AG: Allianz CyberSchutz, Version 01.04.2017, abrufbar unter: cyberschutz-rechner.allianz.de/pdf/Azcs/Versicherungsbedingungen_Allianz_CyberSchutz.pdf?version=6d108b7, zitiert: Ziff. Allianz-Vers.

Allianz Global Corporate & Specialty SE: Allianz Cyber Premium, Version: 23052018, zitiert: Ziff. AGCS

AXA Versicherung AG: ByteProtect, Version: Rev. 5.0, abrufbar unter: https://entry.axa.de/extranet-makler/pb/site/me-rwd/get/documents/makler-extranet/de.axa-makler.dq.content/02_Dokumente/01_Produkte/02_Komposit/03_ Komposit_Industrie/11_ByteProtect/ByteProtect-Bedingungen_5-0.pdf, zitiert: Ziff. Axa

DUAL Deutschland GmbH: DUAL AVB Cyber Defence 2015, abrufbar unter: https://www.dualdeutschland.com/sites/g/files/mwfley731/files/inline-files/DUAL%20AVB%20Cyber%20Defence%202020.pdf, zitiert: Ziff. Dual

Edmund Insuarance Pty Ltd.: Cyber Insurance Policy Wording, Version 1.0, zitiert: Sec. Edmund

Ergo Versicherung AG: ERGO Cyber-Versicherung, Stand: 01.07.2019, abrufbar unter: https://www.ergo-meine-druckstuecke.de/storage/gjBjOBVMeBxYxUWZMWj12kywTxh9KBXDw7vZ3VMrR25XL77_xkSMVxd7jOZbHZL6tjX7xr58clwHT1WN11yyTTw1wQ9hb3kLYX_XkAFF9h_EBHUSLt70xOAXTjMS6aBdMOG4dd0fzX11ndbeBbXQQ/50071385_CV2019%20ERGO%20Cyber-Versicherung%20Bedingungen%20und%20Kund.pdf, zitiert: Ziff. Ergo

Euler Hermes SA: Allgemeine Bedingungen für die Vertrauensschadenversicherung - Premium, abrufbar unter: https://www.eulerhermes.de/content/dam/onemarketing/ehndbx/eulerhermes_de/dokumente/vertrauensschadenversicherung-premium-allgemeine-bedingungen.pdf , zitiert: § VSV-EulerHermes

Extremus Versicherungs-AG: Allgemeine Bedingungen für die Terrorversicherung (ATB 2016), Fassung 1.2016 von 07.15, abrufbar unter: http://extremus.de/wp-content/uploads/2020/11/ATB2016.pdf, zitiert: Ziff. ATB 2016

GDV: Allgemeine Bedingungen für die Einbruchdiebstahl- und Raubversicherung (AERB 2010), Version 01.04.2014, abrufbar unter: https://www.gdv.de/resource/blob/6030/796aafe1a781bccb20b6d32049aeb17b/10-allgemeine-bedingungen-fuer-die-einbruchdiebstahl--und-raubversicherung--aerb-2010--data.pdf, zitiert: § AERB

Ders.: Allgemeine Bedingungen für die Elektronikversicherung (ABE 2011), Version 01.01.2011, zitiert: § ABE 2011

Ders.: Allgemeine Bedingungen für die Elektronikversicherung (ABE 2020), Version 01.12.2020, abrufbar unter: https://www.gdv.de/resource/blob/6154/909ca18664eb2207e21eeadda9f7a84d/05-allgemeine-bedingungen-fuer-die-elektronikversicherung--abe-2020--data.pdf, zitiert: Ziff. ABE 2020

Ders.: Allgemeine Feuer- Betriebsunterbrechungs-Versicherungs-Bedingungen (FBUB 2010), Version: 01.04.2014, abrufbar unter: https://www.gdv.de/resource/blob/6120/8d3b52913f8c4b26fb6ab434b594078d/01-allgemeine-feuer-betriebsunterbrechungs-versicherungs-bedingungen--fbub-2010--data.pdf, zitiert: § FBUB

Ders.: Allgemeine Bedingungen für die Feuerversicherung (AFB 2010), Version: 01.04.2014, abrufbar unter: www.gdv.de/resource/blob/6066/85284e0424e1d3a

5cd4b50df1b2d88fc/01-allgemeine-bedingungen-fuer-die-feuerversicherung--afb-2010--data.pdf, zitiert: § AFB

Ders.: Allgemeine Bedingungen für die Maschinen-Betriebsunterbrechungs-versicherung (AMBUB 2011), Stand 01.01.2011, abrufbar unter: https://www.gdv.de/resource/blob/6084/35ac5155d0d0ca67d249de73f51e9e21/01-allgemeine-bedingungen-fuer-die-maschinen-betriebsunterbrechungsversicherung--ambub-2011--data.pdf, zitiert: § AMBUB

Ders.: Allgemeine Bedingungen für die Maschinenversicherung von stationären Maschinen (AMB 2011), Version 01.01.2011, zitiert: § AMB 2011

Ders.: Allgemeine Bedingungen für die Maschinenversicherung von stationären Maschinen (AMB 2020), Version 01..12.2020, abrufbar unter: https://www.gdv.de/resource/blob/5988/fa08e5aae2f0e7e24f8578d78c3a2ff8/01-allgemeine-bedingungen-fuer-die-maschinenversicherung-von-stationaeren-maschinen--amb-2020--data.pdf, zitiert: 01.12.2020

Ders.: Allgemeine Versicherungsbedingungen für die Betriebs- und Berufshaftpflicht-versicherung (AVB BHV), Stand August 2020, abrufbar unter: https://www.gdv.de/resource/blob/6240/99985ccaad73e28e8559e641380a791b/02-avb-betriebs-und-berufshaftpflichtversicherung-2020-data.pdf, zitiert: AVB BHV

Ders.: Allgemeine Versicherungsbedingungen für die Haftpflichtversicherung (AHB) – Musterbedingungen des GDV, Stand: Februar 2016, abrufbar unter: https://www.gdv.de/resource/blob/6132/6a2283f21432edcdf9291a53e9967fd0/01-allgemeine-versicherungsbedingungen-fuer-die-haftpflichtversicherung--ahb--data.pdf, zitiert: Ziff. AHB

Ders.: Allgemeine Versicherungsbedingungen für die Cyberrisiko-Versicherung (AVB Cyber) – Musterbedingungen des GDV, Stand: April 2017, abrufbar unter: https://www.gdv.de/resource/blob/6100/d4c013232e8b0a5722b7655b8c0cc207/01-allgemeine-versicherungsbedingungen-fuer-die-cyberrisiko-versicherung--avb-cyber--data.pdf, zitiert: Ziff. AVB-Cyber

Ders.: Allgemeine Versicherungsbedingungen für die Vermögensschaden-Haftpflicht-versicherung von Aufsichtsräten, Vorständen und Geschäftsführern (AVB D&O) – Musterbedingungen des GDV, Stand: Mai 2020, abrufbar unter: https://www.gdv.de/resource/blob/6044/9d0c760f8106f1a81a8a20d4cc6ee12a/05-allgemeine-versicherungsbedingungen-fuer-die-vermoegensschaden-haftpflicht versicherung-von-aufsichtsraeten--vorstaenden-und-geschaeftsfuehrern--avb-d-o--data.pdf, zitiert: Ziff. AVB-D&O

Ders.: Besondere Bedingungen und Risikobeschreibungen für die Versicherung der Haftpflicht wegen Schäden durch Umwelteinwirkung (Umwelthaftpflicht-Modell) – Musterbedingungen des GDV, Stand: September 2009, abrufbar unter: https://www.gdv.de/resource/blob/64008/f734a30430ff4485d1b33038562be87b/08-besondere-bedingungen-und-risikobeschreibungen-fuer-die-versicherung-der-haftpflicht-wegen-schaeden-durch-umwelteinwirkung--umwelthaftpflicht-modell--data.pdf, zitiert: Umwelthaftpflicht-Modell

Ders.: Klauseln zu den Allgemeinen Bedingungen für die Maschinen-Betriebsunter-brechungs-versicherung (AMBUB 2018), Version: 01.01.2018, abrufbar unter:

https://www.gdv.de/resource/blob/5864/8bd1244ce0b5b727f6c569fa7f9c0d22/02-klauseln-zu-den-allgemeinen-bedingungen-fuer-die-maschinen-betriebsunterbrechungsversicherung--tk-ambub-2011--data.pdf, zitiert: Ziff. TK AMBUB

Ders.: Klauseln zu den Allgemeinen Bedingungen für die Elektronikversicherung, Version: 01.01.2018, zitiert: Ziff. TK ABE

Ders.: Klauseln zu den Allgemeinen Bedingungen für die Elektronikversicherung, Version 01.12.2020, abrufbar unter: https://www.gdv.de/resource/blob/6226/ac7ed54488f56437ab7436d79fda61fe/06-klauseln-zu-den-allgemeinen-bedingungen-fuer-die-elektronikversicherung--tk-abe-2020--data.pdf, zitiert: Ziff. TK ABE (2020)

Ders.: Klauseln zu den Allgemeinen Bedingungen für die Maschinenversicherung von stationären Maschinen (TK AMB 2018), Version: 01.01.2018, zitiert: Ziff. TK AMB

Ders.: Unverbindlicher Muster-Fragebogen zur Risikoerfassung im Rahmen von Cyber-Versicherungen für kleine und mittelständische Unternehmen, Stand: August 2017, abrufbar unter: https://www.gdv.de/resource/blob/6102/061677a0c67052ff5150eee367338bcd/02-risikofragebogen-cyber-august2017-data.pdf, zitiert: Ziff. GDV-Risikofragebogen

Ders.: Zusatzbedingungen zur Betriebshaftpflichtversicherung für die Nutzer von Internet-Technologien - Musterbedingungen des GDV, Stand: Januar 2015, zitiert: Ziff. BHV-IT

Gothaer Allgemeine Versicherung AG: Gothaer Cyber-Versicherung für Gewerbekunden, Stand: Oktober 2018, abrufbar unter: https://makler.gothaer.de/StreamingServlet/app/dvz/DocumentDownload/216427?scope=makler_scope, zitiert: Ziff. Gothaer

HDI Global SE: Cyber+, Version 404-FL820 (1.17), zitiert: Ziff. HDI-Global

Hiscox Limited: Hiscox Cyber Clear, Version: 19029 12/18, abrufbar unter: https://www.hiscox.co.uk/sites/uk/files/documents/2019-03/19029-CyberClear-policy-wording.pdf?_ga=2.111799296.544755803.1568964318-211436150.1568964318, zitiert: Sec. Hiscox UK

Hiscox SA: Hiscox CyberClear, Bedingungen 1/2018, abrufbar unter: https://www.hiscox.de/wp-content/uploads/2018/12/bedingungen-hiscox-cyberclear-daten-versicherung-012018.pdf, zitiert: Ziff. Hiscox

Markel Insurance SE: Markel Pro Cyber, Stand 04/2019, abrufbar unter: https://markel.de/maklerportal/markel-pro-cyber, zitiert: Ziff. Markel

Markel (UK) Limited: Insurance Policy Cyber and data risks, abrufbar unter: https://uk.markel.com/insurance/getattachment/4f36a224-8ffe-4b8a-b1c1-8a0c7aa1adfe/Specimen-wording-Cyber-and-Data-Risks.pdf, zitieirt: Sec. Markel UK

R+V Allgemeine Versicherung AG: Versicherungsbedingungen zur CyberRisk-Versicherung (als Teil der R+V-UnternehmensPolice), Stand: 01.01.2017, abrufbar unter: https://ga.ruv.de/de/uec/bedingungen/aktuell/ruv-kfm_firmenkunden_unternehmenspolice_verbraucherinfo.pdf (S. 897-910), zitiert: Ziff. R+V

Signal Iduna Gruppe: Allgemeine Versicherungsbedingungen für die Cyberrisiko-Versicherung, abrufbar unter: https://digitaler-schutzschild.info/wp-content/uploads/2018/03/Bedingungen-Cyber-0380001_Okt17.pdf, zitiert: Ziff. Signal Iduna

Über das Internet abrufbare Versicherungsbedingungen wurden zuletzt abgerufen am: 30.06.2021.

C. Sonstige Quellen

Bitkom e.V.: Spionage, Sabotage und Datendiebstahl - Wirtschaftsschutz im digitalen Zeitalter – Studienbericht, 2018, abrufbar unter: www.bitkom.org/sites/default/files/file/import/181008-Bitkom-Studie-Wirtschafts schutz-2018-NEU.pdf, zitiert: Bitkom, Studie 2018

Bundesamt für Sicherheit in der Informationstechnik: Die Lage der IT-Sicherheit in Deutschland 2014, Stand: November 2014, abrufbar unter: https://www.bsi.bu nd.de/SharedDocs/Downloads/DE/BSI/Publikationen/Lageberichte/Lagebericht 2014.pdf?__blob=publicationFile&v=2, zitiert: BSI, Lagebericht 2014

Dass.: Die Lage der IT-Sicherheit in Deutschland 2015, Stand: November 2015, abrufbar unter: https://www.bsi.bund.de/SharedDocs/Downloads/DE/BSI/Publika tionen/Lageberichte/Lagebericht2015.pdf?__blob=publicationFile&v=5, zitiert: BSI, Lagebericht 2015

Dass.: Die Lage der IT-Sicherheit in Deutschland 2017, Stand: August 2017, abrufbar unter: https://www.bsi.bund.de/SharedDocs/Downloads/DE/BSI/Publikationen/Lageberichte/Lagebericht2017.pdf?__blob=publicationFile&v=4, zitiert: BSI, Lagebericht 2017

Dass.: Die Lage der IT-Sicherheit in Deutschland 2018, Stand: September 2018, abrufbar unter: https://www.bsi.bund.de/SharedDocs/Downloads/DE/BSI/Publika tionen/Lageberichte/Lagebericht2018.pdf;jsessionid=16C8B1570683E159736E 7CD1A9A0750C.1_cid341?__blob=publicationFile&v=6, zitiert: BSI, Lagebericht 2018

Dass.: IT-Grundschutz-Kataloge, 15. Ergänzungslieferung, Stand 2016, abrufbar unter: https://download.gsb.bund.de/BSI/ITGSK/IT-Grundschutz-Kataloge_2016_EL15_DE.pdf, zitiert: BSI, IT-Grundschutz-Kataloge, 15. EL 2016

Dass.: IT-Grundschutz-Kompendium, 2. Edition 2019, abrufbar unter: https://www.bsi.bund.de/SharedDocs/Downloads/DE/BSI/Grundschutz/Kompendium/IT_Grunds chutz_Kompendium_Edition2019.pdf?__blob=publicationFile&v=5, zitiert: BSI, IT-Grundschutz-Kompendium

Dass.: Lagedossier Ransomware, Stand: Mai 2016, abrufbar unter: https://www.bsi.b und.de/SharedDocs/Downloads/DE/BSI/Cyber-Sicherheit/Themen/Lagedos sier_Ransomware.html, zitiert: BSI, Lagedossier Ransomware

Bundeskriminalamt: Cybercrime – Bundeslagebild 2017, Stand Juli 2018, abrufbar unter: https://www.bka.de/SharedDocs/Downloads/DE/Publikationen/Jahres

berichteUndLagebilder/Cybercrime/cybercrimeBundeslagebild2017.html, zitiert: BKA, Bundeslagebild 2017

Deutsche Akutar Vereinigung: Versicherbarkeit von Risiken in der Schadenversicherung – Ergebnisbericht des Ausschusses Schadenversicherung, Köln 18.09.2017, abrufbar unter: https://aktuar.de/unsere-themen/fachgrundsaetze-oeffentlich/2017-09-18_DAV-Ergebnisbericht-Versicherbarkeit-von-Risiken.pdf, zitiert: Deutsche Akutarvereinigung, Versicherbarkeit von Risiken in der Schadenversicherung

KPMG: Neues Denken, Neues Handeln – Insurance Thinking Ahead Versicherungen im Zeitalter von Digitalisierung und Cyber Studienteil B: Cyber, 2017, abrufbar unter: https://assets.kpmg/content/dam/kpmg/ch/pdf/neues-denken-neues-handeln-cyber-de.pdf, zitiert: KPMG, Cyber-Studie, Studienteil B

Versicherungsmonitor: Dossier Nr. 7 Milliardenmarkt Cyber-Versicherung, Köln 2017, zitiert: Versicherungsmonitor, Dossier Nr. 7

Über das Internet abrufbare sonstige Quellen wurden zuletzt abgerufen am: 30.06.2021.

Versicherungswissenschaft in Berlin („Berliner Reihe“)

Schriftenreihe des Verein zur Förderung der Versicherungswissenschaft in Berlin e.V.

Herausgeber: Prof. Dr. Christian Armbrüster
Prof. Dr. Horst Baumann (†)
Prof. Dr. Christoph Brömmelmeyer
Prof. Dr. Helmut Gründl
Prof. Dr. Helmut Schirmer
Prof. Dr. Hans-Peter Schwintowski

Bisher erschienen:

1 Versicherungswissenschaft – Vergangenheit und Zukunft
Prof. Dr. Wolf-Rüdiger Heilmann et al.
(vergriffen)

2 Bereicherungsrechtliche Rückabwicklung bei zu Unrecht vom Haftpflichtversicherer erbrachten Leistungen
Dr. Christina Stresemann
1993, 16,50 €, 978-3-88487-392-2

3 Die Kapitallebensversicherung mit Überschußbeteiligung als partiarisches Versicherungsverhältnis und ihre Bedeutung bei der Umstrukturierung von Versicherungsgruppen
Prof. Dr. Horst Baumann
1993, 12,50 €, 978-3-88487-382-3

4 Brandkriminalität, Brandstiftung – Reform des Brandstrafrechts überfällig?
Werner Breitfeld
Asset/Liability-Management – eine permanente Herausforderung!
Günter Köhler
1994, 12,50 €, 978-3-88487-427-1

5 Marktsegmentierung im Privatkundengeschäft von Versicherungsunternehmen
Hajo Müller
1994, 32,– €, 978-3-88487-431-8

6 Die Bildung besonderer Konzernorgane
Dr. Rocco Jula
1995, 22,50 €, 978-3-88487-472-1

7 Die Berufshaftpflichtversicherung für die Angehörigen der wirtschaftsprüfenden und steuerberatenden Berufe
Dr. Andreas Schlie
1995, 20,– €, 978-3-88487-473-8

8 Haftungsbeschränkungen zugunsten und zu Lasten Dritter
Günter Räcke
1995, 24,– €, 978-3-88487-499-8

9 Vom Versicherungsmathematiker zum Aktuar
Prof. Dr. E. Helten et al.
1995, 11,80 €, 978-3-88487-500-1

10 Gefahren für die finanzielle Stabilität der auf dem deutschen Markt vertretenen Lebensversicherer im Zuge des europäischen Binnenmarktes
Dr. Rüdiger Gebhard
1995, 32,– €, 978-3-88487-508-7

11 Der „weiterfressende Mangel“ nach Zivil- und Haftpflichtversicherungsrecht
Jens Schmidt
1996, 17,80 €, 978-3-88487-532-2

12 Klimaveränderungen und Umweltriskmanagement
Dr. Gerhard Berz et al.
1996, 9,20 €, 978-3-88487-565-0

13 Neuaufbau von Versicherungsmärkten und Versicherungsaufsicht in Osteuropa
Dr. Helmut Müller et al.
1997, 11,50 €, 978-3-88487-624-4

14 Individuelle Altersversorgung im Wandel der Rahmenbedingungen
Dr. Herbert Rische et al.
1998, 9,80 €, 978-3-88487-695-4

15 Vertretungsmacht von Versicherungsvertretern und Wissenszurechnung
Hartmut Leschke
1998, 24,– €, 978-3-88487-731-9

16 Elektromagnetische Felder (EMF), Haftpflicht und Haftpflichtversicherung
Ralph Brand
1999, 16,50 €, 978-3-88487-755-5

17 Versicherungs-, verfassungs- und europarechtliche Probleme monopolistischer Entschädigungsfonds
Prof. Dr. Horst Baumann
1999, 16,– €, 978-3-88487-757-9

18 Ist das Versicherungsvertragsgesetz (VVG) für die Lebensversicherung reformbedürftig?
Prof. Dr. Michael Adams et al.
1999, 17,40 €, 978-3-88487-803-3

19 Weitere Überlegungen aus Anlass einer Reform des Versicherungsvertragsgesetzes
Prof. Dr. iur. Dr.-Ing. E. h. Reimer Schmidt
1999, 14,50 €, 978-3-88487-816-3

20 Kapitalanlagepolitik, Produktqualität und Image der Versicherungsunternehmung
Ist das Provisionssystem in der Lebensversicherung reformbedürftig?
Prof. Dr. Hartmut Gründl et al.
2000, 10,80 €, 978-3-88487-850-7

21 Alternde Gesellschaft – Lösungsansätze für die Probleme der Kranken- und Pflegeversicherung
Berliner Preis für Versicherungswissenschaft 2001
Prof. Dr. Dr. Bert Rürup et al.
2002, 10,– €, 978-3-88487-994-8

22 Die Bewertung der gemischten Kapitallebensversicherung
Dr. Thorsten Waldow
2003, 22,90 €, 978-3-89952-054-5

23 Ein neues Versicherungsvertragsgesetz – der große Wurf für den Verbraucher?
Prof. Dr. Ernst Niederleithinger et al.
2003, 10,– €, 978-3-89952-052-1

24 Bedarfs- und produktbezogene Beratung beim Abschluss von Lebensversicherungsverträgen
Dr. Ulrike Mauntel
2004, 24,90 €, 978-3-89952-088-0

25 Schutz des Mieters infolge der Gebäudeversicherung des Vermieters
Dr. Malin Naumann
2004, 34,– €, 978-3-89952-121-4

26 Prozessfinanzierung gegen Erfolgsbeteiligung
Dr. Jürgen Jaskolla
2004, 22,90 €, 978-3-89952-141-2

27 Optimale Altersvorsorgestrategien: Eine Lebenszyklusanalyse
Dr. Thomas Post
2006, 26,– €, 978-3-89952-284-6

28 Das Recht der so genannten offenen Mitversicherung
Dr. Henning Schaloske
2007, 42,– €, 978-3-89952-297-6

29 Überkompensatorische Schmerzensgeldbemessung?
Dr. Stefan Müller
2007, 48,– €, 978-3-89952-313-3

30 Parents' Long-Term Care Risk: A Financial Planning Analysis from the Children's Perspective
Dr. Roman N. Schulze
2007, 37,– €, 978-3-89952-348-5

31 Die Regulierung des Versicherungsmarkts unter besonderer Berücksichtigung der Solvabilitätsvorschriften
Dr. Anna Osetrova
2007, 39,– €, 978-3-89952-336-2

32 Der räuberische Aktionär – eine schwindende Bedrohung?
Dr. Sabine Rößler-Tolger
2007, 45,– €, 978-3-89952-355-3

33 Aufsicht über strukturierte Rückversicherungskonzepte
Dr. Benedikt Laudage
2009, 48,– €, 978-3-89952-477-2

34 Das Anspruchserhebungsprinzip
Dr. Tanja Schramm
2009, 48,– €, 978-3-89952-445-1

35 Der Zweitmarkt für Lebensversicherungen in der Bundesrepublik Deutschland
Dr. Julia Wernicke
2009, 42,– €, 978-3-89952-492-5

36 Missverständliche AGB
Dr. Knut Pilz
2010, 45,– €, 978-3-89952-501-4

37 Nachfrage nach ausfallbedrohten Versicherungsverträgen und optimales Risikomanagement von Versicherungsunternehmen
Dr. Anja Zimmer
2010, 48,– €, 978-3-89952-528-1

38 Der Begriff des Versicherungsvertrags im russischen Recht
Grundzüge des Privatversicherungsrechts der Russischen Föderation
Dr. Markus J. Weyer
2011, 69,– €, 978-3-89952-628-8

39 Deckungsbegrenzungen in der Pflichtversicherung
Dr. Florian Dallwig
2011, 52,– €, 978-3-89952-601-1

40 Die Versicherbarkeit von Emerging Risks in der Haftpflichtversicherung
Dr. Hannah Teschabai-Oglu
2012, 52,– €, 978-3-89952-707-0

41 Mitgliedstaatliche Grenzen der Gestaltung von Versicherungsprodukten im Europäischen Binnenmarkt für Versicherungen
Dr. Monir Taik
2013, 48,– €, 978-3-89952-739-1

42 Vertriebskostentransparenz bei Versicherungsprodukten
Eine juristisch-ökonomische Untersuchung unter Berücksichtigung rechtsvergleichender Aspekte
Dr. Marcus Sonnenberg
2013, 52,– €, 978-3-89952-741-4

43 Die Nettopolice
Chancen und Herausforderungen für Versicherungsunternehmen, Versicherungsvermittler und Versicherungsnehmer
Dr. Aline Icha
2014, 69,– €, 978-3-89952-822-0

44 Die Haftungsrelevanz der Haftpflichtversicherung
Dr. Stephan Hauer
2015, 49,– €, 978-3-89952-850-3

45 Die Gefahrerhöhung im deutschen Privatversicherungsrecht
Die VVG-Reform zwischen der Lösung alter Probleme und neuen Fragen
Dr. Stephanie Reinhardt
2015, 45,– €, 978-3-89952-907-4

46 Das Spannungsverhältnis zwischen Provisionsberatung und Honorarberatung im Versicherungsmarkt
Dr. Christian Schafstädt
2015, 69,– €, 978-3-89952-913-5

47 Das Überschreiten der Deckungssumme in der Haftpflichtversicherung
Dr. Timo Car
2016, 54,99 €, 978-3-89952-921-0

48 Das Kürzungs- und Verteilungsverfahren in der D&O-Versicherung
Dr. Daniel Peppersack
2017, 68,– €, 978-3-89952-439-0

49 Aufsichtsrechtliche Organisations- und Vergütungsanforderungen an Versicherer und die Sanktionen für Pflichtverletzungen
Dr. Monika Obal
2017, 54,– €, 978-3-89952-960-9

50 Das Verhältnis zwischen Schadensrecht und Schadensversicherung
Dr. Vincent Schreier
2017, 58,– €, 978-3-89952-995-1

51 Die Pflichten von Internetportalen beim Vertrieb von Versicherungsprodukten im Lichte europäischer Gesetzgebung
Dr. Tillmann Peter Rübben LL.M.
2018, 62,– €, 978-3-96329-003-9

52 Produktstandardisierung für Versicherungen – eine verbraucher- und innenmarktfreundliche Alternative?
Dr. Viktoria Jank
2018, 57,– €, 978-3-96329-025-1

53 Beratungspflichten des Versicherers
Dr. Angela Regina Stöbener
2018, 64,– €, 978-3-96329-009-1

54 Die Haftung des Produzenten bei Fehlerverdacht
Dr. Dan Schilbach
2019, 57,– €, 978-3-96329-262-0

55 Der Schutz des informationellen Selbstbestimmungsrechts des Versicherungsnehmers
Dr. Elin Reiter
2019, 39,– €, 978-3-96329-263-7

56 Auswirkungen der Digitalisierung auf Abschluss und Gestaltung privater Versicherungsverträge
Moderne Informationstechnologie als Gefahr für die Erreichung des versicherungsvertraglichen Plansicherungsziels
Dr. Felix Greis
2019, 59,– €, 978-3-96329-300-9

57 Das (neue) Provisionsabgabeverbot für Versicherungsvermittler – Konzept, Funktion und Grenzen
Dr. Hendrik Scharff
2021, 47,– €, 978-3-96329-381-8